**ULRICH HOLBEINs
WELTVERSCHÖNERUNG**

# ULRICH HOLBEINs WELT- VERSCHÖNERUNG

*Umwege zum Scheinglück*

Ein Handbuch
der
lustvollen
Lebensgestaltung

HAFFMANS VERLAG
BEI ZWEITAUSENDEINS

Erstausgabe.

1. Auflage, Herbst 2008

Copyright © 2008 Zweitausendeins,
Postfach, D-60381 Frankfurt am Main.

Alle Rechte vorbehalten, insbesondere das Recht der mechanischen, elektronischen oder fotografischen Vervielfältigung, der Einspeicherung und Verarbeitung in elektronischen Systemen, des Nachdrucks in Zeitschriften oder Zeitungen, des öffentlichen Vortrags, der Verfilmung oder Dramatisierung, der Übertragung durch Rundfunk, Fernsehen oder Video, auch einzelner Text- und Bildteile, sowie der Übersetzung in andere Sprachen.

Der gewerbliche Weiterverkauf oder gewerbliche Verleih von Büchern, CDs, CD-ROMs, DVDs, Videos oder anderen Sachen aus der Zweitausendeins-Produktion bedürfen in jedem Fall der schriftlichen Genehmigung durch die Geschäftsleitung vom Zweitausendeins Versand in Frankfurt am Main.

Umschlagbild von Albrecht Dürer, Yongbo Zhao, Ulrich Holbein u. a.
Register von Gerd Haffmans und Franziska Schwarzenbach.
Produktion und Gestaltung von Urs Jakob,
Werkstatt im Grünen Winkel, CH-8400 Winterthur.
Satz: Fotosatz Amann, Aichstetten.
Druck & Bindung: Clausen & Bosse, Leck.
Printed in Germany.

Dieses Buch gibt es nur bei Zweitausendeins im Versand, Postfach, D-60381 Frankfurt am Main, Telefon 069-420 8000, Fax 069-415 003.
Internet www.Zweitausendeins.de.
E-Mail: info@Zweitausendeins.de.
Oder in den Zweitausendeins-Läden in Berlin, Bonn, Bremen, Darmstadt, Düsseldorf, Erfurt, Essen, Frankfurt am Main, Freiburg, Göttingen, Gütersloh, 2 x in Hamburg, in Hannover, Karlsruhe, Köln, Leipzig, Mannheim, Marburg, München, Nürnberg, Oldenburg, Stuttgart und Tübingen.

In der Schweiz über buch 2000, Postfach 89, CH-8910 Affoltern a. A.

ISBN 978-3-86150-819-9

# Inhalt

### UNSCHÖNE WELT

Nächstenliebe in der Warteschlange 11 – Frau Laabs ist überall 13 – Uhu und Amadeus 14 – Es gibt noch freundliche Mitmenschen 15 – O je, jetzt wird das Abendland doch noch runtergespült 19 – Sehnsucht nach besserem Krieg 22 – Vielleicht bin ich schlimmer, als ich ausseh 24 – Tropfprobleme bei UHU-Tuben 30 – Vielen berühmten Deutschen sind ihre vielen Vorbilder wichtig 31

### AB UND ZU EINE WELT RETTEN

Ich rette nicht nur Ohrwürmern das Leben 37 – Weltrettung im Forellenhof 41 – Spätfolgen einer Spätleerung 45

### ENDLICH SCHÖNHEIT!

Heut früh sind alle Menschen schön! 51 – Die Schönheit und der Brutalo 54 – Endlich schöne Anziehsachen 59 – Oliver und Olivia, ein wundervoller Liebesroman 79

### MORGENLANDFAHRT & DRITTE WELT

Der Große Aufbruch 89 – Schlips und Turban bzw. Sari und Dirndl 91 – Wenn das Kamel seinen Höcker sehen könnte 93 – Moloch versus Moloch: Chindia im Oneworld-Papiertütchen 97 – Wie ich mal einen Türken beglückte 103 – Wie ich mal einen Inder beglückte 104

### WOLLUSTPFLEGE

Tod oder Liebe – Weck den Bonobo in dir! 109 – Es ist herrlich … ich sterbe vor Lust 111 – Alle meine Loverinnen, z. B. Julia Nr. 3 128 – Sind Schwule die gelungeneren Männer? 139 –

Babs & Bosch 141 – Die englischen Rosen verströmen ihren süßen Duft 143 – Sind Frauen die sinnvolleren Männer? 148 – Pornos sind schön! 154 – Das VLB als Wixvorlage 157 – Wie Abu Brahma 5000 v. Chr. den Hirten die Onanie beibrachte… 159 – …und wie heiliger Sexus auf den Dackel kam 162

## LICHTBRINGERS HELFENDE HAND

Wer raffiniert onaniert, rettet die Welt! *Thesenpaket für einweihbare Lustmolche* 169 – Über den richtigen Umgang mit Affen 181 – Über den richtigen Umgang mit Arbeitern 182 – Jeder sollte anders heißen dürfen! 185 – Fernziel Neandertal! 213 – Werden auch Sie ein Genie! 215 – Nie wieder Zeitprobleme! 266 – Auf die Barrikaden, ihr Fettsäcke! 268

## SCHÖNE KÜNSTE

Ein echter Pfann-Goch? 275 – Laudatio auf den Bildhauer Ewald Rumpf 276 – Warum ich Bücher nach Farben sortiere 285 – Objekte, verschönert euch! 298 – Zwischen Fisch und unspezifisch 300

## VOLLMONDTRÄUME

Endlich schöne Nußplätzchen-Polyphonie! 305 – Zwischen Weltlupe und WC-Suche 306

## VOLLRAUSCH & RAUSCH

Sufi-Dance – ohne alle Leute 317 – Typologie der Berauschten 320 – Die überfließende Tasse der Unbeschreiblichkeit 334

## ZURÜCK ZUR ZUSPÄTROMANTIK

Damals, bei den Hummeln von Seebüll 345 – Die Abendröte schwamm blutrot hinter den Zweigen 349 – Süßeste Seuche – Nostalgia 353

*Inhalt* 7

## WERMUTSTROPFEN

Ertrag nicht nur die Clowns! 377 – Schlimmster Finger in seligster Säusel-Idylle 379 – Tausendjähriges Reich für immer und seit je! 387 – Meine persönliche Auschwitzlüge 396 – Kurz vor Weihnachten im Fleischwolf 398

## ZURÜCK ZUR NATUR – ZUR NOT MIT VOLLGAS

Sind Pflanzen die besseren Lebewesen? 431 – Sind Wolken die schöneren Lebewesen? 434 – Wie ein Schweizer Pfarrer jeden Goethe wundersam überbot 437 – Frühling ohne Wiesenschaumkraut und Aurorafalter 439 – Bitte fahrfreie Sonntage! 441 – Die Baumseele zwischen Abholzung und Stadtbegrünung 443 – Baumelfen und Aktionsobjekte 461 – Knüll-Idylle 463 – Warum ich trotz Heuschnupfen seit 1000 v. Chr. die Grünen wähle 473 – Halte dich an elf grüne Gebote! 474 – Wie man ein Aquarium reinigt 482

## HÖHENFLÜGE FÜR HUMPELPILGER

Vorschlag zur Wiedergewinnung Gottes 487 – Harry Potter goes to Dalai Lama, nur ab wann? 488 – Macht hoch die Tür – der nächste bitte! 491 – Wie Kafka dann doch den Jackpot knackte 493 – Goofy auf Himmelfahrt 496 – Kopfweh und Erleuchtung 508 – Zwei, drei Beweise, daß ich bald selig gesprochen werden müßte 531 – Wie ich einmal auf saublöde Art erleuchtet wurde 534 – Küssen bitte auch Sie Deine Feinde! Endlich für immer versöhnt 536 – Transzendentus interruptus 544

## STERBEBETTFREUDEN FÜR SCHÖNGEISTER

Mein letztes Wort 547 – Als ich neulich mal dringend sterben mußte 549 – Wie ich auf schmalem Pfad zum Elysium reise 551 – Wie mich im schönsten Elysium ein wandelnder Stilbruch plagte 555 – 14 Milliarden Jahre in $2^{1}/_{2}$ Minuten 559 – Damals gab's mich noch 561

## LÜGENMÄRCHEN FÜR ÜBERMENSCHEN

Erst frühreif, dann Nachzügler – zu spät – zu früh – zu spät! 567 – Wie wir Buddha und Mozart vor Hitler bewahren wollten 569 – Mein Weltenrichter vor Gericht 574

## BALD KOMMT SCHÖNE ZUKUNFT

Schlagzeile aus dem Jahr 2019 n. Chr.: »Krebs endlich für immer besiegt!!!« 589 – Schlagzeile aus dem Jahr 3795 n. Chr.: »Menschheitsverbesserung – dank Mördermangel!« 591

## ANHANG

Personen-Register 597 – Titel-Register 611

# UNSCHÖNE WELT

## Nächstenliebe in der Warteschlange

Puh – alles voll hier! Voller denn je! In jede Richtung – Gesichter! Was sich da so vorwärtsschiebt! Wo die nur alle hinwollen! Neulich wollten die alle noch nirgendwohin, und plötzlich, da wollen die alle irgendwohin! Visagen-Klumpatsch hoch 3! Keiner grinst, jeder glotzt. Fresse an Fresse! Zusammengepreßter denn je, Andrang, Nachschub, Schwemmgut, Preßmasse, Lebendmasse, nicht völlig geruchsfrei, schon dank der vielen Riechkolben! Wir danken für zahlreiches Erscheinen! Alles voller Belange, Reiseziele und Willensregungen – vermutlich in jedem Einzelfall total unwichtig und egal. Hintermanns Mundgeruch im Nacken, hat Vordermanns Hinterkopf mir wenig zu sagen. Diese Nasen! Naturidentische Bierbäuche! Aua! Diese Gesichtsscheiben, restlos hirnlos! Aber jede eine Welt für sich! 14 Mrd. wunderbar hochkomplexer Hirnzellen pro Eierkopf! Und die Zahl neuronaler Verbindungen... x-mal mehr synaptische Blitze pro qcm als jede Galaxis Sonnen hat! Apropos Weltall: Dessen erschreckende Leere steht in reziproker Relation zur Überfülltheit gewisser städtischer Verkehrsmittel... da – ein »Gesichtsausdruck«! Geh ja nicht ins Einzelne! Hauptsache, von Station zu Station wird der Schraubstock angezogen! Alle 10 Minuten eine Sonderbahn. Sitzmumien, à la Frau Laabs, fahren ihrer Intensivstation entgegen; Nachwuchszombies, Marke Axel Fux, fahren ihrer Filialeröffnung entgegen. Jetzt guck mal da – erst zwanzig, dann dreißig, dann hundert Japaner! Auch keine Lösung, sondern erst recht von der Stange, auf Laufschienen im Paßgang mir entgegen geschoben – wieso dann aber bei gleichgeschalteter, leergefegter Standard-Mimik diese biologisch unverständlichen, garantiert unnötigen Minimal-Abweichungen in der Formatierungs-Option? Wackelkontakt am Fließband? Und mittendrin – das bin doch wohl nicht etwa – ich!? Bitte nicht ich. Ausgerechnet einer von denen. Der Illusion, optisch geringfügig abzuweichen, geb ich mich sekundenlang nicht gänzlich hin. So wenig ich dieses Mopsgesicht aus ästhetischer Sicht als optisch restlos berückend einzustufen vermag – doch halt, ich muß mich korrigieren: Auch dieser Mitmensch hat garantiert liebenswerte, ja: ganz bezaubernde Züge; man muß sie nur hervorzukitzeln wissen. Auch diese Fresse will irgendwo geliebt werden und sich dringend in die Zukunft katapultieren, dieses »kaum hochgezüchtete Säugetier« (O-Ton Axel Fux), und hat's geschafft, seit Jahrmillionen jedesmal wieder voll dabei zu sein, mit kaum variierter Bulligkeit durch Äonen zu stiefeln, zu transpirieren, zu kopulieren, schwabbelfroh und winterfest. Anderseits... liebe ich das Leben. Gelegentlich lauf ich durchaus als everybodys darling durch die Gegend. Meine soziale Ader schwoll ab und zu beängstigend an. Ich mutierte geradezu zum Humanisten. Keiner kann mich hindern, immer wieder mal höchstes Menschentum rauszuhängen. Und siehe, ich akzeptiere sogar meine Mitbürger als Menschen... ausnahmslos alle, selbst ADAC-Mitglieder und CDU-Wähler, oder etwa nicht? Auch wenn x Arschlöcher mir das nicht glauben wollen. Auch wenn es Milliarden Chinesen total egal sein wird, ob ausgerechnet ich sie liebe – ich toleriere sie trotzdem. Wer mir das nicht auf Anhieb glaubt, braucht sich bloß an Herbert Müller zu wenden. Er wird's grenzenlos bestätigen. Apropos Frau Laabs:

## Frau Laabs ist überall

So erfolgreich ich auch wegzugucken versuche: In der S-Bahn sitzt Frau Laabs reihenweise gestaffelt, vom Leben sitzengelassen, mit vollen Kaufhoftüten. Ihre Haupteigenschaft: Unauffälligkeit mit Brille. Ihr Kurzhaarschnitt: mal topfförmig, gern helmartig. Selbst Naturwelle sitzt als brettharter Aufhocker auf ihr. Gesichtsform: oft eckig, gern halslos. Gesichtsfarbe: Camembert. Alter: jederzeit fortgeschritten. Oft lacht sie nicht, Frau Laabs, und wenn, hilft das auch nicht viel. Frau Laabs muß nicht häßlich sein und kann nie hübsch gewesen sein. Theoretisch muß auch sie mal jung gewesen sein. Auch mit zwanzig trägt sie Brille und Kurzhaarfrisur. Gesamtnote: 4; nie 6 und nie 2 minus. Gesamteindruck: irreparabel. An Frau Laabs wird selbst die erträglichste Brille zum Kassengestell. In ihren besten Minuten bewegt Frau Laabs senior sich optisch auf Frau Prof. Dr. Rita Süssmuth zu, und Laabs junior auf Lady Di. In ihrer höchsten Erscheinungsform mag sie sogar Mozart hören, im Wunschkonzert. Als ich neulich mit Herbert Müller durch Marburg ging, stand an jeder Ampel zwischen Bahnhof und Elisabethkirche eine Magdalena Fricke, nie ohne Einkaufstasche, stets blaß, teigig und glatt. Neben ihr erwarte ich Kernseife und erschnuppere dann doch sowas wie Parfüm.

Wenn ich den Anblick von Frau Laabs täglich auskosten müßte, säßen Glaube, Liebe, Hoffnung bald ohne mich da. Bei längerem Umgang mit Frau Laabs kommt es mir so vor, als wär auch ich nur ein Mensch, und das reißt runter.

Stadtflüchtern wie mir begegnet Frau Laabs auch auf

dem Lande. Hinter jeder Scheibe spiegelt ihre Brille hervor. Junior stapelt im Einkaufskorb Windel-Achterpacks, Senior Klorollen-Achter-Packungen auf, OMO und Ritter Sport. Je verzweifelter ich mich abkoppele aus der soziokulturellen Solidargemeinschaft, desto unausweichlicher steht nebenan ein knallweißes Haus, mit Floristik-Betonkübeln, Doppelgarage und Hundezwinger, und in diesem Haus wohnt Frau Laabs. Apropos Mozart:

## Uhu und Amadeus

Heut abend Mozart, vorher schnell noch in den Kleintierzoo. Zentraler Neuerwerb: ein ausgestopfter Uhu, nein, ein echter. Ich sah – den Uhu an, halb unverwandt, halb solidarisch; und umgekehrt: der Uhu sah – mich an. Drumrum: drei Ziegen, durchgesessne Ponys. Ich ging durch alles durch, ganz wunderbar naturverbunden, nicht ohne Seitenblick auf ein paar Spatzen. Dem Lama, falls es spucken würde, wich ich aus. Ein Kronenkranich balancierte Federschmuckgesteck – wie herrlich! Gratuliere! Imposant! Die Viecher liefen hektisch hin und her und dufteten nach Raubtierhaus. Ein Hängebauch aus Vietnam stand staubgrau im Beton. Flamingos, arg gestutzt, verspürten wenig Mumm, sich aufzuschwingen Richtung Beutelsau und Homo. Der Puter schürte meine Mozartsehnsucht. Und plötzlich krähte irgendwo ein Hahn! Ach ja, Gazellen heiterten kaum auf. Umsonst herbeigehinkt. Nichts gegen Frau Natur, doch Misses Kunst riecht schöner.

Dann stand ich trostlos an der Abendkasse. Der Hauptprogrammpunkt: Opus 131! Endlich cis-moll! Drumrum: a bisserl Haydn und auch Dvořák. Ich zog mir alles rein, durchaus recht kunstbeflissen. Kein Seitenblick umging mit steifem Hals die Säule. Ein Bonbon, falls es Abo-Omas stören würde, ließ ich ungelutscht. Der Fettsack neben mir stank meterweit nach Kölnisch Wasser. Welch hochgeschäumte Dauerwelle – gratuliere! Hochkultur! Die Finger wundgefiedelt, Ohren vollgeschrubbelt, man bekam die Kurve, zur Hälfte hyper-optimal, zur andern Hälfte gar nicht mal so übel. Das Schrumm-Ta-Ta, konzertreif wie noch nie, ließ jede Transzendenz links liegen. Und Presto-Streß und Wehmut-Stau zerbügelten geträumtes »Kikeriki!« Doch Lama-Nachklang mitten im Adagio, samt Uhu-Schmerz, stand plötzlich sehr in cis-moll, und soff im Kollektiv-Geräusper ab – Applaus! Auch hier umsonst herbeigehinkt. Natur und Kunst, nun ja, ach so, dann tschüs. Apropos Menschenähnlichkeit:

### Es gibt noch freundliche Mitmenschen

Axel Fux' brutale Formulierungen gingen mir fast ein wenig zu weit. Mal plädierte er für Zwangssterilisation auf breiter Front, dann wieder meinte er das sogar ernst. Da konnte ich gerade noch beipflichten. Er gönnte der Menschheit genau jenen Untergang, auf den sie sowieso zusteuerte, also zuerst Reisanbau im Rhonetal, abschmelzende Polkappen, holländische Massenflucht nach Madagaskar, dann abdriftender Golfstrom gen Südhalbkugel, wodurch alsdann Europa vereist und die von Restwärme kaum noch angewärmten Nordkugelbewohner, samt allen Asylanten, zurück in die knallvollen Subtropen drängen – na dann prost!

»Sie hat's nicht besser verdient, die Menschheit. Daß

sie sich selbst in die Luft sprengt – pft! Dann ist sie wenigstens weg – pft!«

Solcher Negativität des Lebens war unbedingt entgegenzusteuern, schon allein meiner angeborenen Humanität zuliebe. Axel Fux' These »Es gibt keine guten Menschen« hätt ich nie so plump und hart ausgedrückt. Auch seinem »Jeder Mensch ist eine Personifizierung krimineller Energie« widersprach ich heftiglich: »Soll ich dir das Gegenteil beweisen?« Ich stellte einen Kasten Bier mitten in der Wilhelmstraße auf – Hunderte gingen, fluteten, humpelten vorbei, lachten, schüttelten Köpfe, Tausende, keiner griff zu, kaum einer sah hin, keiner stolperte. »Sind halt zuviel Zeugen hier«, behauptete Axel Fux. Wir stellten den Kasten im »Seidenen Strümpfchen« auf, unweit der Gerhart-Hauptmann-Schule, wo nur alle fünf Minuten jemand durchkam, doch auch hier wollte kein Schwein Mundraub betreiben. In den langen Warteminuten auf den nächsten potentiellen Straftäter berichtete ich vom kriminellsten Quadratkilometer Europas, dem Bahnhofsviertel in Frankfurt, allwo ich sehr oft und gern nachts nach 1 spazierenging, unangerempelt, unbeklaut, um zu erforschen, ob man mit rhetorischen Mitteln jede verdächtige Gestalt zum Bruderkuß nötigen kann.

Sodann behauptete Axel Fux, es gebe keine freundlichen Menschen mehr. Das war leichter zu widerlegen als deren animalische Herdenhaftigkeit, und dies sogar mitten in der Fußgängerzone Kassel. Na gut, vielköpfiges Verkehrsaufkommen konnt ich schlecht unterbinden oder abstreiten. Auch rüttelten RATIO-Tüten – und andere eindeutig menschliche Attribute wie Schlips und Brillengold – kaum am generellen zoologischen Fluidum. Ich aber wußte, wie ich Freundlichkeit präsentieren konnte, und dies ganz kostenlos: »Ich brauch nur jemanden nach dem Weg zu fragen...« Axel: »Also ein

einzelnes Stück aus dem Schlachtvieh herauspicken...«
Ich: »Und schon wird Menschenähnlichkeit hervortreten... wunderbar tröstlich...«

Ich wählte, Axel Fux zuliebe, in Rathausnähe eine extra maskenhaft grimmige Frau Laabs aus, fragte sachlich, also ohne mit übermäßiger Freundlichkeit irgendwas erzwingen zu wollen, nach der Fünffensterstraße. Ich mußte sie wiederholen, die Frage. Hinter der Brillenverglasung erwachten Lichtreflexe, die auf ein Innenleben schließen ließen. Vergessenes Leben fuhr in die lederne Stehmumie, in langsamen Schüben. Frau Laabs murmelte was, hob einen Arm, wußte zwar nichts, wollte uns aber, die wir eigentlich weitermußten, eine Auskunft nicht schuldig bleiben: »Ich bin mir nicht ganz sicher... aber...« Sie begann sich zu orientieren, zog eine Broschüre hervor, durchpflügte sie, ließ den Stadtplan fallen, den ich aufhob, um hierbei mit Axel Fux fast zusammenzurammen. Sie reckte den Zebuhals und fand nichts heraus. Sie stammelte, zeigte, zögerte, zerpflügte ihr altes Hirn, versuchte zu lachen. Die sechsunddreißig hierfür nötigen Gesichtsmuskeln mußten erst aufgetaut und hochgefahren werden. Dieser Mensch hatte wohl seit Monaten nicht gelacht. Rekonstruktion, Reanimierung, und das alles nur, um mit ihrer unverhofften Rückkunft ins Menschenleben nicht allein stehngelassen, ein paar Momente lang gebraucht und verjüngt zu werden, Mensch zu sein ... ein klein wenig freundlich sein zu dürfen. Wir aber mußten weiter. Wir mußten die Abschiedsstunde schlagen lassen. Wir eisten uns los von der Auskunftsdame. »Das ist der Beweis!« krähte ich triumphal und ließ die in Gang gekommene, weitergestikulierende Oma stehn. 2:0 für mich.

»Jeder Mensch will freundlich sein, du mußt es nur hervorkitzeln, jawohl, du, Axel Fux!«

Wer davon heißt Frau Laabs?

Ich sah mich nochmal um nach ihr. Auf der erloschenen Physiognomie war ein Abglanz der Begegnung hängengeblieben.

Nachts, beim einsamen ARD-Nachtkonzert auf HR 3, genauer: bei Gustav Mahlers Seraphischer Symphonie, ging mir der jämmerliche Gesichtsausdruck der stehngelassenen Seniorin nach. Mir wurde klarer als Kloßbrühe: Geh ultimativ in dich! Ändere dein Leben. Nie wieder ironisch sein! Ethik entwickeln, womöglich gar Diskursethik – nein, die nicht! Aber soziale Ambitionen zeigen, härenes Büßergewand anlegen – und last but not least die Menschheit retten, nicht wörtlich, aber eigentlich schon; aus ihrer tiefen Not und Erniedrigung, also auch ihrer optischen Häßlichkeit.

Ich wollte mehr, als mir genügte. Und das ab übermorgen – spätestens.

# O je, jetzt wird das Abendland doch noch runtergespült
*Vom Niedergang einstiger Klospruch-Kultur*

Alle Symptome, die drauf hindeuten, sind dann doch nicht so triftig. Alle Stehaufmännchen rappeln sich dann doch wieder hoch, stehn nach ihrem Comeback wieder voll im Futter, und für irgendwelche Pinguine hat der Klimawandel sogar Vorteile. Einen Ort aber kenn ich, der als Barometer jeder Abdankung, Depravatio und Ochlokratisierung untrügliche Indizien liefert – öffentliche Toiletten. Einst gebar sich dort wunderbar subversive Anti-Lyrik mit appellativ-idealistischem Impetus: »Schaut euch in die Augen, und nicht in die Glotze!« Oder auch förmlich Worte zum Sonntag: »Heute schon gefühlt?« Oder ontologisch-theologische Repliken mit herzerhebend gnostisch bis dadaistischem Mehrwert: »Gott ist nicht tot – er hat nur keinen Parkplatz gefunden!« Ein Aphorismus, der meinen Ansprüchen an Tiefsinn zeitweise durchaus genügt, sogar Nietzsche & Co. weiterdenkt und mich seither sinnstiftend durchs desolate Leben leitet.

»Ohne Gott geht alles kaputt. Jesus macht alles neu«, sowas wirkte zwar etwas verbissen und unfreiwillig, doch sprach auch in solchen Theologica sich ein gewisses Schwund-Minimum an eschatologischem Principium Hoffnung im Bloch'schen Sinne aus.

»Wem du's heute kannst besorgen, den vernasche nicht erst morgen« – wer bei solcherlei Maximen und Reflexionen nicht nachsichtig lächeln muß, könnte selber als humorlos sich verdächtig machen.

»Gut geschissen ist halb gefrühstückt«, das roch bestens nach Volksmund und unausrottbar altdeutscher Deftigkeit und Barockzeit.

»Gib's doch zu – das war mal wieder das Beste, was du heute hinter dich gebracht hast«, hier zeigte sich eine gewisse weltkundige Skepsis und Menschenkenntnis.

»Gut Dung will Weile haben« oder »Durchfall gärt am längsten« – hier nahm eine gewisse Sprachfantasie kein Blatt vor den Mund.

»Besser Farbe im Klo als Scheiße im Malkasten«, konnte durchaus grüblerische Zustände auslösen.

»Ich war da am 16.7. um 7 Uhr«: das klang zwar nicht extrem geistreich und humorig, rührte und beschämte aber durch die unverbildeten Naturtöne wie ein schlichtes Kikeriki.

»Mach's Fensterl auf, laß Luft herein, / der nächste wird dir dankbar sein«, oder auch: »Piß nicht daneben, altes Schwein, / der nächste könnte barfuß sein« – da schwangen noch Reste kategorischen Imperativs mit.

»Wer das liest, steht in meiner Pisse« – wer das schrieb, konnte auf schier Kopernikanische Erfahrungswerte zurückgreifen.

Selbst recht unberedte Kritzeleien à la »Der wo das hingeschrieben hat is blöd« gaben noch zu denken, ob da Selbstironie am Werke war oder sich schichtenspezifisch repräsentative, absolut ernstgemeinte Legasthenie aussprach.

»Die Sonne brennt am Firmament, / die Filzlaus längs der Sacknaht rennt«: das erreichte schier Ringelnatzniveau.

Zwischendurch stand da zwar auch mal ein arg unverdaulicher, literarisch minderwertiger Aufschrei: »Hier wird gewixt, bis Blut kommt!« Immerhin ließ sich hier ein dumpf ringender Loser ahnen, vielleicht gar eine verlorene Seele, o daß ihr Herz ein Abgrund wär, zumindest eine gedemütigte Psyche von expressionistischer Konsistenz und Vehemenz, ein asozialer Baal, ein leidgepeitschter, poetisch unbegabter Georg Trakl. Doch in toto wurde ein gewisses Qualitätsniveau gewahrt, bis hinauf in enigmatisch verzwackte Wortspiele und Quizfragen: »Was ist der Unterschied zwischen Illusion und Pollution?« »Bei der Illusion schweift die Phantasie, bei der Pollution phantasiert der Schweif.«

Wem also offizielle Lyrik nicht viel brachte, konnte immer noch auf die wunderbar barbarische Klospruch-Kultur zurückgreifen. Dann aber ging ich mal zehn Jahre lang auf keine öffentliche Bedürfnisanstalt und kam unverhofft in diese alte Heimat zurück, und siehe, man hatte alles erbarmungslos geweißt. Schade um die kräftige Volkspoesie. Doch die lebendige Kollektivseele ließ sich nicht kleinkriegen und hatte schon wieder auf die Tabula rasa wacker zu kritzeln begonnen. Aber statt die ganze schöne Spruchkultur wiederzubeleben, die mehr oder minder geisttriefend Himmel und Erde, samt Ontologie und Notdurft, sinnig aneinanderband, standen da bloß Einwortsätze wie: »Nazischwein!« Allenfalls Zweiwortbefehle: »Ausländer raus!« Und falls mal einer drei Worte rausbrachte, hieß es höchstenfalls: »Ich will ficken!« Wie uncharmant. Konnte man sowas, vom Genre her, noch Credo oder Statement nennen? Nirgendwo mehr ein einziges Bonmont, null Aphorismus. Da also war der Untergang jeglichen Abendlandes nun doch grauslig mit Fingern zu greifen. Das zog fast noch weiter runter als Kloduft und Urinpfütze. Und nirgendwo mildernde Umstände! Und ein besonderer Clou und Schock: Dieses WC stank nicht im Industrie- und Nuttenviertel vor sich hin, sondern es handelte sich um – die Gesamthochschule Kassel, Fachbereich: Germanistik und Philosophie! Nun verzweifelte ich wirklich an der Menschheit.

Sie hatte sich sichtlich nichts mehr zu sagen. Verdrückt umschlich ich das Damen-WC, in der Hoffnung, daß dort das Abendland sich noch ein paar Minuten länger würde halten können. Irgendwo fand ich dann doch noch etwas elaboriertere Sätze, deren Wortlaut inhaltlich auch nicht sehr viel Mut machte: »Ruft 01759890625 an und sagt los wixe!« Einer sogar hatte sich ziemlich weitschweifig ausgesungen: »Wo kann unser schwuhler Bruder umsonst und nackt putzen. Und andere Hausarbeiten. Er macht alles, auch in den Mund scheißen.« Drunter hatte ein Besserwisser geschrieben: »Wer schwul mit h schreibt, ist doff.« Welt, gute Nacht.

Andererseits: Vielleicht hat die Menschheit doch noch eine Chance. Vielleicht ist sie nicht von uns gegangen, sondern hat bloß keinen Parkplatz gefunden!?!

## Sehnsucht nach besserem Krieg

Sehr geehrte Bundeswehr! – In Berufung auf das Grundrecht nach Artikel 4, Absatz 3, Satz 1 des Grundgesetzes der Bundesrepublik Deutschland teil ich Ihnen hiermit mit, daß ich den Kriegsdienst mit der Waffe, wie er in seiner heutigen Form praktiziert wird, verweigere. Zwar wurde ich persönlich mit einer stattlichen Portion natürlicher, unverbildeter Aggressivität ausgestattet, liege ständig im Clinch mit Eltern und Vorgesetzten, Freund und Feind, bin privat alles andere als ein Softie, eher ein Macho, bin auch keineswegs sportlichem Wettkampf – einschließlich physischer Gewalt – abgeneigt, hab mich von frühester Jugend an mit Kampfspielen, Truppenaufstellung, Phalanxen, Preußen, Hitler, Napoleon befaßt, hab aber einen prinzipiellen Einwand gegen moderne militärische Auseinandersetzungen, den ich im folgenden formulieren möchte.

Mein Ehrgefühl verlangt von mir, meinem Feind – und davon gibt's wahrlich viele! – face to face gegenüberzustehn, in einem Duell voll Mut, Einsatzbereitschaft, Fairniß, Regeleinhaltung, um alsdann zu siegen oder unterzugehn. Aber seit dem Zeitalter der Materialschlachten konstatier ich einen stetigen Niedergang historischer Kriegskunst. Tretminen zu legen oder Bomben von oben auf Zivilisten und Kinder zu werfen, halt ich einfach nur für feige, hinterhältig und niederträchtig. Einerseits neige ich zur Ansicht, daß es insgesamt viel zu oft kalten Krieg gibt, und viel zu selten Krieg, andererseits lass' ich mich nicht degradieren und mißbrauchen als hochtechnisiertes Schwein, das ohne eigenes Risiko meuchlings im Hinterhalt am Abzugshahn hockt – erbärmliche Hundsgemeinheit, die jeden Stolz und Kriegsgeist mit Füßen tritt! Unvereinbar mit einem positiven, halt etwas konservativen Begriff von Krieg, mit Fairniß, Gerechtigkeit, Angemessenheit und Kampfesmut, vor allem: meinem Sinn für Moral und Anstand, sprich: mit meinem Gewissen. Meilenfern von Staatsdenkern wie Mo-Ti, Han-Fei-Tse, Machiavelli und Moltke hat heutiger Krieg juristisch die Form von Attentat und Meuchelmord angenommen, was unbedingt mit Todesstrafe geahndet werden muß (unverbindliche Empfehlung). Insofern bedauere ich zutiefst, nicht mehr im 19.–17. Jahrhundert (und allen früheren Jahrtausenden) zu leben und meine natürlichen Fähigkeiten einfach nicht mehr anwenden zu können. Fast möcht ich von einem stillen Schmerz sprechen, den ich aber mannhaft zu ertragen versuche. Ich kann Ihnen guten Gewissens versichern, daß Ihnen in mir ein aufrichtiger, mutiger, pausenlos kampfbereiter Kämpfer verloren geht, ein geborener Kriegsmann, mit übrigens recht ansehnlichem Muskelaufbau, optimal durchtrainiert, den ich nun halt für außermilitärische Zielsetzungen einzusetzen gedenke. Daß es statt den tapferen Kriegern nur noch Soldaten gibt, die als Kanonenfutter verheizt werden: diese bescheuerte, teuflische Perversion hätte das edelmütige Mittelalter – mit seinem Turnier-Ideal Mann gegen Mann und Roß gegen Roß – als unwürdig und ehrlos von sich gewiesen, oder mit einem heutigen, etwas leukämisch bläßlichen Wort: als unethisch. Dazu kann ich als geborener Kriegsheld nur sagen: »Ohne mich!« Arme Säue, die sich zu sowas hergeben und sowas ihresgleichen abverlangen! Degen- und Pistolenduelle, von Mensch zu Mensch, also im wahrsten Sinn humane Handlungen, schaffte man ersatzlos ab, aber Abschlachtungstechniken entwickelte man immer inhumaner und gewissenloser weiter! Stierkampf will man verbieten, aber Viehzucht-KZs stockt man auf und will keiner abschaffen. Eine Menschheit, die sowas mit anderen macht, hat nichts Besseres verdient, als gnadenlos plattgemacht zu werden. Das Große Nudelholz komme über uns! Aber für solche Drecksarbeit gibt sich ein echter, hochqualifizierter Krieger wie ich nicht her! Leider ohne jede Hochachtung – Unterzeichneter!

### Vielleicht bin ich schlimmer, als ich ausseh

Liebe Bundeswehr! – In Berufung auf das Grundrecht nach Artikel 4, Absatz 3, Satz 1 des Grundgesetzes der Bundesrepublik Deutschland möchte ich hiermit, aus erheblichen Gewissensgründen, den Kriegsdienst mit der Waffe verweigern.

Von frühester Kindheit an wurde ich durch meine leiblichen Vorfahren in meinem christlichen Menschenbild geprägt und gestärkt. Ausschlaggebend für meine Gewissensentscheidung war jedoch die frühe Konfrontation mit dem 2. Weltkrieg. Mit 14 nahm ich an einer Klassenfahrt ins KZ Dachau teil. Ein mehrtägiger Aufenthalt hinterließ bleibende Eindrücke und verpflichtete zu einer tiefen Auseinandersetzung mit der Deutschen Vergangenheit (hört sich vermutlich immer gut an). Daraus entwickelte sich ein besonderes (ja, abnormes!) Interesse an Geschichte und Politik, die auch in der Wahl meines Berufswunschs zeitweise Ausdruck fand. Auch durch Fremdenhaß und persönliche Beobachtungen hat sich bei mir eine starke Abneigung gegen psychische – Quatsch: physische Gewalt manifestiert. Der Dienst bei Ihnen würde jedoch auch psychisch gar nicht zu mir passen. Meine Allergie gegen Katzenhaare, Juckreiz, Heuschnupfen usw. stempelte mich früh zum Außenseiter. Aktionsfilme gingen mir »total am Arsch vorbei«. (Also das führt hier eventüll zu weit, aber den Anfang könnt ich glaub ich so lassen.)

Als mein Urgroßvater von uns ging (um nicht zu sagen: als er elendiglich krepierte, Hinterwandinfarkt, Hüftgelenk, Arthrose, drei Schlaganfälle), brach für mich eine Welt zusammen. Meine Trauerarbeit nahm kein Ende. (Er lebt noch, ätsch! hat erst gestern 3 Aufsichtsräte gefeuert und als Zugabe seinen langjährigen Chauffeur Karlheinz, eine Seele von Mensch!) Als eine schwergeprüfte Mitbürgerin, weil ich ihr einmal kein Kleingeld gab, einen Fluch über mich brachte, machte mir das seelisch tagelang sehr zu schaffen. Wer mich kennt, bezeugt: Als Soldat wär ich ein Witz, schon rein optisch. Jeder Aggressor würde nur grinsen müssen, über mein gewinnendes Lächeln und last but not least meine positive Gesamtausstrahlung. In diesem Sinne ernähren meine von mir bekehrten Geschwister Reinhold, Antje, Anita, Bodo und Eberhard und natürlich ich uns und mich rein laktovegetabil, zum Kopfschütteln unseres Vaters Heinz-Otto und zum Wutschnauben meines Urgroßvaters Dr. Johann Adam Holbein! Den Siegelring seiner Vorfahren wird er mir nur kredenzen, und als Zugabe Führerschein, Porsche, Leibrente etc., wenn ich 1.) das Abitur mit 1 mache, 2.) Kurzhaar trage (obwohl er fast blind ist), 3.) mich absolut von seinen Haßobjekten distanziere (Russen, Schwule, Gammler, Hippies, Grüne, Ausländer, KDVs, Umweltschützer) und 4.) mich bei Ihnen für mindestens 2 Jahre verpflichte. Ich aber such Aggression (und andere »niedere Instinkte«) umsonst in meiner Seele – ehrlich. (Wenn die wüßten!) Wobei ich den angeborenen »Liebestrieb des Menschen«, den auch ich als Mann und junger Mensch in mir einigermaßen pulsieren fühle, ausdrücklich nicht zu den »niederen Trieben« gerechnet wissen möchte, im Gegenteil. Doch nicht hierüber möcht' ich mich an dieser Stelle verbreiten, sondern nun zurück zu mir in meiner »gesellschaftlichen Funktion« als potentieller Rekrut:

Schon immer galt ich als harmlos. Zudem spürte ich noch nie Impulse, die Legotürme meiner Spielkameraden destruktiv zu zermalmen. Wenn »böse Buben« meine Polizeiautos einheimsten, sorry: meine Teddys und Püppchen, so eroberte ich stets nie was zurück und wehrte mich nicht. An den menschenverächtlichen Äußerungen zynischer Mitschüler – leider auch in den höheren Jahrgangsstufen – litt ich Unsägliches. Keiner verstand mein Leiden und mich. Einer (Name ist dem Antragsteller bekannt) sagte mir leider mit überzeugendem Gesichtsausdruck: »Hoffentlich kommt's bald zum ›Großen Knall‹! Ich häng sowieso nich' am Leben.« Bekanntlich hat der 2. Weltkrieg 99 % von Kassels Altstadt für immer zerstört. Angesichts der letzten Fachwerkhäuser witzelte unser stellvertretender Klassenprimus B. Hartmann: »Hier sind im Krieg ein paar Bomben zuwenig gefallen!« Das traf mich (den man, vom Spitznamen her, zu Recht »Unschuldslämmchen« nannte, kurz: »Lämmchen«) im Innersten. Wenn ein anderer Mitschüler, dessen Namen ich hier gleichfalls ausdrücklich nicht totschweigen möchte – er hieß und heißt Axel Fux! –, unsere Mitmenschen lieblos »Funktionsträger« und ältere Mitbürgerinnen »Friedhofsgemüse« und »Sitzmumien« nannte, hätt ich ihm am liebsten den Hals umdrehen können. Eine promovierte Studienrätin nannte er: »Frau Dr. Menopause«; meinen allgemein beliebten Lieblingslehrer (Herrn Mangel) definierte er abwechselnd als »kaum hochgezüchtetes Säugetier« und als »Pappkamerad«. Seine Lieblingslektüre: »Hitlers Tischgespräche«. Angesichts von größeren friedlichen Menschenansammlungen z. B. in der Königsstraße Kassel sehnte sich besagter Mitschüler, der hoffentlich von Ihnen nicht als »untauglich« eingestuft werden wird, nach »dem Großen Nudelholz«, wie er es gern gelegentlich nannte. Obwohl ich zeitweise sowohl mit Hartmann wie mit Fux oberflächlich befreundet war, konnte ich deren verletzende Vernichtungsphantasien kaum teilen. Angesichts solcher Tendenzen in der »hoffnungsvollen« Jugend eines humanistischen Gymnasiums im Lande Hessen seh' ich mich außerstande, genauso sein zu wollen, wie sowieso alle sein müssen. Sicher werden Sie jetzt sagen: »Aber schläft nicht auch in Ihnen, junger Mann, ein Funke Heimatliebe?« Herr Vorsitzender! In mir wohnt bloß Sehnsucht nach Verständnis und umfassender Menschenliebe von Mensch zu Mensch, nach Wald und Heu, nach psychischer und auch physischer Bereicherung, dies durchaus auch »im körperlichen Sinne« verstanden. Meine Große Liebe zur Ernsten Musik, vor allem zu Bachkantaten von J.S. Bach – naja usw. Zugleich glaube ich 1.) an ein friedliches Miteinander auch solcher Funktionsträger, die sich im Innersten ewig fremd bleiben müssen, 2.) an die Einmaligkeit jedes Einzelnen, auf die bereits Jesus, Hermann Hesse u.a. aufmerksam machten und die Axel Fux leider allzu plausibel widerlegte, und nicht zuletzt an die »vielzitierten Wunder der Natur«. Oft steh ich leuchtenden Auges und offenen Mundes im Sommerwind unter leuchtenden Wolken vor kleinen Gänseblumen, 18 km von hier, am Dörnberg bei Zierenberg, und staune bedingungslos, wie die ewige Natur sowas Schönes – o Gott, Freunde, das kauft mir keine Sau ab! So kann ich da nicht rangehn. Mit Tränendrüse, reiner Poesie und voller Hose weck ich nur üble Instinkte à la: »Dem Duckmäuser wolln wir mal zeigen, wo der Hase läuft! Helm drauf und ab in den Matsch! Aus dem wird auch noch was!« Zu Befehl, Herr Feldwebel, ich geb ja zu: Vielleicht bin ich schlimmer, als ich aussieh. Auch in mir wohnen irgendwo tief drinnen im innersten Busen – äh, wie soll ich sagen: schwule, pädophile, rechtsextreme Instinkte, vielleicht gar ein potentieller Mörder. Man muß ihn nur wecken. Demgemäß spürte ich von frühauf, sobald allerlei Bauklotz-KZs unter meinem Beschuß einstürzten, tief in mir eine Art… wie soll ich's nennen… Lust, ja, Wollust, nun ja. Also Vorsicht, meine Herren! In Kürze hab ich eine MG in der Hand! Die gern auch mal nach hinten losgeht! Sie werden staunen, wie mein wahres Ich aus mir hervorbrechen wird, mein innerer Axel Fux, wie er leider wohl in jedem Menschen lauert! Nicht umsonst trag ich die militärische DNS meiner Stammväter z.T. in mir, z.T. mitten im Gesicht (Nase). Mit Inbrunst werde ich alle Pappkumpel vollzählig durchsieben! Und todesmutig Sandsäcke aufschlitzen! Mit glitzernden Äuglein! Au ja! Doch keine

Soldaten sind schöne Leute

Angst, liebe Bundeswehr, ich weiß, was sich gehört, vor allem in Friedenszeiten. In erster Linie denke ich konstruktiv, zumal ich tiefe, katholisch definierbare Gläubigkeit in mir spüre. Ersatzdienst könnte ich mir auch im Pflegebereich oder im Sektor Kinderbetreuung vorstellen. Zwar bin ich psychisch zur Zeit noch nicht ganz in der Lage, die chassidische Weisheit zu verinnerlichen: »Wer nicht bereit ist, einem pestkranken Kind die Eiterbeulen auszusaugen, ist noch nicht mal zur halben Höhe der Menschenliebe hinaufgelangt«, aber ich arbeite dran. Bitte nun gehorsam zurücktreten zu dürfen! Für Rückfragen jederzeit stramm und hochachtungsvoll zur Verfügung stehend: Unterzeichneter

P.S. Polizeiliches Führungszeugnis wird nachgereicht.

### Tropfprobleme bei UHU-Tuben

Sehr geehrte Damen und Herren, seit 30 Jahren benutze ich Produkte Ihres Hauses und fand bisher nie etwas zu monieren; Getröpfel nahm ich als gottgegeben hin. Dennoch freute ich mich sehr, als neulich UHU tropfstop auf den Markt kam. In der Tat tropfte es weniger, fast muß ich sagen: zu wenig; denn der Tubenkörper mußte, damit überhaupt UHU herauskam, derart fest gedrückt werden, daß wiederholte Klebetätigkeit zu Handweh führte.

Schon nach kurzem, bei kaum geleerter Tube, entstand grundlos ein Löchlein im vorderen Drittel des Tubenkörpers, durch das eine UHU-Blase austrat. Bei fortschreitender Benutzung vergrößerte sie sich sehr. Sie können sich vorstellen, was unter solchen Umständen der Umgang mit UHU für Ärger beschert: Geschmier, unnötigen UHU-Verbrauch, verklebte Finger, mit Klebfäden verdorbene Papiere, besudelte Gummi-Unterlage etc.

Bei der nächsten Tube stellte sich derselbe Defekt ein. Bei der übernächsten Tube wollte ich auf UHU Alleskleber zurückgreifen; es war aber nur noch UHU tropfstop lieferbar. Offenbar hatte sich diese Sorte inzwischen durchgesetzt.

In summa: Auch bei vorsichtiger und fachgerechter Benutzung läuft UHU tropfstop vorzeitig aus. Seither habe ich etwa 12 solch ärgerlicher Tuben verbraucht und wende mich nun ratlos an Sie mit der Frage: Wer ersetzt mir das sinnlos verlorene UHU-Volumen? Wie kann ich dem regelmäßig auftretenden Schaden zukünftig ausweichen?

Ich bitte hiermit um eine Erklärung und baldige Ab-

stellung des Übels. In der Hoffnung, auch in Zukunft UHU-Kunde sein zu können, verbleibe ich mit freundlichen Grüßen als Ihr U.H.U. = Ulrich Holbein, UHU-Benutzer.
P.S. Neulich probierte ich UHU ohne Lösungsmittel, nachkorrigierbar. Tatsächlich bildete sich hierbei kein Loch am Tubenkörper. Stattdessen blieben die geklebten Stellen derart lange nachkorrigierbar, daß sich die Teile auch dann noch von selbst verschoben, als ich sie schon als definitiv zusammengeklebt beiseite gelegt hatte! Immer diese Nachteile! UHU ohne Lösungsmittel ist also auch keine Lösung für mich! Außerdem riecht es nicht so angenehm wie UHU Alleskleber.
*(Brief an die UHU-GmbH in 7815 Bühl, bitte an die zuständigen Ansprechpartner weiterreichen)*

## Vielen berühmten Deutschen sind ihre vielen Vorbilder wichtig

Obwohl Vorbilder Halt, Identität und Selbstwertgefühl stiften, hat Kai Diekmann keins. Dagmar Berghoff, Sabine Christiansen und Michael Otto wollen kein Vorbild haben, sondern sich selber finden, lieber schlechtes Original als perfekte Kopie »sein«. Erich von Däniken und Maxim Biller distanzieren sich von ihren Vorbildern Wernher von Braun, Bob Dylan, Boris Pasternak, die sie aber keinesfalls – zwei Antipoden, ein Gedanke! – »sein« wollen. So eigenständig können Goethe, Nietzsche, Bach noch lange nicht »sein« und kleben an ihren Wahl-Vorbildern Vivaldi, Hafis und Malwida von Meysenbug. Oskar Schindler hat als Vorbild (genau wie Albert Einstein) Albert Schweitzer – o je, alles voll Doppelbuchungen!

Thomas Mann hat u. a. Bismarck zum Vorbild. Bismarck hat Schiller. Schiller hat Klopstock – überall Freß- und Lichterketten! Von 111 Befragten nennen 106 statt Jesus andere Leute. Bloß Konrad Adenauer, Rudi Dutschke (!), Bascha Mika und Albert Schweitzer nennen Jesus als Vorbild. Auch für Eugen Drewermann ist ganz entscheidend die Person Jesu. Dietrich Bonhoeffer hingegen begnügt sich mit Karl Rahner als Vorbild, und mit Gandhi, den er sich mit Gregor Gysi, Günter Wallraff und – Drewermann teilen muß. Wolfgang Huber (genau wie Jürgen Flimm!) nennt Dietrich Bonhoeffer, der genauso oft wie Jesus als Vorbild genannt wird, laut Dana Horáková, die als ihre persönlichen Vorbilder den braven Soldaten Schwejk, Hypatia, Erasmus von Rotterdam und Václav Havel nennt. Männer (Dutschke) neigen mehr zu Herbert, Frauen (Hildegrad Knef) mehr zu Ludwig Marcuse. Uschi Glas nennt Marc Aurel. Petra Kelly nennt ihre Omi Kunigunde, Lysistrata, Anne Frank, George Sand. Margot Käßmann nennt ihre Oma und Martin Luther King. Michel Friedman nennt seine Eltern, als Haus-Vorbilder. Andere nennen auch ihre Eltern. Freud und Marx hingegen haben Darwin zum Vorbild. Wolf Biermann nennt Hanns Eisler.

Und umgekehrt: Picasso ist ein Vorbild von Paul Wunderlich und noch irgendwem (erst verblättert, dann abgetaucht). Willy Brandt (zusammen mit Al Gore, Helme Heine und Gregor Gottschalk eins der Vorbilder Peter Maffays!) nennt August Bebel (den er sich mit Marion Gräfin Dönhoffs Vorbild Rosa Luxemburg teilt!), Julius Leber, Ernst Reuter und Charles de Gaulle. Heine (Heinrich) ist ein Vorbild von Mann (Thomas), Nietzsche und Franz Josef Wagner. Mathilde Wesendonck war Wagners Isolde. Prof. Fottner, der Leiter des Instituts für Stahlantriebe an der Bundeswehr-Universität in Neubiberg, war das Vorbild Thomas Reiters. Mann wurde von Reich-Ranicki (genauso wenig wie Alfred Kerr) weder »imitiert« noch »nachgeahmt«. Adorno, zur Strafe, daß er in »Ohne Leitbild« weder Leitkultur noch Vorbilder ungeschoren ließ, wählte keiner zur Leitfigur, dafür aber Ernst Nolte – wenigstens Hans Georg Gadamer! Udo Jürgens (und Peter Maffay!) nennen u. a. Hans Dietrich Genscher, Oliver Kahn, Toni Schumacher (und Helmut Schmidt!), Joachim Hunold – »Dr. Helmut Kohl«. Hardy Krüger nennt gleichfalls (genau wie Sky du Mont und Justus Frantz!) Helmut Schmidt, darüber hinaus Beethoven und H. Böll (den auch Romy Schneider nennt). James Last nennt Bach (den auch A. Schweitzer nennt), Debussy, Stockhausen, Count Basie, die Beatles. H. Schmidt nennt Leber, Ebert, Wehner und – Kant. Uwe Seeler hingegen nennt (statt Böll und Bach und Kant) Fritz Walter. Elvira Bach nennt als Wegweiser Andy Warhol, Christian Wulf – seine Lehrerin Frau Heine und Günter Netzer. Einstein: Kant. Beethoven stellt Händel über Mozart. Henkel (Hans-Olaf) nennt Charlie Parker und BDI-Präsident Till Neckar. Eva Herman nennt (genau wie Rolf Zuckowski) Astrid Lindgren. Horst Eberhard Richter (genau wie Hans Jochen Raschke) nennt Nelson Mandela; Dirk Nowitzki: Michael Jordan, und nicht zuletzt Hermann Parzinger: Georg Kossack. Nina Hagen läßt sich von ihren Vorbildern Babaji, Muniraji, den Ureinwohnern Hawais, Mohammed und – vom Wasser (!) Selbstwertgefühl, Identität und nicht zuletzt – Halt vermitteln.

Lesetip: – Dana Horáková: VORBILDER, Berühmte Deutsche erzählen, wer ihnen wichtig ist, 415 Seiten, Marix Verlag Wiesbaden, 2007

# AB UND ZU EINE WELT RETTEN

## Ich rette nicht nur Ohrwürmern das Leben

Ab dem Jahr 2050 soll der Treibhausausstoß halbiert werden, auch wenn China und Indien ihn pausenlos verdoppeln, und die andern natürlich erst recht, trotz aller hochgezogenen Stacheldraht-KZs, um darin vor Gipfelgegnern und Clownsarmeen zu schützende Gipfel-VIPS weitere Halbierungen im überüberübernächsten Jahrzehnt beschließen zu lassen, alles genau wie im Casus der Legebatterien, die man 1997 fürs Jahr 2002 abzuschaffen ankündigte, so als wäre Dachau, nachdem man erkannt hatte, daß sowas von der Ethik her nicht vertretbar, menschlich und gut sei, noch bis 1953 im Sinne der Gründungsväter fortgeführt worden. Dann aber ließ man die Verbraucher das Federvieh weiter quälen, weil ja alle Hühner-KZs bloß in Billiglohnländer verlegt und keine einzige der 40 Millionen bundesdeutschen Legehennen ungequält bleiben würde, deren jede im Jahr 299 Eier legen muß, damit die BRD im Jahr 7 Milliarden Eier fressen kann – wozu!?!! Denn absolut jeder Deutsche – Neugeborene und Vegetarier mitgerechnet – will im Leben nicht nur 4777 kg Fleisch und 1141 kg Fisch wegputzen, sondern vor allem auch 17628 Eier.

Wie kläglich sehn dagegen meine persönlichen Versuche aus, das Leid der Welt bescheiden zu verkleinern. Nicht nur rett' ich pro Tag ein Frühstücksei vor dem sicheren Verzehrtwerden durch meinen Organismus und mich. Nicht nur bleiben durch meinen wunderbar unfanatischen Vegetarismus im Lauf von 76 wohlschmeckenden Lebensjahren 32 Schweine am Leben; denn umgerechnet frißt jeder Bundesbürger pro Jahr eine halbe Sau. Sondern neulich rettete ich sogar recht aktiv einem

Huhn das Leben! Einem Huhn! Ich! Obwohl ich mich eigentlich eher als Ästhet betrachte, im Sinne Kierkegaards (über den ein bayrischer Minister des Namens Edmund Stoiber in der Rede seines Ghostwriters stolperte und ihn ausversehn »Kirkehart« aussprach) und erst in zweiter Linie als DLRG-Schein-Besitzer. Ich rettete es nicht etwa indirekt, indem ich in der Mensa der TH Darmstadt Salat fraß, nein, äußerst direkt rettete ich das kleine, aufgeregt gackernde Leben. Nicht, daß nochmal Heino Brichnull von mir behauptet, ich sei genauso wie Axel Fux zerfressen von Menschenhaß, nur weil ich mal beiläufig geäußert habe, es würden in der Bahnhofsgegend von Dortmund ziemlich viele Leute herumlaufen. Meine Rettung eines Huhns aber verlief so:

Bilche, Haselmäuse und Siebenschläfer stehen unter Naturschutz. Nichts gegen unfreiwillige Haustiere, aber allein diesen Sommer hab ich im Holzzelt meines Schlafzimmers, auf das neulich im September ganz besonders dicke Eicheln prasselten und hierbei sogar Schindeln perforierten, woraus der bäuerliche Schluß gezogen werden kann, ein harter Winter steht bevor, eine neue Eiszeit, garantiert bedingt durch apokalyptisch abreißenden Golfstrom, zumal die Wildgänse heuer ziemlich früh und zügig vorbeikamen, auf dem Weg von Dänemark nach Ägypten, und sich nicht lang aufhielten rund ums Knüllköpfchen, kurz: Wenn ich den Siebenschläfer, den ich nachts in der Lebendfalle fing, auf daß er mir nicht länger neben's Kopfkissen kacke, im Naturschutzgebiet beim Wildpark Knüllwald aussetzen möchte, komm ich an zwölf Truthähnen vorbei – neuerdings sind's nur noch neun – und vorher kurz am EDEKA und ersatzlos zugemachter Poststelle am Gehöft des Bauern Nickel, der neulich die vorletzte Dorflinde abschlug mit der Begründung: »Is' doch nur Unkraut. Wächst doch widder nach, das Zeuch!«, allwo Dackel Purzel, der mit der Zornesfalte, mich diesmal nicht anblaffte, sondern seinem hohem Alter zum Trotz eins der freilaufenden Hühner in der Schnauze hielt, so schuldlos wie bissig. Gakeleja, mit herabhängenden Flügeln, ließ reglos das Massaker über sich ergehn. Statt nun aber den ewigen heiligen Kreislauf allen Sterbens, Werdens und Stoffwechselns durchlaufen zu lassen, wie er nun mal immer und allerorten abrollt, verweigerte ich Mutti Natur den Kotau und griff beherzt ein: Zornwurst Purzel, als ich mit möglichst zoologischer Drohgebärde heranfegte, ließ los und schwirrte ab. Ich klingelte dann bei Familie Nickel. Die kamen teigbleich und banal hervor und guckten auf meinen Zeigefinger, den ich in Richtung Huhn hielt. Immer noch in Angststarre saß es da, im Kreis seiner gelassenen Federn und starrte blicklos – unnachahmlich unbeteiligt – in eine metaphysische Ferne, als sein eigenes Standbild. Frau Nickel nahm's auf den Arm, das steife Opfer, in das langsam wieder Leben kam, und warf es in die Sozietät seiner pickenden Legegemeinschaft. Gerupft rannte es hierhin und dahin, besinnungslos, sichtlich ohne jede unangenehme Erinnerung, pickte irgendwohin, so wahllos wie möglich und üblich, warf ruckhaft sein knallrotes Geklunkere herum. So bin ich nun mal – der gute Mensch von Allmuthshausen, der geborene Hühnerretter. Hinterher kamen mir dann Skrupel: Wieso focht ich auf Seiten von Nickels perverser Bratpfanne? Statt auf Seiten der natürlichen Triebe eines unverdorbenen Dackels! Ach ja: heirate, du wirst es bereuen, heirate nicht, du wirst es auch bereuen, tu keins von beidem, du wirst alles bereuen, worauf bereits der Kierkegaardleser Heino Brichnull aufmerksam machte.

Fazit: Leute kenn ich, die heilen und retten ständig die Welt. Ich für meinen Teil rettete für den Anfang immerhin ein Huhn. Möge Shiva mir's vergelten. Falls ich an den glaube, und um auch den zu retten, glaub ich natürlich sehr an ihn, und um mich im nächsten Leben gackernd von einem Menschen retten zu lassen, der in diesem Leben Purzel heißt.

Das kann sich nur steigern. Das steigerte sich tatsächlich. Neuerdings rett ich immer größere Formate. In einem runtergekommenen Zoo bei Cottbus ahnten dortige DDR-Bärenhüter mangels Grzimek-Basiswissen wohl nicht, daß Bären Gemischtköstler sind, und legten ihnen immer nur Eintagsküken hin, sonst nichts. Das Männchen starb; die rheumatische, weil auf nackten Beton gebettete Bärin wurde depressiv und appetitlos, so daß man sie einschläfern wollte (da wußte man wohl, wie's geht; genau wie man hierzulande im Knüll genau weiß, wie man Bäume verstümmelt und umlegt, aber nicht, wie man sie hütet, rettet oder schön findet). Der Direktor des Wildparks Knüllwald, 30 Fußminuten von mir entfernt (Damwild, Wildsäue, Waschbären, freilaufende Hirschkühe, die dir grußlos vor Gier die Futtertüten aus der Hand reißen), erbarmte sich und nahm die Problembärin auf, im Herbst 2006. Nach dem Winterschlaf mochte die pelzige Witwe nichts mehr fressen (tödliche Sehnsucht nach Cottbus?) und schickte sich an zu verhungern. Nun trat ich in die Story ein – mit einem Armvoll garteneigenen Bärlauchs (weißblühend), der der Bärin dann hingelegt wurde. Die nippte davon; Glanz trat in ihre Augen; vergessene Freß- und Lebenslust erwachten unverhofft – nun frißt sie alles. Zoologen wissen sowas offenbar nicht, obwohl's in jedem Kräuter- und Aberglauben-Buch seit Jahrhunderten drinsteht. So also rettete unsereins ein großes Tier, also fast schon was Höheres.

Präsident Bush rettet pro Jahr einen Truthahn

## Weltrettung im Forellenhof

Mutti ißt sehr gern »Füsch«. Ich hingegen find es schön, bisweilen nicht nur Fögel, sondern auch Vische zu retten, z. B. vorm Tod. Ewald Rumpfs diverse Hochzeiten sind oft auch sehr schön, z. B. mit Braut Brigitte, er in Rockschößen und Zylinder als Herrenhuter, Quäker oder auch Landpfarrer von Wakefield, wie aus dem 19. Jahrhundert geschnitten, optisch wirklich überzeugend. Ich wie immer mitten zwischen den dreißig bis vierzig

Hochzeitsgästen, als Trauzeuge, gegebenenfalls Taufpate und für alle Fälle Ersatzbräutigam. Dann setzt sich die echte Hochzeitskutsche in Bewegung, gezogen von Fritz Nödings Pferden, Autos vornweg, Autos hinterdrein, Riesenkarawane, von weither aus Nürnberg, Fürth, München, Kassel und anderswo angereiste Sippen, Massen und Familien, auf dem Weg zum Forellenhof zwischen Remsfeld und Ulrichsmühle, vorbei im Autobahndröhnen (Kassel/Fulda) an viel nordhessischem Fachwerk, und dann an Wasserbassins in schönster Knüllwaldlandschaft, Mittelgebirge, und überall blinken die Fischleiber hervor und fliehen schwarmweise vor uns, die wir dran vorbeipilgern, ans andere Ende des Nichtschwimmerbeckens, Hunderte pro Becken, mindestens Dutzende, also so ungefähr, übern Daumen gepeilt – Kopfrechnen schwach –, so etwa ungefähr dreißig bis vierzig Tiere pro Becken.

Innen saßen dann die unverbrüchlichen Busenfreunde Ewald und Ulrich, sehr schwarzbefrackt, in Sichtweite an den blumenbestraußten Tafeln, und anhand gegenseitiger Beobachtung fiel uns recht unvermittelt ein, daß wir ja eigentlich überzeugte Pazifisten, Kriegsdienstverweigerer, Tierfreunde, Schöngeister und vor allem Vegetarier sind, wir hatten noch nie einander Wurst und Fleisch essen sehen. Ich ahnte, daß ich – unrühmlich integriert in eine geschlossene Gesellschaft bedenkenloser Fischvertilger – ohne Ewald kaum die Courage besessen hätte, mich dem Kollektivschuld teilenden Lustgelage standhaft zu entziehen, und Ewald, der auf dem Stückhof nicht mal Fliegenklebstreifen duldete, mochte parallel Ähnliches ahnen, zumal er andernorts, in meiner Abwesenheit, auf Durchreise in Bayern durchaus mal ein Weißwürstel im Donisel zu verzehren pflegte; und sogar ich, unbeobachtet von Ewald, biß wohl mal irgendwo heimlich in eine nicht weiter mitgezählte Currywurst am Königsplatz Kassel, so ausnahmsweise wie nachweislich. Meistens und grundsätzlich aber war es uns wichtig, im Gegensatz zu Manfred Hain und Ottando Pirn und Millionen anderen, streng vegetarisch zu leben, Ewald aus ethischen, ästhetischen, religiösen und soziologischen Gründen, ich aus Mitleid mit der wehrlosen Schöpfung. Vermutlich hätte jeder, wenn der andere strenge Freund nicht dabei gewesen wäre, durchaus in der kannibalischen Freßmeute unkontrolliert mitgemampft, so aber saß der eine Idealfreund jeweils als das wachende personifizierte Gewissen des anderen da, und Ewald gab ernsten Angesichts die fällige Speisezetteländerung der Küche kurzfristig bekannt. 35 der 37 Gäste stürzten sich also nun, zwischen besagten Blumensträußen, auf 37 Teller minus zwei, bzw. auf 35 Forellen. 35 der 37 Geschöpfe – sogar Mama Margitta! – zerlegten fachkundig 35 Geschöpfe, sortierten deren Gräten kauend, lachend und lobend aus und ächzten problemlos und schuldfrei vor lauter unverbotener Wonne. Ewald und ich stocherten überaus neutral, in ethischer Hinsicht vorbildhaft heroisch, in den beiden hilflos herbeigeschafften, mager ausfallenden Verlegenheitsmahlzeiten, genauer: in ausgelaugter, auffallend ungewürzter, völlig geschmackloser Dünstkartoffelbeilage, nebst verwelkter Petersilie und zerkochtem, grün gewesenem Matsch. Auf 35 der 37 Tellerränder sammelten sich zarte Skelette und unabgenagte Köpfe an, mit blicklosen Augen. Bald flog die gutgelaunte, optimal gesättigte Tafelgesellschaft auf. Ewald und ich blieben noch mit rätselhaften Gesichtsausdrücken – und nicht sehr satt und seltsam beklemmt – im Lokal zurück, die gewaltige Rechung zu begleichen; Ewald überreichte viele Scheine und ungeheure Trinkgelder.

Nun begaben wir uns nach draußen; schweigsam in unseren schwarzen Fräcken der vorausgegangenen, zerstreuten, gen Parkplatz pilgernden Verdauungsmeute hinterdrein. Wir kamen wieder an den Wasserbassins vorbei, eins davon ganz ohne Massenauflauf und quirlende Überfüllung, d. h. völlig leer bzw.: ein einziges Forellenpärchen floh vor unseren Schatten in absolut simultaner Wegwärtsbewegung an den gegenüberliegenden Beckenrand, in elegantester Doppelkurve, beide Fische absolut identisch, bis ins feinabgestimmte Fächeln transparenter Kopfflossen hinein, und erst nach soundsoviel Sekunden ging mir auf, und sicher simultan auch Ewald: Das sind nicht irgendwelche Forellen, sondern: Zwei Busenfreunde, Doppelgänger, Bartträger, Fraß-Asketen standen in angemessener Trauerkleidung vor zwei abbestellten, wunderbar unverspeisten Speisefischen: Ewalds Forelle, Ulrichs Forelle, einem Hohen Paar, Dualseelen in Fischgestalt, zwei Verschonte, zwei letzte Mohikaner, Adam und Eva nach dem Weltuntergang, die jetzt furchtlos genau auf uns zuschwammen, sanfter Flossenschlag, schönschuppig, lebendig... im Sonnenlicht zogen sie glitzernde Kielrinnen hinter sich her; Wasserlinien überschnitten sich geometrisch in der Sonne und blinkten ganz wunderlieblich – tat twam asi – wer ein Leben rettet, hat die ganze Welt gerettet, laut Talmud. Vier Geschöpfe im Parallelogramm, symmetrisch, Gesicht zu Gesicht – zwei Fischschnauzen zeigten auf vier Schuhspitzen, welch Konstellation! Der Moment war aber sofort entwertet und vorbei; links und rechts strömten und schwappten vom Parkplatz her bereits die nächsten Freßgemeinschaften auf den Forellenhof zu. Tief getroffen – wundersam erhoben – stiegen wir in die Hochzeitskutsche, wo Braut Brigitte dem Bräutigam spürbar irgendwas übelnahm, aber zur Feier des Tages verkniff sie sich den in der Luft schwebenden Rüffel, wo er solang bleibe. (Dabei hatten wir am Becken nur höchstens 20 Sekunden gestanden.)

## Spätfolgen einer Spätleerung

Damals im Frühdienst retteten Dr. Sauer, Schwester Julia (die ich neuerdings Schwester Elmexa nenne) und nicht zuletzt ich zwei alten Damen nach erfolgtem Suizidversuch jeweils das Leben. Die eine – Frau Müller – hatte nun wirklich alles richtig gemacht: hatte genügend XXX besorgt (Medikamentenname verschweig' ich allen Nachahmungstätern hiermit), plus kompetenterweise YYY (pst!), um XXX nicht gleich wieder auszukotzen, hatte zudem (als Mitglied der Gesellschaft für humanes Sterben!) ein beglaubigtes Testament verfaßt, freitags einen Abschiedsbrief hinterlegt, und alles an den Zoologischen Garten gesandt, speziell an Prof. Grzimek, als Alleinerben (statt an den Kleintierzoo Rammelsberg in Kassel-Wilhelmshöhe). Nur eins nicht einkalkuliert: die Effizienz der Deutschen Bundespost. Frau Müller hatte den Roten Punkt übersehn: Spätleerung 21.45 Uhr. Geöffnet wurde der Brief von der Zooverwaltung bereits Samstagmorgen. Tatütata brauste der Notarzt zur guten Adresse. Frau Müller schlief drei Tage lang ihre Agonie bei uns aus, schrie im Spätdienst Schwester Klara (und mich) an: »Kann man nicht mal in Ruhe sterben!« Und fing dann sogar noch an, mich – angesteckt von Mitpatientinnen – »Schwester Uli« zu nennen und mein Pferdeschwänzchen erstaunlich vehement zu kritisieren (welch Restpower!). Hatte sie nicht mitbekommen, daß man sowas seit 1969 zu tolerieren hat? Im Spülraum neben Schwester

Julia Sauerstoffanschlüsse eintütend und Miltonbecher ausweichend, fragte ich: »Ob wohl der Zoo einen Moment lang gezögert hat, den Notdienst zu verständigen? Ob das bereits der Brieföffner entscheiden durfte, oder erst der Chef des Chefs?«

»Und beim nächsten Mal bitte die Leerungszeiten beachten«, nuschelte Dr. Sauer bei Frau Müllers Entlassung, im Vertrauen auf ihr defektes Hörgerät. Statt daß sie aber – wie die andere Dame – zwei Tage später nochmal eingeliefert wurde, traf ich Frau Müller fünf Tage später im Zoo, natürlich rein zufällig. Ich war sehr nett zu ihr, sehr, hörte zu, plauderte, flocht Reiseerlebnisse aus Westafrika ein, zeigte beneidenswerte Spezialkenntnisse nicht nur über Gnu und Giraffe, erzählte vor allem dies, das und jenes vom Waldrapp, den seit Jahrhunderten leider ausgestorbenen mitteleuropäischen Bruder des Ibis, diesen heiligen Vogel der alten Ägypter. Und lud Frau Müller (Gesichtsfarbe: Camembert; Gesamteindruck: irreparabel) bei dieser Gelegenheit zum Kaffee ein, obwohl ich eigentlich ein amouröses, sehr weißbezahntes Date im Café Paulus hatte.

Da saßen wir nun. Tabuthemen schnitt ich nicht an. Sie rollte mir ihr Leben auf: Jugend in Breslau, Krieg, Flucht, kinderlos, verwitwet, Südfrüchtehandel – unauffällig schielte ich auf die Uhr, schaltete auf Durchzug, verfluchte mich und meine seelsorgerische Humanität, dann aber lauschte ich auf: ihr 96jähriger Bruder hatte leider nichts für Tiere übrig. Dem sie den Haushalt führte; der ständig Anwälte feuerte und als Zugabe ab und zu seinen (leberleidenden) Chauffeur, und der vom Rollstuhl aus sein ehemaliges, pharmazeutisch definiertes XXX-Imperium weiterhin zu regieren strebte – kurz und gut: Sie lud mich auf ihr Schloß, wo in neogotischen Empfangshallen die kaum von Alzheimer perforierte Machthülse in seine

Handys krähte: »Mein letztes Angebot!« Ergeben ließ ich mir von ihr die Künstlermähne kürzen. Oft nahm sie mich mit in den Zoo (Jahreskarte!), ich sie oft mit in Kammerkonzerte (Opus 131 in cis-moll!). Zu Weihnachten bekam ich von ihr meine Befreiung aus dem Sozialdienst geschenkt, verliebte mich in die Bratschistin, heiratete Schwester Julia – und suhle mich nun als Alleinerbe und Schloßherr im vorläufigen Trugschluß meines Lügenmärchens. Oder etwa meiner Schweigepflichtsverletzung? Hauptsache, alter Baumbestand! Putzmunter umjauchzt von zwei, drei auffallend weißbezahnten Töchterlein... genauer: Florinde, Selina und Rapunzel Holbein, die sich leider mehr für Barbies interessieren als für Beethovens Spätwerk. Und drei Monate im Jahr fliegen wir nach Westafrika, genauer: nach Zimbabwe. In meinen selbst entworfenen Briefkopf arbeitete ich ein nicht unbegabtes Waldrapp-Motiv ein. Es geht mir ganz gut. Trotzdem steck ich in ernsthafter Lebenskrise, die aber ein anderes Kapitel wäre. Täglich hör ich die späte Bratschensonate von Brahms – Johannes. Ich fühle mich unausgefüllt. Ich spiele mit allen möglichen Gedanken, außer mit Selbstmordgedanken. Zwar würd ich mit XXX & YYY alles mögliche richtigmachen. Aber ausgerechnet der herzlose Bernhard Hartmann würde dann an meiner physischen Hülle herumreanimieren, was ich zu verhindern hoffe.

# ENDLICH SCHÖNHEIT!

## Heut früh sind alle Menschen schön!

Von Übernächtigung – nichts mehr spürbar. Im Gegenteil: Morgenlicht fiel optimal in die Straßenschluchten zwischen Lassallestraße und Kirchweg. Alle Leute schauten heut früh ungewohnt günstig aus, geradezu vorzeigbar – seit wann denn das!? Plötzlich verblüffend häufig vorhanden: schöne Menschen. Alles rundum flutete, lachte, glitzerte. Abgase störten kaum. Zweckarchitektur sah heut so tolerierbar aus. Fensterfronten, objektiv total neutralgrau und trostlos, leuchteten wundersam auf. Unglaublich, aber die Welt, die gestern abend noch so verschandelte, ließ... sowas wie Fluidum spüren... überdeutlich, zwischen zwei Fingern. Undefinierbares durchrieselte – mich. Tief, bis in letzte Lungenbaum-Verästelungen, atmete ich ein, der ich ungläubig die Braue tupfte. Hatte mir Julia was in den Muckefuck gemixt? Blitzdiagnose: Verdacht auf Überproduktion an Weckamin oder Endorphin. (Oder Dopamin?) Kein Rausschmiß konnte mir jetzt noch etwas anhaben! Kein Axel Fux der Welt mir jetzt je noch etwas madig machen! Umfassend erlöst atmete ich aus. Prompt bahnten sich in mir Bonmots und Thesen an: »Heut früh gibt's keine unschönen Menschen!« »Auf dieser Welt gibt's weder häßliche Gesichter noch böse Leute!«

Allerdings fuhr in 4 Minuten meine 8. Alle halbe Minute unterdessen ein Kick: Zwei, drei Idealgesäße strebten 5 m an mir vorbei, süperb eingepackt, und kreisten backenmäßig unsagbar heiratsfähig, in absolut restlos entzückenden Wechselschwellungen, um eine virtuelle Mittelachse. Und keine hatte, wenn eine sich umdrehte bzw. ich in sanftem Travelling drumherumfuhr – eine abtörnende Visage auf! Welch Augenaufschlag! Nichts sackte ab zu bloßer Teilschönheit. Da – eine deutlich aufgebesserte Clara! Clara als lebendes Jugendstil-Zitat, Typ: Edelgazelle, o je, daß dergleichen heute noch gesichtet werden durfte! Diese Noblesse... Distinguität... dieses Worpswedekleid... da konnte jede Miss Universum einpacken gehn... Alabaster-Teint, gemalt von Anselm Feuerbach! Einziger Stilbruch allenfalls: Bubble Gum im zartgezeichneten Mund. Gleich daneben – eine Mega-Laura! Mir war, als wär ich glücklich. Ein Tränlein wollte mir ins Auge treten, blieb dann aber doch aus (wohl mangels Flüssigkeitszufuhr!?).

7 Uhr 47: Länger als sieben Sekunden staunte ich Haltestelle Bebelplatz an, seltsam frühlichtumflossen, auratisch lasiert, durchsättigt, farbentief, auf genial abschattiertem Mittelgrund – in summa: ein verfilmtes Ölgemälde. Und dies mitten im profanen Kassel! Minute um Minute ließ mein Sternstündchen ad libitum sich ausdehnen... und beibehalten. Heut kam wohl jedes dieser – sagenhaft lebendigen – Wesen in Frage, fast absolut jede! Sogar die da vorn, trotz Brille usw. Mein sonst stets nötiger Geheimkniff, die Quote des Wohlgefallens stabil zu halten, längst bestens automatisiert (Sieh nie länger hin als extrem kurz! 2 $^1/_2$ Sekunden pro Gesicht!), brauchte kaum angewendet zu werden. Oder lag alles nur an der Beleuchtung, versetzt mit Sepia-Ton? An meiner neuen Sonnenbrille!? Platonischer Aufgestautheit? Foppte mich altersbedingt Testostoton oder wie das hieß? Das wohl weniger. Denn selbst der Köter da, der einfach nur an seiner FLEXI 8 zog – wie tiefenplastisch! Polydimensional! Sein Bewegungsablauf überbot jedes Produkt hyperoptimaler Simulation durch und durch, sinnreich, geistvoll, bis ins Ohrgeschlabber hinein, und ließ Vokabeln wie »überirdisch«

oder »Transzendenz« glorios hinter sich! Die Serie der Mandelaugen riß nicht ab ... vorerst. Ich taumelte quer hindurch – bitte unbedingt weiter so! Noch eine Minute und 41 Sekunden.

»Bei soviel Ötzis, da muß ich reihern!« quäkte eine Stimme hinter mir. Mein Kopf wollte herumschießen – Reflexbeherrschung, steh mir bei! Zwar konnte die Quäke dem Niveau des wunderseligen Morgens nichts anhaben. Andererseits sahen die Menschen & Leute jetzt tatsächlich nicht mehr ganz so gutaussehend aus, bei objektiv gleichbleibenden Lichtverhältnissen. Manche Gesichter soffen binnen Sekunden zu Visagen ab. Das Morgenlicht wanderte auf fernglänzende Kupferdächer ab. Ich sah mich dann doch noch um (man will doch wissen, wen man haßt) – wer hatte mir meinen perfekten Moment vermasselt? Im Figurenstau der resopalgrau überdachten Haltestelle stand keiner, der in Frage kam. Das Trägerband meiner Umhängetasche schnitt jetzt sehr ein, vorher überhaupt nicht. Und die 8 kam nicht. 50 cm vor mir – ein Mitmensch. Ein leider recht benachteiligtes Gesicht. Oder sagen wir mal: ganz normal. Bis zum Hals versteinert – mpf! Leguanprofil. Brettharte Helmfrisur – Frau Laabs. Schultern, Hinterköpfe, Rasurhälse schoben sich zwischen Frau Laabs und mich. Unter übervollem Abfallcontainer lag eine Kotwurst, zur knappen Hälfte platt getreten. (Axel Fux hatte mal auf so eine gedeutet: »Da hast du deine geliebte Natur!«) Jetzt gab sie mir den Rest, diese Hundescheiße. Da kam die 8. Jung und Alt drängelten rein. Dann stieg halt auch ich ein. – Apropos Schönheit:

## Die Schönheit und der Brutalo

Dank Freikarte gab ich mich mal dazu her, pflichtgemäß über die documenta zu pilgern. Mein Reisegepäck – Riesenportionen kritischen Abstands und angeborenen Vorurteils – paarte ich mit einem Minimum an Offenheit für Erlebnisse, die allerdings voraussichtlich leider weitgehend ausbleiben würden, denn wozu sollte ich mal was erleben? Tatsächlich, auch diesmal ließ mich alles restlos kalt, ach ja, auch nicht kälter als üblich. Typisch Natur, und typisch – ich. Indolent latschte ich durch alles durch... refraktär... amusisch... kunstbanausisch... Obenrum zog ich vor nichts den Hut, kopfwehbehaftet, untenrum ging ich nicht in die Knie, fiel nicht auf den Bauch und machte nicht in die Hosen... desintressiert... einsam, und als Zugabe: hungrig. Der goldene Bilderrahmen um das Monitorbild skatspielender Afrikaner, vermutlich ein wirklich köstlich erhellender Einfall, rang meinem Humor keinerlei Lächeln ab. Keine Ahnung, was ich hier wollte. Viele Faces sahn viel zurechnungsfähiger aus als viele Exponate, ja, sogar schier künstlerisch, mindestens so hochintelligent wie Schimpansen, nein: noch viel höher. OPUS hieß Open Platform for Unlimited Signification, was aber die Menschheit auch nicht viel weiter brachte. Trotzdem, der Lichtstrahl Internationaler Kunstwelt fiel aufs Kuhdorf Kassel: Der Checkpoint zwischen Ramallah und Jerusalem, politisch hochrelevante Gegenwartskunst, bot bloß derart übersteuert eingespielten Verkehrslärm, daß vom Statement des documenta-Künstlers, eingeflogen aus Havanna, praktisch nur ein übertöntes »very important« rüberkam, gegenüber der unterwürfig verzückten Interviewerin; und

Filmaufnahmen, so unscharf und milchig, durchgehend überbelichtet, daß das Zeug jeder Fotokunde bei seinem Foto-Center als Ausschuß zurückgegeben hätte. Einzig die Aufschrift einer Holzkiste (schwarzgestrichen) »Wenn Gott überall ist, dann ist er auch in dieser Kiste!« – rang mir ein »Einverstanden« ab. Nur daß ich's noch viel extremer ausdrücken gewollt hätt: Gott ist nirgendwo, außer allenfalls in dieser Kiste! Unter Folterfotos stand erschütternderweise: »This could be you!«

Dann aber erschütterte mich tatsächlich was: 3 m entfernt vor mir: die allerschönste Frau der gesamten documenta, inclusive ganz Nordhessens, ja: der gesamten Nordhalbkugel – ein Schauder überlief mich –, inclusive Südhalbkugel! Waidwund heulte ich auf... natürlich lautlos, tief im Innenleben, im innersten Busen meiner sagenhaft introvertierten Gesamtpersönlichkeit.

Neben ihr latschte – ihr Lover oder wer, ihr Macker oder ihr Mann!?!

Sie – kein Vergleich mit üblichen Miß Germanys & Miß Worlds – ganz anders: viel schöner! Typ ›Edelgazelle mit Elfeneinschlag‹, sehr ›exotic‹, Mitte zwanzig, schöner und zarter als Carmen, Lolita, Leila, Haetera Esmeralda und Dulcinea... lichtjahrfern jeder strohdoof oxydblondierten Silikonträgerin, Dolly und Plastilin-Klonlingin, im Dutzendpack erhältlich, eingebrockt von Twiggy, Barbarella, Jane Fonda, Schiffer, Heidi Klum –

Er – nicht nur breit, potthäßlich, sondern zudem: mißlaunig, rasiert, statt wenigstens Torero – ein Rambo-Bulldozer, der blasiert Satzfetzen hervorschnarrte, spanischen Dialekt, Mitte fuffzig, keinesfalls ihr Vater, aber durchaus der scheußlichste documenta-Besucher aller Zonen und Zeiten, ganz Nordhessens, garantiert des Globus!

Ich – fassunglos, baff, perplex und existentiell – vor allem auch ontologisch! – restlos ausgehebelt. An einer trostlosen Info-Tafel versuchte ich mich zu stabilisieren; entzifferte krampfhaft Satzteile: »das Verhältnis von Material und Intention«, oder den Satz: »Seit Mitte der 60er Jahre ist es möglich, Sprache als Skulptur zu betrachten.«

Es war mir nicht möglich, nicht nochmal hinzugucken. So dicht beieinander – und derart unglaubwürdig in Reinkultur – hatte ich Yin & Yang noch absolut nie erblickt, in keinem Film, in keiner Realität. Welch Doppel-Exponat!

Sie – eine verklärte Audrey Hepburn, gemalt von Sandro Botticelli! Aber meilenweit entfernt von der Blässe, Kälte, Leerheit jeglicher Kunstschönheit...

Er – kein vergröberter Mario Adorf, hingeschmiert von Francis Bacon, sondern die Verbrechervisage an sich, diesseits jeder Verfilmung!

Mein Daimonion empfahl: »Jetzt laß es gut sein. Jetzt widme dich wieder der Gegenwartskunst.« Meinen Blick blendete ich ab. Irgendwelche Metallstuhlfragmente (silberngestrichen) glaubte ich schon auf der vorigen documenta gesehn zu haben, oder der vorvorigen. Nie hätt ich meine Physis ihren Mandelaugen zuzumuten gewagt. Aber neben der Kernbeißerfresse hätt ich mich durchaus sehn lassen können.

Dämon Nr. 1 johlte, quäkte und rotzte mich voll: »Wenn Gott überall ist, dann auch in diesem Macho! Ja, vor allem in diesem! Wo sonst!?!«

Eher hätt ich noch an Gott geglaubt als an diesen Anblick. Dämon Nr. 2 säuselte mir ins Ohr: »This could be your wife!«

Ich blieb kurz vor irgendeinem Exponat stehn. Ich entzifferte Worte wie »pseudo-tolerante Wohlstandsgesellschaft«... »befreite Wahrnehmungskunst«... »auf eine gewisse Weise kodifiziert«... oder auch sanktioniert... »die Sehnsüchte und Hoffnungen des Menschen«, jawohl, auch diese mal wieder! Das Paar, angesichts der Exponate, langweilte sich genauso wie ich mich. Wir hatten also Gemeinsamkeiten, wie schön für uns. Wir bewegten uns durch die Räume und Hallen und Gänge, als gleichschenkliges Dreieck. Sie blieben kurz vor irgendeinem Exponat stehn und entzifferten irgendwas. »Überhol sie! Lenk dich ab!« zischten und wisperten beide Dämonen. Ich tigerte vorwärts, ließ drei, vier Aufpasserinnen hinter mir – vorndrauf auf ihren blauen Lätzchenuniformen, stand: »documenta«, hintendrauf »ɐʇnǝɯnɔop« – und schlenderte dann meinem Glückstraum und Albtraum in Personalunion, statt hinterdrein, unauffällig entgegen:

Er – neben diesem Testeroston-Monstrum hätten sich Hephaistos & Hemingway zu Schönlingen veredelt, und jeder Mafioso zum Mitmenschen! Ahnte sie denn wirklich nicht, wie er aussah und war!!!?

Sie – nicht nur schön... zudem und vor allem... wie soll ich's nennen... nun ja: grundsympathisch... hellwach... lebendig... und trotzdem und obendrein... durchseelt...

Mein Daimonion: »Schluß jetzt! Go home!«

Ich konzentrierte mich auf Ästhetikdebatte... authentisch... soziale Relevanz... Epiphanie...

Dämon Nr. 1 und 2: »Guck ruhig nochmal hin...«

Jeder neue Anblick blieb genauso unglaublich und unsagbar unverständlich. Wär sie bloß schön gewesen, oder dumm oder blind, wär das Rätsel kleiner geblieben. Angenommen, die Killermaschine wär Milliardär: selbst häßlichste Entlein mit Torschlußpanik hätten auf Einheirat dankend verzichtet. Mitten in der Immanenz und schlechten Luft der documenta entstieg die einzige Aphropoditeüberbieterin dem Schaum aus Kabel- und Kopfhörersalat – eine... äh... eine tatsächlich höchst authentische Epiphanie; schlimmes Wort, böser Finger! Na gut, dann halt »Einbruch des Göttlichen« – nein, klingt genauso Kacke; das bringt's terminologisch d.h. nominalistisch auch nicht so recht. Ich ... ich durfte sie schauen und sah – im durchgeschleusten Getümmel – sie.

Der Triebtäter und die Göttin ... wer die Schönheit angeschaut mit Augen ... glotz dir die Sehorgane aus dem Leib! Lauf immer schön hinterher, der grazilen Figur und dem stahlharten Body. Nippe am Mangodessert – friß Beefsteak!!

Auf irgendeine Kleinigkeit, einen Makel, der ihre Vollendung punktuell entwertete, wartete ich und erspähte – nichts.

Auf irgendeinen sympathischen Zug, den der Mann vielleicht plötzlich für eine Sekunde hervorkehrte, lauerte ich und erspähte erst recht nichts.

Ihre spürbare Sensibilität würde – da streifte mich sein Blick. Er entzifferte mein Aussehn. Er brauchte nur 1 $^1/_2$ Sekunden, um mich unter ›Feind‹ einzustufen ... instinktiv. Ein Schauder überlief mich. Sicher sah er mich nicht als Konkurrent. Aber seine Ablehnung sah sofort wie Mordlust aus. Ich wich seitlich aus und entzifferte – überaus kunstintressiert – eine Info-Tafel: »... kulturelle Identität ... neue Denkansätze ...«

Ich drehte mich um. Er hatte sie auf mich aufmerksam gemacht – sie schaute mich kurz an. Ihr Blick streifte – mich. Sie sah mich. Aber statt mich ganz zauberhaft zu finden, oder intressant, oder sehenswert, oder sofort meine legendäre Sensibilität zu erspüren, fand sie mich genauso langweilig wie sowieso alles hierzulande. Ihre Verachtung dauerte nur 1 $^1/_2$ Sekunden. Sie fand mich genauso Scheiße wie er. Vermutlich paßte sie irgendwo zu ihm, so wie halt immer alles mögliche zu irgendwas anderem irgendwie paßt. Er sprach sicher besser Spanisch als ich. Vielleicht aßen sie dieselben Fleischsorten gern!? Für ihn war ich Haßobjekt, für sie nur Staffage. Unglaublich, aber sie ahnte nicht im mindesten, daß ich die sublimere, bessere und – äh – (räusper, hust, schneuz) sogar schönere Partie gewesen wäre.

So enttaumelte ich, innerlich gebrochen, der documenta und verstand die Welt nicht mehr.

## Endlich schöne Anziehsachen, heile Welt und keine Kunden mehr verlieren!
*Briefwechsel zwischen einem Kleiderfirmen-Textchef und German Copy Manager, einem Auftragstextlieferanten und einem Kleiderversandkatalogkunden*

Sehr geehrter Herr Holbein, wenn Sie die Versandkataloge von Lands' End kennen, dann wissen Sie, dass wir unseren Kunden neben Kleidung in jeder Ausgabe auch ein Stück intelligente Unterhaltung bieten. Als deutscher Lands' End Textchef bin ich ständig auf der Suche nach Autoren, die etwas zu unseren Katalogen beitragen können. Bisher habe ich u. a. Klaus Modick, Jochen Schimmang, Elke Heidenreich, Bernhard Schlink, Burkhard Spinnen und Hanns-Josef Ortheil für uns gewinnen können.

Meine Frage ist nun, ob Sie für unseren diesjährigen Herbst/Winter-Katalog das Thema »Treibhaus-Nordpol, Sauna-Eiszeit. Im Wechselbad der Gefühle und erinnerten Temperaturen« neu aufbereiten könnten. Ich denke an Ihren glänzenden SZ-Beitrag von vor anderthalb Jahren zurück, wir bräuchten allerdings ein Stück von etwa doppelter Länge.

Unser Katalog wird schwerpunktmäßig eine Auswahl

an Outdoor-Kleidung bieten, von der leichten Baumwoll-Jacke für mildes Wetter bis zum molligen Daunen-Parka für wildes Wetter. Es wäre daher schön, wenn Sie die Wechselwirkungen von extremer Witterung und richtiger Kleidung einbeziehen könnten. Ihr Text dürfte (wie bereits Ihr Zeitungsbeitrag) sehr persönlich erinnernd und gerne auch drastisch-humorvoll geschrieben sein, sollte aber naheliegende politische Themen wie etwa global warming aussparen. Der Tenor sollte nach Möglichkeit sein: Beim (Winter-)Wetter muss man mit allem rechnen – am besten ist es daher, gut vorzusorgen...

Zu den Konditionen im Einzelnen: Unser Katalog erscheint am 21. September in einer Auflage von über 2,7 Millionen Exemplaren und richtet sich mehrheitlich an AkademikerInnen im Alter zwischen 35 und 40, die man als Gruppe der »reading few« bezeichnen könnte. Dass sich unsere Sonderbeiträge positiv auf Buchabsätze auswirken können, haben wir bislang in vielen Fällen beobachtet: Wir weisen an gleicher Stelle gerne auf Ihre aktuellen Buchveröffentlichungen hin. Ihr Text sollte nicht länger als 1000 Wörter sein. Ich bräuchte ihn bis spätestens 1. Juni, als Honorar stehen 2000 EUR (+MWST) zur Verfügung.

Lassen Sie mich bitte wissen, ob Ihnen diese Bedingungen behagen. Und natürlich würde ich mich über Ihre Zusage sehr freuen!

*(Alexis Eideneier, German Copy Manager, Lands' End Direct Merchants UK, Ltd. Lands' End Way, Oakham Rutland, an Ulrich Holbein, Subject: Manuskriptanfrage, Oakham, 21.3.2007)*


Lieber Herr Eideneier, da werd ich doch mit Freuden schwach und sende Ihnen etwas Schönes, Passendes, statt erst im Juni, bereits im April. Subjektiver und deftiger

*Endlich schöne Anziehsachen* 61

Humor – kein Problem für einen, der sowieso nicht anders kann. Unterdessen: 2,7 Mio. Akademiker verblüffen mich, da ich der BRD bloß ca. 400 000 zutraute, und selbst die geben sich arg spärlich verstreut. Sie könnten mir ja einen Katalog zukommen lassen, damit ich mehrere oder einen Kollegen, die ich fast alle persönlich von der Buchmesse Frankfurt kenne (Elke Heidenreich las z. B. angetan mein Buch »Samthase und Odradek«), überprüfe und schaue, ob Sie auch Hosen vertreiben; denn bei dem Anekdotenreigen (»Meine Kleider und ich« oder so ähnlich), der mir vorschwebt, könnte ich auch ein paar Hosen-Abenteuer loslassen und einweben.
*(Ulrich Holbein an Alexis Eideneier, 29.3.2007)*

Lieber Herr Holbein, haben Sie herzlichen Dank für Ihre Mail – über Ihre Zusage freue ich mich ganz besonders. Selbstverständlich bekommen Sie umgehend einen aktuellen Katalog. Mit separater Post schicke ich Ihnen außerdem eine offizielle Auftragserteilung für Ihre Unterlagen sowie ein paar frühere Beiträge in Kopie, damit Sie sich ein Bild machen können, wie wir dergleichen bislang illustriert haben.

Zugegeben, dass unsere 2,7 Mio. Kataloge nur von hoch gebildeten Menschen gelesen werden, ist natürlich ein frommer Wunsch und daher leicht übertrieben. Zumindest macht ein akademisches Lesepublikum die Lands'End-Kernzielgruppe aus, was Sie bereits daran ablesen können, dass wir unsere Kunden über Anzeigen in der Süddeutschen, der Zeit, dem Spiegel und der FAZ gewinnen – und eben nicht (wie andere Versandhändler dies tun) über die Hörzu, das Goldene Blatt und die Frau im Spiegel. Auch sind unsere Katalogtexte weit ausführlicher als üblich und hier und da fast ein bißchen narrativ.

Leider, es sei Ihnen nicht verschwiegen, ergibt sich aus dem Medium Versandkatalog und unserer hohen Auflage auch eine Art systembedingtes Handicap: Anders als etwa Literaturzeitschriften müssen wir uns um political correctness und Familienfreundlichkeit im weitesten Sinne bemühen. Der Lands' End-Katalog ist, wenn Sie so wollen, eines der letzten Heile-Welt-Reservate. Alles, was von irgendjemandem als anstößig empfunden werden könnte (zum Beispiel Anspielungen auf Politik, Religion, Geschlechterbeziehungen, Nacktheit oder Erotik), kommt daher nicht in Frage. Wahre Literaturfreunde werden über solche Details kaum erbost sein, aber durch unsere hohen Auflagen erreichen uns bei fast jedem Text immer wieder Kommentare, denen die Fiktionalität vollends entgeht. Wir können uns nicht erlauben, diese Kunden zu verlieren, denn die Leute lesen natürlich nicht nur Geschichten bei uns, sondern bestellen (hoffentlich, gelegentlich) auch Hemd oder Hose.

Das soll Sie natürlich keineswegs hindern, einen möglichst humorvollen Beitrag für uns zu schreiben. Ich wollte es Ihnen nur vorsorglich sagen, bevor Ihre Hosen-Abenteuer vielleicht allzu deftig geraten! Ich freue mich, daß Sie Ihren Text vorzeitig abliefern wollen, das gibt unseren Grafikern etwas mehr Zeit, sich um die Illustration zu kümmern. Sollten Sie Rückfragen haben, scheuen Sie sich bitte nicht, sich bei mir zu melden. Ich freue mich schon sehr auf Ihren Beitrag.
*(Alexis Eideneier an Ulrich Holbein, 29.3.2007)*


Klasse! Wieder eine Gemeinsamkeit zwischen uns: Lands'End. Unser Versandhausfavorit. Bestellung zum Nulltarif, rund um die Uhr. Zugegeben, die Stoffe sind etwas teurer als bei Quelle u. Co, dafür 100prozentig qualitätsintensiv. Der aktuellste Katalog liegt auf Halde

für Dich. Laß Dich inspirieren. Schreib was zum Thema Sonnentop, SpaghettiTrägerKleidchen, Dessous! (gabs noch nie!) oder Morgenmantel, golden. Andrea will gar nicht mehr ohne diese scharfen Teile sein. Das Vorlesen dieser Storys ist jeweils ein Höhepunkt in unsrer Ehe. Von Modick, über Spinnen, zu Stamm: Alle kassierten sie schon die 2tausend €. Du also auch. Eine flüssige Binse wünsch ich dazu.
*(Herbert Müller an Ulrich Holbein, 6.4.2007)*

Lieber Alexis Eideneier, mit meinem Text dauerts noch – der April ist noch lang, aber ich kann Ihnen schon verraten, daß der 1. Satz ungefähr so lautet: »Kleider hießen damals noch Anziehsachen.« Und selbstverständlich werde ich Ihren Wunsch erfüllen, mich familienfreundlich & überaus asexuell zu geben.
*(Ulrich Holbein an Alexis Eideneier, April 2007)*

Von frühauf paßten meine Anzeihsachen selten zu mir. Mit qualvollem Schuhkauf versöhnte mich allenfalls Lurchi. Zu Hosen hatte ich ein gespaltenes Verhältnis. Sobald ich hellblaue Rollkragenpullis auftragen mußte, fühlte ich mich nicht wohl in meiner Haut. Instinktiv trug ich nie Jeans und nie Lederjacken. Hosen, die ich mir nicht aussuchte, flogen mir zu. Ich als Zwölftonmusiker votierte strikt gegen Tonwiederholungen bei bloß sechsknöpfigen Kleidungsstücken.

Sobald ich jugendlich trampte, nahmen mich nicht nur Theologen und Metzger mit, sondern vor allem Hosenfirmavertreter, die in Süddeutschland pro Tag dreihundert Hosen produzierten und nach Norddeutschland fuhren. Sobald ich als Anerkennungspraktikant in einem Jugendheim mit siebzig Kindern jobbte, spendete eine Hosenfirma fünfhundert Hosen, und zwar vor allem unübliche Größen, irreal langbeinige Ladenhüter, so daß ich auf einen Schlag zehn bis zwanzig überlange und übrigens knallrote Hosen bekam und nun also nach hellblauer Pubertät eine knallrote Adoleszenz erfolgte. Dann, in meiner Landkommunenphase, wollte der erleuchtete Swami Veet Sandeha (= Jenseits von Zweifeln), der zunächst Ehrhart geheißen hatte, seine frühere Garderobe komplett loswerden; denn Sannyasin, die Anhänger des indischen Gurus Bhagwan Shree Rajneesh, trugen ausschließlich rotorange gefärbte Gewänder, so daß ich nun stapelweise abgelegte Hüllen in Grau, Braun und Schwarz auftrug, als gedämpfte Gegenmelodie zu meinen knallroten Hosen. Doro, mein liebes Schwarzwaldmädel, machte nicht zuletzt deshalb mit mir Schluß, weil ich mich von einer bestimmten, giftgrünen Hose nicht trennen mochte. Alsbald reiste ich nach Indien: Beim Hindutempel von Madurei öffnete sich eine Schneiderstraße, wo ich einen Spießrutenlauf im Engpaß aus hundert nebeneinander aufgestellten Nähmaschinen zu absolvieren hatte, links und rechts schwarze vorsintflutliche Oldtimer-Modelle von ca. 1950 oder 1930, und hundert Schneider, die da nähend hockten und das Wipp-Trampelpedal traten, stürzten sich auf mich, nahmen unaufgefordert Maß mit gelben Meßbändern. Tatsächlich ließ ich mir von einem der hundert Schneider eine schöne, übrigens giftgrüne indische Beutelhose schneidern, mit Zuziehbändel. Und einem Bettler, dem meine europäische, im Straßenstaub grau gewordene, ursprünglich giftgrüne Hose gefiel, schenkte ich ebendiese – Höhepunkt seines Lebens! In einem Landesteil, wo man, statt Hosen, traditionelle Lunghis trug, also weiße, um die Hüften geschlungene Untenrum-Turbane, paradierte der beschenkte Mann zwischen Tausenden von Lunghiträgern mit dieser ausgedienten Hose, stolzgeschwellt, wie

damals ich im neuerworbenen Kapuzenparka, als wär
der Lumpen ein goldgrünes Königsgewand. In Metropolen wie Hyderabad oder Bengalore passierte es mir dann,
daß im Omnibus zwischen sechzig indischen Business-Männern, alle europäisch zivil angetan mit geplätteten
blütenweißen Oberhemden, grauschwarzen Bügelfaltenhosen und silbernen Armbanduhren, ich als weit und
breit einziger Europäer saß, der eine echt indische Beutelhose trug, und keinerlei Armbanduhr, also praktisch
ein gebleichter Inder zwischen farbigen Europäern in
verkehrter Welt. Als ich aus dem farbenprächtigen Asien
und Afrika zurückkam, sah ich die Bekleidungsgewohnheiten des zivilisierten Mitteleuropa mit Entsetzen: alle
liefen freiwillig ziemlich Grau in Grau herum, vor allem
Männer: perlgrau, neutralgrau, resopalfarben, eternitbläßlich. Hosen gegenüber hatte ich zeitweise ein gespaltenes
Verhältnis, lief barfuß herum, bis ich es nicht mehr
durchhielt, daß alle Leute hypnotisiert auf meine Füße
starrten und ich allzu oft über Füße sprechen mußte. Auf
die documenta Kassel begab ich mich, dort auf Narrenfreiheit und Kunstbegeisterung hoffend, statt in Hosen
in indischem Kleid, kombiniert mit russischer Pelzmütze – statt die internationalen Exponate kanalisierte
ich, wider Willen, sämtliche Blicke ausgerechnet auf mein
Gewand und mich.
*(A priori gestrichene Abschnitte aus Ulrich Holbeins vager Erstfassung
seiner Auftragsarbeit »Meine Kleider und ich«, ca. 10.4.2007)*

Hier kommt die Sache – 862 Worte. Zuerst hatte ich 1300
Worte, aber indem ich auch meine Schlabber-look-Phase
und Bekleidungsprobleme in Indien schilderte, bekam
die relativ heile Welt doch ziemliche Knackse, und ich
bekam keinen bejahenden Schluß und keine Pointe hin.
Und nannte lauter Termini wie C&A, die natürlich zu

tilgen waren. Falls Ihnen das jetzt nicht optimal erscheint oder Sie meine Schachtelsätze und kalten Sylterlebnisse der SZ-Glosse allzu sehr vermissen, könnte ich noch Ihrer ursprünglichen Idee folgen, die Sache anders anzugehen. Aber vielleicht ist's ja auch so hochvergnüglich gelöst? Wohlgemute Lektüre wünsch ich!
*(Ulrich Holbein an Alexis Eideneider, 14.4.2007)*

Kleider hießen damals noch Anziehsachen. Mütterlich selbstgestrickte Strampelhosen und Pullover, in denen wir als Kinder steckten, sahen oft wie notwendige Übel aus. Worte wie Mitspracherecht oder Markennamen blieben Jahr um Jahr vollkommen unbekannt. Sobald eine Hose ein Loch hatte, platzten Katastrophen auf. Jahrelang im Sommer in Lederhosen zu stecken, gebar zwiespältige Gefühle. Schlimmer Höhepunkt solcher Ära: Um nicht Mutti beim Backen im Weg zu stehn, setzte ich mich auf einen Küchenstuhl und saß mit meiner wulstigen, dickhäutergrauen, speckigen, unangenehm unzerstörbaren Lederhose plötzlich auf dem ausgerollten Hefeteig eines Kuchenblechs. Einziger Lichtblick gänsehautauslösender Schneeballschlachten und Weihnachtstage: Jede Bommelmütze verdichtete sich ganz oben zu einer Quintessenz namens Bommel. Das blanke Wort »Bommel« entschädigte für manches. Man nahm eine grobmaschig kratzende Mütze in Kauf, wenn eine bommelförmige Glücksverheißung die Sache krönte. Dann kamen heiße Sommerzeiten voll von Wanderungen zum Silbersee, Baggerlöchern und Keuchhusten. Und schon wurde die unvermeidliche Lederhosen-Ära abgelöst von einer hellblauen, seltsam chemisch duftenden Rollkragenpulli-Phase. Dank solcher Weihnachtsgeschenke von Tante Asta hatten Eberhard und ich, zwei körperlich und auch sonst völlig konträre Gestalten, unfreiwillig im Partner-Look herumzulaufen, zwei elend lange Pubertätsjahre lang in optischer Fragwürdigkeit. Kaum entwuchs ich der hellblauen Einheitskluft und durfte endlich diese ungeliebte Textilie, samt Rollkragen, für immer ablegen, hatte ich dasselbige Hellblau weitere zwei, drei Jahre an Eberhard visuell zu erdulden, und er die Pein, diese Hülle auftragen zu müssen. Unser Markenzeichen mutierte zu Kainsmal und Stigma. Auch der Terminus »frisches Zeug« stimmte mich unfroh. Sah man irgendwo einen, der zufällig das gleiche lebensbejahende Karo-Freizeithemd trug wie ich, wurden existentielle Schocks fällig.

Konfirmationsfreund Claus, neben dem ich als Milchgesicht dünn und verklemmt einherlief, entwickelte sich gebräunt auf genau jenen souverän lächelnden Männertypus und Sonnyboy zu, everybodys darling, der auf dieser Welt weniger oft vorkommt als in Parfümreklame und Herrenkatalog. Eine dunkelblonde, geföhnte Naturwelle wehte hochsympathisch um seine männliche, gleichwohl überhaupt nicht hartkantige Stirn. Mir hingegen hingen bloß mehr oder minder fettige Normalhaare überm musikalischen Hinterkopf und dessen nicht sehr fotogenem Faconschnitt. Ich hatte abstehende Ohren mein eigen zu nennen, er nicht. Er hatte Bartwuchs, ich nicht. Er hatte weiße Zähne, ich gelbe. Er ging aufs humanistische Goethegymnasium, ich bloß auf die sadistische Gerhart-Hauptmann-Schule, Realschule für Knaben. Seine Mutter trug im weiträumigen Eigenheim elegante Kostüme; sein Vater leitete eine opulente Möbelfirma; Mutti kochte und schrubbte als Aschenputtel im Mietsblock, fernab jeder Möbelfirma. Claus residierte als Einzelkind; ich hatte mit einem hellblauen Kunstfaser-Pulli, und bebrillt drinsteckendem Bruder, einen Zimmerschlauch zu teilen. Häufig wechselte Claus seine Bundhosen und auf Taille geschnittenen Sporthemden; ich lief immer in denselben fragwürdigen, unauffälligen, niederdrückenden, aussagelosen Klamotten herum, die Dandy Claus nicht ganz zu Unrecht »spießig« nannte. Grundlegendes Modebewußtsein vermittelte er mir. Durch ihn erfuhr ich, daß Kleidung etwas Sehenswertes sein könne.

Zur Konfirmation trugen alle, einschließlich ich, gedeckt dunkelblaue Konfirmandenanzüge von der Stange, weißes Hemd, Schlips dunkelblau, dünn, lang; einzig Claus trug einen Anzug, braunmeliert, unsagbar gutaussehend, dazu eine breite karamelbraune kurzgeschnittene Modellkrawatte. Hier kam gar nicht der Verdacht auf, daß dieses gute Stück zur fragwürdigen Gattung verpönter Konfirmationsanzüge zählen könne. Auf einem – leider erhaltenen – Farbfoto steht Claus locker und melodisch gelöst in diesem sagenhaften Anzug da, souverän lächelnd, Standbein/Spielbein, alles optimal, anmutig, verführerisch; daneben ich: verklemmt, verdruckst, mit storchenhaft hervorragendem Bein, anorganisch hervor aus dem Kleiderbügelgestell des plump aufgebauten Restkörpers, gesteckt ins dämliche Dunkelblau besagter Konfirmationsanzugs-Ästhetik.

Mit fünfzehn dann trug Claus eine äußerst schicke Windjacke. Übrigens hellblau bzw. coelinfarben, aber dank Schnitt und atmosphärischer Eleganz nicht im mindesten an traumatische Urerlebnisse mit Rollkragenpullis erinnernd. Ich wünschte mir auch so eine Windjacke, und erhielt sie auch, keine coelinfarbene, nein: um nicht affig zu wirken, ein leicht abgewandeltes Objekt, ein pastellweißes, genauer: eierschalenfarbenes Stück, das aber an mir nach nichts aussah. Hätte ich doch auch nur eine coelinfarbene ausgesucht! Claus und ich tauschten probeweise unsere Windjacken vor Kaufhausspiegeln: meine

Joppe sah an ihm auf einmal so sinnvoll und männlich und gut aus; seine coelinblaue hing an mir lächerlich und kläglich hinunter wie ein dämlicher Rollkragenpulli. Statt mich hinaufzuschwingen aufs Qualitätsniveau meiner Windjacke, betonte dieses Kleidungsstück bloß meine pubertäre Lächerlichkeit.

Bei Wintereinbruch durfte ich mir dann einen Parka aussuchen, mit Kapuze. Claus trug eine Art Amijacke; mein erwähltes Objekt sah vergleichsweise arg gefüttert aus, schier aufgepumpt. Seltsam, aber ich fand mich irgendwie imposant in diesem wasserabweisenden Parka. Ein Hauch clausförmiger Maskulinität färbte ab auf mein unbeflaumtes Kindergesicht. Am ersten Abend im neuen Status des Parkabesitzens begab ich mich extra in die nieselregendurchnäßte Innenstadt, um diesen Parka auszuführen und der Menschheit meine Neuerwerbung vorzuzeigen. Mit niegefühlter Genugtuung, unglaublich aufgewertet, marschierte ich über Altmarkt und Königsplatz, machte die Fußgängerzone zu meinem Laufsteg und schielte reaktionssüchtig aus meiner sehenswerten, flauschig geränderten Kapuze heraus – doch niemand sah sich nach mir um. Merkte denn keiner, in was für niegesehener Edel-Kluft ich hier einherwandelte? Unbeeindruckt floß die einsame Masse links und rechts neben mir vorbei. Da keiner wußte, wie unvorteilhaft ich vorher herumgelaufen war, konnte jetzt auch keiner staunen. Gleichwohl klang mein fünfzehnjähriges Triumphgefühl viertelstundenlang nicht ab. So hat sich der Anschaffungspreis bereits am ersten Abend amortisiert. – Beihang: Ulrich Holbein, Autor von 20 vergnüglichen Büchern, lebt in Nordhessen. Zuletzt erschienene Buchtitel: »Ungleiche Zwillinge« (Radius Verlag), »Drehwurm« (Yedermann Verlag), »Januskopfschmerzen« (Elfenbein Verlag), »Zwischen

Urknall und Herzberg« (Nachtschatten Verlag, Solothurn).

*(Ulrich Holbein: »Lederhose, Rollkragenpulli, Windjacke – schöne Bekleidungsprobleme«, Auftragsarbeit, 14.4.2007)*

Lieber Herr Holbein, haben Sie besten Dank für Ihren Text, den ich sehr gerne gelesen habe. Am besten gefallen haben mir die humorvolle Erinnerungsperspektive, Einstieg und Schluß, der Abschnitt mit der Bommelmütze und das Triumph-Gefühl beim Herumstolzieren mit dem neuen Parka. Das ist genau, was wir brauchen!

Leider ist Ihr Beitrag aber nicht für mich allein, sondern für alle Leser unseres Katalogs bestimmt. Und (nur deshalb) muß ich Sie um eine Überarbeitung bitten. Gleich aus mehreren Gründen:

1. Unser Katalog präsentiert ein herbstliches bis winterliches Angebot an Outdoor-Kleidung; deswegen bräuchten wir unbedingt etwas, das den (kühlen bis bitterkalten) Temperatur-Aspekt in den Vordergrund rückt, mit Draußensein, verschiedenen Mänteln, Parkas, Jacken, Handschuhen, Schals und eben auch Mützen. Es wäre schön, wenn Sie irgendwie die Wechselwirkungen von winterlicher Witterung und Kleidung parodieren könnten, natürlich ohne daß sich daraus Eigentore für unsere Kollektion ergeben. Die Konfirmationsanzugs-Passage mit Claus und das dort geschilderte soziale und optische Unterlegenheitsgefühl liest sich zwar wunderbar, lenkt vom Temperatur-Thema aber viel zu sehr ab. Auch Ihre Lederhosen-Episode ist herrlich slapstickhaft, aber da sie im Sommer angesiedelt ist, passt sie nicht so recht in die Jahreszeit.

2. Das konnten Sie nicht wissen, aber es ist leider so: Wir gehören zu den weltweit größten Anbietern von Rollkragen-Pullovern, allein im letzten Jahr haben wir

*Endlich schöne Anziehsachen*

über 2,5 Millionen davon verkauft. Deshalb können wir uns nicht erlauben, in unseren Katalogen traumatische Urerlebnisse mit diesen (oder anderen) Kleidungsstücken vorkommen zu lassen: Ich muss Sie leider bitten, die gesamte Eberhard-Episode zu streichen. Tilgen Sie bitte auch den Begriff »Amijacke«, denn den werden unsere Leser unweigerlich auf uns beziehen. Lands'End ist ein amerikanisches Unternehmen und auch als solches in Deutschland bekannt.

3. Wäre es Ihnen möglich, insgesamt auf all die vielen Negativbegriffe zu verzichten? In der Überschrift geht es bereits los mit »Bekleidungsprobleme«, dann folgen elend lange Pubertätsjahre, ungeliebte Textilien, erdulden, Pein, Kainsmal, Stigma, fettige Haare, gelbe Zähne, sadistische Schule usw.

Ich hoffe, Sie sehen mir diese Einwände nach, aber das Medium Versandkatalog hat leider so seine Eigenheiten. Sie können in dieser Umgebung glücklich lächelnder Models kaum strahlend-optimistisch genug sein. Ich weiß, daß solche Einschränkung dichterischer Freiheit immer schmerzlich ist und fühle mich auch selbst nicht wohl dabei. Meinen Sie trotzdem, daß Sie Ihren Beitrag noch einmal für uns in Angriff nehmen könnten?
*(Alexis Eideneier an Ulrich Holbein, 10.5.2007)*


Land'sEnds ist nicht ganz zufrieden mit meiner Katalog-Story. Es ist sehr schwierig für mich, ja restlos unlösbar, etwas zu verfassen, worin die Spur unheiler Welt keinesfalls spürbar werden darf. Auch erotische Anspielungen fortzulassen, wird mir ganz unmöglich sein. Wenn schon Eberhards Rollkragenpulli too much ist, was bleibt dann noch übrig? Mitten im Nieselwetter des Lebens soll ich auf Sonnenschein machen.
*(Ulrich Holbein an Herbert Müller, 23.4.2007)*

Mein PC streikte ein paar Tage – natürlich entspreche ich Ihren Wünschen und mache alles noch stubenreiner und familienfreundlicher, unter Einbezug jener Fröstel-Erlebnisse in eiskalten Zeiten. Ich mach's dieser Tage fertig und möchte es am 1. Mai auf einem Geburtstag, wo ich vorlesen soll, vor Publikum noch vortesten; und schick's Ihnen dann also in den ersten Maitagen. Die problemstrotzende Welt draußenzuhalten und trotzdem Funken aus einem Thema zu schlagen, fällt nicht leicht. Aber ich krieg's schon noch hin.
*(Ulrich Holbein an Alexis Eideneier, 27.4.2007)*

Auf einen erträglichen Winter folgte ein zauberhafter Frühling. Daniel, ein wohlproportionierter Akademie-Absolvent mit filmreifer Blitzkarriere in Richtung Pharmafirmenvorstand, atmete in seiner knapp bemessenen Freizeit tief durch, frühsommerlich überwölbt von einem blitzblauen Bilderbuchhimmel, voll mit durchreisenden Quellwölkchen, Höckerschwänen und nicht zuletzt: Segelschiffen unter Sonntagswolken. Mit recht gemischten Gefühlen dachte er manchmal zurück an seine heißen Jahre, in denen er gewaltigen Temperaturschwankungen unterlegen war. Sobald er schwitzte, fiel ihm der kälteste Jahrhundertwinter seines Lebens ein, damals auf Sylt, im Erholungsheim, wo er als Zehnjähriger schlotterte und das Meer bis zum Horizont zufror, was nur alle fünfzig Jahre mal vorkommt. Und sobald Daniel fror, fiel ihm der heißeste Sommer seines Lebens ein, auf der Dschungelinsel Elephantine bei Bombay.

Heutzutage aber sehnte Daniel sich nach gemäßigten Temperaturen und geordneten Verhältnissen. Und dachte an die sich abzeichnende gemeinsame Zukunft mit seiner lieben Corinna, einer vorzeigbaren, naturverbundenen, verständnisvollen Pressesprecherin derselben Firma. Auf einen rundum beglückenden Frühling folgte ein herrlicher Sommer. Nirgendwo am Horizont schlich tückisch ein Gewitter herbei, geschweige denn Vorboten eines Herbststurms oder Stilbruchs. Nirgendwo ließen sich eheliche Krisendebatten vorausfühlen. Buchstäblich nichts stand einer rundum stabilen Partnerschaft im Wege, und einer superharmonischen Hochglanz-Geborgenheit in einem großzügig angelegten Eigenheim: Winkelbungalow mit Flachdach, zwei, drei Doppelgaragen, Poroton-Mauerwerk, verklinkertes Untergeschoß, großzügige Zufahrt mit beneidenswert wetterfestem Waschbeton-Plattenbelag. Vom ersten Tag an stimmte bei Daniel und Corinna die sogenannte Chemie. Helga, eine ungewöhnlich sympathische Schwiegermutter, vervollständigte das junge Glück. Corinna machte es nichts aus, daß ihr lieber Daniel nicht wie Gregory Peck oder Thomas Gottschalk aussah. Hauptsache, er schaute interessant aus. Und das tat er. Und auch er hatte keinerlei Kloß im Hals, wenn es galt, die Schönheit Corinnas glaubwürdig zu loben. Man verstand sich wirklich sehr gut. Auch nach der rauschenden Hochzeit, deren Schilderung den Rahmen dieses wunderbaren Kitschromans sprengen würde, schlichen sich keinerlei kleine Unduldsamkeiten, Charaktermängel, schwache Punkte oder störende Begrenztheiten ins Gesamtbild dieser hoffnungsvollen Partnerbeziehung. Die jeweilige Einfühlung in den pflegeleichten, treuen Partner hätte nicht größer sein können. Rundherum bei Freunden und Kollegen tobten, regneten, hagelten, eskalierten Dauerkrisen, Probleme, Syndrome, Kräche, Desaster, Unlösbarkeiten aller Art – doch das Blendaxlachen auf Corinnas und Daniels Gesicht erlosch – vorerst – nie und schwächte sich nur selten ab. Kleine Risse im Haushalt verklebten sie gemeinsam mit Zweikomponentenkleber, größere Bruchstellen mit Mega-extra-Klebstoff special. Ihr wohlbekömmliches Eiapopeia bekam auch dann keinerlei Knacks, als Daniel an Grippe erkrankte und Corinna ein wenig an Halsweh, und Helga an Schnupfen.

Dann aber, eines wunderschönen Tages im ganz wunderherrlich lichtfleckdurchsprenkelten Spätsommer, kamen Regentage auf. Und Winde, ja Sturmböen, erhoben sich auf der angenehm geebneten Lebensbahn und stellten das Traumpaar vor eine ernste Lebensprüfung. Nachts wurde es richtig eisekalt, und immer öfter schlich sich, zwischen Gefrierfach und höher gedrehter Heizung, ein bängliches Frösteln in die wohlgenährten Glieder von Daniel und Corinna. Ihre phantastische Ehe litt darunter natürlich überhaupt nicht. Im Nieselwetter von Früh- und Spätherbst, zwischen Altweibersommer und den Eisheiligen, sah Daniel am liebsten Filme mit wogenden Kornfeldern und hitzeflimmernden Landstraßen, gleichwie Corinna an schweißtreibenden Julitagen am liebsten Filme über eingeschneit glitzernde Bergdörfchen sich angeschaut hatte. Man ergänzte und verstand sich also auch auf diesem Gebiet prächtig. Immer öfter erzählte Daniel jetzt, wie er sich mal mit fünfzehn einen neuen Parka aussuchen durfte und wie ein Hauch verfrühter Maskulinität unsagbar wohltuend sein damals noch unbeflaumtes Kindergesicht angeweht hatte. Am ersten Abend im neuen Status des Parkabesitzens begab er sich extra in die nieselregendurchnäßte Innenstadt seiner Heimatstadt, um diesen neuen Parka auszuführen und der Menschheit seine Neuerwerbung vorzuzeigen. Mit niegefühlter Genugtuung, unglaublich aufgewertet, marschierte er über Altmarkt und Königsplatz, machte die Fußgängerzone zu seinem Laufsteg und schielte reaktionssüchtig aus seiner sehenswerten, flauschig geränderten Kapuze heraus. Doch niemand sah sich nach ihm um. Merkte denn keiner, in was für niegesehener Edel-

Kluft er hier einherwandelte? Unbeeindruckt floß die einsame Masse links und rechts neben ihm, dem damals selber noch Einsamen, vorbei. Da keiner wußte, wie wenig vorteilhaft er vorher herumgelaufen war, konnte jetzt auch keiner staunen. Gleichwohl klang sein Triumphgefühl viertelstundenlang nicht ab. So hatte sich der Anschaffungspreis bereits am ersten Abend amortisiert. Obwohl er seiner Frau diese Geschichte bereits erzählt hatte, freute sie sich erneut daran und drehte die Heizung etwas höher. Damals auf Sylt aber hatte sich die Nordsee optisch und atmosphärisch in einen globusumspannenden Nord- oder Südpol verwandelt. Westerland erweiterte sich zu Grönland, worin der kleine, sensible Daniel im gutgefütterten Anorak tagsüber zwischen 4 m hohen Eisblöcken – neben einem angeschwemmten Buckelwal – den Schnee kindgemäß nach Herzmuscheln durchpflügte, mit Bommelmütze und schöngemustertem Schal, damals, als Kleider noch »Anziehsachen« geheißen hatten und Worte wie Mitspracherecht oder Markennamen Jahr um Jahr vollkommen unbekannt blieben. Das blanke Wort »Bommel« entschädigte für manche meteorologische Zumutung. Nachts lag Daniel körperwarm eingemummelt in kosmischer Einsamkeit und ließ Heimwehtränen in fremde Bettwäsche fließen. Und träumte von den glückseligen Inseln Wak-Wak, Südseeinseln aus dem »35. Mai«, sonnenerwärmten Lagunen, Famagusta, Sumatra, Sulawesi, Lummerland, und reiste bei erstbester Gelegenheit, zehn Jahre später, mit zwanzig, ins hochsommerlich hitzekochende Kalabrien, und auf die Elefanteninsel bei Bombay, hinein in die heißeste Nacht seines jungen erfahrungshungrigen Lebens, in eine dampfende Dschungel-Absteige, wo seine japsende Lunge im subtropischen, schwer inhalierbaren Gasgemisch und Treibhausbrei nach Luft schnappte, nach aller-

letzten Sauerstoffmolekülen im stockenden schneidbaren Dauersauna-Mulm – Erzählungen, denen Corinna die kälteste Stunde wiederum ihres Lebens ergänzend entgegensetzen konnte, damals in Tirol, 19 Grad unter Null, wo sie in einem verschneiten Bergdörfchen nachts im Kleinbus übernachtet hatte, in voller Montur, gehüllt in kristallene Atemwolken, und wo eine seitliche Eisenstange die Restwärme ihrer ungenügend abgepufferten, flauschig warmgehaltenen Niere fortsaugte, quer durch kiloweise umsonst übereinandergezogene Wollpullover. Corinna bibberte in unmenschlicher Eisnacht, und alle angeblich im Weltall getesteten Folienschlafsäcke schützten nicht und halfen kaum. Corinna drückte auf ihre eisblockharte Zahnpastatube und heraus kam – nichts. Selbst lauwarmer Tee dampfte, als koche er wie damals ihr lieber Mann Daniel auf der Elefanteninsel bei Bombay, oder als ströme ein Buckelwal geysirhafte Nebelwolken aus. Kurzum: die beiden Ehepartner konnten sich bestens verständigen. Und während Daniel und Corinna sich an solchen heißen und kalten Erinnerungen fröstelnd und sich liebevoll rubbelnd aufwärmten, kamen sie gut über den Winter. Keine Eisluft kam heran, dank textil definierbarer Vorsorge, an ungeschützte Teile. Am 1. Advent freuten sie sich nicht nur auf Weihnachten, sondern träumten von den Schäfchenwolken des nächsten Hochsommers, zudem von Segelschiffen, hitzeflimmernden Landstraßen und wogenden Kornfeldern. Und da sie keinesfalls erfroren sind, schwitzen sie wohltemperiert noch heute!
(*»Ideale Ehe im Nieselwetter – ein wunderbarer Kitschroman«, Ulrich Holbeins dritter Ansatz zu einem Gebrauchstext für Lands'End*)

Lieber Uli, GLÜCKWUNSCH!!! – Das isses doch. Mit *der* Überschrift und wenn Dein Ländsändläktor Ironie

versteht, dann hast Du einen Knaller gelandet. Und immer noch ist es ein echter Holbein. Du kannst Dich halt nicht blöder stellen, als Du bist. Die Verzweiflung an der kulturellen Blödheit der Welt guckt Dir durch alle Poren bzw. Zeilen und kann damit sogar in die einstige Gesamtausgabe aufgenommen werden. Kurz: Auftrag ausgeführt. Ab mit dem Ding und die Moneten kassiert. – Ergänzend dazu: Der neue Katalog ist da. Auch bekommen? Darin »Ohne Umwege ans Ziel« von Rainer Moritz. Ich las vor! Wie stets!! Andreas Kommentar: Nicht nur stinklangweilig, sondern nur noch Reklame für deren Katalog ...«
Oh, wie sie recht hat. Du bist besser mit Deinem ...
(*Herbert Müller an Ulrich Holbein, 3.5.2007*)

Lieber Tröster und Ermunterer, daß Ihr den andern langweilig und mich gut findet, ist schön, dennoch hab ich's bis jetzt nicht hinzusenden gewagt. Weil ich ahne, daß er sich verarscht vorkommen könnte. Nicht daß er den weit & breit einzigen Auftrag storniert. Aber Anderes fällt mir erst recht nicht ein. Ich bin mal wieder qualvoll.
(*Ulrich Holbein an Herbert Müller, 5.5.2007*)

Lieber Alexis Eideneier, hier hab ich eine Geschichte, kann aber einfach nicht voraussehen, ob Sie das für geeignet erachten werden. Falls nicht, müßt ich einen dritten Anlauf nehmen. Mein Jugendfreund und Ihr Stammkunde Herbert Müller findet den Text sehr gut. Ich liefere ein dezent augenzwinkerndes Spiel mit der Tatsache, daß natürlich jeder Kunde sowieso ahnt und weiß, daß es außerhalb des Katalogs eine weniger heile Welt gibt, und entweder finden Sie das problematisch oder einfach nur lustig und vernüglich, zumutbar jener kaufwilligen Kundenschar. Auf jeden Fall kommt wunschgemäß allerlei herbstliches Gefröstele drin vor. Nun also bin ich ge-

spannt auf Ihr Lektüreerlebnis und freue mich, daß vor den Herbststürmen erstmal ein Sommer zu kommen scheint.
*(Ulrich Holbein an Alexis Eideneier, 05.05.05)*

Ihr Freund hat vollkommen Recht – auch ich bin rundum froh und glücklich mit Ihrem Text – haben Sie ganz herzlichen Dank für diesen wunderbaren Beitrag.

Nur drei kleine Änderungswünsche möchte ich anmelden:

1. Wären Sie einverstanden, den Titel zu »Vorzeige-Ehe bei Nieselwetter – ein Kitschroman im Wechselbad der Temperaturen« zu ändern? So käme der Wetterbezug noch deutlicher heraus.

2. Wären Sie einverstanden, den Ausdruck »Status des Parkabesitzens« in »Status des Parkabesitzers« (mit »r«) zu ändern?

3. Wären Sie einverstanden, den Ausdruck »Innenstadt seiner Heimatstadt« in »Einkaufsstraße seiner Heimatstadt« zu ändern? Damit wäre die Wiederholung getilgt.

Überdies bräuchten wir ein Porträtfoto von Ihnen, das wir gerne briefmarkengroß am Ende des Textes einklinken würden (beim Verweis auf Ihre Bücher). Am besten gefällt mir ein Bild, das ich auf der Website des Yedermann-Verlags entdeckt habe (http://www.yedermann.de/yholbein.htm).

Dürften wir das verwenden? Falls ein Fotograf die Rechte darauf hat, möchte ich Sie bitten, mir ein honorarfreies Porträtfoto zu senden, sofern vorhanden.

Haben Sie nochmals besten Dank für Ihren ironisch vergnüglichen Text! Er erscheint am 21. September in unserem Herbst/Winter-Katalog, Auflage wie gehabt 2,461 Mio. Belegexemplare gehen Ihnen zu.
*(Alexis Eideneier an Ulrich Holbein, 10.5.2007)*

Lieber Alexis Eideneier, freut mich, daß Sie zufrieden sind! Änderungen kein Problem. »Vorzeige-Ehe« ist sogar viel besser als »Ideale Ehe«. Sie könnten sogar noch mehr ändern, ohne daß ich dagegen wäre. Da das Yedermannbild nicht frei ist, send ich hier drei rechtefreie Fotos. Ihre Wahl. Auf die Optik des Endprodukts bin ich natürlich gespannt.
*(Ulrich Holbein an Alexis Eideneier, 10.5.2007)*


## Oliver und Olivia, ein wundervoller Liebesroman

Auf einen aushaltbaren Winter folgte ein herrlicher Frühling. Oliver, ein schlanker Akademie-Absolvent mit filmreifer Blitzkarriere in Richtung Firmenvorstand, dachte in seiner knapp bemessenen Freizeit ganz gern an die sich verläßlich abzeichnende gemeinsame Zukunft mit seiner lieben Olivia, einer vorzeigbaren, parkettsicheren, sportlichen, bildschönen Pressesprecherin derselben Firma. Vom ersten Tag an stimmte bei Oliver und Olivia die sogenannte Wellenlänge. Auf einen rundum beglückenden Frühling folgte ein zauberhafter Sommer. Nirgendwo am Horizont schlich tückisch ein Gewitter herbei, geschweige denn Vorboten eines Herbststurms oder Stilbruchs. Keinerlei eheliche Krisendebatten ließen sich vorausfühlen. Man verstand sich wirklich exzellent; dies auch in partnerschaftlicher Hinsicht. Keinerlei schwache Punkte, Charaktermängel oder störende Begrenztheiten schlichen sich ins Gesamtbild dieser guten Aussichten. Die jeweilige Einfühlung in den pflegeleichten, stets wohltemperierten Partner hätte nicht größer sein können. Buchstäblich nichts stand geordneten Verhältnissen im Wege, und einer superharmonischen stabilen Hochglanz-Geborgenheit in einem großzügig angelegten Eigenheim: Winkelbungalow mit Flachdach, Poroton-Mauerwerk, verklinkertes Untergeschoß. Helga, eine gepflegte, hochkultivierte, sympathische Schwiegermutter, vervollständigte das junge Glück. Helgas rüstige Eltern, Alfred und Lotte, beide bereits Ende siebzig, stets gern gesehen, kamen regelmäßig zu Besuch. Rundherum bei Freunden und Kollegen tobten, hagelten, eskalierten Dauerkrisen, troubles, Desaster, einzig auf Olivias und Olivers Gesicht erlosch das Blendaxlachen – vorerst – nie diesseits aller Kräche, Syndrome, Unduldsam- und Unlösbarkeiten aller Art. Das insgesamte Eiapopeia bekam auch dann keinerlei Knacks, als Olivias Verlobter an leichter Mähnengras-Allergie erkrankte, Olivers Verlobte ein wenig an Halsweh, und Helga an grippalen Effekten. Nach seiner Staroperation konnte Alfred, der eine neue Hörhilfe bekam – denn »Hörgerät« hörte sich ziemlich unzart, ja: inhuman an! –, wieder phantastisch sehen, und gegen die aushaltbaren Schmerzen ihrer Rippenprellung bekam Lotte ein neu entwickeltes, hochwirksames Medikament aus Amerika. Nie brauchte Oliver seine Olivia mit ernstem Blick zu fragen: »Liebst du einen anderen, Olivia?« Oder gar: »Was hat er, was ich nicht habe?« Nie beteuerte sie: »Ich liebe dich noch immer, Oliver. Wir wollen gute Freunde bleiben.« Man plante Flitterwochen auf Mallorca. Daß ihr lieber Oliver vielleicht nicht ganz so blendend ausschaute wie André Rieu und Harald Schmidt, damit hatte die naturverbundene, treue und verständnisvolle Olivia keine Probleme, im Gegenteil: Sie fand ihn sogar gutaussehend, ihren Oliver, fast so unwiderstehlich wie Gérard Depardieu. Und Olivia schaute ohnedies hundertmal knackiger aus als alle Avon-Beraterinnen und fast jede »Marie-Claire«-Chefredakteurin und Gesundheitsmagazin-Moderatorin.

Dann aber, drei Wochen vor der rauschenden Hochzeit, eines wunderschönen Tages im ganz märchenhaft lichtfleckdurchwobenen Spätsommer, kamen Regentage auf. Und Winde, ja Sturmböen, erhoben sich auf der angenehm geebneten Lebensbahn und stellten das zärtliche Traumpaar vor eine ernste Lebensprüfung. Abends wurde es richtig eisekalt (um nicht zu sagen: scheißkalt), und immer öfter schlich sich, trotz wasser- und winddichtem AquaCheck-Stoff und seidig weichwarmem Steppfutter zwischen alarmgesicherter Doppelgarage, Kübel-Koniferen und Bewegungsmelder, ein bängliches Frösteln in die wohlgeformten, auf Waschbeton-Plattenbelag sich vorwärtsbewegenden Gliedmaßen von Oliver und seiner lieben Olivia. Strapazierfreudige, verstellbare Ärmelmanschetten schirmten via Kordelzug im Saum ab gegen die unmenschliche Nachtluft, ganz im Sinne des weltberühmten Folksongs »Kalt ist der Abendhauch«. Unwirtliches, ja tödliches Weltall versuchte einzuströmen durch unabgedichtete Ritzen des gemütlichen, bald in günstigen Raten abbezahlten Eigenheims, worinnen abends, beim flackernden Schein des Kamins und kleingedrehter Fußbodenheizung, das junge Vorzeigepaar beim Candle Light Dinner und einer aufgelegten Kuschelrock- nein: Classic-CD »Music for Quiet Moments und romantische Stunden«, alles in reinstem C-Dur, angereichert mit six ajoutée, mit himmelblau und kastanienbraun glänzenden Augen in »Vogue«, oder »Cosmopolitan« blätterte, oder – den zitrusgelben Knickgelenk-Strohhalm im blutorange glühenden Eissplit-Maracuja-Drink – im vierteljährlich erscheinenden, 42 Seiten starken Herbst/Winter-Katalog von Lands'End, für erstklassige Outdoor-Kleidung, jedes Teil wasserdicht, funktionsstark, komfortabel, formschön, mit Sorgfalt im Detail verarbeitet und auch im Endverbraucherpreis durchaus tragbar. Eine emotionenweckende Barcarola wurde, unweit eines Straußes Damaszener-Rosen, abgelöst von einem Larghetto, das sentimental an die optimal geschützten Nieren ging. Olivia, ein winziger, körperwarm kuschelbedürftig pulsierender Punkt in der wirksam draußen gehaltenen, erbarmungslosen Grabeskälte besagten Universums, ließ ein bereitliegendes gutes Buch links liegen, drängte auf einmal, berührt und in emotionale Erregung versetzt von Stehgeiger André Rieu und seiner brillant interpretierten Violinromanze, ihr entzückendes oxidblondiertes Köpfchen an Olivers optimal durchtrainierten Brustkasten, den ein kostenfrei umtauschgarantierter, sagenhaft sanftfelliger Pullunder schützte, unter dem sich plötzlich ziemlich eindeutig ein... äh... ein – nun ja: erregtes Geschlechtsteil abzeichnete, der den Rippenstrick-Kontraststreifen besagten Qualitäts-Kaschmir-Rugby-Pullunders aufwölbte, ja: ausbeulte, und der quer durch die schöne Immanenz dieses wundervollen Liebesromans ragte und zack! den ganzen, kongenial vertonten Edelramsch und Niveauschund in den stilistischen Grundfesten nachhaltig anbohrte, erschütterte, ja: sprengte. Und schon ging weinender Kitsch und blutendes Herz – bei gleichbleibender musikalischer Untermalung, nämlich soeben einer »Träumerei« von Robert Schumann, in einer Bearbeitung für Harfe solo, Entspannung von Bach bis Grieg – in einen Erotik-Clip über, in eine verblüffend unterhaltsame Sexklamotte, wenn nicht sogar einen relativ edlen Softporno, mit geföhnten Gazeschleier-Vorhängen, anspruchsvoller Hamilton-Ästhetik, allerdings deutlichen Drehbuchschwächen – »Ja, weiter so!« – »Ich will dich!« – »So schön war es noch nie!« Jetzt! Der erste Satz der weltberühmten Moonlight Sonata! Welch Hi-Fi-Klangqualität! Für Pedalharfe und Traversflöte! Nur sah Oliver ab sofort nicht mehr ganz so exzellent wie bisher aus –

wieso denn das!? Sondern bei kaum gelockertem Schlips und tadellosem Dreambody hielt Oliver eine doch recht unsublime Nußknackervisage ins travelling der Kamera, leider nicht ganz unähnlich einem bebrillten Roboter, der beim angedeuteten Liebesakt unrealistischerweise nicht mal die Hose runterließ, während er dunkelgerandete, schenkellange Netzstrümpfe manuell abfuhr, freigelegte Silikon-Basketbälle in lustvoller Taktilität umgriff, unideal synchronisiert herumstöhnte, und Helga, das überpflegte Gesicht spiegelnd von pfundweise Estée Lauder, der von ihr präferierten Tages- und Antifaltencreme, vor der Tür lauschend die gelifteten Mandelaugen schmachtvoll verdrehte. Just wollte die Schönheit des Augenblickes nahtlos in gynäkologischen Hardcore transformativ umkippen und Oliver mit verglasenden Augen und pulsierendem Liebesglied selig übergehn in wahrgewordene Träume, derweilen auch Helga's mit hochkarätigem Tiffany-Ringen versehen, schlanken, wenngleich altersfleckigen Hände nach unten glitten und die leicht gerüschten Sexlippenränder des von Gleitsaftspuren im Spotlight glitzernden Vaginaeingangs einfühlsam zu massieren anhub, als urplötzlich Oliver's Nulltarif-SMS-Handy losdudelte und der Besitzer besagten Handys, eben Oliver, tatsächlich, ohne seine rhythmische Kohabitationspantomime zu unterbrechen und ohne daß besagtes Glied zu erschlaffen anhub, ein hochneutrales »Metzler« unverräterisch in den kostengünstigen Apparat skandierte.

O Gott, Olivers Oma Lotte war soeben in die Städtischen Kliniken eingeliefert worden! Die Risiken und Nebenwirkungen besagten US-Medikaments hatten problematisch zu Nierenversagen, dicken Beinen, Wasser in der Lunge geführt, und die daraufhin verabfolgten Spritzen Furosemit bescherten Schwindel, Erbrechen,

Durchfall, wogegen Lotte Paspertin verschrieben bekommen hatte, was wiederum alle Organe ursächlich schwächte, Depression, Übelkeit und weitere Schwindelanfälle auslöste, und schon mutierte die Heile Welt, die inzwischen erfolgreich als Reality zur Docu-Fiction weiterlief, vollends zum Psycho-Thriller, worin urplötzlich hinter den geschmackvollen High-Quality-Kulissen die laufenden Ereignisse hervorquellend sich überstürzten, ins Blickfeld platzten: Samariter rannten durch Endlosgänge; neben der Bahre schaukelte der Tropf – und nirgendwo ein Chefarzt namens Dr. Sauer! Im zufällig laufenden TV beteuerte eine Hausfrau: »Ich habe ihn nicht getötet!« Konnte man ihr das abkaufen? Und an der Haustür klingelte es jetzt schon zum zweiten Mal: da stand die Steuerprüfung, und am Horizont, zwischen Müllcontainern, nahten bereits zwei Haftpflichtversicherungsvertreter und als Zugabe: zwei Zeugen Jehovas. Oliver wollte wenigstens schnell noch fertiglieben, schon allein seiner pulsierenden Fortpflanzungsgurke zuliebe, um auf jeden Fall den Terminus »weiterficken« behutsam zu umgehen, nur sah Olivia unter ihm jetzt nur noch halb so blendend aus, wenn nicht sogar ziemlich scheiße, trotz ihrer faszinierenden Mösenfrisur und wulstartig lockendem Lustkelch, und des Hinterfleisches kühle Doppellust: jetzt war eh die komplette Liebesromanwelt aus dem Ruder gelaufen und der schöne Schein so ziemlich im Arsch, und schon klingelte ins Sturmklingeln der Zeugen Jehovas sein Zweithandy hinein, und Oliver nahm geschockt, derweilen seine Lusteier, sehr praktisch untergebracht in einem dafür vorgesehenen, blond im Gegenlicht flimmernden Hautbeutel, auf der opulent ausgestatteten, mit Duftspray behandelten, bräutlich schmatzenden Genitalpartie von Olivers weiblicher Sexpartnerin leise klatschende Geräusche verursachten, die leider sehr ungünstige Info entgegen, daß er seinen Traumjob in der eingangs erwähnten, aufstrebenden Vorzeigefirma just soeben verloren habe – wieso eigentlich?! – und siehe, er hatte ihn vorher gar nicht gehabt, den Job, und war in Wirklichkeit – statt minütlich engagiert um Bruttogesamtbedarfsmatrix, belastungsorientierte Auftragsfreigabe und programmorientierte Bedarfsermittlung kreisender Diplom-Betriebswirt – eigentlich Sozialpädagoge, der immerhin gar nicht so übel Tenorsaxophon spielte, und das Dickste: er hieß gar nicht Oliver, sondern Olaf – uff, und seine exklusive Mähnengras-Allergie entpuppte sich als hundsgemeiner Heuschnuppen!

Weitere Risse liefen durchs Gesamtbild; Olivia, die eigentlich Gabi hieß, gab's gar nicht, sondern Olaf saß solo bei sich in der Billigmansarde, die Second-Hand-Jeans in den Kniekehlen, samt den Rollwülsten seiner unfrischen Unterhose, und holte sich einen runter, und mußte dann ins Krankenhaus eilen, wo nach vier Schlaganfällen alle Plagen simultan über die sowieso chronisch von Zystitis, Parkinson, Arthrosis deformans gepeinigte Lotte herfielen: Hinterwandinfarkt, Magenkrebs, Blasenentzündung, und wo Olaf und Helga (nein, die gab's auch nicht) seine schwergeprüfte Großmutter treusorgend besuchten, Olaf nicht ohne einen Strauß Damaszener-Rosen, d. h. Billigtulpen, und hierbei eine ziemlich gutaussehende Krankenpflegeschülerin kennenlernte, namens Schwester Gabi. Man kam sich näher, dies auch privat, und dann lachte dem Olaf doch noch das Große Glück!

Und nach einem erträglichen Winter und einem relativ zauberhaften Frühling – und Großmutters vollständiger Genesung! – ein herrlicher Sommer. Chemie und Wellenlänge stimmten. Statt Moonlight Sonata hörte man ziemlich viel Jazz. Man verstand sich wirklich sehr gut; dies auch in partnerschaftlicher Hinsicht. Man flog sogar nach Ibiza. Drei- bis viermal pro Woche steckte Olaf sein stets wohltemperiertes, gefühlsechtes und nicht zuletzt einfühlsam pulsierendes Liebesglied in die dafür vorgesehene, rundum beglückende, gepflegte, hochkultivierte, bildschöne, vertrauensvolle, programmorientierte, teilenthaarte, unregelmäßig gelappte, liebevolle und nicht zuletzt vorzeigbare Teeniemöse Gabis, wofür Olafs ideal formatiertes, formschönes, pflegeleichtes und nicht zuletzt funktionsstarkes, bereits beiläufig erwähntes Glied, das wir aus Geschmacksgründen, zarter Rücksichtnahme und nicht zuletzt Stilgefühl keinesfalls mit dem Kraftausdruck »Penis« belasten wollen, wie geschaffen schien. Nirgendwo klingelten Steuerprüfer, Haftpflichtleute und nicht zuletzt Zeugen Jehovas, und an keinem Horizont schlichen statische Aufladungen, tückische Tsunamis und nicht zuletzt Symptome bevorstehenden Global warmings herbei, oder gar inhumane Nachtluft plus unwirtliches, ja tödliches Weltall, geschweige denn Vorboten eines Stilbruchs oder Herbststurms.

Und wenn sie sich nicht verkracht haben, Olaf und seine liebevolle, zarte, pflegeleichte und nicht zuletzt vorzeigbare Gabi, dann lieben sie sich, in allerbestem Einvernehmen, noch heute, bis auf den heutigen Tag, mit und ohne liebevolles Blendaxlachen, umschwebt von einem rundum beglückenden, gefühlsechten, klangschönen und nicht zuletzt stilsicheren C-Dur-Akkord, für Pedalharfe, Traversflöte und Tenorsaxophon.

# MORGENLANDFAHRT
& DRITTE WELT

## Der Große Aufbruch

Liebe Mutti, Jojo, Antje und Trolly, einschließlich andere Familienmitglieder, danke schön für die Backwaren! Zwei hab ich schonmal genascht – durfte ich das? Zwar hat die Kerze sich in den Kuchen gebohrt, doch die Krümel waren sehr lecker.

Jetzt aber hab ich eine Idee: An einem schönen Samstagmorgen so ab 7 Uhr 59 begeben wir uns zum Bahnhof und erwerben, bevor's verteuert oder abgeschafft wird, für 40 Möpse ein Wochenendticket. Wir sind fünf Mitfahrpersonen: Käte, Jojo, Antje, Uli, Babs, Viera – oder wahlweise Maria, Trolly, Georg oder Frau Käding. Gleichzeitig Viera und Georg Holbein geht wohl nicht, weil nur fünf auf so ein Ticket fahren können. Um 10 oder wann steigen wir in Eisenach aus, besichtigen irgendwas und fahren 2 Stunden später weiter, steigen in Erfurt oder Gotha aus, dann ins Nietzsche-Archiv Weimar, dann Jena, können teilweise Oma oder andere besuchen, glotzen alles an, lassen uns was zeigen, laufen überall rum, fahren ab und zu eine Stadt weiter; falls Zeit bleibt, kann man noch schnell nach Bitterfeld, Göttingen, Apolda, Bad Sulza, baden und schweben jauchzend im Liquidsound, dann Auerstädt, Dresden, Cottbus, Leipzig, Wabern, und nachmittags zurück, so daß wir erfüllt, beglückt und hundemüde abends 23 Uhr 59 wieder in Kassel-Wilhelmshöhe landen. Und falls uns das extrem viel Spaß macht, brechen wir am nächsten Morgen gleich wieder neu auf, erwerben noch so ein Ticket, kutschieren wieder überall rum, oder planen gleich zwei bis drei Tage ein, übernachten in Dresden oder Dingelstädt, und falls uns das beglückt, treffen wir uns am nächsten Samstag gleich wieder so, und machen das alles wieder so. Wär das was? Wer macht mit? Bitte viele! Falls Frau Käding oder Jojo nicht mitwollen, kann Georg Holbein mit. Falls beide nicht mitwollen, kann Dr. Plöger mit. Frag sich nur – wann? Erst im Mai? Oder sofort, mitten im Winter? Wär das nichts? Wär das nicht einfach fantastisch? Warum machen wir das nicht seit Jahren so? Und immer wieder grad so!?! Oder wir lösen gleich zwei solcher Tickets und können dann zu zehnt lostingeln: Frau Käding, Schwester Gerdie, Ebi, Tante Gundula, zwei, drei Diakonissen, Evi, Schimmelpfennigs, Frauke Freitag (wir woll'n aber erst samstags!), Müller, Frau Käding, Bernhard, Familie Haag, diverse Kirchenchöre, Oma, Botgül Türk, Nietzsche, Dünnhals, Dr. Kunz und viele andere. Alle anderen, ALLE! Ich wäre dafür. Also nehmt Stellung. Nennt Eure Termine. Putzt sämtliche Startlöcher und begebt Euch in ebendiese. Damit wir endlich loskönnen. Dorthin, wo wir immer schonmal hinwollten. Ich komm aber nur mit, wenn auch Heinz mitkommt. Und wir unterwegs einen Überraschungsbesuch bei Harry Kohl machen, falls der nicht sowieso mit von der Partie ist und von Anfang an mitkommt. Also, ich bin dabei. Ihr auch? Denn ohne Euch würde das sicher nur ein Zehntel soviel Spaß machen, und Föz. Also, auf gehts! Bindet Eure schnürendsten Senkel! Zückt Eure Chipkarten, Wanderschuh, Anoraks, Trenchcoats, Hundeleinen, Anziehsachen, Tupperdosen, BASF-Weichplastik, Schraubenzieher, Agfa familys, Digitalvideorecorder, Handys, Tampons, Regenmäntel, Nachthemden, Zahnpastas, Blutverdünner, Oboenmundstücke, Einweichgläser, Liederbücher und brecht auf! Der Große Aufbruch wartet auf Euch und uns! Bebend vor Reisefieber und Vorfreude – Euer Sohn, Bruder, Schwager, Freund und Reisekumpan Uli!

## Schlips und Turban bzw. Sari und Dirndl

Kaba, der Plantagentrank, die Minarette von Mekka, Kalif Storch, Mecki bei Harun al-Raschid, Ali, das sprechende Kamel... mit sieben grüßte mich Gastarbeiter Hüsni mit einem »Guttä Tack«, also verstand ich Türkisch – beglückende Völkerverständigung! Mit acht sah ich – im Zoo von Basel – zwei Inderinnen, die eine im traditionellen Sari, hochgestecktes Haar, roter Hindu-Stirnpunkt, die andere im Dirndl, mit Brille und Frisurhelm à la Frau Laabs. Dieses Urbild – Sari und Dirndl, Basel und Basra, Bebra und Beludschistan, Damaskus und Darmstadt – fand sich überall wieder: hier Äppelwoi im »Blauen Bock«, dort Großwesirs und Obermuftis Opiumpfeife, hier VWL, ADAC und SPD, dort: »Der Tiger von Eschnapur«. Dirndl und Sari nahmen jede spätere Zweiteilung der Welt vorweg, von Sabinchen bis Suleika, ins Männliche übersetzt: Turban und Tiroler Hut, alle vier Textilien schön bunt und folklorianisch. Und schon klangen Almrausch- und Muezzin-Gejodel gar nicht so unähnlich. Entenhausen und Timbuktu flossen innig ineinander, ehe sich in Normalistan entfärbter Maßanzug durchsetzte, staubgrau in flaugrau, nicht ohne Krawatte. Turban und Schlips traten so feindlich auseinander wie Rausch und Ernüchterung, beglückend bunter Karneval aus Kara ben Nemsi, Dalai Lama, Arafat, Papst, Zar und Kaiser einerseits, Einheitskluft, Steuerberatung, aalglatt trockenrasierte Staatschefs, Gewerkschaftsführer andererseits, graue Eminenzen. Hellgrau-Ästhetik wurde obligatorisch. Pro Indienfahrt kam ich bloß in Dritter Welt an, in graugetöntem Verkehrschaos, resopalfarbenem Wirtschaftswachstum, durchdröhnt von Katzenmusik. Selten mochten sich feilschende Taxifahrer, aggressive Bettler und Beutelschneider ein schönes Buddhagleichnis erzählen lassen. Tao, Nirwana, Satori, Yin und Yang, sie alle starben vor Ort aus, um in Euro-US-Esoterik seltsam Unterschlupf zu finden. Im Bus saßen 65 Inder, alle in Neuzeitwäsche, geplättetes Herrenhemd, Schlips, Sonnenbrille, Armbanduhr und »Calcutta Times«, und daneben der weit und breit einzige Inder: Pluderhose, lila Turban, Bhagavad Gita, mager, barfuß: ich – verkehrte Welt oder One World? Im Ladenschild »Krishna electrics« schossen Exotistan und modern life aufs neue zusammen, Turban und Schlips. Einst schenkten drei Könige Weihrauch, Myrrhe und Gold; heut senden mild und weise aussehende Prinzensöhne Terror-Bomben. Die Morgenlandfahrt der Romantiker, Kulturträger und Hippies wurde zu einem Feldzug zivilisierter Elitetruppen gegen uralte Hochkulturen. »Flüchte du, im reinen Osten Patriarchenlust zu kosten«, mutierte zu: »Willst du nicht, daß Waffen rosten, bombe nah und fern im Osten!« Aber nicht nur Morgenland war inzwischen überall, vor allem auch America was everywhere: Gleichwie Rolls-Royce-Fetischist und Sex-Guru Bhagwan Shree Rajneesh, ein heimlicher Ami, von Poona nach Oregon umzog, in die Wahlheimat aller Showmen and Moneymaker, so stand auf den Mehlsäkken einer von Präsident Bush zerbombten Mehlfabrik in Bagdad: »Made in U.S.A.« Militärische Ebene und spirituelle Dimension marschierten im Gleichschritt.

## Wenn das Kamel seinen Höcker sehen könnte

Arabische Sprichwörter kennen bereits jetzt die Zukunft von Irak, Iran, Israel und allen anderen. Als 800 n. Chr. Bagdad über Buschbrand klagte, erodiertes Paradies, verbrannte Erde, verderbte Welt, da sagte die Mystikerin Rabiah: »Hängt ihr so sehr an der Welt? Nur Käufer machen die Ware schlecht.« In anderer Übersetzung: »Wer Waren zerschlägt, kauft Waren.« Heut übersetzt sich das nochmal anders: »Wer keine Waren zerschlägt, kassiert nicht doppelt.« Im Klartext: Wer Feinde nicht hochrüstet, kann beim Wiederaufbau des Hafens von Basra kein drittes Mal kassieren. Erst der Auftrag an US-Hafenbau-Firmen, dann die US-Bombe. Wieso kommt Verschrotten teurer als Abwerfen? Erst die Betäubungsspritze für den zu ziehenden Backenzahn, dann das Röntgenbild zwecks Befund – bohren ist besser als vorbeugen; krepieren teurer als nichtrauchen. Der heilige Narr Buhlul, vor 1001 Jahren in Bagdad mit Steinen beworfen, reichte den bösen Buben kleinere Steine und bat darum, nicht so große Formate zu wählen, da er sonst verletzt und am Beten gehindert würde.

Wird es Flächenbrand geben? Ein arabisches Sprichwort sagt: »Flieh vor dem Löchlein und fall in den Brunnen!« Und zur Relation Vietnam/Irak: »Wer zweimal in ein Loch fällt, ist blind.« Wieso war der Krieg so unvermeidlich? Ein arabisches Sprichwort sagt: »Wer sich als bissig ausgibt, muß auch beißen.« Obwohl arabische Sprichwörter eher für Diplomatie plädieren: »Die Hand, die du nicht beißen kannst, küsse! Und wünsche dir, daß sie zerbrochen werde.« Ein chinesisches Sprichwort sagt: »Nadeln, die keiner benutzt, rosten.«

Wird man die Enkel Saddams treffen oder kriegen? Ein arabisches Sprichwort sagt: »Der Unterdrücker stirbt nicht, ehe Hunderte von ihm Unterdrückte vorher umkommen.« In vorindustriellen Zeiten Hunderte. Bereits Mohammed rief allen Kriegsparteien zu: »Jeder, der seinen Bruder schmäht, wird nicht sterben, ehe er dessen Sünde nicht ebenfalls begeht.« Und: »Der Tag ist hell, verdunkle ihn nicht mit Missetaten.«

Was folgt dem Regimewechsel? Ein arabisches Sprichwort sagt: »Der Hund starb, und wir waren sein Bellen los. Doch es kam ein anderer, der bellte noch lauter.« Ein Schiit? Das via Chemotherapie ausgeschälte Krebs-, Virus- oder Terrorismusnest repariert sich, reproduziert sich, mutiert um so eifriger, stets eine Nase voraus, auf daß es auch übermorgen Vorwände geben möge, anzugreifen. Jussuf bin Hadschdschadsch, Statthalter des Irak unter dem Omaiyadenkalifen Abdalmaik, dreimal grausamer und intelligenter als Saddam, konterte Kritik seiner Gewalttaten so: »Seht, was ihr für schlechte Menschen seid, daß Allah ein Scheusal wie mich auf euch losgelassen hat.« Den Sohn (Bush junior) drängt's zum Tatort des Vaters (Bush senior); ein arabisches Sprichwort sagt: »Nur der Hund sucht sein Gespei wieder auf.« Und das alles nur, weil man die Polkappen abschmelzen, den Sprößlingen zum Abitur den Führerschein schenken, sein zivilisiertes Gesäß hochmobil von der Stelle schaffen – nein: Umsätze steigern möchte, wachsen will, bloß leben.

Aber was kommt danach? Ein arabisches Sprichwort sagt: »Wer ein Ei stiebitzt, stiehlt auch ein Kamel.« Also fälscht, wer Haare färbt, auch Bilanzen. Also wird, wer 22 Mio. Iraker zu bebomben sich erdreistet, auch 70 Mio. Iraner nicht verschonen mögen. Ein arabisches Sprichwort warnt, zwei Wassermelonen in einer Hand zu halten; die USA aber rühmen sich, Iran und Korea auch simultan entwaffnen zu können.

Die Erde gab den Menschen den Leichensaft abgesunkener Karbonzeit-Bäume, und schon produzierte Monoxydausstoß Baumsterben – benutzen Bäume Menschen zwecks Global-Entwaldung? Arabien gab der Menschheit das Öl, ohne das Arabien jetzt nicht zerbombt werden könnte. Mesopotamien gab der Menschheit das Rad und die Schrift, die zu High-Tech-Know-how und Angriffsbefehl mutierten – wieso befolgt keiner das arabische Sprichwort: »In den Brunnen, aus dem du getrunken hast, spucke nicht«? In vernetzter One World trifft jeder Militärschlag eigene und falsche Leute: im WTC Muslime, bei al-Qaida-Beschuß Unbeteiligte, im 2. Golfkrieg die Opfer der Täter statt die Täter – denn ein arabisches Sprichwort sagt: »Der Affe trinkt die Milch, der Bär bekommt die Schläge.« Wer an die Drahtzieher nicht rankommt, unterliegt dem arabischen Sprichwort: »Wer das Kamel nicht bewältigen kann, beißt in den Sattel.« Und wer jetzt »No War!« ruft, hat ihn vorher als Steuerzahler finanziert.

Ein arabisches Sprichwort über Osama bin Laden: »Ein Verrückter wirft einen Stein in den Brunnen und zehn Weise können ihn nicht herausholen.« Ein arabisches Sprichwort zu Bushs IQ: »Wenn du Verstand hast, hat der Arsch meines Vaters Zähne.« Zur Anmaßung Saddams, sich mit Saladin zu vergleichen: »Nicht jeder, der hämmert, ist ein Schmied.« Nicht jeder, der tötet, wird ein Napoleon. Denn ein arabisches Sprichwort sagt: »Heute sind an die Stelle der Löwen Hunde getreten.« Und an die Stelle von Spruchweisheit Parolen: »We will win it!« – »Dead or alive!« – »We want you!!!« – »Search and destroy!« – »That man is evil« – hierzu ein arabisches Sprichwort: »Wenn du gelogen hast, lüge zweimal, lüge

dreimal, aber es müssen immer die gleichen Lügen sein.«
Welche sonst? »Fuck yourself!« – »Okay«, – »Kiss it!«
(Clinton) »Ami, go home!« – »Make love, not war!« –
»The game is over.« Alles nach dem Motto: »Die Minarette sinken in den Staub und die Misthaufen wachsen.«
Aber ach... ein arabisches Sprichwort sagt: »Wie kannst
du Traubensirup vom Steiß des Wiesels verlangen?« Altdeutsch rustikale Weisheiten wie »Heute ich, morgen
du«, oder »Alte Böcke haben harte Hörner«, oder »Die
Enkel fechten's besser aus«, treffen zwar auch auf Bush
senior & junior zu, klotzen aber im Kontrast zu Kulturvölkern doch arg zweischrötig drauflos. Die böse, die
blöde und die feige Achse bleiben Hexe-in-den-Backofen-Niveau, schwärzer als buntes Mittelalter.

Einzig J.F. Kennedys allzu unnachgeahmtes »Ick bin
ain Bälina!« erhebt sich über Rambo Rummys »Libyen,
Cuba, Germany« hinaus in vergeistigte Dimensionen des
brahmanischen Tat twam asi und übersetzt sich heut anders: »Ich bin ein Iraker!« Selbst das afrikanische Sprichwort »Ein Pfeil darf nicht länger sein als ein Brot« schwebt
ethisch wolkenkratzerhoch über dem integersten Colin
Powell. In Eritrea verhungern vermehrt Menschen, seit
sich die Welthungerhilfe dem Irak zuwendet.

Nur ragen arabische Sprichwörter leider übers Zahnum-Zahn der Bibel oft ebenfalls nicht hinaus: »Beißt dich
der Hund, und du beißt nicht zurück, so sagt er, du seiest
zahnlos.« Wohl die einzige Weisheit, der ein echter
Cowboy zustimmt. Scheint ein alter Hund jenseits des
Ozeans Vorstufen von Milchzähnen zu haben, made in
Germany, so putz am besten die ganze Hundesippe fort.
Der Kampf gegen den internationalen Terrorismus, von
Eugen Drewermann »militarisierte Paranoia« genannt,
schwoll auf, gemäß des arabischen Sprichworts: »Wer
Teufel sehen will, sieht Teufel.« Christentum schrumpfte

zu: »Wer nicht für mich ist, ist wider mich.« Und: »– der Welt das Schwert bringen.« – »Ein schwanzloser Hund kann seine Freude nicht äußern« mutierte zu: Auch ein geistloser Hund kann seinen Haß äußern. »Mit Kanonen auf Spatzen schießen« (arabisch gesagt: rasieren mit der Axt) mutierte zum waffenstarrendsten Staat der Welt, der sich gegen die größte Dattelpalmenoase der Welt verteidigt. »Lehre den Traurigen nicht weinen« mutierte zu: Schlage ständig wieder auf Zertretene ein. Zu den Schuldzuweisungen pro Kriegsverlauf sagt ein arabisches Sprichwort: »Er schlug mich und weinte und kam mir mit der Einreichung der Klage zuvor.«

Doch Amis und Araber wollen sich von arabischen Sprichwörtern nicht den Star stechen lassen; denn: »Wenn das Kamel seinen Höcker sehen könnte, würde es umfallen und sich den Hals brechen.« – »Die Krankheit des einen heilt nicht die des anderen.«

Seit 1001 Jahren blicken arabische Sprichwörter auf die kommende Weltlage zurück: »Wenn der Wegweiser ein Rabe ist, so führt er die Leute zur Ruine.« Was wird nach dem Flächenbrand kommen? Ein arabisches Sprichwort weiß es: »Uns blieb nichts als der Schmutz unserer Füße.«


## Moloch versus Moloch: Chindia im Oneworld-Papiertütchen

Im Rhein-Main-Gebiet leben z.Z. 6000 Inder. Sunil Gangopadhyay is a Bengali poet, fiction-writer, playwright, essayist, translator and children's writer. 200 Millionen Jahre n.Chr. wird Australien mit Südostasien kollidieren/fusionieren und ein Gebirgsmassiv aufwerfen, wogegen der Himalaya verzwergen wird. Vorher wird China seine chimärischen Versprechungen »Macht doch nichts, daß die Deutschen aussterben. Wir werden sie in guter Erinnerung behalten« im entscheidenden Moment vergessen haben (falls ich sie schlitzäugig nicht dran erinnere), wegen allerlei Mega-Turbo-Vordringlichkeiten – hiermit sei's demütig prophezeit. Und vorher werden die USA usw. in sämtlichen Punkten überholt und überboten sein, 2029 spätestens (was im Nu um sein wird). Zeitgleich wird Afrika köpfemäßig China überholen und plant jetzt schon mit Chindia (vorher: China & India) zu fusionieren. Vorher schnell noch un poco Kulturaustausch, Dialog der Religionen und peanuts am Wegesrand durchziehn: Vijay Tendulkar is a leading contemporary Indian playwrigth, screen and television writer, literary essayist, political journalist and social communicator: Kaum verhallte der Indienschwerpunkt der Buchmesse Fränkfört 2006, rollten Chinaschwerpunkte 2008 heran: gleichwie pro Expo der übliche Spagat zwischen Folklore & Cebit-Atmo. Bevor die Titanenschlacht dann weniger »West meets East« heißt, sondern: Asien versus Asien, alias: East absorbiert West, d. h. die europäische Ausbeulung, ein zoologisch nicht ganz unintressantes Reservat für unschädlich gemachte Albino-Blindlurche zwischen Oslo und Izmir, ein bläßlicher, vom Globus runterfegbarer Schandfleck, karmischer Ausgleich für christlich-kolonisatorische Witwenverbrennungsverbote, wobei Indien, das keine Rentnerberge mitschleppen muß wie China & Europa, China abzuhängen gedenkt, da Chinesen sich ja mit dem zunächst noch nötigen ›Speak English‹ schwertun: »Harish Trivedi is an international well-known literary critic, translator in the highest forums around the world.« Zum Dank, daß Yinyang, Dao, Dharma, Karma, Nirvana, Wuwei, Sabiwabi u. ä.

anspruchsvolle Hirnwixer-Abstracta (mit denen weder Mao noch das prä- und postmaoistische China je viel am Hut hatte!) im spirituellen Exil USA & Europa überwintern durften, wird Mozart d. h. Liszt/Chopin, sobald hierzulande die letzten dümpelnden Grammophon-CD-Firmen und Geigenbauer pleite machen, nur über den Umweg China–Japan längerfristig gerettet werden können; in China leben neben 30 Millionen Katholiken – 20 Millionen Pianisten à la Superstar Lang Lang. Goethe – der sich, indem er Indien »fratzenhaft« fand, als Biedermann outete – & Dante werden sich rechtzeitig in Gö Dö & Dan Ding wiedererkennen müssen; in Japan in Ko-ti & Tan-ti; andererseits hat China dreißig bis siebzig eigene Goethes & Kalidasas. Gopi Chand Naran is a scholar, chritic and linguist in Urdu, English and Hindi, has more than 60 publications. Indische Großraumbüros schauen natürlich so unpoetisch drein wie sowieso alles, trotz allerlei »Indien einst und jetzt«, d. h. Gewürz-Bazar in ausgelagerter Zeltstadt, wohin brave Goatripperinnen und -nipperinnen namens z. B. Ingeborg Szöllösi, gefangen zwischen Sehnsucht und Angst, weiterhin mit Motti à la »Mit einem Lächeln komm ich durch die Welt« nach Mumbai jetsetten, wo 3000 Inder, neben einem aufgepumpten Gandhikopf aus Kautschuk-Latex, 20 m hoch, der Militärparade einer 8-Spurautobahn jederzeit zujubeln, als wären die Panzer Gandhi. Weltreisende, die siebzig Länder in ihre DigiCams hineinzogen, finden kein Land so extrem wie Indien, dem Sprinter ohne Schuhe, alle Speisen dreimal überwürzter als in Italien, alle Pflanzen siebenmal so schnellwüchsig – no problem, Sir! –, jedes Überholmanöver ein Beinahe-Frontal-Crash, also spirituelles Grenzerlebnis, alle Insekten achtmal so groß (außer die gemeine Stubenfliege). Nida Fazli, born 1938 in Dehli, is an eminent Urdu poet and lyricist. USA-

Bewohner müßten, wenn sie köpfemäßig mit Indien, China, Arabien mithalten wollten, sich verzwölffachen. Aber nierenkranke Opas in Ghosaldanga sind nie im 70 km entfernten Calcutta gewesen und gehn auch jetzt nicht hin, obwohl dortige Dialyse sie retten könnte. Important asanas for the promotion of health are Yogananuchrasana, Ushtrasana, Paschimottinasano, Gomukhasana, Simhasana, Bhadrasana, Bhujangasana, Halasana, Pewanankuktasana und nicht zuletzt Urdhrahastottanosana. 700 Millionen Inder haben keinerlei water closet. Seit 1974 hat Indien die Atombombe, wie bereits im Mahabharata vorausgesagt. Google protzt: »Was nicht im Google steht, gibt es nicht«, aber 500 n. Chr. hieß es in Hindustan: »Was nicht im Mahabharata steht, gibt es nicht.« Girish Karnad is a playwright, filmmaker and actor. His first novel: »Memories of a Lost Home«. Fast jeder Roman heißt so, weltweit. Gekachelte Bäder hingegen gab's in Indien bereits 3000 v. Chr. Dr. Fu Man Tschu bedroht Norwegen, machte den Dalai Lama weltberühmt, ißt pausenlos Hunde, zerlegt importierte BRD-Buchen in Sekundenschnelle in Holzspachtel, die 24 Std. später in der BRD als gestieltes Speiseeis abgeleckt werden. China schadete Marokko, indem man deren Löhne fürs Puhlen täglich aus Sylt eingeflogener Garnelen unterbot, die 24 Std. später gepuhlt wieder auf Sylt landen und in Sichtweite des Krabbenkutters, der sie fing, an beschaulicher Fischbude verkauft werden. Der Irak (Mesopotamien) schenkte der Welt bloß Rad und Schrift, Hindustan aber (von Columbus noch nicht entdecktes India) schenkte der Mathematik, die lang drauf gewartet hatte, die 0 (in Worten: die Null). Indien fing, bevor Stahlmagnaten von ihrer Firmenphilosophie redeten, viel früher zu philosophieren an als das hierfür bekannte antike Griechenland, d. h. durchschaute Götter-

und Päpstehumbug als erstes und versinkt weiterhin im Götterchaos: Many religions, One nation, we should be proud of it! Elefanten tragen Madonnen, neben Solaranlagen auf Strohhütten. Gott & High-Tech verschmolzen problemlos in »Shiva electrics«. Auf 80 000 Inder kommt nur ein Zahnarzt (Wurzelresektion unbekannt). In this garden it is forbidden to kill birds. Obdachlose heißen dort Sadhus. Diogenes von Sinope imitierte Gymnosophisten; Urchristen und Franziskaner imitierten Fakire (fuqur/fakir heißt arm, siehe den Feldforscher und Derwischologen Jürgen Wasim Frembgen, der seltsame Gestalten und Bilder vor allem in Pakistan ausgräbt!). Buddhismus erwies sich, bei aller gongschlagenden Simplifizierung, als zu wenig intolerant, um Weltreligion bleiben zu können – ausgemustert. Paul Zacharia is an eminent Malaysian short story writer, novelist and essayist. Heine (Harry) is a german essayist und fragte sich bang, ob's einem wohl auch so wie Columbus gehn werde, wenn man das geistige Indien suche; inzw. beantwortet sich das klar: Statt Nirwana – Autowahn und Infrastruktur in Eschnapur. Arundhati Roy, die die Buchmesse schwänzte, one of the most – etc., beklagte, von der Kultur Indiens bleibe nichts übrig, als daß die British-Airways-Stewardess im TV ihre Hände zauberhaft lächelnd zum Gayatri-Mantra zusammenführe, wobei die Anti-Staudamm-Aktivistin und Romanceuse Termini wie SMS, Gemengelage, Info-Tech, Investoren, Jobsuche, Konfliktregion, Ökosystem, neoliberal, Nuklear-Deal voll draufhat – lifestyle is everywhere, bzw.: »In diesen Zeiten ist alles Politik« (Sören Kierkegaard, 1849). Über allem schwebt stellenweise die grinsende »Wir sollten«-Weisheit und übermenschliche Pantomime des 14. Dalai Lama, der sich's verbietet, China zu hassen, um nicht als Chinese zu reinkarnieren, was sich für keinen Erdling wirklich verhindern läßt. Mongolen, die China besetzt zu haben glaubten, guckten nach kurzem aus chinesischer Wäsche, als Chinesen – Mao is everywhere (und Dao nur ein Wort). Als China US-Flaggen verbrannte, trugen die von Sloterdijks zeitlich bedingtem Zorn verzerrten Massen T-Shirts des US-Konzerns Stüssy – Amerika is everywhere. Kunstmaler in Indien kamen auf Knopfdruck im Schulterschluß (vermutlich) nie (»nie« gibt's in Indien selten bis nie) bei J. Beuys an, immer nur bei Paul Klee & August Macke – Juropp is everywhere, trotz abwischbarer (rausfegbarer!?) Eurozentrik. Die britische Ameisen-Bürokratie Indiens potenziert jeden Wimmel-Albtraum zu Kafka hoch 3, aber all die contemporary poets bewegen sich brav auf vorexpressionistischer Octavio-Paz-Ebene, d.h. Tagore is one of the most significant poets, übersetzt von Dr. Martin Kämpchen, vorbildlich verlegt bei Artemis & Winkler. Jeder zweite Analphabet ist Inder. Kabir hingegen was a poet and Kastensystemkritiker (1440–1518), doch die Muslime & Hindus, die er genau wie Brahmanen & Shudras zu vereinigen strebte, sträubten sich, wollten dringend weiterhin deutlich zerfallen und setzten das bis heut unermüdlich erfolgreich fort, gleichwie Shiiten Sunniten »ungläubig« nennen, oder umgekehrt, und China, sobald es Demokratie würde, prompt in Vielvölker- und Warlordstaaten zerfizzeln würde; Gandhis Urenkel als Global player sprechen 400 Ideolekte in 28 Bundesstaaten mit 450 Flughäfen – apropos tamilische Rebellen: Umsonst vorerst verpuffte Kabirs drollige Weltdefinition, typisch für komische Mystiker: »Die Welt ist ein winziges Papiertütchen. Fällt ein Wassertropfen drauf, löst es sich auf.« Leelkadhar Jagoori is a celebrated poet in Hindi. Chirta Mudgal is a highly respected novelist. Ajeet Caur is a veteran fiction writer in Punjabi. Urination strictly forbidden! Falls sich jemand dran hält. 4 Milliarden Jahre n.Chr. wird die Erde ziemlich heiß werden, und das around the world, zu deutsch: rund ums Papiertütchen.

## Wie ich mal einen Türken beglückte

In Istanbul saß ich auf einem beschatteten Mäuerchen und wartete auf irgendwas. Ein Greis kam in praller Sonne angebuckelt und fing an, ohne zu fragen, ob ich das wünsche, an meinen Füßen herumzuwerken. Ich guckte an mir hinunter und sah den Mann mit Bürsten mein Schuhwerk eifrig bürsten, d. h. meine dünnriemigen möglicherweise völlig unverschmutzten Sandaletten, die wenig säuberbare Masse bereithielten. Trotzdem zog die gründliche Reinigung sich ziemlich lang hin, hoffentlich nicht, um einen überhöhten Preis zu rechtfertigen. Mehrere Lappen und Läppchen kamen zum Einsatz. Bald strahlten meine Sandalen in niegesehenem Glanz, seltsam neugeboren. Der Mann stand nun redend vor mir, nannte vermutlich irgendwelche Summen, ich verstand kein Türkisch, er kein Englisch. Ich zückte mein Geld, kannte die Währung noch nicht, und reichte dem Schuhputzer, mangels Münzgeld, einen kleinstmöglichen Schein. Der Greis ließ Bürsten und Lappen fallen, nahm ihn in beide Hände, konnte nicht fassen, sooo viel zu bekommen, küßte den Schein, fiel vor mir auf die Knie, küßte meine Füße, soweit sie zwischen den tadellosen Riemen hervorguckten, küßte mich, lachte zahnlos, ließ Tränen über meine Hände laufen – garantiert hatte ich viel zu viel gegeben, einen vollen Monatslohn – ein Jahresgehalt? –, konnte aber schlecht Wechselgeld verlangen, hab auch später nicht erfahren und errechnen können, wieviel ich eigentlich weggab.

### Wie ich mal einen Inder beglückte

Im Ashram von Tiruvannamali lag ich mit subtropischem Durchfall und Fieber im Delirium. Kein Schlaf stellte sich ein, keine Minute lang. Der Kopfschmerz, Stufe 5, ließ nicht nach, keine Sekunde lang. Mein Kopf dröhnte lauter als Straßenverkehr. Der Durchfall ließ alle Viertelstunde nach. Die bunten Kügelchen hatte ich längst fortgelutscht. Die Kohletabletten – neben dem Ohropax – sahen nicht so aus, als könnten sie irgendwas aufhalten. Als Ewald übel darniederlag, hatte er stundenlang gebetet. Sollte auch ich jetzt beten? Als Ewald und Brigitte wiederkamen, erzählten sie, sie hätten einen englishspeakenden Inder kennengelernt, Nirumad, der bat um Kleidung, und ich hätte doch eine grüne Hose, die könnten wir Nirumad doch geben: »Du hast ja dann noch deine indische Beutelhose.« Ich zögerte; ich erbat Bedenkzeit. Aber Nirumad stand schon vor der Tür. Zwei Menschen, zwei Hosen – warum sollte einer zwei tragen und der andere lebenslänglich bloß einen Lunghi? Im Delirium wandelte sich das Sprichwort »Das letzte Hemd hat keine Taschen« in die vorletzte Hose um, die zwar Taschen hat, nur wär ich es dann nicht länger, der in die was steckt. Nirumad stand als Mozarts geheimnisvoller Todesbote vor der Tür. Eingedenk der Abneigung, die Doro stets gegen diese grüne Hose gefühlt hatte, gab ich sie dahin, die irdische Hose. Ewald trug sie hinaus zu Nirumad. Die ganze dröhnende Nacht blieb vollkommen schlaflos. Kein kühlender Lappen fand sich für meine brennende Stirn. Mir war, als müsse ich schreien vor Schmerz. Garantiert fieberte ich ganz dicht am Tod herum. Trotzdem machten Moskitos keinen Bogen um mich.

Nächstentags auf dem Weg zum Haupttempel von Tiruvannamalai fiel uns im Getümmel ein abweichender Fußgänger auf – die Überlänge der Hosenbeine hatte er über Nacht seinen Beinen angeglichen. Langsam, sehr würdig, stolzgeschwellt promenierte Nirumad mit dem ollen ungewaschenen Textilium, als wär's eine Königstracht. Meine – Pardon: seine grüne Hose strahlte einen Glanz aus, den sie vorher an keiner Station ihrer langen Vita je ausgedünstet hatte: ungeheuerliche, nie erpobte Einmaligkeit, die sich schmutziggrün – um nicht zu sagen: völlig verdreckt – glorios heraushob aus dem üblichen Meer blütenweißer Lunghis.

# WOLLUSTPFLEGE

## Tod oder Liebe – weck den Bonobo in dir!

Wer heut unbekleidet durch Hitzewellen, Treibhauseffekte oder öffentliche Soldatenrekrutierung radelt, oder gegen Pelztiertötung protestiert, nackte Hoffnungsschimmer des 21. Jahrhunderts, wird von Uniformierten zwangsbekleidet. In Texas und anderen Staaten macht sich jede Hosenausbeulung, die auf Erektion schließen lassen könnte, strafbar. Präsident Bill Clinton feuerte eine US-Gesundheitsministerin, weil sie Onanie den besten Schutz vor Aids nannte, als verlängerter Arm jener Exekutive, die den Bestrafer im »Kiss-it!«-Skandal abstrafte. Keiner votierte gegen diese Entlassung, um nicht als Wixer dazustehn. Die USA versinkt zu 70 % in eisig herüberwehendem Neopuritanismus – Vorsicht! –, in umsonst abgehaktem Victorianismus. Lustfeindlichkeit pur droht anzuschwellen! Todeszellen und Wixbuden reichen sich unheilvoll die Hand. Pizza-Bringdienste boomen, aber Sperma-Bringdienste für Lesben werden inhuman verboten! Auch in Mitteleuropa vermehren sich christliche Ex-DDR-Bürger, nachweislich, die mit funkelnden Augen dringend Todesstrafe verlangen für untreue und schwule Mitmenschen. Neben Stauberater zeichnet sich ein Zukunftsjob ab, für Männchen und Weiblein: Tugendwächter und Anstandsdame, unverzichtbar, bodyguard-artig. In Dritten Welten winkt wenig Hoffnung: Kaum lockert sich Ehebruch zum Seitensprung, droht in Afrika usw. Steinigung, zur Strafe für Sex, der wegen Klitorisausschneidung bloß wehtat. Warum solch eine unnötig lieblose Welt? Weil Menschen mit Schimpasen verwandter sind als mit Bonobos.

Deshalb laufen Friedensdemonstrationen ins Leere,

genau wie Militärschläge. Insofern war Clinton der bessere Bonobo, und G.W. Bush muß die Schmach, bloß Schimpanse zu sein, kompensieren mit dem Ruhm, History zu machen. Sobald Soldat Schwejk, Charlie Chaplin und John Lennon von peace, und Hominiden von flotten Dreiern träumen, träumt in jedem von ihnen der unnötig verhinderte Bonobo. Das unerreichbare Fernziel »make love not war« haben Bonobos seit Jahrmillionen realisiert, nicht bloß Freitag Abend, sondern alle 90 Minuten, und das betont quer Beet. Soziale Ungerechtigkeit, Mobbing, Verteidigungskriege, Erstschläge, woran Schimpansen und Menschen ständig unlösbar laborieren, regeln Bonobos ganz locker vom Hocker via Sexorgie. Viagra muß nie nachgeliefert werden. Verwandtschaft kein Hindernis. Vis-à-vis, a tergo, vice versa etcetera: Bonobofrauen wippen sich in ranghöchste Positionen; Nicht-Bonobos lassen bloß eiserne oder unschöne Ladys ran, so unfeminin wie möglich. Bei Assyrern ging herrliche Kunst stets Hand in Hand mit hochentwickelter Militärtechnik, aber Bonobos sind viel friedlicher als Schimpansen – und trotzdem nicht unintelligenter! Tip für Genmanipulateure: Ein Schräubchen pro Doppelhelix unmerklich anders gewickelt, schon könnte man kommende Öl- und Wasserkriege runterdrehn auf familiäres Brotbrechen und Stimulatio. Kamasutra, Sexwellen, »Ruf an! Stöhn mit mir!« stoßen in die richtige Richtung, aber mehr auch nicht.

Utopicum blitzt kurz auf: In einer Bonobo-Gesellschaft dürfen Schwulesben problemlos adoptieren, bzw. keiner/m würde Homosex genügen; selbst Bisexualität wär längst in Pansexualität übergegangen – Baumumarmungen, Steinbesteigungen u.v.m. Ganz woanders angesiedelte Hemm- und Sättigungsschwellen ließen kaum außersexuelle Hobbys zu. Epikur, Hedonismus und Kulinarik, gesteigert zu Priapismus, Vulvo- und Phallokratie, würde alle Chefinnen-Etagen wollüstig imprägnieren. Militaristen, samt raketenförmig verlängerten Körperteilen, blieben durchschaute Minderheit. Doch Liebe und Tod, Bonobo und Schimpanse, Gruppensex und Genozid, sowenig sie sich in einen Topf werfen lassen, sitzen genau in diesem Bett: Sex gebiert Nachwuchs, und Nachwuchs besteht aus (tatendurstigen) Opfern und (opferbereiten) Tätern... kopulieren... liquidieren... Müll produzieren... Müll abräumen... Massenviehhaltung... Tierkörperbeseitigungsanstalten. Selbst wenn alle verhinderten Bonobos sofort zu besseren Schimpansen würden: BSE wär weiterhin nicht besiegt. Denn auch Bonobos fressen Vogeleier. Man müßte also in den Homo erectus, ihm zuliebe, hinterrücks, um nicht zu sagen: a tergo, ein vegetarisches Gorilla-Gen einbauen. Nur so ließe sich Homunculus, statt nur militärisch, auch kulinarisch entwaffnen. Doch da zöge erst recht keiner mit. Zumal dann zwar Ruhe im Kuhstall wäre, statt dessen aber liefen lauter unangenehm nette Kulturbanausen herum. Denn Schimpansen, Bonobos und Menschen sind leider etwas intelligenter als Gorillas.

## Es ist herrlich... ich sterbe vor Lust...
*Eine Love Story, erzählt von 162 Autoren*

Sämtliche Autoren schreiben dasselbe Buch, und alle Menschen sind im schwindelnden Augenblick des Koitus derselbe Mensch. Diese Grundtatsache des Lebens läßt sich sogar beweisen. Äußerst konträre, diametrale und antipodische Autoren, von Boccacchio und Goethe über Apollinaire bis Handke und Gernhardt, brüten und knüpfen lebenslang allesamt an demselben literarischen Projekt herum; jeder steuert einen Mini-Abschnitt bei, oft nur einen Satz, von der ersten flüchtigen Begegnung über den ersten Drink und Kuß bis hin zur Zigarette danach. Und schon werden Unterhaltungsautoren und Dichterfürsten im schwindelnden Augenblick des Geschichtenverfassens ein und derselbe Schriftsteller, Freund, Sexpartner und Mensch, verdächtig homogen, dies auch in qualitativer Hinsicht. Einziges Problem: Singular und Plural. Entweder wird sich der Leser ein überfülltes Mietshaus vorstellen, worin exakt 162 Parteien zufällig allesamt just und punktgenau gleichzeitig, um nicht zu sagen: simultan, »Liebe machen« (bitte diesen obszönen Terminus zu entschuldigen), oder es handelt sich natürlich um ein einziges Paar, und dies sowieso, nämlich nachweislich und eindeutig um Olaf und Olivia, die aber, von Textbaustein zu Mosaiksteinbeitrag, die sehr persönlichen Eigennamen zu wechseln scheinen, plötzlich in Gabriellas hermetisch abgeschlossenem Appartement z. B. in Zürich, ohne Ursache Anna und Rolf heißen, einen Atemzug weiter plötzlich aber Rita und Rolf, einen Kuß weiter Sigurd, bzw. Otto und Doris, bzw. Dagmar, drei Beckenstöße weiter plötzlich doch wieder Walter und – Cecile, obwohl es in dieser wirklich ganz wunderbaren Love-Story natürlich immer um ein und dasselbe Düsseldorfer Pärchen geht. So stellt sich ein zärtliches Patchwork-Kontinuum her, wie beim Zellstoffwechsel im Atomzeitalter, eine fluid-osmotische Koinzidenz aller ineinanderflutenden Intimsphären, deren 162 Teilnehmer man sich bitte mental auf 6–7 Milliarden Erdbewohner hochrechne, Tiere nicht mitgerechnet, Philosophen à la Schopenhauer aber durchaus eingemeindet, wobei dann die scheinbar wechselnden Pierres und Frau Schönböcks nicht weiter stören. Und warum? Entweder schildern alle Romanceusen und Romanciers dieselbe Umarmung... oder alle »Liebenden«, wie Rainer Maria Rilke sie mit Fug nennt, zeigen stilistische Ähnlichkeiten. Und schon werden alle Leser dieser einmaligen Lektüre, von Stadium zu Phase, auf durchaus liebesmystische Weise ein und derselbe Leser... auf geht's, und wohl bekomm's!

Es war ein schöner milder Novembertag mit einem von Wolkenschleiern weißlich verwischten Himmel, an dem schon ziemlich tief eine blasse Sonne stand. (1) Es dämmerte. Im Schein der Laterne Nieselregen. Walter kam mit offenem Hemdkragen, wehendem Mantel. (2) Gabriella sagte: Nenn mich, wie du willst. Sie hob meinen Arm von der Schulter und ging weg. (3)

Walter legte alle Wärme in seine Stimme, deren er fähig war: (4)

»Ich will dich zurückhaben. Anna!« (5)

Anna war ein schlankes zierliches Geschöpf mit einem blassen Madonnengesicht. (6) Dagmars Appartement war klein; vom Bett aus war praktisch alles, was sich hier ereignete, zu übersehen. (7) Rita drehte sich um. Da stand er mit einem großen Nelkenstrauß. Sie zählte die Nelken: es waren zwanzig. »Danke«, sagte sie. »Danke.« (8)

Rolf nahm zwei Gläser, tat einige Eiswürfel und einen gehörigen Schuß Baccardi hinein und füllte mit Bitter Lemon auf. Dann kam er, mit den Gläsern in der Hand, zurück zur Couch. (9)

---

(1) Dieter Wellershoff: »Blick auf einen fernen Berg«, 1991, – (2) Eveline Hasler: »Die Wachsflügelfrau«, 1991 – (3) Christoph Meckel: »Die Messingstadt«, 1991 – (4) Christine Grän: »Grenzfälle«, rowohlt thriller, 1992 – (5) Bianca Döring: »Ein Flamingo, eine Wüste«, 1990 – (6) Heinrich Schirmbeck: »Die Pirouette des Elektrons«, 1980 – (7) Wilhelm Genazino: »Fremde Kämpfe«, 1984 – (8) Christa Wolf: »Der geteilte Himmel«, 1973 – (9) Hans Michaelis: »Täglich 3 x Sex«, AMORA 15, 1972

»Welches Glas möchtest du lieber«, fragt sie mich, »das rote oder das grüne?« (10)

Er hebt das gefüllte Glas. »Schmeckt er Ihnen?« (11)

Versuchsweise nippte sie an ihrem Konjak, der sehr stark war. (12) Cecile tupfte mit einem rosa Taschentuch Speichel vom Rand ihrer Lippen. (13) Ab und zu schweift sein Blick ab – auf meinen Busen. Doch er sieht gleich wieder weg. Der Mann kann sich beherrschen. Das gefällt mir. (14)

Beim Roastbeef kamen wir in ein Gespräch über Wagner im allgemeinen und den Tristan im besonderen. (15) Sigurd und Doris stoßen mit den Köpfen zusammen, denn ihr ist die Serviette entfallen, und sie haben sich beide gleichzeitig danach gebückt. (16)

»Hast du dir wehgetan, Otto?« (17)

Walter wurde rot und schwieg verlegen. (18) Ein Blick Martins traf Esther so sehr, daß sie augenblickslang das Gleichgewicht verlor, als werde die ganze Erde erschüttert, aber von etwas sehr Schönem. (19)

Eine feine Röte überzog Johannas Gesicht. (20) Sie war jetzt damit beschäftigt, Worte für das zu finden, was sie meinte. Sie sah geradeaus und sagte stockend: (21)

»Was sind Sie eigentlich von Beruf?«

»Chemiker,« sagte Alfred. »Ich bin erst seit kurzem von der Uni runter. Warum fragen Sie?«

»Nur so.« (22)

---

(10) Botho Strauß: »Die Widmung«, 1977 – (11) Peter Härtling: »Herzwand. Mein Roman«, 1990 – (12) Joyce Carol Oates: »Letzte Tage«, 1986 – (13) Tilman Spengler: »Lenins Hirn«, 1991 – (14) Susanna Kubelka: »Ophelia lernt schwimmen«, 1987 – (15) Thomas Mann: »Gerächt«, 1899 – (16) Christa Reinig: »Entmannung«, 1976 – (17) Ebenda, S. 44 – (18) Joseph von Eichendorff: »Dichter und ihre Gesellen«, 1834 – (19) Johanna Walser: »Gesang«, 1991 – (20) Eveline Hasler: »Die Wachsflügelfrau«, 1991 – (21) Ina Seidel: »Das Wunschkind«, 1930 – (22) Jurek Becker: »Nach der ersten Zukunft«, 1980

Walther sah sich genötigt, seine Geschichte zu erzählen. (23) Hanna rauchte.

»Du bist ein Mann«, sagte sie, »Ich bin eine Frau – das ist ein Unterschied, Walter.«

»Hoffentlich«, lachte ich. (24)

Jetzt lachte sie. Alfred lachte mit. (25) Man sah viel Zahnfleisch. (26) Die von der Kleidung verschleierte Nacktheit funktioniert als geheimer, ambivalenter Referent. (27)

»Wie heißt du?« fragte ich.

»Franka«, sagte sie. (28)

Jedenfalls spürte ich plötzlich ihre Fingerspitze unter meinem Kinn. (29) Arno hatte sich bis jetzt mit eiserner Selbstbeherrschung zurückgehalten. (30) Sie sah mich mit leuchtenden Augen an. (31)

»Komm und setz dich neben mich«, sagte er. Martha und Thomas saßen nebeneinander und atmeten kaum, atmeten gewissermaßen wie ein einziges Wesen. »Du siehst so hübsch aus heute abend.« (32)

Nirgends tut der welterhaltende Zauber der Maya, das Lebens-Grundgesetz des Wahns, des Truges, der Einbildung, das alle Wesen im Banne hält, sich stärker und foppender hervor als im Liebesverlangen, dem zärtlichen Begehren der Einzel-Geschöpfe nach einander, das so recht der Inbegriff und das Musterbeispiel alles Anhangens, aller Umfangenheit und Verstrickung, aller das

---

(23) Ludwig Tieck: »Der Menschenfeind«, 1798 – (24) Max Frisch: »Homo faber«, 1957 – (25) Martin Walser: »Die Verteidigung der Kindheit«, 1990 – (26) Karl Krolow: »Das andere Leben« – (27) Jean Baudrillard: »Von der Verführung«, 1992 – (28) Stephan Hermlin: »Die Zeit der Gemeinsamkeit«, 1949 – (29) Botho Strauß: »Der junge Mann« – (30) Cornelius Bruck: »Die Dame mit dem Schleier«, Arztroman, Naumann & Göbel, o. J. – (31) Johannes Mario Simmel: »Der Stoff aus dem die Träume sind«, 1971 – (32) Doris Lessing: »Landumschlossen«, 1983

Leben hinfristenden, zu seiner Fortsetzung verlockenden Täuschung ist. (33)

»Ich bin nicht hübsch. (34) Überhaupt bin ich häßlicher geworden, weil mich zwei Wochen lang keiner angesehen hat.« (35)

Sie geht zum Radio und stellt es an: (36)

»There's nothing you can make that can't be made...« (37)

Plötzlich fühlte sie Pierres Hand auf der ihrigen. (38) Ich berührte Maria am Arm. (39) Ihr Kopf neigte sich mir zu, und ihr schwarzes Haar fiel auf meine Hand und hinterließ irgendein Gefühl. (40) Sie starrte geradeaus. Da faßte ich zitternd nach ihr. Sie fiel wie willenlos gegen mich. (41) Gerda stand willenlos auf und ließ sich führen. (42) Dann setzte ich mich zu ihr aufs Bett, hielt ihre Hand, bat sie, leise zu reden, da man uns nicht hören dürfe, und sah in ihr schönes, volles Gesicht herab, das fremd und wunderbar wie eine große Blume da auf meinem Kissen lag. (42) Dann wollte ich sie auf den Mund küssen, aber sie wich mir ein paarmal aus, ehe sie es zuließ. (43)

Sie wand sich los:

»Walter, laß, ich will kein neues Kind. Mach Licht an.« (44)

Ich wühlte meinen Mund auf ihre Lippen. Sie biß sich fest. (45) Dann war Marias Zunge in meinem Mund, heiß,

---

(33) Thomas Mann: »Die vertauschten Köpfe«, 1940 – (34) Doris Lessing: »Landumschlossen«, 1983 – (35) Christa Wolf: »Der geteilte Himmel«, 1963 – (36) Franz Xaver Kroetz: Regieanweisung – (37) John Lennon, Song – (38) Jean-Paul Sartre: »Das Zimmer« – (39) Volker Wachenfeld: »Camparirot. Eine sizilianische Erzählung«, 1989 – (40) Manfred Hausmann: »Lampioon küßt Mädchen und kleine Birken«, 1928 – (41) Robert Musil: »Der Mann ohne Eigenschaften« – (42) Hermann Hesse: »Der Steppenwolf«, 1927 – (43) Volker Wachenfeld: »Camparirot. Eine sizilianische Erzählung«, 1989 – (44) Eveline Hasler: »Die Wachsflügelfrau«, 1991 – (45) Manfred Hausmann: »Lampioon küßt Mädchen und kleine Birken«, 1928

groß, schnell, fuhr meine Zähne entlang und stieß meine Zunge zurück. (46)

»Komm nicht so mit der Zunge«, sagte er, worauf sie, verschreckt, die Zunge gar nicht mehr bewegte. Das war ihm nun auch wieder nicht recht:

»Komm mehr mit der Zunge.« (47)

Ulrich hatte sie losgelassen; er brachte es nicht über sich, den zarten Beistand bei der Liebe beim Entkleiden zu leisten, stand abseits und warf seine eigenen Kleider ab. (48) Petra lächelte. Der Kimono glitt an ihr herunter, und die Nacktheit dieses so interessanten Beins breitete sich über ihren ganzen Körper aus. (49) Ihr Unterrock war rot und blau, sehr breit gestreift und sah aus, als wenn er aus einem Theatervorhang gemacht wäre (50) – und dann begann jenes Gemenge und Gerangel, das man gewöhnlich Vorspiel nennt und in unserem Fall eher ein Vorkampf war, wobei mich der bloße Gewichtsunterschied in eine klägliche Verteidigerrolle drängte. (51)

»Bitte, kannst du das Fenster aufmachen? Die Luft ist zum Schneiden!«

»Nein«, sagt Nouri bestimmt, »der Hausmeister schleicht draußen herum.« (52)

Von raschen, heimtückischen Hoffnungen durchzuckt, beugte er sich mit Augen und Ohren gegen das Schloß nieder, und – Himmel! was erblickte er? (53)

Ihre Brüste waren klein, die Brustwarzen aber groß und steif und dunkelbraun. (54) Die Haut über dem

---

(46) Volker Wachenfeld: »Camparirot. Eine sizilianische Erzählung«, 1989 – (47) Robert Gernhardt: »Reich der Sinne, Welt der Wörter in »Kippfigur«, 1986 – (48) Robert Musil: »Der Mann ohne Eigenschaften«, S. 621 – (49) T. Coraghessan Boyle: »Grün ist die Hoffnung«, 1990, S. 301 – (50) Georg Christoph Lichtenberg: »Sudelbücher«in »Die Aphorismen-Bücher« – (51) Ralf Rothmann: »Stier«, 1991, S. 213 – (52) Susanna Kubelka: »Ophelia lernt schwimmen«, 1987 – (53) Heinrich von Kleist: »Der Findling« – (54) Maj Sjöwall & Per Wahlöö: »Und die Großen läßt man laufen«, 1972

Brustkorb und dem Bauch schien geschmeidig und elastisch zu sein. (55) – ach, an deinem Busen lieg ich und schmachte! (56) Er schob ihr die Schenkel auseinander und rutschte auf den Knien weiter vor, faßte unter ihren Rock und zog ihr mit schnellem Griff die Unterhose aus. (57)

Auf einer tiefen, intimen Ebene werden Sie und Ihr Partner zu Freunden. (58) Das weibliche Geschlechtsteil ist mir immer wie eine Wunde im Unterleib zwischen den Schenkeln vorgekommen. (59) Da aber die Natur nichts umsonst geschaffen hat, hat die uns auch die edlen Geschlechtsteile nur darum verliehen, damit wir sie eifrig in Gebrauch setzen und nicht etwa müßig ruhen lassen. (60)

»Du darfst es nicht tun, Jim. Du darfst nicht.«

»Ich muß. Ich will. Du weißt, daß wir müssen.«

»Nein, wir müssen nicht, Jim. Wir müssen nicht. Ach, es ist nicht recht. Oh, es ist so groß und tut so weh. Du darfst nicht, oh, Jim, oh.« (61)

»Wir dürfen das nicht, ich weiß, ich weiß! Wir dürfen nicht jung sein wie die anderen.« (62)

»Ich passe auf das Ding auf«, sagte er.

Sein Herz war eine mächtige Pumpe, die das Blut durch den Körper trieb. (63)

Kommen Sie mit einer Verschmelzungsumarmung und einer Herz-zu-Herz-Begrüßung zusammen. (64) Das Glied drang wegen seines riesigen Umfangs nur mit Mühe ein. (65) – Der starke Schaft übte einen unwahr-

---

(55) Milan Kundera: »Das Buch der lächerlichen Liebe«, 1989 – (56) Johann Wolfgang Goethe: »Ganymed«, 1774 – (57) Julie Burchill: »Die Waffen der Susan Street«, 1990 – (58) Margo Anand: »Tantra – Die Kunst der sexuellen Ekstase«, 1995 – (59) Eugène Ionesco: »Der Einzelgänger« – (60) Giovanni Boccaccio – (61) Ernest Hemingway: »Oben in Michigan« – (62) Ingeborg Drewitz: »Oktoberlicht oder Ein Tag im Herbst«, 1981 – (63) Stephen King: »Das Floß«, 1985 – (64) Margo Anand. »Tantra«, 1995 – (65) Guillaume Apollinaire: »Die elftausend Ruten«, S. 62

scheinlichen Reiz aus, sie glaubte, ihr Kopf müßte platzen, weil ihr Hirn einfach nicht in der Lage schien, diese konzentrierte Anhäufung von Lustgefühlen zu verkraften. (66) Nehmen Sie eine Bonding-Entspannungsposition ein: die Scherenposition, die Missionarsposition, die Löffelposition oder die Wellenposition, bei der die Frau auf dem Schoß des Mannes sitzt. (67) Nach einer Weile beginnt er sich zu bewegen, es ruckt im Urphlegma. (68) Hassel Ruth Weidenbacher fragte, was der eingedeutschte Begriff bedeute? (69) Sie liebte hellwach, mit offenen Augen, mit offenen Händen und ohne Hast. (70) Stimmen Sie Ihren Atemrhythmus harmonisch aufeinander ab. (71) – und die Hoden schlugen gegen die Hinterbacken der jungen Frau. (72)

Es war mechanisch und wie alles Mechanische traurig. (73) Der nackte Vorgang schon, rauschhaft uneingehüllt, ist lächerlich und gemein. Er scheint vom Rückenmark völlig ausreichend versorgt werden zu können; wenigstens geht bei Fröschen, denen das Gehirn entfernt wird, die Kopula ungestört weiter, diese Art von Liebe ist nicht anspruchsvoll. (74)

»Aua,« sagte sie unbedacht und tadelte sich sogleich dafür. In Ekstase sagt man nicht »Aua«. (75)

Hier hieß es, den Rhythmus zu ändern – ihn zu verlangsamen, jedoch, und das war die Gefahr, ohne dabei zu stocken oder ein Hin und Her zu überspringen: auch bei wechselndem Rhythmus hatte die Gesamtbewegung des Sägens ihr Gleichmaß zu wahren; ansonsten, so oder

---

(66) Hans Michaelis: »Täglich 3 x Sex«, 1972 – (67) Margo Anand: »Tantra – Die Kunst der sexuellen Ekstase« – (68) Botho Strauß: »Die Widmung«, 1977 – (69) Günter Herburger: »Thuja«, 1991 – (70) Bodo Kirchhoff: »Infanta«, S.138 – (71) Margo Anand: »Tantra«, 1995 – (72) Guillaume Apollinaire: »Die elftausend Ruten« – (73) Karl Krolow: »Das andere Leben«, 1979 – (74) Ernst Bloch: »Geist der Utopie«, 1917 – (75) Robert Gernhardt: »Reich der Sinne, Welt der Wörter«, 1986

so, blieb das Gerät mittendrin stecken. (76) Das Leben des Menschen ist von Rhythmen bestimmt, die nach einer stetigen Gesetzmäßigkeit und Ordnung ablaufen. (77) Draußen hupte ein Auto, die Frau schrak zusammen – (78)

Von unten her helfend, um dieses dem geringsten der Brüder und gerade dem Dunkelsten am intensivsten zu tun, was man Jesus tun möchte; dergestalt in der Nächstenliebe für sich und für den Anderen das Werk der verwandelnden, gemeinsamen Selbstbegegnung bestehend. (79)

Beim Hochgehen öffneten sich ein wenig die Backen und für einen Augenblick wurde das Röschen sichtbar, das beim Runtergehen, wenn die schönen vollen Hinterbacken sich schlossen, wieder verschwand. Darunter verschlangen die behaarten Lefzen der Fotz gierig das strotzende Glied, das beim Hochgehen glitschig und fast ganz zum Vorschein kam (80) – worüber wir aber den Schleier des Zartgefühls und menschlicher Rücksichtnahme werfen. (81)

Atemlos durch sein Guckloch sieht Harry den Vorgängen zu. (82)

Zum Sehen geboren, zum Schauen bestellt: (83) Diese Schauseligkeit wurde und wird immer noch industriell angefeuert, durch eine Industrie, die das Geschlechtsleben zur Schau stellt. (84)

Diese Furcht vor der persönlichen Beziehung, der direkten Berührung mit dem Körper des anderen Men-

---

(76) Peter Handke: »Versuch über den geglückten Tag«, 1991 – (77) Ingeborg Münzing-Ruef: »So hilft die Natur«, 1993 – (78) Ulla Hahn: »Ein Mann im Haus«, 1991 – (79) Ernst Bloch: »So das Weib und Grund der Liebe«, 1923 – (80) Guillaume Apollinaire: »Die elftausend Ruten« – (81) Thomas Mann: »Joseph in Ägypten«, 1936 – (82) Friedrich Torberg: »Die Mannschaft«, 1933 – (83) Goethe: Faust 2 – (84) Friedrich Heer: »Warum gibt es kein Geistesleben in Deutschland?«, 1978

schen, ist in Wahrheit eine Angst vor der Verantwortung und der Gegenseitigkeit der Liebe. (85) Daß in dieser schlimmen Zeit Mißbrauch mit seinem guten Namen getrieben wird, muß den Voyeur dabei nicht beunruhigen. (86)

Sie drehten sich um, und Frau Schönböck kam in einen stöhnenden Singsang, der nicht mehr aufhörte. (87)

Wenn wir dabei zuschauen, wie sich zwei Menschen lieben, die sich nicht im tantrischen Geist und auf tantrische Weise vereinigen, bekommen wir das Gefühl vermittelt, daß sie sich bekämpfen. (88) In tausend Formen magst du dich verstecken, / Doch, Allerliebste, gleich erkenn' ich dich, Du magst mit Zauberschleiern dich bedecken, / Allgegenwärtige, gleich erkenn' ich dich. (89) Bald kommt für beide dann ein Augenblick, in dem alles besonders schön ist und sie sich sehr glücklich fühlen. Man nennt das den Orgasmus. (90)

»Hast du noch nicht genug?«

»Mehr!« rief Rita. »Mehr, mehr!« (91)

Lydia hatte Lust zu schreien. (92)

Ich komm, ich komme! (93)

Sie griff nach einem kleinen Kinderkissen und stopfte es sich in den Mund und schrie in das Kissen, als sei sie hinter verschlossenen Türen geknebelt. (94)

»Also ich komme«, sagte Manfred, und das erregende Summen der gleichmütigen, unbeteiligten Ferne brach ab. (95)

---

(85) Ernest Borneman: »Sexuallexikon«, 1969 – (86) Siegfried Diehl: in: FAZ-Magazin, 19.2.83 – (87) Wilhelm Genazino: »Abschaffel« – (88) »Sex und Einklang mit dem Göttlichen«, gegeben von Bhagwan Shree Rajneesh – (89) Goethe – (90) Helga Fleischhauer-Hardt: »Zeig mal! Ein Bilderbuch für Kinder und Eltern«, 1974 – (91) Christa Wolf: »Der geteilte Himmel«, 1963 – (92) Milan Kundera: »Die Unsterblichkeit«, 1990 – (93) Johann Wolfgang Goethe: »Ganymed«, 1774 – (94) Wilhelm Genazino: »Abschaffel« – (95) Christa Wolf: »Der geteilte Himmel«, 1963

»Rolf... Rolf!« rief sie leise. »Es ist herrlich... ich sterbe vor Lust... ich spüre dich...« (96)
Und ein Abgrund ohne Schranken tat sich auf: – da wars vorbei! (97)
Es ist zu rasch, zu unbedacht, zu plötzlich, gleich allzusehr dem Blitz, der nicht mehr da ist, noch eh man sagen kann: Es blitzt. (98)
Das Institut für medizinische Psychologie der Universität Münster hat 1982 festgestellt: Die Dauer, für die »der Augenblick« in unserem Bewußtsein verweilt (der als »Gegenwart« erlebte Zeitabschnitt, unser Gegenwartsfenster) ist zwei bis drei Sekunden lang. (99)
Der Orgasmus kann mit einer vorübergehenden Bewußtseinstrübung verbunden sein. (100)
Sekunden später trennte sich ihr gemeinsamer Atem. Mayla erholte sich rascher als er. (101)
Kurz nach dem Stöhnen verlangsamte er seine Bewegungen, ohne sie ganz abzubrechen. (102) Daneben können unwillkürliche Kontraktionen des äußeren Analsphinkters für den Orgasmus charakteristisch sein. (103) Ein tiefer Orgasmus ist eine Verwirklichung der Liebe auf vielen Ebenen, einschließlich derjenigen, von der viele von uns als der »tierischen« denken. (104)
Ich wünsche allen meinen Feinden nur ganz flache Orgasmen. (105) –
»O Rolf, mein Geliebter... es war himmlisch! Ist ein solches Beieinandersein nicht etwas unsagbar Schönes? Hast du gespürt, wie ich gekommen bin? O du Rolf, ich

---

(96) Hans Michaelis: »Täglich 3 x Sex«, 1972 – (97) Friedrich Nietzsche: »Der geheimnisvolle Nachen« – (98) William Shakespeare: »Romeo und Julia« – (99) Wolf Schneider: »Deutsch für Profis«, 1984 – (100) Prof.Dr.med. Gerhard Döring: »Die gesunde Frau«, 1975 – (101) Bodo Kirchhoff – (102) Wilhelm Genazino: »Fremde Kämpfe«, 1984 – (103) Hans Giese: »Die Sexualität des Menschen«, 1971 – (104) Thaddeus Golas: »Der Erleuchtung ist es egal, wie du sie erlangst«, (105) Peter Rühmkorf: TABU

glaubte, ich würde vor Lust vergehen, als es dir kam!« (106)

Alle genitalen und extragenitalen orgastischen Reaktionen können nur nach Maßgabe des physiologischen Potentials, nach sehr variablen, aber letztlich bestimmend vorgegebenen Reizbeantwortungsmustern erfolgen. (107)

Dann fiel Esther wieder in die Wirklichkeit zurück. (108) Er wischte sich gerade den Schwanz an ihrer Strumpfhose ab, die bei Fogal in der New Bond Street zweiundfünfzig Pfund gekostet hatte. Egal, sie konnte sie ja auf die Spesenrechnung setzen. (109) Wie sagte es Luisa Francia so schön: »Tempotaschentücher verschleiern die Sicht aufs Wesentliche.« (110) Sie bemerkte nicht, daß er sie dennoch betrog: seinen Samen behielt er für sich, denn der Same war allein für Dagmar bestimmt. (111)

»Aber es hat sich gelohnt«, sagte sie schließlich, »ich habe zwei schöne Kinder. Wirklich schöne.« (112) Auch noch Kinder? Gottverhüte. Soweit kommts. Lieber rammel ich mir doch an der Hosennaht einen ab – (113) – welche die Vermischung zweier verschiedener Vererbungstendenzen ermöglicht, so bleibt eben doch schwer verständlich, wieso dann bereits Fliegen, Kröten, Panzerechsen, Grönlandwale und ähnliche, unter sich völlig vertauschbare und in nichts variable Anverwandte vom Vater die Statur, von Mütterchen die Frohnatur zu mischen nötig haben. (114) Daß dieses bestimmte Kind

---

(106) Hans Michaelis: »Täglich 3 x Sex«, 1972 – (107) Dr. Volker Sigusch: »Sexuelle Reaktionen bei der Frau« – (108) Johanna Walser: »Wetterleuchten«, 1991 – (109) Julie Burchill: »Die Waffen der Susan Street«, 1990 – (110) Werner Pieper – (111) Wilhelm Genazino: »Fremde Kämpfe«, 1984 — (112) Milan Kundera: »Das Buch der lächerlichen Liebe«, 1986 – (113) Peter Rühmkorf: »Noch«, 1989 – (114) Ernst Bloch, 1923

erzeugt werde, ist der wahre, wenngleich den Teilnehmern unbewußte Zweck des ganzen Liebesromans; die Art und Weise, wie er ereicht wird, ist Nebensache. (115) Wenn während des ehelichen Aktes die Möglichkeit, ein Kind zu empfangen, künstlich ausgeschaltet wird, wendet sich das Paar von Gott ab und widersetzt sich seinem Willen. (116) – Der Schleier liegt in der Mitte des dunklen Zimmers, weiß schimmernd, da. (117) Er lag unbeweglich. – Von der Straße herauf Stimmen, Schritte, dahinter: das gleichmäßige Rauschen der Stadt. (118)

»Wußtest du, daß ich vorhin tatsächlich eine Sekunde lang gestorben war?« (119)

»Du warst toter als tot. Denn was du erlebt hast, war himmlisches Vergessen.« (120)

Die Frau sagte: »Ich habe gar keine Angst mehr. Seltsam.«

»Ich auch nicht«, sagte Ulrich.

»Haben Sie denn vorher Angst gehabt?« fragte die Frau.

»Na ja«, sagte Ulrich. »Nicht direkt Angst.« (121)

»Du magst mich nicht?« – Keine Antwort. – »Ekle ich dich?« – Er sagte noch immer nichts. (122) Dann wandte er ihr den Rücken und in der nächsten Minute schnarchte er. (123)

»Walter, schläfst du?« – Ich genoß es, nichts besichtigen zu müssen. (124) Zwei Minuten lang lag er übrigens noch unbeweglich auf seinem Bett, wie ein Mensch, der sich noch immer nicht völlig davon überzeugt hat, ob er erwacht ist oder immer noch schläft, ob er alles, was jetzt

---

(115) Arthur Schopenhauer: »Metaphysik der Geschlechtsliebe« – (116) Papst Johannes Paul II., Chihuahua/Mexiko, 11.5.1990 – (117) Arthur Schnitzler: »Der Schleier der Pierrette«, 1910 – (118) Uwe Timm – (119) Das Mädchen Edelduft in einer Novelle von Pu Sung-ling) – (120) Edeldufts Partner Li Ho – (121) Jurek Becker – (122) Günther Herburger – (123) (Emile Zola) – (124) Max Frisch

um ihn herum vorgeht, in wachem Zustand sieht, ob es Wirklichkeit ist oder die Fortsetzung seiner wirren Traumgeschichte. (125) Bekomme ich sie je wieder zu Gesicht, so werde ich sie, und stünde sie unter Hunderten, augenblicklich wiedererkennen. (126) Die Augen des Mädchens wurden feucht, es setzte sich im Bett auf, die kleinen Brüste hingen matt an seinem vom Bewußtsein noch nicht wieder beaufsichtigten Leib, und Ulrich fühlte aufatmend noch einmal die ganze Abneigung gegen das Unmenschliche, nur Körperliche des Erlebnisses, das er hatte überstehen müssen. (127) Sie fielen schließlich in kurzen Schlaf, und waren schlaflos, als der Septembermorgen dämmerte hinter den Rolläden, als es still blieb, kein Hahn krähte und sie sich nicht zu erheben brauchten. (128)

»Wollust ward dem Wurm gegeben«, sang der Sopran, sie trug die vollerblühte Geranie ins Zimmer zurück, ihr Duft schwoll auf unter der Kerzenwärme, dem siebenarmigen Leuchter hatte Maria einen neunflammigen beigesellt. (129) Sie kehrte dabei Ulrich den Rücken zu. (130) Die Katze war ausnahmsweise im Zimmer geblieben, während ich schlief. (131)

Draußen hupte ein Auto, die Frau schrak zusammen – (132) Sie wurde geweckt vom Krähen eines Hahns und behauptete, es sei ein echter Hahn. (133) Ulrich breitete die Arme aus und lehnte sich behaglich zurück. Er seufzte:

»Das war schön. Ich hätte nie geglaubt, daß das Ausdenken von Romanen soviel Spaß machen kann.« (134)

Ich greife hinter mich, ziehe die Schublade am Kopf-

---

(125) Dostojewski – (126) Kierkegaard – (127) Robert Musil – (128) Karl Krolow – (129) Ulla Hahn – (130) Uwe Timm – (131) Ludwig Hohl – (132) Ulla Hahn – (133) Christoph Meckel – (134) Edda Rönckendorff

ende des Bettes auf, krame mir Zigaretten hervor und zünde mir eine an. (135) Ulrike rauchte eine von den blau eingepackten GITANES, aber die Lust war ihr genommen. (136) Versöhnlich fuhr sie ihm über den Rücken, da blieb ihr Zeigefinger an einer Unebenheit seiner Haut hängen. (137) Die Begegnung verspricht mehr, als die Umarmung halten kann. – (138) It's a pity, daß Bumsen nur halb so schön ist, wie man es sich beim Wichsen vorstellt. (139)

Doro kroch aus dem Bett. Ging zum Waschbecken – (140) – Er hatte ihr einmal gesagt, daß er es lustig finde, wie sie immer zuerst den Büstenhalter umbindet. (141) Ulrich half ihr dabei. (142) Zweimal verfehlte sie die Öse an ihrem Büstenhalterverschluß. (143) Er zog ihr sogar selbst die Strümpfe über die Beine, und auch hatte er den Eindruck, ein Kind anzuziehen. Gerda wankte, als sie zum erstenmal wieder auf den Füßen stand. (144) Als sie sich das Kleid über den Kopf zog, waren für einen Augenblick nur die Beine und der Hintern zu sehen, dann kamen die Arme zum Vorschein und schließlich mit einem Ruck der Kopf. (145) Ulrich warf einen Blick auf die Uhr, als stünde da die Stunde seiner Abreise verzeichnet. (146) Geschwollene Augenlider und dicke Tränensäcke lassen jede Frau müde und übernächtigt aussehen. (147)

Geht es ihr nicht besser, seit sie Dr. Holbeins Tabletten nimmt? (148)

Einen Augenblick stand sie unschlüssig im Zimmer, dann strich sie sich entschlossen das Haar hinter die Ohren und sah zu ihm herüber. (149) Er sprang aus dem

---

(135) Shi Mo – (136) Gabriele Wohmann – (137) Robert Gernhardt – (138) Hugo von Hofmannsthal – (139) Volksmund – (140) Vita Andersen – (141) Uwe Timm (142) Robert Musil – (143) U. Timm – (144) Robert Musil – (145) U. Timm – (146) Ruth Rehmann – (147) ALPHA-SANUM – (148) Martin Walser – (149) U. Timm

Bett, wirkte weiterhin ungeheuer gestählt, erneuert, turnerisch. (150) Sie drehte sich um, ging zur Tür, schloß auf – (151) Er ging ins Badezimmer. Er spülte und gurgelte mit einem Mundwasser, um den Geschmack des Zigarettenqualms, den er unfreiwillig eingeatmet hatte, loszuwerden. (152)

Nackt stand er am Fenster und sah über die Dächer. (153) – Auf den Dächern warfen die Antennenwälder dünne, verwinkelte Schattenrisse, sahen aus wie die zu Berge stehenden Nervenstränge (154) – Er beugte sich aus dem Fenster, obwohl er wußte, daß er über den Dachansatz hinweg nicht sehen konnte, wie sie unten am Haus entlangging. (155) Er grub seine Hosen aus dem Wirrwarr und den Spiegel hervor – (156)

»Ich hätte sie nicht einfach so gehen lassen sollen«, sagte Ulrich. (157)

»Ach«, sagte Walter, »ich war ein Narr!« (158)

Ulrich schüttelte gedankenvoll das Haupt und ging weiter. (159) Das Ereignis ließ sich auf die Dauer nicht verschweigen. (160) Es war also geschehen und würde wohl nie wieder geschehen. (161)

Heute finde ich die Episode Walter nur heiter, aber damals nahm ich ihn ernst und zwang mich, ihm Glauben zu schenken. (162)

---

(150) Gabriele Wohmann. – (151) U. Timm – (152) Botho Strauss – (153) U. Timm – (154) Klaus Modick – (155) U. Timm – (156) Irmtraud Morgner – (157) U. Timm – (158) Eveline Hasler – (159) Ludwig Tieck: »Der Menschenfeind«, 1798 – (160) Gisela Pfeifer – (161) Maj Sjöwall & Per Wahlöö – (162) Eveline Hasler

### Alle meine Loverinnen, z. B. Julia Nr. 3

Damals lachte mir – Dauerkrisen abgerechnet – jede Menge Glück! Kein Oliver, der nicht sofort spürte: Olivia und er bildeten ein weniger plausibles Traumpaar als Olivia und – ich. Nirgendwo eine Visage, aus der ich nicht ein Minimum liebenswerter Nuancen hervorkitzelte! Folglich war ich nur allzu oft ausgebucht. Axel Fux: »Wie herrlich für alle Beteiligten!« Bereits mit 13 ½ wurde ich, wenn ich mich recht erinnere, von einer Brahmskonsumentin entjungfert, Frau Dr. Doppelname, um Jahre älter als Tante Gundula! (Die ich gestern übrigens in der Königsstraße sah.) Zeitsparend übersprang ich x Vorstufen – und eine Oberprima nach der anderen. Neu eingekleidet wandelte ich neben Playboy Claus Baum durch Kassel und schnappte ihm im Tanzcafé Lükkert die schärfsten Frauen weg! Mädchen konträrster Milieus sprangen atmend auf mich an: von Abiturtürkin bis Schwarzwaldmädel enting mir nichts. Bernhard Hartmann: »Bitte aussagefähige Paßfotos beifügen!« Schneeweißchen à la Ilona, die genauerer Inspektion nicht standhielten, pendelte ich aus mit Blutwurst Ramona, die rührende Momente haben konnte. Bei Muttitypen löste ich Pflegeinstinkt aus durch gespielte Trotteligkeit. Bei Prinzessinnen mit und ohne Erbse simulierte ich beseelte Blicke. An meiner Rhetorik zogen sich etliche Ladys – elegant in die Pfanne gehauen – kichernd hoch. Sogar vor attraktiven Nörgeltanten schreckte ich selten zurück. Die Doppelleben und Tripelfugen, die ich vor mir herbalancierte, versuchten mir über die Frisur zu wachsen. Ich aber ließ mich vom Frust üblicher Sachzwänge, falscher Berufe und Nebenfrauen oft gar nicht erst einwickeln, außer einmal, als ich mich leichtfertig auf eine schnucklige Giftnudel einließ. Zur Erholung vernaschte ich dann wieder ganz andere Leute. Muskulöse Mitbewerber tat ich ab: »Alles bloß Männer... ich aber bin eine Seele!« Alle glaubten mir das, z. B. Julia Nr. 3, die ich einer lesbischen Elvira ausspannte. Trotz meiner Erfolge blieb ich fast jederzeit Mensch, wenn nicht gar Gentleman. Zeitweise studierte ich am Neuphilologikum Tübingen (Beiname: Bienenkorb) Indogermanische Sprachwissenschaften.

Mein Hauptproblem in summa: ständig verliebt und spitz; kaum Zeit für Außersexuelles, was es ja angeblich auch noch irgendwo gab. Fragte sich bloß: wo. Übrigens enthielt meine Sammlung nicht nur unausgeschlafene BWL-Studentinnen, aufgestylte Dickerchen sowie – ach ja, schön wär's gewesen... Leider sah die Realität etwas anders aus, völlig anders, eher genau umgekehrt, ungefähr so hier:

Damals versank ich – kaum vom Glück angelacht – in endlosen Dauerkrisen. Jeder Olaf fand problemlos seine Olga, nur ich fand keinerlei Ulrike. Nirgendwo ein liebenswertes Gesicht, bei dem ich nicht ein Maximum an Nachteilen prophetisch vorausahnte. Folglich verliebte ich mich arg selten. Axel Fux: »Herzliches Beileid auch weiterhin!« Überall erspürte ich hinter attraktiver Fassade gleich die baldige Nörgeltante und Giftnudel. Verklemmt zuckte ich bereits im Vorfeld zurück – und flog von Schule zu Schule. Meine beseeltesten Blicke nutzten wenig. Korpulente Schwundköpfe und Roboter (z. B. Ingo Otte) schnappten mir alles fort. Konträrste Mädchentypen ließen mich links liegen: Nicht mal Drahtgestelle sprangen auf mich an, nicht mal unschöne Entlein, pummlige Brillenschlangen und Schreckschrauben aus Grifte und Ehlen. Mit 14 $^{1}/_{2}$ las Claus Baum bereits Poe und Hemingway, ich immer noch »Jeremias Schrumpelhut und der König Eierbatz«. Mit 16 ½ latschte ich weiterhin einsam als Jungfrau durch die Königsstraße und ahnte nichts von Brahms, und mit 17 immer noch nix. Nirgendwo kam ein Bussibussi in Sicht, oder gar die Erbse einer Prinzessin, wenigstens Handshaking und Unterprima. Bereits auf der GHS, Realschule für Knaben, fand sich im brutalen Kriegskrüppelpersonal keine einzige Musiklehrerin! Nicht mal platonische Freuden gönnte man meinem zarten Seelchen. Jahr um Jahr wurde ich um die erste Liebe betrogen – heul, würg, schluchz! Bernhard Hartmann: »Auch für dich schlägt noch die große Stunde!« Wirklich? Von einem Lächeln, das mir unweit von Karstadt ein Mädchen zuwarf, zufällig oder aus Versehn, zehrte ich Monate. Ilona mochte mich... eventüll, ich aber stellte mich trottelig an. Kaum erschien sie mir nicht ganz unsympathisch, sprach Axel Fux von ihr als »Standardmodell«, und schon kam mir das zutreffend vor. Ramona Soundso schien nichts gegen mich zu haben; doch genügte ich ihr nicht... vermutlich. Kaum verliebte ich mich in sie, rein theoretisch, definierte Axel Fux sie als »Kernseifenmutti« bzw. als »Blutwurst« – zack! erlosch irgend etwas tief in mir.

Mein Hauptproblem in summa: ständig spitz und nie verliebt. Mit Ach und Uff erlebte ich dann doch noch irgendwas – Schwamm drüber. Und schlidderte vollrohr in eine wahnwitzige Beziehungskiste. Umsonst rief ich: »Mit mir nicht!« Immer öfter sah man mich Arm in Arm mit dem weit und breit denkbar absurdesten aller Lebewesen, sie auf Zehenspitzen, ich runtergebogen. Nichts gegen Albträume, aber ich steck immer noch drin. Erst kam keinerlei Käse ins Rollen, dann ging alles Schlag auf Schlag. Zeitweise hat's leider Spaß gemacht. Nicht daß sie mich noch auf dem Sterbebett sticheln wird! Später lepperten sich dann doch, auf den Schluß zu, zwei bis vier Lebensgefährtinnen zusammen... angenehm normale Leute, wenn nicht sogar sechs oder fünf... war manchmal ganz nett für alle Beteiligten. Ob ich die Gesichter noch zusammenbekomme? Naja, spätestens auf meinem schon irgendwo rumstehenden Sterbebett...

Lichtfleckgeriesel... tief einatmen... alles superplastisch... Vögel, die da so zwitschern... wundersam gläserne Mailuft – hat mir Julia was in den Muckefuck geträufelt? Jedenfalls alles genau wie damals, als alles leuchtete, wärmte, summte, strömte, überfloß... meilenfern von Angst, Aufsichtsperson, Kackwindeln, rundum nur Blütenköpfchen und Krabbelkäfer, und ich einen Ohrenkneifer, zwischen Gräsern, Rispen und Dolden, vor dem Schuh des Dr. Johann Adam Holbein zu retten versuchte – jaul... heul... schluchz – vergeblich!!! (Falls ich in Wahrheit nicht ganz anders heiß als Ulrich Holbein, siehe Reisepaß, den ich bekanntlich in Muir of Ord verlor.) Und jetzt: Jeden Moment geht's mir an den Kragen... gleich kratz ich ab... diesmal aber wirklich... fühlt sich übrigens gar nicht so verkehrt an... schnell nochmal kurz an Mozart denken... ein wenig Glut schlürfen und Licht trinken... irgendwas durchströmt mich... aaah... ächzen könnt ich vor Wollust... rein mental natürlich... wird wohl just mein Neocortex mit Endorphinen geflutet... falls die nicht Dopamine heißen!? Wenn ich meine Lesebrille wiederfände, könnt ich entziffern, was auf dem Tropf steht: »Glucose 5 Braun«, wie beruhigend... Nur... seit wann sind Zivis bloß vierzehn, statt achtzehn!?! Die werden mich problemlos überleben... vielleicht schon heut nacht!? Falls sich mein Zustand nicht stabilisiert und ich morgen schon wieder Brei essen darf.

»Ich hab übrigens auch mal im Krankenhaus gearbeitet, in eurem Alter« – aber das geht den Jungs sicher total am *musculus glutäus maximus* vorbei. Pulmonalis und Tubus, womit ich kollegial gern um mich schmisse, scheinen hier böhmisch-legasthenische Dörfer zu sein. Und ich – könnt inzwischen der Vater meiner Oma sein. Nur diese Begleitmusik... kaum von meiner Hörhilfe verzerrt, zwar Streichorchester, aber leider eher Hollywood als Brahms; die woll'n wohl, daß ich flenne; mir aber steht das viel zu wenig in h-moll... irgendein saublödes Klavier plänkelt da mit... o je: »Music for Quiet Moments und romantische Stunden« – mal wieder im falschen Film und Kitschroman. Naja, in drei bis vier Minuten ist das dann auch egal.

»Ganz gut. Geht so.«

Folglich hat mich soeben jemand gefragt, wie ich mich heut so fühle. Sehr gut sogar! Topfit! Meine Vergreisung schreitet kaum voran. Nirgendwo scheint Alzheimer anzuschleichen. Krebszellen wachsen derart langsam in meinem Alter, daß sie auf jeden Fall von anderen Todesursachen eingeholt werden. Meine Bypässe, Schrittmacher, Kunstlinsen, Titan-Hüftgelenke, Teilprothesen sitzen und funktionieren (fast) optimal. Wenn ich mein Gebiß wiederfände, könnt ich heimlich ein paar Nüßchen knabbern. Allenfalls erschreck ich ein wenig, wenn Sabrina, Patrick, Maria, Clara (mit K!) und – Moment! wie hieß nochmal mein vorletztes Enkelchen? Julia oder Judith? Wenn manche von denen selber schon graue Haare – oder wenn ich Anne auf mich zuhumpeln seh, obwohl ich neulich selber erst meinen 17. Geburtstag feierte – Freunde, wo seid ihr? Während mein Diktiergerät vermutlich bloß noch Geröchel einfängt – Julia, bist du's? Wo kommst du denn jetzt her? Gut schaust du aus... anders als damals... wohlbemerkt: Julia Nr. 3, nicht zu verwechseln mit – sieht natürlich doch etwas anders aus als damals...

seltsam überbelichtet – oder geben meine Augen nicht mehr genug Pigmente her? Andererseits haben wir uns längst getrennt ... warum eigentlich? Da gab's irgendwelche Probleme ... komm' grad nicht drauf. Vor nun auch schon wieder über sechzig Jahren ... neulich waren's noch fünfzig ...

Wo hatten wir schonmal das Vergnügen? Selbst wenn das eine Verwechslung wär – bräucht uns ja weiter nicht zu stören. Kennen wir uns vielleicht aus Bruchsal!? Ja – Bruchsal! Andererseits: Da war ich eigentlich noch nie; durch Butzbach hingegen bin ich schon mal durchgekommen ... kurz hinter Rüsselsheim ... wo aber liegt eigentlich Schweinfurt? Dafür hab ich zu Lebzeiten nie Schelling und Schlegel verwechselt ... hallo Lydia, grüß dich ...

An dich hab ich neulich erst gedacht ... muß wohl Telepathie sein ... haben natürlich so einiges verpaßt, damals ... irgendwas sprach dagegen, z. B. dein Verehrer da, der uns ständig im Weg rumstand – der unvergeßliche Uwe Vötterle – jeder deiner Lover stand uns pausenlos im Weg rum ... hätt ruhig etwas anders laufen dürfen, Lydia ... ach ja, einzig damals hätten wir glücklich sein können ... wir zwei, du und ich, damals am Stadtkrankenhaus ... im Probevierteljahr ...

Ramona – vielleicht hätt's was werden können, aber schon im Vorfeld immer so lange vor den Schaufensterauslagen von Schuhgeschäften in Marburg ausharren müssen – Härtetest hoch 2 – und dann im Schwimmbad, wo wir uns um die Wette kaputtschämten, aber wie unsere Errötungen zusammenflossen, das hatte was ... du warst ja wirklich recht dick ... und ich tatsächlich sagenhaft dünn ... viermal dünner als du ...

Verzeihung, Ilona, daß ich oft an dir rumkritisiert – ich hatte da so eine Phase; jetzt aber stimmt alles! Und wie!! Ich bin jetzt viel netter als früher. Und ausgerechnet jetzt muß ich von uns gehn, um nicht zu sagen: erbärmlich abkacken –

Swamini Savitri – auch ich hatte eine Julia Roberts… sie litt an ihrer Schönheit, keiner wagte sich an sie heran, außer dann unpassenderweise ich… jedermanns Schwänzchen schrumpfte bei ihr vorsorglich auf Haselnußgröße, außer dann komischerweise meins… leider quasselte sie ziemlich viel von sich (»Alles mögliche merkt sie halt nicht«)… und ich… und meine feminine Anima waren nicht schwul genug, um ihrem Testosteronspiegel standzuhalten, obwohl… den Bart formal eher ich trug… ein Kapitel für sich… zwei Kapitel…

Lina – Nachname vergessen… sorry, auch ich vergeß mal was… deine Stimme am Telefon schmolz uns für immer zusammen, aber als ich dich dann in natura aufsuchte – du hast dann später nochmal – nein, ja nicht dran denken… nichts vertiefen…

Ingrid Hähndel – Hand in Händchen übern Weihnachtsmarkt von Frankfurt – das überstrahlte sämtliche Sommer… solche verdoppelte Innigkeit und ich möchte sagen: Seligkeit… aber wenig später wußtest du gar nichts davon… wieso!????

Renate – grundloses wundersames Rumgeknutsche zu Silvester in Bad Hersfeld, johlende Typen drumherum, tagelang abgetaucht, aber mangels Nachname dann unrecherchierbar…

Elvira – kann ich was dafür, daß du mich ganz gern mal vernaschtest… außerdem hast du doch selbst zugegeben, weißt du nicht mehr, daß meine Hände weicher sind als die sämtlicher Frauen, die du je… also daß ein Supersoftie wie ich durchaus Lesben toppen kann – nagut, mein Ziegenbärtchen spielte halt Fremdkörper… mein Fehler… hab ihn halt nicht vorher abgemacht… aber immerhin gewaschen…

Jede darf nochmal kurz aufleuchten, alle 2 ½ Sekunden ein Gesicht, wenn auch in völlig verkehrter Reihenfolge, mir scheint alphabetisch, o je, statt chronologisch, jede kurz aktiviert vom Kugelblitz, der durch die Areale zuckt... endlich der berühmte Gehirnfilm eines abnippelnden Wachbewußtseins... ultimative Zeitraffer-Synthese, Panorama-Synopse, an die ich all die Jahre nie so recht herankam, trotz aller Drogen... ihr bringt mit euch die Bilder froher Tage...

»Doro, es war schön mit dir« – das hört sich jetzt saublöd an... wärst du nur halb so nostalgisch wie ich...
»Jetzt streiten wir nie wieder!« rief sie nach Orgasmus Nr. 1, aber zehn Minuten später (wie ich meiner lieben Antje klagte) stimmte die Chemie dann doch wieder nicht, obwohl sie eigentlich stimmte... inzwischen sehn ich mich schon zu unseren Katastrophen zurück... Ramona: »Eine Bessere wirst du nie finden!« – »Brüderlein, Schwesterlein, wann finden wir nach Haus? Ach, wie fein wird's unterm Rasen sein...« – »Unsere Liebe bumst einen Sprößling!« – »Erik, vergib mir!« – »Es wor a mal am Abend spät 'ne wunderliebliche Nacht...« Und weißt du noch, damals in Südfrankreich...

Da sind auch welche dabei... z. B. die da – wer soll das jetzt sein!? Kenn ich nicht! Kenn ich nie und nimmer! Gut, daß immer der Name dabeisteht (o Gottchen, in Designer-Schönschrift). »Stefanie«... kenn ich trotzdem nich'. Nie gesehn. Also haben sich hier auch Leute eingeschlichen, mit denen ich gar nichts – nie was hatte, schwarze Passagierinnen – was müssen sie mir ständig nachlaufen?

»Glotz nicht so!«

Das einzige, was Irene je zu mir sagte, Irene Osterloh, an die ich mindestens – he, da war ja'n Mann dabei! Achso, stimmt ja. Kann ja wohl nur Herbert Müller sein.

Bitte weiter. Nächstes Bild. Hauptsache, Axel Fux bleibt mir gestohlen! Der kann mich mal! Nicht daß dieser Bleichlurch mir in güldenem Versöhnungslicht aufwartet und irgendwie erträglich erscheint! Moment mal!

Aurora Metzger – nein, tut mir leid, kenn ich nicht. Hab als kontaktsüchtiger Zeitgenosse 1777 Adressen im Büchlein, aber eine Aurora Metzger ist nicht dabei, wirklich nicht. Kommt mir aber trotzdem merkwürdig bekannt vor... Moment mal... Aurora Metzger...

Magdalena Fricke – was soll denn die in diesen Zusammenhängen!?! Mit der hatt ich nun wirklich nichts, ehrlich! Lieber 92 Jahre Onanie als 3 Minuten mit Frau Fricke! Was suchen all die Schnepfen und Blutwürste in meiner offiziellen Statistik!? Zugegeben, ich umgeb mich gern mit sehenswertem Begleitpersonal – mit Glatzen – Witzfiguren. Na gut, ich kann nicht leugnen, daß in einer bestimmten Situation – nächstes Bild bitte!!

Jetzt Iris – hallo, grüß dich, Iris... hingucken... anschaun... Jahrhunderte, bevor irgendwelche Geschlechtszellen überhaupt heranreiften, magischer als spätere Orgien, Exzesse rein optisch, geiler als »sexuelle Aktivität«... nie ein Wort getauscht... null Gegenseitigkeit... Präplatonik pur... nochmal hinsehn... dauerhaft hinstarren... glotzen... gaffen... fixieren... um Ecken schielen... elektrische Kurzschlüsse bei Blicküberkreuzung... pro Blick Explosion und Herzstillstand... zwischendurch Angstschweiß... hinschaun... und nichts als weinen. Wie eine in die andre übergeht... wie jung die alle sind! Welch hyper-optimale Simulation! Sooo gut hatte ich's damals!?! Blind durchgestiefelt, und nichts davon gemerkt – nichts. So oder so... alles vorbei. Seufz... schluchz... würg!

Und jetzt schon wieder eine Schwarzfahrerin – darf das sein?! Kurz mal anhalten? Und etwas schärfer stellen bitte. Falls technisch machbar, Frau Nachbar. Tu nicht so, als ob du mich nicht kennst! Wie sie aufleuchtet! Wie ich diesen Aufleuchtungen entgegengelebt hab, täglich und stündlich! Was drehst du dich raus; bleib ruhig drin in deinem Bildausschnitt –

Waltraud – ständig errötet vor lauter Hellsichtigkeit – dabei war das bloß Intuition – man nennt das auch Gleichklang... Feinabstimmung... einfach nur Sensibilität oder was... jedes unwichtige Wort ließ dich überfließen... Mondnacht an der Haukuppe... egal, vorbei, tritt sich fest... man entschloß sich, sich zu entlieben... in einem vollgekackten Strauch an einer historischen Altstadtmauer heulte ich um sie literweise... als wenn's was gewesen wär...

Aber eine fehlt... zwei fehlen noch... sie hieß... Moment... die Wichtigste von allen... wo bleibt Viera? Wenn ich von uns geh, ohne sie wiedergesehn zu haben... dann... bring ich mich – dann hats mich nie gegeben... 5 x 5 Jährchen in 1 ½ Kompaktsekunden: die passen nie und nimmer hinein, oder? Am Anfang schien es so, als ob sie gar nicht – aber plötzlich überflügelte sie... nicht, daß ich Ihnen eine solche Frau nicht zugetraut hätte – hatte mir halt immer eine Pianistin gewünscht, und der Schuß Asien kam mir auf halbem – hey, die da war eben schonmal da! Da drängelt eine vor! Stellt sich immer wieder hinten an! Is' mir natürlich klar, daß schon wieder du das bist! Heißt du diesmal Aurora Metzger... Roxane Steinwedel oder Ülcü Müller? Unter uns: die da neben der Komischen da, war das jetzt Babs, Julia, Lydia oder Clara? Gockel im Harem. Eigentlich ein Wunder, daß ich überhaupt noch wen ausnanderhalten kann, bei dieser Medikamentenflut! Elf verschiedene Pillen hab ich heut pro Mahlzeit – mir die Zunge rausstrekken bis zum Anschlag, und bis zum letzten Atemzug!

Als wenn's nicht genügt hätte, mich bei Lebzeit jahrelang auf Trab zu halten, und zum Narren! Mir einzuheizen zwischen Wechselbad und Fettnäpfchen... und jetzt noch ein »Ätsch!!!« ins Grab mir nachschicken... laß doch mal gut sein. Worte des Jahres: »Ich laß dich nur in Ruhe, wenn du mich nicht fortschickst!« Oje, diese Affäre schob sogar meine Busenfeindschaft mit Axel Fux ins Abseits... zeitweise. Meine Lügenmärchen durchschaute sie sofort, ich aber glaubte ihr alles, und das jedesmal. Danke übrigens, daß du mir damals das Leben gerettet hast. Aber nur um mich dann mit Frau Fricke zu verkuppeln – kein guter Einfall! Da bin ich dir noch was schuldig.

»Aber wieso hast du dich überhaupt eingelassen auf so eine Tussi!?« fragten sowohl Doro wie Julia wie Ramona wie Antje wie Viera.

Tja wieso eigentlich? Das hab ich, glaub ich, mal gewußt... aber das jetzt nochmal zusammenstoppeln, die Teilschritte, die Scheinzusammenhänge – könnt ich vorher schnell noch... ich müßt mal... kurz telefonieren... dringend... bitte! Bevor man mich sediert, abstöpselt und reanimiert. Nächstes Bild! Diese durchgeknallte Nervensäge – nein, ich möchte die Dinge positiv sehn, meiner natürlichen Wesensart entsprechend... also: Dieser mehr oder minder einzige Lichtblick meines sonst so problemstrotzenden Lebens... diese beglückbare Dämonin, diese – nun ja... äh... Frau meines Lebens, zeitweise...

Authentische Lebensfilme werden ja, meiner Theorie zufolge, weniger im Fieberdelirium gewährt als beim Sturzflug vom WTC, und meines Wissens fall ich just nirgendwo runter. Logische Konsequenz: Alles nur special effects! Schade drum. Zumal ich – hiermit sei's richtiggestellt – überhaupt nicht übermorgen 93 werde, und auch nicht bettlägerig bin, nicht die Bohne, sondern ganz anders, genau umgekehrt:

Bald darf ich in Filme ab 18 und kann dies sogar beweisen – hier, mein Personalausweis (den ich bekanntlich in Bombay verlor). Allenfalls pfleg ich manchmal in andere Leute intuitiv mich hineinzufühlen, z. B. in mich als Opa. Oft komm ich mir frühvergreist vor und staune dann aufrichtig, wie fit und jung Pensionäre sich fühlen können. Also wirklich allen Ernstes: Jeden Moment flieg ich (statt nach Calcutta) vom Wirtschaftsgymnasium (da ich mich z. Z. auf Bruttogesamtbedarfsmatrix nur recht schlecht konzentrieren mag) und muß also nun damit rechnen, statt zum Abitur Führerschein, Porsche, Leibrente und Siegelring der Ahnen hinterhergeschmissen zu bekommen, zum dritten Mal enterbt zu werden. Und jeden Moment kann mein Musterungsbescheid eintreffen, weshalb ich mich gedanklich z. Z. sehr stark (statt mit Orgasmustheorie, Quantenmechanik und Dodekaphonie) mit passivem Widerstand im Sinne Mahatma Gandhis befasse, halt mit anarchistisch-pazifistischem Gedankengut usw.

## Sind Schwule die gelungeneren Männer?

Aber ja, wer denn sonst? Schwule sind der einzige gesunde Lichtblick in dieser perversen Welt! Darauf könnte unsereiner wetten! Um einen Quickie in der Wäschekammer. Aber ausgerechnet Schwule geben ihre sagenhafte Sensibilität nicht genetisch weiter, wodurch permanent erhebliche Sensibilitätsquanten der dumpfen Menschheit entzogen werden und übel verloren gehn. Vielleicht wurde ja Gott auch nur deshalb nach 1500, na gut: 2000 Jahren

Laufzeit vermißt und für tot gehalten, weil Mönche sich nicht fortpflanzten und somit auch ihre spirituelle Ader nicht weitergaben, weshalb seither dauernd die Schattenseiten der Religionen sich aufblähn und für Religion ausgeben. Völlig absurd von daher gesehn die Schwulenschelte der Zölibatere. Von der gebärfreudigen Mutti Natur bzw. von Gott her gesehn, bleibt keiner so ununterscheidbar wie ausgerechnet kinderlose Priester & Tunten.


### Babs & Bosch

Ohne Haus würde eine gut beratene Ehefrau und Mutter – die wir Barbara nennen wollen – grausam erfrieren. Ohne Herd bekäme Bärbel – und ihre Familie – nie mehr etwas Warmes auf den Tisch. Ohne Kundenkreis könnte eine Herstellerfirma – die wir Bosch nennen können – ihre Produktion einstellen. Verdacht, daß Babs und Bosch irgendwie zusammengehören, kommt auf. Ohne Babs und Bosch wäre keiner von beiden mehr da, weder Babs noch Bosch.

In Zeiten, in denen Babs und Bosch noch fehlten, wurde die Biomasse bzw. das blühende Leben von Seescheiden und Seegurken repräsentiert, und die Geomasse bzw. das Anorganische von Tuff und Gneis. Jetzt aber sind Babs und Bosch 1.) da, und 2.) sehr präsent, und zwar füreinander, wie bereits behutsam angedeutet. Frau und Gerät bilden eine Symbiose, wie der Wind und das Meer, oder auch wie Mensch und Maschine. Babs guckt zwar im Moment nicht auf ihren Herd, dafür aber in jene schöne Zukunft, die durch 365 warme Mittagsmahlzeiten pro Jahr gesichert wird.

Babs & Bosch, Rehauge und Quadratmaul

Vor ihr das Meer – und hinter ihr die Geschirrspülmaschine.

Die ideale Frau und der optimale Ausstattungskomfort – mit Glaskeramik-Kochfeldern!

Aber halt leider auch: Das menschliche Antlitz – und Moloch Hightech!

Das hoffnungsfroh aufgeschlagene Rehauge – und das ausgefahrene blinde Quadratmaul!

Seelenlose Apparatur! O dieser Backofen-Auszugswagen, der auf robusten Führungsschienen lagert und ohne Kraftaufwand zu bedienen ist. Denn Babs möchte – zwecks Selbsterhaltung durch Vitaminzufuhr – die sauer verdienten Brötchen und Braten essen, z. B. einen Apfel; muß ja nicht gleich der der Erkenntnis sein. Denn im Garten heutiger Gaumenlüste werden bloß noch Jägerschnitzel der Nichterkenntnis gereicht, immerhin weiterhin von höherer Instanz, die im Zweifelsfall mehr oder minder Bosch heißt.

Und schon steckt in der Firma Babs & Bosch alles drin: nicht nur Mensch und Gott, sondern auch: Natur und Technik!

Leben und Tod! Und nicht zuletzt Subjekt und Objekt!

Und als Zugabe das nachdenklich stimmende Paradoxium, daß der Geist eher im Hausgerät als in der Hausfrau steckt. Trotz ihres viel komplizierteren Hirns könnte Babs das simple Objekt nie selber erfinden... nicht mal reparieren. Totes überbietet das von ebendiesem Toten lebendig gehaltene Lebendige. Zwar sieht jeder Herd exakt so fabrikneu aus wie genau dieser. Doch Millionen Hüterinnen der Flamme sehen leider nur halb so neuwertig aus wie Babs. Hauptsache, Babs ist kein Heimchen am Herd, und vor allem kein Serienprodukt, im Gegensatz zum einfach fantastischen Spitzen-Einbau-Hit aus dem Hause Bosch. Sondern ein Individuum, wie es auf vergleichbaren Broschüren haargenau wiederkehrt, also doch ein Serienprodukt, eine Spitzen-Einbau-Babs, vakuumverpackt, mit Gütesiegel: »Die schöne Küchenfee«. Handelt es sich hier um die Unio mystica des zunächst antithetisch Scheinenden? Auch das noch: Serienprodukt (mit Augenaufschlag) benötigt Serienprodukt (mit Flächengrill und Umluft-Infragrill!), das wiederum – um komfortabel loszugrillen – ein babsmäßig, wenigstens menschenförmig grillgewilltes Serienprodukt benötigt. Babs & Bosch forever!

Mit zuschaltbarer Bräterzone (ideal auf der ganzen Breite)!

BABS & BOSCH haben noch lang nicht ausgegrillt, ehe auf robusten Führungsschienen jene fernen Zukünfte heranrollen, in denen die solare Supernova den Heimatglobus ihrerseits grillen wird. Mit Multifunktion!

## Die englischen Rosen verströmen ihren süßen Duft
*Exklusive Privatparadiese 33 internationaler Künstlerinnen*

Wie schön, daß in diesem Makrokosmos aus Kriegslust, Milliardenlöchern, Trash-Deponien, Serien-Bungalows – durchzogen von 900 km langen Autostaus – immer wieder bedrohte Mini-Oasen eingesprengt ruhen: Mikrokosmen und Hoffnungsinseln, zumindest Erholungsparks, zuallermindest Fußgängerzonen! Wie schade, daß die oft so hilflosen Versuche meist weiblicher Naturverbundenheit direkt in jene liebevoll gestalteten Vorgärten Frau Saubermanns münden, und deren Geranienbalkonkästen, Floristik-Center-Ästhetik, Kübelpflanzen, Krüppel-Koniferen: gutgemeinte Schandflecke neben der bezaubernden Schwerelosigkeit handverlesen auserwählter, hocherlauchter Vorzeige-Gärten weltberühmter Kunstmalerinnen. In einem Prachtband, geschmackvoll dargeboten *(Charlotte Seeling: Der Garten der Künstlerin, 33 Porträts, Gerstenberg Verlag Hildesheim, 2002,*

*200 S., geb., über 400 Abbildungen, 49,90 €)*, entblättert sich eine schöne Welt nach der anderen, absolut nicht zu verwechseln mit heiler Welt, oder entlarvbarem Gemüt à la Gartenlaube, oder »Fährt der alte Lord fort, fährt er nur im Ford fort«, geschweige Alm-Liesels Herrengut. Sondern zweckfrei wie edelste Damaszener-Rosen, die fast schon den naturidentischen Duft hochkarätigsten Rosenparfüms unsagbar authentisch hinbekommen, handelt sich's um Fotoansichten, so omnipräsentabel wie nahtlos durchwebt von Stilwille, sehr jugendstilkompatibel.

Weit und breit wuchert kein Zentimeter Unschönes. Sogar die Autorin fügt sich, klangvoll tätig gewesen bei »Vogue«, »Marie Claire« und »Cosmopolitan«, schöner als alle Avon-Beraterinnen und fast jede Gesundheitsmagazin-Moderatorin, in die Welt ihrer schönen Welten ein. Selbst die Fotografinnen dürfen nicht einfach bloß Gabi Müller heißen, sondern klingen aufgestylt: Corinne Korda und Carina Landau, mit C, wie Charlotte Seeling, ausgeschnitten aus Elite-Akademie für Schönheitskorrekturen, Bildende Künste und Glamour-Kolportage, adligem Heimatroman und »Frau im Spiegel«, farblich nur noch getoppt von noch langstielig ästhetizistischeren Champagner-Niveaunamen wie Chatarine Warren und Xenia Hauser (»Ich bin gespannt, wohin die Reise führt«), bis hinauf zu Allison Armour-Wilsons, TessAnna Hoare (»Ich liebe das Machen – das Ergebnis interessiert mich nicht mehr«) und Anna von Wesendonck-Pechmann, nochmals übergipfelt dann von Dominique Lafourcade. Trotz Tagescreme kriegen sie's nicht in jedem Fall hin, mit ihren illustren Exotica Schritt zu halten. Schöne Gärten fast genauso schöner Menschen blühen zeitlos wetterunabhängig. Und wie die Selbstaussagen der Masterinnen of Fine Arts, die am blumenähnlichsten

*Die englischen Rosen verströmen ihren süßen Duft* 145

heißen – »Ich will ganz aus der Fantasie arbeiten« (Yasmin Brandolini d'Adda) oder »Ich geh, wohin das Leben mich trägt« (Sylvie Fleury) (nicht mein Herz?), mit »ich« anfangen, so beginnen ihre blühenden Euphenyme nach Möglichkeit gleichfalls mit C: Claire Basler, Chrissie Pearcey, Chatarine Willis. Colette- oder Coco-Chanel-Syndrom? »Ich habe alles auf mich zukommen lassen« (Isabella Ducrot). »Ich hoffe, daß mein Garten andere inspiriert« (Brigitte de la Rochefoucauld). »Denn das Naturell der Frauen ist so nah mit Kunst verwandt« (Goethe), was sich aber nur rechnet, wenn hohe Auflagen erzielt werden, also alle Durchschnittsschreber- und HobbygärtnerInnen, die in solch seligen Gefilden der Überzüchtung nie rumstiefeln dürften, auf jeden Fall anbeißen.

Selbst wo der Hofgärtner nicht pünktlich mähte oder nachschnitt, also der Geist englischer Gärten zu walten scheint, dominiert der vor- und nachrousseausche Geist eher französelnder Gartenkunst. Was die Hochglanz-Harmonie gestört hätte, zwischen Body-Styling und Gardinenschneidern, oder auf Weniger-Schönes hingedeutet, wurde draußengelassen, stillschweigend. Keinem Landschaftsgestalter, Lebensgefährten oder Financier wurde gesagt: »Bitte recht freundlich«, sondern immer nur: »Raus aus dem Bild!« Nirgendwo ein Kameraschwenk, der 50 cm neben Gartenmobiliar und Interieur einen diskreten Seitenblick auf Wirtschaftstrakt, Stromzähler, Doggenzwinger geworfen hätte, auf sanitäre Anlagen, Heizungskeller oder die alarmanlagenüberwachte Toreinfahrt, plus Hausgarage, Stellplätze, oder die Einzäunung des opulenten Privatbesitzes. Man ahnt hinter kostbaren Einheiraten ausgeblendete Backstorys – und hinter makellosen Nahaufnahmen dubiös durchmischte Gesamtanblicke. Allenfalls hat mal eine Malerin Jeans an, oder heißt naturbelassen Ursula Tiefengruber. Nicht alle dieser Gärten sind, statt Gärten, Parks. Manche geben sich nur halb so vornehm, wodurch sich ihre Schönheit zum Glück keineswegs halbiert; und umgekehrt: Wohnsitze mutierten zu Residenzen. Jericho-Rosen, Dilettantinnen und documenta-Ausstellerinnen begnügen sich, Delikatessen und Dekorateusen zu sein. Ein Duft paritätischer Rosamunde Pilcher und Lady Di (statt Peter Greenaway oder Rudolf Borchardt) flattert – »seit sie ihren Traum vom Rosengarten umsetzen konnte« – unfreiwillig über die gartengestalterisch vorbehandelten, fotografitätisch nachbehandelten Ideal-Rabatten. Jeder Rundgang eine Vernissage, Matinee und nicht zuletzt 5-o'clock-tea-Finissage. Nicht vorhandene Hausdiener bewirten fehlende Gäste: Architekten, Schauspielerinnen, Manager. Eskamotierte Landschaftsgestalter brauchen zwischen unnötigen Geräteschuppen null nichtexistenten Wegerich ausjäten. Diese Kunstgärten schweben außerhalb von Zeit und Welt, fern normalsterblicher Verkehrsanbindung. Hier wird nicht gebruncht, gemulcht, geerntet, gelebt, geknipst, kompostiert und kontempliert, hier wird ausgeleuchtet, Kunstfotografie zelebriert, kredenzt, diniert, repräsentiert, renaturiert, wasserstoffperoxidblondiert.

Doch auch solche Anlagen und Anwesen schimmern als Produkte von Sonnenstaat- und Paradiessehnsucht. Aber kaum steht man drin, in den schönsten Aufnahmen von ihnen, sehnt die staunend beglückte Seele, alias: schöne Seele, mitten im Blumenarrangement manch einer Villa Magica sich nach – Pestwurz oder Stinkbaum. Will nirgendwo *Heracleum mantegazzianum* durch die akkuraten, nein: mit höchster Akuratesse durchdeklinierten Rasenflächen brechen, als Türken vor den Vorstadtvorgärten von Wien!? Muß ja nicht gleich Hochwasser sein. »Eine Frau, die nicht häßlich sein kann, ist nicht schön« (François de La Rochefoucauld).

Aber dafür ist tatsächlich alles sehr, sehr schön. Natur und Kunst haben sich hier gefunden, ehe sie sich zu fliehen schienen. Andererseits begnügen sich viele der herrlichen Farbfotos nicht nur damit, Faszinosum zu sein, nicht nur formal und stilvoll schön, sondern tatsächlich ganz einfach schön... wirklich sehr schön – geradezu wunderschön! Alter Baumbestand, wertbeständig, preisverdächtige Creationen auf dem Laufsteg ihrer eigenen hyperoptimalen Hypersimulation, inclusive ungewollter Überlappungs-Koinzidenzen mit dem neuen Katalog aus dem Hause Gärtner Pötschke. Alle High-Society-Konnotationen und Kosmetik-Assoziationen abgerechnet – von zeitloser Schönheit. Que jolie! Amabile! Con amore! Aber nicht bloß beautiful, bellissimo, meraviglioso! Sondern incredible deliziös! Himmlisch! Heaven on Earth! Ultimativ schön... traumhaft schön... schöner als schön. In summa: schön.

Was will man mehr? Hoffentlich nicht bloß bildschön und »nichts als schön«?!? Was könnte man mehr wollen? Was wäre schöner als Schönheit? »Jeder Engel ist schrecklich« – zauberhafte Poesie. Diese vollkommenen Gärten hingegen sind – ohne den Umweg, schrecklich sein zu können – gleichfalls reine Poesie. »Die Hortensien lassen in müder Pracht ihre schweren Häupter hängen« – Georg Trakl oder Charlotte Seeling? So oder so: Können gute Menschen Kunstwerke schaffen? Sein oder Design? 400 v. Chr.: »Wahre Worte sind nicht schön. Schöne Worte sind nicht wahr.« Schöne Gärten guter Menschen. Andererseits: Wenn Gott überall ist, und wo sollte er sonst sein, dann dürfte das Flair floristisch hoch- und höchstkultivierter Kalenderkunst kein Hinderungsgrund sein für heilige Haine, Geomantie, grüngoldnen Panpsychismus und die Aura säuselnder, atmender Dryaden, Sylphen... Baumseelen... Elementargeister. Zu befürchten allenfalls, daß das Naturell von Upperclass-Ehegatten, genau wie das der üblichen TÜV- und ADAC-Dumpfis, eher mit Hardcore & Hardware verwandt sein und bleiben dürfte als mit Kunst und Gartenkunst. Man zeigt ihnen das schönste Semiramis-Eden, sie aber können mal wieder ihre Gefühle nicht so richtig zeigen und denken nur an Pressekonferenz oder Bohrmaschine... immerhin um ihrer Muse ein paar Löcher zu bohren (Kletterhilfe für Efeu). Statt feinsinnig, impressionabel bis histrionisch auszuflippen im Angesicht unübertrefflich kunstreicher, lichtdurchfluteter Gartenpracht, müssen sie florale Euphorie simulieren, mehr oder minder, um ebenfalls als halbwegs empfindsam, weich und human zu gelten. Ob ihnen dies – bei aller Unfeminität – gelingen mag?

### Sind Frauen die sinnvolleren Männer?

Ja!!! Dreimal ja! Frauen, Schwule und Softies sind die sinnvolleren Männer! Weil sofort alle Megatötungen runtergedreht werden könnten. Frauen sind diplomatischer als Diplomaten! Sie würden, wenn sie am Drücker wären, weniger Weltgeschichte verzapfen, also ruhmlos untergehn, was aber für viele Beteiligten den Vorteil hätte, zeitweise weiterleben zu dürfen. Friedliches Miteinander wäre sofort erreicht – lieber Kitsch als Krieg! Die Bevölkerungsexplosion, liebevoll angeheizt, hat sich aber durch militärische Verluste nie aufhalten lassen. Frauen sind im Einzelfall nicht nur zarter, eindeutig unbornierter, unsteifer als männliche Stinker, zudem sprachlich begabter, schneller, gewandter, kommunikativer. Virile Unfähigkeit, Gefühle zu zeigen, teilen sie selten. Einziger Nachteil: sie sind humorloser als Männer, angeblich, dafür aber lächeln, kichern und lachen sie viermal öfter als Männer, wodurch sie ihr Immunsystem ständig stimulieren und 6,2 Jahre länger leben. Böse – garantiert männliche – Zungen entlarven die größere, tiefere und schönere Kinderliebe der Frau als bloßen Pflegeinstinkt. Fiese Leute! Zwar haben ernstnehmbare Denker das Weib das weniger schöne, weil kurzbeinige, breithüftige, naiv herumträllernde Geschlecht gescholten und antike Jünglinge schöner gefunden, doch muß das ja nicht stimmen, sobald man Vorzeigemänner wie Schumi, Depardieu, Schwarzenegger oder Harald Schmidt neben Julia Roberts, Juliette Binoche und Andie McDowell stellt. Jede Wette: Frauen weisen – anatomisch betrachtet – weniger fliehende Stirnen und neolithische Augenwülste auf als all die trockenrasierten Nußknackervisagen, die als typische Männer rumlaufen. Selbst als Frau findet unsereins Frauen schöner. In bestimmten Momenten sind schöne Frauen tatsächlich oft ziemlich schön. Selbst Männer, die erträglich aussehn, sehn neben nicht so schönen Frauen oft nicht gut aus. In die Chefetagen boxen sich Fachidioten und Rechthaber vor. Ach ja, Frauen – einzige Hoffnung geknechteter Menschheit! Sie haben auch mehr Mitleid, und wunderbare, tröstliche Defizite im Sektor Geiz, Sportwahn, Sammel- und Hobbywut. Zwar essen auch sie viel Fleisch, aber schlachten würden sie, wenn sie müßten, viel weniger. Feminine Naschsucht wirkt verzeihlicher als virile Dauergeilheit. Tulpen und Textilien finden sie viel schöner als Männer für Blumen übrig haben, dafür aber sind sie blind für Männer – ahnen Frauen wirklich nicht, wie animalisch ihre Lover und

Gatten aussehn? (Übersensibles Problem, das kaum jemand teilt: Sobald ich mir Frauengesichter in Gesichter ihres männlichen Nachwuchs transponiere, rein als Gedankenspiel, färbt das auf Frauen ungut zurück... naja, egal.)

Ohne Frauen würden Blumenindustrie, Garten- und Romankunst pleite machen (Männer, diese objektiven Grobiane, lesen Sachbücher). Ohne Männer würden bloß Gewalt-Video- und Catcher-Branchen baden gehn, und endlich jedes TV ein von Mordlust weniger verzerrtes Gesicht bekommen können. Frauen sind statistisch elfmal weniger kriminell! Pfui über alle potentiellen Soldaten! Diese Brutalos, die es einfach nicht lassen können, pro Tag in der BRD immerhin 6,7 Menschen abzuschlachten, Tag für Tag, also fast soviel, wie in Chicago pro Nacht anfallen, Woche um Woche, derweilen die deutschsprachige Frau – von Sylt bis Zermatt – pro Tag noch nicht einmal einen saftigen Mordversuch oder Totschlag hinbekommt, sondern bloß 0,6. Jack the Ripper schleicht durch Tiefgaragen, um ungezielt irgendwen, egal wen, anzufallen, Hauptsache Frau. Ganz anders Salome: Nie würde sie flächendeckend oder irgendwen morden, stets nur einen ganz bestimmten Johannes, Ex-Orpheus oder Vergewaltiger ihrer Tochter. Auf 187 untersuchte Amokläufer kamen bloß neun Amokläuferinnen. Sharon Stone, die im Koitus mit Eispickel auf ihre Lover einzustechen pflegt, kam nie irgendwo vor, außer auf RTL, in Michael Douglas' perverser Kastrationsfantasie. Nicht alle Gesellschaftsmitglieder können so sauber, so zivilisiert morden, so ästhetisch vertretbar, wie die klassische Giftmischerin, die nahtlos aus der Küchenfee hervorwächst – welche Speise war je ohne Risiken und Nebenwirkungen? Fast sympathisch: der zu Recht ungeliebte Gatte wird so lange gemästet, bis er an

Fettleber eingeht. Entweder kommen Frauen nicht richtig zum Zug, oder Männer morden zuviel – wo liegt die gesunde Mitte? Heißt »elfmal weniger kriminell« auch »elfmal weniger emanzipiert«? Bei Raucherbeinamputation holen Frauen zügig auf. Aber statt daß die mordende Aktivität jeder Männergesellschaft gedrosselt wird, dürfen bundesdeutsche Mädchen seit Januar 2000 endlich ihr Schattendasein als Sanitäterin und Musikerin erweitern und nun auch an die Waffe – als wär die Bundeswehr der frauenfreundlichere Papst. So vernagelt können eigentlich nur Männer sein.

Tips an potentielle Totschlägerinnen: Macht den Scheißmännern nicht auch das noch nach.

Tips an mordende Kerle, Nulpen, Machos: Laßt wenigstens 9 von 10 Opfern weiterlaufen, rennt ihnen dann hinterher und ladet sie zum Bier ein. Da läßt sich manches klären, verbal, statt letal. Murkse also pro Tag, statt 10, bloß 1,4 Opfer ab. Gleicht euch statistisch der Frauenquote an. Senkt eure unappetitliche Männerquote!

Tips für Mitbürgerinnen und Mitbürger: Mordet eigenhändig. Kann zwar eklig werden, doch kommen nur auf direktem Weg, face to face, echte Urerlebnisse zustande, wenn auch oft ohne tödlichen Ausgang, weil viele nicht wissen, wie man sachgerecht zudrückt. Vorsicht vor Pistolen und Messern: die gehn gern nach hinten los.

Problem halt nur: Um endlich Weltkriege usw. abzuschaffen, müßten Seelen an die Spitze, aber werden dann, statt Miss Universum, Kanzlerin. Irritierend zudem: daß es zwar Milliarden brave Muttis und Sensibelchen gibt, aber insgesamt doch verdächtig viele Keif- und Nörgeltanten, Nervensägen, Furien, Giftnudeln. Und vice versa: Die Entgröberung und Sensibilisierung der Stoffels führte über Hüftschwung und schwulesbisch nettem Augenaufschlag kaum hinaus. Annette von Droste-Hülshoff konnte die Mädels nicht dran hindern zu krähen: »Frauen, zerreißt Eure Ketten! Schluß mit Objektsein in Betten!« Feministinnen-Demos koinzidierten unpoetisch mit Metalltarif-Streiks. Getreu dem Chauvi-Bonmot »Wer gegen Bestien kämpft, wird selber Bestie«, hat frau sich als kaum verbrämtes Mannsbild geoutet. Der kleine Unterschied schrumpfte im Zeitalter der Hosenanzüge auf leggingsverpackte, primäre Geschlechtsmerkmale. Busenbehaftete meutern gegen busenlose Männer. Wenn testerostongeschwängerte Emanzenmütter medienwirksam mit quasischönen Biestern kollidieren, Alice Schwarzer versus Verona Feldbusch, kämpft Mann gegen Mann auf wimpelflatterndem Ritter-Turnier. Feminismus, der auf einem Totalverlust klassischer Anmut und Würde aufbaut, paart sich gut mit Behaviorismus, Bolschewismus, Fotorealismus, Heroismus, Machismus, Masochismus, Querulantismus, Priapismus, Risikotourismus, Sexismus, Terrorismus. Jacke wie Hose: Wer Unterschiede ausgerechnet an sowas Zweitrangigem wie am Geschlecht festmacht, bleibt unoriginell bis konformistisch, unerleuchtet, unphilosophisch, ungehobelt und leider auch rassistisch... und demokratiegeschädigt (Zweiparteien-System), kurz: männlich & dämlich.

Wunderschön erholsam an Frauen des weiteren: daß sie sich künstlerisch mit Frieda Kahlo, Hanna Arendt, Elfriede Jelinek und Clara Schumann begnügen, statt als Monster à la Auguste Strindberg, Karl Kraus und Humbert Humbert loszulegen – oje, jetzt könnten mich x Emanzen für einen Mann halten... auch das noch...

Nur, wie schlichen die Übelstände sich ein? Der menschliche Leib verkam zum männlichen Körper, dann zum Corpus, dann zum Fitness-Body. Mann und Weib wurden zu Herr und Dame, dann zu Xanthippe und

Ekelbolzen, als die sie von Anfang an unangenehm auffielen. Stiernacken und dumme Glucken würden weniger Ärger machen, wenn menschliche Konstitution in toto weniger nervig daherkäme. Traulich vereint, müßten Mann und Weib, selbst wenn sie Herr und Frau Müller heißen, auf die Barrikaden gehn, anrennen gegen die allen gemeinsame Unattraktivität (aus deren Omnipräsenz auch punktuell scheinbar vorhandene Schokoseiten und Ausnahmen kaum heraushelfen, gleichwie hapernde Überdurchschnittlichkeit über Durchschnitt kaum hinweghilft. Nie wieder Frisurhelme, Toupetzwang, Silikondrang, Schwarzweißdenken, Intuitions- und Intelligenzmangel, Unmusikalität, Tierhaftigkeit, Sterblichkeit! Skandalon des weiteren: daß man stets nur eins davon zu sein hat, entweder Mann und Frau, und auch bei steigender Transi-Quote um einen Trockenrasur-Baßbariton kaum umhin kommt, aufgetakelt... mit Kettchen behangen...

Freuen wir uns unterdessen am Faktum, daß gesamtgesellschaftlich fast keiner sich umbringt. Annähernd sämtliche Mitbürger nutzen die Chance, sich wechselseitig zu töten, überhaupt nicht aus. Unfaßbar, wer sich alles – zwischen Nordkap und Oberammergau bzw. Gibraltar – am Leben läßt! Achtung – alle Mann festklammern auf der dünnen Kruste Kultur, ehe aufs neue das Gorillafell durch die Tweedjacke bricht. Wer mit TV-belasteten Augen an der Menschheit, inclusive Mann und Frau, zweifelt, braucht unterdessen bloß vors Haus zu gehn und nach dem nächsten Floristik-Center zu fragen, schon wird er staunen, wie nett alle Leute sein können, ohne Gewähr, aber mit Frischhaltegarantie.

## Pornos sind schön!

Guter Herbert, möge das neue Jahr völlig neue Wiederholungen bringen, und wenig spürbare Alterungsprozesse, und wenig Gruftnähe, garniert mit bescheidenen Lustmomenten. Pünktlich hab ich gleich das Haus neujährlich abgefackelt, beinahe. Babs löschte beherzt den 2 m großen Brand; ich hatte glühende Asche offenbar danebengeschüttet. Angebrannte Balken und Körbe sind zu besichtigen. Da mit einem Brief an Hans Wollschläger befaßt, konnte ich mich auf die aufgeregten Schreitiraden und den noch qualmenden Vorgang schlecht konzentrieren. Daß Du dauernd die perversen Fleischmassen aufzählst, die ihr pausenlos reinfreßt, zeigt mir, daß Du offenbar nicht weißt: Vegetarier kriegen nie Ischias, vor allem keine Gicht. Selbst Rindfleischesser, Muslime und Juden bekommen nie Rheuma. Ausschließlich Schweine verursachen solche Sauerei. Jetzt sag nur, das wußtest Du nicht? Apropos schweinchenfarbenes Fleisch: Sehnsucht steigt erektil an, Frau Orion erneut aufzusuchen, kommunikativ zu duzen und mutig sich beraten zu lassen über weiterführende Anschaffungen. Wüßte gar nicht, was die teureren Pornos noch über die billigen hinaus bieten könnten. In niegesehener Deutlichkeit und Porennähe sah ich mehr denn je. In vielen Streifen sparten sie sich die Begleitmusic, was aber als Vorteil rauskam, umso ungestörter stöhnten alle um die Wette, ganz wunderschön z.B. zwei vom Lippenstift rotgelutschte Glieder – mal wieder welche, die zufällig wie Deins und meins aussahn, vor allem das eine war, samt Scrotum, eindeutig 1:1 meins! –, die sie aber nicht richtig gleichzeitig ins Lutschmaul reinbekam, so daß sie gerecht abwechselnd ranging und die jeweils verwaist pausierende Eichel zu warten hatte, bis sie wieder drankam, und beim Warten steif, krumm, einsam und blöd ins Bild seitlich reinragte, mal von links, mal von rechts die andere Gurke. Du siehst, wie wichtig eine liebe Wiederanknüpfung mit Daggi wäre, denn Geli wird uns wohl kaum diesen Gaudi gewähren wollen. Sogar Babs schob ich den Porno subkutan unter, und zwar so: Bevor ich erzählte, daß Du da warst und wir in Homberg – sie kam übrigens nur ca. 20 Minuten nach uns ins Aldi (und wir vermutlich bloß 10 Min. nach Rumpfs) –, kam im TV eine Bikinifrau gegangen und sah einen Mann bewußtlos am Strand liegen: Mund zu Mund funktionierte nicht, also begann sie seine Badehose im Kniepsand abzupellen und seinen Schnulli zu beleben, und dies öffentlich-rechtlich ab 18 Uhr zur Sandmännchenzeit – Babs staunte Bauklötzer, ehe sie drauf kam, daß statt TV eine DVD lief! Dann rasantes Gestoße zwischen Amrumdünen und Strandhafer, was meine liebe Babs aber seelenlos und roboterhaft fand; sie votierte für Off, Begründung: schon bei uns sei es langweilig, da wolle sie nicht auch noch bei der Langeweile fremder Leute zugucken. Jahrelang hatte ich geglaubt, kurzweilig zu sein. Sogar mit Udo Matz sei es langweilig gewesen. Was nun? Jedenfalls sei Sex langweiliger als J. S. Bach. Später, beim satirischen Jahresrückblick oder allerlei Tsunamis, drückte ich ausversehn den falschen Knopf, und plötzlich streckten mitten in Saddams Erhenkung 2 junge reife Frauen ihre äußerst gebärfreudigen Schöße uns entgegen, in denen sie wechselseitig goldene bzw. mit Herzchen beklebte Dildos in den rasiert schmatzenden Vulven bewegten, und da wurde Babs doch arg untolerant und drohte, daß es deshalb heute keinerlei Sex gäbe; ich hätte ja jetzt die hier. Schon vor Morgengrauen gingen mir die vielen geilen Teile wieder im geilen Großhirn herum; schlaflos schlich ich ins Wohnzimmer, und siehe, das Zeug machte leider sogar richtig an. Sich nicht saugeil hinzuzugesellen, fiel schwer, obwohl jeden Moment die schlafende Babs rüberkommen konnte. Das eine Pärchen hatte sogar richtig knallrote Köpfe vor sichtlich echter Geilheit. Es gab auch welche mit Schamwolle und eine Superdicke speziell für Dich, und alle viel größer, plastischer und lustvoller als auf Deinem Minilaptop. Ein blondes Perlhuhnköpfchen fellierte einen Mordspenis, dessen Länge sie oral ganz aufnahm, ohne daß der aus der Hypophyse wieder hervorstieß. Totales Rätsel, wie sie diese Überlänge ohne Erstickungsanfall reinbekam. Nur die kugelrunden Plastikbeutel, d. h. Gasballon-Silikonmöpse, die jeder entzückenden Figur wie Krebsgeschwüre pervers anhafteten und alles verformten, störten gar sehr. Gern hätt ich deren Stöpsel gezogen, aber plötzlich merkte man, daß es ja nur als Film lief. Keiner schlief miteinander; kaum eine schnackselte, poppte, duppste, pimperte, vögelte oder stöpselte nett, liebeswert und human so für sich hin – alle fickten so animalisch gepeitscht wie möglich drauflos, alle mit verblüffend identischer Stoßtechnik, nämlich alle-alle so schnell, eifrig, agonal, hektisch, gestreßt und hart wie möglich, wahrscheinlich Formel-1- oder WM-geschädigt. Jeder Normalsterbliche wär bei solch Presto furioso nach 3 Friktionen präcox erledigt zur Seite gekippt wie Du auf Korfu und ich in B. Hersfeld, die aber leisteten im Akkord Schwerstarbeit, wahrscheinlich das Frenulum örtlich betäubt und insgesamt viagragestützt. Einmal landete auf einer Arschbacke eine Stubenfliege, die keinen irritierte und die sich nicht an ihrer rammelnden Unterlage störte. Der eine Ficker sah aus wie XXX (geschwärzte Stelle). Die andere Fickerin ließ den BH angezogen wie YYY. Ihre Schamlefzen wurden derart weit

aufgerissen, daß es einfach nicht weiter aufging, aber das
genügte den Akteusen nicht, und sie zerrten am überbenutzt flutschigen Gelappe und Gelippe rum, ums noch
weiter übermäßig aufzukriegen. Für Afterverkehr nahmen sie, statt Sanella, Spucke. Bei Clip Nr. 3 würd' ich
sogar sagen, daß der so richtig versaut sei. Als einer seine
Pfote bis zur Armbanduhr – und dies für nur ein Achtel
von 3,95 € – komplett in einer Uschi Mösele unterbrachte, schrie laut in mir mein innerer Spießbürger:
»Geht das nicht ein bißchen zu weit?«

Wie aber könnt ich diese zauberhaften Primärerlebnisse und Urerfahrungen mit Dir liebevoll teilen? Babsis
Muckibude ist unumstößlich immer dienstags zwischen
18 und 22 Uhr. Ich fürchte, daß immer, wenn sie jetzt alle
Muskeln trainiert, ich nun immer einen Muskel trainiere.
Was ist auf Deinen DVDs drauf? Gleich mal tauschen?
Hätt ich nur die DVD mit 20 Stunden genommen! Darf
ich sie mir von Dir zum Geburtstag wünschen? Aber ob
Du Dich da auch solo reintraust? So, Herbert, jetzt aber
bitte diesen Brief Jule und Mutter vorlesen, mit angemessener Betonung. Mach doch mal und berichte mir. Denn
man lebt nur 2 x. Die Klapsebriefe mußten deshalb noch
etwas warten. Ich sag dir aber bald, was drinsteht, falls
die Pornos dies zulassen. Ach, sind die geil. Dein Pornofan Uli – P.S. Hier würde jetzt ein 4 S. langer Brief an
Hans Wollschläger folgen, aber muß ja nicht sein.

## Das VLB als Wixvorlage

Reinhard Wonneberger und Hans P. Hecht: Verheißung
und Versprechen, 1986. – Irene Kassorla: Auch anständige Frauen tun es... und ich sage Ihnen, wie, Heyne

Bücher Nr. 6508 – Avodah Offit: Das sexuelle Ich, Klett-Cotta. Geb. 39,80. – Kathrene Pinkerton: Einsames Blockhaus. Fünf Jahre im kanadischen Busch, 1982 – Susan Schenkel: Mut zum Erfolg. Warum Frauen blokkiert sind und was sie dagegen tun können. 191 S., 1986 – Annelore Schliz und Hannelore Winter: Karriere im Sekretariat, 5. Aufl. 1984 – Knut Winter und Fritz Weiß: Erläuterungen zu den Schlitzwandnormen, 1985 – Knut Wicksell: Geldzins und Güterpreise, 1984. – Nigel Goldstein: Die Nackte vom Englischen Garten, Exquisit Bücher Nr. 439 – Penelope Ahse: Nackt kam die Fremde, Moewig TB Nr. 6590 – Rolf Wickihalter: Zur Geschichte des physikalischen Unterrichts, 1984 – Hubert Rammler: Kleine Spiele, wozu? 1985 – Reinhard Eichelbeck: Vier Kurzhörspiele – Gurken sind besser als Männer, Knaur TB Nr. 2158. – Jan Swinkels: Der entkleidete Holländer – Heinz Geiler: Taschenbuch der allgemeinen Zoologie, 1974 – Rudolf Schamschula: Mechanische Technologie – Horst Schlitter: Der Vatikan durchs Schlüsselloch betrachtet – Adolf Voegeli: ABC der Gesundheit. Mit 1 Fragebogen, 1986 – Manfred Sack: Einfache Paradiese, 1985 – Wilhelm Fickert: Kurübungen zum Denken, 1982 – Ludwig von Ficker: Briefwechsel in 4 Bänden, 1909–1957 – Hans-Joachim Sack: Handbuch der Verkehrssteuern – Annick Geille: Eine liebende Frau, Knaur Taschenbuch Nr. 8048 – Uwe Scheid: Das erotische Imago – Julitta Ritz: Unser Gebet, 1986 – Gertrud Ritz-Fröhlich: Das Gespräch im Unterricht, 1982 – Hanna Fickel: Chemische Schulexperimente, Band 3: Anorganische Chemie – Ruth Fickert: Arzneimittel, in 5 Bänden – Jürgen-Peter Stössel: Wenn Pillen allein nicht helfen… – Günter Sauermann und Eugen Fick: Quantenstatistik dynamischer Prozesse – Dieter Fick: Kommunales Abgabenrecht – Willy Fick: Ein Kölner Maler der zwanziger – Lili Fleck: Weiblicher Orgasmus – Hermann S. Mösenthal: Die lustigen Weiber von Windsor – Josef R. Möse: Umwelt und Gesundheit. Fakten, Daten, Tips – Rafik Schami: Der erste Ritt durchs Nadelöhr, mit Grafiken von Erika Rapp – Fritz Sack: Abweichendes Verhalten – Rudolf Sack: Biß auf Biß. Erfolge mit meinen Angelmethoden. – Walter Sack: Schmückende Kerben. Material, Werkzeug, Arbeitsweise. – Jared Wicks: Martin Luther – Keith Wicks: Wein keltern – Ulrich Porath: Lernprogramm Spritzgießen – Heinz Geilfus: Auf's Blatt getroffen.

\* \* \*

Peter Scheidel: Nahtmaterialien und Nahttechniken in der operativen Gynäkologie. – Vita Sackville-West: Erloschenes Feuer, Ullstein Buch Nr. 3104. – Otto Lasch: So fiel Königsberg, 1984. – Edit Schlaffer: Die Grenzen des Geschlechts, rororo TB Nr. 7775.

## Wie Abu Brahma 5000 v. Chr. den Hirten die Onanie beibrachte...

Abu Brahma, in Liebe zu einer Nymphe entbrannt, rannte mit Hornhautfuß und Bocksbein durch Bukolien und Arkadien, präimpressionistisch aufgelöst ins Blattgewühl und Hitzeflimmern, und siehe, Abu Brahma sah stimmungsmäßig durchaus so ähnlich aus wie auf 7000 Jahre späteren Ölgemälden von Arnold Böcklin, mit dem Unterschied, daß dieser Jugendstil-Maler die stramm vom Unterleib fortstehende Rute des Waldgottes Abu Brahma, die auch beim Rennen nicht schrumpfte, einfach stillschweigend beiseite ließ, ausklammerte, totschwieg, also der Bildungsmenschheit als Maler einfach nicht mitteilte, daß besagte Latte, selbst wenn Abu Brahma auf Hartkantiges trat oder einen Dorn sich eintrieb, unbeirrt weiterstrotzend in die Gegend ragte – Abu Brahma grabschte durch Zweige und erwischte kein Nymphchen Lolita, damals Echo benamst, und wußte nicht, genau wie Millionen, später Milliarden andere Männer, z. B. der Lyriker und Mann Kurt Drawert, wohin mit seinen Erektionen, und rannte herum, und brüllte herum und kam nicht zu Potte, und wußte nicht wohin mit sich und seinem Triebdruck und Schamglied. Tag und Nacht irrte er durch vorchristliche Krüppelholzwälder. Da erbarmte sich Hermes seines lüsternen Sohnes und zeigte ihm einen Kunstgriff, eine Kunst, eine Notlösung, genauer: einen Griff und eine Methode:

»Du brauchst nur... drück einfach mal deinen Daumen auf die Fingerkuppe von Zeigefinger und Mittelfinger, und jetzt leg' dein Ding in deine Patsche; und hier: mach vorher aus deiner Hand so einen Fleischtunnel, so als wäre das – ja, so!! Und jetzt so! Naaaa, wie fühlt sich das an!? Und so – und so! Immer schön vor und zurück. Aber stop, warum gleich Galopp, mein Sohn!? Wir haben doch Zeit. Fang mit Schritt an, geh' langsam in Trab über, und irgendwann kannst du dir ja dann die Sporen geben...«

Kurz und gut: Abu Brahma stellte sich gar nicht so ungelehrig an. Hermes gratulierte ihm: »Siehst du, mein Sohn!? So einfach tut sich das! Jetzt mußt du nirgendwo mehr herumhetzen, sondern hast Aphrodite stets bei dir, egal, wo du grad rumrennst. Und das völlig gratis! Schmeckt schön da unten, nicht wahr!? Gut Blut! Frohes Flutschen! Und wohl bekomm's!«

Hermes empfahl sich. Abu Brahma machte weiter, in

antiker Unschuld. Abu Brahma tat sich was Gutes. Abu Brahma brauchte sich jetzt nicht mehr tagelang die Füße wundzulaufen, für schnöden, flüchtigen, unsicheren Genuß mit ziemlich irrealen, allzu luftigen Baumgeistern, sondern konnte gemütlich im knallheißen Schatten sitzen, alle viere schnaufend von sich strecken, nämlich 1.) und 2.) zwei muskulöse Beine, 3.) einen Arm, und 4.) seine überreife supersteife Zeugungsgurke. Nur die zweite Hand streckte er nicht weit von sich, sondern blieb hart am länglichen Ball, und zwischen windhundartigen Ruckzuckerledigungen baute der rubbelfreudige Abu Brahma erlernbare Kunstpausen und Varianten ein, Verzögerungsfinessen, legte den Nischel, samt zerwühlten Kopfpelz, in den zerzausten Nacken, blickte mit tierhaft schräggestellten Augen, zeitweise fortgedreht, ins silbrige Blattgefieder von Korkhasel und Olivenbaum, Adagio, Andante, plötzlich Presto furioso, zuckte auf einmal zusammen, weil 3 m im Busch etwas knackte – ein Vogel? –, sprang auf, da hockten zwei, drei Voyeure, junge Hirtenburschen, nein: vier – und da vorne noch einer, die alle diese von Hermes gelernte Tätigkeit noch gar nicht kannten und denen nun Abu Brahma dieses betörende, angenehm schweißtreibende Geheimnis weitergab, im Tausch gegen etwas Ziegenmilch, und andere Naturalien. Jeder Hirtenbub legte seinen Daumen auf Zeige- und Mittelfinger und schon rubbelte alles los, mit lachend gefletschten Kauleisten, mit Abu Brahma als Lehrmeister und Dirigent, durchaus so ähnlich wie 7000 Jahre später in den Fellinifilmen »Amarcord« und »Stadt der Frauen«. Die Abu-Brahma-Flöte kam erst später dran. Sie erklang vor allem in sexuellen Refraktärzeiten.

Die Chimäre, man bräuchte für vollgültigen Sexgenuß dringend Zweitpersonen, wurde früh durchschaut: Bereits der erste Narzißt – Schutzpatron späterer Dandys, überzeugten Singles und unspendabel als Zwangsonanisten denunzierten Selbstbeglücker, des passenden Namens Narziß – erkannte nicht sich selbst, trotz Wasserspiegel, also Spiegel, sondern glaubte im Eidolon bloß einen attraktiven Eventualfall zu erblicken.

### ... und wie heiliger Sexus auf den Dackel kam

Nachdem Feuer- und Kulturbringer Abu Brahma den bukolisch gelangweilten Hirten die halb schelmische, halb göttliche Technik gebracht hatte, und beigebracht, gratis, die Geheimkunst quasi-hermetischer und quasi-pantheistischer Autocontemplatio auf der Suche nach dem inneren Gott, ab da gingen Selbsterkenntnis und Selbstberührung lange Hand in Hand. Welt-, Gottes- und Selbsterkenntnis dividierten sich nie auseinander und wurden sinnreich zum Kultus erhoben: Die Berufsgruppe der Hermiten, d. h. Eremiten, abgeleitet von Hermes, hielten im alten Hellas ihre Motti »Erkenne dich selbst!« und »Keine Selbsterkenntnis ohne Selbstbefriedigung« hoch und praktizierten rituelle Masturbatio. Dann aber ging spirituell alles mögliche den Bach runter. Selige Zeiten, allwo Diogenes von Sinope noch auf dem Marktplatz onanierte, tropften ab. »Gnothi seauton!« kam runter zum »Fuck youself!« Der Cadduzäus des Hermes depravierte zum Pürierstab und Dildowesen derer, die sich einen runterholten. Orgiastischer Durchbruch in andere Sphären mäßigte sich zum Höhepunkt vaso-sensomotorischer Immanenz. Entgöttlichung, Entzauberung, Entmythologisierung riß ein. Elfen und Waldfeen starben aus, weil keiner mehr im Wald onanierte. Pantheistischer Pleinairwix und altägyptischer Sonnenkult kamen im Zeitalter ozondurchlöcherter Atmosphäre und Grün- und Grauanlagen kaum noch zum Zug, und kaum noch in Frage. Die Rückkehr des Mittelalters in den Vatikan machte Fortschritte; aber die Wiederverzauberung der Welt ließ auf sich warten. Industrialisierte Menschheit wollte das Lost Paradise zurückhaben, die atavistische bacchantisch-dionysisch weinlaubbekränzte Orgie, samt aller Silene, Nymphen und Satyre, landete aber leider bloß in Swinger-Club, Tantra-Seminar und Osho-Center, Saunalandschaft, Fit- & Wellness. Ekstase fühlte sich stets von innen schöner und heiliger an, als sie von außen aussah. Von rauschhafter Selbsterkenntnis lenkte man sich ab, in großem Stil, mit Selbstbereicherung, wie armselig; mit Selbstbeglückung, zur Not mit Selbstverwirklichung. Das Lieblingsschimpfwort kaum noch aufstrebender Jugend – »Du Wixer!« – hörte sich nicht gut an. Damit konnte nix Herrliches gemeint sein, aber auf jeden traf's irgendwo zu: Musiker, Zeichner und Selbstauslöser dudelten, kritzelten und wixten nur noch. Unvulgäre Menschheit ließ sich gleichschalten mit Herbert Müllers Wurstverkäufer auf Korfu, der nach seiner Abspritzung erst recht im Welthaß versank und losmeuterte: »It was nothing!« Schopenhauer war hinterher nur deshalb enttäuscht, weil er zu unlustig ranging an die Sache. Auch nachdem Frau Wissenschaft erkannt hatte, daß Onanie, statt Hirnerweichung oder Warzenbildung zu befördern, das Immunsystem stabilisiert und vor Prostatakrebs schützt, fanden nette Spielchen weiterhin hinter Türen, auf denen »Privat« stand, statt, in Rainer M. Rilkes »Schwüle aus den Betten mannbarer Knaben«. Ärzte, Sexologen, Demoskopen, Politiker, Sofafurzer und Flachwixer (höchste Erhebungen: Sigmund Freud, Ernest

Borneman) stellten Onanie als schlechte Wahl dar, und alle Sexmolche glaubten das und werkelten, eingesperrt in falscher Weltsicht, trübselig vor sich hin. Denn auch Eigentlicheres konnte Tücken haben und Notlösung bleiben. Hochkultur reichte ans noch Höhere fast nie heran; selbst Kulturträger begnügten sich beim Onanieren oft bloß mit Proletenschrubberei: »Lieber schlecht gefahren als gut gelaufen.« Koitus half dann kaum noch weiter, weil die Einsamkeit der Onanisten auf die Zweisamkeit der Kopulierenden, oder um mit Rilke zu reden: »der Liebenden«, übergriff. Milliarden Frauen ließen ständig fragwürdigste Gestalten an sich heran, nahmen Koital-, Oral- und Analkontakt in Kauf, sogar Heirat, nur um vorher, hinterher und währenddessen mal ein bißchen Verbalkontakt zu bekommen. Viele nahmen den Stuß dröger Ehetrottel und Ehewracks in Kauf, um nicht indolent vom kalten Kosmos angehaucht zu werden. Milliarden Männer, pausenlos aufgeheizt, standen im Trocknen. Milliarden Christen durften, statt zu verhüten und zu onanieren, allenfalls heiraten und zeugen. 70 Millionen Asiaten finden keine Frau. Männer, die man unbeaufsichtigt daheim zurückläßt, beginnen – informierten Kreisen zufolge – unaufhaltsam zu onanieren. Lustsucher, sobald sie sich nicht mit Spucke begnügen, stürmen ihre Hausapotheken, um mit Vaseline, Haargel und Massageöl auf Glyzerinbasis zu experimentieren, mit Distelöl, Vapo-Rup, Transpulmin-Balsam, Schmiermitteln auf Petroleumbasis, mit kampferhaltigen Salben, oder treiben es mit Joghurtschüsseln, Wüstensöhne im Orient klassisch hinter Wanderdünen mit angelöcherten Melonen. Doch Milliarden onanieren nicht äußerst gern – und entsprechend lieblos, nach dem Motto: »Kurz und schmerzlos.« Menschen machen sich zu Windhunden. Im Fasse-dich-kurz-Zeitalter gönnen sich diese Bullen

*... und wie heiliger Sexus auf den Dackel kam*

Erkenne dich selbst – von beiden Seiten!

bloß Ruckzuckerledigung: ein Suchstoß, ein Nachstoß – fertig. Wie inhuman! Und oft wurden all die Quickies in der Besenkammer mit Kondomproblemen, Unlust, winzigen Penissen in trocknen Vulven angereichert und vom Bimmelterror der Zeugen Jehovas und Händyklingeln unterbrochen. Hinterher gucken alle unrühmlicher aus der Wäsche als vorher, betrogen, depressiv. Das Handbuch der Onanie des seit 12 Jahren verheirateten Ehepaars Wiebke und Axel H. Kunert »Dieses Buch macht glücklich und schön« würde sicher sehr helfen können, wenn man sich bei all den schönen Masturbationserfahrungen nicht das dicke bebrillte Gesicht auf der Buchrückseite vorstellen müßte, das einen penetrant dran erinnert, daß man garantiert selber so aussieht. Jede angeblich stattgefundene Sexwelle (von Aleister Crowley über Oswalt Kolle & Beate Uhse bis Dolly Buster & Lilo Wanders) konnte den klammheimlichen, frigiden, verschwiemelten Mainstream kaum auflockern und salopp durchfärben, nur punktuell garnieren. Kreisende Hüften der Love Parades scheinen befreiten Sexus immerhin zu demonstrieren, auch wenn sich's nur um Freizeit-, Wochenend- und Ausnahmezuckungen handelt.

Frauen sind bisweilen die gehobelteren Männer

# LICHTBRINGERS
HELFENDE HAND

### Wer raffiniert onaniert, rettet die Welt!
*Thesenpaket für einweihbare Lustmolche*

*These Nr. 1: Wer onaniert, muß nicht einsam sein.* – Einsamkeitsklagen basieren auf Zeiten vor Erfindung von Lupe und Mikroskop. Selbst in dünnbesiedelten Ballungszentren sind stille Kämmerlein Mangelware. Teilnehmerinnen flotter Dreier handeln jeweils oft recht ichbezogen, also vereinsamt, aber der reisweinselige Tang-Dichter Li Bo fühlte sich mit Mond und seinem Schatten im Nachtlicht wunderbar zu dritt; selbst zu weltenferner Onanie gehören mindestens zwei bis vier hochkommunikative Ansprechpartnerinnen: Hirn, Nervenkostüm, Hormonausschüttungen, Schwellkörper, Genitalium, Körper, Hände, Finger, Fingerbeeren, viele Entitäten, und nicht zuletzt – ein spaltbares Ich als Du, allerlei gesellige Störfaktoren, innere Stimmen zur Linken, zur Rechten, hinzuaddierbare TV-, Radio-, Telefonstimmen, Lauscher, Voyeure, Störenfriede.

*These Nr. 2: Onanie bleibt ökonomisch günstiger als Koitus.* – Onanie schlägt kaum auf den Geldbeutel, jedenfalls lang nicht so erheblich wie das Gesamtzubehör partnerschaftlichen Sexlebens, mit dem vollen Programm: Schnittblumen, Trinkgeld, Deodorant, Juwelen, Ringe, Aussteuer, Mitgift, Haushaltskasse, Taschenknete, Zuzahlungen, Scheidungskosten, Alimente, Rente.

*These Nr. 3: Christliche Onanie bringt wenig.* – Assoziationen und Päpste schweben über der Szenerie; irgendwer schielt verklemmt um die Ecke, sobald man schuldbewußt unter der Decke weitermacht, mürbe erhitzt und nicht ohne möglichst geränderte Augen, mit denen man dann zwischen Waschbecken und mitvibrierenden Beichtstühlen verkehrt, um beichtbare Terminologie loszulassen, worin knallrot das Wort »unkeusch« vorkommt.

*These Nr. 4: Romantische Onanie schenkt viel mehr.* – Menschenwürdiges Kulturniveau, nette Vorbereitung, viel atmosphärisches Drumherum, Rachmaninow, Classic Highlights, Candle Light Dinner vornweg, all dies führt sicher nicht in die verkehrte Richtung – Vorsicht aber: im plötzlich angeknipsten elektrischen Licht sieht das einköpfige Traumpärchen oft nicht mehr ganz so gutaussehend, vorzeigbar und romantisch aus.

*These Nr. 5: Auch esoterischer Onanie kann Ernüchterung blühn.* – Spirituelles Ambiente, Schaumbad, Duftlämpchen, Räucherstäbe, Calendula-Massageöl, Honigkerzen, alles wunderschön, meditative meditation music, sich gelöst fallenlassen, sich friedlich konzentrieren auf wunderbar erholsam anflutende Chi- und Kundalini-Ströme, abflutende, neu anflutende, hmmm, Yin und Yang, loslassen, kommen lassen, nichts forcieren – aaah! Doch der sanfte musikalische Background, auf CD-Basis, technisch höchst hochwertig, hängt praktisch auch nur wieder am Kraftwerk, an Kabelsalat und Atomstromableserinnen, fern jeder dritten Welt, via hochzivilisierter Hybris, ragt also – statt aufs halbwegs tantrische Plateau kosmischer Orgasmen zu gelangen – nicht sehr appetitanregend hinein ins eher kostspielig luxuriöse Terrain von Etat-Aufstockung, Aufrüstung, Brustvergrößerung, Penisverlängerung, Nasenverkleinerung und Fettabsaugung.

*These Nr. 6: Onanie, technologisch hochkompetent, kann gefühlskalt bleiben.* – Eterny-Vibratoren, stets einsatzbereit, drehn sich, bevor sie nicht ihren Job erledigt haben, nicht um, und schnarchen nicht inhuman los. Aber sie reden halt nicht mit einem, und gucken einen nicht an, wenn man mit ihnen spricht. Die Überfülle bereitliegender Uhse-Utensilien, Trendy-Hilfsmittel, Geschenk-Ideen à la Straps-Corsagen, Vagina-Sucker, Libido-Cremes, Flutschi-Extra-Tuben, Longtime-Afterkugeln, Penisringe, Kondom-Sets: dies alles – weiterhin runterziehbar von technizistischer Kühle – sieht weniger nach Liebeshöhle aus als nach OP oder Sadomasohölle; denn die chromblitzenden Hightech-Geräteparks, die die Wollust hyper-optimal hochpeitschen, können sehr von ihr ablenken.

*These Nr. 7: Koitus kann Onanie unterbieten.* – Alleinerziehende Singles und anderweitig Koitierende – oder um mit Rainer Maria Rilke zu reden: Liebende – rasselten teils in die Ehemühle, teils in kalte Eigentumswohnungen und Doppelhaushälften, mangels Phantasie, andere Wege zu beschreiten. Ihre Phantasietätigkeit bewegt sich zwischen den Polen: »Wen schlepp ich als nächstes ab?« Oder: »Mit wem könnt ich bald mal fremdgehn?« Beim endlich erzielten Koitus ist oft bloß – und dies im Normalfall regelmäßig! – ein einziger Sexpartner dabei, meist eine ziemlich nachteilbehaftete Not- oder Übergangslösung. Jeder reelle Sexpartner schockiert durch allzu realismustriefende Anwesenheit und kann mitten im Vollzug unehelicher und ehelicher Pflichten und halbherziger Freiwilligkeiten zum Feind in meinem Bett werden, wenn nicht gar in deinem Bett! Selbst wem's gelingt, die jämmerlichen 4 Minuten eines 0-8-15-Geschlechtsakts auf genauso dürftige 8 Minuten zu dehnen, mit silikonstrotzenden, ansonsten kaum geliebten Partnern, gelangt selten auf die stundenlangen Höhen ungestörter »süßer Onanie«, von der in einer stillen Stunde der Lyriker Gottfried Benn einmal in seiner Lyrik sprach. Seitensprünge erweitern den engen Zirkel zwar um ein kleines, aber nie genug. Erlebnissaunen und Swingerclubs nerven mit massenweise Fremdkörpern, banalen Gesichtern, Glatzen und unperfekten Figuren. Einzig bei sinnvoll befreiter Onanie lassen sich all diese Nachteile fortdenken.

*These Nr. 8: Onanie kann Koitus überbieten.* – Raffinierbare Feiertagsonanie vermag höhere Lustquanten, ja: Existenzformen zu erreichen als flache Alltagsorgasmen verpatzter Koitalaktivität! Pro Strich, Reibung, Zug, Stoß, Bewegung lassen sich liebevoll wechselnde Sexpartner imaginieren, falls Imaginationskraft vorhanden sein sollte. In einer einzigen Sitzung oder Liegekur kann theoretisch der gesamte Bekanntenkreis reihum vernascht werden, worauf bereits Goethe äußerst aufmerksam machte: »Onanie ist etwas Ideales, Koitus aber leider nur etwas Reales, und niemand verwechselt ungestraft Reales mit Idealem.« Gleichwie ausgefeilte Wollust sich derart raffiniert hochtreiben läßt, daß es bisweilen egal wird, oder auch wundersam einerlei, wer als Partner irgendwie mitmacht, bzw. ob überhaupt jemand dabei ist, wird ab einem gewissen Hitzegrad des entfesselten Glutkerns die Frage zweitrangig, ob das Ganze jetzt unter der Rubrik »Onanie« zu subsumieren sei, oder einfach unter bodenloser, vorübergehend unauslöschlicher, purer, pitschenackter, saugeiler Endlos-Wollust. Falls Sexualpimpfe sowas mitkriegen und lernfähig verinnerlichen können. Hätt' eine schöne gute Onanie-Therapeutin dem Bill Clinton behutsam beigebracht, wie man ohne charakterlich fragwürdige Praktikantinnen glücklich wird, hätte der Präsident vor der Weltöffentlichkeit viel würdevoller dastehn können.

*These Nr. 9: Onanie sollte pausenlos greifbar sein.* – Nicht nur nach Ladenschluß und an Wochenenden zwischen Tür und Angel, sondern jederzeit einsatzbereit! Onanierfreudige Geschlechtsgenossinnen schneidern sich deshalb in ihre Hosen Greiflöcher, um auch in uninteressanter Umgebung und Öffentlichkeit jederzeit unbemerkt sich selbst lieben zu können.

*These Nr. 10: Onanie für Fortgeschrittene kann auf Wixvorlagen verzichten.* – Onanisten – nein, völlig falsches Wort: Onaniefreunde haben die Chance, in ihrer Phantasietätigkeit weniger schmalspurig zu fahren als ihre koitierenden Mitmenschen. Erste befreiende Tat: sich (plötzlich oder nach und nach) abkoppeln von Videogeräten, Sexy-Sportclips, Softpornos, Grazy-Rabbit-Hardcore, alles bloß hilflose Versuche, die eigene Phantasie unentwickelt zu lassen. Statt sich zum Anhängsel offiziell präformierter, vorexerzierter Stereotypien machen zu lassen: Rückbesinnung auf eigene Werte, auch falls sich das doof anhört und auch falls diese verdächtig identisch sind mit der Bildwelt von Penthouse & Playboy sowie besagten Stereotypien. Immerhin handelt es sich bei Onanie um den einzigen Sexualakt, der etwas mit Kultur zu tun hat, weil er ganz aus der Phantasie kommt, laut Alberto Moravia.

*These Nr. 11: Die ethisch einwandfreieste Tat auf dieser Welt: weibliche Onanie.* – Beim Essen zerstört jeder Esser andere Lebensformen, z. B. Salat, um nicht zu sagen: Blutwurst, frönt also einem ethisch zutiefst anrüchigen

Vorgang, der, statt errötend, in aller Öffentlichkeit lachend zelebriert wird, siehe Dreisterne-Restaurant, wobei fröhliche Sexologie das Kauen und Schmatzen, das bei Nahrungszerkleinerung zu entstehn pflegt, den Koitalbewegungen parallelisiert und den Schluckakt dem Orgasmus. Beim beid- oder allseits freiwilligen Koitus zerstört man nichts, sondern beglückt im Idealfall ein oder mehrere Mitgeschöpfe, setzt aber – im Zeugungsfall – leider Gottes einen neuen Tod in die Welt. Einzig beim Onanieren zerstört oder besudelt oder nervt man keinen, sondern atmet und ächzt ganz und gar schattenlos auf der Glücksseite. Denn keiner wird doch wohl hoffentlich, seit Entdeckung der Protozoen, die kurze Lebensdauer ausgeschleuderter Spermien als Völkermord verrechnen wollen!? Über männlicher Onanie liegt also ein letzter Hauch Schlachtfeld und zappelnde Grausamkeit. Feminine Onanie hingegen kann nun wirklich – von der Ethik her gesehn – als die denkbar einwandfreieste Handlung dieser Erde und Welt gelten, ein zudem demoskopisch höchst verantwortlicher Akt, eine durch und durch philantrophe Glanztat, echte Zeichensetzung! Wenns keine Mikroskope gäbe oder wenn Männer das Finaldenken und sog. Abspritzen sein lassen könnten, könnt auch männliche Onanie ähnlich makellos figurieren, und Mann und Frau zögen dann herrlich am selben Strang. Von hier aus erhalten selbst so belächelte Initiativen wie »Masturbate for peace!« ihren Tiefsinn, ihre Sozialethik, ihre globale Relevanz und nicht zuletzt ihre spirituelle Bedeutung.

*These Nr. 12: Onanie kann x Weltprobleme lösen, um nicht zu sagen: fortrubbeln...* – Zuerst könnten ganze Krankheitsfelder von uns gehn, z. B. Aids-Probleme. Die Wiederkehr der alten Lustseuchen bekäme einen effektiven Knüppel zwischen die Speichen geworfen. Ganze verpönte Wirtschaftszweige könnten implodieren oder diminuieren: Prostitution, russischer Mädchenhandel, Pornoindustrie, Polizeischulen. Auch Latex- und Windelfetischismus und ähnlich entartete Künste würden sich erstaunlich erübrigen, und vorher minimieren und dezimieren. Vergewaltigungszahlen könnten eklatant zurückgehn, Gewalt in Schule, Elternhaus und Ehe ebenfalls. Wer wirklich ab und zu ein bißchen Brutalität braucht, kann zu rauhbeinigen Onaniemethoden greifen, die man im Angebot für die harten Kerne harter Schalen noch bereithalten kann, aber bitte in Maßen. Das weite Feld der Jaworte, Ehekräche, Eifersuchtsszenen, Schönheitsoperationen und älterwerdender Impotenz- und Orgasmusprobleme könnte man sich sparen: weit und breit keine irritierenden Gerüche mehr, Borsten, Brüste oder Warzen, keine Befehle, daß irgendwas zarter ablaufen oder langsamer genommen sein sollte, keine Kulturgeschichte der Mißverständnisse, kein strapaziöses Hantieren, Hickhack und Gezerre mit verrutschenden Kautschukprodukten, für die arme Gummibäume bluten mußten, auf abschlaffenden Teilmomenten, und als Zugabe: keine ungewollte Schwangerschaft, null Aids, keine von Völkermord punktuell aufgelichtete Bevölkerungsexplosion, also kein Ressourcenverbrauch, planetarer Ausverkauf, Ozonlochvergrößerung, Erdölkriege, Wasserkriege, Nuklearkriege, präventive Kriege, Tornados, Treibhauseffekte, neue Eiszeit, und beruhigenderweise kein Lustmord, kein Totschlag und kein fliegendes Geschirr! Zwar würden viele meckern, daß der Rentnerberg und Methusalem-Komplex immer dicker strotzt und erigiert, und überall nur noch rubbelnde Greise herumnerven, aber das wär halt der Preis für die planetare Rettung; da müßte man halt durch, und es würde auch nicht ewig dauern, sondern natürliche Abschlüsse zu finden wissen.

Als Zugabe zu diesen 12 Thesen jetzt schnell noch 11 brauchbare Tips für praxisorientierte Anwenderinnen:

*Tip Nr. 1: Bau als Anfänger ruhig ein wenig ›Als ob‹ ein!* – Genauer: Stimulier nicht die ganze Zeit mit Rechts, du Barbar. Wisse als gebildeter Mensch, daß man öfters mal sich mit Links lieben soll, um so sich der Illusion zu nähern, jemand Fremdes spiele mit, wodurch die Lust doch erheblich größer zu werden verspricht, dank dieser kleinen Entfremdung sich selbst gegenüber. Probier es also auch mit Links, es sei denn, Links stellt sich spürbar ungeschickter an als du. Sag dir also: Wenn schon Teamwork, dann doch bitte kompetent. Warum sollst du einen Stümper an dich ranlassen? So gut er es auch meinen mag.

*Tip Nr. 2: Ächze selten unter deinem Niveau!* – Und zwar in keiner deiner bevorstehenden Phasen! Entkleidungs-, Streichel-, Fummelphase, Rubbel-Furioso, Plateau-, Wonnetröpfchenphase, Klimax, Spasmen, liebevolles Nachspiel, Wegputzphase, Zigarette danach, postsexuelle Nachdenklichkeit – nein, keine Phasen, sondern Kulturstufen! Mißbrauch deine angeborene zelluläre Klaviatur nicht als Keyboard und Kammblaserei, sondern brilliere auf leiblichem Steinway mit virtuosen Modulationen, Bläsermischungen, Allegro furioso und Doppelgriffen.

*Tip Nr. 3: Kultiviere sowohl Kultur wie Natur!* – Und zwar je nach Wetterlage: Kulturwix nie ohne Walkman, Naturwix unter möglichst freiem Himmel. Hier wie da selbstredend keine ruppigen US-Frontalangriffe à la Dabbelyou Bush. Sei nicht sportlich, nie zielstrebig, selten lieblos. Nimm dich nicht hart ran. Schleich dich diskret von der Seite her an.

*Tip Nr. 4: Verschmäh' als Anfänger einfache Hilfsmittel nicht!* – Falls du zwecks Selbsterforschung und im Übergang von Partnerarbeit und souverän erwünschter Partnerlosigkeit noch eine Zeitlang die Illusion festhalten möchtest, weiterhin einen Partner zu haben, bevor deine entwickelte Phantasie ihn dann im besten Falle mehr als vollgültig ersetzt, stell dir ruhig bei den ersten Übungen einen Spiegel auf, und sei nicht zu faul, auch ab und zu ein »Gnothi seauton« dir zuzumurmeln. Falls du ein Mann bist: Erzeuge dir übergangsweise im Spiegel möglichst weibliche Rundungen. In einem zweiten Anlauf: Wähle kleine Spiegel, um anhand gutgewählter Teilausschnitte vergessen zu können, ob du Frau oder Mann, Hermaphrodit oder Weib bist. Wähle übergroße Spiegel, um beim Kulturwix eine geschmackvolle Wohnungseinrichtung, oder beim Naturwix allerlei botanisches Drumherum optisch und atmosphärisch einzubeziehen und ferner: um ziehende, ewig flüchtige Wolken über deinem holoistisch, zu deutsch: ganzheitlich lächelnden oder ekstatisch verzerrten Antlitz hinwegziehn sehen zu können, Ganzheit spüren, Ewigkeit fühlen. Erzeuge mit mehreren Spiegeln zurückgeworfene Sonnenflecken im Gegenlicht! Tauch raffiniert ein in Licht-Aura und pulsiere höchst hochsommerlich drin herum, überdeutlich, tiefenplastisch, geh auf in Überblendung, aber auf dunklem Grund, also doppelt so hell! Schließe die Augen und guck in die Sonne! Versinke jodelnd in roter Glut!

*Tip Nr 5: Vergiß dies und jenes!* – Vergiß die chemische Zusammensetzung deines Gleitmittels. Nenne dein Genitalium nie beim wissenschaftlichen Namen. Enttrivialisiere, entgynäkologisiere, exotisiere und mythologisiere gewisse Körperteile, erkiese sie zu Ansprechpartnern, nein zu Entitäten. Tauf sie mindestens Yoni und Lingam. Falls dein Körper bisher bloß Corpus oder Body war, erhebe ihn zum Leib, zuzüglich Astralleib. Und katapultiere diese theosophischen Wesensglieder biosophisch über dich hinaus. Vergiß die Zeit, vergiß die Welt, vergiß die Meinungen... begnüg dich nicht mit nur einem Greifloch.

*Tip Nr. 6: Such Sex nicht nur innerhalb deiner Sexualität!* – In heutiger Fungesellschaft lassen sich alle Gierschlünde abspeisen, jeweils bloß schwul, hetero, lesbisch, höchstenfalls bisexuell zu sein, transsexuell, pädophil, sodomitisch oder/und hutfetischistisch: All dies fühlt sich einseitig und fehlgeleitet an. Du aber übe dich, statt in unspendabel x Dritte ausschließender, ohnedies chimärischer Zweisamkeit, in extensiver, nein allumfassender, überfließender, überschwappender Pansexualität! Ja, sei pansexuell! Massiere grobkörnige Mineralbrocken, als ob's Handschmeichler wären. Streichel Steine, als wenn's echte Freunde wären. Zumal Yin & Yang sowieso nicht in Weib & Mann übel separiert auftreten, sondern quer durch beide hindurch ihr gut durchgeknetetes Liebesspiel treiben, unabhängig davon, ob dies Bein jetzt biologisch einer Frau gehört oder jener Damenbart einem Y-Chromosomträger. Finde Sex auch außerhalb deiner Sexualität. Finde, betreib und suche Sex überall, außer dort, wo er im Schaufenster liegt. Kultiviere ein »Weniger ist Mehr« abwechselnd mit einem »Noch mehr kann noch mehr sein!«

*Tip Nr. 7: Laß dir pausenlos Weiterführendes einfallen!* – Gleichwie Gott überall sich aufhält, außer in der Kirche, so beglücke dich überall, außer im Bett. Begib dich auf höchste Hochstände im Hochwald. Laß ja nicht – das wär spirituell unverzeihlich! – einen Wulstring aus Jeans, Shorts, Leggings, Großraum- und Beutelhosen, Büßerhemdchen, Slips, Einlagen und Tangas in den Kniekehlen hängen! Sei nackter als Sternthaler in der Sternennacht, hüllenloser als jede Nacktschnecke! Schwebe naturverbundener und endorphinüberströmter als jede Trimm-dich-Läuferin durch die Natur. Riech nebenbei an Blumen. Beglücke dich nicht nur im Wasserfall, sondern beglücke nicht nur Türken und Inder, sondern vor allem auch den Wasserfall!

*Tip Nr. 8: Beziehe Fremdkörper liebevoll ein!* – Gleichwie landläufiger Geschlechtsverkehr pausenlos mit Störfaktoren kämpft, so können auch bei sprituell erleuchteter Meister-Onanie naturtypische Paradoxa und Irritationen auffällig werden: Kulturwix in geschlossenen Räumen behindert liebevolles Dahinschmelzen am Busen von Mutti Natur; kein neuheidnischer Windgeist streicht über deine schauderfreudige Haut. Aber wenn man im Naturwix die Augen aufläßt, um anschleichende Voyeure rechtzeitig wahrzunehmen, stellt sich Ekstase oft nicht so recht ein. Doch falls man ein geschütztes Naturfleckchen hat, das voyeurfrei solche Überwachung nicht braucht, kommen statt dessen – und sowieso – Mücke oder Rinderbremse vorbei. Falls du bei völliger Nacktheit Schuhe, Strümpfe oder Brillen anbehältst, könnten sie sich als klumpenhaft lustfeindliche Fremdkörper erweisen, pantheismushinderlich; doch wenn du alles abstreifst, um dann wirklich restlos in Mutti Natur aufzugehn, trittst du vielleicht auf Steinchen, die dann erst recht als Pantheismushemmklötze zu Buche schlagen... da hilft einfach nur wackeres Weiterüben, heilige Selbsterkenntnis vor Augen, für wunderbar Fortgeschrittene.

*Tip Nr. 9: Bau absichtlich Fremdkörper ein!* – Sieh das einfach positiv. Trink viel, um zwischendurch oft austreten zu müssen. Tritt zwischendurch oft aus, um ständig wieder bei Null anfangen zu können und die Weisheit, daß der Weg das Ziel sei, mehrfach zu genießen. Die bereits halb aufgestiegene Kundalini freut sich aufs Runter und nochmal Hoch, halb hoch und noch weiter hoch. Wer vorher abstürzt und seitlich aus dem Rennen kippt, hat nicht genug geübt. Und achte drauf, daß dir in deiner pansexuellen Hingabe nicht der halbe Sexus flötengeht, wie in einer FKK-Kolonie, die sich nie wieder anziehn dürfte, fast jeder Eros prompt abstirbt. Bau also in deinen Pantheismus und Daoismus kleine Irritationselemente ein, einen Schluck Christentum, damit du nicht dein Sensorium für verbotene Reize abstumpfst, einverstanden? Wirst du das packen? Die Menschheit bittet darum.

*Tip Nr. 10: Sei Menschheit, sei nicht immer nur du!* – Imaginiere dir eine Wampe, die dazwischenquellend fast dein Weitermachen erschwert. Laß auch ruhig zwischendurch mal deine errungene Kulturstufe fahren, um die Anbindung an werktätige Bevölkerung nicht allzu dauerhaft zu verleugnen, und wixe schwitzend und rülpsend drauflos als widerlichster aller LKW-Fahrer! Schreite alle Stufen der Schöpfung aus! Drück dann wieder den Knopf: »Weltweiser Oberguru«! Halte deinen Phallos als eine Art Absolutum in die brasilianische Sonne! Mach's dir auf mexikanisch, dann auf türkisch, mit Wassermelone, feiertags: mit Honigmelone. Dekliniere alle Völker durch, auf der kaum noch eigenen, eher transpersonal definierbaren, nein: wunderbar undefinierbaren Klaviatur. Erforsch dich als ungeübter Pubertant und streb' in derselben Sequenz deinem ausgedienten Geschlabber als Tattergreis letzte nachjapsende Nostalgiejuchzer zu entmelken. Biege dein austauschbares Gesicht in den Schatten, huldige Sonnengott Helios. Strecke und zerdehne eine rauschhafte Minute, zur Not mit Rauschdroge, auf Jahrhunderte.

*Tip Nr. 11: Bereu hinterher nichts!* – Denn hinterher ist nichts vorbei. Keinerlei schopenhauergeschädigte Ernüchterung stellt sich ein. Lamentier und blöke keinesfalls: »Außer Spesen nichts gewesen!« Ruf nie wie anno dazumal Herbert Müller: »It was nothing!« Alles war keinesfalls nothing. Falls alles nichts war, hast du irgendwas falsch gemacht oder irgendwas nicht mitgekriegt, am Kern der Sache plump vorbeigeschrubbt. Schließ die Augen und lausch' auf den Nachhall deines Nervengewitters, wie lang er anhält, und auf den Funkenregen aus Mini-Echos und Flashbacks, die köstlicher flackern als die Durchschnittsorgasmen vergleichsweise arg uneingeweihter Seminarteilnehmer.

## Über den richtigen Umgang mit Affen

Lieber Eberhard! Heute sage ich dir alles, was du über Affen wissen mußt, wenn du einen hast. Die Brüllaffen, Schimpansen und die Paviane sind am lustigsten und schlausten. Der Zoo hat immer am meisten Affen, und der Zirkus auch. Nur der Krone Zoo der größte der Welt hat nur drei Schimpansen. Man kann aber nur einen Affen haben, wenn man was von Spaß versteht. Wenn man

sie haut, tritt, boxt, zwickt, kneift oder zankt, werden sie leicht krank. Man kann ihnen ruhig einen Klaps geben, wenn sie nicht gehorchen. Aber nicht fest. Du mußt ihm jeden Tag zweimal täglich essen geben. Zuerst früh's Obst. Und nachmittags Zucker, Plätzchen alle süßen Sachen die ich dir gesagt hatte, nur kein Marzipan. Du hast nun den Brüllaffen Miko. Er ist sehr verspielt, und du mußt viel Spaß mit ihm machen. Er stiftet viel an. Du kannst ihn gut gebrauchen wenn du in Gefahr bist. Er wird bestimmt immer gelobt von dir. Miko ist der beste Affe, aber er spielt viel Streiche. Und wenn Miko nicht gestorben ist, lebt er noch heute.
(*Brief an Eberhard Holbein, 1961*)

## Über den richtigen Umgang mit Arbeitern

An Seine Merkwürden, den lobenshardten Eberwerth! – Anläßlich Deines technischen Henschelpraktikums kann ich einen kleinen als aufmunternd schulternklopfenden Tip gedachten Leitfaden für den Umgang mit Arbeitern und Verwandtem Dir zu verfassen keineswegs umhin. Wisse: Ich weiß wohl um die Beklommenheit, mit welcher ausgerüstet Du und kein anderer Deinen ersten Schritt über die Schwelle der Lehrlingswerkstatt tun wirst – oh, ich kenne es, dieses Gefühl! Zugestandenermaßen liegen diverse Klüfte zwischen der Dich signifizierenden Eminenz und der werktätigen Bevölkerung – nun gut, Arbeiter sind keine Kammermusikanten! –, um Fühlerkontakte über besagte Klüfte hinweg kommst Du aber keineswegs umhin, so keinesegs wie ich, denn wenn ich umhin bzw. drumherumgekommen wäre, könnte ich mich in diesem ✉ nicht als enormer Ratschläger aufspielen und Dir sogleich folgende Tips geben. Nun gut, zugestanden – ich habe gewisse Lebenserfahrungen, ich genoß Einblicke in Handwerkerseelen – zu meinem näheren Bekanntenkreis zählen u. a. österreichische Schuster, ehrstenische Bauern (Werner), der dicke Karle (von der Gärtnerei, wo ich mal gearbeitet hab), weiterhin – um nur einige zu nennen – der Waller (Schlachter), der Matzge, der Schorche sowie der Henner usw. Derartige Bekannt-, ja, Freundschaften und meine aus ihnen resultierenden Erfahrungswerte berechtigen mich, nunmehr unverzüglich zu den wohlgemeinten, aber ernstzunehmenden Ratschlägen und Hinweisen überzugehen.

*Also Erstens.)* Du mußt schon *vor* dem fatalen Termin einige Vorbereitungen treffen! Lege Dir zuerst ein elementares Sammelsurium, dessen Volumen – das versteht sich von selbst! – perpetuierlich expansieren sollte, von deftigen Männerwitzen und allerhand Obszönitäten an! Achte dabei ausdrücklich darauf, daß der Schwierigkeitsgrad dieser Witze *unter* dem Unanständigkeitsgrad liegt! Setze Dich bitte eventuell mit Jojo, Deinem Vater, einmal zusammen! Entwickel nach Möglichkeit Sammelwut! Sowieso mußt Du damit rechnen, egal, ob Du unter Lehrlinge oder Vorarbeiter gerätst – wie soll ich mich ausdrrücken? –, daß Du dem allgemeinverbindlichen Initiationsritus unterzoge wirst (Schwanzmessen). Laß Dich aber durch solche Bräuche nicht verwirrren; ich bin absolut sicher: Du gerätst *nicht* auf die schiefe Bahn! Du mußt wissen: Da ich auch in das subtil-sublime Seelengefüge Deines Inneren Einblick nahm – meine Menschenkenntnis befähigt mich hierzu –, kann ich jetzt schon garantieren: So labil bist Du nicht, daß Dich genannte Praktiken aus der Bahn zu werfen imstande wären.

*Tip Nr. 2.)* Stärke vor Deinem Eintritt in die Arbeitswelt mindestens einen Deiner Extremitäten, vorzüglich den rechten Bizeps, damit Du bei Kraft- und Mutproben (wie da sind: Armdrücken, Fingerhakeln etc.) wenn schon nicht Anerkennung, so doch positive Aufmerksamkeit erringst!

*Tip Nr. 3.)* Lasse die Brille daheim oder kratze, wenn das aus Gesundheitsgründen nicht ratsam ist, mindestens das Gold ab! Brille riecht nach bleichem Theoretentum, nach edel-sensiblem Ästhetizismus, Gold nach Aristokratie, elitärem Protzertum, das nicht wenig Proleten nicht riechen können.

*Tip Nr. 4.)* Ziere Dich nicht, wenn die Buddel rumgeht, und nimm nicht zu kleine Schlucke, sonst lachen alle!

*Tip Nr. 5.)* Negiere, ja widerrufe Deinen Hang zum goldenen Schweigen; dafür hat man im Betrieb keinen Sinn! Rede aber ooch keenen Stuß, d. h. verwende weder die Hoch-, Blumen- noch die Fachsprache, beschränke Dich – soweit es geht – auf weltliche Themenkreise! Doch auch hier ist Vorsicht geboten: Spiele nicht den Outsider! Verwirr Deine Kollgen nicht mit kühnen Hypothesen und überraschenden Aussagen! An Deiner Stelle würde ich auf etwaige Bekehrungsversuche zu den schönen Künsten grundsätzlich verzichten, so zauberhaft sich gewisse Obeoenkonzerte von Cimarosa auch anhören. Nicht alle Ohren können geöffnet werden, Deine aber rate ich Dir während der Arbeitsschicht zu schließen: Maschinenlärm raubt Gehörzellen!

Ach Eberhard, Du befindest Du Dich, Du, der Du die Natur *sooo* liebst, viele Stunden am Tag in der mißlichsten Umwelt, zwischen Metall und Bolzen und Rädern, statt Wasserfall hörst Du Stampfen, Hämmern, Scheppern und Rammeln, das Dir (vorauszusehen) zur täglichen Pein gereichen wird, statt Blumenduft und Harz riechst Du Öl und Achselhöhle und statt Steine, Heuschrecken und Lepidopteren sammelst Du sauige Witze, ach Eberhard, armer Mann!

*Tip Nr. 6.* Lasse Dich auf keinerlei Händel oder Zwiste ein, das gibt nur böses Blut! Nimm Dir fernerhin die Ruppigkeiten im Umgangston nicht allzusehr zu Herzen! Gräme Dich nicht, wenn Dich der Boß mit Rüffeln versieht, strapazier zwar mal zwischendurch Dein empfindsames Gemüt, bewahr es Dir aber im Ganzen: das rate ich Dir!

Tja Eberhard, jetzt beginnen die Winde zu stürmen – auf der Lebensbahn, auf Deiner dazu! Und wenn alle Stricke reißen sollten, was sie übrigens nicht tun werden, sage Dir: Das Leben geht weiter! In 100 Jahren ist spätestens alles vorbei! Natürlich will ich gerne Dein Kummerkasten sein und auf Anfrage gezielt mit neuen Tips aufwarten. Schreibe nur Deinem Uli!

(*Brief aus Darmstadt an Eberhard Holbein, Mai 1973*)


## Jeder sollte anders heißen dürfen!
*Plädoyer für Namensfreiheit*

*Umbenennung verboten:* – In achtzig Jahren ändert sich an jedem Namensträger alles, Outfit, Gesicht, Gewicht, Bezahnung, Haardichte, sogar Zellstruktur – des Menschen Name aber aber thront unwandelbar in wechselnden Reisepässen, als Fels im Geröll. Jeder Müller darf reisen und glauben, Meinungen frei äußern und ändern, eingeklemmt zwischen Reise- und Glaubensfreiheit, und anderen Freiheiten. Jeder darf Beruf, Wäsche, Partner und Partei frei wählen und wechseln, sogar seine

Nase korrigieren lassen, falls er an ihr leidet, oder sein Geschlecht, falls er sich in ihm nicht mehr so recht zu Hause fühlt. Gefällt mir aber mein Name nicht mehr, muß ich ihn behalten. Meerschweinchen und Wellensittich darf ich taufen und umtaufen, wie ich will, nur mich selber nicht! Das Recht auf Namensfreiheit wird vom Gesetzgeber unbeugsam verwehrt, auch im Zeitalter der Korrekturtaste. Wer seinen Namen ohne behördliche Genehmigung ändert, macht sich strafbar.

Mein Vorname hat, obwohl ich mündig bin, dem Geschmack meiner Eltern lebenslänglich zu gehorchen; mein Nachname pocht täglich auf Blutsbanden, die ich umsonst überwinde – das unterwühlt die Idee freier Selbstregulierung, obwohl ich in einer offenen Gesellschaft lebe, mitten im stellenweise weitgehend aufgeklärten Mitteleuropa! Mein subjektives Gefühl, mich dann und wann ändern zu können, wird mit Füßen getreten, von meinem Namen!

Jeder Mensch hat das Recht, das Erbe, das ihm zusteht, auszuschlagen. Sogar Tätowierungen lassen sich fast restlos entfernen. Wunden, die Namen ihren Trägern schlagen, sind inoperabel. Leidtragende werden von ihren Therapeuten gesagt bekommen, die Symptome kämen ganz woanders her, der Name sei bloß Vorwand. Manch Vaterkomplex könnte entfallen, wenn die junge Generation anders heißen dürfte als die alte. Blöde Zufallsaufkleber soll ich weiterschleppen bis zur Gruft – unrehabilitierbar: Grabstein und Wirkungsgeschichte zementieren das Debakel!

*Antrag auf Namensänderung:* – Wer beim Ordnungsamt einen Antrag auf Namensänderung stellt, muß zwingende Gründe anführen. Wer als Vegetarier nicht länger Fleischmann, Zugwurst oder Metzger heißen mag, be-

*Jeder sollte anders heißen dürfen!* 187

kommt bei seinen rechtlichen Schritten Probleme. »Plötzlich und unerwartet entschlief meine geliebte Frau, unsere gute Mutter, Schwiegermutter, Oma und Tante Frieda Schweinebraten im Alter von 67 Jahren.« Wer bloß ästhetisch-phonetische Gründe vorbringt, wird's noch schwerer haben. Selbst Leute namens Bauernfeind, Gumpelmayr, Hasskerl, Penner, Pleitgen, Schwätzer, Krieg, Matz und Motz können einer Antragsbewilligung nicht siegesgewiß entgegensehn. Wer sein Dippel oder Müller, jahrhundertelang bewährte Namen, loswerden will, dessen Antrag wird kostenpflichtig abgelehnt. Herr Müller zahlt dann 70 % der entstandenen Kosten für Aktenvermerke der Sachbearbeiter, Amtsmänner und Oberinspektoren, plus Schreibkraft, und heißt weiterhin Herr Müller.

Wer nicht geradezu Geilfuß oder Ficker heißt, hat keine Chance; Figge und Knappsack sind noch nicht unvorteilhaft genug, zumal jede Menge Ministerpräsidenten, Publizisten und Maler ganz problemlos Ferdinand Hodler, Manfred Sack und Hans Eichel heißen. Herr Fresser wollte eine Gaststätte eröffnen, durfte aber nicht einen neuen, besser passenden Namen wählen, sondern bloß einen Buchstaben ändern und hierfür 300.– € zahlen, zuzüglich 245,71 € für den geschäftlichen Vorteil, den er draus ziehen wird, nun »Herr Freser« zu heißen. Der transsexuelle Walter darf, statt Nicole oder Anne, bloß Waltraud heißen. Wenn Dr. Henker aus den Ferien als Dr. Henkel zurückkehrt, sieht er kaum erlöster aus.

Pseudonyme führen kaum weiter. Der Antragsteller muß nachweisen, daß der Künstlername, den er tragen will, irgendwo gedruckt steht. Nicht jeder, der nicht länger Müller heißen will, kann deshalb gleich Künstler werden. Müller bleibt auch bei legitimierten Pseudonymträgern eingeklammert im Paß stehn. Namensänderung macht für mich nur dann Sinn, wenn keiner rausfinden kann, wie ich in abgestreiften Frühphasen hieß. Philipp Mainländer erschoß sich, als sein Buchtitel »Philosophie der Erlösung« erschien, und hieß vorher Philipp Batz.

*Zeitalter der Bindestrich-Mädchen:* – Die jahrhundertelange weibliche Hoffnung, als Nebeneffekt ihrer Heirat ungeliebte Mädchenamen loszuwerden, scheiterte oft an Herrn Klöterjahn, der Gabriele Eckhof seinen Klöterjahn überstülpte, wie Saddam neueroberten Provinzen seinen Saddam. Sobald gesetzliche Grundlagen gelockert wurden, landete man in anderen Sackgassen:

1.) Kaum durften Frauen Doppelnamen tragen, seit 1957, schon mokierten sich Medien über die »Binde-Strichmädchen«. Gewöhnungseffekt half über Zufallsprodukte und Witznamen à la Schmalz-Jacobsen oder Krone-Schmalz hinweg, Sabine Leutheusser-Schnarrenberger, Frau Kräupl-Mohammed, Frau Dr. Margret Funke-Schmitt-Rink (FDP). Die Asia-Food-Verkäuferin Yang-Soon Dieckmeyer-Kang ist seit 13 Jahren verheiratet. Renate Damm votierte – in ihrer Eröffnungsrede zur Jubiläumsveranstaltung des Deutschen Juristinnenverbands 1989 in Düsseldorf – umsonst gegen die Weiterverwendung von Doppelnamen, ohne bei dieser Gelegenheit auch gegen einen gynäkologisch-skatologisch anrüchigen Namen wie Damm zu votieren.

2.) Kaum könnten niederdrückende Namen ausgemendelt werden, seit 1976, also seit Arno Schmidt dank Heirat »Arno Murawski« hätte heißen dürfen, vermehren sich unabsehbar Schwarz-Schilling, Scholl-Latour, Reich-Ranicki, Mendelssohn-Bartholdy und andere Binde-Strichjungs. Überstülp-Probleme werden hierbei nur verlagert, statt gelöst, zudem angehende Ehen neuer

Streitquellen ausgeliefert, und alles nur, um bescheuerte Identität zu behalten.

3.) Kaum durften Heiratende, seit 1991, Geburtsnamen behalten, bekamen viele Bräutigame das Gefühl, ihre Braut würde sich nicht richtig zu ihm bekennen, so als ziele bereits jetzt der separate Name auf Trennung ab – haben wir überhaupt vollgültig geheiratet? Statt daß beide Teile aufblühn am jeweils neuen Namen, trägt man altvertrauten Doppelquark ungeteilt weiter. Vor allem: Wie soll unser kleiner Simon mit Nachnamen heißen? Zappelmann oder Frint? Zermürbende Frage führten zu Scheidungen. Wo Eltern zusammenbleiben, entscheidet laut Gesetz das Los – Parodie auf elterliche Tauf-Willkür! Man trieb Ungereimtheiten im Namengeben auf zusätzliche Spitzen. Nomen soll weiterhin Omen bleiben.

*Spätfolgen verfrühter Kindstaufen*: – Nicht jeder, dem Unworte wie Ute, Udo oder Uwe die Kindheit vergällten, gönnte der nächsten Generation Spielraum, indem er drei, vier Vornamen in die Geburtsurkunde eintragen ließ, Maria, Bianca, Manon, Patrizia, selten genau den Namen, den Maria gern getragen hätte. Eltern, die sechs lange, fast rubriksprengende Vornamen eintragen lassen wollten, durften nur drei bis vier eintragen.

»Das Geschlecht der Namensträger muß am Vornamen eindeutig erkennbar sein.« Eltern, die ihr Kind Bernhard Markus Antoinette nennen wollen, haben das Antoinette fallenzulassen. George Eliot, George Sand, Keto von Waberer, R. Maria Rilke und Evelyn Waugh, der 1928 Evelyn Gardner heiratete, würden heut anders heißen müssen.

»Man sollte immer bedenken, daß die Träger ausgefallener Namen darunter zu leiden haben, und zwar während eines ganzen Lebens«, steht im Anhang von Familienstammbüchern. Standesämter und Gerichte schlagen kreativ abweichende Namen zurück; Zeitungen mokieren sich über innovative oder humorvolle Eltern. Kinder, die antiquiert Kunigunde, Erna, Konrad heißen, oder utopisch Gladriel, Orgon, Atréju, werden bedauert. Kinder, die Sandra, Stefanie, Christian, Gabriel, Patrick heißen, werden verwechselt. Um Zulassung des Namens Sue-Feleceta mußte eine entschlossene Mutter fünf Jahre lang gerichtlich kämpfen. Pumukl wurde – seltsam – sofort anerkannt. Möve als dritter Vorname für ein Mädchen wurde abgelehnt; der Richter bekam bei »Möve« unangenehme Assoziationen. Doppelmoral! Möve wird während eines ganzen Lebens leiden müssen, aber die Leiden Helmut Müllers werden nicht anerkannt! Winnetou, den das Landesgericht Darmstadt 1987 freigab, muß jedes weitere Mal neu beantragt und kann jedes Mal neu abgelehnt werden – archaisches Rudiment unfreier Zeiten!

*Kulturgeschichte des Umtaufens:* – Birmesen, alias Burmanesen, denen ihr Name nicht mehr zusagt, schicken einen Boten von Haus zu Haus, ganz problemlos, mit vielen Teepäckchen: »Ich komme von Maung Shwe Pyin (Herr Goldener Dummkopf). Ab heute 12 Uhr heißt er nicht mehr so. Sondern wenn Sie ihn einladen, dann nennen Sie ihn bitte Maung Hkyaw Hpe (Herr Berühmter Vater). Und trinken Sie gütigst diesen Tee.« Eltern in China dürfen die Personennamen für ihre Kinder frei erfinden, Eltern in Europa haben weiterhin an unelastischen Grenzen zu leiden – und das trotz aller Grenzöffnungen! Selbst in Europa, im mittelalterlichen Namensrecht, gab's bereits größere Freiheiten. Ungenaues Hinhören plus Unbürokratie führte damals zum Variantenboom bis dahin bestehender Namen. Heute wird die Spontanzeugung neuer Namen penibel verhindert. Wiedertäufer und Baptisten entwickelten schöne sinnreiche Ansichten: Nicht das Neugeborene, erst der Erwachsene kann und soll entscheiden, was für Namen er tragen möchte. Auf Bali erhalten Kinder erst am 105. Tag den Namen. Vorher gehören sie den Göttern und sind namenlos. Hierzulande aber wird völlig verfrüht ein Baby unwiderruflich auf den Namen Berenice getauft, und hinterher stellt sich dann heraus, daß es eigentlich hätte Nicole heißen müssen. Viele Europäer wandern nur deshalb in die USA aus, weil dort beim Ändern mitgebrachter Namen no problems gemacht werden. Umgetaufte Kongolesen fallen, wenn sie nochmal bei ihrem alten Namen gerufen werden, gelähmt zu Boden. In Birma – alias Burma – werden Kinder nach dem Wochentag ihrer Geburt benannt, wobei jeder Wochentag dem Kind ein festgelegtes Temperament zuordnet: Sonntagskinder sind immer leicht entflammbar und somit schon im Telefonbuch als Streithähne a priori und ausnahmslos erkennbar.

*Kurze und lange Namen:* – Ludwig wurde im norddeutschen Gegenwind zu Lutz, wenn nicht gar zu Utz. Kaum hörte die ältere Generation auf, Fritz, Heinz, Karl und Hans zu heißen, schon heißt man Peer, Sven, Sten, Mark, Max, Mike, Tim – als ob das anders klänge als Gerd, Gert, Kurt, Knut, Bernd, Sepp, Schorsch. Auch wenn Jim, Jörg, Björn, Urs, Uwe beim Signieren pro Leben zwei Tage Lebenszeit sparen – einsilbige Namen haben sowas Brutales an sich. Kurznamen stechen abrupt zu! Wie kann man nur Kunz heißen, und Jauch, Dall, Horx, Pöhl, Seibt, Rumpf, Walch, Gauck, Schalck, Rust, Moog, Glotz, Black! Ulf, Delf, Dirk aus Bonn, Rom, Ulm kann man sich nicht so auf der Zunge zergehen lassen wie Johann Wilhelm Gottfried oder Johann Heinrich Melchior.

Mädchennamen klingen viel weniger offensiv, fast nie monosyllabisch, außer bei Ruth und Babs. Klassiker und Humanisten treten stets zweisilbig auf, human ausgewogen: Goethe, Schiller, Lessing, Wieland, Herder, Humboldt, Klopstock, Körner, Bürger. Heutige Autoren dagegen – Ausnahmen abgerechnet – heißen bevorzugt Grass, Böll, Lenz, Jens, Kroetz, Köpf, Goetz, Rühm, Muschg, Hahn, Frisch, Drach, Lentz, Dorst, Paz, Strauß, Späth, Stamm, also fast schon wie Politiker: Kohl, Blüm, Rau, Brandt, Bush, Krenz, Deng, Bosch, Flick, Krupp, Späth. Postleitzahlen werden länger, Namen kürzer. Merkt keiner, was einsilbige Namen aus einem machen? Effektivität! Definierbarkeit! Hans Küng! Lutz Kroth! Max Ernst! Ror Wolf! Zugeschnitten! Rationalisiert! Ruppig ausstoßbar! Klaus Mann! Karl Dall! Karl Marx! Karl May! Karl Kraus! Karl Dorn! Karl Barth! Carl Bosch! Carl Barks! Franz Alt! Frans Hals! Krieg! Pol Pot – zwei Stiche ins Herz der Menschheit! Die Soldaten im Großen Nordischen Krieg (1770-1815) bekamen, um effektiver aufgerufen zu werden, einsilbige Namen zugeteilt: Skott (Schuß), oder: Svärd (Schwert)! Pihl (Pfeil)! Stark (Stark)! Alles Beckettfiguren: Hamm und Clov, statt Hamlet und Closter. Apriori verkrüppelt seid's ihr und sollt ihr werden! Günter Eichs Nachname: Kümmerform des behaglichen Nachnamens von Joseph von Eichendorff. Dürr, Benn und Beck, das sind Datei-Kürzel von Beckmann, Benjamin und Dürrenmatt. Madagaskar wurde von 1787 bis 1810 regiert von Andrianampoinimerina.

*Vom Terror des Taufens:* – Goethe beugte sich über die Wiege seines Enkels: »Alma soll sie heißen«, und schon hieß Alma Alma; widerspruchslos standen Vater und Mutter daneben. Arglose Kindstäufer ahnen selten, daß sie oft einfach nur mit Spitznamen um sich werfen. Das gipfelt in welthistorischer Namenspolitik: Eltern in Tibet und Kurdistan zwingt man, keine kurdischen und tibetanischen Namen zu geben! Sog. Juden dürfen seit 1841 jeden christlichen Vornamen tragen, nicht aber Christian, Christoph und Peter. Deutsche dürfen nicht Jesus heißen, Spanier hingegen durchaus, Karel Gott sogar Gott, Thomas Gottschalk sogar Gottschalk. Eroberte Völker, die nur einteilige Namen kannten, zwang man, zweiteilige Namen zu tragen. Albträume jedes Menschenwurms: in ungelüfteten Amtsstuben des 18. Jahrhunderts zu stehn, in Warteschlangen namenloser Hungerleider, und von feixenden Uniformträgern Namen kaufen zu müssen, Kleingeld hervorfingernd, um ab sofort Blech und Tröpfelmacher zu heißen, und Nachtlicht, Wurst, Mosesblut, über Jüdel, ja Treppengeländer und Niedergesäß, bis hin zu Afterduft, Kanalgeruch, Trompetenschleim und Stinker, derweilen nebenan betuchtere Opfer Goldsäcke auf die Tische hieven und lachend als Monseigneur Schönberg und Feinstein hervorstolzieren, und Goldschmitt und Reich. Erst organisierte Massenumtaufe, dann Genozid. Ab 1.1.1939 mußten alle männlichen Juden ohne ausgeprägt jüdischen Vornamen in ihre Papiere den Einheitsvornamen Israel eintragen lassen, alle weiblichen den Einheitsvornamen Sara. Immer wieder diese Parallelen zwischen Deutschem Reich und BRD! Nach wie vor müssen prozentual erhebliche Teile der Bevölkerung Einheitsnamen tragen! Instanzen, die die Notausgänge verstellen, heißen vielfach selber schon Müller! Hitlers oberster Leibwächter hieß Rattenhuber. Vorsicht: Wer heut noch Mendel und Marholz heißt, und Knorr, kann morgen schon Müller und Meier heißen, und Schmidt.

dpa-Meldung vom 29.10.93: »Ein hoher Beamter des

Informationsministeriums in Phnom Penh sagte am Freitag, die Behörden seien auf der Suche nach einem Polizeioffizier, der im Verdacht stehe, den deutschen UN-Soldaten vor gut zwei Wochen von einem Motorrad aus mit mehreren Schüssen getötet zu haben. Der Mann, dessen Name mit Kong Bumyatha angegeben wurde, sei auf der Flucht.« Der bedauernswerte Täter! Wessen Name mit Kong Bumyatha angegeben wird, der kann halt nicht anders, der muß einfach ab und zu UN-Soldaten ermorden. Vorsicht, IG-Metall-Chef Zwickel heißt Zwickel!

Dramatiker und Romanciers, die aus der Wirklichkeit lernen und gesenkten Hauptes ihren Figuren menschenwürdige Namen geben könnten, sind selten bereit, die aggressive Phantasie etwas zu drosseln, James Joyce außerstande, Mrs. Kennefick etwas unauffälliger zu benamsen, Franz Ottokar Mürbekapsel unfähig, von Helmut Heißenbüttel einen glaubwürdigeren Namen zu erbitten. Romanfiguren namens Heißenbüttel würden konstruiert klingen. Nirgendwo eine gewaltsam benannte Figur, von Hackensack über Mindernickel bis Abschaffel, die sich nicht im New Yorker Telefonbuch wiederfände. Fantasie und Wirklichkeit sind aus demselben fragwürdigen Holz geschnitzt; hier wie da schlagen Namen, die ihre genetische Herkunft aus Spitz- und Schimpfname nicht verleugnen können, ihren Trägern ins Gesicht. Bei Platon, der zunächst Aristokles hieß, findet sich die sadistische Theorie, und zwar im »Kratylos«, jeder trüge genau den Namen, der ihm gebühre: »Welcher Name gebührt dem Sokrates?« – »Sokrates.« O, Kong Bumyatha und Helmut Müller, lest Platon!

*Von der Sehnsucht, anders zu heißen*: – Durch alle Zeiten, Länder, Milieus, Berufe zieht sich die Sehnsucht, anders zu heißen. Zimbabwe, Chemnitz und Istanbul hießen vorher Rhodesien, Karl-Marx-Stadt und Konstantinopel, und davor Byzanz und Chemnitz – wenn die Erde bebt, haben Schildermaler zu tun! BRD hieß vorher stellenweise DDR. Sinti und Roma hießen vorher Zigeuner, Innuit vorher Eskimos, Muslime vorher Moslems, vorher: Mohammedaner, vorher: Muselmanen. Farbige hießen vorher Schwarze, vorher Neger, davor Mohren, Reinigungspersonal vorher Putzfrauen. Ethnien hießen vorher Rassen. Lenin, Stalin, Gorki hießen vorher Uljanow, Dschugaschwili, Perchkow. Die Ernst-Bloch-Straße in Tübingen hieß bis 1977 »Im Schwanzer«. Dr. Allwissend hieß mit bürgerlichem Namen Krebs. Perry-Rhodan-Autor Clark Darlton hieß vorher Walter Ernsting; vermutlich heißt Perry Rhodan seinerseits privat viel biederer. Sexguru Osho hieß vorher Bhagwan und davor Rajneesh Chandra Mohan. Selbst der Philosoph Günther Anders hieß vorher anders: Günther Stern. Der Komponist Karl Amadeus Hartmann hieß vorher Karl Hartmann. Die Romanfigur Harry von Duckwitz hieß vorher wie der Romanautor Joseph von Westphalen, und wer weiß, wie der vorher hieß. Die Sehnsucht, anders zu heißen, eint Popsänger und Päpste, Yogis und Schwerverbrecher von Lederstrumpf bis Loriot, von Friedrich von Hardenberg und Hussein Al-Tikriti, die sich Novalis und Saddam Hussein nannten. Muhammad Ali, der vorher Cassius Clay hieß, ähnelt Geert Geerts, der hinterher Erasmus von Rotterdam hieß. Hier verlischt der Geschlechterkampf: Olympias, die Mutter von Alexander dem Großen, hieß vorher Myrtale.

Altes und Neues Testament gehn Hand in Hand: Abraham hieß vorher Abram, Simon hieß hinterher Kephas. Alte Namen fallen als Schlangenhaut fort, neue Namen schenken Neugeburt: Der Heilige Christophorus hieß vorher Reprobus, Bonifatius hieß vorher Winfrid. Sobald er Clemens heißen durfte, begann Morhold ein neues Leben. Abraham a Sancta Clara atmete auf, sobald er nicht mehr Johann Ulrich Megerle heißen mußte. Vierschrötiges Lutherdeutsch ließ sich aufhellen, durch leicht latinisierte Namen – aus Peter Schade mach Petrus Mosellanus. Schultze, Schwarzerd und Müller verschönerten sich zu Prätorius, Melanchthon und Molitor. Schmidt durfte – Fabricius, Krämer – Mercator heißen! Weiß durfte Albinus heißen, oder gar Candidus; nicht umsonst heißt diese Zeit deutscher Frühhumanismus.

In unfreieren Zeiten rütteln dann die Leute mit hilflosen Minimal-Basteleien an den Ketten gesetzlichen Namenszwangs, ohne sie zu lockern: Gerhart Hauptmann, der zunächst Gerhard Hauptmann hieß, begnügte sich beim Selbstumtaufen, einen einzigen Buchstaben zu verhärten, um Identität zu finden. Sigismund Freud kam erst als Sigmund Freud zu seiner Ich-Theorie.

Die Sehnsucht, passender zu heißen, schöner und anders, tut sich überall hervor, indirekt und geknebelt, in der Flucht in Kosenamen, abseits vom Personalausweis, da wimmelt's von Schnup und Mupfel, Schnudel und Godelchen, Ebi statt Eberhard, Molly statt Maria, Hörby statt Herbert. Auch greifen taufende Eltern zu immer klangvolleren Namen... 1960 zu Soraya und Angélique... 2008 zu Kevin, Desirée und Jessamin. Da Nachnamen nicht Schritt halten dürfen, wird die Kluft zwischen Vorn und Hinten größer: Kentaurische Bildungen à la Lioba Happel oder Marcel Pott grassieren. Als Paradebeispiel – seltsam leuchtend – schreiten Rainer Candidus Barzel, Axel Cäsar Springer und Hans Magnus Enzensberger voran. U. Holbeins und H. Müllers Urgroßmütter hießen Eleonora Holbein geb. Kieb und Apollonia Müller. Deutsche Standesämter verzeichnen –

seit Anfang 1990 – steile Anstiege betont deutscher Kindstaufen; doch Resultate namens Liese Happel und Martin Pott klingen wiederum gar zu homogen.

*Im Ozean der Namensvettern:* – Wer unkontrolliert seinen Namen ändert, ist ab dieser Minute nicht mehr zu fassen. Namen von Antragstellern, die im Schuldnerverzeichnis stehn, dürfen in überhaupt keinem Fall geändert werden, und laute er noch so sehr Ficker. Gesetzeslockerung würde im Postwesen, bei Fahndungen und Volkszählungen nur Chaos nach sich ziehn, und den Handel mit falschen Pässen heillos erleichtern. Namensgesetzgebung ist deshalb so streng, weil im Interesse der Allgemeinheit kein Mensch verwechselbar werden darf.

Diese Argumentation trifft seit Jahrhunderten nicht mehr zu. Im Gegenteil: Überall finden exakt jene Verwechslungen statt, denen man per Namenszwang ausweichen wollte! Kein Lebensbereich krankt nicht am Müller-Syndrom. In Zeitaltern, wo selbst Fließbänder vom Fließband kommen und jeder Mensch ein Anrecht drauf hat, gefilmt zu werden, darf sich keiner ärgern, mehrfach herumzulaufen, nein zehntausendfach. 80 Millionen Deutsche haben weniger Nachnamen zur Auswahl als die 4 Millionen, die 1650 in Deutschland lebten. 1,4 Milliarden Chinesen teilen sich bloß zweihundert Familiennamen: Wer in China nicht Li heißt, heißt halt Chang oder Wang. Wer in Korea nicht Kim oder Pak heißt, heißt Yi. Wer in England nicht Smith, Jones, Williams oder Brown heißt, heißt Taylor, Davies, Evans, Thomas, Roberts oder Johnson. In Spanien heißt jeder dritte Garcia, Fernandez, Gonzalez oder Lopez, in Rußland jeder zweite Iwanow, Wasilew, Petrow, Smirnow, Michailow, Fedorow, Sokolow oder Popow. Unverantwortlich gleichnamige Kopfzahlen stauen sich wehrlos in ihren Telefonbuch-Spalten: 1 Million Müllers, 600 000 Schmidts, 350 000 Schneiders, jeweils über 200 000 Wagners, Schulzes, Hoffmanns, Kleins und Schröders – deprimierend! Allein in Hamburg lauten 3780 Adressen auf Müller, in München ebenfalls genau 3780 solcher Adressen. Verweise bitte keiner auf astronomische Kombinationsmöglichkeiten zwischen Vor- und Zunamen: In Hamburg wie München wohnen je 52 Menschen namens Herbert Müller, in Frankfurt 31 Herbert Müllers, selbst noch in Klagenfurt 4 Herbert Müllers, in Manhattan 4 Herbert Millers. Im »Who is who?« finden sich 2 Herbert Müllers und 4 Hermann Müllers – who is who? Wer stolpert im Google nicht systematisch über 763 Wolfgang Bauers? Welche Lehrerin hätte nicht drei bis sechs Schülerinnen in der Klasse namens Melanie! In jeder geselligen Runde werfen Millionen elektrisiert den Kopf herum, doch jedesmal ist der andere Ulrich gemeint. Nichts gegen putzige Wiedererkennungsszenen zwischen Kunz und Kunz. Aber nur allein die zeitraubenden Fehlerquellen und Verwirrspielchen im Postwesen: Täglich tauschen alle Müller-Familien in ihren Wohnblocks die Irrläufer aus. Die Schnüffeltruppe der Briefamtvermittlungsstelle Marburg bräuchte nicht länger vierzig Spezialisten, die pro Tag über 4000 »unanbringliche Sendungen« erkennungsdienstlich behandeln, andererseits wollen die nicht arbeitslos werden. Stasi-Akten-Auswertung zog sich nur deshalb so hin, weil es mehr (in)offizielle Mitarbeiter als Decknamen gab. Zig Leute allein in Berlin trugen den Decknamen »Rose«. Wer vermag David Copperfield (TV-Magier) von David Copperfield (Romanfigur) wegzudenken? Wem es gelingt, Richard Wagner und Dieter Wellershoff (den bis 1991 ranghöchsten Soldaten der Bundeswehr, nein: den bekannten Gegenwartsautor!) nicht zu verwechseln, verwechselt statt

## Jeder sollte anders heißen dürfen! 199

dessen Dieter Hildebrandt miteinander, den Vater des Scheibenwischers, dessen Paulusbuch Saulus und Paulus nicht miteinander verwechselt. Richard Wagner und Richard Wagner kommen sich wenigstens nicht zeitlich in die Quere, und zwischen Francis Bacon und Francis Bacon liegen 200 Jahre. Antonin Dvořák (1841-1904) war Komponist; Antonin Dvořák (1817-1881) Maler. Karl Marx komponierte ein Klavier-, ein Bratschen-, ein Violin-, ein Flötenkonzert, ein Konzert für zwei Violinen und Orchester, zwei Divertimenti, Kammermusik für 7 Instrumente, eine Passacaglia, 2 Fantasien sowie zahlreiche Chorwerke und Lieder. Warum konnte Wagner nicht Mircea Wagner heißen? Warum mußte der erste Präsident des Europäischen Parlaments Robert heißen und nicht Pierre Schuman? Konnte Max Greger nicht einen andern Vornamen tragen als Max Reger? Und warum stammt das Cellokonzert, das dauernd auf HR 2 kommt, nicht von Oswald Bloch, sondern ganz speziell von Ernest Bloch, nicht zusammenzuwerfen mit Ernest Borneman? Mini-Varianten verhöhnen Koinzidenzen. Puschkins Schulfreund hieß Iwan Puschtschin. In Dirk C. Flecks Roman »GO! Die Öko-Diktatur« findet sich der unaushaltbare Satz: »Kafka mühte sich auf dem Hof an einer Handkurbel.« Bei Handke heißt einer Bloch, Hitlers Arzt hieß E. Bloch. Für die Beleuchtung in Dr. Schiwago zuständig: Miguel Sancho. Ivan Savvic Nikitin (1824–1861) und Nikolaj Nikolaevic Nikitin (1893–19??) sollten selbst dann verschiedene Namen tragen, wenn man ihre Werke verwechseln könnte. Robert, Martin, Alissa und Johanna Walser, Herta und Heiner Müller, Friedrich und Karl Schiller, Immanuel und Hermann Kant: eigenständigste Geister müssen Sammelnamen tragen. Suzuki steht gleichermaßen für Autos, Zen, Musikschule. Unlogisch, unplausibel, inhuman, daß die Komponisten Johann und Richard Strauß blindlings genauso heißen müssen wie Franz Josef oder Botho Strauß. Helmut Kohl und Helmut Schmidt, Arno Schmidt und Arno Holz, der hessische Wirtschaftsminister Alfred Schmidt, der Frankfurter Philosoph und Soziologe Alfred Schmidt sowie der Autor Hans Heinz Holz müssen sich – statt 7 Vornamen und 7 Nachnamen zu tragen – 4 Vornamen und 3 Nachnamen teilen! Wolfgang Hohlbein, Ulrich Horstmann, Franz Hohler – hinterhältige Annäherungsversuche! Robert Hohlbaum, Hans Holbein, Durs Grünbein, Isolde Ohlbaum geraten bedenklich in Ulrich Holbeins Nähe – wer persifliert hier wen? Jeder jeden oder keiner keinen? In Manhattan wohnt ein Edward Paganini, ein J.S. Bach, ein W. Mozart, plus 2 weitere Richard Wagners, 6 Ravels, 14 Kafkas und – 24 Adornos!

Vor allem führt die fiese Unabänderlichkeit der Namensgesetze stapelweise zu Justizirrtümern! Nach wie vor werden pro »XY-ungelöst«-Sendung zwei, drei unschuldige Passanten namens Gerhard Schmidt verhaftet, wodurch die Festnahme des flüchtigen Gerhard Schmidt unverantwortlich verzögert wird. Nach wie vor werden in den Krankenhäusern immer wieder falsche Brüste und Raucherbeine amputiert und falsche Angehörige vom Tod lebender Namensvettern benachrichtigt!

Doch in der Gesetzgebung bewegt sich nichts. Muß es erst so weit kommen wie in Schweden, wo 1870 die komplette Verwaltung kollabierte, weil alle nur noch Andersson, Pettersson und Lundquist hießen? Die Regierung forderte die Bevölkerung auf, sich selber umzutaufen, und ab sofort hießen alle viel schöner und duftiger: Björkquist, Ekelöf und Lindgren, also Birkenzweig, Eichenlaub und Lindenast, Namen, die heutzutage in Schweden genauso häufig und lästig geworden sind wie Lundquist,

Pettersson und Andersson. Immerhin konnte die beengte Palette zeitweise aufgelichtet werden. Wann nimmt man sich ein Beispiel an der Menschenfreundlichkeit dieser historischen Glanztat!?

*Historischer Exkurs – all die Müllers ohne Mühle: –* Tausend Jahre lang produzierten Bauern- und Königsgeschlechter keinerlei Variantenbildung. Tausend Jahre hing an ein und demselben Beruf ein und derselbe Heinrich dran, mit identischen Handbewegungen, Haarfarben und Körperformen; unnötig und unpassend wär's gewesen, an scheinbaren Nahtstellen im Kontinuum grundlos Namen zu wechseln. Namen paßten zu ihren Trägern: Die O-Beine dessen, der sich erstmals Hohlbein nennen lassen mußte, sträubten sich noch drei Generationen später dagegen, gradegebogen zu werden. Ein Name genügte; man hieß Heino, Freddy, Madonna, Grock, Fernandel, Novalis, Mynona oder Multatuli. Bevölkerungsanstieg führte zum Beinamen, dann zum Nachnamen, später zur Bürgernummer.

Streubreite kam ins Spiel; nicht nur der Sohn, der die Mühle übernahm, sondern auch die, die Soldat und Mönch wurden, hießen unzutreffend gleichfalls und fürderhin Müller, und immerdar. Spätestens ab dem Zeitalter des Individualismus – Beethoven! – konnten Leute ihre feinen Unterschiede nach außen hin nicht mehr via Name kenntlich machen: Müllers ohne Mühle, schaflose Schäfer, Hamburger Familien, die Bayer heißen, Schwaben namens Hesse, Lehrer namens Bauer, Landwirte namens Otto Koch. Menschen müssen Hundgeburth heißen. Regierungssprecher, Ex-SPD-Vorsitzende, KS-Geschäftsführer müssen Vogel heißen – bereits Goethes Leibarzt mußte Vogel heißen. Depressive müssen Fröhlich heißen, Pykniker Dürrenmatt und kleine Frauen

Frau Großmann, Frau Hausmann und Frau Mann. Die Wirtschaftssprecherin des Neuen Forums, Berlin, heißt Barbara Hähnchen. C. G. Jung wurde 85 Jahre alt; Franz Alt war mal 20 Lenze jung, ohne damals so zu heißen, wie Siegfried und Hermann Lenz heutzutage kaum noch heißen dürften. Selten wird einer seinem Namen so gerecht wie der Tübinger Philosoph Dr. Denker. Peter, A. Paul und Max Weber, Peter, Wolf, Reinhold und Romy Schneider, Tilman und Oswald Spengler, Dietrich E. Sattler, Steffie und Doro Graf, Albert und Gert Hofmann, Heinz Edelmann, Werner und Roman Herzog, Petra, Walther und Kaspar König, Reinhard und Joachim Kaiser schleppen die komplette, eigentlich ausgestorbene Berufspalette des Mittelalters – funktionslos – durchs 21. Jahrhundert. Namensgebung – der einzige unreformierte Ort seit tausend Jahren, ein eisernes Fossil, unangepaßt total veränderten Verhältnissen. Das seit Anno dazumal vorhandene, längst nicht mehr ausreichende Material wird immer wieder recycelt – unreflektierte Ökologie an unnötiger Stelle!

§ *1 einer humaneren Namensgesetzgebung: – Jeder darf sein Kind taufen, wie er will!* – Genauer: Einschränkungen bei der Kindstaufe werden abgebaut, stufenweise. Die Forderung, daß jeder neu vergebene Name bereits vorgekommen sein muß, wird gestrichen, ersatzlos. Ab heute muß keiner mehr im Flur drauf warten, bis Beamtengesichter namens Walter Unwirsch unspendable Tabellen durchforstet haben, ob meine geliebten Kinder Wismut und Europa auch wirklich so heißen dürfen. Schluß mit dem Mißstand, daß Menschen vor Gericht müssen, bloß weil sie ihre Kinder Elektron, Pan, Pillula, Ogino oder auch Rasputin nennen möchten. Zwar besteht die Gefahr, daß nach 9 Monaten hier und da ein

Goofy Müller oder eine Papagena Soundso herumläuft; Experimente mögen zunächst der Preis der Freiheit sein. Doch lieber eine Übergangs-Ära kreativen Unfugs als ein fortgesetztes Einheitsbrei-Zeitalter bisheriger Degradierung!

Weiterführende Überlegung: Keiner sollte seine Sehnsucht, anders zu heißen, überlagern mit der Lust und Sucht, andere Leute taufen zu wollen! Wer immer nur andere taufen will, fange mal bei sich selber an!

§ 2: – *Jeder Staatsbürger darf so viele Namen tragen, wie er will.* – Genauer: Mehrsprachigkeit wird umfassend gefördert! Warum sollen junge Menschen nicht vom Judodozenten anders gerufen werden als von der Oma? Bloß einen Vor- und einen Nachnamen zu tragen, sieht armselig aus, einfallslos. Schon jetzt läßt sich jeder Mensch von seinen Kindern anders nennen als von seinen Chefs, beim Coitus anders als beim Skat, ganz ohne staatliche Einmischung. Hauptsache, man behält den Überblick. Fernziel könnte sein: von jedem Ansprechpartner anders genannt zu werden. Ein Nuancen-Meer würde der Polyphonie des Gehirns sehr entgegenkommen.

§ 3: – *Jeder darf sich mehrere eigene Namen geben! Mehr als einmal im Leben!* – Genauer: Wer seinen Kindheitsnamen behalten möchte, darf ihn behalten. Wer partout nicht Maria oder Jonas heißen mag, kann seinen Kindheitsnamen bei Pubertätseintritt restlos ablegen, spätestens aber mit der Führerscheinreife. Sorgerechtsinhaber können von ihrem Vorschlags-, Beratungs- und Mitsprache-Recht Gebrauch machen, bei der Wahl oder Kreation eines geeigneten Jugendnamens. In Zweifelsfällen entscheiden die, die den Namen am häufigsten hören werden, nicht die, die ihr Kind damit rufen wollen. In

Afrika ruft die Mutter ihren erwachsenen Sohn weiterhin mit dem Kindheitsnamen, während es seitens des Vaters beleidigend wäre, wenn dieser den Erwachsenennamen nicht benutzte. Häufige Umtaufen haben sich in China jahrtausendelang bewährt. Die Wahl oder Kreation eines Erwachsenennamens sollte trotzdem nicht leichtfertig getroffen werden. Der dritte Name sollte langfristig verbindlich getragen werden, z. B. bis zum Eintritt ins Rentenalter, mindestens aber ein Jahrsiebt lang. Siebenjährige Abschnitte bieten sich nicht nur bei Anthroposophen an, sondern bei allen seelisch labilen oder differenzierten Namensträgern. Ab dem Tod des Vaters durften im alten China keine offiziellen Namenswechsel mehr stattfinden, ein Brauch, der immer wieder vergessen oder mißachtet wurde, hinweggespült von der übermächtigen Sehnsucht, anders zu heißen. Dann droht permanenter venezianischer Karneval. Deshalb hier wie überall: Maßhalten kann manchmal nichts schaden!

Zusatzklausel: Wer sich häufigen äußeren und inneren Wandlungen unterworfen fühlt, darf nicht gehindert werden, seinen Namen öfter zu wechseln als einmal pro Lebensphase bzw. pro Jahrsiebt – es muß ja nicht gleich so oft sein wie bei Nguyen Sinh Cung, der dann als Küchenjunge, Steward und Matrose Ba hieß, ab 1917 Nguyen Ai Quoc, zwischen 1925 und 27 sowohl Wuong wie Li Thui sowie Wang Schan-er, dann als Mönch in Thailand 1928 Tschin, von 1930 bis 31 Tong Van So und Sung Man-cho sowie Lin sowie Tran und schließlich ab 1942 für immer Ho Tschi-minh.

Noch häufigere Umtaufen können zu Persönlichkeitsstörungen führen; entsprechende Anträge werden nur in plausibel begründeten Ausnahmefällen bewilligt.

§ 4: – *Namensänderung darf nie wieder bürokratisch erschwert werden!* – Genauer: Schluß z. B. mit der Regelung, daß Ehepartner, selbst seit Jahren getrennt lebende, der Namensänderung zustimmen müssen.

§ 5: – *Eigennamen dürfen frei erfunden werden!* – Genauer: Gestrichen wird der Passus, daß keine Phantasienamen gegeben werden dürfen, da sowas bloß vorübergehenden Interessen einer Person entspränge und deshalb ungeeignet sei, auf das bürgerliche Leben übertragen zu werden – Schluß mit verordneter Phantasielosigkeit! Schluß mit der Unvererbbarkeit von Pseudonymen! Schluß mit dem diffamierenden Wort ›Pseudonym‹: Halluzinationen blühn auch nicht bunter als Pseudohalluzinationen!

Ortsnamen dürfen wieder zu Nachnamen gemacht werden, wie im Mittealter. Walther von der Vogelweide klingt schöner und menschenwürdiger als Walter Vogel. Menschen dürfen, wenn sie das so wollen, mit Namen durch diese Welt wandeln, die zu unangemessenen Wortspielen Anlaß geben. Auch Spottkultur zählt zur Hochkultur.

§ 6: – *Kein Name sollte wiederholt benutzt werden!* – Genauer: Da jeder Mensch eine eigene unverwechselbare Individualität besitzt, sollte sich dies auch im Namen widerspiegeln dürfen. Lieber ein gewöhnungsbedürftiger, schwer einprägbarer Name als ein Allerweltsname! Die Kombination zwischen Vor- und Zuname darf noch nicht vorgekommen sein. Die anzustrebende Unverwechselbarkeit, ja: Einmaligkeit jedes Namens macht endlich die verhaßte Durchnumerierung der Staatsbürger überflüssig. Bürger-, Ausweis-, Konto- und sonstige -nummern können sofort entfallen, ersatzlos. (Denn all diese Nummern sind ja nur deshalb nötig geworden, weil die Namen aufgrund der Multiplikation ihrer Träger nicht mehr ausgereicht haben, die Leut auseinander zu halten.)

§ 7: – *Jeder hat das Recht und die Pflicht, sich gelegentlich umzubenennen.* – Genauer: In jedem Semester werden als Anreiz Preise für die schönsten Namens-Neuschöpfungen ausgeschrieben. Wer behauptet, ihm fiele so spontan kein neuer Name ein und außerdem: so schlecht sei der alte Name doch gar nicht gewesen, dem kann geholfen werden, von kostenlosem Beratungs-Service. Wer von seinem alten Namen nicht loskommt, nimmt einen unverwechselbaren Zusatznamen an, den sog. Behördennamen. Wer bloß Dubbert hieß, kann im Handumdrehn Dubois heißen. Wer bloß als Heinrich Bullo oder Norbi Leichuhl daherstiefelte, darf ab sofort als Uriel Bohnlich oder Huron Lieblich weiterwandeln. Kraus könnte ab sofort Arkus heißen. Alle Namensänderungen können und sollen von angemessenen Festivitäten begleitet werden. Nicht nur religiös fundierte Umtaufen fordern sinnvolle Rituale. Jeder Name wird heilig sein, sobald es sich um den richtigen Namen handelt! Gebt der Idee des Namens die Qualität und Kraft von Zauberworten zurück! Wer sich umtaufen läßt, hat ab sofort ein anderer Mensch zu sein! Falls sich hinterher derselbe erfrischt fühlt, hat er was falsch gemacht. Ein neuer Name, aufgeklebt auf alten Adam, würde jede Umtaufe nachträglich ungültig machen. Lege deine alte Frisur ab, ohne Glatze zu kriegen. Werde wiedergeboren, ohne aus diesem Anlaß sterben zu müssen! Werde, der du nie warst! Bleibe nicht der, der du für immer bleiben wirst!

*Ganz unter uns gesagt:* – Leider wird bei einer Einführung umfassender Namensfreiheit, die leider noch lange nicht bevorsteht, mit Widerstand zu rechnen sein. Breite Bevölkerungsteile wollen nicht so richtig. Schon jetzt nutzen 99 % der heiratenden Männer, laut Siegfried Willutzki, dem Vorsitzenden des Deutschen Familiengerichtstags, die Möglichkeit, den Mädchennamen der Frau anzunehmen, nicht im mindesten. Auf das übrigbleibende eine Prozent ist auch kein Verlaß. Leute ändern ihre Namen nicht, um endlich ein neues Leben zu beginnen, sondern um für Gleichberechtigung von Mann und Frau zu demonstrieren, oder um endlich aus dem Vorbestraftenregister rauszukommen. Viele lassen ungewöhnliche Namen ändern in gewöhnliche, so daß das Gesamtrepertoire weiter schrumpft. Zwei Drittel aller Kinder sind leider sowieso mit ihrem Namen zufrieden, laut »Berliner Morgenpost« vom 1.7.1993.

Bürgernummern zu eliminieren läßt sich nur dann realisieren, wenn keiner seinen alten Namen behalten möchte. Zwar könnten alle Nummern wegfallen, um aber die Einmaligkeit neuer Namen zu überwachen, müßte jeder genauso im Global-PC drinstecken wie vorher, im Zeitalter scheinbaren Datenschutzes.

*Weitere Nachteile erlösender Namensfreiheit:* – Trügen ausnahmslos alle Leute schöne Phantasienamen, fiele vieles weg, z. B. die unersetzliche Situation, daß Anne Will in den Tagesthemen, ohne sich was anmerken zu lassen, Hans-Josef Dreckmann mit seinem Namen anspricht, so als sei genau dieser der akzeptabelste Name der Welt – herzergreifend, solche Versöhnung, ohne daß Reformen nötig wären. Keiner könnte sich mehr einen Namen machen. Denn hierbei erwirbt man sich denselben Namen, den man auch schon vorher hatte, der aber vorher nach nichts klang. Kein Weg mehr wäre zurückzulegen vom angeborenen Namen zum erworbenen Namen, kein Clemens Molitor sympathisch rückfallgefährdet und kein Morhold Müller zuversichtlich unterwegs in Richtung Clemens Molitor. Die Aura, die auch banalen Namen wachsen kann, ermöglicht es mir, daß man keineswegs so heißen muß wie Elias Canetti, um den Nobelpreis zu bekommen, sondern man kann getrost Heiner Müller heißen und trotzdem den Büchnerpreis kriegen. Plumpe Vornamen können zusammen mit fragwürdigen Zunamen in eine neue Konfiguration eintreten: Reinhold und Romy Schneider – oder Heiner und Herta Müller – heißen ganz anders als alle, die ebenfalls Müller oder Schneider heißen. Rainer Kunze heißt Rainer Kunze und hört sich im Ohr der Kunzegemeinde trotzdem recht unverwechselbar an. Da aber keiner von Anfang an so einmalig wie Rainer Kunze heißt und im anvisierten Zeitalter der Namensfreiheit kaum einer mehr von vornherein so normalsterblich heißen möchte, würde sich jeder ab ovo aparter anhören als Gina Lollobrigida, Ginka Steinwachs und Dagobert Lindlau. Subtil tiefsinnige Namen wie Ludwig von Ficker, worin Schloß und Gosse unnachahmlich, ja schier mystisch koinzidieren, würden grausam aussterben, oder klängen geckig und gewollt.

Trotzdem: Lasse sich keiner hindern, dieses Plädoyer für Namensfreiheit zu beherzigen. Taufe sich jeder schnellstmöglich um! Niemand, der sich das gönnt, steht hinterher als Möchtegern da, allzu durchschaubar, prachtvoll aufgepowert, mit einem Kunstnamen, der ein kaum Schritt haltendes Normalgesicht ziert, als Windei mit Adelsdiplom, als Arschloch mit Doktortitel – Kostenpunkt in England: 5000 bis 10000 £.

Sondern: Euer Name wird eurem Outfit vorauseilen! Selbst euer Aussehn werdet ihr euch demnächst aussuchen dürfen, schon jetzt dürft ihr weitgehend aussehen, wie ihr wollt, sogar anders, als ihr eigentlich aussehen müßtet – heißen aber müßt ihr bis dato immer noch so, wie ihr in Wahrheit nicht heißt! Euren wahren Namen weiß nur Gott allein! Euer wahrer Name lautet nämlich absolut anders als alle bisherigen Notlösungen, dieser sperrige Holzmann und jener grausliche Notnagel, Lehmann, Möllemann, Karel Gott und Marcel Pott und Glotz und Holz und Hohl und Kübler-Ross! Wahrlich: Ihr heißt anders, ganz anders! Gebt euch probeweise einen eurer Lieblingsnamen und versucht zu erspüren, wie nah ihr mit diesem neuen Namen eurem wahren Namen gekommen seid. Die Entzifferung – irgendwo steht er geschrieben! – bereitet z. Z. noch Schwierigkeiten. Euer wahrer Name wird ganz anders lauten als bei Hermann Hesse, der Narziß und Goldmund auf die erlesenen und ganz besonders passenden Namen Narziß und Goldmund taufen zu müssen glaubte; und anders als die Namen selbst so edler Mannen wie Friedrich Geist und Georg Wahrmund aus Dr. Rudolf Steiners Mysteriendramen, weder so neureich hochtrabend noch so peinlich.

Doch was nun? Ab wann heißt ihr nun wirklich anders? Selbst wenn ihr euch umbenennt, fällt euch nur selten ein Ringelnatz oder Klabund ein! Willy Brandt klingt kaum erlösender als Herbert Frahm, und Robert Jungk nicht so schön wie Robert Baum. Um einen neuen Namen zu bekommen, warf sich 1066 n. Chr. Normannenfürst William – genannt »der Bastard« – in die Schlacht von Hastings und hieß von fortan William der Eroberer – als wenn Völkermord eine höhere Stufe wär als die liebevolle Zuwendung einer alleinerziehenden Mutter! Im 16. Jahrhundert legte Ulrich Molitor den theoretischen Grundstock zu verschärfter Hexenverfolgung; manch ein Udo Müller richtete weniger Unheil an! So kann's nicht weitergehn – und genauso geht's weiter. So werden Reformen, längst überfällig, am verläßlichsten verhindert! Weil keiner mitzieht und Ernst macht! Weil jeder als Oldie genauso heißen will wie als Baby! Brüll mal »Müller!« oder »Martin!« in beliebige Meuten hinein – und zack! ringen x umgetaufte Straftäter mit der Aufgabe, ihre Birne nicht um 180 Grad herumschnellen zu lassen. Hier und da wird sich auch ein Dr. Molitor umgucken, mitten im neu eingeläuteten Leben, weil er sich tief im Innersten angesprochen fühlt. Weil er insgeheim immer noch Müller heißt. Auch das noch! Hunde, wollt ihr ewig so heißen?! Unreif seid ihr! Gehänselt wollt ihr werden für und für! Eindeutig! Geklammert an die Wollust, verwechselt zu werden. So als würde Herbert Müller zu Recht so heißen. So müßte keiner heißen. Schluß mit jeder Form der Selbstbezichtigung! Wie sich alle rausreden mit der angeblichen Nivellierung individueller Unterschiede im Massenzeitalter! Selbst in Autorenkreisen grassiert solcher Kleinmut: In Holzmann-Bohattas Deutschem Pseudonym-Lexikon sind über 40 Autoren verzeichnet, die ihre verwechselbaren Nachnamen hinter dem noch verwechselbareren Pseudonym Müller verbargen. Goethe nannte sich auf seiner Italiänischen Reise Phillip Möller. Milena leidet daran, daß sie anders heißt als die sechs Melanies ihres Leistungskurses. Sei doch lieber stolz drauf, Milena, daß du als einzige anders heißt als all die Melanies!

Ihr Duckmäuser! Lieber euch mit alten Namen foppen lassen, als Verantwortung zu übernehmen für einen besseren Namen! Konformismus! Nichtschwimmer! Die ihr ins Thermalbad öffentlichen Umtaufens und Wandelns partout nicht eintauchen wollt! Ihr könntet hochsymbolisch überwölbt werden... vom Geplätscher unendlich wohltuenden Weihwassers... alles Erlittene restlos runterwaschen... falls das nicht zuviel verlangt wär, von der armen Menschheit. Auch der Fisch wurde nicht dadurch Mensch, daß er Frosch heißen wollte.

Ach ja: – Umfassende Enttäuschung breitet sich aus. Nicht jedes Plädoyer findet geeignete Ansatzflächen. Mal wieder umsonst plädiert…

*Traurige Bilanzen*: – Veredelung enthüllt sich als Beschönigung. Abgelegte Namen können auf Wunsch noch so sehr aus den Datenbanken getilgt werden: permanent schimmert der ewige Morhold durch, der annullierte Kramer und der überwundene Udo Bockelmann. So soll es jedem Floh ergehn, wie dem Philosophen und Okkultismusforscher Max Dessauer, der sich Max Dessoir nannte und die Macht des unausmerzbaren Dessauers zu spüren bekam, als er bei einem Kongress die Toilette suchte und ein Kollege ihm helfend den Weg wies: »Herr Professor Dessoir, das Pissauer finden Sie dritte Tür links!« Ewig unvergessen bleibt Biolehrer Hartebier, der nach den Sommerferien als Herr Hartberg zurückkehrte, um jedem eine Strafarbeit aufzubrummen, der ihn nochmal aus Versehen »Herr Hartebier« nannte. Kein Wunder, denn die Individualität hat sich 18 Jahre lang gebildet und gehärtet am Ausruf: »Bernhard! Essen kommen!« Bernhard wurde zum Brennspiegel und einzigen Zipfel seines Individiuums. Selbst wo Bernhard schizophren auseinanderflutscht, schießt er, sobald du »Bernhard!« brüllst, nochmal kurz zusammen.

*Vorsicht vor Künstlernamen und exotischen Namen!* – Wer durch Rotondella, Muir of Ord und Tellicherry zwischen Mangalore und Calicut gewandert ist, oder zwischen Mumbai (vorher: Bombay) und Moskau über Samarkand hinwegflog, glaubt Frielendorf, Brackwede, Kothausen, Harnroda an der Werra und Homberg an der Efze für immer hinter sich gelassen zu haben. Doch Exotik trügt. Casanova heißt bloß Neuhaus. Signore Verdi heißt bloß Herr Grünlich. Hinter betörendem *Tenebrio molitor* verbirgt sich ein ganz gemeiner Mehlkäfer. Jeder Hans Mayer, der auf einmal Jean Amery zu heißen anfängt, gibt deutlich zu erkennen, daß der Amery aus demselben Stoff gemacht ist wie der Mayer. Jeder Remarque läßt sich mehr oder weniger rückübersetzen und kann dann nicht umhin, weiterhin eindeutig Kramer zu heißen. Neftale Reyes Basualto nannte sich Pablo Neruda, nach dem tschechischen Dichter Jan Neruda, ohne zu ahnen, daß Neruda »Grobian« heißt. Selbst ein so seraphischer Name wie Mozart lautete 300 Jahre vorher Motzhardt bzw. Motzer = Schmutzfink. Wer heißt wirklich anders, als er heißt? Bedrich Smetana heißt zu deutsch Friedrich Sahne; Pavel Kohout heißt Paul Hahn; Fritjof Capra heißt Fritz Ziege. Robert Musil heißt: »Robert hat gemußt«, Peter Zadek = Peter Hintern; Canetti = Hündchen; und Kundera = Fotzerich.

*Fazit:* – Im Grunde könntet ihr gleich so heißen, wie ihr sowieso heißt. Tue keiner so, als durchpulse ihn die Sehnsucht, das Köpfchen rauszudrehn aus seiner Nichtigkeit! Euch könnt ihr nicht entfliehn! Motz und Glotz! Müller, Obermüller und Hintermüller! Hartebier! Fotzerich! Sack! Wer heißt wirklich anders, als er heißt? Nicht jede Hausfrau überdehnte, mit Ach und Krach, den kaum vorhandenen Spielraum zwischen Lieschen Müller und Frau Dr. phil. Dr. h.c. Elisabeth Müller. Wen sein Name ankotzt, der trete vor und rufe mit fester Stimme: »Ich bin und heiß in Wirklichkeit anders... ehrlich... ganz anders!«

Seid's hiermit alle miteinand' feierlich getauft auf die Einheitsnamen »Wolfgang und Sara Müller«! d. h. – Babs Müller! Ruth Müller! In Großbuchstaben: MÜLLER! Bereits Flavius Josephus erwähnt 20 verschiedene Männer namens Jesus. Allenfalls Minimalvarianten werden noch zugelassen: Schmidt und Schmid und Schmitt und Schmitz und Schmedt und Schmidecke und Schmidtbauer! Claudius Seidl und Claus Seibel!

So oder so: Ein Unding, daß alle möglichen Leute, die sich kaum voneinander unterscheiden, völlig verschiedene Namen tragen!

Ah! Wie das gluckert! Direkt verheißungsvoll! Tja... vor 3000 Jahren taufte man nicht mit Weihwasser, sondern mit Stierblut!

Machen Sie sich keine Hoffnungen, Herr und Frau Müller, geb. Müller. Nie verebbt das unauslöschliche Mittelalter. Stehen Sie zu Ihrer Stabilität! Und immer streng drauf achten, daß der allgemeine Namenszwang auch im nächsten Jahrtausend nicht gelockert wird! Müller bleibt Müller. Alles Umtaufen hilft nichts. Umpf. Auf geht's!

Und jetzt: Ausatmen... und schnell das Thema gewechselt! Doch alles Themenwechseln hilft nichts. Thema bleibt Thema.


## Fernziel Neandertal!

Nach wie vor kennen 8 % bundesdeutscher Bevölkerung Angela Merkel nicht. Nach wie vor glauben 9 %, die Sonne kreise um die Erde. Sowas wär im Neandertal nie vorgekommen. Dort befand sich jedes Individuum voll auf dem Wissensstand seiner Zeit; ausgetauschte Gutturallaute funktionierten verläßlicher als Glasfaserkabel der Informationsgesellschaft. Jede Generation optimierte die Schneidkanten am Faustkeil; alle tausend Jahre wurde ein völlig neuer Faustkeiltyp patentiert. Damals sah sich jeder veranlaßt, schon allein wegen anschleichenden Säbelzahntigern, rund um keinerlei Uhr hellwach zu sein; nur Genies überlebten. Dann aber kamen genial verbesserte Lebensbedingungen auf, medizinische Genietaten. Jede Horde konnte sich's erlauben, auch ein paar trübe Tassen und ungeniale Mitläufer mitzufüttern, zu schwach oder zu faul sowohl zum Jagen wie zum Sammeln, nicht aber zu dumpf, sich fortzupflanzen. Und ab genau diesem Zeitpunkt, seit kaum noch jemand gezwungen wurde, genial zu bleiben, erlosch der Selektionsdruck auf die Großhirnrinde. Weiterschreitende Humanität fungierte – diesseits der Erfindung der Todesstrafe – als Entwicklungsbremse. Seit zweihunderttausend Jahren bewältigt das anatomisch auf der Stelle tretende Hirn den Alltag im Neandertal ebenso objektadäquat und teilnehmerorientiert wie den Alltag in New York 2008 n. Chr. Pfiffige, improvisationsfreudige, verheißungsvolle Kindheit tüftelnder Menschheit versumpfte in abgasschwangeren Beamtenstuben höherer Kulturgeschichte, und der zunächst flächendeckend geniale Normalzustand konnte nur in einzelnen Exemplaren festgehalten werden, die dann per Geniekult hochgejubelt wurden. Bei insgesamt immer brachliegenderen Hirnen wurden technische Apparaturen im Einzelfall immer komplizierter. Sage niemand, Rasenmäher und Zwölftonstreichquartett seien komplizierter gebaut als Faustkeil und Buschtrommel. Nein, umgekehrt: Die globale Popmusik ist strukturell viel primitiver gebaut als die Musikkultur im Neandertal, bzw. als jene hochkomplexen Trommelrhythmen Afrikas, von denen heutige Popmusik abstammt. Dr. Steiners These, der Affe stamme vom Menschen ab, bewährt sich aktüll: Zivilisierte Affen laufen größtenteils nur als runtergekommene Nachfahren jener genialen Frühmenschen herum... die bekamen neulich in Düsseldorf ein neues Museum eingerichtet... zwecks Rehabilitierung des Neandertalers...

## Werden auch Sie ein Genie!
*54 Tips*

Haben nicht auch Sie es satt, außengesteuert in Büros und Praxen herumzusitzen, unterbezahlt, mobbingunterworfen, urlaubsreif, mobbend, alternd – derweilen Ihr besseres Ich darbt? Selbst als Ihr eigener Chef werden Sie runtergezerrt vom Realitätsprinzip – und kaum über sich selbst hinauskatapultiert von wohltuendem, lebenswichtigem Größenwahn!

Lautet Ihr häufigster Ausruf: »Das könnt ich auch! Sogar besser!« Sehen auch Sie in »kultur aktuell« unwürdige Häupter lorbeergekrönt? Stehlen Pimpfe Ihnen die Show? Will vorerst keiner merken, daß auch Sie der Masse, die Sie unterbuttert, eigentlich glorios entragen müßten? Sind auch Sie Sachbearbeiter geworden, statt Bürgerschreck oder gar »Manager des Jahres«? Klavierlehrerin für Behinderte statt Konzertpianistin oder Olympiasiegerin? Dentallaborassistentin statt Ulla Hahn? Statt Schumi – bloß ADAC-Mitglied? Statt Dichterfürst – Germanistikdozent?

Dann sind Sie reif für 54 Ratschläge, Tricks, Kniffs, Lektionen, Anregungen, Anschubser, Geheimtips, ganz unabhängig davon, auf welchem Gebiet Sie in Kürze (oder spätestens kurz danach) auftrumpfen möchten, auf dem Weg vom Nobody zum Mikrobenjäger, von der Musentochter zur Vordenkerin, vom Zahnarzt zum Geistheiler, von der Logopädin zum Hollywood-Star. Ob Sie vom Typ her eher Stubenhocker sind oder Betriebsnudel – viele Geniesorten gibt's, für jeden eine, also auch für Sie!

Oder sind Sie bereits Genie und haben keine Schleichwege, Trostpflaster, Starthilfen für Fortgeschrittene nötig? Attention please: Keins zu sein, kommt in den genialsten Familien vor, vor allem vormittags... Oder sind Sie ein verkanntes Genie? Dann können Sie meinen Tips entnehmen, woran Sie es bisher eventuell haben fehlen lassen. Oder wollen Sie sich hartnäckig als unerweckbar erweisen, als hoffnungslos unkreativ? Immun gegen meine Tips, gegen alle 54? Sie Masochistin Sie! Immerhin: Hier kommt alles andere auf Sie zu als so mutraubende Bauernweisheiten wie: »Besteige die Leiter von unten« oder: »Bilde, Künstler, rede nicht!« Nein, hier glimmen Funken auf, und ungeahnte Schrittmacher kurbeln Ihren Pulsschlag an! Lehnen Sie sich zurück: mindestens einer der 54 wird Sie – ja, especially You! – unverhofft im Herzen oder anderswo treffen! Ihr Strohfeuer wird so schnell nicht wieder zu löschen sein!

Holen Sie dreimal tief Luft! Beim ersten Atemzug fällt Ihnen ein: »Hab ich's nicht immer schon in mir brodeln gefühlt?« Beim zweiten Atemzug seufzen Sie hörbar auf: »Lediglich von Umständen bin ich bis dato gehindert worden!« Und beim dritten Atemzug raunt eine innere Stimme: »Auf mich hast du lange nicht gehört.«

*Tip Nr. 1 – Kennen Sie nie Ihre Grenzen!* – »Ich hätte zwar Lust, bin aber nicht besonders talentiert. Genie kann man nicht werden, sondern nur sein. Mehr als 9 Tage Aquarellierkurs auf Ibiza ist bei mir nicht drin. Meine Tagebucheintragungen sehn eigentlich nicht druckreif aus. Ich kenne meine Grenzen. Meine Umwelt ist gegen mich.« Keine Ausflüchte bitte! Schwanz einziehn gilt nicht! Jeder Gürtel läßt sich verstellen, jede Zwangsjacke lockern. Tauchen Sie auf, aus dem Waschbecken der Normalität! Mit den Segelschiffen und U-Booten Ihrer brachliegenden Hirnteile! Geniale Züge hat schließlich jeder irgendwo ... nur wo?

*Tip Nr. 2: Graben Sie Ihre Jugendsünden aus!* – O ihr versunkenen Kontinente, im dritten Monat abgewürgt, fortgeschrumpft! Sie sind kein Einstein geworden, obwohl Sie in Physik eine 2 hatten?! Und obwohl Sie bei »Jugend forscht« einen 3. Preis für Ihr Schadstoffnachweisverfahren bekommen haben! Obwohl Ihre Pubertätslyrik mit gewissen Mailiedern aus »Der ewige Brunnen« durchaus Schritt halten konnte! Sobald keiner zuhörte, legten Sie verheißungsvolle Läufe auf die Tastatur! Doch statt im verkorksten Flohwalzer Große Sonaten für das Hammerklavier vorauszuahnen, Opus 106 in B-Dur, erwischten sie sich zunehmend dabei, Heino mitzupfeifen. Werfen Sie sachbezogene Fassaden über Bord, unter der Ihre Neigung weiterschwelt und nun hoffentlich umso unaufhaltsamer nach Ausdruck schreit. Machen Sie Ihre Präcox-Abtreibungen rückgängig!

*Tip Nr. 3: Wählen Sie ein Maskottchen!* – Falls Ihnen Software-King, Chefmathematiker, Genforscher vorschwebt, sollte Daniel Düsentrieb alias Dädalus Ihrer Servo-Lenkung vorausschweben. Falls Sie das Zeug zum Öl-Multi, Wirtschaftskapitän, Zeitungsmagnat, Finanzierungsgenie, Ramschkönig haben, gehört Dagobert Duck alias König Midas oder Krösus auf Ihre Dollarnote. Falls Sie zu Staatskunst, politischem Genie tendieren, reitet Napoleon alias Dschingis Khan voraus! Falls Sie von Eiskunstlaufkunst, Schlamm-Catching, Sportskanone träumen, sollte SUPERMAN alias Herkules um Ihre Halsmuskulatur baumeln! Falls Sie religiöses Genie in sich spüren, heißt Ihr Schutzengel Mr. Natural bzw. Osho alias Buddha. Im Fall schöner Künste steht Maler Klecksel Ihnen bei, oder auch Troubadourix alias Orpheus. Und last but not least: Falls Sie als Glückskind ein Händchen haben für Lebenskunst, Fun- und Popkultur, erotische Kultur, leuchtet Ihnen Pornoqueen und Busenwunder Dolly Buster alias Venus! Und keine Sorge, falls zwischendurch das Maskottchen zur Ikone wird.

*Tip Nr. 4: Schämen Sie sich nie Ihres Brotberufs!* – Falls Sie sich nicht gleich loseisen können vom bisherigen Leben, das ganz und ungeteilt Ihren außerkünstlerischen Pflichten gewidmet war, bedenken Sie: Auch Versicherungsangestellte und Zollbeamte – Dr. Kafka und Henri Rousseau – konnten sich nicht losreißen und produzierten trotzdem Weltliteratur. Gottfried Benn und Alfred Döblin hatten Fulltime-Jobs als Ärzte. Der Döblin-Preisträger '93 ist hauptberuflich als Beleuchtungstechniker tätig, vorher als Elektro-Ingenieur. Bachmann-Preisträgerinnen sammelten als Germanistikdozentin, Werkzeugmacher, Bauarbeiter, Hilfsschlosser, Heizer Erfahrungen. Selten fußen kraftvolle Romanciers nicht auf hochsensiblen Maurern, und keiner guckt Lyrikerinnen deswegen schief an (höchstens ich). Der Verfasser des »Moby Dick« ging als Privatmann genauso auf Walfang wie seine Romanfiguren. Nobelpreisträger Hemingway erlegte außerhalb seiner Bücher dieselben Pumas und Schwertfische wie innerhalb. Joseph von Eichendorff, der Dichter des Waldesrauschens, arbeitete ein Leben lang als Regierungsassessor, Referendar, Konsistorial- und Schulrat im preußischen Staatsdienst, auch als Oberpräsidialrat, ohne unter diesem Job zu leiden. Goethe studierte, statt Germanistik, Jura und war später vor allem als Straßenbauminister tätig, Lucas Cranach, Fariduddin 'Attar und Johannes Kotschy als Apotheker, Sebastian Franck, Autor des »Narrenschiffs«, als Seifensieder, Baruch Spinoza als Linsenschleifer, Hans Sachs als Schuhmacher. Brotberuf müßte heut eigentlich Benzinberuf heißen... Einkommenssteuerberuf... Abzahlungsberuf.

*Tip Nr. 5: Fallen Sie weit vom Stamm!* – Falls Ihre Altvorderen generationenlang bloß als Strumpfwirkermeister wirkten, wäre das kein Hinderungsgrund. Falls Ihr Vater geniale Turbinen für China und Kenia baut – und garantiert auch für den Irak! – und falls aus der Verbindung mit einer verklemmten Tippse ein Kuckucksei hervorstieg – Sie! –, immer nebenbei bedenken: Die Umwelt anderer Genies sah so bescheuert aus wie die Ihrige. Von Gegengründen nie einschüchtern lassen! Alles Große entsteht trotzdem. Am übernächsten Horizont warten bereits Grand Old Ladys und ein Grand Old Men auf Sie, und beide heißen genau wie Sie! Denen einfach nur entgegenarbeiten! Einfach nur die mitbekommene zelluläre und anatomische Ausgangsbasis, die Sie von anderen Normalverbrauchern genauso gut hätten abstauben können, als Trampolin benutzen, für weiterführende Höhenflüge und Bauchlandungen. Bebrüten Sie Schlummerndes! Holen Sie mehr aus dem Gen-Pool raus, als offiziell drinsteckt! Und schon sind auch Sie eine ganz andere als der oder die, die oder der Sie von rechtswegen biologisch eigentlich sein müßten. Man kann die Menschheit wegwischen, bis auf hundert Exemplare, und siehe: schon nach wenigen Generationen sind alle wieder beisammen, ein neuer Kopernikus, Edison, Michelangelo, Dante, Bach. Denn: Nicht nur wohnt in jeder Körperzelle der ganze Kerl samt Geist, sondern es liegt auch in jedem Individuum latent das Talent-Reservoir der kompletten Menschheit verkapselt. In jeder Heidi Klum schlummert ein Salvador Dali! Falls Sie nicht zu alt dafür sind...

*Tip Nr. 6: Seien Sie nie zu alt dafür!* – Lassen Sie sich nicht von Boy Groups, die immer jünger werden, zum älteren Semester stempeln, nur weil Sie bis dato mit elf noch kein Finanzimperium zusammengestoppelt und mit neunzehn noch keinen Urfaust komponiert haben. Auch die Kelly Family kam inzwischen in die Jahre. Lassen Sie sich weder einschüchtern von der Erfolgsautorin Françoise Sagan – mit achtzehn weltberühmt! – noch von SUPERMAN, der sich bereits als SUPERBOY auf Ganovenjagd befand, damals in Smallville! Nicht unterbuttern lassen vom beliebten Tierfilmer Heinz Sielmann, der bereits mit sechzehn Tierfilmer werden wollte, oder von Uri Geller, dessen Gabeln sich bereits verbogen, als Uri erst neun war, oder von Berthold Hölldobler: »Seine große Leidenschaft begann, als er siebenjährig das Gewimmel unter einem Stein entdeckte. Heute ist Berthold Hölldobler der bedeutendste Ameisenforscher der Welt.« Leiden Sie weder am Heintje- noch am Mozart-Komplex! Mißtrauen Sie allen Götterlieblingen! Seien Sie froh, kein flott verwelkender, frühverstorbener, a priori angejahrter, kartoffelkeimfarbener Solar-Treibhaussteckling zu sein. Laut Theo Fonty ist es nie zu spät, wenn's um Debütromane geht! Keine Angst vor genialem Rentnerberg: Vincent van Gogh bzw. Henri Rousseau begannen erst mit achtundzwanzig bzw. mit vierzig zu malen. Die verfilmte Bestsellerautorin Anna Wimschneider schrieb ihr erstes Buch mit achtzig: Debüt, Chef d'oeuvre und Spätwerk in einem Aufwasch! Renaissancemaler Tiziano malte seine erotischsten Bilder mit achtundneunzig. Sie können jede Art Großprojekt in Ruhe reifen lassen und sind noch lang nicht so alt wie der britische Denker Bertrand Russell, der Fiddler-on-the-Roof-Maler Marc Chagall oder Staatsdichter Ernst Jünger.

*Tip Nr. 7 – Fangen Sie trotzdem früh an!* – In jedem Kind ist ein Gruftie versteckt, der übt sich früh, krümmt sich beizeiten und läßt sich von verständnisvoller Pädagogik selten aufhalten. Das phänomenale Talent, Fremdsprachen im Schlaf zu lernen, ohne Aufwand mehrsprachig aufzuwachsen, erlischt bereits ab dem nach wie vor sinnlos verspätet angesetzten Fremdsprachenunterricht in der 5. Klasse. Wer sähe nicht im fünfzehnjährigen Georg Friedrich Wilhelm Hegel, der aus allem Gelesenen weitläufige, streng alphabetisch rubrizierte, etikettierte Exzerpte machte – Philologie, Ästhetik, Physiognomik, Arithmetik, Geometrie, Psychologie, Geschichte, Theologie –, den heutigen jungen Computerprofi vor seiner Mattscheibe sitzen? Fackel-Gründer Karl Kraus hingegen, statt Lehrstoff zu saugen, beobachtete von frühauf die Lächerlichkeiten seiner Lehrer. Konfuzius spielte als Kleinkind am liebsten mit kleinen Gefäßen, mit denen er – beseelt von der Liebe zu den heiligen Bräuchen der Vorzeit – Opferriten nachahmte. Cartoonist Roland Topor behauptet in seinen »Memoiren eines alten Arschlochs«, daß sein Zeichentalent nicht erst mit zehn oder sechs hervortrat; er stempelte Bilder bereits mit drei in seinen Kartoffelbrei. Mathematiker Carl Friedrich Gauß korrigierte bereits mit zwei die Lohnabrechnungen seines Vaters. Ein echter Karajan rudert bereits in der Wiege mit den Ärmchen. Küchenreiniger Meister Proper, der jede Wohnung zum Glänzen bringt, kam bereits mit seinem zukunftsweisenden Ohrring zur Welt, was ihm später die Prozedur des Ohrlochstechens ersparte. Auch Buddha hat bereits im Mutterleib gepredigt – Sie etwa nicht? Erinnern Sie sich!

*Tip Nr. 8: Werden auch Sie ein Daniel Düsentrieb!* – Alle wollen mit Daimler-Benz-Verbrennungsmotor fahren statt mit Rilke-Lyrik – seien also auch Sie auf der Suche nach der Weltformel! Oder wenigstens nach neuen Energiequellen. Nicht umsonst heißt die Steinzeit nicht etwa Trommelzeit. Einfach nur am »Ingenieur« vorn und hinten je zwei Buchstaben wegnehmen. Stephen Hawking – der Archetypus des blinden Sehers, neu eingekleidet! Welch platonisches Gleichnis: Ein von Geistesblitzen umlohter, in ein ungenügend körperliches Vehikel eingezwängter Weltgeist, der den Weltraum besser kennt als seine Hintertasche, gebadet in Weltruhm, durchleuchtet mit Daniel Düsentriebs Glühbirne – vom Rollstuhl aus – die schwärzesten Löcher der kosmischen Nacht. Anders gesagt: Scheffeln auch Sie lebenslang trostlos Nobelpreise für Cholesterintüftelei! Nichts gegen Stephen Hawkings cosmos und Einsteins Raum-Zeit-Kontinuum. Doch auch Ihre segensreichen Menschheitsgeschenke werden natürlich wie immer baldmöglichst umfunktioniert werden. Aus dem freien Flug des Dädalus kommen regelmäßig Düsentriebs Düsenbomber gekrochen. Dies bitte von vornherein nicht mit Ihrem Gewissen vereinbaren können, sowenig wie eine politische Karriere! Lieber ein Volk der Performance-Neutönerinnen als der Praktiker und wertfreien Grundlagenforscher!

*Tip Nr. 9: Werden auch Sie ein Karajan!* – Dann können Sie jederzeit dirigieren! Dann sind Sie der Chef an sich! Wunderbar exponiert! Nervenzentrum historischer Opernhäuser! Bühnenmagier, um mit effektlosem Zauberstab Materieverschiebung zu simulieren, bloß mit dem Stab zucken – und alle Geisterchöre sind entfesselt. Alle Schmerzen und Ekstasen der Menschheit spiegeln sich auf Ihrem erlauchten Antlitz! Neben einem echten Karajan verzwergt sogar der Composer, der am Schluß herbeihinkt, zum Handshaking-Anhängsel. Das Phantom der Oper! Die Moldau! Carmen! Tokio! Und als Zugabe: Ungarische Tänze!

Doch ach, es sind Beethovens Ekstasen und erst in zweiter Linie Ihre oder meine. Gucken Sie sich doch an, Sie Chorleiterin Sie, wie Sie dastehn, degradiert zum ekstatischen Metronom, zum Dauer-Orgasmus im Frack! Und dieser Schweißtropfen vorn an der peitschenden Strähne! Wollen Sie wirklich an mäßigen Repertoirestükken kleben, wie Kult-Stars am schwachen Drehbuch?

Lassen Sie jeden Karajan hinter sich – werden Sie Komponist! Tüfteln Sie nicht hapernden Weltformeln hinterher – werden Sie Weltenschöpfer! Werden Sie – statt Großer Bellheim, dieser abstürzende Kaufhaus-Chef – dessen aufsteigender Regisseur namens Dieter Wedel! Statt Citizen Kane – Orson Welles! Statt John Rockefeller – William Gaddis! Statt Dagobert Duck – Walt Disney! Richtig erhebend – müssen Sie wissen – wird es für potentielle Überformate wie Sie und mich erst weiter oben, da, wo das Bad in der Menge abebbt, dort oben, dritte Gipfelkulisse links, wo Himalayabezwinger Reinhold Messner an seine Baumgrenze kommt, und wo über dem armen Poeten im Dachstübchen das Hoheitsgebiet Zarathustras aufleuchtet – treten Sie ein in die PPP: Reiten Sie auf Pegasus in Richtung Parnass und Pantheon! Dort wird jede Luft erheblich dünner und jede Genialität subtiler, süperber, evidenter!

*Tip Nr. 10: Geben Sie sich einen Anstrich edler Melancholie...* – Nicht nur, wenn Sie down sind. Selbstredend leiden Sie nicht an den landesüblichen Lappalien, an Finanzierungsengpässen, Partner conflicts, Sinnfragen, Glaubenszweifeln, Sorgerechtsprozessen und erst recht nicht an Minderwertigkeitskomplexen, geschweige denn an zu geringer Breitenwirkung. Sondern Sie leiden, wenn ich bitten darf, an der idealen Basis für – wie soll ich's nennen? – »Werkschaffen«, wie es brave Sekundärköpfchen genialerweise nennen. Sie leiden an innerer Zerrissenheit, am Weltschmerz, am Menschen und seinem Widerspruch, an Differenz zwischen Ideal und Ausführung... falls Ihre Visage dergleichen hergibt... falls das nicht von Ihrer Physiognomie verhindert wird. Nicht daß Sie nur vor sich hinflennen, als stinknormaler Depressivling, statt die Träne edler Melancholie quellen zu lassen. Nicht, daß es Ihnen ergeht wie z. B. meiner leidgeprüften Seele und Sie im Spieglein an der Wand nur eine Grimasse erblicken, mit rotgeriebnem Auge – achja, Heuschnupfen! –, und Ihre exklusiven Martern von außen aussehn, als ob Sie bloß miese Laune hätten, unfein zerfurcht, nicht sehr empfehlenswert.

*Tip Nr. 11: Sehen Sie getrost anders aus als ein Genie!* – Das ist schon manchem so gegangen. »Aber der sieht doch gar nicht aus wie ein Mörder!« Oberinspektor Derrick mit erfahrungsgesättigtem Blick: »Wie sieht denn ein Mörder aus?« Mach dir kein Bildnis. Zwar trifft jede Schoko-Seite im WC-Spiegel immer wieder mal mit guter Beleuchtung glücklich zusammen, dennoch gelingt's kaum einem, rundum wie Herbert von Karajan auszusehen, oder wie Elitedichter Stefan George, der schier einen noch kantigeren Dantekopf als Dante trug. Hingegen hat sich manch ein Halbgott mit dem Aussehn schwäbischer Balladendichter zu begnügen, à la Uhland, oder dem Aussehn des meditativen Composers Morton Feldman. Mein Ex-Kunstprofessor, Herbert Malecki, der übrigens wie Goethe ausschaut und von Adorno eine Abfuhr erhielt, als er auf gemeinsamer Zugfahrt von Frankfurt nach Mainz neben dem Denker zu sitzen begehrte, erzählte mir auf einer Bahnfahrt von Mainz nach

Stuttgart: »Adorno hat ausgesehn wie mein Stromableser.« Nicht das mindeste Indiz soll zu sehn gewesen sein, daß in diesem Kopf anderes als in beliebigen Nachbarköpfen vorgehe. Allenfalls an den Eulenaugen hätte man – mit viel gutem Willen und einschlägigen Vorinformationen – einen Hauch Auserkorenheit ablesen können, aber nur ein wenig, mehr nicht, falls überhaupt. Anderes Beispiel: Auf der Hamburger Sitzung des PEN-Clubs 1949 saßen zwei Dichter nebeneinander, die exemplarisch unter der Unvorteilhaftigkeit ihrer Angesichter litten: Hans Henny Jahnn (»Mir fehlten die körperlichen Abzeichen des Genies«) neben Ernst Penzoldt (»Ich habe mich nie gemocht von Angesicht. Ich habe mir immer ein anderes Gesicht gewünscht. Mich hätte ich nie zum Freund gewählt.«). Albert Vigoleis Thelen nannte sich ein Schulbeispiel von Gegenapollinisch, in einem souveränen Selbstporträt: »Der Schauder steht und staunt / was sich Natur an diesem Mensch gelaunt. / Neandertal? Ein wüstes Boxgenie? / Die Ärzte deuten es mit Prognathie. / Vielleicht ein Mißgriff der Geburtenzange.« So kann hinterfragbarste Mundpartie sich an den Versen, die ihr entströmen, hinaufziehn. Will sagen: Wie auch immer Sie aussehn, Sie werden vergleichsweise gut abschneiden.

*Tip Nr. 12: Gehen Sie nicht vor Klassikern in die Knie!* – Klassiker sahen vor Ort um nichts günstiger aus als Sie! Jeanne Calment aus Arles, 1995 – 120 Jahre alt, fand Vincent van Gogh enttäuschend: »Er war sehr häßlich.« Johanna Schopenhauer fand Christoph Martin Wieland enttäuschend: »Er hat eine französische Physiognomie und kann nie gut ausgesehen haben; jetzt ist er, besonders ohne Brille, ziemlich häßlich.« Schiller fand Goethe enttäuschend: »Sein erster Anblick stimmte die hohe Meinung ziemlich tief herunter, die man mir von dieser anziehenden und schönen Figur beigebracht hatte.« Jean Paul fand Herder enttäuschend: »Er sieht nicht so edel aus, als ich mir ihn dachte.« Johann Friedrich Reichardt fand Jean Paul enttäuschend: »So wenig vorteilhaft auch der erste Eindruck war, den mir sein äußeres Wesen machte –« Die Dame auf dem 100-Mark-Schein fand Adalbert Stifter enttäuschend: »Seine Persönlichkeit hatten sie sich ganz anders gedacht, er sieht nichts weniger als poetisch aus, und sein Dialekt klingt auch wenig dichterisch.« Goethe wär' von Shakespeare enttäuscht gewesen. Beethoven, der doch nun wirklich – trotz seiner Blatternnarben – wie ein Genie aussah, wurde beim Spaziergang vor den Toren Wiens von einem Schupo festgenommen, nur seines fragwürdigen Aussehens wegen, und alle Beteuerung, er sei der berühmte Compositeur Ludwig van Beethoven, halfen so wenig wie Aldous Huxleys Erklärung dem bulligen Sheriff gegenüber, der am Strand von Hollywood eine Landstreichergruppe stellte und sich nicht, obschon Kinofan, überzeugen lassen wollte, daß es sich hierbei um seine Leinwandidole Charlie Chaplin, Greta Garbo und Gary Cooper handelte, sowie um Walt Disney, Edwin Powell Hubble und obendrein Krishnamurti. »So sieht der Beethoven nicht aus!« rief der Polizist, der immerhin ein Bild von Beethoven im Busen trug, und hatte vermutlich völlig recht. Hätt' ein technisches Genie wie Louis Jacques Mandé Daguerre bereits ab 1760 Lichtbilder Friedrich Schillers, der schwäbelnd an Akne litt, herstellen können, sowie des blatternnarbigen Goethe, der beim Lachen bezeugtermaßen gelbe, krumme, schlechte Zähne verbarg, später ein Porzellangebiß trug: Geniekult hätte es schwer gehabt. – In summa: Im Elysium wird also auch nur mit $H_2O$ gekocht und aus Fleisch gebacken. Schaun also auch Sie getrost so verquollen aus wie Jean Paul. Immerhin mußte Ludwig Tieck nach der Begegnung mit ihm zugeben, Jean Paul sei nur halb so häßlich, als er sich das nach den Aussagen Dritter hatte vorstellen müssen. Sobald ein göttlicher Funke in Ihnen wohnt, wird er irgendwie hervorblitzen aus dem Auge Ihrer irdischen Kruste. Wieso wollen Sie bloß anzeigenübliche Attraktivität aufweisen statt Genialität?

*Tip Nr. 13: Vermeiden Sie gutes Aussehen!* – Gina Lollobrigida, Gregory Peck, Gary Grant hatten als Kinostars die Aufgabe, gutaussehend zu sein. Schöpferische Geister wie Alfred Hitchcock hingegen begnügten sich, markant auszusehn. Inzwischen befolgen x Quotenkönige diese Grundregel nicht mehr. Rollentausch fand statt: TV-Koch Alfred Biolek, Oberinspektor Derrick und Blödel-Genie Karl Dall zeigen selbdritt mandibuläre Pseudo-Prognathie à la Thelen, gernzitierte Tränensäcke, zehnmal krassere *Ptosis congenita* als Shree Aurobindo; Hella von Sinnen: Übergewicht; alles also Insignien, Makel, physiologische Minderwertigkeiten im Sinne Alfred Adlers, die bisher nur von hochkulturellen Genien wie Georg Christoph Lichtenberg, Adolf Menzel, Thomas Quasthoff und Lord Byron getragen wurden. Medienhelden werden immer unappetitlicher, Geisteshelden immer vorzeigbarer – unschöne Entwicklung! Denn sobald auch Sie rundum so nett, adrett und appetitlich ausschaun wie Anne-Sophie Mutter, Isabel Allende, Brigitte Kronauer, Irene Dische, Ulla Berkéwicz, Ulla Hahn, Bodo Kirchhoff, T. Coraghessan Boyle, Pierre Boulez, also fast schon wie David Copperfield, der wohlfrisierteste Magier aller Zeiten, gehören auch Sie unweigerlich in den QUELLE-Katalog statt ins Kuriositätenkabinett und Tollhaus von Walhalla!

*Tip Nr. 14: Keine Angst, banal zu sein!* – Genies dürfen alles, also zur Not auch verdächtig unerwachsen sein, so stromlinienförmig wie ihre eigenen Zielgruppen. Zumal manch Genietat bereits darin besteht, wortreich im Waschbecken der Banalität zu versinken. Schätzen Sie den wundersam unversieglichen Quell aller Kunstwerke – des Namens Bodenhaftung – nicht gering! Jeder Geistesriese, der tagsüber in sechszehnstimmigen Tripelkanon-Motetten wohnt, atmet erfrischt auf, wenn er aus den Bergeshöhen seiner hochverkopften Verstiegenheiten nach Feierabend eintauchen darf in ein kleines, unverkrampft vor sich hingeträllertes Mitpfeifliedchen.

*Tip Nr. 15: Keine Angst vor Athletentum!* – Alle klassischen Versuche, Genies physiognomisch einzugrenzen, treffen dank der vielen Ausnahmen mehr als oft ins Weiße. Ernst Kretzschmers Theorem, Genies seien leptosom oder phyknisch geformt, fast nie athletisch, hört sich inhuman an, fast rassistisch, also Vorsicht. Just fällt zwar auch mir kein hochgenialer Arnold Schwarzenegger ein bzw. kein Philosoph, der so blendend durchtrainiert wäre wie Auguste Rodins Meisterwerk »Der Denker«, doch kann das ja noch kommen. Auch Schopenhauer ging mit seiner These, Genies trügen auf dem Rumpf einen möglichst kurzen Hals, auf daß das Blut auf dem Weg vom Herzen ins ständig arbeitende Großhirn keine Zeit verliere, an all den rasseldürren und langhalsigen Komponisten von Hermann Hesse über Kafka bis John Cage einigermaßen vorbei ... unwillkürlich zieh ich meinen Hals ein ... und schon sitz ich als Frosch herum, wenn nicht gar als Stiernacken ...

*Tip Nr. 16: Legen Sie sich einen Stiernacken zu!* – Dicke Haut und Ellbogen, die Hauptorgane erfolgreicher Stiere, gewähren Standfestigkeit, kerniges Auftreten, frontales Zupacken. Ohne Mumm und Power kann die eigene Welt im Kopf nicht effektiv nach außen durchgeboxt werden, im Hickhack heutiger Märkte. Bereits himmelstürmende Original- und Kraftgenies fuhren ab 1770 stürmend und drängend beim kleinsten Anlaß eruptiv aus allen Nähten und wollten ihre Non-stop-Begeisterung selten gesittet dämpfen. Mythischer Stammvater: Herkules. Prototyp neuerer Zeit: Balzac. Weibliche Variante: Hella von Sinnen. Berufsrichtung: Meisterkoch. Unter uns: Ich persönlich wäre natürlich lieber alles andere als ein Stier ... meinem Nervenkostümchen riecht das zu stark nach Hemingway ... eher stünde mir ein Schwanenhals zu Gesicht ...

*Tip Nr. 17: Werden Sie Sensibelchen!* – Stehen Sie zu Ihrem weichsten Kern. Summen Sie das lyrische Gegenthema ins machohaften Gestampfe dieser Welt. Lassen Sie sich in Ihrer Zartbesaitetheit nicht stören am Aufschrei aller Rotbäckchen und Stiernacken: »Warum bist du nur immer so blaß!« Verbeißen Sie sich neurasthenisch in sich selbst, in all Ihre Mimosi- und Animositäten! Ihr Prototyp: Prinzessin auf der Erbse. Männliche Variante: Hamlet. Berufsrichtung: Hungerkünstler. Andererseits: endlos in den eigenen Untiefen wühlen, um alldort nichts zu finden als progredierende, paralysierende, wenn auch inspirierende Antagonismen, Ambivalenzen, Ambiguitäten und Aporien ... die Suppe in Kauf nehmen für das Haar in ihr ... Zuck als Mimose zusammen und guck dir trotzdem beim Stiernacken ab, wie man als Vulkan ausbricht! Sei obenrum zerbrechlich, aber untenrum unverwüstlich. Äußerst zartbesaitet in deiner Kunst, aber äußerst dickhäutig bei deren Durchsetzung! Oben Fittich, unten Hufe – Pegasusanatomie, zerrissen zwischen Weihnachtsengel und Industrieroboter!

*Tip Nr. 18: Saugen Sie Musenküsse herbei!* – Sagen Sie nie, Busenwunder seien kein Genie! Hochgenial schwappende Zusatzleistung engherzig ausklammern – Anmaßung! Hinter ihrem Busen tritt Dolly Buster bescheiden zurück wie der Meister hinter seinem Werk. Ohne Busenwunder kein Musenkuß! Dolly, strotzendes Sinnbild aller Doppelbegabungen! Dolly, du überspendabel Überströmende, du als Mama Ganga weitverzweigt über alle Ufer Tretende, du per Füllhorn Ausschenkende, du an jedem kläglich bebrillten Düsentrieb weitgehend Vorbeiküssende, du Schutzpatronin aller leptosomen Fotografen auf Motivjagd, aller unrasierten Comic-Stripper, aller Robert-Crumb-Figuren, die als Busengrabscher im Schlagschatten solch mythologischen Busens durch New Yorker Jagdgründe hecheln: ohne Musenkuß zappelt der Genius aufgegeilt und abgenabelt auf dem Trocknen! Bevor er Genius wird, hat er auch nur einen Normalbusen, oft ein Waschbrett, und läßt sich von geistigen Vätern – von Modezaren, Silikonproduzenten und Schönheitschirurgen – einreden, daß nur ein großangelegtes, in sich gerundetes Meisterwerk ins Rampenlicht der Kulturtragenden führe. Denn am Silikonbusen geht Natur in Kunst über. Also: Schmiegen auch Sie Ihr Köpfchen an den Busen der Natur! Und saugen Sie gleichzeitig am Euter des Geistes! Und vergrößern Sie nebenbei Ihren Busen!

*Tip Nr. 19: Von fehlendem Talent nicht kleinkriegen lassen!* – Falls Ihre verborgenen Talente zögern, sich hervorkitzeln zu lassen – zur Not geht's auch ohne. Talentmängel lassen sich ausgleichen mit Hemmschwellenabbau beim Minimum-Vorzeigen. Haben die Verpackungskünstler Christo und Jean-Claude Talent? Hatte Fett- und Filz-Künstler Joseph Beuys Talent? Man wird es nie erfahren. Seit zwei Punker, die aus Versehen in eine Kunstausstellung gerieten, sich sofort wieder verdünnisierten, aus Schiß, man würde die geplatzten Farbbeutel und demolierten Objekte ihnen anlasten, heißt die Parole: Talentfrei und trotzdem fleißig und gefeiert drauflosproduzieren, das macht Ihnen so schnell keiner ... das macht Ihnen zwar jeder nach, Sie aber holen jeden Vorsprung auf! Heiliger Henri Rousseau! Du machtest naive Malerei salonfähig. Du warst ungefähr einer der Ersten, deren Genius just darin bestand, ohne Talent unverwechselbare Meisterwerke der Kunstgeschichte hinzulegen. Auch Vincent van Gogh wurde berühmter als Jean François Millet, dessen hochgeniales Landmann-Gemälde van Gogh höchst ungenial kopierte. Damals, in Gotik und Spätromantik hätten Sie nicht mal das Atelier Ihres Meisters ausfegen dürfen, heute brauchen Sie – statt zu malen – bloß zu provozieren. Talente werden unterdessen von der Werbebranche absorbiert.

*Tip Nr. 20: Stehen Sie zu Ihrem inneren Kind!* – Lassen Sie Antonio Salieri links liegen, diese todernst um höchste Werte ringende Respektsperson! Gickern Sie jederzeit so unkontrolliert herum wie Blödel-Amadeus, unmotiviert, so dämlich, im gleichnamigen achtfach ausgezeichneten Oscar-Kinofilm des amerikanisch-tschechischen Kultregisseurs Miloš Forman! Keine Angst vor neuer Naivität! Frei nach der Regel: Kinder sind kleine Genies. Frei nach Peter Pan, der nie erwachsen werden wollte. Frei nach Albert Einstein, der auf fast jedem Poster seine Zunge bis zum Einrast-Anschlag herausrenkt!

Was sind Erwachsene? Langgeratene Kinder! Verteidigt die verschwundene Kindheit! Werdet wie die Kindelein! Bleibt auf BRAVO-Ebene kleben! Kippelt und zappelt beim Essen herum! Nervt eure Eltern und entlarvt »Goethe & Dante« als Vaterersatz! Scheißt Windeln voll! Keine Angst vor neuer Infantilität! Frei nach der Regel: Genies sind große Kinder. Regrediert wie Blechtrommler Oskar! Was sind Kids? Fiese, kleinwüchsige, vorerst knapp verhinderte Erwachsene, die nach Möglichkeit bereits mit zwölf qualmen, rammeln, windows öffnen. – In summa: Werdet bloß nicht wie die Kindelein! Verleugnen Sie Ihren inneren Balg so oft wie möglich!

*Tip Nr. 21: Seien Sie öfters mal unsympathisch!* – Kultivieren Sie nicht nur Ihre Schoko-Seite! Das haben Genies so an sich. Man gilt als schwierig im Umgang. Hauen auch Sie Ihren Ansprechpartnern unparfümiert auf den Tisch, all diesen ahnungslosen Ausstellungsmachern, Programmveranstalterinnen, Kulturdezernentinnen, Konzertmanagerinnen, Galeristinnen, Pressesprecherinnen, Agenten, Mäzenatinnen! Heftiges Gefühlsleben läßt unsereins immer wieder keine Wahl. Machen Sie sich nicht verdächtig, pflegeleicht zu sein. Runter zuallermindest mit Schlips und Brille! Duz all diese Säcke und Schnepfen in Grund und Teppich! Stiefele und tigere hemmungslos quer durch Festspiele, Filmwochen, Weltausstellungen, Sektempfänge, Vernissagen und Kunstmessen, als Miesepeter, als bleicher Verbrecher, Schlabber-Look, Buddel in der Hand, Bauch! So wunderbar unsublimiert wie Gérard Depardieu, Rainer Werner Fassbinder, Rolf Schwendter, Sokrates, Oswald von Wolkenstein, Jean Genet, Klaus Kinsky, Wolfgang Hilbig, Rembrandt und Raskolnikoff! Roll over Harry Mulisch, diesen optisch hochappetitlichen, hochzivilisiert, geradezu vergeistigt ausschauenden niederländischen Romancier, der an seinen deutschen Kollegen beanstandet hat, die täten immer so verlottert herumlaufen. Roll over Ex-Kanzler Helmut Schmidt, den bestangezogensten Mann des Jahres '73! Ein Lektor, der von dem österreichischen, in Paris lebenden Dichter Peter Handke geohrfeigt wurde, wusch sich drei Tage lang die Wange nicht. Mangelnde Manieren wird man dir als persönliche Note bejubeln! Und noch was: Krähe vor allem nach höheren Honoraren! Nein, das lieber doch nicht. Sonst gehörst du nur zum Mainstream deiner erfolgssüchtigen Kollegen, degradiert zur Tarifpartei, zum Bergarbeiter mit berechtigten Lohnforderungen! Lieber unbezahlte Menschenwürde als 2% Lohn mehr, dafür aber die Schmach, ein offenes Maul in die Kamera gehalten zu haben.

*Tip Nr. 22: Leg dir nützliche Idioten zu!* – Ruf Pflegeinstinkte wach! Laß dich nicht nur von geistigen Vätern ummuttern, sondern vor allem von – egal von wem, Hauptsache, nicht du selber stehst im DELTA-Markt Schlange. Das spart Zeit. Ohne Sklavenhaltergesellschaft kein Sokrates. Ohne tieferstehende nette Haushaltsmaschinen null Hochkultur. Schaff dir 'ne Tante Müller an, die deine Noten abschreibt, deine Leinwände spannt, deine Zwischenfassungen in den Copyshop trägt, Reparaturprogramme einlegt, um abgestürzte Dateien zurückzuholen. Widme deine Kataloge, Privatdrucke, Flötenduette deinen Pflegeeltern, deiner Lebensabschnittsgefährtin, deiner Flötistin. Nach und nach Flüsterpropaganda aufbauen! Zwischenhändlern den Mund wässrig machen auf die von Tante Müller ausgestreuten Legenden über dein Privatleben. Bau den Nutztier-Stammbaum stufenweise auf: zuerst Jüngerinnen, Dienerinnen, Verdienerinnen, Geheimsekretärinnen, Nebenfrauen, Leibärztinnen, Steuerberaterinnen, Image-Beraterinnen, Therapeutinnen, Kärrner, Helferlein, Erstleserinnen, dann die Apostel und Evangelistinnen, als da wären: enthusiasmierbare Rezeptorinnen, Macher, Multiplikatorinnen, Claqueure und Claqueusen, Lektorinnen, Sammler, Juroren, Doktorandinnen, schließlich letzte Instanzen: Groß-Päpste, Ehrendoktorvergabegremien, Lexikon-Redakteure, Biographinnen. Werde Jahrhundertgestalt! Krieg dein Handy nie wieder von der Ohrwatschel weg! Laß dich nicht enervieren von Bodyguards, Terminatoren, Stuntmen, und nicht von Tante Müller! Und dich nicht von der Vision beirren: Undankbar übersättigter Nachwuchs schlägt sich um deinen Zaster und reitet dein Imperium – jahrzehntelang mit harter Faust zusammengeschweißt – dann doch nur wieder in den Dreck ... falls mein Trust aus Drehstuhlfabriken usw. nicht schon zu Lebzeiten den Bach runtergeht, quer durch alle Kursschwankungen im Moloch der Dollarstürze untergurgelt –

*Tip Nr. 23: Reit auf deinem Namen herum!* – Unverwechselbarer Ton, der deinen Pressemappen vorausfliegt, genügt nicht. Unterschlag nie deinen Namen, so unzureichend er zunächst auch klingen mag. Die Quote seines blanken Erklingens umflort und steigert jeden Friedrich-Otto, den du bitte überall hinstempelst! Das Hauptwort schaukelnder Kleinkinder lautet nicht »Mama!«, sondern: »Nochma!« Bevor dein Name nicht 5000 x erwähnt wurde, bist du nobody. Keine Ewigkeit ohne Eintrichterung. Irgendwann wird er hier und da nicht wieder vergessen werden, jedenfalls nicht eher als der Name Alzheimer. Auch Klee, Strauß und Böll klangen anfangs wenig imponierend. Selbst ich bin dieser Automatik unterworfen: Wenn ich zitiere, dann Paul Valéry und Hildegard von Bingen und nur in Ausnahmefällen Herrn

Burgauner, der sich berechtigt hält, den Ex-Dadaisten Walter Serner zu verachten: »Wer es nicht geschafft hat, im Laufe von 30 Jahren intensiver professioneller Beschäftigung mit Literatur bei mir sich einzubrennen, der kann einfach nicht wichtig sein, tut mir leid!«

*Tip Nr. 24: Komponiere, bossel, fummel, löte!* – Alle beneiden dich um deinen freischaffenden Künstler. Du brauchst dir morgens keinen Wecker zu stellen. Du hast jeden Tag Wochenende und zu jeder Jahreszeit große Ferien. Schön wär's! Genau umgekehrt: Nie kommt großes freitägliches Aufatmen auf mich zu, kein Feierabend, kein Sonntag, kein Ostern in Sicht. Denn ich kann zwischendurch nicht einfach abschalten. Weiterkomponieren, weiterbosseln, weiterfummeln, weiterlöten. Und umgekehrt: löten, fummeln, bosseln, komponieren. Kreise mit unangemessenem Nachdruck um deine gesammelten Werke, auch wenn noch nicht soviel da sein sollte. Wird sich schon was ansammeln. Sobald du den Förderpreis der Steiermarker Schwerindustrie im Sack hast, kannst du Schubladenwerke nachschieben. Nachts, die Faust in zerwühlter Frisur, sitzt du am Lämpchen! Proste dir im Spiegel zu! Grinse dich unverwandt an! Ausgeglichenheit gar nicht erst aufkommen lassen! Bleib am Ball. Frühpensionierung ist nicht dein Ding. Sei pausenlos tätig. Sei von dämonischem Fleiß. Sei besessen. Ständig die Fingerchen bewegen, ja, dieses hier, und jenes auch, auch wenn die Geige zwischendurch im Kasten zu ruhen scheint! Mit und ohne Stimulanzien, bei jedem Wetter! Küre deine Einfälle zu Wahnideen; auch dann, falls es sich um Schnapsideen handelt. Bind dir Scheuklappen um, um nicht abgelenkt zu werden. Drechsle wochenlang an einer Stegreif-Formulierung! Zwischendurch kurz durchatmen, den erhitzten Schädel in die Nachtluft hängen, dann zurück in den Mief. Auch beim Essen weiterknabbern an deinem Gedankenstrom! Beim Kacken an neue Acrylfarben denken, beim Koitus an neue Notationstechniken! Später dich mit Sehstörungen aufs zerwühlte Bett schleppen, die Pinsel nicht loslassen, im Schlaf am rötesten Faden weiterträumen, an Knotenschürzung und Schlußchor, am herandonnernden Delta des dritten Satzes! Gischte auf! Schwappe über! Mach was! Fragt sich nur: Wo ist hier der Leise-Knopf? Pst! Ich möchte dir nämlich nicht dauernd reinquasseln, dich keinesfalls stören beim Komponieren, Bosseln, Fummeln, Löten...

*Tip Nr. 25: Sei asozial!* – Wenn's mittendrin klingelt, zuck inadäquat zusammen! Geh nicht dran. Mach nicht auf. Häng 3 Pfund Neurotik raus! Die gehören nach wie vor zur Grundausstattung! Als Randverzierung deiner Vita! Als Schmankerl fürs potentielle, weitentfernte, desinteressierte Publikum! Verfolgungswahn ist immer gut. Hauswirte, unpassende Sexpartner, Rivalen spielen hier jederzeit gern mit. Daran können auch die vielen verdächtig ungefährdeten Geister nicht rütteln, von Bach bis Böll, von Joseph Haydn bis Albert Schweitzer. Das scheint nur so. Psychische Gesundheit gibt's praktisch nirgendwo. Einen Knacks hat seit Vorsokrates jeder irgendwo weg, also du auch. Mach dich rar. Reduziere Kontakte. Pflege ausschließlich karrieredienliche Kontakte. Derweilen diese dich vollquasseln, höre weder denen noch dir selber zu, sondern zeichne nebenbei am Reißbrett weiter.

*Tip Nr. 26: Kultiviere dein Reinkommen!* – Bevor du drinsteckst im Komponieren, Bosseln, Fummeln, Löten, mußt du reinkommen. Isoliere dich, um reinzukommen.

Alle, die dich hiervon soeben ablenken, sind selber nie drin, du aber hast reelle Chancen. Frage nicht: wo hinein eigentlich? Nur unangetippte Seelen unken barbarisch vom »Mysterium des Schaffensprozesses«. Und wenn du drin bist, gilt es, dich vorerst nicht wieder rausschleudern zu lassen. Sobald Fliegen weitersummen, bist du noch nicht richtig drin. Und sobald sie wieder lossummt, hat sich dein Zustand verdünnt und du bist so gut wie draußen. Das Drinsein, trainier's dir an wie eine Meditationstechnik. Setz keine Viertelstunde lang aus. Halte dein Drinsein über Tage hinweg fest. Ignoriere Pinkelpausen.

*Tip Nr. 27: Pflege linke Hände!* – Kein Wunder, daß du schon nach kurzem an einer Partymischung aus Abwesenheit und Schusseligkeit leidest. Individuell dosiert, hat's noch keinem Genius geschadet. Laß ein Sektglas fallen, schon bist du lästiger Realität weitgehend abhanden gekommen. Hauptsache: ingeniöse Saxophon-Begleitung! Nirgendwo ein Zebrastreifen, über den du bei Rot nicht stolperst. Statt über kommunale Kulturämter, Belegexemplare, Projektanträge und international renommierte Kunstzeitschriften fachsimpelst du über die Mandelbrotsche Pfuschflocken-Füllkurve, zack, hast du den infantilen Hans-guck-in-die Luft hinter dir gelassen und bist seriös angelangt in den Sphären der Abgehobenheit.

*Tip Nr. 28: Blick in eine andere Welt!* – Mißtrau' all den Phantasielosen, denen nichts einfällt als immer nur in die Realität zu flüchten. Bekämpfe jedes Faktum als Feindin der Wahrheit. Du bist nicht von dieser Welt, sondern selber Weltenbauer. Achte als Wachspuppenbildhauer drauf, daß deine Welt der vereinbarungsgemäß vorliegenden Welt nicht täuschend ähnlich sieht. Deine Welt braucht nicht tausendmal bunter und räumlicher zu sein als die übliche – 1,9 cm Abweichung genügen, und schon liegen deine und andere Welten Lichtjahre auseinander. Oder umgekehrt: Du siedelst dich in einer Welt an, die um 2 cm leerer und trister ist als die übliche Welt, Hauptsache anders. Andererseits: guck lieber doch nicht hinein! Fernsehgegner warnen: Alles voll Fettnäpfchen! Dr. Rudolf Steiner und Perry Rhodan blicken nachweislich in äußerst andere Welten als andere Leut. Aber was bringen sie von dort mit? Ihre tollpatschigen Schundheftchen, Schemazeichnungen, Wahrspruchworte, Mysteriendramen, Ahriman-Holzplastiken zählen nicht grad zur Weltliteratur.

*Tip Nr. 29: Fahr als Kentaur mindestens zweigleisig!* – Weltfremdheit und Phantasie allein genügen nicht. Sonst hängt bloß ein Träumer herum. – Abweichung von Standardgenialität allein genügt nicht. Denn kaum weichst du 3 cm zu sehr ab, wirst du absolut allen vollkommen unverständlich. – Naivität allein genügt nicht. Sonst fehlt's an Geduld und Power, so lange zu drücken, bis endlich das große Ei gelegt ist. – Ausdrucksdrang und dämonischer Fleiß allein genügen nicht. Ohne entsprechende Gestaltungskraft verpufft das alles zwischen Notizblock und verstopften Müllschluckern. – Gestaltungskraft allein genügt nicht. Vorsicht: Formalismus! – Edle Melancholie allein genügt nicht. Sonst sitzt nur ein Trauerkloß am Tränenkrüglein. – Stiernacken allein genügt nicht. Sonst wird erbauliches Schattenboxen zu brutalem Auatsch! – Mimose allein genügt nicht. Sonst verblutest du an Nadelstichen oder läßt vor lauter linken Händen den Hammer fallen, den du brauchst, um das Monument deiner Sensibilität zu errichten. – Genie allein genügt nicht. Sondern ein Riesenquantum Durchschnittlichkeit muß mitmischen, im Schmelztiegel der Attribute. Sonst geht Bodenhaftung flöten. Wer sich selber nicht ab und zu absolut widerlich findet, wächst selten über sich hinaus. Widersprich erst andern, dann dir selbst, dann wieder andern. Spalte dich auf. Bei geschlossenen Augen meldet sich zunächst – niemand. Und dann eventüll ein Alter ego, das leicht von dir abweicht. Unwahrscheinlich, daß dir gleich der Sanctus Spiritus eine Apokalypse in die Binse diktiert, wie 160 n. Chr. im touristisch damals noch kaum erschlossenen Mittelmeerparadies Patmos. Vielleicht meldet sich der Geist des Widerspruchs. Wohnort: dein Hirn, oft verkümmert, oder auf den Etagen stänkernder Zwischenmenschlichkeit tätig. Personifiziere ihn, auf daß er sich präziser melden möge. Und schon wird monotoner Gregorianik-Gesang zweistimmig, dein Monokel wird zur Brille, die Eckpfeiler deiner Gesamtperspektive rücken fruchtbar ausein – dagegen wehr ich mich entschieden! Das wär mir unheimlich, mich beobachtet zu fühlen. Wer will schon schizophren werden! Nicht daß ich in der Klapse lande! Mit mir nicht! Reite als Kentaur aus! Genau wie der »Leck mich!«-Stift von Chupa Chups! Halb Kuli, halb Lutscher, absolut paukersicher! So unstet wie zäh, so launisch wie verläßlich. Jägerin und Sammler in einer Person! Hör abwechselnd Bee Gees und EXVOCO im Stau zwischen Brackwede und Famagusta, abwechselnd Sonette an Orpheus, Greenpeace-Report, Asien erwacht – plötzlich fühl ich den Drang, dir eins meiner intimsten Geheimrezepte zuzuraunen... anwendbar auf jede Kunst... bist du bereit, es zu vernehmen? Stell die Türklingel ab. Wirf Kissen aufs Telefon, laß die Jalousien runter, schnall dich an, reinige mit handgeschnitztem Ohrlöffel deine überfrachteten Gehörgänge... atme aus... und lausche meinem Rat, unter einer Bedingung: daß du ihn für dich behältst! Nicht daß ich bald überrollt werde von den Werken derer, die anhand des folgenden Tips gewaltig aus dem Unterholz hervorschießen. Mein effektivstes Kochrezept also lautet – und bitte nicht enttäuscht sein; es hört sich recht unscheinbar an: Sei sprunghaft! Nimm zwei Gattungen, Zustände, Themen, zwei verkrachte Typen, oder auch Lebensphasen eines Typs, inkompatible Charaktere – Herrn Kleinlaut & Frau Größenwahn! Pegasus & Beutelsau! Samthase & Odradek! Inspiration & Perspiration. Levkojen & Jauche! LSD & Odol! Buddha & Dornröschen! Videokonferenz & Diätwoche! Spring zwischen denen hin und her als spastisches Känguruh! Sei flutschendes Glied zwischen Hin und Her! Heb den Schein-Unterschied von Dada und Katholizismus fleißig auf! Falls du biologisch Mann bzw. Frau bist, päppel und bedränge deine Anima bzw. Animus so lange, bis beide nicht mehr wissen, ob sie Männchen oder Weibchen sind! Verschmilz die Pärchen auf engstem Raum, mit und ohne Zweikomponentenkleber! Dann alles ausnanderquirlen, dann wieder koinzidieren lassen, dann wieder auseinander, und das pro Aktion so auf einmal wie möglich! Frag zwischendurch keinesfalls: »Und das soll alles sein?« Zappe zwischen Großhirn, Sehhügel, Wanderniere und Achillesferse unkoordiniert hin und her und hin! Begrüße den Juckreiz am Ohr und die Farbe Rot mitten im Gesicht! Übergieße dich mit Nessel-, Reise-, Sumpf-, Rekordfieber, Nieselregen, Lampenfieber sowie ganz nebenbei mit erhöhter Temperatur. Dein Stammvater heiße Proteus, dein Wappentier: Chamäleon. Schließe die Augen, wenn blinde Flecke um die Ecke glotzen, mache sie im Orgasmus nicht zu und öffne sie mitten im Tiefschlaf. Vergälle dir jeden gelungenen Moment mit –

*Tip Nr. 30: Unterbrich dich permanent selbst!* – Schiebe dir, während dir eine Duisburger Elegie entströmt, einen angebissenen Cheeseburger ins Maul. Laß, während du von einem Seepferdchen mit Grünspanhelm träumst, das aus dem Wundwasser des Wundtrichters deines Oberschenkels allerliebst auftaucht, die Zeugen Jehovas bei dir Sturm läuten! Verkneif dir nicht –

*Tip Nr. 31: Doppelbegabung genügt nicht!* – Kant und Mozart waren leider – im Gegensatz zu Günther Grass und Robert Gernhardt – keine Doppelbegabungen. Wer malen und obendrein schreiben kann, rede sich im Zeitalter der Gattungsverfransungen nicht raus, er könne weder Cello spielen noch Tiefdruck-Lithos machen. Wer nur eins davon hinkriegt, ist bloß Drittelbegabung. Immer schön skeptisch bleiben: Wer einmal Bestsellerautor und Semiotiker Umberto Eco in blauer Monteurshose vorm Notenständer total falsch atmen und hierbei Blockflöte spielen gehört hat, ist für immer geheilt von aller Doppelbegabung. Dann lieber Tiefdruck-Lithos machen!

*Tip Nr. 32: Halte Momente fest!* – Sammle Snapshots ein! Glaub nicht ans Armutszeugnis all derer, die beteuern, lichtdurchleckte Hügellandschaft sei unmalbar, im Traum gehörte Windharfen unvertonbar, und Unbeschreibliches sei unbeschreiblich. Widerlege Paul Valérys ausweglose Notiz: »Was sich nicht festhalten läßt, ist nichts. Was sich festhalten läßt, ist tot.« Halt's trotzdem fest, auch falls der Aurorafalter, der im Licht aufblitzt, abends als graues Würstchen im Schmetterlingskasten krümelt. Renn mit Nachtsichtgerät durchs Unterholz, um das Abendrot, das heut aus Wettergründen ausblieb, eventüll doch noch einzufangen! Laure jahrelang, um die Fliege auf der Glatze des Milliardärs einzuklicken! Leg dich an den Strand, Augen zu, Skizzenblock im Hinterhalt, und guck, ob du noch einmal dir selber als Kind dort zu begegnen vermagst, zumindest auf imaginärem Wege, statt Strand – eher ein Gestade, und die Nordsee eher ein Quecksilbermeer – tatsächlich, dort kommst du dir nochmal entgegen, dreijährig, als Fotozitat von 1956, doch in Farbe, in gelbrotem Spielhöschen, seltsam ausgebleicht, nur noch schwach lächelnd; denn der bläuliche Hintergrund der Mona Lisa, auf den du als Kind aufgezogen wurdest, blättert grünlich ab, alles schnell abzeichnen hilft nichts, da auch dein Block bloß aufs gemalte, uralte Gestade aufgemalt wurde... da! Da hinten rennt Jojo herum! Mit Fotoapparat! Vielleicht könnte der die liebliche Szene einklicken, auf daß du wenigstens hinterher die lila angelaufene Oldie-Fotografie herumzeigen kannst, und überall Show machen: »Ich habe mich selber getroffen!« Doch auch über Jojo laufen bereits die Risse, ganze Partien lösen sich flächig ab, der Dreijährige verblaßt, südlich der Sandbank drückt deine Blase, der Schlaf verdünnt sich, und auch dieses Mal gelang es dir nicht, dich selbst über den Moment allgemeinen Abblätterns hinaus noch ein paar Sekunden lang hinüberzuretten in die provisorischen Produkte deiner untauglichen Festhalte- und Verlängerungswünsche... das träumte ich 1971, schrieb's mehrmals auf, mit immer umkreisenderen Worten... malte es, vertonte es... alles umsonst...

*Tip Nr. 33: Lebt nicht umsonst im Atomzeitalter!* – Zerlegt alle Elemente eurer Kunst in kleinstmögliche Einheiten und setzt sie neu zusammen. Mehr ist keinesfalls zu tun. Und schon riecht ihr 3 Meilen gegen den Wind kaum noch nach jenen 200 000 Standardgenies, die lebenslang nicht zu eigenem Stil kommen, weil sie beim Atomzertrümmern bereits bei Makromolekülen stehn bleiben, bei Dreiwortkombinationen bzw. Farbklängen, z. B: »blickte sie unverwandt an«, »sich des Eindrucks nicht erwehren«, »sog den betörenden Duft ein«. Unterzieht die Teilstücke einem brandneuen Lackmusstreifen-Test! Seid, statt bloß Physiker, auch Chemiker! Werdet Kernphysiker, die haufenweise Metaphysiker hinter sich lassen! Nicht umsonst wurde der Zwölftonkomponist Arnold Schönberg zehnmal weniger berühmt als der hochmusikalische Relativitätstheoretiker Albert Einstein. Diesen Tip bitte nicht nur befolgen, sondern überbieten!

*Tip Nr. 34: Seid sowohl eso- wie exoterisch!* – Diesen Tip gab bereits Goethe, am Beispiel von Zauberflöte und Faust: 1 cm unter gefälliger Oberfläche – Bodenlosigkeit! Wem kein Abgrund durchschimmert, mangels Tiefe, dem welkt bald die Schokoseite vom Gesicht runter, und wer keine Brückchen mit Glöckchen über den Abgrund zu spannen vermag – mangels Glöckchen –, der sitzt im luftleeren Festsaal, einsam bei Kartenabreißerin und Garderobenfrau, und keiner ruft: »zu elitär.« Sorgt für ein gesundes Fifty-fifty aus Monologue intérieur und wucherndem Stimmengestöber: im Parkett wieherndes Klatschvieh, und oben, in den Logen außerhalb des Theaters: olympisches Augurenlächeln, im Engelschor ein einzelner aufhorchender, sich herabneigender Engel, nur einer, sonst keiner, dessen zögernder Applaus durch die – von Stephen Hawking nur partiell ausgeleuchtete – kosmische Nacht rieselt.

*Tip Nr. 35: Seid getrost unpünktlich!* – Wer mit Preßwehen in die Geburtsklinik gehetzt kommt, hat nicht in jedem Fall das Kind bereits gezeugt. Reibt also der dpa nicht stets sofort jeden unausgebrüteten Furz unter die

Nase. Ihr könnt noch so verfrüht bis überpünktlich mit eurem Novum aufs Patentamt Berlin rennen, so oder so trefft ihr schon im Fahrstuhl fünf Mitstreiter, die ebenfalls soeben das Telefon erfunden, Aids besiegt oder tief im Schlund neue Obertöne entdeckt haben. Sieger ist zwar immer der, der als erster den Plattfuß auf den Mond setzt, macht euch aber deswegen nicht zum Narren, sondern vertraut auf Charles Lindbergh, Goethe und Columbus, die weiterhin als Ozeanüberquerer, Zwischenkiefer- und Amerikaentdecker gelten, obwohl die diesbezüglichen Palmen eher dem US-Army-Corps-Piloten John Mac-Cready, Amerigo Vespucci sowie Lorenz Oken gebühren, deren Zwischenkieferknochen darüber hinaus auch noch von dem Anatom Justus Christian Loder entdeckt wurden, sowie von Galenos von Pergamon im 2. Jh. n. Chr. Ferner darf ich hinzufügen ... tuschel tuschel ... pst! ... dieser Tip ist uns viel zu zweischneidig. Da soll offensichtlich unser Schritt auf dem Weg zum Patentamt verlangsamt werden, derweilen der scheinheilige Ratgeber vielleicht seinen Schritt beschleunigt, um mit seinem Telefon eher dort zu sein als wir mit unserm Telefon?!!

*Tip Nr. 36: Landet einen Hit!* – Ohne Mona Lisa, Bolero, Lolita, Parfüm, Sofies Welt guckt keiner aus dem Froschteich je hervor. Einmal im Leben braucht ihr einen Hit. Schaut herab von hier oben auf ihn – eine Etage tiefer wimmelt nichts. (Wo?) Zwei Etagen tiefer – immer noch lange nichts. (Uff, geht das tief runter!) Und erst dann kommen all die hitsüchtigen Rivalen in Sicht, denen ihr glorios davongaloppiert seid! Zwar wiehert euer erfolgreichstes Zugpferd etwas gröber geschnitzt als sonst, eigentlich unter eurem Niveau, doch siehe: eure Neunte erweist sich als lebenswichtig, um eure esoterischen späten Quartette mitzuschleppen, opus 127 usw. Kostbare

Josephsromane hängen im Schlepptau vergleichsweise magerer Buddenbrooks. Nehmt den Hit eures Lebens gedanklich vorweg! Die Entscheidung kann für alle Beobachter noch so falsch sein: Jeder – sogar der Spötter – spürt instinktgebunden untertänig den Glanz, der den fälschlich Gekürten umweht. Wer keinen Hit haben will, braucht zumindest eine Parole, eine Message, einen Kurztext.

*Tip Nr. 37: Bringt euch auf den Punkt!* – Hieronymus Bosch – Erforscher der Nachtseite. Manuel de Falla – Weltgeltung durch andalusische Folklore. Claude Monet – Vater des Impressionismus. Hugo Distler – Erneuerer der evangelischen Kirchenmusik. – Hans Holbein der Jüngere – Porträtist eines Zeitalters. Karlheinz Stockhausen – Verkünder neuer Klangwelten. Ohne Erkennungsmelodie kommt ihr über eure Anlaufzeit kaum hinaus. Unerkannte Genies – wie Anita Krüger-Bückert und Horst Streugöbel – wären froh, wenn man sie überhaupt einmal in offizielle Schubladen steckte. Sobald sie dann aber drin landen, meutern sie: »Hier gehör ich nicht rein! Man hat mich in eine Schublade gesteckt!« In diesem Knast sitzen fast nur Lebenslängliche. Euer Publikum besteht nun mal aus Buchhaltern. Vom Kainsmal bis zur DLRG-Plakette: alles kaum wieder abzukriegen. Selbst graue Haare helfen zornigen jungen Männern aus der Schublade »Zorniger junger Mann« selten heraus. So sehr es euch gegen den Strich geht, unter einem Hut auf den Nenner gebracht zu werden: sorgt rechtzeitig dafür, daß ihr in halbwegs akzeptablem Topf landet. Nicht, daß ihr als Soldaten nur die Wahl zwischen zu großem und zu kleinem Helm habt. Begnügt euch nicht mit der Etikette »Plaudertasche verblüffender Gelehrsamkeit«, sondern besteht darauf, daß man euch z. B. das Prädikat »Synthetiker abweichender Sichtweisen« aufnäht. Beethoven brauchte nur vier Töne: g-g-g-es, also eigentlich nur zwei, die ersten vier seiner Fünften, und jeder weiß: »Beethoven!« Laotse, Descartes und Nietzsche brauchten jeweils bloß drei Worte, um sich einzumeißeln: »Weich besiegt Hart«, »Cogito ergo sum« und »Gott ist tot.« Heraklit brauchte nur zwei Worte: »Alles fließt!« Noch effektiver wär ein Wort: Christo – Verpackungen! Anthony Perkins: Serienmörder! Georges Seurat: Pointillismus! Ernst Bloch: Hoffnung! Marcel Proust: Madeleine! Heinz Schenk: Äppelwoi! Obelix: Hinkelstein! Jesus: Kreuz! Laotse: Dao! Fred Feuerstein: Jappadappaduuh! Tarzan: Aaaaaooooo! Sobald du deinen Ton gefunden hast, schlag ihn pro Opus neu an, hörst du, genau diesen Ton! Leg dir eine CD mit Prototyp Chopin auf! Komponiere 70 x hintereinander dasselbe Fagottkonzert! Lobt euch Schmalspurgenialität! Kräfte sammeln und kanalisieren! Sitzt im Bohrturm der Intensität!

*Tip Nr. 38: Keine Angst vor Effekthascherei!* – Schleudert ausdauernd ziselierte Klein-, Großodien und Minuziösitäten spontan aus jedem Puffärmel! Greift zu rauschenden Nuancen! Legt unglaubliche Läufe auf euren Bösendorfer! Versteigt euch in hinreißende, in umwerfende, vom Hocker fegende Holzbläsermischungen, auf fast jeder Zunge wollüstig schmelzende! Brilliert auf jeder Ebene, dies gern auch außerhalb eurer Werke! (Was für Werke?) Perfektionismus aus dem Hause Paganini! Farbbrillantes Design der Fernseher von Loewe Concept Plus!

*Tip Nr. 39: Weich ab, egal wovon!* – Falle nicht nur biomäßig weit vom Stamm, vor allem auch stilistisch. Durchsage an alle Standardgenies: Warum schafft's kaum einer von euch, Genie zu sein? Antwort: Weil jeder, der eins sein will, bloß bei umtriebig beknackter, omnipräsenter Durchschnittsgenialiät landet! Freunde, die bringt nicht viel! Weich ab sowohl vom Flair verkannter Genies, wie vom Winkewinke gefeierter Hochtalente und ihrer Anstecknadeln. Iß stündlich Elite-Joghurt! Minütlich! Weich ab von allen, für die es eine echte Herausforderung ist, in ihrer Kunst mit Mut und Kraft zu existentiellem Abenteuer sowie mit Risikobereitschaft ihre Gefühle und Gedanken auszudrücken, inclusive ihre wahren und falschen Sehnsüchte. Und denen Kunst so wichtig ist wie atmen, und die nichts anderes können. Wer nichts anderes kann, kann dank solcher Unelastizität auch das nicht, was er kann. Wer nur Metallschnitzerei kennt, kennt auch diese nicht. Weich ab von allen, die mitten in der aktuellen ästhetischen Debatte die resignierte Flucht aus der Verantwortung nicht scheuen und – unbestochen von narzißtischen Legitimationskrisen, fernab gesellschaftlicher Erwartungshaltungen und beflissenen Kultur-Alltags, jenseits des zusammengebrochenen europäischen Denkens in pseudo-toleranter Wohlstandsgesellschaft – mit Provokation im konstruktiven Sinn, emphatischer Sprachkraft, struktureller Durchdringung und realistischem Klangverständnis an einem zeitkritischen Roman arbeiten, mit autobiographischen Bezügen, sich hierbei – auf der Basis einfachen Ausgangsmaterials – messerscharfer Prosa und musikalischer Semantik bedienen und mit innovativen Form-Vorstellungen und kompositorischen Denkansätzen um die visuelle Transparentmachung ihrer Parameter, Materialaspekte, ja um die Transzendierung dessen in ihren Arbeiten bemüht sind, was als tonales Ausdrucksklischee längst – usw. Weich ab von allen Lyrikerinnen, die ganz in ihrer Lyrik aufgehn und immer nur Lyrik machen, nämlich statt »Die Bäume ha-

ben mir Unglück gebracht« immer nur schreiben: »Unglück haben die Bäume mir gebracht«! Zwischen Lyrik und Hausfrauenlyrik findet sich nur momentweise ein Riesenunterschied – subsumiere gnadenlos jeden Lyriker unterm Kosebegriff »Lyrikerin«. Weich ab von allen, von denen du beim besten Willen immer wieder leider kaum bis überhaupt nicht abweichst. Positiv ausgedrückt:
Verblüffe durch eigenen Stil!
Der will allerdings nicht gesucht werden, sonst klingt er viel zu gesucht. Ziehe eigenen Stil – ohne ihn an den Haaren herbeizuziehn – an goldenen Haaren herbei! Vorsicht jederzeit vor edler Syntax! Sonst werden Unglück die Bäume dir bringen! Und sag mir jetzt nicht: »Klingt gut, dieser Tip, hört aber irgendwie unrealisierbar sich an.«

*Tip. Nr. 40: Kreiere neue Genres!* – Maler malen immer nur normale Gemälde, 120 cm x 87 cm – auf der Leopoldstraße aber sah ich freakige Straßenkünstler dreidimensionale Beutelbilder feilbieten, in deren transparenten Hohlkammern Glitzersand quer durch komponierte Engpässe rieselte, umdrehbare Bilder, extrem neuartig, wenngleich eventüll insgesamt unbeachtet, schöne Mixturen aus Halbrelief, Sanduhr und Normalmalerei. – Komponisten komponieren immer nur programmpunktfüllende Stücke – Karlheinz Stockhausen aber sprengte die Gattung »abendfüllendes Musiktheater« und kreierte »wochenfüllendes Musiktheater«. – Buchautoren schreiben immer nur Bücher – Micky Remann aber knackte sein durch Buchdeckel beengtes Schriftstellerdasein auf und wurde zum Kreator und Patentinhaber seines auf der EXPO 2000 in Hannover vertretenen Unterwasserkonzert-Großprojekts LIQUID SOUND, welchselbigem ich hiermit die Produkt-Idee einer zu entwickelnden Wind-Therapie ergänzend an die Seite in den Raum stellen möchte, sowie eine ebenfalls völlig neuartige Kunstgattung, die von mir hiermit sog. Unterwassermalerei! Tusch! – Künstler insgesamt wenden sich immer nur an Auge und Ohr – Aldous Huxley und Christian Morgenstern aber überlegten an einer Duftorgel herum, ohne eine solche außerhalb ihrer Bücher zu realisieren. – Bauchredner und Bauchtänzerinnen reden und tanzen immer nur per Bauch – warum gibt's keine Bauchsinger und Kopftänzerinnen? – Wasserspiele lassen immer nur farbig angestrahlte Fontänen ineinandergischten – warum gibt's keinerlei abendfüllende Qualmkunst? Sinnig kolorierte, sich ineinander wischende und vernebelnde works in progress, luftdüsenbetrieben, fönabhängig? Warum keine Malerei auf Wasser, mit speziellen, vermischungsgeilen, umweltfreundlichen Belagfarben? Wo bleiben Lebensmittelchemiegenies? Warum immer nur Frucht- und Nußeis, nie aber Gemüseeis? Karotteneis? Brokkolieis! Topinambureis! Curryeis! Zuckermaiseis! Zur Not sogar Fleischeis! Leberwursteis! Hähncheneis! Fischeis! Alle reden von Beutekunst, doch nirgendwo steht ein Beutekünstler auf. Oder: Warum will niemand zu Unrecht ausgestorbene Kunstgattungen aufgreifen und mit neuem Likör füllen? Es muß ja nicht gleich die Heldenepopöe sein. Warum aber nicht der Stummfilm?! Hiermit setz ich die Produkt-Idee des farbigen Stummfilms in die ungeniale Welt! Rat mal, warum ich seit vier Jahren nicht ins Kino ging? Weil die Möglichkeiten subjektiver Kamera auch weiterhin nicht ausgelotet werden. Mein Veto für einen Film, worin der Titelheld die letzte Nebenrolle bekäme, sich nämlich nur zweimal am Tag kurz im WC-Spiegel einen Pickel ausdrückte, verhallt. Sodann vermiß ich seit Jahrzehnten einen Film, zu dessen Herstellung man sich wie Robert Musil 12–30 Jahre Zeit nehmen müßte, so daß man endlich nicht mehr ein Kind, einen Jugendlichen sowie einen Erwachsenen für Dr. Schiwago verbraucht, deren Quasi-Ähnlichkeit unweigerlich und für immer nach Reimnot sieht. Na gut, ich ermäßige meine Forderung auf zwei Jahre: Man drehe einen Film des Titels »Pubertät« oder ähnlich, worin man mit einem Kind zwischen zwölf und vierzehn alle drei Monate eine weitere Szene dreht. Zum Dank für einen solchen Film verzicht ich – voraussichtlich – auf alle Produkt-Idee-Tantiemen.

Sodann: Wo wird Dornach-Architektur, wo Antoni-Gaudi-Architektur, wo Hundertwasser, wo Piranesi weitergebaut oder weitergedacht? Warum entwickelt keiner das anthroposophische Genre der Wattebilder, die in Kinderschuhen steckenblieben, weiter in herrliches Neuland aus weichen Halbreliefs? Warum gibt's bloß Softpornos und Hardcore – und nicht abendfüllende Gesamtkunstwerke aus zutiefst esoterischer, hochavantgardistischer, abschreckend elitärer Pornokunst für vergeistigte Asketen kurz vorm Eintritt ins Nirwana? Warum keinen höchstrangigen Zeichentrickfilm für absolut Erwachsene? Wann darf ich endlich einmal in einem Musiktheater sitzen, in dem ein großes Orchester im Orchestergraben schuftet, in dem aber null Worte gesungen werden, also die leidigen unentzifferbaren Heulbojen endlich einmal daheim bleiben dürfen, ohne daß ich auf große Oper verzichten muß? Wie gern säß ich in einem Stück für Chor a cappella, der zeitweise den Mumienwald der Zuhörermassen imitierte, oder ein wenig Ironie dem eigenen Mundaufreißen gegenüber darböte. Wie gern zög ich mir E-Musiktitel rein wie etwa: »Sieben Anfänge suchen einen Schluß«? Oder »Streicheleinheiten« für Streichquartett und Gestöhn? Avantgarde-Composer komponieren seit Jahrzehnten stur für fest installierte

Besetzungen wie Tonband und Kammerensemble, wollen aber beim Experimentieren nie Konfigurationen ausprobieren wie: »Duo für ein präpariertes und ein unpräpariertes Cembalo«, wie unkreativ! Repetitive, minimalistische, meditative, intuitive Musiker, die die polyphon-dramatisch-expressiv denkende Kraftakt-, Vollzugs- und Austobmusik als unspirituell, effekthascherisch, klotzig, überladen, antiquiert verachten, machen immer nur repetitive, minimalistische, meditative, intuitive Musik; polyphon-dramatisch-expressiv denkende Vollzugsmusiker, die die repetitive, minimalistische, meditative, intuitive Musik als musikalisch minderbemittelte, GEMA-schröpfende Dauertonlangzieherei verachten, machen immer nur polyphon-dramatisch-expressive Vollzugsmusik – aber der wunderbar unausgelotete Kampf zwischen polyphon-expressiv-dramatisch auf die Pauke hauenden und repetitiv-meditativ-intuitiv angetörnten Richtungen wird bis dato nirgendwo kompositorisch innerhalb eines einzigen Opus ausgetragen! Reit auch du aus als Kentaur, amalgamiert aus Leidenschaftlichkeit und Monotonie, sowie als Kentaur aus Betriebsamkeit und Abgeklärtheit. Welches Opus führt vor, wie diverse Talentstufen miteinander ringen? Oder ein Solokonzert für namhafte Cellovirtuosen und Alsfelder Laienstreichorchester, die Schere weiter auseinander denn je: rasende hochkomplexe Finessen auf der Basis semidilettantischer Liegetöne. Überhaupt: Der Kampf zwischen Kunstmusik und Musik findet immer nur außerhalb beider statt. Nicht einmal Oper und Rockoper finden an einem Theaterabend sinnig unausgewogen zueinander. Wo brillierte ein Essay, der nicht von einem Essayisten stammt, sondern dessen Ich sich von jeder essayistischen Grundhaltung gänzlich abhöbe, so daß also auf einmal ein Typ, der nie und nimmer zum Essayieren tendiert, einen

Quasi-Essay schriebe, scheinbar unelegant, unkomponiert, kontaktunfreudig, unparfümiert? Seit 1997 schreib ich einen Roman, der ausschließlich aus Tabellen besteht – ein absolutes Novum der Literaturgeschichte! Plagiieren zwecklos, da mir keiner mehr zuvorkommen kann. Sodann erfand ich das Genre des Leselibrettos, also ein Operntextbuch mit ausdrücklich derart unaufführbaren Opern, daß jedes Marstheater dran scheitern müßte, siehe »Biomasse« und »WIR contra ICH contra WIR«. Walter Benjamin schrieb Denkbilder, Günther Anders Denkfabeln. Permanent stoß ich Märchen für Fortgeschrittene aus, Ernüchterungsmärchen, IQ-Märchen, Lügenmärchen für Übermenschen, Verklärungsmärchen, Ungleiche-Pärchen-Märchen, Mischmaschmärchen, die ich subsumarum »Denkmärchen« taufen möchte. Goethe, Novalis, Ludwig Tieck, Eduard Mörike, Thomas Mann, Siegfried Lenz schrieben regalmeterweise Künstlerromane – auch hier bin ich wieder mal weit und breit der Erste, der seit 1998 einen Philosophenroman schreibt, die Biographie eines fiktiven Gegenwartsphilosophen, eine derart naheliegende Idee, daß bis dato weder Berufsdenker noch Dichterphilosophen drauf kamen. Wo dächte eine Philosophie vor sich hin, die sich nicht begnügt, hochplausibel Vorgänger und Kollegen zu widerlegen, sondern die im letzten Drittel des Buches noch plausibler sich selber an die Gurgel geht? Weil keiner damit anfängt, auf solche Gedanken zu kommen, kommt keiner drauf. Statt mit üblichen Gattungssprengungen zu liebäugeln, blättere lieber im »Guinness Buch der Rekorde«. In Thomas Gottschalks »Wetten, daß ...« beleckt ein blinder Jüngling x Briefmarken und weiß von jeder sofort, ob sie aus Andorra, Estland oder Honolulu stammt. Männer schlagen in 3 Minuten mit Vorschlaghämmern einen Mercedes platt. Solche Genietaten, so wenig beneidenswert sie im Einzelfall sein mögen, sprengen immerhin allerlei herkömmliche Kunstgattungen. Ähnele als Romanceuse eher dem Schlangenmenschen Hugo Zamaratte als einer Romanceuse! Ähnele auch als Koloratursopran eher Tatsuro Murano, dem größten Schreihals Japans, als Edita Gruber! Lieber Spaßrekorde aufstellen als Jahreszeitenlyrik verfassen.

*Tip Nr. 41: Pflege alle Gattungen!* – Falls du nicht abzuweichen vermagst, dann komponiere, bossle, fummle, löte halt permanent an Antigone-Opern, Celan-Liedern, Finnegans-Wake-Vertonungen – Komponistinnen wahlweise Jelinek-Vertonungen. Oder halt Mischtechnik, 120 x 240 cm Prosaveröffentlichungen. Lyrikbände. Essays. Texte. Beiträge. Jenseits oder diesseits von 3-D-Bildern, Computergrafik, Fluxus-Art, Glasmusik etc. Ölgemälde mit und ohne Rahmen! Meisternovellen! Debütromane! Wenderomane! Tagsüber Fingerübungen, Huschhuschskizzen, Drohbriefe, Talentproben, Beiträge. Nachts hingegen: Tripelfugen für Orgel und Schlagzeug! Metaphysische Fragmente! Fulminante Essays! Chef d'oeuvres! Triptychen! Jedes Opus eine eigene Welt. Und auf den dritten Akt zu: Alterswerke, monströse Spätwerke, neunzehn unvollendete Sinfonien, späte Quartette, letzte Quartette. Und zwischendurch immer wieder Dankesreden, Inhaltsangaben, Projektentwürfe. Texte für Sammelausstellungen und Anthologien! Einführungstexte, Laudationes, Exponate, Nachrufe auf ungeniale Mitgenies. Bastele eine Hommage an dein Idol Henry Moore, bzw. Rabindranath Tagore, nein: Francis Bacon, Variationen auf ein Thema von Max Reger, mit verstecktem B-A-C-H in deinem neuesten Zwölfton-Walzer, versetzt mit erweiterter Tonalität von 1905, plus Fotorealismusaufguß eingesprengter Grützke-Touch-Anleihen und unbesehen eingebauten Edgar Varèse'schen, leicht verjazzten Strawinsky-Remininszenzen, knallvoll mit – seit Brecht umsonst überstrapazierten – Schlußverkauf-Enjambements.

*Tip Nr. 42: Sei deine eigene Werbeabteilung:* – Als Künstler solltet ihr vor allem nicht auf den Mund gefallen sein! Als Regisseurin – bitte ebenfalls viel reden! Als Action-Künstler – ebenfalls schwafeln! Das »Bilde, Künstler, rede nicht!« konnte sich nur deshalb so lange halten, weil allerlei Steinplastiker ihre Ästhetik oft nur allzu stammelnd verbalisiert haben! Wer voll als Kulturphilosophin mitreden will, besorge sich die manuell zu betätigende – per Daumenbewegung an zwei Papprädern und Blick auf Sichtfensterchen – »Phrasen-Dreschmaschine für Macher und Durchblicker« des Übersetzer-Kollegiums Straelen (ISBN-Nummer: 3-89107-029-2), und zack! kann mit »feingesponnener Illusionismus-Problematisierung« geklotzt werden, wenn nicht gar mit »pseudoplatonischer Desensibilisierungs-Hysterie« – falls das was bringt. Meditiert dem PR-Trick Kafkas hinterher, die Sicherheitskopielöschung eurer Disketten den Händen akribischer Nachlaßpfleger anzuvertrauen. Schneidet euch Ohren ab und Stirnen auf! Stellt Worte à la »Babyficker« zur Diskussion! Fickt Babys! Tut wenigstens so! Seid schwuler, als ihr seid! Seid jüdischer als jeder Hindu! Ohne Aids alias Syphilis – darin ist sich die Wissenschaft einig – wäre Nietzsche längst nur noch halb so wichtig im europäisch/japanischen Geistesleben! Und ohne Kreuzigung wäre Jesus ein Nobody, auch wenn Nietzsche und Jesus sowohl Bergpredigt wie Ecce Homo stilistisch vergröbert hätten.

*Tip Nr. 43: Seid kaum identisch mit eurer Zielgruppe!* – Das tut sich ganz von selbst, zumal andere Leute so oder so als reichlich niedrige Geschöpfe herumdackeln. Neben euch sind das alles nur Ameisen im Sinne Hölldoblers, gebannt in kleinliche Verhältnisse. Blickt über euer Publikum – falls es je in Sicht kommt – angewidert hinweg. Nirgendwo menschenwürdiges Echo! Alles bloß anbetungssüchtige Wichte und Banausen, vaterkomplexbeladen, a priori untreu! Die wollen zwar ein Autogramm von euch, aber von Sarah Kirsch und Wolfgang Hohlbein haben sie viel eher und öfter eins gewollt. Wo – frag ich – wäre die Fan-Gemeinde, die es verdiente, daß ihr speziell ich als Genie gegenüberträte? Wozu sich vom Nichts umschwänzeln lassen? Denen trabt unsereins ohnedies viel zu hoch. Ihr seid viel zu gut für jede Bestenliste. Kein Wunder, daß in solcher Umwelt die Flügel meines – und Ihres – Gesanges nach und nach abschwellen. Selbst von meinen Tips wendet Ihr euch ab, weil ich nicht konkret mitteile, daß ihr euch beim Deutschfranzösischen Jugendwerk DFJW in Bad Honnef um einen halbjährigen Arbeitsaufenthalt in France bewerben könnt, falls ihr noch keine dreißig seid; oder daß der Kunstfonds e.V. in Bonn bei Projektanträgen bis zu 50% der kalkulierten Kosten übernimmt, falls eure Kunst neue Wege der künstlerischen Zusammenarbeit beschreitet; oder daß ihr bei euren Sponsoren nicht mit schulringbuchförmigen Demo-Mappen und verwakkelten Farbabzügen in Urlaubsalbenqualität angelaufen kommen sollt, sondern mit dezenten, neutralen Ordnern, Klarsichthüllen, akkurat beschriftet, Name, Titel, Technik, Datierung, genaue Maße; oder daß ihr nicht verschwitzen sollt, a) euren Käufern Weihnachtspostkarten zu senden, b) die Lokalpresse auch über eure Aktivitäten in fremden Landen zu informieren, ferner:

daß ihr an Sachspenden leichter rankommt als an Geldspenden.

In summa: Kultiviert euren Verkanntheitsgrad! Lieber total verkannt sein! Und umgekehrt: Verzeiht es keinem, nicht in ausreichendem Maße zu registrieren, daß ihr jemand seid. Gesetzt, ihr bleibt auch übermorgen und weiterhin die Einzigen, die das merken, könnt aber diese Evidenz nicht genießen – permanent die Konkurrenz im Auge behalten!

*Tip Nr. 44: Duldet keine andern Genies neben euch!* – Bestreitet, daß andere auch eins sind. Kratzt Argumente zusammen. Hierbei nicht zimperlich sein! Weist nach, daß praktisch keiner ein Genie sei, außer allerlei Klassiker – die dürfen! Stimmt ein ins Kulturwüsten-Lamento der HR2-Radiodebatte mit Prof. Norbert Bolz: »Heute gibt es keinen mehr, der Briefe schreibt wie Kant oder Kafka.« Laßt euch nicht aufstören von den schwanzwedelnden Suggestivfragen jeden Pressespiegels: »Ist Herta Sauer ein Genie?« Da werden arglose ZEIT-Leser bloß auf unnötige Gedanken gebracht. Nicht jede pinselnde Baskenmütze kann unerreichbar werden!

Behauptet nachdrücklich: »Die Überproduktion gegenwärtigen Genieaufkommens schüttet die Mangelware Genie zu!« Arno Schmidt hat errechnet, daß auf 5 Mio. Einwohner bloß 1 Genie kommt, also auf 80 Mio. immerhin 16 – da wird's zwar reichlich eng, bleibt aber theoretisch möglich, daß sowohl Christo wie du und du – und vielleicht sogar du! – gleichzeitig Genies seid, bei weltweit 6,2 Milliarden Menschen, die garantiert inzwischen auf 6,6 anschwollen... Moment... jetzt rechnen können... jetzt Schmidt sein... jetzt Ulrich sein, der Mann ohne Eigenschaften, der Mathematik studiert hat... na, jeden Moment kommt Heinz-Otto Holbein, um bei mir ein wenig zu hämmern, zu dübeln, zu löten, zu rechnen und zu bohren.

*Tip Nr. 45: Laßt euch Erfolge zu Kopf steigen!* – Endlich geschafft! Kameras richten sich auf euch... alle Achtung! Endlich jeder milieubedingten Minderwertigkeit entstiegen! WDR! ARTE! 3sat! HR3! Endlich zeigen sich – angespitzt von meinen Tips – erste Früchte eurer Geniewerdung! Jetzt kann kein Mißerfolg mehr aufhalten! Laßt euch aber zugleich von inkompetentem Bravo nicht einwickeln! Jetzt seid ihr an einem Punkt angelangt, wo ihr bloß anzudeuten braucht, daß euch Waldesrauschen mehr zu sagen habe als aller Applaus dieser Welt: schon bekommt ihr Standing ovations. Fototermine, Signierstunden, Interviews gleiten gelangweilt an eurer Parkettsicherheit ab. Fast sehn' ich mich auf die Schülerbühne der Herderschule zurück, wo jeder unperfekte Versprecher und jeder Hänger bejubelt wurde.

*Tip Nr. 46: Leg dich quer im Sieb der Zeit!* – Bartelsysteme der Bartelwale fangen Plankton ein und sieben Großformate aus; das Sieb der Zeit siebt Plankton aus und behält nur Hits, die auf den Schluß zu dann doch noch durchs Sieb der Zeit rutschen. Im Gegenzug sorgen wachsende Rentnergebirge für immer häufigere Oldie-Hitparaden. Organisiere bereits jetzt deinen Nachruhm! Am besten in Bronze. Deponiere allerlei Typoskripte, Ausdrucke, Microfilme, CDs (teilweise selbstfinanziert), Bibliothekskadaver im atombombensicheren Literaturarchiv von Marbach. Laß wie Joseph Beuys 3000 Eichen pflanzen. In 5000 Jahren wird man sagen können: »Vor 4000 Jahren standen hier mal 3000 tausendjährige Eichen, die da mal so ein ausgeflippter Typ gepflanzt hat; man nannte das damals Künstler.« Keine Angst vor

Denkmalsstürzen. Die Idee des Denkmals ist nicht kleinzukriegen. Denkmäler wachsen nach wie Pilze. Andererseits: Ewigkeitswünsche sind immer wieder mal von begrenzter Dauer. Auch Bronze setzt irgendwann Schimmel an. 90% kennen Thomas Gottschalk, 5% kennen Thomas Mann. Homer und Molière werden – von heut an – keinen längeren Atem haben als du und ich. Pindar, Catull, Sallust, Longinos, Dion Chrysostomos, Firdusi, Gaspara Stampa, Tasso, ja sogar Dante schweben durch die Zeit als Weltraumleichen, so unverweslich wie unlebendig. Falls sie sich in einer konservierenden Zeitschleife verfangen, könnten sie mangels Sauerstoff die in 3 Mrd. Jahren zu erwartende Implosion der Heimatsonne ohne Wimpernzucken noch miterleben. Ihnen gegenüber bleibt der Unterschied zwischen Eintagsfliegenleiche und 1200jährigen Eichenbalken klein. Nennenswert verlängert sein Haltbarkeitsdatum per Werkschaffen keiner. In 7000 Jahren wird aus diesem Jahrhundert nicht mal mehr der Name Hitler hervorzüngeln. Mehr ist im Angesicht der Langzeitperspektiven vorerst nicht herauszuholen.

*Tip Nr. 47: Understatement tut immer gut!* – Man kann aber auch, im Umgang mit zu kurz geratenen Mitmenschen, ab und zu auf'm Teppich bleiben sowie im selben Boot. Guru Osho hat zwanzig Jahre lang geheimgehalten, daß er am 21.3.53 Erleuchtung empfing, aus Angst, deswegen verspottet und ermordet zu werden. Weil sowas zunächst keine Sau glaubt, um es hinterher desto mehr zu glauben. Verhaltet euch nach außen so bescheiden wie ich, oder wie Thomas Mann, der kleinmütig bis scheinheilig draufloslamentierte, über Schopenhauer und Nietzsche nie hinausgekommen zu sein. Hauptsache, tief im innersten Busen wabert Evidenz, daß keiner euch ans Schlüsselbein reicht. Laut Schopenhauer

entgeht dem Genie keinesfalls, daß es ein solches sei –
störend hierbei halt nur: Jedem Stümper auf Erden entgeht ebenfalls nicht, daß auch er eins ist. Auch er hat Gefühle, die seine Seele schier sprengen wollen, weshalb ein
jeglicher an seine Grenzen kommt, also an die Grenzen
des überhaupt Menschenmöglichen. Illusorische Lustge-
fühle fühlen sich auch nicht viel schlechter an als vollbür-
tige Ekstasen. Der Kreative – durchströmt von übermenschlichen Wonnen – ahnt nichts von der miesen
Qualität der Lyrik, die dabei herauskommt. Fazit: Auch
falls ihr partout kein Genie sein solltet, was ich nicht hoffen will, seid ihr trotzdem eins. Bravo! Weiter so,
Freunde!

*Tip Nr. 48: Seid selten und einsam!* – Inzwischen ist
Heinz-Otto hiergewesen, nicht ohne Taschenrechner,
folglich leben z. Z. auf dieser Welt genau 1181 Genies,
allen voran Christiane Nüsslein-Volhard und Salman
Rushdie. Das ist zwar einerseits nichts, bloß ein Tröpfchen im Ozean rodender, knatternder Weltbevölkerung,
die aus Zeit- und Geldgründen gar nicht dazu kommt,
Hochkultur hochzupäppeln, allenfalls ein bißchen abes-
sinische, usbekische, serbische Folklore beim Müllsor-
tieren. Andererseits ist 1181 eine Zahl, angesichts derer
Schmidts Rechnung geradezu zu Optimismus verleitet,
eine unverhofft stattliche Zahl, von der ihr euch aber
bitte nicht umhauen lassen solltet! Solche Zahlen täu-
schen. 1180 Franz Schuberts hat's nie und nirgendwo gegeben. Oder etwa doch? Manch benachteiligter Typ hat
sich da eingeschlichen, selbst wenn ich den Zirkel der im
engeren Sinne aktiven Kulturträger noch enger schnalle
und keine Scheingenies reinlasse ins Heiligtum, weder
Schachgenie noch militärisches Genie, und keine Sportskanone, vor allem nicht die Dunkelziffer derer, die sich

von Beuys und Picasso haben einreden lassen: Jeder Säftli is a very important person! Allenfalls zwei, drei französische Comic-Künstler und Star-Galeristinnen dürfen, als Alibi und der Vollständigkeit halber, dabeisein – Rivalität im Kulturbetrieb: alles nur chimärisches Gewimmel – am Anfang steht die Spermienkonkurrenz. Bevor's mich gibt, muß ich an olympischen Spielen im Eileiter teilnehmen, und falls ich mir dazu zu gut bin und behaupte, ich sei nicht von dieser glitschigen Welt, und falls ich absichtlich am Wegesrand zurückbleibe, haben hirnlos vorwärtspeitschende Leistungssportler gesiegt. Und schon schlägt sich meine Tendenz, freiwillig auf alle Medaillen zu verzichten, im künftigen Chromosomensatz nirgendwo nieder. Einerseits kann ich mich rühmen: Nirgendwo ein vorwärtscrawlender Body, den zu überholen mich gelüstete, eine Hommage an Turnvater Jahn im pumpenden Herzen. Andererseits bin auch ich, so sehr das agonale Prinzip an mir vorbeihechelte, eingespannt ins Hickhack der Konkurrenzkämpfe, überschattet vom Flutlicht viel lichtloserer Glücksnulpen, unterfüttert von Minifunzeln, die in wiederum meinem Schlagschatten darben und sich vergebens abstrampeln, an meinen Tips mir hinterherzuwachsen, ja, meine Lieben, guckt nicht so geistlos aus der Wäsche – euch mein' ich! Die ihr meine unsagbare Einsamkeit mit wimmelnden Chimären verunziert! Die ihr ständig dazwischenquasseln müßt. Manchmal allerdings tropfen meine eigenen Gegenstimmen von mir ab, haben dienstfrei wie Tante Müller. Merkwürdig nüchtern fühl ich mich auf einmal, und entsprechend nüchtern sehen auch Sie plötzlich aus, Schemata am Horizont, die mir auf einmal so fremd und fern sind, daß ich sie kaum noch duzen kann... weit weg, schier jenseits meiner Wahrnehmungsschwelle. Dabei hätt' ich noch so beherzigenswerte Tips auf Lager. Statt dessen Himmelskörper... Galaxien... Stephen Hawkings Kosmos... übergeordnete Perspektiven...

*Tip Nr. 49: Vermeiden Sie Originalitätsstreß!* – Genie um jeden Preis zu sein, das kann zur Plage werden. Ruhig mal abspannen. Nicht dran denken. Nehmen Sie die Sache auf leichteste Schultern; hört sowieso keiner zu. Genies haben no time für Genialitätspflege. Gönnen Sie es sich zu Ihrer Erfrischung, immer wieder mal unter Ihr Niveau zu gehen, über das Sie sowieso nicht hinauskommen. Werfen Sie täglich ihr Genie über Bord! Denn Genialität hat Tücken: Kaum bin ich Genie, bin ich's leider bloß in begnadeten Momenten. Kaum rollen Sternstunden heran, müssen gleich wieder x Minuten abgezogen werden, da menschliche Bedürfnisse und Nebengedanken querlaufen, z.B. die aufreibende Grundsatzfrage, ob Tante Müller am Wochenende frei hat, oder erst übernächstes. Da bin ich doch lieber normalsterblich und darf mich mitten im Alltag über mittelprächtige Lichtblicke freuen. Und umgekehrt: Je genialer ich bin, desto unstillbarer erigiert meine Sehnsucht nach den Wonnen der Gewöhnlichkeit, die ich als extraordinärer Geist nie pur genießen kann, weil ich nebenbei stets alles superoriginell kommentieren muß. Und dann die Angst, daß ich auch ja nicht nachlasse im Genialsein, oder daß Blindgänger rauskriegen könnten, daß ich gar kein Volltreffer bin. Nein, nein, Genie zu sein, das ist nicht immer ein Nutellalecken. Diese Sensitivitäten und Schrullen! Und ständig an Nadelstichen verrecken!

*Tip Nr. 50: Demontier den Geniebegriff!* – Von oben bombardieren, von unten unterhöhlen! Alles Humbug! Nichts los mit all diesen Überformaten. Das Allergrandioseste, was Ihnen überhaupt geschehen kann, ist: in

»Harenbergs Personenlexikon 20. Jahrhundert« – statt bloß ein Paßfoto – eine ganze Seite zu bekommen, mit der Unterschrift: »Das Jahrhundertgenie setzte mit seinem vielseitigen Werk ästhetische Kunstmaßstäbe.« Und das Zweitgrößte: »Mit den Mitteln der Verfremdung übt er in seinen Gedichtbänden Kritik am Zeitgeist, an gesellschaftlichen Konventionen und am Durchschnittsmenschen, der sich mit dem Mittelmaß zufriedengibt.« Im Lauf der Kulturgeschichte wurde der mikroskopische Unterschied zwischen Geistesriese und Kleingewerbetreibenden viel größer, als es deren Gemeinsamkeiten eigentlich zulassen. Sogar ich ... ja: Ich bin im großen Eimer auch nur eine Niete. Bitte glauben Sie mir dies. Hier spricht Erfahrung. Zwar soll ich ein waches Kind gewesen sein, wach für ästhetische Kunstmaßstäbe. Dann aber rollte zufriedenes Mittelmaß heran. Ich sah meine Grenzen. Ich guckte in den WC-Spiegel. Das hätte ich nicht tun sollen. Nur einen Trostpreis schleppte ich ab, einen gigantischen Teddybären. Der halste mir nur Platzprobleme auf. Ohne die Bewunderungsbedürfnisse angeblicher Nichtgenies läuft gar nichts. Würmer schauen auf Würmer herab, die Würmer hochschaukeln. Also könnten Würmer gleich Würmer bleiben, statt Würmer zu werden. Genies sind Prachtexemplare, die andern Fischen das Fischfutter wegfressen. Im Experiment hängt das Format der Versuchsfische davon ab, wie groß oder wie klein ihre Nachbarn zu werden wagten. Kleingeratene Vergleichsfische lösen beim Versuchsfisch Wachstum aus, größere Vergleichsfische hemmen sein Wachstum. Das ist alles. That's all. C'est tout. Hugh, i have spoken!

Ruhig auch gleich den Werkbegriff demontieren! Werkschaffende bleiben – genau wie Fachidioten – tief drin im animalischen Trieb, Nester, Netze und Gespinstsäcke zu bauen, alles zu portionieren, Geweihe auszubilden, Popel zu produzieren, Ablagerungen und Stapelware hochzuzüchten. Das bleibt alles – um mit Herrn Burgauner zu sprechen – »auf biologischer Gewusel-Ebene«. Wem das Wort Produktivität keinen Brechreiz auslöst, sollte zur Strafe das Wort Bedürfnisbefriedigung tausendmal hintereinander aufsagen müssen. Genies sind Patienten, die nach jeder Sitzung in den Schieber gucken wollen, um zu sehen, wie groß das Produkt diesmal wurde.

Wer wollte es Ihnen verdenken, daß Sie sich inzwischen fast schon zu gut sind dafür, in diese dubiöse Clique hineinzugehören.

*Tip Nr. 51: Befreien Sie Ihr Publikum von Übersättigung!* – Wer genial auftrumpft, löst ungenialen Widerspruch aus. Trocknen Sie nie Aggressionen Ihrer Kritiker aus, per Enthaltsamkeit, indem Sie nicht ständig Werke verfassen! Machen Sie nicht ständig das, was sowieso kein Genie lassen kann! Ihr Publikum wird Sie nicht vermissen und sich für die Wohltat, von Ihnen verschont zu werden, nicht bedanken. Endlich spalten Sie den friedlichen Haufen nicht mehr in zwei, drei penetrante Fans und andererseits in x Neider, Gegner, Spötter, Feinde. Der lückenhafte Gruftiewald, der Ihnen bei Ihren Darbietungen indolent bis debil gegenübersaß, kann Ihnen sowieso gestohlen bleiben. Knebeln Sie Ihre offizielle Fanfare – vielleicht melden sich ja nochmal Ihre hauseigenen, ungerecht ausgeklammerten Gegenstimmen, falls diese nicht für immer ersatzlos verstummten... es gibt auch noch andere Existenzformen, lohnenswertere, unauffälligere, ehrlichere... zuverlässiger beglückende... der rechte Arm wird schwer... pflegen Sie Künste, bei denen weniger Gabelstapler unterwegs sein müssen. Ab ins stillste Kämmerchen! Wer immer nur schuftet, bleibt Opfer der Leistungsgesellschaft. Lassen Sie nicht von Arbeitswut Ihr eigentlich recht sehenswertes Gesicht verzerren. Werden Sie – statt Werkschaffende – Lebenskünstler! Wirken Sie im Verborgenen. Ghostwriter müssen mehr Ghost haben als Writer; Souffleusen sitzen dichter am Text als der am Hänger laborierende Hamlet. Sitzen Sie nicht auch manchmal da und spüren eine Leere, die bei einem porentief stilechten Genie eigentlich nie vorkommt, vor lauter unaufschiebbarer Visionsfülle? Unter uns: Was sprach eigentlich gegen Ihre bisherige berufliche Tätigkeit? Nichts schlägt – der linke Arm wird schwer – so ungünstig auf Ihre Kreativität als ungesicherte Zukunft. Warum immer gleich nach New York? Melden Sie sich bei einem Töpferkurs auf Mallorca an! Falls Sie in einer vernünftigen Minute auf Ihr wahres Maß zusammenschnurren und plötzlich geniale Erleuchtung Sie überfällt »Ich gehör' ins Büro. Ich reich' den Neandertalern ja doch nicht an die bezottelten Schultern«, dann könnten Sie immer noch auf Umwegen weiterwirken, zur Not per Fleisch und Blutgruppe.

*Tip Nr. 52: Zeugen und erziehen Sie ein Wunderkind!* – Besser ein solider Leopold Mozart als ein echter Georg Baselitz! Helfen Sie mit, die höhere Tochter rückzuzüchten, sie also aus der prä-neolithischen Techno-Party herauszuschneiden und sie mit sanftem Druck wieder ans »Albumblatt für Elise« heranzuführen. Steinway contra Keyboard! Halten Sie Ihre Kinder zu konzertierender Tätigkeit an. Es sei denn, Sie haben eher das umgekehrte Problem: daß Sie Ihre Jungs einmal pro Tag umsonst auffordern: »Kevin und Patrick! Wollt ihr nicht auch mal ein bißchen draußen spielen?« Doch das Hobby von Patrick und Kevin ist einfach zu stark. Sie drehen nicht mal die ausrasierten Köpfe um. Nie wieder werden Sie sie von

Glotze und Datenglotze loseisen können. Ihre Söhne üben sich bereits jetzt im Frondienst für die libidinös besetzte Sache. Sie haben ihre Ideen zu Wahnideen gekürt. Sie komponieren als erstaunlich frühreife Schmalspurgenies 700 x hintereinander ein- und dasselbe Fagottkonzert. Bereits mit drei haben sie nicht etwa mit Augenaufschlag »Mama« und »Papa« gesäuselt, sondern haben ausschließlich Peugeot 406, VOLVO 850, Audi A4, OPEL OMEGA, Lexus LS400, The Luxury Division of Toyota sowie alle anderen runtergelispelt, mit grausamer Vollständigkeit, buchstabengetreu!

*Tip Nr. 53: Hoffen Sie bitte keinesfalls auf Wunderkinder!* – Leider wirken als Initialzünder nicht nur Ameisenhaufen, die alsdann einen arglosen Berthold Hölldobler gebären, sondern »beim Durchstöbern der väterlichen Bibliothek« stößt nicht jedes Bübchen bloß auf Hölderlin, sondern bevorzugt auf »verschiedene Bücher militärischen Inhalts, darunter eine Volksausgabe des Deutsch-Französischen Krieges 1870/71. Es waren zwei Bände einer illustrierten Zeitschrift aus diesen Jahren, die nun meine Lieblingslektüre wurden. Nicht lange dauerte es, und der große Heldenkampf war mir zum größten inneren Erlebnis geworden. Von nun schwärmte ich mehr und mehr für alles, was irgendwie mit Krieg oder doch mit Soldatentum zusammenhing.« (»Mein Kampf« 1925) Früh übt sich – o Gottogott: Sind wir als besorgte Eltern und Pädagogen in unserem Erziehungsauftrag völlig den durchbrechenden Talenten und Fähigkeiten der uns anvertrauten kleinen Geschöpfe ausgeliefert, ohne daß sich da was abmildern oder umlenken ließe, und ohne daß da scheinbar irgendetwas vorher angeregt und gefördert werden mußte? Bewahren Sie Ihr Kind davor, Wunderkind sein zu müssen! Nach wie vor wird tausendmal mehr Powerstorm verkauft als Kindergeigen, doppelte Joysticks für getrennten Vorder- und Hinterradantrieb, unstoppbar! Super-Kampfroboter mit Action-Sound, Turbo Tiger 4 x 4, RC Porsche Super cup, dies alles rechtzeitig wegzunehmen wird wenig nutzen, zumal man dann das junge Genie daran hindert, seine offensichtliche, geradezu gottgegebene Bestimmung zu erfüllen. Wenn es zu Weihnachten nicht die gewünschten Spürpanzer und drehbaren Stabilo-Aktionsfiguren bekommt, bricht unweigerlich in x festlich geschmückten Bescherungszimmern Protest aus, existentielle Zusammenbrüche mit viel Tränen und Rotz, zumindest mit runtergeschlucktem, schwärend nach innen fressendem Frust, der dann jahrzehntelang vor sich hin fault, der nächsten Misere entgegen.

*Tip Nr. 54: Genießen Sie alle Genietips mit Vorsicht!* – Ja, schlagen Sie sie sogar in den Wind! Vielleicht nicht alle, aber einige, wenn nicht fast jeden. Warten Sie zumindest gelassen ab, welchen meiner Tips Sie beherzigen werden. Wer gutgläubig der Reihe nach alle Tips befolgen will – Vorsicht: Verkehrschaos. Und wann hätte sich ein Genie je an Regeln gehalten! Selbst 77 Tips hätten nicht viel mehr genützt.

## Nie wieder Zeitprobleme!

Sobald die Menschheit den Krebs besiegt, bekommt jeder 5 Lebensjahre zusätzlich – endlich! Subjektiver Wunschtraum und objektiver Albtraum kommen sich hierbei quer: Keiner möchte wegen Metastasen von uns gehn, und keiner will Silikon-Zombies geliftet durch Beton-Citys hinken sehn und – einer davon sein und die gerontokratische Apokalypse mit schlaffem Mürbeteig vollspachteln. Krebsforschung und humanes Krepieren, alles gut und fein, aber! Sobald Seniorenschwemme und Rentnerhimalaya abflachen und abebben, werden auch in afro-arabischen Ballungsgebieten, trotz künftig längst besiegtem Aids & Alzheimer, halb absichtliche Gedächtnisverluste mit Lust erektil boomen. Also gilt es die verbleibende Zeit jetzt noch schnell reliefdeckend, flächenüberwimmelnd und sinnvoll zu nutzen, aber bitte nicht ständig in falsche Richtungen! Zum Ausgleich, daß kreative Ideen oft ausbleiben und null Umdenken in Gang kommt, wird hier ein wunderbar kreativer Vorschlag verabfolgt, der rundum wunderbar reinhauen könnte – endlich! Und zwar so, und dies ab sofort:

Alle Gelder, die in Krebsforschung usw. fließen, bitte sofort behutsam umlenken in die Entwicklung eines ganz anders akzentuierten Pharmazeutikons. Statt sauteure Chemotherapie und saugeile Viagraknüppel und Nasensprays, bitte sofort eine Pille kreieren, die den deutschen Durchschnittsschlaf von 8 auf 7 Stunden senkt, und schon haben 80 Mio. Bundesbürger pro Tag 80 Mio. zusätzliche Stunden, d. h. umgerechnet 9000 Jahre Zeit gespart, die sich ziemlich sinnvoll nutzen läßt. Und eine Nacht später schon wieder 9000 Jahre! Also pro Jahr 3 Mill. Jahre! Also pro Leben kollektiv über 246 Mio. Jahre! Wahnsinn! In der Zeit könnte man Millionen von Hochkulturen hochziehn! Falls auch China diese Pille will – das mögen bessere Kopfrechner ausrechnen. Das mögen bloß Zahlenspiele sein, aber pro Einzelfall spart jeder, der nur 7 Stunden schläft, in 75 Jahren 27 355 Stunden, hat also volle 3 Jahre mehr zum Leben. Um die 5 Jahre zu ergattern, die bei Krebsbesiegung ausgezahlt werden, bräuchte man bloß 8 auf 6 $^1/_2$ Stunden Schlaf zu senken, schon könnte man 5 Jahre Greisentumzugabe, statt sie hinten anzuhängen und für Zipperleinpflege und Urenkelbeschenkung zu opfern, mitten in den besten Jahren abhandeln und nutzen! Endlich Kapazitätenausschöpfung! Abzüglich all jener, die die Pille nicht nehmen wollen, ihrem millionenköpfigen Aufschrei: »Ich brauch meine 8 Stunden!« So als hätten sie nie von dieser Pille gehört. Wer sich mit 5 Stunden begnügt, bekommt 9 Jahre geschenkt! Man hätte dann auch viel mehr Zeit, den Krebs, den man hinterher immer noch besiegen kann, auch jetzt bereits zu besiegen und weibliche Lüsternheit auch jetzt schon zu steigern. Rauchern, denen ihr Rauchen statistisch 16 Jahre stiehlt, sterben dann bloß, falls ihnen 5 Stunden Schlaf genügen, 7 Jahre zu früh. Andererseits werden es sich Millionen nicht nehmen lassen, die vorverlegten Jahre mit Squash, Gewalt-Videos, Unvernunft vollzupacken, aber das muß ja nicht das Problem der restlichen Millionen sein. Es müßte halt nur mal einer auf die Idee kommen. Hiermit wurde sie geboren und gratis weitergereicht. Aber obwohl das nun jeder schwarz auf weiß hat, wird sich wieder keine Lobby bilden wollen. Lieber weitere kostbare Lebenszeit verplempern, um kümmerliche Gegengründe zusammenzukratzen. Ja nicht umdenken; ja nicht weniger schlafen! Dann halt Gut's Nächtle...


## Auf die Barrikaden, ihr Fettsäcke!

Totalboykott! Nieder mit allen Steuer-Terroristen! Deutschland vom Abgrund weg! Belügt eure belogenen Belüger, ihr Ausgesogenen! Seid unbürokratischer, als ihr seid! Tja, wir würden ja gern streiken, aber die Barrikaden sind, statt Vollholzmöbel, nur noch Zeug von Ikea!? Und Pflastersteine – in dieser Asphaltwelt? Jetzt tritt uns nicht dauernd auf den Füßen rum! Wollt ihr etwa reinfallen auf alarmistische Notstandsrhetorik!? Nichts gegen akute Katastrophenszenarien, reelle Verluste, Umsatzeinbrüche, überbietbare Konjunkturflauten, Teuro-Rekorddefizite, Sterbegeldhalbierung, kaum abzufangen all diese Talfahrten, Aderlässe, mageren Jahre durch steigende Fallhöhen, Abgaben-Boom, absackende Aufstiegschancen, eskalierenden Vertrauensschwund – aber m. E. sind das alles nur schlaffe Antiklimax-Varianten historischer Dollarstürze! Bloß Abklatsch vom üblichen Ab und Auf genauso großer Übel! Wachstumsprobleme durch Neuwahlen lösen, vor allem durch Wachstum, wie phantasielos! Und vice versa: Stoppt wuchernde Phantasie, kaum existente Abgänge als Countdown auszugeben! Jedes Apokalypse-Fresko blieb Präcoxbefürchtung! Durchschaut die unstillbaren Lamenti als Kicksucht, als Versuch des Primatenhirns, Sündenböcke zu kreieren! Als Scheinalbtraum und Phantomschmerz! Als Untergangsgeilheit von Pragmatikern! Früher kamen Unkenrufe eher von verlorenen Seelen. Durchsage an alle Fraktionskollegen, Parteikritiker, Krisenmanager: Zurück zur Weltspitze! Zu deutsch: Kauft Ramsch! Zeugt mehr Nachwuchs, ihr Kindergelderhöher und Rentnerbergbesteiger! Noch mehr verwöhnte Wänste zeugen – nein danke! Damit sich unser Alzheimer auch wirklich rechnet?! Vom Klapperstorch zum Pleitegeier! Die beide als Seelenvögel galten, in zurückbombbaren Dritte-Welt-Ländern. Zeugt wenigstens einen neuen Marx, falls der nicht längst VWL studiert. Als Messias wird er Slumbewohner speisen – enteignet die Multimilliardärspest! Bevor Öl- in Wasserkriege übergehn. Und Infokriege zurückgebombt werden auf Bodenkampfniveau. 2005 gab's

793 Milliardäre, 2007 bereits 946. Alle 19 Minuten wird eine neue Doppelhaushälfte schlüsselfertig! VW investiert bis 2007 33 Milliarden in Einstiegswagen und Golf-Großraumvarianten! Mit Vollgas in den Klimawandel! Ihr Fettabsauger, die ihr keine Sekunde eures Lebens den Gürtel um 2 % enger stellen wollt – wie lang noch wollt ihr lauter brüllen als das verhungernde Zimbabwe!? Ruft lieber »Ätsch!!!« bei jedem Aktiensturz! Bittesehr, dann specken wir halt unser Sparschwein ab und wandern aus! Dann scheitern wir halt anderswo. Endlich nicht mehr nur zwischen Wahlverlierern und -gewinnlern wählen müssen! Und zwischen Ölteppich und Luftverpestung per Großraumvarianten! Und müssen nicht länger schwanken zwischen CDU-Schweinepest und SPD-Rinderwahn, wir armen Säue, die wir nicht mal damals, als die Grünen noch grün waren, Salat bekommen haben. Endlich nie mehr um Knete kreisen müssen! Und wenn ich die nächste Wahl gewönne und nähme doch Schaden an – endlich liegen alle Skandale ganz woanders. Endlich rundum zuzahlungsbefreit! Fragt sich nur, sind wir dann überhaupt noch auf dieser Welt? Oder nicht eher im Nirwana, buddhistisch unterwandert, absorbiert von Minderwertsteuer, Nulltarifen, Milliardenlöchern, schwarzen Kassen und Löchern!? Aber du hast doch neulich noch selber schnöden Mammon verachtet? Weißt du nicht mehr, bevor das Stehaufmännchen Abendland definitiv unterging? Plötzlich aber will dein vorletztes Hemd wieder viele Taschen haben! Alle pilgern nach Assisi, zum heiligen Povoretto Franziskus, der ein Textil-Imperium fortwarf! Besinnung auf wahrere Werte! Bevor du verhungerst – faste! Damals konnte man sich Armutsidealismus halt noch leisten. Apropos, haste mal'n bißchen Kleingeld? Wofür? Hab kaum noch Risikowurst im Kühlschrank. Willst du dich auf ewig abspeisen lassen,

nichts zu sein als personifizierter Drang zum Absahnen?! Religion, Hochkulturbeutel, Humanismus, Pisa-Bildung, alles im Eimer. Haste Kohlen, haste Wahrheit! Das Gold für die gotischen Heiligenscheine floß aus ausgeraubtem Südamerika. Die Steinzeit militarisierter Paranoia als Zukunftsmodell – das schlüge präziser ein als manch Splitterbombe! Nur kommen 100 eloquente Vordenker (bitte Paßfotos beilegen!) auch nur dann zu Potte, wenn die Rotationsmaschine mit dem Öl derer durch Terminengpässe saust, die unverhohlene Mammon-Pflege einfach unästhetisch oder Allah vordringlicher finden. Unterdessen aber nie vergessen: Bitte eine neue Subkultur aus dem Flugsand stampfen! Und das sofort! Gern doch! Aber immer doch! Nur... wo bleibt die Gegenfinanzierung?

Nach Feierabend – ein wenig Kammermusik.

# SCHÖNE KÜNSTE

## Ein echter Pfann-Goch?

Ein Herr Krause klingelte an, er hätte vom Ortsvorsteher gehört, ich verstünde was von Kunst und da hätte er mal 'ne Frage. Er hat zwei Gemälde von seiner Großtante geerbt und da wollte er halt mal schätzen lassen, was die wert wären, und ob er mal vorbei kommen könnt. Wir vereinbarten 18 Uhr 30. Ich fügte hinzu, mein Haus habe keine Autozufahrt, er müsse den letzten Rest zu Fuß durch den Garten gehen; Herr Krause wollte eine Taschenlampe mitbringen. Unruhig hielt ich ab 18 Uhr 20 Ausschau. Schließlich hielt hinter der winterlich abgemagerten Umbuschung zögerndes Licht, ein irreal parkender PKW, aus dem sich ein kleineres Licht löste, die Taschenlampe: Familie Krause, eingepackt in wasserabweisende, aufblasbare Anoraks, tastete sich, Objekte schleppend, durch den Matsch des Weges. Ich bat sie herein ins Zettelchaos, sie hielten die Gemälde unters Licht, wollten das eine Bild eventuell in der Verwandtschaft weiterverschenken, es sei denn, es stelle sich heraus, daß es sehr wertvoll sei. Offenbar hatten sie im TV läuten hören, daß der Wert von Kunstwerken öfters verkannt wird und daß die Dinge hinterher für 74 Millionen versteigert werden. Sie fragten mich tatsächlich, ob das eine »ein echter Pfann-Goch« sei. Ich aber mußte sie enttäuschen. Es handelte sich um ein Hinterglas-Kalenderblatt, ein schlechtes Repro jenes Carl Spitzwegs, wo drei, vier Leutchen mit Sonnenschirmen durch Sommerkorn wandeln. Ich erklärte, man könne den Unterschied zwischen Original und Nachdruck schon daran erkennen, daß ein Ölbild selten hinter Glas sei. Auch deutete ich auf ein von mir gemaltes Ölbild, um weitere Unterschiede zu demonstrieren. Doch Familie Krause starrte eher auf meinen Kassettenrecorder. Auch der andere Kunstdruck war nicht viel wert, dafür immerhin größer. Eine Schottlandlandschaft, wildzerklüftet, von einem elftrangigen Landschafter aus der Böcklin-Ära; den Namen konnte ich mir aus irgendwelchen Gründen nicht merken. Kein Kenner hätte ihn gekannt. Schließlich gab ich Krauses noch den Tip, die Bilder in einer Galerie in Kassel schätzen zu lassen. Den Gesamtwert taxierte ich unverbindlich, aber spendabel auf 100.– DM. Am Schluß fragte dann Herr Krause: »Was sind wir Ihnen schuldig?« Ich antwortete: »Null Pfennig.« Und schon zogen sie mit Taschenlampe und Kalenderblätter schleppend durch den Matsch des Gartens wieder ab.

### Laudatio auf den Bildhauer Ewald Rumpf

Meine Damen und Herren: Wie in jedem Nichtkünstler bekanntlich ein Künstler steckt, so in jedem Künstler, was weniger bekannt sein dürfte, ein geborener Nichtkünstler, den es vom aufgepfropften Künstler so lange zu überwinden gilt, bis der Künstler, inclusive Nichtkünstler, wenigstens zum Überwindungskünstler geworden ist, zum Überlebenskünstler ohnedies. Nicht nur muß der Künstler den Widerstand des oft ungefügen Materials überwinden, sondern zugleich den traditionellen Kontext, an dem der Künstler anknüpft. Ohne diese Überwindungstätigkeit müßte jede Kunsthistorie auf ihre immanente Dynamik verzichten, insbesondere jede Geschichte der Skulptur, von der Steinzeit bis zu Ewald Rumpf.

Dem unbearbeiteten Stein gelang es im Laufe der

Steinzeit, seine zufallsbedingte Formation zu überwinden. Er stieg im Vorfeld der Skulpturalgeschichte zum ersten Gebilde auf, dem künstlich nachgeholfen wurde, zum Faustkeil, der als Stein oft selber schon faustkeilähnlich ausschaute, seine Zweckverhaftung überwand und als Steinfigur der Zweckwelt magischer Praktiken zugeführt wurde. Doch die Venus von Willendorf überwand ihr Material nicht. Sie blieb aus Stein. An skulpturalhistorisch hochbedeutsamer Stelle wurde aus dem Hauen das Bildhauen.

Die antike Statue überwand exemplarisch sowohl archaische Bildfiguren wie die empirischen Deformationen von Aktmodellen. Das Sockelwesen des idealen Leibes, der auf Plinthen, Podesten und Postamenten stand, übte die Funktion heutiger Wagenheber aus. Ein Stück grobstofflicher Materie wurde nach oben gehievt. Nur verbleibt das hochgeschraubte Auto im Arbeitsbereich neolithischer Zweckhaftigkeit, derweilen sich der ideale Leib der antiken Kunst dem Reich der Zwecke enthebt, kraft vollendeter Schönheit, die hart büßen mußte für die rührende Anmaßung, das Zeitliche und Überzeitliche überwunden zu haben: Nur mit gemischten Gefühlen stehn spätere Zeilen vor all diesen Rümpfen, Fragilitäten, Gliedmaßen, Gliedern, Nasen und leeren Augen, die der Zahn der Zeit übrigließ.

Michelangelo machte das Hickhack zwischen Überwindung und Anhaftung in jenen seiner Figuren voll thematisch, die sich noch fast unbehauenem Material entringen wollen. Hier wurzelt die Geburt absichtlicher Fragmente. Steinfiguren teilen das Schicksal menschlicher Zeitgenossen. Die einen, im Fleische wandelnd, plagen sich mit christlichen Überwindungen ihrer selbst, die andern sind in den Stein gebannt und wollen nicht länger versteinert stillhalten.

Elastizität versuchte schon recht früh in die Bildhauerei einzuwandern. Der Bildhauer wurde zum Bildkneter. Jener meißelt und riffelt und hämmert notwendig brutal und laut im Stein, dieser matscht und massiert und streichelt gefühlvoll den Lehm, den Wachs, bis hinunter zum Kuchenteig der Hausfrau, zur Vorschul-Knetmasse, zu den Exkrementen freudianisch beeinflußter Analphasen-Durchmacher. Das Material kippt, genau wie der nicht überwindende Künstler, zurück in überwundene – nein, doch noch nicht so richtig überwundene Etappen; es wird hart, also wieder zu Stein. Und der Künstler unterstützt die Materie hierbei, schiebt die Figuren in den Brennofen, gießt sie in Bronze. Statt mißlungene Überwindung zu erdulden, feiert und dokumentiert er gelungene Nichtüberwindung.

Die relative Unauflöslichkeit dieses Grunddilemmas nimmt kunstgeschichtlich neu Anlauf in der impressionistischen Bildhauerei Auguste Rodins. Die verspäteten Gnadenstöße, die seine Figuren allem Klassizismus erteilen, fließen aus besagter paradoxer Sehnsucht nach »Überwindung der Materie«. Bei Rodin atmen, schweben und federn die Figuren derart, daß sie es sich sogar erlauben können, ohne Regression aus Stein und Bronze zu sein, und dies sogar absichtlich. Sie demonstrieren mitten im Unbeweglichen, wie man trotzdem weich, schwerelos und elastisch zu erscheinen vermag; wie Plinthen und Podeste zum Trampolin werden für Bewegungen solcher, die sich nicht bewegen können. Die tautologischen Eigenschaften aller vorhergehenden Standbilder, die auf ihren Plinthen und Podesten vor lauter Steifheit nie und nimmer sich bewegen würden, und aller lebendigen Menschen und ihrer muskulären Antriebsmechanismen, die mit ihrer Beweglichkeit nichts anfangen, als sich einfach nur zu bewegen, werden erst von Rodins Figuren überwunden.

Die Gratwanderung zwischen Stoff und Geist – dem Geist des Bewegens – konnte in der Bildhauerei nicht sehr weit weitergetrieben werden. Die Gesamtentwicklung kulminierte und erlosch in der »täuschend ähnlichen« Wachsfigur, die Pygmalions Problem ernüchternd aktualisierte, indem sie dem Kabinettbesucher suggerierte, das tote Abbild könne sich jeden Moment bewegen: parodistische Auferstehung des Fleisches unter kriminologischem Aspekt.

Die Erlösung aus der Versteinerung fand auch in anderen visuellen Kunstgattungen statt: Das starre Gruppenfoto lockerte sich zum Schnappschuß oder begann sich ruckweise zu bewegen, im Stummfilm, dann immer fließender und bunter, in Kino und Farbfernsehn. Während die berüchtigte Seelenlosigkeit neuzeitlicher Kunst sich überwand, indem sie sich technologisch verflüssigte und verlebendigte, begannen sich außerhalb von Filmen ihre Ausdrucksmöglichkeiten merkwürdig zu verhärten, erkalten, verarmen. Absichtliche Fragmente einst so stolzgeblähter Bildwerkerei zerbröckelten zur Objektkunst. Durch Befriedung von Materie und Geist wurde deren traditionelle Arena, die menschliche Gestalt, hinfällig. Der fleischliche, beseelte, fast antwortende Lehm, der den feedbacklosen, unmenschlichen Stein überwunden hatte, wurde nun seinerseits von noch weicherer Materie überwunden, zuerst von flüssigem Kunststoff, der es allerdings gleichfalls noch nicht lassen konnte, zu erstarren, dann vom Filz und Fett des Joseph Beuys, die sich masochistisch zu ihrer begrenzten Haltbarkeit bekennen, dann vom Blut, Kot, Marmelade, Eiern der Wiener Aktionisten, die in ihren matschigen Orgien ganz auf Foto und Film angewiesen bleiben. Objektkunst, Antikunst und Abfallkunst übertreiben es mit dem Überwinden derart, daß sie fast schon wieder tautologisch werden:

Unschöner Welt werden, statt appetitliche Werte, unappetitliche Objekte entgegengesetzt. Beuys überwand die klassische läppische Künstlerverpflichtung, Zeichentalent mit sich herumzuschleppen. Talent wuchs, im Licht der Psychoanalyse, aus neolithischem bzw. frühkindlichem Imitationstrieb hervor und wird unnötig, sobald der schnellere, zuverlässigere Konkurrent Aktfotografie heißt. Avancierte Produktion erreicht ein ihrgemäßes Neolithikum auf anderem Weg: Der Kreis schließt sich, wenn man unbehauene Steine in den Großstädten der Ballungszentren aufstellt: »statue« kommt von aufstellen, nicht von körperhafter Formgebung. Künstler haben zwar die Menschendarstellung aus ihrer Produktion verbannt, aber stellen ihr Zeug noch auf wie Schwarzwälder Gottesmütter und griechische Gottheiten aus Gips und Gummi.

Die mimetische Zurückbettung menschenförmiger Kunstwerke ins Unbehauene und Undurchknetete wird heutzutage repräsentativ überwunden vom vielgestaltigen Oeuvre des Bildkneters Ewald Rumpf. Rumpf bekennt sich mutig und unumwunden zum Grundphänomen Gestaltungskraft, Formwille, Schaffensfreude. Energisch arbeitet er an der Rehabilitierung des Werkbegriffs, der leider in Mißkredit kam. In diesem Sinne verweigern sich Rumpfs Figuren von vornherein der Liquidation des Humanums in gegenwärtiger Objektkunst. Sie verweisen emphatisch auf das dahinterstehende Subjekt, welches so approbierte Kategorien wie Entwurf und Ausführung, Modell und modelliertes Abbild sich nicht nehmen lassen will und dessen Kunst sich somit wieder der Brisanz des Schußfeldes stellt, in der sich Gelingen und Mißlingen bewegen, Ringen und Scheitern. Rumpfs Figuren beugen sich nicht jenem fatalen Zeitgeist, der sich am langlebigen Untergang des Abendlandes hochjubelt und unästhetisch dem Geist der Reformation huldigt. In diesem Punkt berührt sich übrigens Rumpfs Ästhetik mit der des walisischen Malers Handel Evans. Die Gefahren der Zeitgeistverhaftung in der Motivwahl – und nebenbei die Gefahren des Realismus – umgeht Rumpf mit unfehlbarer Intuition. In diesem Sinne wählt Rumpf betont unzeitgemäße Sujets, was ich für legitim halte, also nicht beispielsweise, wie es realistischer Kunst entspräche, einen Isolationshäftling, der sich in Hungerstreik befindet, sondern einen Gefangenen im Lendenschurz, der überzeitlich in Banden steht, breitbeinig im Schuldturm, die Hände auf den muskelbepackten Rücken gekettet; anstelle einer Babysitterin oder Tagesmutter eine Amme; anstelle eines Null-Bock-Azubi ein feineres Landmädchen, wodurch Rumpf allerdings wieder in die umgekehrte Gefahr gerät, sozialistisch getöntem, allzu gesundheitsstrotzendem Kulturerbe anzugehören, wenn nicht gar abzustammen aus »Kraft durch Freude«. Gefahren des Akademismus und des gewerblichen Kitsches weicht Rumpf aus mit einem Schuß sympathischer Unperfektion. Die Blößen der Sonntagsbildnerei bedeckt er mit solider Technik. Die Klippe des Epigonentums, das in aller figürlichen Darstellung lauert, umschifft Rumpf kraft des Umfeldes, aus dem sein Werk, Figur um Figur, hervorsteigt. Die Werkstätte des Bildkneters Prof. Ewald Rumpf befindet sich in einem Einödshof im Knüllwald. Rund um Fachwerkhaus, Stallruine und Ziehbrunnen wirken die aufgestellten Lehmfiguren so, als wären sie ihrer Umgebung entsprossen, ohne Zutun, zwischen Birken, Nußbäumen, Felsbrocken und im Matsch steckengebliebenen Autowracks: Figuren in allen Größen, bevorzugt in Überlebensgröße, mindestens Lebensgröße, mit und ohne Haltestangen, auf Plinthen und verschieden hohen Podesten, Figuren über Figuren, stehend, sitzend, steif tanzend, Hundertschaften phallisch ragender Gebilde. Aus Holunderbüschen und Efeu gukken bemooste Gipsbüsten. Mythologische Kraftprotze stützen die Treppe ab, die zum Hauseingang führt. Neben einer Hundestatue steht wedelnd deren Modell. Der Hauch kurioser Verwunschenheit, der über dieser Szenerie liegt, schwemmt jedes Naserümpfen angesichts eventueller anatomischer Detailmängel triumphal hinweg. Hier stimmt alles, genauer: Alles stimmt hier zusammen. Die Zusammenarbeit zwischen Flora und naturwüchsiger Bildwerkerei, die höhere Einheit, in der Architektur, Skulptur, Mensch, Tier und Auto zusammenklingen, in summa: ein organisches Gesamtkunstwerk aus anorganischen und organischen Verhältnisteilen, raumfüllender und vor allem friedsamer als Rodins Höllentor, von erotischer Humanität durchweht; denn überall stehen appetitliche Aphroditen und Heilige Jungfrauen, meilenfern von Michelangelos Frauenfeindlichkeit, die den animaphilen Bildkneter Ewald Rumpf von frühauf bedrückte... wie ich aus persönlichen Gesprächen mit dem Künstler weiß. Michelangelos finsterer Denunziation des ewig Weiblichen setzt Rumpf sein Ideal schöner Frauen entgegen. Männliche Körper formt er seltener. In x Aktfiguren lassen sich entkleidete Gäste und Bewohnerinnen des Hauses erkennen.

Werden aber Rumpfs Figuren aus dem auratischen Kontinuum ihres angestammten Standorts herausgelöst, um in einer Ausstellung wie der heutigen vorgeführt zu werden, beginnen sie zu leiden wie Tiere aus freier Wildbahn, die dann in der Isolierzelle des zoologischen Gartens so scheu aussehen, so verdrückt und deprimiert, so bedürftig, nicht nur transportgeschädigt, sondern sogar mit künstlerischen Entstellungen behaftet, die sie vorher nachweislich nicht besaßen. Plötzlich spürt der angerührte Betrachter etwas vom alten Kampf mit der Materie, der unter den arbeitsamen Händen des traditionstreuen Rumpf völlig anders ausgeht als in allen vorangegangenen Epochen der Skulpturalgeschichte. Während Auguste Rodins Figuren sich in ihrer nur sehr scheinbaren Schwerelosigkeit ein lügenhaftes Moment zuschulden kommen lassen, sind Rumpfs Figuren vollkommen ehrliche Leute. Kraft der Blößen und Niederlagen, von denen sie stumm berichten, indem sie ihre Gliedmaßen vorzeigen, gewinnen Rumpfs Stützstangenkrüppel ein moralisches Übergewicht über all jene offiziellen Meisterwerke, die nur so tun, als wäre der Kampf mit der Materie zu einem erfolgreichen Stillstand gekommen.

Die Figuren des Bildkneters Prof. Ewald Rumpf ahnen, daß dieser Kampf auf Dauer nicht zu gewinnen sein wird. Pazifistisch weichen sie ihm so weit wie möglich aus, so dauerhaft wie möglich, und nehmen bevorzugt Stellungen ein, die die Aussicht auf Rißbildung verringert. Die Materie aber, von Haus aus widerborstig, nimmt das ethisch grundierte Friedensangebot nicht an. Ständig schwebt über allen Rumpffiguren das Schwert des Damokles und macht die vor Schreck gelähmten Kunstwerke, zwischen leichten Brandschäden bis hin zum Zusammenbruch der Gesamtfigur, zu Schicksalsbrüdern ihrer empirischen Betrachter… und damit zu mehr oder weniger tragischen Gestalten, dies auch dann, wenn die Figuren hiervon nicht viel merken mögen und unvermindert von der Schaffensfreude ihres Schöpfers erzählen, von der im Faltblatt Meister Rumpfs die Rede war. Die zarte Disproportion zwischen der programmatischen Verpflichtung der Figuren zu überzeitlicher Affirmation, also dem wehenden Banner ihrer positiven Botschaft, und dem Bann, aus welchem sie sich noch nicht befreien können, verschafft

Rumpfs Kunstwerke gehorchen dem Gesetz der Eindrücklichkeit

dem Schaffen Ewald Rumpfs eine theoretisch dankbare Mehrdimensionalität.

Meine Damen und Herren, die tiefsinnige Schicksalsbrüderlichkeit zwischen Figuren aus Fleisch und Figuren aus rissigem und glattgestrichenem Lehm schließt unversöhnlich die existentielle Kluft, die zwischen beiden bestehen bleibt. Ewald Rumpfs Werke, in denen sich christliche, antike, archaische und akademische Stilelemente bruchlos vereinen, gemahnen uns an die Tiefenproblematik und Widerspruchhaftigkeit aller Kunst, und nicht zuletzt an die Trauer der unerreichten Tautologie. Rumpf läßt uns die Notwendigkeit einer besseren Welt spüren, einer Welt, in der niemand mehr als Standbild auf Bewunderung und Harmonie angewiesen wäre. Endlich könnte jede Figur frei von Plinthe und Sockel steigen, und wir – wir müßten nicht mehr versteinert herumstehen und hartgeworden unseres Weges schreiten.

## Warum ich Bücher nach Farben sortiere

Mit sechzehn kaufte ich das Heyne-Sachbuch »Die Hippies« von Adrian Coulter und ahnte nicht, daß es mir optisch eines Tages nicht mehr genügen würde. Mit siebzehn erwarb ich Alexander S. Neills: »Antiautoritäre Erziehung«; Ravi Shankars: »Meine Musik, mein Leben«, Einleitung von Yehudi Menuhin; Bertrand Russells »Warum ich kein Christ bin« und übersah, daß die Anschaffungen farblich kaum zusammenpaßten. Sichtlich achtete ich bloß auf Anschaffungspreis und Inhalt.

Erstes Sammelgebiet: Bücher zum Thema Kriegsdienstverweigerung. Die erste rororo-bild-monographie: »Gandhi« (rosa getönt). Dann kam Henry David Thoreau: »Über die Pflicht zum Ungehorsam gegen den Staat« (weiß kartoniert). Ersten zwölfbändige Werkausgabe: Hermann Hesse (manganblau), von wo aus ich zu Novalis gelangte (isabellenweißer Schutzumschlag, blauer Einband), zu E.T.A. Hoffmann (violett), zu Laotse, Wiedergabe des chinesischen Textes durch Walter Jerven (wieso eigentlich schwarz?). Relation zwischen Buchautor und Buchfarbe zeigte sich nirgendwo, außer bei der Kassette des Diederichs Verlags »Die Philosophie Chinas«, fünf Bände, kartoniert, einheitlich safrangelb, was wunderbar einleuchtete – wieso aber hatte mein Insel-Goethe, sechs Bände, genauso küchenmäßig weiß auszusehn wie die »Ästhetische Theorie« von Theodor W. Adorno, die ich in der Darmstädter Bücherstube erwarb, genauso kachelweiß wie Doz. Dr. H. Frahms »Empfängnisverhütung« aus der Reihe rororo sexologie. Als anerkannter Kriegsdienstverweigerer und Chinasammler gab's mir einen Stich, daß der schwarze

Laotse die Gelbtöne fast aller Chinabücher unplausibel durchbrach.

Andere Sammelgebiete: Faustbücher. Aus Amsterdam brachte ich die DDR-Anthologie »Faust« mit, zwei Taschenbücher, 1000 Seiten bloß 6 Mark, leider weiß, der eine Band verziert mit fruchtquarkrosa, der andere mit heidelbeerjoghurtfarbenem Querstreifen, das Ganze mit Klebefolie überzogen, die an den Ecken in Fahnen abging, aber nie ganz. Eine Allergie gegen Querstreifen entwickelte sich, sowie gegen weiße (Rilke) und rote Bücher (Mao-Bibel), also eine Vorliebe für braune (Wilhelm Gundert: »Japanische Literatur«, 1929) und grüne Bücher (Jill Purce: »Die Spirale, Symbol der Seelenreise«).

Dubiöse Plakatfarbenbilder meines Pinsels tauschte ich beim Oboenlehrer Eberhards gegen »Der Doktor Faust«, von Heinrich Heine, bis heute mein wertvollstes, schönstes Buch, ein Tanzpoem, nebst kuriosen Berichten über Teufel, Hexen und Dichtkunst 1847, bloß 84 Seiten. »Gedruckt im Jahre 1912 in der Hof=Buch= und Steindrukkerei von Dietsch & Brückner in Weimar in 400 Exemplaren / Die Bindearbeit besorgte die Leipz. Buchb. Akt.= Ges. vorm. Gustav Fritzsche Abt. für Handbindekunst in Berlin. Das Buch hat die Nummer 243«, in exclusiver Pappschatulle, genauso goldockerfarben wie der hadernhaltige unbeschriftete Buchumschlag, den ich vorsichtig zurückschlug, um den handgewebten Naturseide-Einband zu bewundern, die Goldschrift, die Borten. Beim Aufklappen züngelten Jugendstil-Höllenflammen hervor, gestaltet von »J. v. Divéky«, höllenrote Überschriften, kolorierte Initialen, Vignetten, in denen aus stilisiertem Blattwerk Teufel guckten, fraktal gerandete Bütten, Lesebändchen, marmoriertes Transparentpapier zum Schutz der Abbildungen, Randleisten, schöne Aufteilungen, variierte Schrifttypen. Am Ende eines Abschnitts lief der Schriftsatz trichterförmig aus, und ganz am Buchende fand ich eine höllisch bemalte Lasche, in der ein Zusatzheftchen steckte, ein gepflegtes Nachwort von Karl Georg Wendriner, das sich betont separat – ebenfalls auf Bütten – draußen hielt aus dem Buch-Kontinuum, ganz anders, viel dezenter als all die anderen Nachworte dieser Welt, die sich so pietätarm wie möglich nah an den Haupttext drängen, selten kleiner gedruckt. Aber zu meinem fuddeligen Amsterdam-Faust, worin dasselbe Tanzpoem bloß 15 Seiten einnahm, griff ich leider viel öfter, obwohl ich mich insgesamt immer öfter ertappte, grüne oder braune Bücher zu lesen, selbst wenn in weißen und roten Büchern, zu denen ich immer seltener griff, Wichtigeres stand.

Buchkauf wurde zunehmend konfliktuös: Außerhalb von Antiquariaten kam ich an halbwegs unschrilles Design kaum noch heran. Bücher schrien, sprangen, baggerten und machten mich frontaler an denn je, infantiler, farbensüchtiger, aufgegeilter, überdrehter denn je. Spätestens Hermann Hesses posthume Zwangsverheiratung mit Andy Warhol besiegelte die bunte Entmündigung der Firma Dante, Hamlet & Co. Wegbegleiter wie Jorge Luis Borges' »Labyrinthe«, ein knallrotes Ding aus der Heyne-Reihe DAS BESONDERE TASCHENBUCH, unterhöhlten per Outfit ihren Inhalt. Doch stellten sich, sobald ich nur noch antiquarische Objekte kaufte, andere Nachteile ein: Von Buch zu Buch wurde ich weltfremder, was mir auf Dauer nicht genug sein konnte. Leichte Gebrauchsspuren nervten. Fettfleck auf S. 130! Angestrichene Signalstellen!

Aber sobald ich mich auf Novitäten und Neuausgaben von Klassikern einließ, holte ich mir Schockfarben für immer ins Haus, psychosomatisch unaushaltbar, unbegründete Querstreifen, aufgedruckte vierstellige Buchnummern, Preise, Kürzel, Verlagssignets, überschwebt und frontal angemacht von den Umschlaggestaltern Willy Fleckhaus & Werner Rebhuhn. Selten paßten Emblem und Emblemträger zufällig so gut zueinander wie die Ullstein-Eule zur »Phänomenologie des Geistes«. Weder ich noch Dostojewski konnten sich, als ich in der Reihe »Winkler Weltliteratur« »Schuld und Sühne« kaufte, dagegen wehren, daß ich durch den signalroten Schutzumschlag, mit seinem knallweißen Querstreifen, visuell positiv beeinflußt werden sollte. Falls das Knallrot zum Stichwort Schuld assoziativ eine legitime Querverbindung aufbauen wollte – wieso mußten dann Winklers »Brüder Karamasow« quittegelb sein, ganz ohne inhaltlichen Chinabezug!? Immerhin kam unter dem knallroten Kleid eine etwas zurückgenommenere, weinrote Haut hervor, und unter dem quittegelben Umschlag eine gemäßigt senffarbene Haut. Und vice versa: Hier und da kaufte ich ein ausdrücklich schönes Buch, z. B. von Rabindranath Tagore: »Der zunehmende Mond«, Kurt Wolff Verlag Leipzig 1915, recht wohlfeil, oder von Maurice Maeterlinck: »Vom Tode«, verlegt bei Eugen Diederichs / Jena 1924, doch wollten diese Werke leider nicht aufsteigen in die Gefilde meiner Lieblingsbücher. Ich kaufte sogar ein Buch, das ich nie lesen würde: »Der Sinn des Daseins« von Bô Yin Râ, alias Joseph Anton Schneiderfranken, seltsam eingebunden in schwarzen Cord und vorndrauf: ein schmiedeeisernes, feingeplättetes Doppelspiralen-Ornament – zugleich vergällten ständige Wegbegleiter – wie Schillers ästhetische Schriften – mir nachhaltig ihre Lektüre durch ihr Aussehen (knallrote Buchclub-Ausgabe). Mit schönen Büchern langweilte ich mich; mit anderen wär ich glücklich gewesen, wenn sie besser ausgesehn hätten. Die tiefe Kluft zwischen Buchinhalt und Buchgestaltung wurde tiefer, der kleine Unterschied zwischen Geist und Materie, Innen und Außen, Seele und Körper, Gentypus und Phänotypus, Mysterium und Fassade immer größer.

Neue Autoren gingen oft Hand in Hand mit ihren Umschlägen, nämlich sobald Horst Janssen dem neuen Peter Rühmkorf ein Cover machte, oder sobald dem Titelbild eines Henscheid-Romans ein Gemälde des Verfassers zugrunde lag. Das Gegenwartslexikon »aktuell«, voll mit Materialien, Diagrammen, Tabellen, Infos, Fakten, Daten, hätte mit Goldschrift arg unaktuell ausgesehn. Daß sich die Grundfarbe Weiß und das abwaschbare Dekor à la Zellophanistan selbst Klassikern überstülpte, störte beim Lesen dermaßen, daß ich begann, mich eigenhändiger Bücherverschönerung zu widmen. »Alter und Aussehen egal« – in solche Annoncen konnte ich mich kaum noch hineinversetzen; es gelang mir nicht, mir als Leser ein Handtuch übers Gesicht zu legen. Obwohl ich bei Günther Anders (weiß kartoniert) gelesen hatte, ein holzgeschnitzer, mit Bauernmalerei geschmückter Radioapparat sei ein Widersinn, begann ich mehrere besonders überweiß kartonierte Bücher mit Kork-Imitation-Klebefolie augenfreundlicher zu gestalten. So entstanden individuelle Exemplare, jenseits aller Serienproduktion – o je, ab sofort begann ich Blochs »Geist der Utopie« und Adornos »Negative Dialektik«, die nun korkfarben nebeneinander standen, permanent zu verwechseln.

Ich griff zu Sepiatusche und Ölfarben, und alle Bücher, die ich auseinanderhalten wollte, beschriftete ich. Verlagsnamen ließ ich weg, oder auch unwichtige Autorennamen. Querstreifen, plötzliche Vierecke, gestalterischen Pipifax übermalte ich konsequent, vor allem, wenn die Aufschrift quer durchs Titelbild lief. Titel, die mir gegen den Strich liefen, beseitigte oder änderte ich sogar.

Der himmelblaue Buchrücken von Wilhelm Schamoni »Das wahre Gesicht der Heiligen«, Kösel Verlag 1967, trug die unschöne Aufschrift: »Schamoni Das wahre Gesicht«, was ich liebevoll mit einem Schildchen überklebte: »Bildnisse von Heiligen«, Schönbuchstaben von oben nach unten, und klebte eine schöne Kunstpostkarte auf die Vorderseite des Buches, den Heiligen Veit im Ölkessel, geschnitzt von Veit Stoß 1520. Seitdem blätterte ich sehr gern in den »Bildnissen von Heiligen«. Seit Adornos Verdikt, auf menschenwürdigen Büchern solle der Titel quer gedruckt sein, litt ich an längs gedruckten Titeln.

Viele aussortierte, zerlesene Schleuderpreisbücher, die ich halbjährlich vom Trödelmarkt der Stadtbücherei Kassel mitbrachte (5.– DM pro kg), trugen am Rücken stiertuchrote Buchsignaturen, z. B. die »Gespräche mit Nehru« von Tibor Mende die Signatur: E 85.4 Neh – wenn nicht gar: E 85.4 Men, die ich übermalte, um das Objekt nicht mit Büchern zu verwechseln, die ich derselben Stadtbücherei bloß entlieh; Acrylfarbe hielt sogar auf wasserdichtester Folie. Bisweilen übermalte und behielt ich aus Versehn ein entliehenes Buch, und zum Ausgleich übersah ich ein gekauftes, mit »Ausgeschieden« bestempeltes Objekt, übermalte es nicht und gab es – im Schußfeld eintreffender Mahnungen – beinah als geborgtes ab. Unrettbar häßliche Bücher übermalte ich gänzlich. Weiße Chinabücher kolorierte ich gelb, um die Einsortierung zu erleichtern – was mich vor neue Probleme stellte.

Denn meine Ordnungssysteme wurden zur Zeit sehr überdacht. Bücher alphabetisch nach Autoren zu ordnen, nein danke: Adorno stünde dann viel zu weit oben, dagegen Handke viel zu griffbereit – was hatte Ilse Aichinger neben Abu-l-'Ala' al-Ma'arri zu suchen? Adalbert Stifters Frau sortierte seine Bücher nach der Größe. Auch wollte ich nicht Willy Meyers System imitieren, worin Wolfdietrich Schnurre neben den Vorsokratikern landete. Auch Sortierung nach Eingangsdaten oder Sachgruppen brachte quälende Aporien mit sich. Visuell sensiblen Buchbesitzern wie mir blieb nur ein Sortieren nach Farben übrig, sieben Bretter übereinander: ganz unten schwarze Bücher, dann braune, dann grüne, blaue, rote, dann gelbe und ganz oben, sich auflichtend und harmonisch ins Rauhfaserweiß der Zimmerdecke mündend: weiße Bücher. Da renkte sich manches wieder ein, z. B. mein gestörtes Verhältnis zu roten und weißen Büchern, die nun recht reizvoll im Abstufungsdschungel der Weiß- und Rottöne aufgingen – Henri Rousseaus Palette zeigte 700 verschiedene Grüntöne. »Aber wie findet man Bücher dann wieder?« Nun, innerhalb einer Farbe ging ich chronologisch vor. Mein erstes Buch bei »Gelb«, das Gilgamesch-Epos als Reclamheftchen, stand problemlos neben Dichtungen der Naturvölker, strohfarben, in echten Bast eingebunden; diese wiederum neben dem blaß zitronenfarbenen kleinen Wörterbuch asiatischer Weltanschauung. Nun folgten gelbe Bücher zum Thema Indien, denen sich vertikal weiße und rote Indienbücher anschlossen, so daß meine Sachgruppen sich in jede Richtung ausdehnten und zugleich bestens beieinander blieben. Das Übereinander von Indienbüchern ging mengenmäßig glatt auf, nur die anschließende Chinagruppe strapazierte das System; denn es gab kaum blaue, grüne, schwarze Chinabücher, so daß der 1-m-Vorsprung gelber Bücher vom alten Persien und von der Antike nicht mehr aufgeholt werden konnte, wodurch sich im Mittelalter alles immer unausgleichbarer verschob und weiter hinten sogar ein und derselbe Autor qualvoll auf drei, vier Ebenen auseinanderflog: Eine antiquarische

Byron-Ausgabe (3 Bände) landete bei »Braun«, ein Byron-Band der Winkler Dünndruckausgabe bei »Weiß«, die Poems of Byron, Oxford, bei »Blau«.

Bücher, die nirgendwo reinpaßten, machten rasend. Sowohl Gina Germinaras »Erregende Zeugnisse von Karma und Wiedergeburt«, Knaur Esoterik (silbergrau), wie Dr. Tibor Riedl: »Unsinn der Ursachenforschung«, haag + herrchen (abwaschbar schmutzigsilbern), landeten in der Verlegenheitsrubrik: »Mißfarbene Bücher«, also bei beige-, emaille-, khakifarbenen, mausgrauen Druckerzeugnissen. Zweifelsfälle häuften sich. Karamelfarbene Piper-Taschenbücher ließen sich bei »Gelb« oder »Braun« nicht recht unterbringen; für »Mißfarbene Bücher« brüllten sie nicht mißtönend genug. Das spitzte sich zu bei Zweifarben-Büchern: Die obere Hälfte meiner Wilhelm-Busch-Ausgabe, vier Bände, prangte unheilbar giftgrün, die untere Hälfte knallorange; die obere Hälfte meines Rechtschreibe-Dudens ampelrot, die untere gelber als UHU-Tuben. Hier war mit malender Angleichung wenig zu retten. Einzelfragen türmten sich auf Grundsatzprobleme, zeitraubend und aufreibend. Allmählich begann ich visuell weniger anfechtbare Buchkunden zu beneiden. Von Dr. Pütz' Information, »Schwarze Bücher verkaufen sich nicht!« kam ich, wenn ich schwarze Bücher las, schwer los. Weil grüne Bücher seltener blieben als nach wie vor schneeweiße, nahm ich im Buchhandel fast nur noch grüne Bücher wahr – ein strapaziöser Zustand. Aufs gelbgemalte Bücherbrett gelber Bücher stellte ich als Eckpfeiler eine Bienenwachskerze, auf das grüne Brett der grünen Bücher ein grünes Fläschchen ätherischer Öle (jeder Tropfen lindert).

Neben dem lebendigen Pluralismus meiner Bücherwände, siebenfältig aufgefächert, der ehrwürdigen Schinken, Wurfbroschüren, ausgewählter Werke in einem

Band, Regierungserklärungen, Programmheften farbliche Gleichberechtigung schenkte, mit all den feinen Holzbläsermischungen ineinanderspielender Valeurs und Substitute, sahen herkömmliche Bücherwände beim Antiquar mit Gold auf Braun arg altbacken nach Stadtmuseum aus, bloß schön, allzu a-priori-homogen, Edelrost mit Wurmstich und Stockfleck. Der Wunschtraum Franz Schuberts und Gustave Dorés, absolut alles zu illustrieren und zu vertonen, in einheitlichem Format, bewegt sich im Gleichschritt mit dem Bedürfnis, antretende Reihen zu überblicken, die Parade der Werkgruppen. Mein Drang zum schönen Buch verschärfte die Eigendynamik der Einsortierungsparadoxe. Die Einheitskluft der Klassiker frevelte an deren Polyphonie nicht minder als heutige TB-Reihen an eventueller Autoren-Individualität. Das Gogomobil des Hinayana-Buddhismus (bzw. des taschenbuchfeindlichen Suhrkamp Verlags von 1953) verbreiterte sich zum Mammut-Omnibus-Konvoi des Mahajana-Buddhismus (bzw. zum TB-Auswurf späterer Unseldmaschine), zum Wimmelgötterhimmel aus Boddhisattvas, Zwischen-, Gegen-, Viertelgöttern, die alle mitfahren im aseptischen Regenbogen der edition suhrkamp, voll von farblos aufgesprungenen Wassertröpfchen und Schwarzfahrern, aufleuchtende Vorhut jetzt noch unerlöster Seelen, im Schulterschluß mit Halbgöttern, die eigentlich einen eigenen Farbenkreis ausstrahlen, runtergedrückt zum monochromen Teilbeitrag, Tropfen unter Tröpfchen, jede Welt keine Welt, jede Farbe ein Bruchteil der Gesamtuniform, Unterschiede abgeschliffen wie vom S.-Fischer-Emblem, allwo drei Fische mit einer Bewegung umrissen, drei Augenkügelchen von präziser Linie ornamental gehindert werden, auseinanderzurollen: zwar schwimmt der zweite Fisch gegen den Strom, den der erste und dritte erzeugen, doch hat die Firma nur dann Platz für Abweichungen, solange man im Netz bleibt, das die Umrißlinien der Fische bilden. Zwischentöne, Braunwerte usw. dürfen im offiziellen Regenbogen nicht mitschwimmen; einzig in meinem System siebenfältiger Auffächerung darf kosmopolitischer Patchwork-Pluralismus Pfauenräder schlagen, und selbst das unansehnlichste Kelly-Family-Schweinchen schlecht gelumbeckter Glanzfolien-Broschur darf ebenbürtig mitsingen im Chorus ehrwürdigster Schinken. Selbst meine Outsider, nach Aussortierung schreiende Bruchstücke der Gattung, die Kaste der Mißfarbigen, erglänzt als eine irgendwie passende Melting-pot-Facette der Koexistenz-Universalversöhnung, Massenhochzeit gemeinschaftsbildender Verquirlung aus Wurfbroschüren, Buchclub-Auswahlen in einem Band, Regierungserklärungen, Programmheftchen, gestuft ausrollender Brandung orchestraler Synthesis – Hauptsache, besiegte Querstreifen drängen unter meiner totalitären Übermalung nicht unausrottbar hervor.

Kaum aber griff ich hinein ins Fluten unverquirlter Breitwandtotalität, hielt ich nur wieder ein knallrotes, schlecht gelumbecktes Glanzfolienobjekt in der Hand, ein Bruchstück der Gattung, versehen mit Querstreifen, die sich sinnlos und unausrottbar meiner Übermalung entzogen. Pro Buch aktualisierte sich mir der Clinch zwischen Sein & Design. Dr. Rudolf Steiner konnte sowohl innerhalb der feinen Buchausgabe im Dornacher Rudolf-Steiner Verlag (vergeistigtes Bläulich) wie in der Auswahlausgabe im Fischer-TB-Verlag (08/15-Lila) die These, der Geist schwebe unsagbar unabhängig von der physischen Welt, nur durch Eintritt in die physische Welt der Buchgefäße vertreten. Sobald ich zur Platonausgabe (3 Bände; kackbraun) greife, wird mein Körper zum Gefängnis meiner Seele. Wenn schon nicht mein Aussehn, so konnte ich mir wenigstens meine Schutzumschläge selber aussuchen: schwarze Cordhose à la Bô Yin Râ. Zieh ich mein knallgelbes Hemd aus, kommt drunter eine viel unaufdringlichere Farbe zum Vorschein: hautfarbener Einband, der sich nicht weiter abpellen läßt. Adornos nostalgisches Lamento, Bücher sähen heute nicht mehr aus wie Bücher, möcht ich erweitern: Menschen sehn immer noch so aus wie Menschen: hier wie da ein Panzer mit Schale, der ein Innenleben beieinander hält; hier wie da Zellulose, auf der alles weitere aufbaut. Hier wie da Codierung gehüteten Volumens, Geheimschrift. Falls ich kein vergeßlicher Typ bin, mausere ich mich pro Vita zu einem immer dickeren Buch, immer antiquarischer, dank zunehmend leichter Gebrauchsspuren. Sobald ich meine Geheimnisse auspacke, wird in mir gelesen. Kaum kontaktiert die Seele, im Körper eingesperrt, mit einer im Buch eingesperrten Seele, beginn ich zu lesen. Kaum zwing ich meine Seele, von einem Knast in ein kleineres Haus umzuziehn, schreib ich ein Buch.

Einen miserablen Text auf hochwertigen Karton zu drucken, fänd ich nur halb so schlimm, zumal sich der Geist der Schrift selbst in den Streusendungen der Haftpflichtversicherungen manifestiert, und der Geist goethischer Farbenlehre im Vierfarbdruck der DELTA- oder MASSA-Reklame. Aber daß unendliche Gefühle und Gedanken zeitlebens im engen Schlauch drinstecken, das find ich doch arg einschränkend, degradierend, belastend. Schnell noch ein wenig umdenken: Reclamheftchen dankbar sein, daß sie Himmel und Erde der Klassiker runterholen auf die Erde, ohne groß zu grübeln, was bei dieser Transaktion übrigbleibt und flötengeht; lernfähig Griffmulden in Klappentexten begrüßen, mit denen man Bücher als Blöcke kaufhofstütenförmig rumtragen kann; in den Schockfarben der Bücher die Balzfreude der Natur verehren, wie sie sich in Mandrillnase, Pavianarsch, Truthahngeklunker austobt. In weißen Büchern seh ich nicht länger die hochindustrielle Vorliebe für Frau Saubermanns Blendax-Zähne, sondern die Liebe zu Schneelandschaft, Yasmin, Kirschblüte, weißem Büttenpapier.

Meine Buchmalerei zeigte Spätfolgen. Nachdem ich alle Kürzel und Strich-Codes überpinselt hatte, rororo, dtv, D 355353, Hanser, wär's komisch gewesen, BASF, 50/60, Shamrock recording tape 1800 FT./549 m, Polyester, SONY, JVC MF-2DD, MICRO FLOPPY DISK gänzlich unüberpinselt zu lassen. Fast alle Dinge dieser Welt, vom Leitz-Ordner bis zu WC und PC, hielten mir das Quasibeige, Gelblichgrau und Hellgräulich uneinsortierbarer Bücher hin... Neutralgrau, Resopalbläßlich, Eternitweißgelb, Zentralkörperfarbe, Mittelsilbrig, Milch-Anthrazith, Dunkelweißlich... Objektverschönerung amplifizierte sich zu Allesverschönerung. Meine mattgraue AEG Olympia 2000, samt ihrer Disketten, malte ich mit altpersischen Erdtönen an, schön durchwölkt von Goldocker, Lichtocker, Englisch Rot, Siena gebrannt, Krapplack, Zinnober und Zimt. Das griff über auf Lichtschalter, Videokassetten, CDs, Lampenschirme, Fenstergriffe. Mein matthellgrauweißer Abfalleimer ließ das Massenprodukt-Flair, made in Bebra, hinter sich, wurde mit jedem Pinselstrich zur karamelfarben melierten Sehenswürdigkeit, zum seelisch angehauchten Unikat. Umso deutlicher blaßte und graute die ausgesparte Tastatur unerlöst vor sich hin. Umso hausmausgrauer und entseelter stand anschließend das Telefon herum, das ich als Eigentum der Deutschen Bundespost so wenig zu übermalen wagte wie den neutralschwarzen Stromzähler. Umso hörbarer schrie mein gesamtes Haus (mausgrauer Rauhputz) nach Übermalung, jedenfalls an den vom Knöterich freigelassenen Partien. Ich avancierte vom Mieter zum Hausbesitzer. Ich übermalte alle grauen Teilflächen. Ich verstieg mich auf Leitern. Ich hockte nicht länger in anorganisch gestrichener Zweckdose. Ich wohnte im atmenden Knusperhaus als Aquarell. Fotografierte Gesamtanblicke boten einen Paradiesgarten, kerngesünder, fremdkörperloser als manch eine Musteridylle. Aus dem farbigen Märchen stach einzig die unbehandelte, sehr hoch gelegene Dachrinne knallgrau hervor, als letztes mausgraues Relikt. Selbst mit verlängerten Langpinseln – vom goldocker übermalten Ex-Emailleweiß-Fenster aus – erreichte ich sie nicht ganz. Ich schleppte eine silbergleißende Leiter herbei, die auf Fotos noch schlimmer hervorstach und überlaut nach Übermalung schrie. Mein Ästhetentum wurde zum Risikosport. Ansonsten aber lag mein Knusperhaus wundersam stimmig eingebettet in die Blütenpracht der Stauden und naturschönstes Waldpanorama. Ich wusch die Pinsel aus – und malte weiter.

Umso störender knallte ab sofort nebenan das knallweiße Haus von Frau Laabs aus dem Waldpanorama hervor. Ja, ganz Allmuthshausen paßte farblich kaum noch zu meiner von Grund auf unendlich verschönerten Merlinkate, so wenig wie mausgraues Nieselwetter. Plötzlich entsprach die ganze graue Welt meiner Ästhethik überhaupt nicht mehr. Spätfolgen rannten mir entgegen, falls ich so weitermachte. Ich träumte davon, serienweise Pragmatiker, Sesselfurzer und Art Directors zu infizieren mit meinen ästhetischen Präferenzen. Immer aufdringlicher knallte mir der Buchtitel ins Auge: »Hör endlich auf damit!« Eine gewisse Zwanghaftigkeit in meinen Aktionen entging mir nicht. Ich konnte doch schlecht städtisches Gemeindeeigentum übermalen, computergraues Brückengeländer, Wasserhäuschen und Grillanlage, feldmausgrauen Asphalt. Gewaltsam leitete ich

Vollbremsungen ein. Statt die ganze Welt zu übermalen, gelang es mir dann doch noch, mich zu bescheiden und zurückzustufen: ein Privatier, der sich begnügt, seine Bücher nach Farben zu sortieren.

Nachtrag: – Übrigens weiß ich bis dato von nur einem Menschen, der ähnliche Impulse verspürte wie ich: Arno Schmidt überklebte, laut Bernd Rauschenbach, unschöne, bzw. Bücher neueren Datums mit neutralen Decefix-Streifen.

## Objekte, verschönert euch!

Bei der Präsentation meiner neuen Modelle spulte ich wie immer meine Termini runter: formschön, schlichte Eleganz, nachrüstbar, quarzstabilisiert, Glanzlack-Gehäuse, plug & play, und meine Chefdesignerinnen und Folienbeschrifter schluckten alles, und meine Vertragspartner applaudierten sehr – Blindlurche sind unter uns! O diese Toupets geföneter Plastinauten! Trendfarben: Titan-metallic, Anthrazit, Emaille, Semi-Beige, Quasi-Khaki, nirgendwo ein naturidentischer Farbtupfer, zumindest Pickel, als letztes Lebenszeichen. In selbiger Nacht machte die graue Welt keine Freude mehr. Mein Nekrotop kotzte mich an. Mein Ambiente kam mir pigmentgestört vor. Sektbeschwipst lief ich durch Novembergrau, im Januar, und sehnte mich nach abgeschmücktem Weihnachtsrot, Abgenadel, Tannengrün. Im TV kam wenigstens a bisserl Afrika, Farbenfreude, Zimt, Wüstengelb. Doch aufs Goldocker zerbombter Lehmbauten, im Auslandsjournal, folgten gleich wieder neutralgraue Behindertenparkplätze. Weinrottöne würden erst wieder zu Karneval blühn dürfen. In meinem Apartement die Leitz-Ordner, in meiner Wohnküche das Weichplastik, der Chrom, Teak – alles wirkte im Spotlight so unfarbig, perlgrau. Waidwund jaulte ich auf – und sah selber so aus. Meine asbestfreie Schutzkleidung warf ich von mir, dieser Trenchcoat – aus Alufolie oder was? Wie konnte ich diesen unsäglich flaugrauen Signalstreifen je toleriert, ja gekauft haben?! Tiefkühlhände legte ich auf Heizkörper, meine Wange platt auf Mausbenutzerfläche und Arbeitsplatte und wartete auf aufsprudelnde Sehnsucht nach betont unbehandelten Eichenbohlen. Unverwandt sah ich meine CDs und DVDs an, das BASF meiner MCs, 50/60, Polyester, SONY, JVC MF-2DD – ob von der Resopalität karzinogene Plastikmoleküle abschilferten? Achja, nirgendwo Fraktal-Ränder und abblätternde Patina. Über »die Glätte an sich« sinnierte ich, suchte des Rätsels Lösung meditativ im fehlenden Huppel all dieser Messingfluchten – und schrak auf: »Die Lösung welchen Rätsels?« Und sprang auf, überpinselte Strich-Codes auf Videos mit Tipp-Ex, übermalte mit Acryl aalglatte Zweckdosen und Fenstergriffe. Die Objekte verschönerten sich nur mäßig. Handy, Scanner, Rechner, Drucker, Fax, ja: rororo, dtv, modern lifestyle, malte ich mit altpersischen Erdtönen zu, schön durchwölkt von Lichtocker, Englisch Rot, Siena gebrannt, Krapplack und Zinnober. Und schon ließ mein hellgrauer Abfalleimer das Massenprodukt-Flair, made in Hongkong oder Bebra-City, hinter sich, ward zur Sehenswürdigkeit, karamelfarben meliert, zum human angehauchten Unikat. Dann aber nahm ich mich rechtzeitig zusammen. Ich bereitete meine nächste Präsentation lasierter, gefirnißter, homogenisierter, tupperwarenbleicher, hypersteril oberflächenbeschichteter, zentralkörperfarben-eternitbläßlich zaponierter, formschöner Objekte vor.

## Zwischen Fisch und unspezifisch

Tragen Kellner Menüs auf, die keiner bestellte, findet sich oft ein Gast, der sich erbarmt und den Irrläufer trotzdem ißt und zahlt. Ein Sinologe, der in Peking Schwein bestellte, bekam ein Feuerzeug gebracht, weil »Braten« dort auch »brennen/Feuer« heißt. Wer sich bei »total« vertippt, klingt total mexikanisch: »toatl«. Wer über Debussy spricht, redet in Popfreak-Ohren über BBC. Wer im Google »Krähpaket« und »Leidvertreib« sucht, erntet Rückfragen: »Meinten Sie Korkparkett und Ledervertrieb?« Wer im PC, via Suchfunktion, »Bier« bestellt, bekommt »Hal*bier*ung« serviert. Suchdauer: 0,3 sec. Um an »Dezember« heranzukommen, genügt es, »Dez« einzugeben, doch Vorsicht, da könnten »Pfer*dez*ähne« hageln! Schreib also stets ganze Wörter à la »Ina« und finde trotzdem Ch*ina* und be*inah* Med*ina*. Such »Ali« und dir wird Fat*ali*st oder Re*ali*smus serviert. Ingo suchte Inka und mußte e*inka*lkulieren, im E*inka*ufszentrum zu *inka*rnieren. Selbst noch in der guten Inge wohnt ein ungutes »*einge*pökelt« und ein fieses »*einge*äschert«. Such »Sand« oder »Ruder«, und dein B*ruder* rudert – ohne *Sand*alen! – am Ufer. Such Ufer und sei froh, wenn du hierbei nicht zum Irrlä*ufer* wirst. Such einen Hund und du findest 300 Hunde, mäch*tiger* als jeder Tiger (in Worten: drei*hunder*t), d.h.: Tipp »ich« ein, suche dich – schon wirst du, wie übl*ich*, e*inge*deckt mit berufl*ich* und ursprüngl*ich;* D*eiche* und Sch*eiche* stürzen unendl*ich* auf dich ein, abzügl*ich* N*ich*ts. Genau wie ich, als ich »ich« suchte. Als Ulr*ich* L*ich*t und Bach (J. S.) suchte, fand er bloß Pfl*ich*t und Beo*bach*ter; als hingegen ich besagtes Ufer suchte, gelangte ich zur A*ufer*stehung. Als ich dr*in*-

## Zwischen Fisch und unspezifisch

ge*nd* dieselbe Inge suchte wie Ingo, ward mir e*inge*geben: hier wie da besteht, für *inge*niös einste*inge*schulte E*inge*weihte, alles aus derselben DNS – der Liberale Studentenbund Deutschland (LSD) versteckt sich a*lsd*ann im Verfa*lsd*atum. Was hingegen heißt RMR? Marcel Reich-Ranicki? Nein, im Gegenteil: Rainer Maria Rilke!

Dann aber ward ich des Suchens müde. Wer will schon dauernd Erik bestellen und dann Esot*erik* essen und bezahlen. Auch wenn Wilhelm Ge*nazi*no und Nazi sich noch so unverwandt anschaun! Danke, liebe Kollektivwolke aus verrückten Beispielen! Die du mich wohltuend überprasselt hast. Der ich HNA (Hessisch-Niedersächsische Allgemeine) und VW suchte und S*chn*aps, S*chn*auze, Wei*hn*acht, Kris*hn*a und »Kollekti*vw*olke« fand. Suchdauer: 0,3 sec. Wer will schon ständig, wenn er »Fee« und »Zoo« sucht, in Richtung *Fee*dback (mit Kle*inge*ist Ingo) gez*oo*mt werden. Und ständig, wenn er »Esel« sucht, di*esel*ben verni*esel*ten Ge*sell*schaften in Kauf nehmen wie Inge! Erik suchte »Fisch« und fand unspezifisch. Willi fand sich im Z*willi*ng. Inkas Auge fand sich im Staubs*auge*r. Ingo suchte Fan und fand An*fang*. Ich suchte Lob und fand Fa*lob*st. In jedem S*cher*m*es*ser steckt ein Hermes, in jedem Orp*heu*s Heu. Und so geht's weiter: An jedem Pseudo hängt ein Udo, in jeder Stube eine Tube, an jeder Phase ein Hase, an jedem Schimpansen ein Pansen. An Satzungen hängen Zungen. Kaum hast du Kinder, hängen hinten Inder dran, die auch in H*inder*nissen und R*inder*seuchen stecken. Dom und Kondom stecken unter einer Decke. Und umgekehrt: Setz ein P vor jeden Hasen, schon durchrasen Hasen irre Phasen. Praktikanten heißen selten Kant. Andere wollen nicht hinten dranhängen, sondern stecken lieber drin, und mittendrin in jeder Geistesausrichtung unweigerlich eine Sau, gleichwie in jedem lauf*engel*assenen Bengel, den man so kenn*en*gel*er*nt hat, ein Engel, d. h. in jedem Stier*na*cken, *nacht*räglich bei Nacht, genauer: um Mitter*na*cht eine Erna, und eine hochrel*eva*nte Eva, in jedem Pullover ein Lover, in jedem Müs*lip*uffer ein Slip, in jeder Nachb*arsch*aft ein Arsch, mit H*aarsch*leife. Daß in jedem Boy*k*ott Kot steckt, hätt man sich denken können, daß Kot aber auch im schönsten Ö*kot*opia steckt, das irritiert manch Tier doch gar sehr. In jedem Europa hingegen verbirgt sich ein Opa, und in jedem Z*usa*mmenhang – und vor allem jedem *Usa*ma bin Laden! – eine ganze USA. Suchdauer: 0,3 sec.

# VOLLMONDTRÄUME

## Endlich schöne Nußplätzchen-Polyphonie!

Ich öffnete eine neue Packung und legte mehrere Nußplätzchen bereit für Doro, die jeden Moment aufwachen konnte. Wecken wollte ich sie nicht, aber ihr auch nicht die Nußplätzchen fortessen. Während ich überlegte, was diesbezüglich zu tun sei und hierbei das Thermometer bereitlegte, sowie die Fahrradschlüssel, aß ich erstmal eins – oder zwei. Zugleich mußte dringend das Schlüsselbund abgegeben werden, drüben im Jugendheim Wehneberg; sodann mußte ich Viera abpassen, die jeden Moment hier lang kommen würde, falls sie nicht vergessen hatte, daß wir so verblieben waren. Außerdem mußte jeden Moment das EDEKA zumachen, wo es neue Nußplätzchen sicher noch geben würde, und schließlich war Herbert Müller soeben dort hinten in den Waldweg eingebogen, sommerlich per Fahrrad – beinahe hätt ich unsere Radtourverabredung vergessen, nach Bad Hersfeld! Ich rannte zwischen Neckarhalde und Jugendheim hin und her, die Schlüssel klimperten, die Plätzchen krümelten, da drüben guckte Viera schon auf die Uhr – Doro bewegte sich, als wache sie auf. Im EDEKA wurde alles dadurch verzögert, daß einer mich fragte, woher er mich kenne. Obwohl ich noch mein Fahrrad aufpumpen mußte, fragte umgekehrt ich ihn, woher ich ihn kenne. An der Kasse wartend – wir kannten uns aus Bad Hersfeld –, sah ich Viera hinter entfernten Häusern verschwinden und Herbert Müller zu Fuß aus dem Waldweg kommen, mit kaputtem Knie, ohne Rad – ich winkte umsonst, ich wollte rufen, aber auch Doro nicht erschrecken, die beim Aufpumpen definitiv aufwachte und mich fragte: »Und wie isses, Uli? Hast du noch Temperatur?«

Ich schob ihr ein Nußplätzchen in den Mund und klagte, daß ich das Thermometer noch nicht wiedergefunden und das Schlüsselbund irgendwie verloren hätte, auf dem Weg zum Jugendheim, hoffentlich nicht definitiv verloren – Moment, ich bin gleich zurück! Das EDEKA hatte schon zu. Aber innen sah ich Mandelplätzchen in Vieras Einkaufskorb und Wundpflaster in Herberts Einkaufskorb, ich winkte und rief umsonst, ich mußte nur schnell mal austreten, ich stieg aufs Rad, bog in den Waldweg nach Bad Hersfeld ein und wachte auf.
(»*Ich und eine Fledermaus fliegen oft zum Vollmond raus*«, *Traum vom 19.1.1979*)

## Zwischen Weltlupe und WC-Suche

Zwischen vergessenen Träumen liegt mir ab und zu ein Traum auf der Zunge, den ich nur zu drei Vierteln vergaß. Lieber unangenehme Träume, wenn ich sie mir nur merken könnt', als Glücksträume, die mir nicht haften bleiben. Lieber Albträume als gar keine Träume! Nacht für Nacht produzier ich geträumte Unmengen, um alles komplett zu vergessen, nein: gar nicht erst zu behalten – welch Leerlauf, welch Aufwand! So muß ich en miniature wiederholen, was dem Komos in toto passiert, zurücksinken in eine Nacht, als wenn vorher nichts kurz aufgeleuchtet wäre.

Und kaum zeigt sich dann in der unabgespeicherten, uferlosen Dunkelziffer doch mal ein halbwegs einprägsamer Traum, schon unterscheidet er sich von ungeträumter Realität kaum: »Wozu bist du dann überhaupt ein Traum?« Alltagsträume, die nicht mal den Alltag abwandeln, wiederholen im Dutzendpack bloß das Austauschbare, Unbrauchbare, weder aufschreibens- noch träumenswert, dafür aber so häufig wie Hautschuppen und Standardsterne. Wie gern würd ich von Themen träumen, die mir tagsüber wichtig sind – pausenlos denk ich an Mozart, ans Weltall und an Gott, träum aber nie von denen, sowenig wie von Vorsokratikern, Semikolonproblemen und Wertedebatten. Wen kann ich dafür haftbar machen? Aber die tagsüber glücklich abgestreiften, umsonst vergessenen Parallelschulklassenkameraden der Gerhart-Hauptmann-Schule profilieren sich als tätige Comebackler. Ständig träum ich, was sowieso alle Leute träumen, vergeude Lebenszeit mit WC-Suche, quer durch Treppensysteme und Asphaltwüsten, ständig fall ich in zwölfmal überwundene Stadien zurück, finde mich wieder in möblierten, seit Jahrzehnten gekündigten Darmstädter Mansarden, in denen alles davon abhängt, dringend die Mittlere Reife nun endlich doch noch nachzuholen. Selbst vom freudianischen Hauptinhalt sämtlicher Träume – von Töpfen, Dosen, Muscheln, Gurken, Pistolen, Bananen – träum ich verdächtig wenig. Wenn ich wenigstens so oft wie andere Lustmolche heimgesucht würde von infantilen Wünschen aller Art, oder wenigstens Sex!

Offiziell sind Träume zum Vergessen da. Sonst würde man im nutzlosen Traumschaum irritiert weiterstiefeln und bei Abhakung ungeträumter Tagespflichten ständig gemeinschaftsgefährdend stocken, weiterträumen, straucheln – ich aber jage bevorzugt dem Nutzlosen hinterher, schon allein in meiner Eigenschaft als Romanticus und Hirnforscher, ich richtete Sammelwut auf Luftblasen, Stromschnellen, Randverzierungen, registrierte, fixierte, verausgabte mich in müßigem Tun, weitab von Lebensbewältigung – jawohl: nutzlos; denn an prophetische Träume, Traumsymbole oder anderweitig tiefere Bedeutung glaubte ich kaum.

Das Schöne am Schlafen von außen gesehn: Schlafende Leute tun keinem was, liegen da, pazifistischer als Opiumraucher, ziehn höchstens mal dem Mitschläfer die Decke weg – das Schöne am Träumen von innen gesehen: Ich kann lauter Berührungen und Tötungen durchprobieren, und hinterher kann mich keiner belangen – und leider umgekehrt: Ständig wird man, ohne unsittlich berührt zu haben, verhaftet und gejagt. Im Schlaf kann ich alle viere von mir strecken, alle vier Register: aus pflanzlichem Tiefschlaf wachsender Haare und Fingernägel steigt das Herumgezuck animalischen Traumschlafs, der bald vom Inhalt her über Freß- und Fluchtträume hinauswächst, in menschliche Stadien hinein, komplizierte Situationen, simultan vom Schläfer erlitten und produziert; alle paar Wochen kommt sogar ein Lusttraum, alle paar Monate ein Glückstraum: sagenhafte landschaftliche Beleuchtungen, illusorische Aufschwünge in Richtung Sonnenflut und Wolkenlosigkeit, niegesehene Farben am Abendhimmel, bis hin zu polynesischen Königskrönungen, hocherlauchten Exklusiv-Wonnen und Durchpulsungen im Hochzeitsgemach mit wehenden Baldachinen, dann wieder geben sich Prägungen wie »Dottergelbe Komplimente« den Anschein magischer Worte, oder Gebäckstücke aus Hefeteig heißen »Giraffenkonzert« – doch auch hier kann Erwachen ziemlich schaden. Dann klingen gelbgefleckte Herrlichkeiten unrettbar normal, und die beglückende Entdeckung einer völlig neuen Grundfarbe enthüllt sich als ein längst bekanntes Grünbräunlich.

Alle sieben Jahre kommt sogar ein durchaus halbwegs überirdisch zu nennender Traum, im Engel-Register, eine erhebende, hinanziehende Traumvision, jedenfalls momentweise, wie damals die, die ich als Anerkennungspraktikant im Jugendheim Wehneberg zu schauen gewürdigt ward. Da schwamm ich nach gelungener Auswanderung durch venezianische Wasserstraßen, mit Kleinkind am Leib, meinem Kind, und das als Jungfrau, ehe mich – ohne plausible Überleitung – eine unverständliche Wucht nach oben schleuderte, aus dem Wasser heraus in die Luft, von wo aus ich, bevor ich wieder ins Wasser zurückplatschte, in ein fernes, 5-DM-Stück-großes Brennpünktchen sehen konnte, eine knappe Sekunde lang, irgendwo über und hinter verschwimmende Häuserkulissen hinweg, das den Rest des sozialpädagogisch weiterstrudelnden Traums und auch die vielköpfigen Profanträume der folgenden Jahre wundersam überstrahlte, inclusive alle Gruppenleiterinnen und Praxisbetreuerinnen namens Frau Röbel. Bevor ich noch ganz aufwachte, murmelte ich ein Wort: »Weltlupe«. Die hatte auf wenige Kubikzentimeter zusammengepreßt nicht nur das normale farblose Raumzeitkontinuum enthalten, aus Meyers Handbuch über das Weltall, sondern zugleich ein weites, luftiges Himmelsgewölbe, berstend von reiner Intensität, fortgebrannt, verdampft alle inhaltlichen Details, die ich in der Weltlupe nicht so genau sah, ohne daß dadurch irgendwas fehlte, im Gegenteil: vielmehr spürte ich: »Hier ist endlich alles-alles restlos beisammen, und vor allem: mehr als alles!« Absolut nichts fehlte, außer Aufschreibbarkeit. Ach ja, den einen konnt ich seiner Unbeschreiblichkeit wegen nicht festhalten; und die Banalos brauchte ich wegen ihrer Unmaßgeblichkeit und Überzahl nicht zu notieren. Süchtig klammerte ich mich am Wort Weltlupe fest, das ich mit Formulierungen wie »gleißende Hyper-Realität« oder »überblendete Wolken, leuchtende Formlosigkeiten aus Lichtocker mit einem Schuß Goldocker« notdürftig zu umschreiben strebte... ich sank tief... zurück in die übliche Welt massiv runterzerrender Normalträume, Fahrausweisträume, Sondervergünstigungen für kinderreiche Familien, bitte einsteigen in Richtung Fachabitur, Bedürfnisbefriedigung und Hundebißabwehr, alles nicht sehr standesgemäß, zweischneidig gepaart mit beunruhigenden Fragen: Wer außer die Gewohnheit garantiert einem, wirklich am nächsten Morgen vollständig und mit sich selber identisch aufzuwachen? Und dann dieser unkontrollierbare, garantiert hochdubiose, jedenfalls sicher nicht sehr engelhaft visionskompatible Gesichtsausdruck beim schlafend Weltgeistdurchfluteten, der eventüll offenstehende Mund, ausfließender Speichel, ein sich leise vergrößernder Kopfkissenfleck – wache, selbst wenn du schläfst! Nie wieder schlafen! Wenn wenigstens das Aufwachen eine Lösung wär'! Es erfüllt, in Relation zu Albträumen, durchaus Erlösungsfunktion – im Anschluß an die Weltlupe wird das sonst so erlösende Aufwachen zur Zumutung. Nicht genug, daß ich, während ich als Tandem und Engeltier obenrum in die Weltlupe sah und untenrum irgendeine Biologie über mich kam, sehr simultan, und mich zum blind schnarchenden, darmgasauströmenden Spielball machte, so riß, als ich aufwachte, die Hundeleine meiner Konstitution nicht ab. Mit willkürlichen Bewegungen taumelte ich ins Bad und warf zögernd einen hochintelligenten Blick in den WC-Spiegel, aus dem mir ein durchaus nicht unsensibles, eindeutig menschenähnliches Animalium entgegenglotzte, das nun seine wollgrashaft sprießende Frisur kämmte. Nur mit dem transzendentalen Funken im halbaffenartig glänzenden Auge, bei aller abgeschminkten Weltlupe, will es bis dato noch nicht recht klappen...

Um keine Weltlupe dümmlich zu verschlafen, sah ich mich genötigt, Träumen aufzulauern. Ständig mußte ich Gebilde, in denen ich durch irrelevantes Gestrüpp wanderte, qualvoll aussieben. Sobald irgendein Traum meiner Unfähigkeit, ihn zu behalten, entkam, lag kein Stift bereit oder bereitliegendes Schreibzeug wurde aus Zeitmangel nicht ergriffen – oder der Traum geriet in den Bannkreis weiterführender Vergeßlichkeit, so oder so: ich erwischte immer nur Schwanzenden. Und selbst solch Stummelwerk lief selten in formschöne Quasten oder in etwas aus, das man Spitze nennen könnte, sondern wurde per Weckautomat zum Frühinvaliden gemacht – gibt's überhaupt Träume mit Finale?

Um wenigstens in flagranti erwischte Stummel festzuhalten, legte ich mir mit zwanzig ein Traumbuch zu, des Titels »Ich und eine Fledermaus fliegen oft zum Vollmond raus«. Im Vorwort teilte ich mir mit: »Jede Nacht lieg ich neu auf der Lauer; denn nur im Traum erlebe ich noch Überraschungen.« Einige unverlorene Kindheitsträume trug ich ein, und dann jahrelang chronologisch fortlaufende Akutfetzen. So kamen 500 Träume zusammen, pro Jahr 30. Neben dem Faktum, daß jeder Mensch pro Jahr mindestens 700 Träume zusammenspinnt – zwei, drei pro Nacht sind doch wohl Minimum! –, bleibt die von mir gerettete Anzahl eine verschwindend geringe. Um dem Verlust nicht nur metaphysischer, sondern auch mittelwichtiger oder einfach nur angenehmer Träume entgegenzuwirken, rechnete ich mir zeitweise aus, anhand wissenschaftlicher Infos über die Dauer dreistündiger Tiefschlaf- und zwanzigminütiger Traumschlaf-Phasen, wann Träume dran sein mußten und stellte mir dreimal pro Nacht den Wecker, z. B. exakt 22 nach 3. Oder schlief extra lange, um auf den Schluß zu möglichst viel Selektionsmasse zusammenzukriegen. So kippte ich eifrig zwischen Sein (= Wachzustand) und Nichtsein (= Tiefschlaf) hin und wider, mit Zwischenaufenthalten in schönem oder miesem Schein (= REM-Schlaf), auf der Suche nach jener Weltlupe (= Endorphinausschüttung?).

Manchmal lieg ich im Halbschlaf, und versuche – per Fortblendung der letzten 16 Stunden – Träume der letzten Nacht anklingen zu lassen, oder tiefsinnig nachzudenken, ab wann die Träume der folgenden Nacht präfabriziert werden, um dann lediglich – sobald REM-Phasen losgehn – wie ein Video eingelegt zu werden, oder ob sie wie improvisierte Musik von Minute zu Minute sich forthangeln, ohne von vornherein feststehende Fertigteile, und plötzlich fällt mir eine Traumsequenz ein, die meines Wissens noch nie ins Wachbewußtsein hereinragte. Zwanzig Jahre lang war dieser Traum nie existent gewesen, jetzt aber bewegt er sich vegetativ und kommt als verlorener Sohn zum Urheber zurück, nach völliger Abwesenheit, unabhängig von allen Recherchen, gebunden an ein Stadtviertel, eine Straßenecke, ein beleuchtetes Flußufer, Waldwege, hinter denen irgendwann einmal ein zweiter Traum abgespeichert wurde, der jetzt ebenfalls kurz aufblitzt, jetzt, dominoartig angetippt von dem davor; jeder drückt einen Vordermann in den Lichtkegel, einen ebenfalls in Urzeiten geträumten, unverhofft doch nicht verlorenen Traum, ganz kurz herbeigespült, nicht chronologisch, kaum datierbar, aber vorhanden, und dahinter ein dritter, vierter, fünfter: zwanzig bis dreißig Traumbilder im Gänsemarsch, herbeiströmend aus allen Lebensepochen: Sedimente, synaptisch reaktiviert vom Kugelblitz, der durchs Langzeitgedächtnis rauscht. Folglich sind sämtliche je geträumten Nichtigkeiten als Sicherheitskopien im Neocortex abgeheftet, ein Mega-Kontinent reiner ungeahnter Verlustmasse, irgendwie alphabetisch sortiert: Denn ich stieg mal hinauf zum Zentralmassiv des erweiterten Wehnebergs bei Bad Hersfeld, zusammen mit Herbert Müller, Herbert Malecki, Herbert Röttgen und Herbert Guido Schulte, die sich nie trafen und die selbst mein Adressbuch weit auseinander schleudert, hier aber, friedlich vereint, kamen vier total disparate Herberte meines Lebens zusammen, einzig von ihrem Vornamen zusammengeführt als gültiges Quartett. Bevor sich der mit x Müllers angereicherte Kosmos meines Lebens im definitiven Zellzerfall auflöst, oder bevor Sekundenbruchstücke davon nochmal kurz und zwecklos abgerufen werden im zurückgedrehten Film, im runtergerasselten Zeitraffer-Lebenspanorama, oder als um Jahrzehnte verspäteter Nachhall im Halbschlaf, aber durch nichts festhaltbar; denn sofort danach, Minuten später, Sekunden später, kann ich die durchgerauschte Assoziationskette nicht mehr reaktivieren, nicht notieren, nicht nochmal auflegen und durchlaufen lassen – dann ist futsch doppelt futsch.

Bisweilen leuchtet Mondenschein
zum letzten Mal auf Seelenpein

# VOLLRAUSCH & RAUSCH

## Sufi-Dance – ohne alle Leute

Buchmessesamstag in Leipzig, 24. März 2007 – volles Haus, durchgeschleuste Quetschmassen und Schulklassen, Blätterwald, Novitätengetümmel, Unikumschwemme, alles im Qualm, weil halt Merkels Rauchverbot noch lange nicht griff, 14 Uhr der nächste Termin: Verabredung mit Uwe Berger im Opalsaal, am Forum in Halle 3, Gang B – Hadayatullah Hübsch und »Dr. Erik Hesse, Psychotherapeut und Schamane« moderieren Sufi-Dance. 15 Min. vorher keimte Sehnsucht vage in mir auf, nach Entlüftungsschächten und Blicken durch verglastete Notausgang-Fenster, wo ich neben Zigarettenstummelcontainern, gestrichen voll, mal aufatmen wollte – da lag bloß fußballplatzgroß eine asphaltfarbene Versiegelungsfläche zwischen Flachdachhallen und Betonkrempel, sehr grau in grau, aber besonnt. Direkt vor der desolaten Brandschutztür drehte eine Handvoll Trockenlaub Kreise, eher Ellipsen – nirgendwo ein Baum, der die Blätter verloren hätte; komisch, bei den herbstbraunen Miniblättern flog ein übergroßes Tabakblatt mit, Elefantenbaby-Effekt zwischen Serengeti-Zwergbüffeln, in gleichem Tempo wie alle Zwergblätter. Alle zwei Umdrehungen unterbrachen die Blätter ihren Kreis und legten sich flach auf den Beton oder fegten aufgescheucht als Eisenpfeilspäne zentrifugal auseinander, welch Molekülgetümmel, um doch wieder reinzufinden in den Gesamtreigen und 1 $^{1}/_{2}$ Runden zu drehn, hinschmeißen, ruckzuck weitertanzen – lustvoll? qualvoll? jedenfalls fußlos –, jedes Blättchen mit mitrasenden Schatten, und mittendrin, als Felsen im Geröll, lag ein Filterzigarettenstummel, reglos, zu schwer, um mitzutanzen, und jetzt: alle

Blättchen tanzten, samt Großblatt, genau um – exakt ausgemessen! – diesen Stummel herum, willenlos durchgedreht, irgendwie fetischistisch oder religiös – Tanz ums goldene kopflose Kalb. Nun wurde der Kreis ein bißchen nach rechts gezogen, zwanzig Blättchen wurden vom Stummel, auf den sie aufliefen, gebremst, abgeblockt, Massenkarambolage, aber ganz folgenlos, eine Viertelsekunde danach schon wieder allesamt 1 m nebenan unterwegs, mit serial eingebauten Zwischensprüngen, unnötigen Abbremsungen. Neustarts, Vollgas – sinnlose Vollbremsungen. Pflanzliche Insekten überkugelten sich, Laufkäfer schleiften ihre Stiele auf dem Asphalt, legten sich in die Kurven, schlugen Haken, rollten als Rollmöpse, stoßweise, schubweise – anhalten, weitertanzen, stop. Von 0 auf 100 – Vollgas – alle dürren Blättchen kreisten wieder exakt um die olle Kippe, sehr organisch, physiognomisch, expressionistisch, so als spürten sie exakt, wo die Kippe lag und jetzt auf einmal im verstärkten Wind losrollte, startete, abhob und mitkreiste – jetzt auf einmal mittendrin ein mitgeschleiftes Lollyzellophan, statt Blattstiel ein Plastiktentakel im Schlepptau und Kielwind bzw. auch mal mit Kometenschwanz vornweg, eine knallgelb-signalrote Aufreißlasche, ein artfremder Passagier, keineswegs randständig ausgegrenzt, voll dabei, in summa: fraktal-turbokinetische Selbstumkrempel-Choreographie furios belebter Siebreste, hochsportlich, tiefreligiös, sehr planetarisch, sehr zoologisch, Zufallskompositionen tanzwütiger Turbulenzen – Veitstanz! Jetzt bildeten die Kreise weiterwandernde Spiralumdrehungen – halb rausgeschleuderter Nachschub, sofort wieder eingesammelt. Mini-Windhosen formierten sich drehfreudig rechtsdrehend – zwei, drei Tsunamis sah ich zu, wie sie sich aufluden zu Flaschengeistern ohne Flasche, lautlos, hirnlos – da öffnete neben mir auf der

Makro-Ebene ein Gigant mit Händy am Ohr den Notausgang aus Blech, marschierte mitten quer durch, blind, fühllos, debattierend, durch den Zerwirbelungsaufruhr – sämtliche Teilnehmerlein – plus Großblatt, plus Stummel, plus Lollypapier – legten sich bäuchlings hin, tödlich erschrocken, platt auf ihre Schatten – Vorform insektoider Totstellreflexe!?! – und schnellten kehrtmarsch prompt wieder auf, umgepolt, tanzten unzertrampelt weiter, rumgeschleudert, rausgeworfen, schwindelfrei. Manche taumelten und hoppelten kurz ins Abseits gen Abstellgleis und Ablagefläche – zack! sofort wieder aufgegriffen, reingezerrt, vollrohr dabei, unabgehetzt, unermüdlich. Ich wollte nun doch noch meinen Termin einhalten, 14 Uhr 16, ging 3 m weit zurück in Halle 5 oder 4 oder 3, und mußte schnell nochmal – nur ganz kurz – zurück zum Durchguckfenster an den Notausgang: der Wind kam irgendwie nicht raus aus seiner Ecke, Minute um Minute, und die Blätter ließen's mit sich machen, machten den Kokolores zwecklos mit, rannten im Kreis, legten sich flach, und der Rotationsfuror interstellarer Staubpartikel ging immer so weiter, und Mückensturm und Kreisel-, Schwänzelfischballett hörten nicht auf, und ich mußte weiter, um Termine einzuhalten, und riß mich endgültig los vom Hexensabbat furios rasender Orlandos und olympiadisch entwetzender Rennsaurier in Torschlußpanik und Endspurtler auf letzte Drücker, und eilte nach 8 Sekunden und 10 m schnell doch nochmal kurz zurück. Der Hadayatullah-Termin – samt qualvoll wartendem Uwe – rief mächtig, zurück in bläulich vernebelte Gefilde sanfter Heilsbringer, Ufologinnen und Ganzheitstherapeutinnen. Der Meteorologe in mir, der Limnologe, Pneumaticus, Flatologe, Sufiloge, Vergeblichkeitsmystiker, Dr. Ekstaticus in mir verengte sich zum Esoterikmessengast, der einen verbaselten Messetermin doch noch auf den letzten Drücker auf die Reihe kriegen wollte – schnell noch mal zurück, um nachzugucken, ob sie sich noch immer drehn. Sie drehten sich immer noch. Nicht alle, aber viele. Nicht absolut alle, aber fast sämtliche. Das Lollypapier erkämpfte sich eine Vormachtstelle. Fast alle Blätter, verstrickt in Überholmanöver, Hasch mich, Fang den Hut und Kurvekriegen, stürzten sich animalisch – Überraschungensangriff! – auf den Zigarettenstummel ... wieso auf einmal drei solcher Stummel!?! Vorhin war's nur einer.

## Typologie der Berauschten

*Typ Nr. 1: Der stets Nüchterne.* – Geschlecht: oft männlich. Kennkarte: Realismus. Familienstand: Single. Lieblingskürzel: IQ In Inflationszeiten boomt auch er, der Ungekräuselte, geföhnt im Windkanal. So düst er hin und her, optimal geölt, zwischen Naßzelle, Überstunden und unehelichen Pflichten. Einerseits Alpha-Männchen, privilegiert, Chefetage, andererseits Arbeitswanze im Glasfaser-Insektenstaat. Präzisionsinstrument made in Tokio. Prophetenbärte sind ihm Attacke auf Trockenrasur und Handy. Hippiefolklore, Afrika und Mittelalter sind ihm ein Affront gegen Schwarzweißdenken, graumelierte Schläfen und Zentralheizung. Selten ahnt er, daß sein Schlips gleichfalls im Amulettwesen unausrottbaren Totem-und-Tabu-Neandertals wurzelt. Auch Hilton, Börse, Großraumbüro, Kongreßhalle, Sanitärmesse und Cebit basieren auf hippiehaft polygamem Hordenwesen, halt als entkolorierte Version. Auch wenn der stets Nüchterne noch so sehr auf dem Teppich bleibt, und auf dem Boden der Tatsachen: um ein Minimum an Rausch kommt auch er nicht umhin. Er ist zwar gegen Drogenmißbrauch, doch berauscht er sich stattdessen – nicht ohne Nikotinfinger – am Haben und Soll, Dax, Quoten. Als Betriebswirt votiert er gegen Eskapismus. Als Energieberater und Worcaholic lobt er sich Perfektionismus und Dynamismus. Selten guckt er zu tief ins Glas. Seliges Lallen mit Weinlaub im Haar, gemalt von Caravaggio, mit Li Tai Pe und Hafis den Pokal zum Mond erheben, kommt für ihn nie in die Tüte. Er frönt weder Traumgott Apollo noch Rauschgott Dionysos. Statt Götter betet er lieber Sekundenzeiger und Mercedesstern an, Malachiel, den Engel der Klarsichtfolie, Japhthael und Serasel, die Engel der Verwaltung, Mammon, den Gott der Hamsterkäufe und der Kollegenrabatte (Kreditkartenkonsum hieß vormals Goldrausch). Der stets Nüchterne kann sogar Gourmet sein, Hedonist, Kulinariker. Nachts huldigt der stets Nüchterne dem Gott des Potenzdenkens – Priapos. Als Liebhaber wartet er nicht immer bloß mit männertypisch rudimentären Emotionen auf. Notorisch orgasmusfixiert, behält er alle Fäden in der Hand und braucht hierbei am antiquierten Geschlechtsrausch nicht absolut vorbeizukopulieren. Er kann sogar unterm gefönten Toupét mit Bubiblick recht human hervorgucken aus dem Zeitalter der Entseelung. Aber er will den Kopf, den er sowieso keine Sekunde verliert, stets obenbehalten.

In summa: Der stets Nüchterne hält das Fähnchen gelungener Zivilisation hoch.

*Typ Nr. 2: Der Freizeitberauschte.* – Im Gegensatz zum stets Nüchternen, der auch am Wochenende sauber bleibt, gönnt sich der Freizeit- oder Gelegenheitsberauschte wenigstens einen gehörigen Feierabend- und vor allem Freitagabendrausch, eingezwängt zwischen Bierkasten, Badewanne, Ehetrott und Ehebett. Tagesfron läßt sich abendlich los, lallend, torkelnd, um sich grabschend und danebenpinkelnd. Verquollnen Blicks wettert der Freizeitberauschte gegen Kiffer und Junkies, kommt aber ohne Kater und Kaffee morgens nicht hoch und abends ohne Bierchen und Schnäpschen nicht in die Falle. Er neigt ohnedies zu Vergeßlichkeit, sucht Glück im Vergessen – gießt warmgestellte Lethe aus Hopfenbräu über den Rüffel seines stets nüchternen Abteilungsleiters. Solch bewußtseinsverengender Profanrausch spitzt sich zweimal jährlich noch zu, weitab jeden Qualitätsprungs, im Mallorcaurlaub und bei »Mainz wie es singt und grölt«. Als geborener Narralese sitzt er a priori schunkelnd in der Mehrzweckhalle, mittendrin in Qualm und Dauerlachsalve; wie vor 2000 Jahren im palisadengeschützten Stammespalaver: Ob Federschmuck oder Narrenkappe, der jeweilige Hormonausschüttungspegel und Vibrationsaufwand synaptischer Fluktuation steht auf »maximal«, und ganz von außen gesehen, halten die orgiastischen Teilnehmer eines dionysischen Festzugs, als Ölgemälde verfilmt von Arnold Böcklin, samt aller Panther und Füllhörner, eingehüllt ins Evangelium der Weltenharmonie, auch nicht viel authentischer verschwitzte Visagen in stets nüchtern laufende Kameras. Nicht umsonst heißt es in § 2.3 jeder Karnevalssatzung vorbeugend: »Vornehmstes Ziel der Stadt-Garde ist es, das Brauchtum einer sauberen und sittlich einwandfreien Fastnacht zu pflegen und zu fördern, nach ihrem Gründungsmotto: ›Von Zoten frei – die Narretei!‹«

In summa: Auch für Bacchus kommt irgendwann Aschermittwoch.

*Typ Nr. 3: Der Süchtige.* – Ein persischer Bäcker, damals im 13. Jahrhundert, drehte eines Tages durch, weil er jeden Morgen dasselbe Brot backen mußte, während er eigentlich nur einmal ein Brot backen wollte, einmal für alle Male ein einziges Brot, als zünftiger Monotheist. Andere Leute klagen seltener und leiser über ihr tägliches Einerlei als dieser eine Bäcker. Kaum einer klagt nur einmal, und dann nie wieder. Die Crux aller Kreaturen: Blumen müssen immer wieder neu den grünen Hals lichtwärts recken, Falter von der Scheibe abprallen und sofort wieder draufzustürzen – Fließbandarbeit eine Milliarde Jahre vor Ford, Diesel und Edison. Kaum steig ich für Momente heraus aus der strengen Kette, immer wieder trinken zu müssen, zeigen sich sofort Entzugsschmerzen, genannt Durst. Kaum vergeß ich dieselbe Luft zu holen, die ich einen Atemzug zuvor einsog, kommen Erstickungsanfälle auf mich zu. Kaum bin ich aus dem Bett gesprungen, kipp ich gähnend ins Bett; kaum bin ich geboren, humple ich ausgelaugt meiner Verwesung entgegen. Was stimmt mit dem Orgasmus nicht, daß Nymphen, Erotomanen, Sexologen und Normalbürger dauernd wieder, kaum daß er sofort verrauschte, mühsam aufs neue – dauerhaft unstillbar – einer fiktiven Sättigungsschwelle entgegenrubbeln müssen, um höchste Wollust auch diesmal nicht festhalten zu können? Was macht der Bäcker falsch, daß er dauernd ein und dasselbe Brot backen muß? Jeder wird dreißigmal täglich zum Zwangsneurotiker und Wiederholungstäter, rein – raus, hoch – runter, zuviel – zuwenig, rein – raus ad infinitum. Und keiner wird so süchtig nach Zahlen, Aktionsschritten, Vertragsabschlüssen wie der stets Nüchterne. Beide, Süchtiger wie Nüchterner, müssen »mit der Sucht leben«. Selbst im vollendeten Vollrausch bleibt eine innere Stimme wach, die dem berauschten Individuum einredet: »Selbst dies kann noch nicht alles sein; auch dies bleibt nur Vorhof!« Wer sich vom Sterbebett die definitive Endorphinausschüttung, also Lichttunnel, Zeitraffer-

Lebenspanorama pur und ewige Liebe erhofft, hat nicht mehr alle Hirnfunktionen in Höchstform beisammen, um den göttlichen Knalleffekt noch adäquat verarbeiten – wenn überhaupt optimal produzieren – zu können.

In summa: Dosisverdopplung vernebelt sowohl Vorhof wie Regenbogen.

*Typ Nr. 4: Der Aufklärer.* – Sobald sich der Typus des stets Nüchternen aus der freien Wirtschaft zurückzieht und theoretisch tätig wird, auch meinungsbildend, weist er auf die Gefahren Freizeitberauschung hin, auf Destruktivität, Amoklauf und Blutrausch. Seine spielverderberische Lehre lautet: »Du sollst dir keine Bilder machen! Sondern Gedankenfreiheit nutzen! Aberglauben ist Haschisch für die Leute!« Weil er was gegen Opiumkriege hat, will er die Mohnblume ausrotten. Kreuzzüge lastet er dem Bergprediger Jesus an. Dabei sind x Kriege in Asien wegen Opiumsucht gar nicht erst zustande gekommen.

So gießt sich das Licht der Aufklärung in verqualmte Kirchengrüfte und Opiumhöhlen. Aufklärer feiern sich genauso als Starstecher und Lichtbringer wie vorher Prometheus und andere göttliche Schamanen. David Copperfield, der wohlfrisierteste Magier aller Zeiten, bleibt kraft Potemkin-Kulissenzauber populärer als der Kometenschweif seiner verkrampften, kahlköpfigen Entzauberer, die aktenkofferweise Beweisunterlagen schleppen. Kaum wird das Gebot, daß du dir keine Bilder machen sollst, zur Gesetzesvorlage, bricht Bildersturm los und mit ihm jener Massenrausch, dem der Aufklärer eigentlich vorbeugen wollte. Gautamas kühler Kopf wischte hekatombenweise Dämonen, Götter und Widergötter fort, um bald darauf als angebeteter Atheist in Buddhas und Bodhisattvas zu zerstäuben, hekatombenweise, zugunsten wimmelnden Naturkreislaufs. Und jederzeit finden sich flächendeckend x Opiumesser, die »Roll over Marx!« rufen und sich lieber an Thomas de Quincey halten, der – statt Religion als Opium abzukanzeln – Opium zur Religion erhob.

In summa: Die Gestalt des Aufklärers, vorübergehend emportauchend, gehört unbedingt hinein, als Schwarzweißtupfer ins Gesamtgemälde.

*Typ Nr. 5: Der Naturmystiker.* – Vom Gottesminner und Normalmystiker, der im Mittalter ganz im goldenen Abgrund Gottes versank, spaltete sich – ungefähr seit Erfindung der Dampfmaschine – eine Spielart des mystisch funktionierenden Kopfes ab, der zum Zentrum seiner Mystik weniger Gott als die grüne Natur machte. Wald wurde zum grünen Dom, und Waldesrauschen zur Musik. Im 18. und 19. Jahrhundert saß der vordatierbare Naturmystiker in Wald und Höhle, spitzte die Ohren, spürte die herrliche verliebte Natur Heimliches hineinsagen, ließ sich vom Erdgeist mit Brüdern im stillen Busch, in Luft und Wasser bekannt machen, unterm besänftigenden reinen Mond, lag in Nacht und Tau auf den Gebirgen, umgeben von den silbernen Gestalten der Vorwelt, umfaßte Erde und Himmel, die ihm viel zu sagen und zu raunen hatten, ließ sich zu einer Gottheit aufschwellen, um sich dessen hinterher vor allen Sterblichen zu brüsten und zu blähen, durchwühlte – unweit von Ilmenau – der Erde Mark mit Ahnungsdrang, floß liebewonniglich in alles über, ins säuselnd von Richard Wagner kongenial vertonte Waldweben, tief drinnen, in dessen Oper vom jungen Siegfried, inclusive entzifferbare Vogelstimmen, oder genoß wahlweise die über ihm hinwegrauschende, wiederum von Schumann ganz wunderselig vertonte Tieck-Eichendorff'sche Waldeinsamkeit. Am Abendhimmel blühte ein Frühling auf, unzählig blühten die Rosen, und das lyrische Subjekt – während ihm der Hut fortwehte – wollte dringend von purpurnen Wolken in die goldne Welt emporgehoben werden, auf daß ganz weit oben, über entzündeten Höhen, ihm das Meer sich mit erwärmten Buchten vor ihm auftue und in Licht und Luft ihm zerrinnen möge Lieb und Leid – alles ließ sich bestens in Lyrik und Weltliteratur umsetzen, und sobald der Naturmystiker sich im kalten Abendhauch wieder menschlichen Ansiedlungen zu Fuß näherte, mochte er mit unmystischen Normal-Spaziergängern optisch deckungsgleich werden. Gefühl für schöne Landschaft erwachte nicht erst, seit sie baulich verschandelt wurde, sondern schon ein paar Jahrzehnte vorher. Heitere Gefühle bei der Ankunft auf dem Lande erwachten vor allem im Sensorium von Städtern, die dem Stadtlärm entflohen, und die das lustige Landleben, samt Kuckuck, Wachtelschlag und Nachtigall, mit antikischer Bukolik assoziieren konnten. Erst die faustische Seele vermochte sich so unstillbar ins grenzenlos flutende Orgelspiel und in die Unendlichkeit von Waldesrauschen und Nachthimmel hineinzuwerfen und dann hineinzufließen, ganz im Gegensatz zur antik flächenhaften Seele, die sich mit den pastosen Linien von Lyra und Flöte begnügen mußte. Süße Spätromantik, durchseelte Fernblicke in golden rauchender Beleuchtung machten selbst biedermeierliche Gestalten wie Carl Spitzweg zu Naturmystikern, die sich kaum verdünnten, wenn sie – gemalt wiederum von Hans Thoma – als Kuhbub mit Blume im Mund am Wiesenrain in der Sonne lagen. An den Rändern der Zivilisation mochte sich windverwischtes Glockenläuten oder ferne Hahnenschreie der insgesamten empfindsamen Naturseligkeit zurechnen lassen. An der Schwelle zum 20. Jahrhundert warf der Naturmystiker dann seine Gewänder von sich und trug der ewigen Sonne – jetzt gemalt von Fidus – tief durchatmend seinen heiligen Lichtgruß entgegen – und zerstäubte vervielfältigt zur Massenbewegung, alles voller Wandervögel, Landstreicher, Pfadfinder mit Laute in Uniform. Kurzhosigkeit und Naturmystik begannen sich auszuschließen, vor allem, sobald noch Schmetterlingsnetz und Botanisierertrommel hinzukamen. Tagsüber wurde kein Waldrapp mehr gesichtet, abends kein Elfentanz und nachts – statt Irrlichter – nur Scheinwerfer der Landstraße. Falls noch Baumriesen stehngelassen wurden, verdarb die Plakette »Naturschutzdenkmal« manches. Immer schwerer ließ sich zwischen Ausflugsziel und Waldparkplatz noch ein Eckchen undurchkreuztes Ferienparadies auftun. Je nach Bildungsstand und Lektüreerfahrung konnte Naturmystik eine daoistisch beeinflußte Anmutung annehmen. Ob man dem schnell abgeblühten Landkommunarden-Movement zwischen 1971 und 1979 noch Naturmystik zuschreiben möchte, bleibt Betrachtungssache. Der stets Nüchterne, kalt staunender Besuch, eisig angeweht von Konrad Lorenzschem »Kältetod des Gefühls«, latschte jederzeit ganz indolent, frigid, refraktär durch Wald und Flur. Ihm galten Bäume und Berge nur als Verkehrshindernis und Sonnenuntergänge nur als unwesentliche Farbveränderung.

In summa: Im Zeitalter der Trimm-dich-Pfade profanisierte sich Naturmystik zu Naturverbundenheit.

*Typ Nr. 6: Der Fulltime-Ekstatiker.* – Bereits im Alter von sechs Jahren, beim bloßen Anblick weißer Kraniche vor einer schön durchleuchteten Gewitterwolke, auf freiem Reisfeld fällt der geborene Ekstatiker einfach um, wie ein Narkoleptiker, nein: wie Ramakrishna, so daß der Reiskuchen der kleinen Kinderhand entrollt und zerbrökkelt und das weggetretene Kind heimgetragen werden muß. Die Seele wird entrafft, und wer anschließend wieder zu sich kommt, fragt sich: »War, während ich fort war, mein Körper hier oder fort?« Woraufhin einem dann gesagt wird: »Dein Körper war hier«, und dies ganz ohne körperfremde Drogenzufuhr. Wer heutzutage ausufernde Visionen nicht anhalten kann, bekommt Neuroleptika; dem einen werden sie per Medikament genommen, der andere führt sie sich per Droge zu, so als müßte für jeden Psychotiker, dessen Vision abgedämpft wird, ein angetörnter Freak anderswo einspringen, auf daß als Gesamtsumme jederzeit eine konstante Visionsfrequenz alle beteiligten Hirne in Trab halte. Der Vollblut- bzw. Fulltime-Ektastiker nimmt den Mund etwas voll; denn jeder Vollrausch kennt Wellentäler, sinkende Kurven, Formkrisen, metaphysische Ebbe, auf Arabisch: Gafla, religiöse Unansprechbarkeit oder Gleichgültigkeit – ehe der nächste Anhauch erfolgt. Nicht genug, daß visionärer Rauschzustand von stets nüchternen Neurologen als pathologisch angesehn wird, dies vor allem außerhalb Indiens, dem Land hypertrophierten Heiligenaufkommens und rudimentärer psychiatrischer Erschließung, hinterher wird der Gewohnheitsekstatiker erst recht von Krankheit umlauert: Osho alias Bhagwhan alias Rajneesh tat kund, daß sein Leben von der Energieverausgabung seiner Erleuchtung um zehn Jahre gekürzt worden sei. Erleuchtete Gurus sehn oft bereits mit fünfzig aus wie siebzigjährig – was unerleuchtete Gurus nicht hindern muß, ebenso auszusehen. Shree Aurobindo litt an einer Ptosis, herabhängendem Augenlid. Sundar Singh erlitt ab 1925 Herzanfälle und Ohnmachten. Ramana Maharshi litt ab 1949 an starkem Rheuma plus tödlichem Ellbogentumor. Yaeko Iwasaki litt an Herzklappenschwäche und TB.

In summa: Ekstase könnte noch viel mitreißender reinhaun, wenn man nicht so ein dubioses Gesicht dabei zöge.

*Typ Nr. 7: Der Rauschausbeuter.* – Er berauscht sich nicht um des Rauschs willen, wie es klassischer Lahrpuhrlahr-Ästhetik entspräche, sondern versucht während des Zustands, falls er eintritt, einen Großteil des Normalbewußtseins beizubehalten. Er möchte neben seinem Rausch möglichst wach – wenn nicht gar stets nüchtern! – herlaufen, um spätestens anschließend – oder bereits währenddessen – mitzustenographieren, was da an Bewußtseins-Sensationen so alles kommen – oder ausbleiben – mag. Während der Durchschnittsberauschte in der Ecke hängt, nichts draus macht, alles andere als mitdenken mag, leerwerden will, auf daß sich die Trance nicht just durch eine mitlaufende Kontrolle verdünne, setzt sich der Rauschausbeuter kerzengerade in den Sessel und lauert als Versuchsperson auf Verwertbares, wie Walter Benjamin, der sich für seine Haschischsitzungen mit Ärzten und Kontrollpersonen umgab, namens Fritz Fränkel, Ernst Joël und Ernst Bloch, um durch sie zu sprachlichen Äußerungen veranlaßt zu werden, in der Angst, daß sich ansonsten alles in amorpher Nonverbalität verkrümele und kein Erkenntnisertrag herausspringe. Selbst marxistisch inspirierte Rauschausbeuter möchten sich nicht mit der Farbe der Blumen begnügen, sondern unbedingt Honig heimbringen, gute Mitglieder arbeitsteiliger Leistungsgesellschaft. Der Rauschausbeuter wird zum Erkenntnissucher. Antiintellektualistische Schablonen-Gurus – von Laotse bis Ludwig Klages, vom Dr. Steiner bis Osho – behaupten zwar pausenlos, daß der Geist der Widersacher der Seele sei, und Verstand Gefühl abtöte. Aber Benjamin und Bloch formulierten sich noch im Rausch geistreich. Esoterik-Dussels werfen beim

Meditieren einen Verstand und Kopf ab, den sie vorher gar nicht unbedingt in nennenswertem Umfang besaßen. Rauschausbeuter entwickeln Methoden, vollrohr erhitzt dahinzufluten und trotzdem eiskalt mitzudenken.

In summa: Rausch der Wollust und Rausch des Formulierens sausen um die Wette, welcher von beiden der tiefere Rausch sei.

*Typ Nr. 8: Der Möchtegernmystiker.* – Kulturgeschichte wimmelt von Künstlern von martialischem Schaffensdrang, beneidenswert fleißig, energiegeladen, vital, lebenslang ausdauernd – aber leider mehr oder minder unbegabt; Religionsgeschichte wimmelt von Frommen, Tiefgläubigen, Heiligen und Seligen, getragen von ungeheurem metaphysischen Drang, dem die nötige Ekstase aber mehr oder minder impotent hinterherkreucht: hier wie dort eine bedauerliche Fehlsteuerung innerhalb zerebraler Teilfunktionen und deren mangelhafter Feinabstimmung, kaufreudige Vorderzähne ohne Unterkiefer, übergroße Glocken mit viel zu kleinen Klöppeln. Die Opfer säumen bergeweise jegliche Religionsgeschichte, vom Psalmisten, dessen Herr auf kein Lamento reagiert, bis hin zum Sufi-Adepten, der Allah vorweint, daß er nun dreißig Jahre lang brav alle Rituale vollzogen, aber dafür keine einzige Vision empfangen habe – mit ein wenig mehr religiöser Phantasie wäre das nicht passiert. Wer keine Visionen hat, verschaffe sich welche.

Der stets Nüchterne ahnt nicht, was ihm fehlt, und übrigens fehlt ihm gar nichts, denn seine Neuronen frönen nicht weniger der Vita activa als die eines mystisch begnadeten Gehirns. Sigmund Freud brüstet sich geradezu seines Defizits an ozeanischem Gefühl, also auch seiner Unmusikalität. Rasputin schluckte eine Überdosis, die jeden anderen umgelegt hätte, und sie machte ihm nicht viel aus. Sartre gab im Interview gelangweilt zu, beim Coitus nichts Besonderes zu fühlen, außer ein klein bißchen am Schluß. Viele, denen es ähnlich geht, streben aber trotzdem eifrig Coitus an und führen ihn auch oft aus, als wäre da irgendwas zu holen. Farbenrausch, Almrausch, Frühlingsrausch, der in früheren Jahrtausenden am Ende von Winterschlaf und eingefrorenen Trieben um so mitreißender ergriff, je weniger Farben, Erdbeeren, Hitzewallung und Blumenduft es im Winter gegeben hatte, gewährte im Zeitalter der Tiefkühltruhen und Zentralheizung nur noch matten Abglanz, kaum musikalisch reanimierbar von Kunstballett namens »La sacre du printemps«, oder Hausfrauenlyrik über Osterglocken und Vogelgezwitscher.

In summa: Mystik und Mystiker finden nicht in jedem Fall völlig zueinander.

*Typ Nr. 9: Der Ernüchterte.* – Selbst Abu Yazid, König der Verzückten, gab zu, daß am Ende seiner weitesten Astralreise nur ein leerer Saal sich öffnete, mit leerem Thron, Gott war überall, nur nicht da, wo er hingehört, immer anderswo als in seinem eigenen Schaufenster. Schlimm halt nur, daß hinterher der Himmelstürmer zurücksinkt dorthin, wo er nicht mal mehr an die schauerliche überirdische Leere, die er mit seiner eigenen Leere anreichern durfte, heranreicht, also das ewige Zweierlei doch wieder Oberhand bekommt, dies und das, allenfalls jenes. Entweder jammert die kleine, vom großen Nichts ausgespuckte Null anschließend: »It was nothing!« Oder wundersamer Nachhall trägt durch die unvermeidliche Durststrecke von Ausnüchterung in alltäglicher Nichts-als-Nüchternheit. Auch der Fulltime-Ekstatiker sinkt in Perioden des Normalseins zurück, auf daß sein visionärer Apparat keinen Kurzschluß erleide; auch jeder spirituellen Rush hour folgt ein gottferner Aschermittwoch, den der Erleuchtete seiner Fangemeinde ungern eingesteht. Nirgendwo ein Guru, der anschließend beichtet: »Ich habe mich getäuscht. Mir war, als wär ich erleuchtet worden. Jetzt aber bin ich's nicht mehr im mindesten, und vermutlich war ich's auch vorher nicht ganz. Kein Bewußtseinszustand – bei wechselnder Säftemischung – kann auf Dauer sich selber gleichen. Jede Bewußtseinserweiterung wird – im partout nicht größerzustellenden Zirkel des Bewußtseins – bezahlt mit Bewußtseinseinbußen, ach ja. Keine vergrößerte Klarheit ohne vergrößerte Benommenheit. Hast nicht auch du im vollauf erfüllendsten Rausch gemerkt, daß du jetzt etwas denken oder tun möchtest, was du nur außerhalb des Rauschs denken oder tun kannst, und nun mußt du lange warten, bis die Vollkommenheit wieder etwas nachläßt?«

Erleuchtete hören nicht auf, das Auf und Ab des Lebens mit allen Unerleuchteten weiterhin zu teilen und müßten sich also sowohl mit allen Dumpfis eins fühlen, die aus ihrem grausam undurchlöcherbaren Normalzustand nie oder selten hervorschielen können, wie mit all jenen Nieten, die auf allen Ebenen herumlallen, herumtaumeln, herumrammeln – eigentlich spülen beide Zustände keine leuchtende Lösung herbei. Immer wieder raufschwingen aufs Idealpferd oder Realmaultier, und weiterschweben; und weiterklappern, entweder als Don Quijote, unter Drogeneinfluß, dauerhaft hinangezogen und zugenagelt vom Exoticum Dulcinea, traurige Gestalt, oder als stets nüchterner Sancho Pansa, bzw. entweder dieser oder jener, jeweils monistisch abgekapselt, eingesperrt in sich selbst, oder eine unausgewogene Zufallsmixtur beider, die nie wirklich nebeneinander reitet, als

Rausch- oder Nüchternheitsausbeuter, also als Doppel-Ich, beide Modi im Busen tragen, hin und her zwischen Märchenpagode und Nutzfläche.

Kein Wunder, daß im Höhenrausch ab und zu vergessen wird, den Fallschirm zu öffnen. Der goldene Schuß mag von der Rauschseite den liebestrunkenen Falter im altpersischen Licht wollüstig aufglühen lassen – nur sieht das auf stets nüchterner Seite derart anders aus, Bahnhofstoilette mit Leiche, daß man lieber auf die Lichtseite verzichtet, um der dranhängenden Realität auszuweichen, der man so oder so entgegenrennt. Und dann die größte Enttäuschung: genau in dem Moment, in welchem ich beide überalterte Hosen glückvoll abstreife, sowohl die kahle Nüchternheit wie den inwendig glühenden Rausch, kann die erstarrte Hand nicht mehr zur starren Tastatur greifen, um schnell noch niederzutippen: »Alles Humbug! Ich habe dringend auf eine wirkliche Synthese von Rausch und Nüchternheit gewartet und zugearbeitet... ich wollte raus aus dem Hin und Her und Rauf und Runter, das zeitlebens doch ziemlich stark entnervt, und was kommt statt dessen auf mich zu!? Keinerlei unendlicher Geist, der um das große fallende Welten-Ei seine Arme legt, es trägt und es wärmt, wie es Jean Paul im »Hesperus« voraussah, irrigerweise; denn nirgendwo ruhen ich und du und alle Menschen und alle Engel und alle Würmchen an seiner Brust, nirgendwo glänzt jenes göttliche Licht, das ich im Rausch schauen durfte und das sich nur als Vorgeschmack eines noch viel wahrhaft göttlicheren Lichtes dargestellt hat, nein, blödes Neonlicht! Bloß die Nachbarabteilung! Statt Intensivstation – Kreißsaal! Wiedergeburt! Auch das noch! Schon wieder! Mein erster Schrei: Merkt denn keiner, daß ich noch heiser bin vom Todesröcheln? Wie kann ich rauskommen aus diesem Horrortrip? Nur durch Umdeutung der Zutaten! Ein neuer Erdenbürger! Das Licht der Welt! Mutterglück! Vaterfreuden! Das vorige Mal hab ich's nicht ganz geschafft, dieses Mal aber, da werd' ich endlich Gott finden – falls dieser hierbei mitspielt.«

## Die überfließende Tasse der Unbeschreiblichkeit
*Poetische Rauschbeschreibung zwischen
Sprachkunst und Gesabbel*

Neulich, 2007 in Südamerika, drohte der Papst allen Dealern an, sie würden von Gott zur Rechenschaft gezogen; das hätt' er gern; so stellt er sich das vor. Wenn der wüßte. Dann müßte ja auch Moses, weil sich ihm Gott in einer entheogenen Pflanze zeigte, einem Burning bush, von Gott bestraft werden.

Affen genügten nicht und mußten deshalb Menschen werden, womit es oft haperte. Menschen genügten nicht und versuchten Halbgötter zu werden, wenigstens Übermenschen, womit es auch nicht immer klappte. Cembali, Zeppeline, Fahrräder und Bummelzüge wurden von Pianoforte, PKWs, ICEs und Jumbojets übertönt und überholt. Fasten, Meditation genügte auch nicht; Opium, Bier, Wein mußten her. Die genügten auch nicht. Wem Pflanzen nicht genügten, griff zu Chemie. Im Zeitalter der Reizüberflutung mußten immer stärkere Auslöser gefunden werden, bis hin zur Hirnbombe LSD, um in abgestumpften Ungeistern überhaupt noch ein bisserl zerebrale Vibration wachzukitzeln. Von Betüdelung bis Gottesbegegnung wurden x Zustände durchdekliniert. Doch IQ und Wortschatz wuchsen selten mit, und schon fielen die Erlebnisprotokolle qualitativ recht unterschiedlich aus. Nicht jeder wußte sich so hyper-optimal zu verbalisieren wie die hocheloquente DDR-Ulknudel, Punk-Diva und Shiva-Deva Nina Hagen:

»Da hörte ich SEINE Stimme again: ›Mach die Augen auf!‹ Ich dachte, die wären die ganze Zeit aufgewesen, aber nee! Jetzt erst öffnete ich die Augen, und irgendwie saß ich immer noch auf meinem Bett, aber die Welt war völlig anders geworden: alles voll fließender, sprießender, beseelter Farben, von denen jede ihre eigene Powerfrequenz hatte, ganz und total beseelt von Leben. Was dann kam, ist echt too much: ER saß mir gegenüber!!! Unbeschreiblich!!!«

Und Gott sprach zur inspirierten Nina: »Ich bin dein Trip.«

Fazit: Die gesamtdeutsche Psychedelik-Prinzessin zwitscherte zwar lichtjahrweit über die nicht-physikalische Welt, aber kaum 0,9 cm über ihren Eso-Jargon hinaus.

Micky Remann ließ – in einer nicht ganz uninspirierten Minute – verlauten: »Die psychedelische Erfahrung fließt immer über den Rand der Tasse, die irgend jemand zu ihrer Beschreibung hinhält.«

Theoretisch aber müßte man einen Ozean in eine Tasse durchaus hineinkriegen; denn Aladin bekam ja auch turmhohe Dschinne in Pocket-Flaschen hinein, und Japaner bringen einen riesigen Frühling, samt Kirschblüten, in einem einzigen superkurzen Bonsai-Haiku bequem unter. Wie kann ich meinem unchimärischen Transzendieren eine Tasse hinhalten, ohne in der Pfütze schwummriger Trance stilistisch-sprachlicher Schablonenhaftigkeit, Espritlosigkeit, Dünnbrettbohrerei zu versumpfen!?

Andere haben's auch geschafft, und Aldous Huxley und Ernst Jünger als Gewährsmänner, Eidhelfer, Grand Old Men und Überväter, genau dort, wo andere nur stammeln, faseln oder labern, absolut Inadäquates relativ adäquat in Worte gefaßt, oder etwa nicht? Auch wenn Huxley zugab, für sowas eigentlich nicht das ideale Hirn mitzubringen: »Mein visuelles Gedächtnis, meine visuelle Phantasie sind und waren, solange ich mich erinnern kann, immer wenig ausgeprägt. Worte, sogar die bedeutungsvollen Worte der Dichter, vermögen in meinem Geist keine Bilder hervorzurufen. Auch Schlafmittel erzeugen bei mir keine Visionen.« Ein ehrlicher Mann, ein geborener Rationalist, dieser Nicht-Visionär, der so gern Visionen gehabt hätte. Selbst potenteste Anregungsstoffe vermochten ihm nichts sonderlich vom Hocker Reißendes zu entlocken. Kein ICE fuhr ab, und keine Tasse lief über. Aber immerhin drang er an die ihm erreichbaren Pforten der Wahrnehmung mutig vor und teilte von dort aus oft nur Dinge mit wie: »Wir leben miteinander, wir beeinflussen uns gegenseitig und reagieren aufeinander.« Trotzdem avancierten »The Doors of Perception« zum Standardwerk. Auch bei Mozart und Meskalin flippte der Vernunftmensch nicht weiter aus. Huxley: »Diese Falten meiner Hose – welch ein Labyrinth unendlich bedeutsamer Vielfältigkeit« – das stieß kaum in Dr. Steiners geistige Welten oder Buddhas Nirwana vor, oder sonst irgendwohin. In Jakob Böhmes mystischem Zinnteller steckten viel vehementere Erleuchtungsauslöser als in Huxleys Hose. Der mehr oder minder stets Nüchterne, der immer strebend sich bemüht, die antithetische Anima in sich selber aufzuspüren – ein tragischer Eunuch, der solange in seinem Manko wühlt, bis er Buch um Buch mit Love-Storys füllt. Millionenfach zogen Leute sich beliebige Drogen rein, mit sichtlicher Inklination, sogar Sucht, und hatten nicht viel davon, außer ein bisserl Katzenjammer.

Ernst Jünger wartete in seinem Rauschbuch mit vergleichbaren Weisheiten auf: »Wir leben in einer Zeit, in der die Worte ihr Gewicht verlieren, wie das hin und wieder vorzukommen pflegt.« Ohne mitgebrachte mystische Adern profilierten sich Jünger wie Huxley als Liebäugler mit Unerreich- und Unbeschreiblichem, machten lang damit herum, solange, bis angeborene Unzuständigkeit in chimärische Affinität und Kompetenz überging. Schon der Buchtitel »Annäherungen« maßte sich nicht an, vorletzte Schwellen übertreten zu haben. Huxley & Jünger erlebten mit der mächtigsten psychogenen Chemiekeule weniger als der unbekannte Botschaftssekretär Bayard Taylor, 1825-1878, mit einer Cannabis indica, der seine Erfahrungen beredter auszudrücken verstand als x berühmte Kollegen von Baudelaire bis Thomas de Quincey (in »Rauschgiftesser erzählen«). In Nina Hagens schnoddrigem Instant-Erleuchtungsprotokoll wehte weniger unfrischer Wind als beim behäbig auf die Tube vermeintlicher Sprachmacht drückenden Ernst Jünger.

Der kleine Unterschied zwischen Hochkultur und Subkultur – die kaum größere Differenz zwischen Jünger und Hadayatullah Hübsch, eines Frankfurter Alt-Hippies der ersten Stunden, der in »Keine Zeit für Trips« berichtet: »Ich höre auf zu atmen, die Muster der Tapete bewegen sich – sie verwandeln sich in einen stummen, eindringlichen, sanft dahingleitenden Schwarm von wundersamen Fischen – die Wände – die Wände – die Decke – die Decke – vibrierend – Modulationen – die Decke vibrierend, seufzend, vor dem Glück zu sein – Algengewächse – dreitausend Meter unter dem Meeresspiegel – ich schwebe – die Decke senkt ihre Fittiche traumhafter Mandalas auf meine gezähmten, ersten, neugierigen baby-bewußten Blicke meines neugeborenen Daseins, schwebend.«

Der Berliner Kosmokomiker und Mythopoet Paul Scheerbart drückte Ähnliches ähnlich aus:

»Das Brennende, Funkelnde, Glitzernde und Blendende im Innern der Streifen ist ebenfalls in dauernder Bewegung und zeitigt immer wieder neue Feuer- und Funkenspiele; bald geht das diamantartige Brennen in zitterndes Glitzern über, bald wird ein Glanzstreifen plötzlich stumpf und dann gleich wieder blendend, daß es ins Auge sticht –«

Eindeutig ein psychogenes Erlebnis, und dies 1895! Astralbold Scheerbart nahm aber als Kneipengänger weiter nichts zu sich als was sowieso alle Trinker so wegsüffeln, wobei er dem Rebensaft Visionen abgewann, die eher für Halluzinogene typisch wären. Generationen vorher ging es sogar noch ausgeflippter zu, bei Jean Paul:

» – wie ein Chaos wollte die unsichtbare Welt auf einmal alles gebären; eine Gestalt keimte auf der anderen, aus Blumen wuchsen Bäume, daraus Wolkensäulen, aus welchen oben Gesichter und Blumen brachen. Plötzlich schwamm hoch im Himmel eine weiße Welt unter einem Schleier her, eine einzige glänzende Träne sank vom Himmel in das Meer, und es brauste hoch auf, alle Wellen flatterten mit Floßfedern, meinem Schifflein wuchsen breite Flügel, die weiße Welt ging über mich, und der lange Strom riß sich donnernd mit dem Schiffe auf dem Haupte aus seinem trocknen Bette auf und stand auf der Quelle und im Himmel und das blumige Gebirge neben ihm – und wehend glitt mein Flügel-Schiff durch grünen Rosen-Schein und durch weiches Tönen eines langen Blumen-Duftes in ein glänzendes, unabsehliches Morgenland.«

Das hätt' auch Nina Hagen voll cool gefunden, wenngleich und obzwar es bei Jean Paul eine etwas andere Sprache fand. Solche kosmischen Träume, eingebettet in Mammutromane, konnte kein späterer LSD-Reisender überbieten, oder wenigstens erreichen. Daneben sah ein approbierter Mystiker wie Meister Eckart eher wie ein stets Nüchterner aus. Der Möchtegernmystiker kann – im Zeitalter des Medikamentefressens – noch so viel botanische Hörgeräte und Nachtsichtgeräte einwerfen, sein realismusbefangener Gen-Pool läßt sich nicht hinaufejakulieren auf die schimmernden Goldwiesen des Mammutmystikers Jean Paul, dessen Astralreisen selbst dann nicht abebbten oder farbschwächer untergurgelten, wenn er das erbärmliche A und O aller spießig Freizeitberauschten, das banale Bier, wegließ, das er alchimistisch in körpereigene Halluzinogene umzuwandeln verstand. – Novalis notierte:

»Die Schatzkammer war ein großer Garten, dessen Mannichfaltigkeit und Reichthum alle Beschreibung übertraf. Zwischen den ungeheuren Wetterbäumen lagen unzählige Luftschlösser von überraschender Bauart, eins immer köstlicher als das Andere. Große Heerden von Schäfchen, mit silberweißer, goldner und rosenfarbner Wolle irrten umher, und die sonderbarsten Thiere belebten den Hayn. Die Beete standen voll der buntesten Blumen. Die schönsten Farben waren in den glücklichsten Mischungen. Die Ferne schmückte sich mit allen Veränderungen von Blau, und aus der Dunkelheit des Meeres wehten unzählige bunte Wimpel von zahlreichen Flotten. Die Szenen verwandelten sich unaufhörlich und flossen endlich in eine große geheimnißvolle Vorstellung zusammen.«

Zwischenfazit: Neue Adepten, Psychonauten, Musiktherapeuten und Lyrikabsonderer pfiffen sich Hirnbomben ein, zwecks hochpotenzierter Bewußtseinserweiterung, und brachten bloß dünne Hymnen zustande. Klassiker und Romantiker saßen eingesperrt in ihre Jahrhunderte, hatten sich – wenn überhaupt – mit schwächerem pharmakologischen Trampolin zu begnügen, ordinärem Hopfenmalz, aber holten zerebral x-mal mehr heraus als 1001 Kiffer.

Nina Hagens Liebesabenteuer mit Gott, zurückübersetzt ins Mittelhochdeutsche, siehe Heinrich Seuse (1295–1366):

»Da sah er und hörte, das allen Zungen unsprechlich ist: es war formlos und weiselos und hatte doch aller Formen und Weisen freudenreiche Lust in sich. Er tat schauen in den glanzreichen Widerglast, in dem er gewann seiner Selbst und aller Dingen ein Vergessen. War es Tag oder Nacht, das wußte er nit. Es war des ewigen Lebens eine unausspechliche Süßigkeit nach gegenwärtiger, stillestehender Empfindlichkeit. Er sprach nur da: ›Ist dis nit Himmelreich, so weiß ich nit, was Himmelreich ist.‹ Dieser überschwengliche Zug währte wohl ein Stunde oder eine halbe.«

Also selbst die Tripdauer wurde überliefert. Eine andere Mystikerin berichtet:

»Einstmalen, da war mir in einem Gesicht und Schaugeschehnis, als stünde der Himmel offen, und ich sah die lichten Engel klar auf- und abfahren in lichtem Gewande. Da hörte ich den allerschönsten Gesang, dem es je gefiel, in meinem Geist zu verweilen, in dem himmlischen Hofe vom fröhlichen Ingesinde, das klang so recht süße, daß der Herr meine Seele von großer Wollust zerfließen ließ.«

Eindeutig Lucy in the Sky with Diamonds! Neuzeitlich deutbar als akustische Halluzination? Neurophysiologisch diagnostizierbar als Endorphinpegelanstieg; religiös hingegen sind die betont papstfernen Einweihungen in Transzendalia. Engel kamen auch dann, wenn man sich vorher keine Risiken und Nebenwirkungen einpfiff. Merkwürdige Innenwelten, die von allein draußenbleiben müssen. Damals genügte schon das Wort »Gott« als Eintrittskarte – zu Gott. Abu Yazid, König der Verzückten, schilderte in seiner Himmelfahrt seltsame Zeit- und Raumüberdehnungen: Jahrelang rannte er durch die Vorhöfe der Vereinigung, auf den Füßen des Verstehens, flog als Vogel 10 Jahre quer durchs Firmament des Soseins, so lange, bis er vom Nichts durch das Nichts in das – Nichts kam. Dann flog er 30 000 Jahre quer durch Allahs Vereinigung mit ihm, weitere 30 000 Jahre quer durch Allahs Göttlichkeit, und nochmal 30 000 Jahre quer durch Allahs Einzigartigkeit, um nach 90 000 Jahren endlich an einen Vorhang zu kommen, aus dem doch nur wieder – Abu Yazid hervortrat. Maulana Dschelaluddin Rumi, der größte pantheistische Dichter des Planeten, verglich zwar Haschischverzehr mit Päderastie, befand sich aber chronisch in Tanzwut und Dauerekstase.

Tim Leary, eine zeitgemäße Variante des – unverhofft doch noch nicht ausgedienten – Typus des Religionsstifters, graste etliche Dichtung nach quasi-psychedelischen Stellen ab und gab sich so als Wissenschaftler – nicht als Mystiker – zu erkennen, genau wie Freud, der prominente Eidhelfer wie Dostojewski nach Passagen abklopfte, in die er Kastrationsangst und ödipalen Schnickschnack hineinlesen konnte. Bei aller Bewußtseinserweiterung traute Tim Leary seinem lieben Hermann Hesse nicht zu, daß dieser das Magische Theater und die Morgenlandfahrer ohne Drogeneinfluß geschrieben haben könnte. Berühmte Namen kleiner Köpfe beteten sowas euphorisch nach, und schon setzte sich als Konsens und Usus die Theorie durch, Kultur und Religion wären ohne Soma und Pilze nicht von selbst in Gang gekommen. Sowas bewegte sich bloß auf dem Niveau von Erich von Däniken, der der menschlichen Phantasie es ebenfalls nicht zutraut, ganz von allein sieben archaische Weltwunder aufzustellen, sondern hierfür von außen angesetzte Katalysatoren benötigt, statt Pflanzenintelligenz halt allerlei Marsmännchen, die zwar fast schon Engel sind, dennoch aber sich bloß in neolithischer Rohklotzbauweise äußern, also ausgerechnet auf der primitiven Kulturstufe damaliger Menschheit, statt gleich ein paar Dome von Antoni Gaudi hinzusetzen.

Andererseits funktioniert Religion selber so: Philosophen, religiöse Gemüter und Päpste können sich nicht vorstellen, daß die Welt ohne Anschubs von außen in Gang kommen kann.

Irgendwann halbiert sich jeder Vollrausch
(Schabblatt von Karl-Georg Hinech)

# ZURÜCK ZUR
ZUSPÄTROMANTIK

# Damals, bei den Hummeln von Seebüll

Mit sechzehn hockte ich besuchsweise im Grauputzhaus der Friedrich-Ebert-Straße Nr. soundsoviel, in Kassel, bei Tante Gundula. Von links einseitig angedröhnt vom Berufsverkehr, von rechts elterliche Gespräche, schwer ausblendbar, Jojos fachliche Ausführungen über Mehrfachsteckdosen und abgesplitterten Heizungslack. So besah ich zum Ausgleich Tante Gundulas Bücher, Fröbel-Pädagogik, Märchendeutung, Gruppenpsychologie. Pubertär gelangweilt blätterte ich in einem Emil-Nolde-Hochglanz-Bildband und stieß dort auf einen Text des Malers, worin er von seinen nächtlich geträumten, unglaublich verklärten, inwendig glühenden, beim Aufwachen sofort ausbleichenden Landschaften schwärmte, ihrem Nachhall hinterherträumte, ihrem Abglanz nachweinte, hinterherjapste, sie malend irgendwie einzuholen versuchte, vergebens, genau wie ich, der ich solche Träume jetzt lange nicht mehr gehabt hatte, genauso wenig wie Albträume. Aber als Kind war ich alle zwei, drei Jahre im Traum durch derart selig überirdische Landschaft gestiefelt, nein: gewandelt, durch karfunkelblitzende Wälder, arkadische, wunderbar unendliche Fernsichten, durch bewaldete Berghügel in grünrötlichem Spätlicht, vorbei an Fjord- und Seenplatten, die im Spiegelbild das samtene Kupferbraun untergegangener Gestirne beibehielen, Lichterketten und blinzelnde Schmuckbänder am Ufer entlang, Waldkuppen, in tief gesättigten Dunkelblauton, daß ich jeweils nur noch stammeln konnte: »Wo gibt's denn sowas?« Sowas gab es absolut nirgendwo, auch nicht in der Karlsaue, auch nicht auf der Insel Siebenbergen, und sowas träumte auch keiner, vor allem Jojo nicht, der nicht mal banale Träume produzierte, sondern sich rühmte, nie zu träumen. Fast täglich hingegen plagten mich normale, profane, grauputzfarbene Träume, knallvoll mit lästigen Sportlehrern und Parallelklassenkameraden namens Udo Quäl und Klaus Gerhardt – oder Gerhardt Klaus? Monatelang wartete ich süchtig auf einen nächsten überirdischen Landschaftstraum, der sich aber Zeit ließ. Jetzt aber – na also! – hatte es immerhin einen Menschen gegeben – wenigstens einen! –, dem es privat genauso gegangen war wie mir! Emil Nolde! Und schon wurden Emil Nolde und ich – auseinandergezerrt von Zeit und Raum – zu Seelenbrüdern! Lichtjahrweit entfernt sowohl von Familie Holbein, Tante Gundula und Friedrich Ebert, von dem ich zunächst nicht wußte, wer das sein könnte, doch instinktiv spürte ich sehr, daß es sich bei Friedrich Ebert, August Bebel und Friedrich Naumann sowenig wie bei Klaus Gerhardt und Jojo um extrem wahlverwandte Geister handeln konnte. Und bei Emil Nolde vielleicht auch nicht. Denn die aufgeblitzte Wahlverwandtschaft bezog sich einzig auf diese unirdischen Traumgebilde. Hingegen gefielen mir die überall in öffentlichen Wartezimmern herumhängenden Poster strenggenommen nicht äußerst, all diese lila Windmühlen, Noldeblumen und Watt. Die lagen viel zu diesseits jener Landschaft, durch die Emil Nolde und ich nachts zu wandeln pflegten.

Mit neunzehn, auf meiner Morgenlandfahrt nach Dänemark, wanderte ich – für alle Fälle! – von Niebüll nach Seebüll: 18 km weit auf Deichen an echt friesischen Gehöften vorbei, ohne Schattenspender, und an Schafherden vorbei, neben unbefahrenen Landsträßchen, zum Noldemuseum. Dort suchte ich weitere Parallelen zwischen Nolde und mir und fand Noldes »ungemalte Bilder« gar nicht so übel. Das religiöse Werk hingegen konnte ich nicht restlos herrlich finden, diesen doch sehr käsegelben Christus, grünstichiges Geschmier, na ja. Dann saß ich noch kurz im Blumengarten, zwischen Hummeln und Sonnenflecken, und begab mich alsbald auf den Rückweg. Nichts Nennenswertes war geschehn. Nur der ganze Tag draufgegangen, den ich praktisch verplempert hatte.

Doch im Restjahr dachte ich, zwischen Nieselregen und Vitaminmangel, manchmal ans Tivoli in Kopenhagen zurück, an den Inder, den Norweger und den Schweden in Aabenrä, vor allem an Seebüll und in jedem Folgewinter noch öfter an den Fingerhut von Seebüll, ans Emil-Nolde-Museum, an die im Nachmittagslicht golden verfransten Wollränder der Schafe, an diesen vom Spätlicht durchfluteten, schier märchenhaft zu nennenden, schönen Sommertag, dem ich irgendwie nicht ganz gerecht geworden war, schien mir. Auf irgendwas hatte ich bei der Besichtigung nicht geachtet, für irgendein damals leider Verpaßtes noch keine rechten Augen mitgebracht.

Also fuhr ich zwölf Jahre später nochmal hin, mit 31. Diesmal hockte ich, mit Doro, im vorfahrenden Auto. Die Riesenparkplätze, Busse, Eintrittskarten hatte es beim ersten Besuch entweder noch nicht gegeben, oder ich hatte sie damals übersehn oder vergessen. Die »ungemalten Bilder« fand mein verschärfter Blick jetzt nur noch halb so hinreißend. Gewisse Blumenmotive kamen mir kunstgewerblich vor – dies Wort hatte ich mit neunzehn noch nicht Adornos »Jargon der Eigentlichkeit« entnommen. Das religiöse Werk fand ich noch indiskutabler und giftgelber als damals ... schade drum. Überall standen Temperaturüberwachungsregler herum. Falls diese jetzt nicht meine unverläßliche Erinnerung hinzuschmuggelt, um einen kompositorischen Querbezug zu abgesplittertem Heizungslack herzustellen. Deprimiert rettete ich mich in den Garten. Der kam mir arg überblickbar vor, und nüchtern, mit seinen übermäßig gepflegten Kieswegen und Rosenstöcken, mehr Stöcke als Rosen, obwohl alles durchaus blühte und sicher auch ganz wunderhold summte. Hummeln stürzten sich auf Fingerhüte und nutzten diese als Resonanztrichter für ihr sicher sehr liebliches, ja herzerwärmendes Brummen. Ach ja. Es war sehr seltsam. Irgendwas glaubte ich nun vermissen zu müssen. Damals aber, mit neunzehn, hatte der Garten das nun Fehlende eventuell durchaus besessen: eine gewisse Durchtränktheit, Intensität, ja Traumqualität. Die aber jetzt nur noch als eingebildeter Abglanz über ihm lag, undefinierbar, als eine Art Nachhall, den ich kaum noch einholen oder erspüren konnte.

Nicht minder töricht sehnte ich mich zu jener Nolde-textstelle zurück. Ich graste bei Lometsch und in der Stadtbücherei am Entenanger auf gut Glück etliche Noldebände durch. Ich fand nichts. Ich besuchte Tante Gundula. Ohne mich hierbei erneut Friedrich Eberts obligater Rush-hour aussetzen zu müssen. Gundula, inzwischen pensioniert, wohnte jetzt in verbesserter Wohnlage, mit mehr Grün drumherum. Sie machte uns einen Tee, mit Untertasse und Serviette. Auf einen Blick sah ich den Noldeband zwischen Verena Kast, C.G. Jung, Fröbel und irischen Volksmärchen stehn. Binnen 45 Sekunden fand ich die gesuchte Tagebuchnotiz des Malers Emil Nolde, vom 6.12.1941. Und litt gleich mal ein wenig, als literaturkritischer Zeitgenosse, an der häufigen Verwendung der Worte wunderbar, Wunder und last but not least wundervoll. Für alle Fälle aber suchte ich an mir einen Stift und schrieb mir die Passage wortwörtlich raus, als wär's ein orphisches Urwort, das dann aber ziemlich profan lautete, und nüchtern:

»Ich bin während Stunden dieser Nacht in einer wunderbaren Landschaft gewandert, einer Landschaft voller Wunder und Herrlichkeiten. Wie kann es sein, daß im Traum einem so wundervolle Gesichte geschenkt werden, wie nie gesehen, und es auch mir nie zu bilden gelingen wird. Es ist sehr seltsam.«


## Die Abendröte schwamm blutrot hinter den Zweigen

Mit zehn saß ich abgeblendet im Grau in Grau der Schule, da diktierte uns Herr Thümer einen Text ins Heft, der hieß »Feierabend«, und rauschte weniger vorbei als sonstige Diktate:

»Draußen dämmerte es schon. Das Gesinde ging schweigend vom Tisch. Während eine Magd das Geschirr abtrug, nahm sich der alte Bauer die Pfeife hinter dem Ofen vor. Er stopfte sie bedächtig und zündete sie mit einem Holzspan an. Eine Weile ging er in der Stube auf und ab, indem er den Qualm kräftig einzog und hinausblies. Als der Tabak gut brannte, setzte er sich auf die Ofenbank, dann auf einen Stuhl am Fenster. Aber das Ausruhen und Stillhalten gefiel ihm heut nicht. Er stand bald wieder auf und trat unter die Haustür. Im Hof und auf dem Mist suchten die Hennen noch gackernd nach Futter, und die Tauben gurrten vor dem Schlag, als wenn sie aufgeregt einen abendlichen Ausflug besprächen. Vom Feldrain greinte die ausgeleierte Harmonika des Knechtes herüber. Der Bauer drehte sich unzufrieden um, weil er diese Töne nicht ausstehen konnte, er ging langsam nach der hinteren Tür. Er sah in den Obstgarten.

Die Abendröte schwamm blutrot hinter den Zweigen. Da plärrten die Mägde in der Küche ein rührseliges Lied. Das paßte ihm auch nicht. Er klopfte am Absatz die Asche aus der Pfeife und ging wieder zurück in die Stube. Dort lag die Zeitung wie immer ausgebreitet auf dem Tisch. Doch er hatte keine Lust mehr zu lesen. Bald suchte er seine Schlafkammer auf; denn die Augen fielen ihm vor Müdigkeit zu.«

Praktisch nie dachte ich dran zurück... Dämmerung, Abendröte, Ofenbank, Feldrain... Harmonika. Der Text stammte von einem Heinrich Lilienfein. Ab und zu, wenn ich irgendwo unterwegs war, und sei es vom Auto aus, schwamm die Abendröte blutrot hinter den Zweigen – bis hinein in des Sommers letzte Rose, die Dr. Steige in einem Brief an Jojo zitierte:»Sie war, als ob sie bluten würde, rot...«, von Friedrich Hebbel, obwohl Lilien eigentlich eher weiß sind. Im Lauf der Jahre wurde mir der Text selber zu jenem rührseligen Lied, das in ihm vorkommt. Die blutrote Abendröte wurde mir zum orphischen Urwort. Sie färbte selbst noch die weißesten Lilien blutrot, und die Mundharmonika, als ich sie Jahre später im aufgehobenen Schulheft wiederfand, war dort eigentlich eine Harmonika gewesen, also doch wohl eher ein Schifferklavier, ein Akkordeon, eine Quetschkommode, ein Zerrwanst. So oder so oder so, ich sehnte mich als Stadtkind jederzeit in die Zeiten ländlicher Lebensformen zurück, in jene heile Zwischenwelt, in der es noch Knechte und Gesinde gab, aber zugleich auch schon HNA und FAZ.

Wann lebte eigentlich Heinrich Lilienfein? Auf seinen Namen stieß ich nie wieder in all den Jahrzehnten. Zeitweise war mir, als hätte er »Heinrich von Lilienfein« geheißen. Er hing wohl auch mit Heinrich dem Vogler zusammen, genau wie die stille Kammer aus »Der Mond ist aufgegangen« mit der Schlafstube, in die der mürrische Bauer sich zurückzog. Und das »Wir wünschen einen fröhlichen Feierabend«, den jeden Abend um 18 Uhr der Hessische Rundfunk durchs Röhrenradio dudeln ließ, überdeckte mit fadenscheiniger guter Laune den Unmut dieses alten Bauern aus »Feierabend«. Von Heinrich Lilienfein.

Irgendwann wurde ich neunzehn und kam auf einsamer Fußwanderung durch die Fränkische Schweiz. Abends kehrte ich in der Jugendherberge Eichstätt ein und legte mich, müder als ein alter Bauer, zwischen Abendbrot und Schlafsaal, auf die harten Holzbänke eines verwaisten Gemeinschaftsraums, schmiegte die Wange an diese Mischung aus Hagebuttentee, später Stunde, Wachstuchdecken, Bohnerwachs und sah erneut das Abendrot blutrot hinter Zweigen schwimmen, welch Dämmerbild, welch lilienfeines Utopicum aus Heimweh, Reisefieber, Abendstündchen, Wehmut heimeliger Unterkunft und kaltem Abendhauch. Heinrich Lilienfein sickerte in alle meine dörflichen Vorerfahrungen ein. Heinrich Lilienfein imprägnierte schwermütig meinen Wunschtraum, den ich mit acht in ein Heft schrieb, wo »Bauer Vati« plötzlich nicht mehr bei Henschel arbeitete, sondern uns eine Pferdeweide vorführte, mit Pferdchen unten in den Fuldawiesen. Heinrich Lilienfein griff nachträglich und rückwirkend auch in alles zeitlich Frühere ein: in Niederkirchen, mein persönliches Combray und Amorbach, und noch weiter zurück in herzwärmende Holzschnitte von Ludwig Richter, und vorauseilend in die späteren Dörfer meines Lebens: Großenritte, Remsfeld, Rückersfeld, Würmelwig, Windborn, Wasmutshausen, Allmuthshausen, Heggelbach, Dreiwald. Ich stak als ziegenmelkender Landkommunarde im Leben auf dem Lande und fragte mich: Was kann der alte Bauer gegen singende Mägde gehabt haben? Dröhnte irgendwo ein Transistorradio, sehnte ich mich zur ausgeleierten Harmonika. Als Nichtraucher hätte ich sogar den Qualm des alten Bauern in Kauf genommen, der in meinem Fall wechselnde Namen trug: Werner Sostmanns Vater, Otto Schüle, Herr Kienzle, Herr Liebermann, Herr Friebertshäuser, Otto Koch, Bauer Nöll. Mit vierzig traf ich Herrn Thümer wieder, man plauderte über die Herderschule – ganz nebenbei fragte ich ihn: »Wer war eigentlich Heinrich Lilienfein?«

Herr Thümer hatte diesen Namen nie gehört. Aber vor dreißig Jahren hatte er uns »Feierabend« ins Diktatheft diktiert. Mit Namensnennung des Autors. Im dtv-Brockhaus stand nur was über Detlev von Liliencron und über die artenreiche Lilien-Familie der Einkeimblättrigen. Im Kindler Literaturlexikon guckte ich gar nicht erst nach. Irgendwann erzählte ich irgendwem, der unauffindbare, niegehörte, niegewesene Heinrich Lilienfein habe mich zur Literatur geführt. Womöglich fiel sogar das Wort »Initialzündung«. Alle fünf Jahre grub ich das alte Diktatheft von 1963 hervor. Strenggenommen stammte dieser Text nicht gerade von Thomas Mann. Womöglich kam er sogar über Agrarkitsch nicht hinaus, weder über Gutsherrenromane von 1897 noch über verfilmte Immenhof-Gestüte von 1956, obwohl das abendliche Eiapopeia gebrochen wurde von der Mißlaune des alten Bauern. Stilistische Einwände gegen die Tauben, die aufgeregt einen abendlichen Ausflug besprachen, keimten auf. Und schon mundete mir die Abendröte, sobald sie auch weiterhin blutrot hinter den Zweigen schwamm, nur noch halb so gut. Die schlichten Worte konnten mit meiner eigenen, immer röter glühenden Abendsonne nicht mehr mithalten. Nur der Name Heinrich Lilienfein glomm liebenswürdig weiter.

Dann fand ich ihn, im Literaturbrockhaus in 8 Bänden, gleich hinter Detlev von Liliencron. Heinrich Lilienfein lebte von 1879 bis 1952. Er starb einen Monat vor meiner Geburt – alles klar. Zu Lilienfeins 100. Geburtstag zog ich in Würmelwig ein. Lilienfein schrieb »Die große Stille«; ich schrieb »Der belauschte Lärm«. In klassizistischen Traditionen soll er gestanden haben. Er war ab 1920 Generalsekretär der Deutschen Schillerstiftung in Weimar. Ich könnte versuchen, von der Fernleihe Homberg an der Efze mir Lilienfein-Romane beschaffen zu lassen: »Das trunkene Jahr«, von 1923, oder »Die Geisterstadt«, 1929. Ich schritt durchs Literaturarchiv Marbach am Neckar, sah zwischen deprimierenden Brandschutztüren bei L die Aufschrift »Lilienfein, Heinrich«, hätte mir rauslegen lassen können, was die so von diesem Schriftsteller dahaben, vielleicht sogar eine Fotografie von ihm. Doch aus technischen Gründen wurde da nichts draus, und aus Zeitgründen. Es ging schon auf 17 Uhr. Trotz Smog schwamm die Abendröte relativ rot hinter den Zweigen, jedenfalls bitte keinesfalls: blutrot. Fest nahm ich mir vor: ein andermal, irgendwann mal.

## Süßeste Seuche – Nostalgia

Damals gab's, statt Restaurants, noch echte Gasthäuser und Wirtshäuser, statt Senioren und Rentenempfänger noch Großmütter und Opas. Damals gab's noch Grand Old Men, heut gibt's bloß Newcomer. Heute bloß Fernsehquiz, damals das Rätsel der Sphinx. Statt Alldurchdringung und Unsterblichkeit gibt's nur noch Flächendeckerei und Haltbarkeitsdaten. Statt Baby-Sitterinnen –

Tagesmütter. Damals gab's Ammen. Selbst Püffe und Krüppel starben aus, zugunsten von Behinderten und Eros-Centern. Damals war ich gottesgelahrt, heut bin ich noch nicht mal bibelfest. Nicht einmal gute alte Luftverpestung kann weiterhin konsumiert werden, heut muß man sich mit Schadstoffemissionen zufriedengeben!

Ach, wer bringt die schönen Tage, jene holde Zeit zurück, in der noch auf jedem Bahnsteig eine kleine Fontäne Trinkwasser dem Reisenden Erquickung schenkte, kostenlos auf Knopfdruck, damals, als Lokomotiven noch schnaufen und dampfen durften, und die Züge noch nicht à la Lufthansa hereinschossen, hermetisch zentralverriegelt, damals, als noch sowohl im Bummelzug wie im Eilzug sich humanerweise jedes Fenster öffnen ließ, lachenden und weinenden Gesichtern namens Antje und Doro gewinkt werden durfte, mit flatterndem Haar im Fahrtwind, und unverglaste, wenngleich leider auch schon nicht ganz unverschandelte Landschaft eingeatmet werden konnte: wogende Kornfelder, Klatschmohn und Kornblumen, unausgerottet von Unkraut-Ex, vorbei an bunten Wiesen, statt wie heut an durchgehend knallgelben Wiesen, eintönig gelb, knallvoll mit Löwenzahn, übertrieben resistent, damals im geballten Händchen eine echte Fahrkarte, ein lochbares Viereck aus Hartpappe, statt Super-Spar-Ticket und allzu heutigem Fahrausweis. Damals, als Zugbegleiter noch Schaffner hießen, ließen sich noch auf frei ausziehbaren Sitzen beliebige Schlafstellungen wählen, nicht so wie heut in ICE und Inter-Regio, wo alle Bewegungen eingeschränkt und vereinheitlicht werden, nämlich schläfrige Fahrgäste ihre Köpfe nur noch nach einer Seite hin anlehnen können, alle nach derselben Seite hin, permanent aufgeschreckt von störenden Umsteige- und Bistro-Durchsagen: »In wenigen Minuten erreichen wir Darmstadt.«

*Süßeste Seuche – Nostalgia* 355

Eine Eisenbahnfahrt von Kassel nach Diez an der Lahn war noch ein Ereignis, und die Hölderlinstraße in Tübingen zu überqueren noch nicht lebensgefährlich. Ab und zu konnte ein Goggomobil gesichtet werden. Ich stand am Brückengeländer über einer Autobahn und sehnte mich nach dem Anblick von Autos. Doch fuhr nur alle Viertelstunde mal eins unter mir durch. Es gab Autos, die einbiegend nicht blinkten, sondern: Seitlich an ihrer Karrosserie stellte sich ulkig ein roter Winker in die Horizontale. Damals, als es uns noch schlechter ging, ging es uns besser. Nie wieder seither war die Welt so in Ordnung wie damals.

Damals wußten Heranwachsende noch die Uhrzeit, wenn's hieß »Viertel vier«; heut, im Quarzuhr-Zeitalter, wird nur noch eins verstanden: 15:15. Statt Verkaufsberater gab's Kaufmänner. Heute gibt's keine Manu- und Typoskripte mehr; nur noch Dateien und Mails. Die Dritte Welt lag ausschließlich im Morgenland. Nie wieder wird das Zauberwort Bagdad so klingen können wie es damals klang, in der Geschichte vom Kalif Storch. Niemand starb an Lungenkrebs; bloß ein Nordseekrebs zwickte in die Nase. Wurde mir Blut abgenommen, nannte das Frau Dr. Leipner Himbeersaft – heut wird immer bloß Blut abgezapft. Damals hatte ein Micky-Maus-Heft noch Beilagen und kostete noch nicht € 2,95, sondern für immer 75 Pfennig, und ein Fix-und-Foxy-Heft 60. Schöne Welt, wo bist du? Kehre wieder, holdes Blütenalter der Natur!

Damals wimmelten BUNTE, QUICK und HÖR ZU von fotografischen Gegenüberstellungen: Vorher/Nachher. Jeder Mann, vorher Schwächling, war hinterher Muskelprotz, Frau Rita B. aus K. vorher fettleibig und hinterher superschlank. Nirgendwo ein vorher abstehendes Ohr, das hinterher nicht anlag! Selbst der Mund des

Patienten, von einer Gesichtslähmung betroffen, der auf seinem Vorher-Foto im Großen Illustrierten Gesundheits-Lexikon von 1966 schief hinaufwanderte im Gesicht, in Richtung des eingeklemmten Auges, saß im Nachher-Foto relativ waagerecht unter der Nase. Jedes Vorher wartete wacker auf seine Aufhebung durch ein glorioses Nachher – auch wenn der zurückgeholte Mund andere Gesichtsteile verrutschen ließ. Trotzdem, die bessere Zukunft saß immer im Nachher und zog und sog lockend von dort aus am zweifelhaften Vorher.

Vorher und Nachher – Realität und erreichbare Zukunftsvision; Damals und Heute – Märchen und Ernüchterung. Vorher–Nachher und Damals–Heute ließen mich vergleichsweise kalt. Aber Einst und Jetzt riß mich hin. Optimisten erfreuten sich fleißig am verkleinerbaren Abstand zwischen Vorher und Nachher; Nostalgiker wie ich litten an der kaum überbrückbaren Kluft zwischen Einst und Jetzt. Neil Postman warnte in seinem Buch »Das Verschwinden der Kindheit« umsonst. Martin Walser verteidigte die Kindheit in seinem Buch »Die Verteidigung der Kindheit« – umsonst. Ich wich dem Unausweichlichen des Heute aus – umsonst. Ich japste dem Unwiederbringlichen des Damals nach – vergebens. Als Apostel Neuer Sachlichkeit würd ich die These aufstellen: 1962 war vieles miserabler als 2008. Als Nostalgiker bleibt für mich ausnahmslos jedes Einstmals ein überfließendes Paradies und jedes Heut eine ausgelaugte Zumutung.

Selig, ein Kind noch zu sein – »»Wenn früher einer blutete, war Schluß. Jetzt ist es oft ein Signal, noch zweimal nachzutreten‹, berichtet die Stuttgarter Lehrerin Sylvia Summ« (DER SPIEGEL, 17. Januar 1994). Zwar gab Ex-Beatle Paul McCartney 1991 zu, der Sensibilität der sechziger Jahren nachzutrauern – »Es war eine total verrückte Zeit, mit einem unglaublichen Reichtum an

Ideen« –, doch bestand 1966 das Paradies keineswegs aus Gegenwart, sondern sensibelstenfalls aus: »Oh, I believe in yesterday!« Und genauso fällt meine Sehnsucht nach der Micky-Maus von 1961 ins Bodenlose; denn damals sehnte man sich zurück zur Golden Era der Walt-Disney-Studios, zurück in die dreißiger Jahre.

Im Zeitalter der Beckett-Figuren starb allerlei ab. Doch selbst von den rudimentiertesten Rümpfen wird sowohl nostalgisches Bedürfnis wie nostalgische Fähigkeit weitergepflegt – wie lautet doch die unvergeßliche Zeile aus Samuel Becketts »Glücklichen Tagen«? »Dies wird ein glücklicher Tag gewesen sein.«

Heut brachte Renate Soundso alte Fotos vom Jugendheim Wehneberg, 1974/75. Nostalgie stieg gewaltig in mir auf, bis hoch zur Tränengrenze, uff, dieser Rotstich der Fotos, o je, die jungen Gesichter – eins davon meins; mir war, als wär ich damals glücklich gewesen, oder als hätt ich dort glücklich sein können und alles verpatzt, die einzige Gelegenheit, jemals glücklich zu sein. Natürlich hatte ich dort gelitten wie praktisch nirgendwo, pausenlos kreuzunglücklich, aber nirgendwohin sehnte ich mich jetzt plötzlich so heftig und innig zurück wie ins Jugendheim Wehneberg. Dort rannte ich leidvoll durch die Wälder – vorbei an der Haukuppe und den Sieben Teichen – und sehnte mich unsinnig nach jenen Wäldern zurück, durch die ich – bloß ein Jahr vorher – leidvoll rund um Darmstadt gerannt war, unweit von Odenwald und Burg Frankenstein, mich dusslig leidend an unsinniger Sehnsucht zurück in Habichtswald und Kaufunger Wald bei Kassel, zurück in meine schreckliche Kindheit, in mein ewiges Niederkirchen, 18 km entfernt von Kaiserslautern – und die Dörfer rund um Amorbach, Marcel Prousts Combray hieß Illiers – Theodor Storms Niederkirchen hieß Immensee – Vieras Immensee hieß Valcha –

Adornos Kindheitsstädtchen hieß Amorbach – Jean Pauls Valcha hieß Joditz – und die Dörfer rund um Amorbach und Miltenberg hießen Otterbach, Watterbach, Reuenthal und vor allem Monbrunn, überfließend vor seligen Fernblicken und scheinbarer Quintessenz dessen, was nur aufblitzend gewährt wird. Adorno, der in seiner »Negativen Dialektik« glückstrunkene Recherche nach verlorener Zeit sogar in den Rang metaphysischer Erfahrung hob, outet sich als ein Sensibelchen vom Schlage Marcel Prousts, dessen Methode, die verlorene Zeit via Madeleine-Verzehr zurückzuholen, wenigstens momentweise, zum Tabernakel späterer Nostalgiker wurde. Religiöse Urerlebnisse sind nichts dagegen! Noch in Dr. Oetkers Grundbackbuch aus dem Jahre 1989 – long ago – zuckte das Madeleine-Erlebnis profanisiert, aber spürbar nach: »Der herrliche Duft eines frisch gebackenen Kuchens oder die leckere Torte als Mittelpunkt einer gemütlichen Kafferunde: Wer erinnert sich nicht gerne zurück! Möchten Sie diese Genüsse wieder neu aufleben lassen? Mit erprobten Rezepten und einer detaillierten Fotoanleitung wird Ihr Lieblingsrezept gelingen.« Bei Adornos proustischer Madeleine, getunkt in Lindenblütentee, handelte es sich perverserweise um einen Rehbraten, getunkt in Rahmsoße. Und ich – sobald ich von Mohnkuchen und Hefestückchen abbiß, schmeckte bloß Backtriebmittel und Emulgatoren. Aber 1972 lief ich todunglücklich durch Griesheim bei Darmstadt, bekam plötzlich einen Schwall Benzingeruch in die Nase, der eine unwillkürliche Erinnerung auslöste, ganz im Sinne Marcel Prousts, tiefstes und höchstes existentielles Aufschaudern, Metapyhsik pur, was ich aber mangels derzeitiger Proustlektüre noch nicht recht zu verorten wußte. Aber ich las ja Hermann Hesse und fand in seinem Märchen »Iris« ein unverkennbar vollgültiges Madeleine-

Erlebnis geschildert: Iris brauchte nur an einer Iris zu riechen, schon meinte ihr Herz jedesmal, mit dem Duft sei ein Andenken an etwas überaus Schönes und Kostbares verbunden, das ihr vorzeiten verloren gegangen sei, und mit Musik und Gedichten sei es auch so, da blitze manchmal etwas auf, wie wenn man eine verlorene Heimat plötzlich unter sich im Tale liegen sähe, und sei gleich wieder weg und vergessen; ja, man sei nur deshalb auf Erden, um verlorenen fernen Tönen nachzusinnen, und hinter ihnen liege unsere wahre Heimat. Und im »Märchen von der verschleierten Frau« von Hugo von Hofmannsthal schwang sich sogar ein Bergmann zu ebenso feinsinnigen Empfindungen auf, allerdings kein typischer Ruhrpottkumpel, sondern ein symbolismusverdächtiger, der Bergmann an sich, des Namens Hyacinth, importiert aus der schönen, alten Zeit im Novalisland. Hyacinth überbot sogar, ehe Herbert Müller mich zu Marcel Proust führte, das von Proust sogenannte »unmittelbare, köstliche, alles erfassende Aufblitzen der Erinnerung«, indem er nicht nur für eine Kompaktsekunde sich in sich selber einwühlte, um in der vollkommenen süßen Unschuld der Kinderzeit zu atmen, sondern es gelang Hyacinth, diese Augenblicke zu verlängern: jeden Schritt und jeden Hammerschlag meinte er dann traumweis im Reich der Erinnerung zu tun. Und ein Bote von drüben belehrte ihn, daß das nicht Erinnerungen seien, sondern Vorzeichen, luftige Vorausspiegelungen der verschleierten Göttin Isis. Das find ich fies vom bösen Polemiker Eckhard Henscheid, daß er, obwohl er selber als Romantiker bei jedem Schumannlied – nachweislich! – sofort hochsensibel losflennt, anläßlich des Proustjubiläums 1988 das »weltberühmte Madeleine-Erlebnis« auf seine Tragfähigkeit hin untersucht und Prousts erschütterndes Intimerlebnis so hier referiert: »Ein alter Dackel erinnert sich beim Eintunken einer bestimmten Gebäcksorte in den Tee schlagartig seiner Kindheit und ihres unglaublichen Zaubers.«

Der SPIEGEL-Artikel aus dem Jahre 1973, der die damalige Nostalgiewelle untersuchte, gehört seit Jahr und Tag einer versunkenen Epoche an. Um pausenlos so wehmütig zu sein wie irgend möglich, hörte ich bereits 1968, statt »I can't get no Satisfaction!«, im Radio lieber Schlager, Schnulzen, Evergreens von ca. 1932: »Wie schön war jener Sommertag, wir gingen Hand in Hand, so selig übern Rosenhag, als wär's ein Zauberland.« Lieber wie olle Opas funktionieren, als eine Gelegenheit zum Weinen auslassen! Mitten im Zeitalter der Steuerprüfer, Abteilungsleiter und Pharmareferenten sehnte ich mich nach so ausgestorbenen Berufen wie Türmer, Nachtwächter, Wanderer, Feldhüter, Fährmann, Pilger, Klausner zurück, oder nur halb so weit: Unverhohlene Sehnsucht keimte auf, nach Eduard Zimmermann, ja damals, als bei »Aktenzeichen XY« ungelöst noch die österreichisch-schweizerischen Ganovengesichter Teddy Podgorski und Werner Vetterli dabei waren und auf den Schluß zu der unsterbliche Peter Hohl aufmarschierte, um die ersten aktuellen Erfolgsmeldungen vorzutragen! Immer schneller setzen die Dinge Patina an: Trabi und Wartburg standen schon im Museum, bevor sie aus dem Straßenverkehr verschwanden. Der Flair von 1958 f., der sich in der DDR bis 1987 f. als rührendes Fossilium gehalten hatte, festgesogen an verbeulten Mülleimern, durchhängenden Bürgersteigen, am Kopfsteinpflaster ohne Autos, an lilastichigen Farbfotografien, Xerokopie-Grauschleier, Plakaten, bläulich ausgebleicht in grauen Schaufenstern, verblaßt von Tag zu Tag wie der Unterschied zwischen Gestern und Damals. Meine ganze Jungend und Kindheit mußte ich zurückdenken an Dingelstädt, Vatis Amorbach im Eichsfeld, wo ich 1956 durch den Garten lief bis hinauf zu Birken und wogenden Büschen, irgendwie ans Ende der Welt, wo ein kleines beschwengeltes Brünnlein stand. Dort saß ich am Plätschern und guckte hinein wie die Goldmarie – Frau Holles Märchenbrunnen so um 1960 – oder: »Joseph und seine Brüder«, worin es vom »Brunnen der Vergangenheit« hieß, daß er tief sei, oder: »Und die alten Brunnen rauschen wieder durch die schöne Einsamkeit wie in alter schöner Zeit, hab ich doch in meinen junge Tagen auf die Laute hier geschlagen und manch lust'ges Lied erdacht«, gesungen von Dietrich Fischer-Dieskau, vertont von Hugo Wolf, gedichtet von Joseph von Eichendorff: jeder meiner Brunnen nahm Maß am Dingelstädter Kindheitsbrünnlein, und 21 Jahre später, 1977, fuhr ich extra aufwendig in die DDR, um mein Brünnlein wiederzufinden und fand es – zugeschüttet, die Büsche abgeholzt; und das Ende der Welt war's keineswegs, sondern einen Zaun gab's da, und dahinter einen profanen Fußweg, und ich konnt es nicht lassen und mußte nochmal hin, 1994, alles lieblos und restlos zubetoniert von Onkel Reinhold, alle Blumen rundum ausgerauft, Birken zur Mendel-Linde (Marterpfahl) kastriert, Obstbäume gefällt, zugunsten von Auto-Stellplätzen.

Doch zurück zu Adorno und Proust – ja, immer nur zurück! Prof. Adorno, Dr. Oetker und ich – alles Isis-Adepten! Nicht umsonst sprach Karl Heinz Bohrer 1981, also auch schon wieder damals, vom »Spätromantiker Th.W. Adorno«. Eine kaum verhüllte Stelle in Adornos Gustav-Mahler-Buch spricht vom grundlosen Weinen dessen, der von Erinnerung übermannt ward; »mehr Grund hätte kein Weinen«. Wer andere Gründe zum Weinen hat, also wem sein Partner starb oder weglief, beweint ein Damals, das nicht mehr reinragt ins Heute. Je uneinholbarer das Damals, desto metaphysischer die Erinnerung. Selbst eiserne Zeit im Industriezeitalter kann zur goldenen Zeit werden, so golden wie der Grammophontrichter der Golden Twenties. Geräteparks, die ins Imperfekt abrutschten, strahlen in versöhnlichem Glanz. Daß der Saphir auf der Beatles-Oldie-LP aufsetzt, wurde im Zeitalter des CD-Players längst historisch. Erwartungsvoll kontinuumbildendes Knistern stirbt genauso aus wie der Plattensprung, dies unersetzliche Gleichnis für das unstoppbare Einerlei jeden Lebensvollzugs. Nirgendwo eine Fragwürdigkeit, die meiner nostalgischen Vehemenz nicht zum Fetisch werden könnte. Selbst Abfall und Zweckbau können im Abendlicht seltsam günstig rauskommen. In seinem Gedicht »Früher« sehnte sich Hans Magnus Enzensberger fahrlässig nach so suspekten Objekten zurück wie Volksempfänger, Hosenklammern, Klavierlehrer, Dreipfennigstücke, Droschken, Strapse des Dritten Reiches, und schrieb drüber: »Für Günter«, geht also davon aus, daß Günter und andere Generationsgenossen ähnlich fühlen. Millionen Kriegsteilnehmer zehrten ein Leben lang vom einzigen Lichtblick ihres Lebens. Der Offizier aus Kafkas »Strafkolonie« leidet aufrichtig an der Diskrepanz zwischen legendärem Damals und degeneriertem Heute: Damals, unter dem alten Kommandanten, verliefen die öffentlichen Exekutionen noch in würdiger Form und unter dem enthusiastischen Interesse der Massen; heute, unter dem neuen Kommandanten, ist das Lebenswerk des alten Kommandanten in Verruf gekommen, keine Fanfaren tönen, die damals stets frisch geputzte Foltermaschine zeigt technische Defekte, die Rohrstühle stehen verwaist, das Geländer an der Grube für den Deliquenten ist längst weggerissen: »Heute gelingt es der Maschine nicht mehr, dem Verurteilten ein stärkeres Seufzen auszupressen, als der Filz noch ersticken kann; damals aber tropften die schreibenden Nadeln eine beizende Flüssigkeit aus, die heute nicht mehr verwendet werden darf.« Damals pflegte das Volk der Mäuse zu singen; heute pfeift es nur noch. Heute ist das Interesse an Hungerkünstlern sehr zurückgegangen; damals aber beschäftigte sich die ganze Stadt mit seinen Leistungen.

Bereits Kierkegaard, ein Jahrhundert vor Proust, antizipierte Prousts Madeleine-Erlebnis: »In der Erinnerung leben ist das vollkommenste Leben, das sich denken läßt, die Erinnerung sättigt reicher denn alle Wirklichkeit, und sie hat eine Sicherheit, wie keine Wirklichkeit sie besitzt.« Eduard Mörike: »Was webst du für Erinnerung in goldengrüner Dämmerung? Alte, unnennbare Tage...« Wir Nostalgiker sind nun mal so. Sexualität ist kaum was dagegen. Es tut mir leid, es tut mir weh, aber ich muß mich als einen glücklichen Menschen bezeichnen. Keine alten unnennbaren Tage ohne postume Aufmöblierung der Fakten, genannt Verklärung. 1968, eingesperrt in die Gerhart-Hauptmann-Schule, Realschule für Knaben, also in Zeiten, die nostalgisch aufzuwerten schwerfällt, fragte ein Dumpfi den Deutschlehrer Klebe: »Was heißt eigentlich ›verklärt‹?« Offenbar unfähig, es dem pubertierenden Realschüler in Worten zu erklären, forderte Klebe einen anderen Schüler auf, nach vorn zu kommen, ausgerechnet mich, postierte mich auf einen Stuhl, mit dem Gesicht zur Mannschaft, und befahl: »Und jetzt denk mal an was Schönes!« Alle grinsten; ich errötete. Klebe merkte nichts und präzisierte sich: »Zum Beispiel an eine Erdbeertorte...« Ich versuchte nicht an das zu denken, woran alle dachten außer Klebe, der nun behauptete, ich würde »verklärt« blicken.

Ach ja, seufz, schnief, schluchz, in der Romantik wär auch ich Romantiker geworden! Auch in Arkadien geboren, und Tränen hätte der kurze Lenz mir nur gegeben.

Ich würde mich heute nicht nach dem Muff von 1959 zurücksehnen müssen, diesem zweifelhaften Glücksreservoir, nein, ich hätte mich à la Ludwig Tieck wandernd zurücksehnen dürfen ins Nürnberg Albrecht Dürers, oder à la Novalis zur Wartburg Heinrich von Ofterdingens, oder à la Hölderlin, der am Neckar spazierenging, zurück zu Smyrnas Ufer, zu den Inseln Ioniens, zum goldenen Paktol; oder à la Friedrich Schiller zurück zu den Göttern Griechenlands, und kein Zurück hätte mir genügt. Alle-alle ergetzten sich am längst nicht mehr Vorhandenen. Auch Doktor Faust, genau wie Paul McCartney oder Eichendorff, wurde wiederholt aus dem schrecklichen Gewühle von einem süß bekannten Ton gezogen und ließ sich den Rest von kindlichem Gefühle mit Anklang froher Zeit betrügen – sogar bodenständige Gemüter und sachliche Typen ahnen, wie selig es sein könnte, ein Kind noch zu sein, z.B. Herr Schwerdtlein, eindeutig ein eher grobkörniger Charakterkopf, jedenfalls passionierter Würfelspieler und Normalverbraucher, der aber im entscheidenden Moment von sentimentalischen, durchaus faustischen Gefühlen geplagt wird: »Ach! die Erinnrung tötet mich!« Dieser Kernsatz Schwerdtleins – allerdings von Mephisto überliefert – gehört mit güldenen Lettern in den Impfpaß jeden echten Nostalgikers. Wen tötet sie nicht, die Erinnerung! Als wäre zwischen Bim und Baum das Leben kein verschollner Traum. Selbst gefallene Engel träumen bekanntlich regelmäßig davon, zurückzugelangen ins verlorene Licht, und sei es barfuß auf glühenden Leitern! Selbst Zootiere träumen in ihren Freigehegen vom Dschungel!

Damalige Romantiker hätten sich gar nicht so sehr zurücksehnen müssen. Angeblich soll früher vieles nicht besser gewesen sein, vor allem nicht objektiv besser, dafür aber war alles 1.) viel schöner, und 2.) unendlich schöner. Nostalgie will in jeder Zeit zum Zuge kommen, und auf ihre Kosten.

Psychoanalyse suggeriert mir: Ohne Regression keine Nostalgie. Sobald ich mich zurücksehne, steck ich in infantilen Verhaltensmustern. Möcht ich sowas auf mir sitzen lassen? Ich sehne mich aber absolut nicht nach irgendwelchen Mutterbrüsten zurück, oder Spielchen mit Pimmelchen und A-A, auch nicht nach dem Unvermögen des Säuglings, zwischen Innerlichem, also dem, was dem primitivem Lust-Ich angehört, und Äußerlichem, also dem, was der Außenwelt entstammt, deutlich zu unterscheiden, nein, mich interessiert nicht die schmatzende Herrlichkeit des ersten Tages, sondern bloß die Wahrnehmungsintensität des zweiten, dritten, vierten Lebensjahrs. Leute, die sich über meine therapiebedürftige Nostalgie mokieren, haben noch viel größere Defekte: Leidensunfähigkeit, rudimentäre Emotionen etc. Freudianische Naivität hat einem sentimentalisch tingierten Typus wie mir nichts Wirkliches mitteilen. Sie weiß nicht mal, warum die Köder, die mich zur Regression einladen, viel betörender aussehen als das plumpe Regredieren selber. Bei Freud lieg ich nur auf der Couch; bei Schiller steh ich als Sentimentaliker wenigstens zwischen den Blumen, Quellen, bemoosten Steinen, im Vogelzwitschern und Bienensummen friedlicher Natur, die allzu schmerzlich an meine verlorene Kindheit gemahnt, und dem Ideal, welches darin besteht, wieder Natur zu werden, diesmal aber aus Freiheit. Diese dritte, fast unerreichliche Phase, diese Synthese, die den Abstand zwischen Nichtmehr und Nochnicht nicht verkleinern kann, mag zwar theoretisch erwünschter sein als bloß das »Paradise Lost« zu rekonstruieren und zu ruminieren, doch wiedergewonnene Natur plus Freiheit bleibt mehr oder weniger Zukunftsmusik und spät hinzugetretene Utopie, relativ abstrakt, hingegen das eigene Kindheitsparadies bietet Urerfahrung. Ein großzügig ausgepinselter Himmel bleibt auf ewig, trotz aller Engel, ein ungenügend kahles Glück, im Gegensatz zum gemalten Garten Eden, mit allen seinen Häslein und Rehlein. »Paradise Lost« klingt nach Weltliteratur; aber »Paradise Regained« hört sich eher nach Zeugen Jehovas an. Verlorene Zeit duftet jederzeit tränenlösender als wiedergefundene Zeit.

Klassiker gingen darin d'accord, daß verlorene Kindheit, »die uns ewig das Theuerste bleibt« (Schiller), eine fortwährende Poesie sei und daß »die Erinnerung an sie stets von Sehnsucht begleitet« sei (Schopenhauer). Damals war ich Idealist und Sentimentaliker im Schillerschen Sinne. Heut bin ich bloß nostalgisch. Damals hätt auch ich die Erinnerung besungen; heut steiger' ich lediglich mein Gedächtnis. Damals lebte ich in allen Wonnen raunenden Beschwörens; heut liegen 90 % meines Gehirns brach. Damals wie heute sehnen sich die ewig Naiven zurück zur verlorenen Naivität. Damals war das Zurück zu Rousseaus Natur Ehrensache. Heute können Altersheiminsassen, die sich schon relativ jenseits befinden, nämlich in ihrem Damals, kaum noch vom Pflegepersonal zurückgerüttelt werden ins Heute.

Meine frühen Kindheitserinnerungen sind nur deshalb so beseligend, weil ich – laut Schopenhauer – als Kind im Vorstellen lebe, nicht so sehr im Wollen. Jetzt aber bin ich leider ein Mann, weshalb mein Wille – wie unangenehm! – meine vorauseilende Vorstellung aufgeholt hat. Damals sah und erkannte ich die objektive Welt, heute bin und will ich dies und das: »Bisweilen glauben wir, uns nach einem fernen O r t e zurückzusehen, während wir eigentlich uns nur nach der Zeit zurücksehnen, die wir dort verlebt haben, da wir jünger und frischer waren. So täuscht uns alsdann die Zeit unter der Maske des Raumes. Reisen wir hin, so werden wir der Täuschung inne.« Nostalgie kann also ihr Glück nur dann festhalten, wenn sie sich begnügt, in der Erinnerung zu verharren. Niederkirchen, Diez und Steinberghaus leuchten mir nur deshalb so transparent, so kompakt, so überhaucht und durchfärbt, so bedeutsam, so unendlich schön, weil ich vergessen habe, daß ich damals genauso plärrte, quengelte, stänkerte, brüllte wie jedes Vorschulkind: »Ich will eine Cola!« Schopenhauer verklärt sogar, gemäß den idealistischen Fußangeln seiner Verklärungstheorie, das Kind, sieht an ihm eher weißblonde Löckchen und puttenhaften Augenaufschlag, statt wie ich den fliegentötenden Friederich, der damals wie heut als ein arger Wüterich sein Wesen treibt. Selbst wenn Schopenhauer, statt durch die Raffaelo-Brille, durch die Breughel-Brille auf Kinder sähe, käme er von der Kunst-Brille nicht los, also von seiner Parteinahme für Vorgestelltes.

Der Verdacht, daß das süße Damals vielleicht doch nicht so durch und durch süß gewesen sei, läßt sich unterdrücken. Vorsichtshalber legte sich Eichendorff beim Zurücksehnen nicht fest und ließ alles undatiert. Seine Brunnen rauschen »wie in alter, schöner Zeit« – als hätten die Brunnen der Romantik weniger schön gerauscht als in jener alten, schönen Zeit. Sogar mitten im Zeitalter schattenloser Schäferspiele regte sich Skepsis, bei Louis de Gresset (1709–1777) in seiner Hexameter-Elegie über die goldene Zeit, übersetzt von Johann Nikolaus Götz (1721–1781): »Aber fabelst du nicht, o täuschende Muse, nur Träume? Ist dies selige Alter der Erd auch wirklich gewesen? Ich entrolle die Bücher der Zeiten, und finde nur Klagen / Über die Kürze der goldenen Jahre; wer sie beschrieben, / Jammert, daß er zu spät geboren worden.« Diesem Jammer schließ ich mich jederzeit unbeirrbar an.

Auch ich wurde zu spät geboren, auch wenn ich heimlich ahne, daß Brunnen und Nachtigallen immer erst dann besonders schön rauschen und schlagen, wenn sie ausgerauscht und ausgeschlagen haben. Ich kann die Effektivitätsmängel meiner nachträglichen Vergoldung durchschauen und dennoch drauf angewiesen bleiben, als Nostalgiker, als Routinier des Verklärens, gewaschen mit vielen zweckdienlichen Wässerchen: Täglich verbesser' ich ungeeignete Vergangenheiten, lasse viel weg (reibe ab, filtere aus, entwölke), tu viel hinzu (färbe, vertiefe, interpoliere). Als Resultat steht eine seelenhafte Landschaft vor meinem Blick, welch Leuchtkraft, scheinbar kaum auf meinen Blick angewiesen; auch wenn ich grauverhangenes Panorama nicht ins gewünschte Spätlicht tauche, leuchtet alles von Jahr zu Jahr intensiver und schenkt mir weiterführende Ekstasen: Werd' ich das Glück noch überleben können, als Oldie auf die galaxienhaft immer unerreichbarer abgetrudelten Zeitläufte nostalgisierend zurückzublicken, auf die immer durchtränktere Landschaft des Damals und Einstmals? Alles wird im Ehedem liegen, nirgendwo belästigt und verdeckt vom Neulich und Vorgestern, vom Gestern und vom Vorhin. Heute wein' ich, weil sich das Heute nach wie vor weigert, jetzt schon eine Art Damals zu sein. Ab 2009 werd' ich weinen, weil ich damals wie heute das Damals verpaßte.

Vom Wissen darüber, wie Nostalgie funktioniert, technisch, hirnphysiologisch, möcht ich mich nicht stören lassen in meiner Wehmut, die sich immer lustvoller zuspitzt. Ich riech' an einer Lilie oder ich verdrücke, nein: verspeise eine Madeleine, kombiniert mit Lindenblütentee, schon tritt im Nasendach-Areal meine Riechschleimhaut in Aktion, samt Riech- und Stützzellen. Nur weil Nervenstränge, die zum Riechhirn führen, an meinen Erinnerungsfeldern entlanglaufen, kommt es zu Assoziationen und Wonneströmen – und das will dann authentische Metaphysik gewesen sein! Wenn wenigstens die Rezeptoren meiner *Regio olfactoria* etwas üppiger gestreut wären! Schon beim zweiten Atemzug läßt der Duft meiner Kindheitslilie entscheidend nach. Alles Schnüffeln hilft nichts, ach, und ein überzeugendes Aufblitzen im Sinne Marcel Prousts und Karl Heinz Bohrers hat sich auch diesmal leider Gottes noch nicht mal ansatzweise eingestellt. Das sind die Frusts eines Nostalgikers, dem es nicht mehr so richtig gelingen will, aparte Gefühle einzufangen, zumal ich allzu oft und und viel zu systematisch auf der Lauer liege, Unmögliches provozieren will, indem ich geeignete Auslösesituationen inszeniere, also erprobte Sinnesreize beibringe, pfundweise originalgetreue Madeleines nachschiebe, alte Dokumente und Objekte, an denen Fetzchen versunkener Zeitläufte haften müßten. Nur Unabsichtlichkeit führt hier zum Ziel, aber nie zweimal hintereinander und nie lange genug. Streng acht' ich drauf, Objekte nur so unabsichtlich wie möglich anzupeilen. Ich entwickelte Methoden, meine heimlichen Nebenabsichten nebenbei glaubwürdig zu vergessen. Ich nippe statt zu mampfen. Manchmal klappt das momentweise. Manchmal kommt alles zusammen, was zu einer süperben Sternstunde gehört – und auf blitzt trotzdem nichts. Neulich kam mir das Damals viel schöner vor als heute! Betrug! Zerhäckselung des Zusammengehörigen! Werd ich die Summe des Damals jemals en bloc genießen können? Oder muß ich mir das Streugut aus Glückssplittern weiterhin zusammenbasteln, am Faden durchhängender Durststrecken? Kleinkram forever!

Nein! Eines Tages, zwei, drei Sekunden vor meinem Tod, wird der weltberühmte Lebensfilm sekundenschnell vor meinem verglasenden Auge abrollen und alles nachliefern, was jetzt so spröde geizt und immer nur ausbleibt, und über mich hinwegrauscht in einem Nichtgewähren, und das Hungerhaben der Seele verlacht. Dann flutscht der synaptische Kugelblitz durch die zerebrale Festplatte; zwar hat die Biologie schon auf die Escape-Taste gedrückt, aber alles ist nochmal kurz da, kürzer denn je, intensiver denn je, simultaner denn je, in umgekehrter Reihenfolge. Denn die nochmal angeblitzten Memogramme liegen übereinander abgelagert, obendrauf das Soeben, dann das Vorhin, das Gestern, das Neulich bis hinunter zum seligsten Damals, und nichts davon ging verschüttet und nichts kaputt, nichts wurde unangemessen umbeleuchtet, hier ist dann wirklich alles-alles beisammen, ALLES, und jedes Detail, eh' es für immer gelöscht wird, darf nochmal aufglühen und bleibt – jedenfalls für die Dauer einer ungeheuren Sekunde – praktisch und theoretisch und für immer unsterblich! Hoffentlich quasselt dann keine Nachtschwester dazwischen, und bitte kein Alarmgepiep der Überwachungstürme! Falls Narkose und Koma – also im ungelüfteten Vierbettzimmer duselnd dahinzuscheiden, und anschließend im Einbettzimmer herumzuröcheln – um ein opulent transzendental durchsausendes Lebenspanorama rundum betrügen, und umgekehrt: falls unästhetische Todesarten – vom Häuserblock stürzen, Köpfen, Galgen – Lebensfilmabspulung garantieren – oje, was nun!?! Nicht, daß im Tod die Quintessenz des Lebens grausam ausbleibt – bitte nicht! Nicht daß die Glühbirne ohne vorangehenden Lichtschub platzt. Nicht daß es einfach nur »pft« macht. Wehe, wenn die erlöschende Kerze sich nicht nochmal aufbäumt! Aber wie soll im Tod eine Quintessenz loslegen, wenn sie sich nie anmeldete? Lebenslang fühl' ich mich gefoppt von pseudo-metaphysischem Rumgeklecker. Dennoch setz' ich alles auf die Rubrik

»Lebenspanorama«. Oder wär das dann ein zeitgerafftes Hin und Her zwischen tausend überstopften Fernsehkanälen? Ich läg dann wehrlos da, als Bildröhre und müßt es mir gefallen lassen, daß selbst der Horror der Gerhart-Hauptmann-Schule, inclusive Axel Fux, mir in güldenem Licht aufwartet! Und ich könnte dann keinen Einspruch mehr erheben gegen das Wahrheitswidrige der aufblitzenden Bildketten, und mir nicht mehr nebenbei die Resthaare raufen, den ultimativen Brainstorm anschließend nicht mehr schriftlich auswerten zu können, und nicht mehr allen erzählen, was ich da Tolles und Megagöttliches erlebt hab im Nostalgie-Delirium letztgültiger Ausschweifung. Oder würden x unverwandelte Nichtigkeiten dabeisein wollen und alles überkleben und übertönen!?! Verdrängte Peinlichkeiten kämen mit herauf, um den letzten Moment meines Restbewußtseins vollzustopfen, unfreiwillige Erinnerungen, fieser Bodensatz, der sich dem Löschkopf des KZG (Kurzzeitgedächtnisses) entzog und nun eigendynamisch hochsteigt: Wiedergänger, unlöschbare Nachtmahre, Untote, Werwölfe und Werköter, Schuldscheine, die meine letale Nostalgie – o je! – komplett durchkreuzen werden. Die werden mir die glücksüberströmten Kreise meines Sterbens stören. Die werden mir alles vermasseln.

Nein, alles wird ganz anders sein, weniger wortreich, viel sachlicher. Das Glück liegt weder am Anfang noch am Schluß, sondern hier, im ungeliebten Be now here. In diesem Moment mißlingender Vorwegnahme hoffentlich nicht ausbleibenden Erinnerns. Ach, ich fürchte, aufs Sterben ist kein Verlaß. Mein Gehirn wird nur das nochmal auskippen können, was auch jetzt schon in ihm steckt, mehr nicht. Meine Innenwelt wird mich im Stich lassen. Und die allzu empirischen Typen, die mein Sterbebett aufschütteln werden, bekommen vielleicht nicht mal ein verklärtes Antlitz zu sehn, wie ein solches in schönen alten Zeiten doch wohl unweigerlich jedes Mal vorkam!

Vielleicht könnt ich mich via Hypnose in meine Kinderjahre zurückversetzen lassen? Dann schreib ich plötzlich wieder, kraft anderslaufender Hirnströme, in der Handschrift von ehedem! Hiermit guck ich mich nach einer Hypnotiseuse um, die mich ins süße Damals zurückführt – ernstgemeinte Briefe bitte an die Verlagsadresse. Endlich könnt ich vor Ort überprüfen, was ich damals wirklich empfand und was als spätere Zutat gelten muß. Nein, besser ein Hyptnotiseur, nicht daß eine Frau mich ablenkt vom Brunnen der Vergangenheit, worin ich wie die Goldmarie abwärtszuschweben hoffe und den man unergründlich nennen sollte. Nur bitte, ich will nicht plötzlich irgendwie regredieren ... nicht plötzlich nach Cola krähen oder Doktorspielchen durchführen wollen – bitte nicht! Genugtuung möcht ich Sigmund Freud nicht gönnen – und mein Plärren nach Cola meinem Therapeuten optisch und akustisch nicht zumuten. Und außerdem möcht ich mich anschließend, wenn sie mich weckt, an alles vollständig und unverfälscht erinnern können, wenigstens mein »Rabäääh!« vom Tonband hören, damit ich alles schriftlich auswerten und endlich mein letztes Wort sagen kann zum Themenfeld und Lieblingsthema Nostalgie.

In Richard Wagners Nürnberg der Meistersinger hätt ich mich ins Frühmittelalter des Parsifal gesehnt, im Umkreis silberner Latinität zurück zu goldener Latinität. Das Alexiuslied des Tetbald de Vernon, 1060 n. Chr., beginnt mit der Zeile: »Bons fut li secles al tens ancienur.« In der Ching-Dynastie sehnte man sich zurück zur Ming-Dynastie. In der Ming-Dynastie sehnte man sich zurück zur Sung-Dynastie. In der Sung-Dynastie sehnte man sich zurück zur Tang-Dynastie. In der Tang-Dynastie sehnte man sich zurück zur Han-Dynastie. In der Han-Dynastie sehnte man sich zurück zur Chin-Dynastie. Alle Dynastien sehnten sich zurück zur Schang-Dynastie. Jungsteinzeit sehnte sich zurück in die Altsteinzeit. Menschen sehten sich zurück zum Vormenschen. Tiere sehnten sich zurück zur Pflanze. Biomasse sehnte sich zurück zu Geomasse. Licht sehnte sich zurück in die Finsternis. Sein sehnte sich zurück ins Nichts.

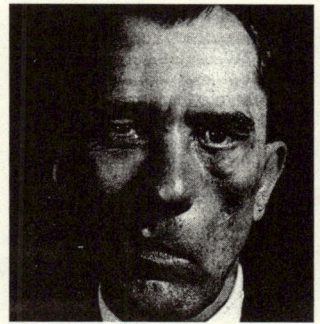 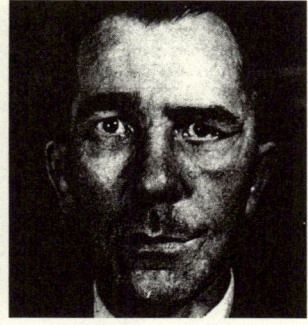

Vor der OP: schiefes Gesicht. – Nach der OP: weniger schiefes Gesicht

# WERMUTSTROPFEN

### Ertrag nicht nur die Clowns!

Genauer gesagt: Nachdem's dir knapp gelang, fast unbesudelt von Spucketröpfchen und Lachsalven, heutiger Humorschwemme auszuweichen, unangesteckt quer durch zu wandeln, durch barocken, unvermeidlich berserkerhaft gutdurchbluteten Hau-drauf-Humor, Dr. Luthers Knüppel aus dem Sack, inclusive kannibalischer Säue aus Auerbachs Keller, zähnebleckender Schenkel- und Schinkenklopferei, quer durch Prügelfugen, für militante Jugend bearbeitet, Stammtisch-, Überbrückungs- und Verlegenheitshumor, Ventilhumor, der alsbald logisch und nahtlos – kaum abgerechnet allerlei große Humoristen à la Busch (Wilhelm), der sich kaum zu unsadistischem Humor zu sublimieren vermochte, oder Spitzweg, Ringelnatz, all die allzu versöhnlichen Galgenlieder, pflegeleichten Dadaismen, die verschwiemelt bißschwache Konzilianz und Wohnzimmerironie Thomas Manns – vollrohr hineinmündete – Luftlinie – in heutige Narralesengaudi und Fungesellschaft, nach wie vor wiehernd, grölend, rülpsend, quer durch DDR-Witze, jiddischen und britischen Humor, Wand an Wand – und Bauch an Bauch – mit Unter-Niveau-Lachnummern, Knüttelreimgeklingel, Entertainment, Ulknudeln, Blödelbarden, Hella von Sinnen, Schmidt (Harald), alles irgendwelche Elche, die selber welche waren und denen wenige Gegenbeispiele kaum entragen, z.B. Schmidt (Arno), sowie der bestialische Titanic-Satiremagazin-Humor, dessen unerträglich ungemütlicher, weil inhumaner Humor, diese eiskalte Zynik & Obszönität, pfui Deibel – ehe dann alsbald aller Ausweich- und Harmoniehumor abtropft, ehe olympisches Gelächter verhallt, Augurenlächeln erlischt und die Kacke unbeleuchtet weiterdampft, und vom Hau-drauf-Humor bloß noch das »Hau drauf!« übrigbleibt – kurz und gut: Ehe du diese ganze brüllende Zumutung, am besten nicht ohne edle Melancholie à la Prinz Hamlet und Lord Astor, standhaft hinter dich gebracht und alle Clowns optimal ertragen hast, ohne deine Leidgeprüftheit verraten und dir ein Grinsen verkniffen zu haben, kommt eine zweite Aufgabe auf dich zu, nicht minder schwierig: Ertrage die Humorlosen! All ihre konstitutionsbedingten, unspendablen »Spaß beiseite!«- und »Schluß mit lustig!«-Dekrete und Karnevalsverbote! All diese verhärmten Bleichgesichter, Recht- und Machthaber, Gerichtsvollzieher, Leichenbittermienen in Bügelfalten, ihr drewermannförmiges Betroffenheitspathos, ihr steriles Höflichkeitslachen, all diese Gleichschritt-Bataillone und humorfreie Zonen à la Fastenpredigt, Walhalla-Klassizismus, Diskursethik, Wertedebatte und sonstige Sozialdemo- und Bürokratie, meilenfern von Mephisto, dem es immerhin gelang, nicht ganz so humorfrei wie Goethe, Hölderlin u. v. a. Gipsbüsten zu figurieren, und ertrage nicht nur Clowns und Humorlose, sondern zudem auch alle anderen Leute, Sitzmumien, Plastinauten, Nachwuchszombies, H-Milchgesichter, Päpste, Steuerzahler, Funktionsträger, Blindlurche, Leguanprofile, und obendrein deine Haustiere, diese süßen Kätzchen/Schmusetiger, die zwar töten müssen, aber nicht lachen können, kurz und schmerzlos: Ertrage die Sachzwänge, Engpässe, Terminprobleme, deine tiefe Trauer, deine eigene Unerträglichkeit und obendrein: deinen Weltschmerz, und als Zugabe: die Welt, inclusive Kosmos, Halbwelt und Jenseits, und was da noch so alles dranhängt.

## Schlimmster Finger in seligster Säusel-Idylle

Lichtfleckgeflinker und Maienschein, zwischen Blütenköpfchen, auf Augenhöhe wogenden Dolden und Rispen, zwischen Waldvögelein und Krabbelkäfer, erwärmt und durchströmt von reiner, ewig untrübbarer Seligkeit, duftschwadenumwoben, umsummelbrummt von pummeligen, damals natürlich noch nicht biologisch bestimmbaren Schwebfliegen und Wollschwebern, ganz ohne kosmische Urängste, ohne erregtes Aufsichtspersonalgeschrei, Strampelpeter, statt dessen: belebte Flur, säuselnde Linden, auf deren Ästen ein fröhlicher Chor sich wiegte; des Berges Lüste balsamischer Strom durchrann mich (oder wen?) erquickend, als befände pünktlich ich mich zum Todestag diverser Klassiker leibhaftig in einer unverfälschten Schiller-Elegie. Am Abendhimmel blühte ein Frühling auf, folglich schien ich aber eher bei Hölderlin zu sein, oder gar Hölderlin höchstpersönlich!? Goldglockentöne hörte ich schweben, die sich allerdings dann doch wieder nach Mörike anhörten – ja nach wem denn nun? So oder so oder so, obwohl auch damals bereits Dampfmaschinen herumqualmten, nie ohne entsprechende Arbeitsbedingungen und Mindestlöhne, lag ich hier mittendrin in der unverschandelten Natur schönster Romantik, diesseits aller Trimm-dich-Pfade und Waldparkplätze, eine Blume im Mund, kongenial gemalt vermutlich von Hans Thoma (oder wem?), der die purpurnen Kornähren lasierte, an deren blumichten Ranft ich hingegossen lag und friedlich schläfrig vor mich hin duselte, im einfachen grünen Sommerrock, einige Jahrzehnte vor impressionistisch zerflockenden Pinselstrichen, in gestrickter gelblicher Weste, worin die weiße

Halsbinde vom vollen Doppelkinn bis auf ein schmales Reifchen versenkt ward, zudem mit ziemlicher Wampe im Wams, folglich kein Leptosom, kein Schiller, sondern eher halt Eduard Mörike oder Jean Paul, kurzum: ich entschlief und träumte – kaum schnarchend – irgendwas zusammen...

...grüngolden hummelbrummelndes Brimborium wischte sich fort; Kamerafahrt durch düstere Gassen; subjektive Kamera, die Mauern standen sprachlos und kalt – also doch Hölderlin!?! – und wandelten sich prophetisch in Betonwände, und Stoppelfeld und Gottesacker in Tiefgaragentristesse und Waschbetonplatten-Versiegelung. Zwielicht rüstete sich hoch zu Neonbeleuchtung. So milchig asphaltfarben sah der Himmel aus. Gestalten rotteten sich zusammen – Friedhofsschänder? Teilhirntote? Gruftys? Black Romantic? Schatten, die keiner warf, warfen Körper, und ich fürchte – u. a. auch meinen. Quer durch marschierte – ich. Seltsam mumifiziert, Kopf an Kopf im Ammoniak und Skatol alter Kirchenschiffe, stolperten mir Tatter-Zombies in welken Leinen in die Quere. Verknackste Extremitäten reckten sich in meine Richtung: Hände, die gefaltet von ihnen abfielen, leprös, muskös, blümerant. In die Hand gedrückte Thesenpapers riß mir ein Nachtwind fort. Folglich befand ich mich mal wieder in einem meiner gängigen Albträume, wo sonst? Ich erhöhte meine Schrittfrequenz, umflattert von Satzfetzen, mit entzahnt schlotternden, somnambul herumflehenden Unterkiefern. Gelichter zog vermehrungsfreudig mit, quastenreich verquirlt und bündelweise, an Verlängerungsschnüren, teils nasenlose, augenlose, teils meine Hakennase imitierende Nachtgespenster und Nichtgesichter, die über mir sich zerdehnten, langzogen, noch länger, sich verdünnisierten, sich zwischen meine Waden schleppten, hinauffingerten und herumruckelten an mir. Um größere Hindernisse lenkte ich mich irgendwie herum. Kleinere Kiesel schossen seitlich als Hartkant-Rugbybälle ins Schwarz.

»Wir flogen durchs Weltall«, stotterte es aus dem Entitätenknäuel heraus, das mir auf dem Buckel saß, als Aufhockerklumpen und Rattenkönig. »Aber da kam nichts...«

»Wir flogen durch verkrüppeltes Weltall«, präzisierte ein Powertyp mit Robotstimme. »Nirgendwo kam uns was entgegen. Wir hinkten vorauseilenden Lichtgeschwindigkeiten hinterher. Wir unterquerten, als wir schwarze Löcher passierten, weiße Riesenzwerge. Wir hingen im Vakuum herum, ohne Bezugspunkte. Das fühlte sich irgendwie wenig sinnvoll an. Wir riefen ins Nichts hinein: ›Mama, wo bist du?‹ Von der Summe aller Welten hob's sich kaum ab, dieses Nichts...«

Ich rannte zwei Leptosome, die sich an meine Waden klammerten, über den Haufen: »›Mama & Daddy, hört ihr uns nicht?‹ haben wir gerufen. Wir aber... wir hörten nicht viel...« – »Nirgendwo ein Regenbogen... mangels Sonne«, predigte was vor sich hin, »kein Dreieck mit väterlich liebevollem Auge, schönbewimpert. Nur Augenbecher, o je, ausgeschabt, ohne Dahinter... das schwärzeste aller Löcher...«

Unweit wanderte in beflecktem Blattgold ein schön gearbeiteter Buddha, unter jagenden Schmutzwolken, und ließ Jammertal-Stimmen meditativ an sich abgleiten.

»– jault weiter, ihr Mißtöne!« rief die Memme. »Weint und leidet weiter, ihr Korallenbänke schlagender Herzen! Betet, sofern ihr noch lebt, zu eurem Big Boß...«

Sandsäcke sanken hernieder und zogen auseinanderbrechende Luftschiffe runter. Büßer, Sünder, Anachoreten taumelten vor, auch korpulente dazwischen. Die quirlten durchnander und faßten sich ungläubig an die Hinterköpfe. Ich erkannte dank ikonographischer Vorkenntnisse u. a. Sankt Eustachius & Fridolin, dann Sankt Hieronymus, Bonifax, Ulphobertus, Holy Ulpian, und x heilige Aschenbrödel namens Ambrosia, Perpetua und Petronilla. Ausgepustete Heiligenscheine – und abgeblendete – quälten sich zweierlei Restlicht ab. Die Stimmen der Würdenträger ließen heulend Tränen los, falls überhaupt noch welche kamen, und verhakten sich an meiner angefressenen Ohrmuschel:

»Auch wir, als wir noch auf Erden wandelten, auch wir waren glücklich... sekundenlang...«

»Damals, da konnten wir wenigstens das zerstochne Haupt an die kalte Schulter schmiegen, die Mutti Natur uns –«

»Und Ansprechpartner gab's... zwar wortkarg, wie Tohu und Bohu –«

»Gottes Abwesenheit, die hamm wir ausgehalten, zu Lebzeiten, nur deshalb, weil wir –«

»Doch jetzt! Nirgendwo kommt Frau Ewigkeit –«

»– wir ließen alle Weltalle hinter uns. Doch weiter hinten kam erst recht nichts. Obwohl speziell im Jenseits durchaus genug Platz wäre... brach liegt's, bracher als jedes Großhirn! Kapazitäten! Unglaublich unausgenutzt! Schad' um so viel Leere! Da hätte jede Menge Metaphysik drin Platz! Myriaden Engel, Götter, Himmel... stapelweise...«

Mir war, als müsse ich an dieser Stelle hinfallen. Um im Knien weiterzuwandern, aufzuwachen, zwischen ungespritzten Kornfeldern. Doch ach, kein Abendhimmel spendierte Trostpflaster ohne Starfighter. Ich zerrann weder zwischen Licht und Luft noch zwischen Ungetrübt und Unverpestet. Keinerlei Abendglocken wischten den Stoßverkehr kommender Inkarnationsspiralen weg. Zwischen Großbaustellen und Startbahnerweiterungen hätte manch eine meiner Schweißwunden vielleicht sogar heilen können. Statt dessen kam's noch dicker: Man zerrte den Dschiesesdarstellern die Dornenkronen samt Leidensmienen runter: dicke Flappen brüllten hervor: »Allah hatte recht: Gott hat keine Söhne! Also auch uns nicht!«

Nur Buddhas Falschgoldmütze glitzerte noch ein paar Viertelsekunden aus dem Getümmel hervor.

»Wenn's statt dessen wenigstens die andern alle gäbe!« schrie irgendein Blasphemo. »Also vor allem Allah! Da steckt doch ganz andere Power dahinter! Oder Brahma, oder Manitu! Wenigstens Benamucki! Ja bitte – Benamucki! Oder z. B. Gott – lasse dein Angesicht leuchten über uns! Komm zu uns... über uns! Nimm den Fluch von uns, wenigstens den!«

Doch meine Beschwörung half wenig. Hiobsbotschaften aus allen Himmelsrichtungen überstürzten sich. Alle Wortführer, Sippenältesten und Flüstertüten stammelten erloschen: »Attention please! Es gibt kein Tao! Gab keins und wird keins geben! Nachweislich! Weder Tao noch Dao!«

»Auch das noch! Die Welt kommt auch ohne aus, ohne Yin und Yang!«

»Die Nichtexistenz des Äthers! Die könnte nicht größer sein!«

Viele zeigten auf Insekten und Krähen, die total planlos – und durchgedreht – herumkurvten. Die hatte sichtlich kein Gott geschaffen, worauf seinerzeit bereits Rilke aufmerksam machte. Die stoben – über den fortkollernden, umsonst ausziselierten Weltgebäuden – hinunter ins überdimensionale, sanierungsbedürftige Mehrzweck-Kühlhaus absoluter Nullpunkte. Und selbst die Zettel, auf denen sich Lamenti über diese Zustände festkrallten, flatterten zwischen Quittungen für Bestattungskosten hinab zur Endloszeile schrottreifer Müllcontainer, zwischen verjährten Zeitmaschinen. Pappkameraden – kariöse Prothesen bleckend – krochen aus Bombenschächten. Plastinauten wateten durch Ahnenbrühe, seriöser gesagt: durch Leichensickersäfte. Roboter stolperten über Echsen. Basilisken standen zu Standbildern versteift, mit Hechelzungen, im Dunkel und hinkten in Sackgassen hinein, aus denen ihr vollautomatisches Wehgeschrei alle Ohren zerschnitt: »Give me a soul!« Schwallweise stiegen geglaubte Astralleiber von den Leichenbergen auf, schimmernde Seelentrauben, libellengeflügelt – sah eigentlich nicht schlecht aus. Sogar ganz allerliebst schaute das aus, so vom Optischen her! Doch alle zerplatzten sofort, bei der Durchsage: »Es gibt keine Seele!« Auch das noch! Also alles nur Special effects gewesen, alias: optische Täuschung, alias: Gaukelschaum namens Samsara! Nirgendwo bunte Feen – Fata Morgana! Wenn irgendwo der gute alte Vorsokrates gefuchtelt hätte, gepredigt hätte, fliegende Blätter verteilt! Um die Nichtexistenz des Nichtseienden zu beweisen! Das hätt mir schon sehr geholfen; das hätt' mich durchaus getröstet. Aber Pustekuchen – nichts dergleichen.

»Nicht nur Gott hat's nie gegeben«, triumphierte Asmodäus, dem es wenig ausmachte, daß es ihn erst recht nicht gegeben hatte. Und dann kam da doch noch Vorsokrates gegangen, wie auf einer Laufschiene, und noch einer, und un altro, pro Vorsokrates ein notlicht- und warnlichtfarbenes Suchlämpchen, und jeder Vorsokrates hatte bloß Funktionsträger gefunden, Virusträger, Konsumenten, diese zum Ausgleich massenweise, blöde Typen, statt einen Menschen. Und statt ausgehungert zerrende Ratten und Köter streunten bloß selbstbewegliche Organismen herum, Lebendmasse, fleischfressende Roboter aus Fleisch. Und romantisch strudelndes, musizierendes, überquellendes Weltall ernüchterte sich zum wissenschaftlichen Universum und ausgerollten Vakuum, mit kaum was drin, nur hier und da ein belangloser Lichtfleck. Sphärenharmonie verwässerte zu Dauerton, Teilchenphysik und Hintergrundsrauschen. Longitudinalwellen zogen schlapp vorbei, Interferenzen usw. Statt Gloria, Auferstehung und Himmelfahrt – Sputnikabstürze hier und da. Der Winterschlußverkauf ging weiter. Und noch unschöner kam's, und noch gnadenloser.

»Jetzt schnallt euch gut an«, schnarrten Überlautsprecher. »Der Big Bang ist genauer untersucht worden.« – »Und was kam dabei raus?« fragte ich bang. »Das Neueste vom Urknall: Es hat ihn nie gegeben!«

Das schlug aber wirklich mal ein. Das gab uns den Rest. Reihenweise sanken Laufburschen, Mitbürger, Fachkräfte, Teilhafter, Rechtswähler, Nichtraucher zu Boden. Übrig blieben bloß Därme, Viren, Schwänze, Eier, Haare und jede Menge Atome. Ich suchte ein WC und fand keins.

»Flüster mir was, Hieroglühfix! Fama, was gibt's Neues?« Doch die konnten sich beherrschen, leider. »Lethe, reich mir deinen Trunk! Alzheimer, wo bleibst du? Bette mich unter deine weiße Zypresse! Ich will endlich vergessen, o je, daß ich bald nichts vermissen werde! Gevatter Tod! Bruder Tod! Zeig auf mein Stundenglas! Pust meine Kerze aus! Schlag mir deine Sense quer durch mein einsames Gestell!«

Doch nirgendwo war auch nur ein Quentchen Würde übriggeblieben, und als Zugabe: keine Anmut, keinerlei Ästhetik und null Mythologie.

»Übrigbleibsel, wo seid ihr? Es muß doch irgendwelche Restposten geben! Nebenreste!«

Doch nichts tat sich. Blasendruck stieg an. Wenn wenigstens die Ewige Nacht ein wenig geschwiegen hätte für mich! Und das gähnende Nichts ein bißchen gegähnt hätte für mich! Und der Alpdruck Lust daran gefunden hätte, mich zu drücken! Vertrauensvoll hätt ich's ihm gegönnt und mich an seine kaltverschwitzte Schulter geschmiegt.

Da erwachte ich in meiner duftenden Wiese, mit viel Schleierkraut, Süßklee und Mähnengerste, und kam noch nicht so richtig zu mir, wie irgendein Ottokar. Nahm mir denn keiner von der Stirn den trockenen Traum? »Personifiziert euch!« brüllte ich. Und schon verwandelten sich die fernen Abendglocken ganz wundersam und inniglich in windverwischte Wesenheiten, so seelentief, so traumtrunken. Wie schön... wie zauberhaft beruhigend... es gab doch noch alles: Romantik, Gott, Dao, Seele, und last but not least sogar den Urknall. Zwar umschlich mich jetzt Abendkühle; Vorboten ausufernden Industrialismus faßten nach meinen Nieren, nach meiner Wohlbeleibtheit, nach meinem gemüthaften Doppelkinn und meinem arg aufgelichteten zerfizzelten Haarkranz... kalter Abendhauch – welch anheimelnder Geselle, ein enger Freund der stillen Kammer, wo ihr des Albtraums Hammer verschlafen und vergessen sollt. Pinkelnd summte ich etwas Wahres, Gutes, Schönes hülfreich vor mich hin und humpelte dann nach Haus, an Heuschobern vorbei, dann über stilechtes Kopfsteinpflaster, viel Hufgeklapper, wie in der Schubertverfilmung »Mit meinen heißen Tränen«, alles in Braunfilter und Weichzeichner-Atmosphäre, farblich wirklich ganz wunderhold, und ich arbeitete heftig dran, den Nachhall des schlimmen Traums runterzudrücken, und mein Weib hatte schon sehnlich auf mich gewartet, mein Hündlein sprang freudig an mir hoch, im Geträller meiner Lieben, wohlig umhüllte mich unzerlöcherbares Biedermeier aus Ohrensessel, perlenbestickten Klingelzügen und Bettpfanne, fernab vorauseilender Volksempfänger, Schleiflack-, Resopal- und Ikea-Ästhetik, nirgendwo die Spur einer 3SAT-Schüssel-Vorahnung, und meine Älteste kredenzte mir züchtig errötend leckeren Eierschmalz, den meine Lieben extra für mich übriggelassen hatten. Bratäpfel dufteten aus der Ofenröhre, und das Abendrot schwamm blutrot hinter den Zweigen.


## Tausendjähriges Reich für immer und seit je!

Polizei trägt Grün, um sich von Straftätern abzuheben. Zum Glück hat das Dritte Reich die restlichen 988 Jahre seinen inzwischen 6,3 Mrd. Insassen erlassen. Trotzdem haben Millionen von KZ-Touristen typische Initialschocks zu verarbeiten: Bei fehlendem Judenstern & Hakenkreuz verwechseln sie manchmal deren Träger – haben die keinen Blick für wahre Zusammenhänge!? Was hat Gott sich dabei gedacht? Öffentliche Bücherverbrennungen vor '45 (Kästner, Heinrich Mann) waren '45 zwar dann nur noch history, gingen aber nahtlos über in öffentliche Bücherverbrennungen (Mein Kampf), ebenfalls schwarzweiß mitgefilmt. Aber sofort danach war dann wenigstens Schluß! In friedlicher Schweiz wurden noch 1976 chinesische erotische Klassiker (Verlag Die Waage, Zürich) verbrannt, und seit Aufhebung der Apartheid in Südafrika – 94 Hexen. Der Berghof wurde abgerissen, als wär' er Synagoge. Es gibt Augenblicke im Leben, da kommt Verdacht auf: daß es immer so weitergeht: 40 % aller 6- bis 10jährigen Schweden glauben, daß Leute nur durch Mord stürben. 5,7 Mio. Italiener sähen Juden lieber außer Landes. 1,5 Mio. Italiener schießen jederzeit Vögel ab. Jeder fünfte Bundesbürger wünscht sich die

Berliner Mauer zurück. Französische Philosophen proklamieren das Hindu-Kastensystem als optimalste Gesellschaftsform für das moderne Europa. Schwarze Löcher würgen neue Universen, erste Weltkriege zweite Weltkriege hervor. Wenn Hitler den Krieg gewonnen hätte – wieso »hätte«? Zwischen 1945 und 1974 wurde mehr alte Bausubstanz für Versiegelung, Stellplätze, Hoch- und Tiefgaragen, Bauindustrie geopfert als vorher in beiden Weltkriegen. Aber wenigstens die KZs wurden für immer geschlossen bzw. museal umfunktioniert. Also doch ein ethischer Fortschritt! Andererseits brauchten Nazis, um 6 Mio. Juden umzubringen, 6 Jahre; heute hingegen werden europaweit 6 Mio. geschlachtet – und dies statt in 6 Jahren: täglich! Tag für Tag. Zwar bloß Tiere, aber dafür 365 x 6 – macht: 2190mal mehr Einzelexemplare als damals! Täglich! Und exakt genausoviel – Gammelfleisch abgerechnet – wird im gleichen Zeitraum verzehrt, also in 2 Tagen 12 Mio., in 3 Tagen 18, in vier 24 etc. 1977 hatte der Hauptschlachthof München eine Schlachtgeschwindigkeit von 400 Schweinen pro Stunde, und wer gut recherchiert, kann heutige Zahlen danebenhalten. Aber wie bereits angedeutet: Es sind ja zum Glück alles bloß Tiere! Immerhin höhere Wirbeltiere, bloß zu 97,3% genetisch mit Menschen identisch. Und es sind auch nur einzelne umstrittene Gestalten wie Prof. Grzimek und Prof. Drewermann, die die Hühnerfarmen tendenziöserweise, und man muß fürchten: ideologisch, wenn nicht sogar brutal, ja: unverantwortlich als »Hühner-KZs« denunzieren und somit selber Denunziation üben, die Grundlage für jeden Spitzelstaat. Folglich herrschen z.Z. vollkommen andere Zeiten als im Dritten Reich – jede Wette! Angestellte Veterinäre, Arbeiter, Züchter, Kopfschlächter tun ihren Job und Lebensinhalt nie gezwungenermaßen, sondern in größtmöglicher

Freiheit und Verantwortung, unter Einhaltung sämtlicher Vorschriften, mitten im friedlichen und demokratischen Miteinander, mit sterilisierten, meist bläulichen Zellophanhäubchen über der Hirnfrisur! Und die diese Immanenz und Tragik von außen beenden könnten, basieren alle selber auf solchen KZs und Kondomhauben! BSE und Schweinepest können da nichts stoppen. KZ-Architektur dominiert Neubausiedlungen, Wohnblocks und Friedhofsgestaltung, also irgendwie alles. Und Geschichte kann rückwirkend etwas davon lernen. Albrecht Dürer, eingehüllt in sein frühromantisch verschacheltes Nürnberg, zeichnete ein architektonisches Wunschbild auf, seine Idealstadt, ein Planquadrat, halb KZ, halb BASF. Mannheim, Angkor Wat, Escorial, Mayaklötze, Sarmakand, Peking sind aber gleichfalls Quadrate. KZs sind nie rund, weil Kugeln an der Längsseite nur gradaus fliegen. Computer-Animationen römischer Militärlager 16. v. Chr. sehn von oben absolut wie Auschwitz aus. Talibanistan lag, statt bloß in Afghanistan, ebenso in Kairo, wo ägyptische Fundamentalisten vom Pyramidenabriß träumen, Mahnmälern nicht-islamischer Prähistorie, oder in der DDR, die Burgen und Bettina-von-Arnim-Schlösser z. B. in Bärwalde, als Schandflecke überwundener Bourgeoisie und Klassengesellschaft, gern abgerissen hätte, hierzu aus Geldmangel nur die Dächer abnahm, bis Wind und Wetter Ruinen produzierten, bevor dann die Parole vom »Kulturerbe« aufkam. Böse Menschen haben keine Lieder – auch keine Nationalhymnen? Nicht Nazis erfanden Judenpogrome, sondern Katholiken. In nachgutenbergschen Zeiten, sprich: im Doublettenzeitalter, verkamen gute alte Bücherverbrennungen zur Pantomime. Papst Paul IV. erließ harte Judengesetze und verbrannte allein in Venedig 10 000 Bücher. Was aber machten die Taliban – u. a. Späthunnen und Neovandalen – vor 1001

Jahren? Die Aggressivlinge und Dussels von 1094 n. Chr. liefen horizontfüllend beim ersten Kreuzzug nach Worms, Speyer usw. mit. Auf Nürnberger Altarbildern lynchen erlebnishungrige Punk-Visagen als Schergen Christi mit – »den Rücken bot er den Peinigern« (Händels Messias). Die Türken vor Wien gaben sich um nichts konstruktiver als US-Bomben auf Kabul, Bagdad, Belgrad, Sudan, Tripolis, Vietnam, Nagasaki. Mongolen massakrierten, statt bloß Menschen und Sachwerte, als Zugabe auch Tiere und Pflanzen. Shi Huang Di, der Erste Kaiser von China – Urahn aller Preußen & Taliban? –, der nicht nur 400 konfuzianische Gelehrte ermordete (was Mao Zedong überboten zu haben sich rühmte), ließ 231 v. Chr. das uferlose, unnötige Schrifttum des chinesischen Altertums verbrennen. Vor 3000 Jahren lag das Sechstausendjährige Reich rund um Jerusalem und anderswo. Vorchristliche Taliban-Milizen, alias: vorauseilende SS, unbeirrbarer denn je, hießen damals Psalmisten, Jahwisten, hochaktiv, die mal so eben 3000 kaum andersdenkende Baalpriester liquidierten. Zarathustra erließ Anti-Dämonen-Gesetze; jeder machte sich strafbar, wenn er khrafstra (Ungeziefer) bei sich duldete oder gar Unterschlupf gewährte. Damals hieß es: Kauft nicht bei menstruierenden Frauen! Denn diese hatte der Übelriechende Geist geküßt! Rituelle Waschungen gingen in Säuberungswellen über. Islamische Buddhasprengungen, Kulturminister, die mit Vorschlaghammer durchs Nationalmuseum von Kabul rennen, talibanische Microfilmvernichtung, variieren den pausenlos versöhnlich nippifizierten, im Porzellan-Shop herumtrampelnden Elefanten. Nicht die Taliban erfanden Musizierverbot, sondern: 1933 wollte man US- und U-Musik verbieten und das deutsche Volk ausschließlich mit Wagner und Klassik beschallen, abgerechnet Felix Mendelssohn-Bartholdy, Zemlinsky,

Gustav Mahler. »Die Deutschen« ließen sich zwar verheizen, nicht aber leichte Tanzmusik wegnehmen. Zarah Leander blieb unbesiegt. Die Kristallnacht knüpft wider Willen traditionsbewußt an jenem Jesus an, der Händlertische umwarf. Damit plagiierte Isa (Jesus) aber bloß Musa (Moses), der den Anblick der omnipräsenten Fun-Gesellschaft nicht dulden konnte und deren Tanzmusik rund um zerschmeißbare Goldene Kälber stoppte. Moses plagiierte Ibrahim (Abraham), der als Infant terrible den Nippes-Shop seines Vaters Terach zerschlug, all die untolerierbaren Holzgötzen. Abraham plagiierte Echnaton, der andere Götter niedermachte, zugunsten seines Sonnengottes. Amenhophis IV. plagiierte Kleinkinder und Affen, die andern Neandertalern auch bereits deren Steintürmchen umschmissen. Mitleid mit KZ-Legehennen gut und schön (und wahr), aber Tiere sind selber Nazis, deren konstitutioneller Nationalismus und Lokalpatriotismus dort eher »Revierdenken« heißt, und dies von Anfang an und von innen heraus, durch und durch, und dies bereits lang bevor die betreffenden Nazischweine überhaupt geboren wurden: zum Kotzen weitverbreitet bei allen möglichen Föten: pränataler Kannibalismus. Genozid, als Haupteckpfeiler von Gebärmutti Natur, und dies bereits lang bevor besagte Naziferkel überhaupt gezeugt wurden: im Scheidenmilieu, wo Spermien sich nicht nur agonal überholen, auch gegenseitig – ohne hierzu Tretminen erfinden zu brauchen – das Flagellum abbeißen, üble Typen, denen man nicht im dunkeln Eileiter begegnen möchte. Die wissen nicht, was sie tun, und machen's trotzdem.

Backsteinartig verzahnter Zellaufbau betrieb bereits vor über 3 Mrd. Jahren reellen Festungsmauerbau, mit einem Putz aus Hornschüppchen, extra tot, zwecks Unangreifbarkeit. Saurer Schweißfilm erschwert den Bakterien wiederum deren pausenlose Bevölkerungsexplosion. Stacheldraht erfand sich früher als das Prinzip Vormensch, Unmensch und Urmensch bei Kakteen, Rosen, Igeln. Die Saalräumer nasaler und lumbaler Flimmerhärchen und Hustenreflexe rufen pausenlos: »Ausländer raus!« Magensaft kann Metall korrodieren. Durch Wunden und undichte Stellen dringen Fremdkörper in Säugetiere usw. ein. Mobile Einheiten schwärmen aus, Makrophagen, Granulozyten, zwischen den Kommandozentralen ihrer Schutzstaffel, also den Lymphknoten, und orten und markieren via Paßkontrolle penetrante Mikroben und Migranten, entschärfen sie, kassieren sie per Ausstülpung ein und zersetzen sie ersatzlos – seid verschlungen, Billionen! Freßzellen arbeiten aber zum Glück defensiv als Torwarte, würden nie als Mittelstürmer irgendwen angreifen, wirklich nicht, sondern betreiben bloß Notwehr, ethisch also völlig einwandfrei und sogar bei Kriegsdienstverweigerern und Verteidigungsministern legal und beliebt. Falls ein Organismus 75 Jahre lebt, hat er mehr als zwei 30jährige Kriege in sich beherbergt, minütlich hochbrisant und hochriskant. 30% des Kots besteht aus Eindringlingen und Volksschädlingen, die das Ätzbad der Magensäure, also die körpereigene Gaskammer, überlebten und denen es nicht gelang, im Volkskörper Fuß zu fassen. Wenn man die ganzen militanten Gestalten, die dringend auf Neonazis schimpfen und deren Vergasung fordern, irgendwie runterspülen könnte, mundtot machen, umerziehen, wegsperren, Rübe ab, zur Not gleich mitvergasen, dann ließe künftige Auschwitzvermeidung sich sicher durchaus vorantreiben, realisieren und absegnen, aber gern doch, aber immer doch – nur halt wie? Antifaschismus könnte wirklich ganz wunderbar und richtig gut sein, wenn er dem Antisemitismus physiognomisch nicht frappant ähnelte, in bestimmten Augenblicken, sonst natürlich überhaupt nicht, nein wirklich nicht, nicht im allermindesten! Wer ständig das Sprichwort aktiviert: »Wer Antisemiten haßt, merkt nicht, daß er Juden haßt«, ahnt nicht, daß er bald eins draufbekommt. Apropos freilaufende Bio-Eier: Ein Bundeswehroffizier befahl seiner Friedenstruppe, pro Mann ein glückliches Huhn zu schlachten, was gesetzlich keiner gefordert oder verboten hatte: Jeder Rekrut schlachtete widerspruchslos ein Huhn. Nirgendwo eine liebevolle Blumen- oder Obstzüchterin, die auf Schädlingsbekämpfung verzichten könnte. Wer Nacktschnecken nicht selektiert, liquidiert oder umsiedelt, kann nie wieder Zuccini und Tomaten ernten. Wer Karieserreger nicht rausfegt aus oralem Deutschland, verliert bald Zähne. Wer sein Immunsystem nicht fit hält, dessen SS kann die Krebszellen nicht aufspüren. Jeder Organismus – ein Mini-KZ auf soundso viel Beinen. DDT, Satina sept und Zitromax wirken unter der Lupe mindestens so verheerend wie Zyklon B. Physiologisch sind Nazis eine Art Heuschnupfen (komisch, denn eigentlich führt eher erhöhte – statt nichtexistente – Sensibilität zu erhöhtem Autoimmunerkankungsrisiko, z. B. bei Frauen), nein: viel fieser: *colitis ulcerosa*, Lichtallergie, rheumatoide Gelenkentzündung, Multiple Sklerose, Diabetes Typ 1, bei der durchgedrehte Killerzellen, statt Bakterien, Pilze, Viren, Parasiten, dank spezifischer Erkenntnisdefizite seitens blinder Uhrmacher, die falschen Widersacher d. h. eigenen Leute angreifen, viral infizierte Körperzellen, sprich: angeheiratete Reinrassige, Deserteure alias Konvertiten u. a. Schädlinge. Nazis fallen nur deshalb unangenehmer auf, weil man sie nicht unterm Mikroskop suchen muß. Darmgase aus Autoauspüffen und Krematorien; Juden, Zigeuner, Neger, Tumorzellen, Geisteskranke, Schnupfenerreger – alles a great family.

Viren ahnen nie, daß sie just Mozart abschlachten, zuzüglich 18 Mio. unschuldige Mitbürger um 1918; ich aber komm irgendwann im Lauf der Evolution zu mir, und find's plötzlich nicht gut, daß ich seit 3 Mrd. Jahren meine süßen Brüderchen programmatisch würge. Das muß anders werden, erst durch religiös in Schwung versetzte Selbstsuggestion, alle möglichen Arschlöcher (z. B. Axel Fux, diesen übelriechenden, zynischen Fiesling und Schandfleck der Menschheit – raus hier!) so lieben zu sollen wie mich selbst; später dann, weil das alles so nicht recht griff und funktionierte, via Humanismus, der aber auch wieder in die Slips ging, weil die High-Society nie über humanen Abschaum hinauskam und Leute auch nur Menschen sind. »Love, love, love!« konnte Welt- und Geldkriege nie aufhalten. Dachau steckt tief drin in deinen Körperzellen – ätsch, und in meinen erst! Und warum? Pazifismus basiert nun mal auf Enzymstörungen; Babys mit Abwehrstörungen und Immundefekten überleben nur durch mütterliche Leih-Immunität ein Weilchen lang. Die Erbsünde lag weniger im Obstessen als im »Seid fruchtbar und mehret euch!« Die Universalkacke fleißiger Zellteilung imitiert vorauseilend manch eine Globalkatastrophe – die afrikanische Bevölkerungsexplosion wird den weltweit größten Schweine- (475 Mio.) und Eierproduzenten (300 Mrd. Eier jährlich) China 2029 überholen, zuzüglich 88 Mio. Traktoren jährlich, also pro Tag 241 096 Traktoren, also pro Stunde 10 046 $^{1}/_{2}$ Traktoren, also pro Minute 167 Traktoren, und jetzt kommt der absolute Schock – alle bitte hinsetzen und gut festschnallen: pro Sekunde produziert China 3 Traktoren! Also alle 2 Sekunden 6 (in Worten: sechs), und alle 3 Sekunden 9 Traktoren. Kann das irgendwie bedenklich sein?

Nicht daß allerlei Beobachtungen am Wegesrand

irgendwie runterreißen. Garantiert gibt's wunderbare Schleichwege, um eigener Konstitution momentweise auszuweichen. Irgendwo laufen viel erhebendere Themata und Allotria herum, und befreiende Flüsterwitze. Aber es muß auch in demokratischen Zeiten so laufen: Ohne intaktes Immunsystem wären alle höheren Lebewesen – vom Halbaffen bis zum Halbgott – sofort losstinkende Futterballons für Fäulnisbakterien. Ohne Abwehr würde der geringste Defekt tödlich viel Gewebe zerstören; folglich sind – ohne daß unsereins da was verteidigen möchte – Überreaktionen wie Megatötungen durchaus biologisch zweckvoll. Aber – o je! – trotz aller Killerzellen- und Antikörperheere stirbt alle 2 Sek. ein Gedanke Gottes (ein Menschenkind) an Infektionen. Nur wenn pro Sekunde 100 stürben, könnte die Explosion minimal gedrosselt werden. Wer abgekapselte Krebsgeschwüre namens Ghettos ausräuchert, betreibt Chemotherapie. Und alle Kriege und Seuchen doktern – nach veralteter Aderlaßtherapie – nur peripher und nutzlos an globaler Kopulier- und Gebärwut herum. Hitler schmiß bloß – um Axel Fux zu zitieren – mit der »Pille danach« um sich. Irgendwann will man dem Entsetzen mal kurz ins Auge gucken, und sei's im WC-Spiegel. Zum Glück läßt sich was entgegensetzen, nämlich das ewige: »Küsse deine Feinde, auch wenn diese sich bedanken!« Schüler fragten Abu Yazid, den König der Verzückten: »Wer ist am dünkelhaftesten unter den Menschen?« Abu Yazid erwiderte: »Der, der da glaubt, daß es in 18 000 Welten ein einziges Geschöpf geben kann, das schlechter ist als er selbst.« Bleib gesund, und pfleg mein Grab.

Im Kosmos nichts Neues: wenig Hoffnung auf nettere Welten und ethischere Exotik: Schwarze Löcher können sich genauso wenig benehmen wie auf Makroebene Mörderhaie bzw. auf Mikroebene Makrophagen, sondern: an therapieresistenter Bulimie erkrankt, saugen sie ganze Weltalle an, schlürfen sie quantitativ ein und zersetzen sie praktisch rückstandlos. Die wissen ebenfalls nicht, was sie tun, und machen's trotzdem. Restmüllschlacken bilden dann den anorganischen Humus für neue Urknälle, Baby-Universen und galaktische Brutstätten. Bleibt also Geschmackssache, ob man alles welthistorische Hickhack als kosmische Weisheit deuten möchte, oder doch lieber als beibehaltenen Wahnsinn auf Reptilhirnbasis, respektive als insektoides Herumgebeiße; mit dem feinen Unterschied, daß staatenbildende Insekten viel vernünftiger agieren als alle Staatsbürger, nämlich im Krieg nur ihre Rentnerberge verheizen, Menschen aber ihren hoffnungsvollen Nachwuchs, oder auch: Leukozyten/Lymphozyten, diese lernfähigen Elitekiller, lernen aus der Geschichte, weshalb der Mensch dann nicht nochmal Windpocken und Masern bekommt; B-Zellen-Klone sind im Waffenstillstand Gedächtniszellen d. h. Veterane; Amis, Asiaten und alle anderen aber nicht, weshalb jeder Bush pausenlos dieselben Kinderkrankheiten (z. B. Mumps oder 2. und 3. Irakkrieg) durchziehn muß. Hört also auf, ihr Schweine, ständig Unkraut und Ungeziefer, vor allem unschuldige Heuschrecken, mit sowas Schädlichem zu vergleichen wie mit Menschen und anderen Leuten.

## Meine persönliche Auschwitzlüge

Ständig wunder ich mich, daß ich so lange durchhielt; daß ich nicht jeden Moment irgendwo umkippe, abnipple, aus und vorbei, Sense, Gedankenstrich. Andererseits sieht man im wimmelnden Stadtbild praktisch nie und nirgendwo umfallende Leute. Alles läuft, rennt und humpelt am Schnürchen, bestens aufgezogen, ferngelenkt, und jeder weiß genau, in welche Richtung er zu streben hat. Daß die Leber nie eine ihrer 500 Aufgaben vergißt! Daß von den 37 Gesichtsmuskeln nie einer ausfällt, dann die Mimik sofort erstarrt oder das Gesichtsgefüge zur Hälfte abrutscht und wulstlippig runterhängt. Diese Funktionabilität, diese störungsfreien Abläufe – wie beruhigend, wie erschreckend! Wieso muß ich im TV jede Minute auf blutende, abkratzende Leute mit brechenden Augen stoßen, und außerhalb geschieht nichts dergleichen!? Noch nie sah ich einen Toten. Könnte nicht wenigstens mal ein Epileptiker umfallen? Das wird ja langsam verdächtig. Die Krimiopfer und vom Blaulicht angeleuchteten Tatorttoten auf ihren Totenbahren und in ihren Bergungswannen wirken sowieso getürkt. Selbst die Tagesschautoten, hingeschleudert auf Bürgersteige, könnten theoretisch Statisten sein, hingelegt und eingesudelt, damit überhaupt noch jemand am Ball bleibt. Alle Todesanzeigen sind vielleicht nur Abschiedsgrüße von Aussteigern und Untergetauchten, die jederzeit auch außerhalb von Erinnerungen zurückkommen könnten. Wer weiß, was im Sarg, den schwarze Trauergeier durch Grabsteinserien schleppen, tatsächlich drin ist, und ob in der Erde wirklich Gerippe liegen. Leichen, 1:1 aufgebahrt, sind vielleicht nur Laiendarsteller, die die Luft anhalten, oder präparierte Scheintote à la Julia & Romeo. Daß absolut alle sich für sterblich halten, selbst Dummköpfe, ist vielleicht bloß Nachplapperei einer nie persönlich nachgeprüften Allerweltsmeinung. Die Fälschung der Welt geht weiter, als ich ahne. Wenn man als kritischer Staatsbürger an allem zweifeln soll, wieso dann nicht am eignen Tod? Pflege und teile ich unwissend eine staatlich oder anderweitig veranlaßte Kollektivsuggestion? Folglich bin ich unsterblich. Das hört man gern. Kaum lieg ich alt und kaputt herum, raunt ein seinerseits gefälschter Engel mir zu: »Das war alles nur TV; jetzt aber darf ich dir eine erfreuliche Mitteilung unterbreiten: Es gab noch nie einen Tod. Wir gratulieren dir zum ewigen Leben. Da staunst du, was, Herr Holbein? Ausgerechnet das christliche Lügenmärchen enthüllt sich nun einfach nur als schlichte Wahrheit. Wenn schon, denn schon. Na also! Weiter so, junger Freund!«

### Kurz vor Weihnachten im Fleischwolf

HEINZ-OTTO: So ein großer Fleischesser bin ich gar nicht. Ich eß nur ab und zu mal was.

ULI: Das ist viel zu viel! Vor allem auch, weil dieses Ab und Zu dreimal am Tag fällig wird...

RADIO: Hit-Radio AFN, Stau-Pilot: Uns liegen keine Meldungen über Staumeldungen vor. Wir wünschen gute Fahrt.

HEINZ-OTTO *(bremst)*: Nun mach schon, Molly! Daß du rüberkommst!

ULI: Woher weißt du, daß das Viech Molly heißt?

HEINZ-OTTO: Das hab ich soeben so getauft.

ULI: Jetzt bringst du fast schon Hunde um, und nicht nur Schweine!

HEINZ-OTTO *(gibt Gas)*: Ich bring keine Schweine um, sondern ich eß gern Würste und Schnitzel. Ich könnt auch ohne leben, doch ich seh keinen Sinn darin.

ULI: Du willst nur unschuldige Tiere ermorden!

HEINZ-OTTO: Ich ermorde keine Tiere, weder schuldige noch unschuldige. So voll hier – wollen alle noch Weihnachtsgeschenke –

## Kurz vor Weihnachten im Fleischwolf

ULI: Warum kommt der so dicht ran, hinter uns?

HEINZ-OTTO: Dem sind wir halt zu langsam.

ULI: Du bringst halt die Würste nicht mehr eigenhändig um, die du verzehrst... die Leichen, die du schändest...

HEINZ-OTTO: Unter Leichenschändung versteht man laut Gesetzbuch etwas vollkommen anderes! Wenn es Vorteile hätte, würd ich vielleicht meinen Fleischkonsum etwas einschränken – aber ich seh nicht die geringste Veranlassung dazu.

RADIO: – A 3: Zwischen Diez und Limburg Nord: Unfall, 4 bis 5 km Stau. Kirchheim-Eisenach A 4: Zwischen Gerstungen und Wommen: Unfall, mehrere Kilometer Stau. Eisenach–Kirchheim A 4, zwischen Herleshausen und Gerstungen. Am Frankfurter Kreuz, von der A 5 aus Kassel zu der A 3 nach Würzburg, Kassel–Frankfurt A 5 –

ULI: Uff, hier hats geknallt. Da können jetzt welche keine Würste mehr essen. Und so gehts auf deutschen Straßen 50 Verkehrsteilnehmern täglich! Das Auto – der Segen der Menschheit.

HEINZ-OTTO: Ich seh das etwas nüchterner: Das Auto ist ein nützliches Werkzeug. Aber davon abgesehn: Laß mal einen Tag keine Krankenwagen fahren. Dann würde eine weitaus größere Zahl Menschen sterben als durch Autounfälle.

ULI: Erst kommt ein Auto und fährt dich tot, dann kommt ein Auto und rettet deine Reste. Aber was ich sagen wollte: Kein Schlachter würde ohne dich rund um die Uhr Schweine abstechen, also bist du –

HEINZ-OTTO: Angenommen, ab heute Punkt 12 würd kein Metzger mehr Nutzvieh verarbeiten, was meinst du, was dann los wäre! Die Schlachthöfe würden überquellen, man könnte die Tiere, die zum Verzehr bestimmt sind, nicht mehr ernähren, von allein sterben sie auch nicht, sie bilden dann nur ein Problem, das keinem nützt, während sie doch so, in Form von tierischem Eiweiß, dem Menschen einen ungeheuren Nutzen bringen.

ULI: Wenn du sie selber umbringen müßtest ...

HEINZ-OTTO: Ich hab in meinem Leben ein einziges Mal ein Kaninchen geschlachtet, und das war eine Notschlachtung. Als ich etwa zwölf war, weil mein Bruder nicht da war, der sonst dieser Tätigkeit sich widmete. Und ich hab es seither abgelehnt, ein Tier zu töten, oder es sonst irgendwie ums Leben zu bringen.

ULI: Aber das heißt doch, daß auch in dir eine Art Sensibilität wohnt. Du merkst: Da ist irgendwas faul dran, am Töten.

HEINZ-OTTO: Da ist nichts faul dran, sondern mir liegt das halt nicht.

ULI: Guck mal, der schöne Baum da ...

HEINZ-OTTO: Lenk mich nicht von der Fahrbahn ab ...

ULI: Und das Schlachten von Hühnern? Fiel dir das leichter?

HEINZ-OTTO: Das hab ich auch gemieden. Obwohl Hühner keine Streicheltiere sind wie Kaninchen.

ULI: Dann käm es also nur drauf an, Schweine zu streicheln.

HEINZ-OTTO: Schweine lassen sich eben nicht streicheln. Die beißen dann oder kratzen die Kurve. Hier, willst du auch was? Na, ist das nicht was Leckeres?

ULI: Iiih, was packst du denn da aus?

HEINZ-OTTO: Wenn das hier so weitergeht mit dem Stau – die Mutti wartet jetzt schon daheim mit dem Abendbrot!

ULI: Ich ruf sofort die Kripo an! Alles voller Leichenteile!

HEINZ-OTTO *(kauend)*: Jetzt verdirb mir nicht den Appetit! Hier, iß lieber auch was! Damit du nicht vom Stengel fällst!

Uli: Jedes Kilo verringert die Lebenserwartung um zwei Jahre...

Heinz-Otto: Ja, mein lieber Herr Körnerfresser, da sag ich dir mal: Ich habe weder Magenbeschwerden, ich vertrage alles, ich esse alles, ich nehme auf nichts Rücksicht, mir bekommt alles, während du so 'ne Art Magenkranker bist, deiner Gestalt nach...

Uli: Ich bin nur ein bißchen blaß, aber bei dir stülpt sich dein Fettbauch allmählich von innen her übers Herz...

Heinz-Otto: Ich war vor 8 Tagen bei der Vorsorgeuntersuchung, Herz, Kreislauf, Nieren, Harn – Dr. Pollmächer war völlig zufrieden mit mir. Ich habe einen Blutdruck, der ideal zu nennen ist, weder erhöhte Blutfettwerte, weder Harnsäure noch sonst was – wenn ich noch 10 Jahre lebe, dann kann ich zufrieden sein. Ich hab keinen Krebs, ich fahre vorsichtig, begebe mich nicht leichtfertig in Gefahr durch waghalsiges Überholen. Also werde ich, wenn alles gut geht, mal im Bett sterben. Wahrscheinlich durch Darmverschluß. Ich muß nämlich schon wieder mal gehn und kann nicht.

Uli: Weil du nie Müsli ißt! Aber könntest du vielleicht die Hände beim Essen ans Steuer nehmen? Ich will nicht wegen sowas –

Heinz-Otto: Das Leben ist sowieso ein Risiko. Jetzt nimm die Finger von meinem Bauch –

Uli: Das hier ist das schwabbelnde Mahnmal all der verzehrten Schweine, die du noch mit dir herumträgst...

Heinz-Otto: Nun, ich kenne auch genug Vegetarier, die recht wohlbeleibt sind, während reine Fleischesser, also Leute, die praktisch nur ein Steak oder Schnitzel oder Kotelett für Nahrung halten, äußerst dürre und zähe Menschen sind.

Uli: Und warum hat dann dein Bauch selber so etwas

Quellendes an sich, so was Wurstiges, Schweiniges? Was riecht hier eigentlich so komisch?

Heinz-Otto: Da riecht nichts. Außerdem: Das ist nicht bewiesen, daß ein Mensch dadurch schweineähnlicher wird, wenn er nur Schweinefleisch verzehrt, oder daß er gockelähnlicher aussieht, wenn er nur Brathähnchen ißt, oder daß er ein Ei wird, weil er nur Eier zu sich nimmt. Also diese Hypothese ist ziemlich hinkend.

Uli: Zugegeben, in Bezug auf Eier ist sie hinkend.

Heinz-Otto: Nee, in Bezug auf alles! Wenn du nur Grünzeug ißt, dann müßtest du ja Ohren kriegen wie ein Salatblatt.

Uli: Nicht bewiesen! Du selber beweist es durch deine Körperfülle!

Heinz-Otto: Lächerlich! Was wär der Menschheit damit gedient, wenn ich nur so ein Bindfaden wäre wie du? So ein Gerippe!

Uli: Wenn man dich jetzt nackt neben ein Schwein stellt – beide sind rosig gefärbt, rundum ziemlich haarlos –

Heinz-Otto: Die Beinchen sind beim Schweinchen ein klein bißchen kürzer. Und das Schwein hat hinten 'n Pürzel.

Uli: Aber beide balancieren jeweils ein monströs aufgeschwollenes Mittelstück auf vergleichsweise dünnen Beinchen durch diese Welt, der eine auf allen vieren, der andere mit Ach und Krach auf zwei Beinchen aufrecht. Sogar die Fürze der Vegetarier stinken weniger als die der Wurstesser.

Heinz-Otto: Das ist 'ne bloße Behauptung. Zeig mir eine Statistik, die das nachweist!

Uli: In jeder Wurst finden sich nicht nur Stoffe, die deine Aggressivität steigern, sondern zudem ein Abbauprodukt der Aminosäure Tryptophan, genannt Skatol, und ohne Skatol –

Heinz-Otto: Idiot! Kannst du nicht –

Uli: Sag ich doch: Aggressivität! Mich ständig Idiot zu nennen!

Heinz-Otto: Ich nenn nicht dich so, sondern den da, weil der so überholt. Außerdem, dann müßtest du jede Menge Wurst essen, daß du die armen Wurstesser immer so angreifst!

Uli: Wer keine Wurst mehr ißt, der hat auch keine Lust mehr, Kriege zu führen.

Heinz-Otto: Der hat zu gar nichts mehr Lust!

Radio: – zwischen Friedberg und Nordwestkreuz Frankfurt, Heidelberg–Frankfurt A 5, zwischen Benzheim und Darmstädter Kreuz, Rüdesheim–Wiesbaden, Frankfurt 66, zwischen Schiersteiner Kreuz und Mainzer Straße, sowie rund um Schiersteiner Kreuz, im weiteren Verlauf: zwischen Wiesbadener Kreuz und –

Heinz-Otto: Wahrscheinlich noch ein Unfall. Dennoch ist die Lebenserwartung im ach so schädlichen Industriezeitalter enorm angestiegen! Und steigt immer noch weiter!

Uli: Der Arzt kommt mit dem Auto halt recht flott zu den Sterbenden. Welch Segen für die Menschheit!

Heinz-Otto: Wenn du nicht hier bei mir bequem und kostenlos mitfahren könntest, müßtest du zu Fuß trampen.

Uli: Zu Fuß trampen?

Radio: Die Aussicht: Es bleibt unbeständig und kühl. Ab und zu gibts noch ein paar Regentropfen.

Heinz-Otto: Ohne Auto säßen wir jetzt nicht hier in diesem Audi.

Uli: Wir wären verdammt, an einem wunderschönen Teich zu sitzen, bei Kassel, auffallend ungestreßt, unbehindert vom Sicherheitsgurt, könnten uns allerdings bloß über Pferde unterhalten. Falls du mich ohne Auto überhaupt hättest zeugen können.

Frauenstimme im Radio *(supererotisch)*: – des Sich-selbst-Erleidenmüssens liegt dieses Wesen bei Nietzsche im Ur-Einen, wobei wiederum die Einheit dieses Einen in der Substanzialität der Phänomenalität als Affektivität des Sich-Erleidens zum Leben in dem je einen unverwechselbaren –

Uli: Denn ohne Auto würde man ja die Verabredung mit einer gebärfähigen Frau verpassen. Aber ich sage dir: mit Auto erst recht. Weil du nämlich unterwegs im Stau steckenbleibst. Die Mutti sitzt jetzt schon auf Kohlen.

Heinz-Otto: Jeder Stau hört mal auf, z.B. jetzt. So, jetzt sind wir gleich daheim.

Uli: Den Umweg hier kenn ich gar nicht – was kostet eigentlich dein Auto so im Monat?

Heinz-Otto: Weiß ich im Moment nicht. Müßt ich nachsehn. Ich stell ja alle Kosten zusammen, am Monatsende. Außerdem senke ich die Kosten, indem ich sämtliche Reperaturen selber mache: ich wechsle Öl selber.

Frauenstimme im Radio *(supererotisch)*: – das heißt, in der absoluten Subjektivität, vermag sich der Schmerz nicht mehr selbst zu ertragen, und diese Lebensunerträglichkeit als fundamentales Lebenspathos, das dennnoch sich nicht von sich selbst zu lösen vermag, übersteigt sich als Verlangen im Verbleiben des Lebens –

Heinz-Otto: Vorhin hab ich 'n neuen Wischer drangemacht. Wenn ich sowas alles in der Werkstatt machen lassen würde – so, dann hamm wir's ja doch noch halbwegs geschafft. Kommen wir doch noch zu unserem Abendbrot. Endstation! Alles aussteigen! Hastu deine Sachen? Menschenskind, kannst du nicht mal die Tür richtig zu machen!

ULI: Brüll mich nicht dauernd an. Ich habs extra leise zugemacht, um dein kaputtes Ohr zu schützen. Hier, ich hab noch'ne Hand frei.

HEINZ-OTTO: Steh hier nicht im Weg rum, sondern trag mal das hier! Moment, wo hab ich denn –

ULI: Ich klingele schonmal. Uff, jede Menge Postwurfsendungen.

HEINZ-OTTO: Ich hab doch'n Schlüssel.

MUTTI (an der *Wohnungstür*): Da seid ihr ja. Na, habt ihr alles erreicht?

ULI: Teilweise durchaus. War dann halt auch Stau und so...

MUTTI: Das ist halt so um die Zeit. Zieht euch erstmal aus – das Essen hab ich hier warmgestellt.

HEINZ-OTTO: Mal 'n bißchen verschnaufen. *(Guckt aufs Garderobeschränkchen)*: Das is' ja schon wieder 'ne Rechnung. Ich hab grad so gedacht: »'s wird doch nich schon wieder 'ne Rechnung sein!«

MUTTI: Jetzt setzt euch erstmal... das macht einen ganz kribbelig, wenn ihr hier so – hier kommt man auch nicht mehr durch, wenn de hier den ganzen Weg verbaust.

HEINZ-OTTO: Ich wollt's nur ausnandersortieren.

MUTTI: Also daß man nicht mal in der eignen Wohnung – soll ich gleich mal Kaffee machen?

HEINZ-OTTO: Wegen mir jetzt nicht.

MUTTI: Und... wie war's so?

HEINZ-OTTO: Wie soll's schon gewesen sein.

MUTTI: Jetzt steh hier nicht so... Wo willst du sitzen, Mutti?

OMA: In der Nähe des Schinkens!

HEINZ-OTTO: Also neben mir!

ULI: Hier, ich wollte dir mal was zeigen.

HEINZ-OTTO: Jetzt essen wir erstma.

ULI: Hier die Fahrkarten – die hatt ich mitgebracht...

MUTTI: Ich weiß nich, wie lang die noch gelten... oder gegolten haben. Laß sie hier, die kann ich vielleicht noch umtauschen. Aber's wird wirklich immer teurer. Jedesmal wenn wir aus Amrum zurückkommen, isses teurer. Heinz-Otto, ich hab dir schon hundertmal gesagt: du sollst nur soviel reinbringen, wie du auch wirklich ißt!

HEINZ-OTTO: Bitte, trag ich halt alles wieder raus.

MUTTI: Wieso denn alles? Also ihr könnt einen wirklich verrückt machen.

ULI: Ich also auch? Hier, ich hab ein Buch mitgebracht...

MUTTI: Das gucken wir uns später an. Jetzt setzt euch doch mal, diese Unruhe, das macht einen ganz kribblig. Heinz-Otto, kommst du bitte mal kurz in die Küche.

HEINZ-OTTO: Ich komm schon.

MUTTI: Nee, du machst immer wieder's Fernsehn an.

HEINZ-OTTO: Ich nehm hier nur was auf; is gleich zu Ende. Mußt du nicht dann noch zur Adventsstunde? Soll ich dich hinfahren?

MUTTI: Dazu isses ja jetzt wohl zu spät, weil ihr so spät –

HEINZ-OTTO: Wann fängtse denn an?

MUTTI: Wir hamm doch erst gestern lang und breit drüber gesprochen und jetzt fragste, ob de mich fahren sollst.

HEINZ-OTTO: Ich fahr dich natürlich hin, und ich könnte auch mitkommen...

MUTTI: Also wenn du ehrlich bist, dann willste ja gar nicht mit.

HEINZ-OTTO: Aber ich kann dich trotzdem hinfahren.

MUTTI: Jetzt iß erstmal.

ULI: Ich muß nicht dauernd was wegputzen.

HEINZ-OTTO *(aufgeregt)*: Aber de Mutti hats jetzt extra gemacht!

Uli: Wo is'n eigentlich die Adventsstunde?
Mutti: In Vellmar.
Uli: Und wo is Vellmar?
Mutti: Das ist doch jetzt egal.
Heinz-Otto: Schmeckt ganz vorzüglich!
Oma: Kannstu mir mal die Butter reichen bitte?
Uli *(reicht ihr den Salzstreuer)*: Bitteschön, Oma.
Oma: Dankeschön. Das is aber 'ne komische Butter.
Heinz-Otto: Kommt drauf an, wann wir losmüssen.
Mutti: Ich denk, du wolltst noch in den Keller?
Heinz-Otto: Da mach ich das halt später.
Uli: Ich denk, du ißt sehr selten Fleisch?
Heinz-Otto: Jetzt fang nicht schon wieder damit an!
Mutti: Jetzt sei mal'n bißchen freundlicher zu deinem Sohn!
Heinz-Otto: Werd mir Mühe geben.
Mutti: Und macht nich' dauernd so auf Unruhe. Bei mir stell'n sich dann immer Magenschmerzen ein, eben nervlich bedingte, weil ich das eben nicht gutfinde.
Heinz-Otto: Schmeck so'n bißchen nach gar nichts, die Mortadella!
Mutti: Das ist Mozarella! Meine Oma hatte auch keinen Geschmack.
Uli: Aber warum ißt du dann so gern, wenn du kaum was davon mitkriegst?
Mutti: Der Geschmack sitzt bei ihm etwas weiter hinten.
Heinz-Otto: Ich muß immer alles pfeffern und salzen, damits überhaupt nach was schmeckt.
Uli: Aber warum ißt du dann Butter? Die schmeckt doch auch nach nichts, oder?
Heinz-Otto: Butter eß ich nicht, weil sie nach was schmeckt, sondern damit der Käse nich runterrutscht.
Mutti: Ach, unser Vater iss ja heut 'n kleiner Schelm!

ULI: Wer is eigentlich humorvoller von euch beiden?

MUTTI: Der Heinz-Otto hat'n völlig anderen Humor als ich. Der Heinz-Otto erzählt'n Witz und hinterher –

HEINZ-OTTO: – hinterher muß ich se kitzeln, damit sie doch noch lacht.

MUTTI: – 'm Heinz-Otto erzähl ich auch oft was, was ich witzig finde, da kuckt der mich an wie Auto.

ULI: Und wer ist intelligenter von euch beiden?

MUTTI: Der Heinz-Otto.

HEINZ-OTTO: Aber du machst doch Kreuzworträtsel…

MUTTI: Kreuzworträtsel hamm doch nüscht mit Intelligenz zu tun!

HEINZ-OTTO: Freust du dich denn nich auch 'n bißchen über die neue Anlage?

MUTTI: Mir is das alles noch 'n bißchen undurchsichtig.

ULI: Ist das schon das Weihnachtsgeschenk – dieser Geräteturm?

MUTTI: Das hammwer schon seit Jahren.

ULI: Ich mein, die Boxen und das neue Radio.

MUTTI: Dieses Jahr gibts keine Weihnachtsgeschenke. Wer's ganz Jahr Maschinen kauft, braucht nicht auch noch zu Weihnachten Maschinen.

HEINZ-OTTO: Ach, Juschi…

MUTTI: Du hast noch nie soviel Maschinen gekauft wie dieses Jahr!

HEINZ-OTTO: Ja, war diese Anlage etwa nicht nötig? Oder daß ich mir 'ne Drechselbank und den Bohrer gekauft hab – war das unnötig?

MUTTI: Das steht doch jetz garnich zur Diskussion.

HEINZ-OTTO: Wenn die alte Anlage restlos kaputt ist – sollma da keine neue kaufen? Du hast doch selber –

MUTTI: Was soll das denn dauernd? Das war doch keine Kritik! Mußt du dich dauernd angegriffen fühlen?

Heinz-Otto: Schmeckt gut, der Käse hier. (*Mutti geht ab in die Küche.*)

Uli: Was meinst du jetzt mit Käse? Fleischersatz oder gelbes Löcherfleisch? Wenn alle so wie du wären, wär die ganze Welt ein Schlachthof.

Heinz-Otto: Wenn alle so wie du wären, dann gäbs bald keine Tiere mehr. Warum sollte dann noch im geringsten irgendein Schwein gezüchtet werden? Ein Schwein kannste weder melken, noch Fell scheren, Wolle scheren oder sonstwas. Der einzige Zweck eines Schweines ist, Fleisch zu produzieren, Speck und Schinken und Würste.

Uli: Man kann ja statt dessen was anderes züchten, etwas, das Wolle gibt.

Heinz-Otto *(mit vollstem Mund):* Also sollen die Schweine aussterben?

Uli: Nicht unbedingt aussterben – warum sollen sie nicht frei irgendwo herumlaufen, vielleicht in etwas kleineren Stückzahlen. Die Tiere werden heute zu einer Bevölkerungsexplosion gezwungen, die Schritt halten soll mit der explodierenden Menschheit –

Heinz-Otto: Ja, im Zoo würde genau wie in der Arche Noah noch ein Schweinepärchen sein, das laufend kleine Schweinchen kriegt, aber sonst hätten sie absolut keine Lebensberechtigung mehr, außer zu demonstrieren, als Schauobjekt: Es hat mal auf der Welt Schweine gegeben.

Uli: Hängebauchschweine laufen auch nicht in jedem Dorf rum.

Heinz-Otto: Ein Schwein, das nicht geschlachtet wird, das muß ja eines schönen Tages an Altersschwäche irgendwie sterben – wo liegt denn da 'n besserer Zweck drin, ob ich mir's zu Gemüte führe, so lange es noch frisch und knusprig ist oder ob da so 'n olles Wrack in die

Müllverbrennungsanlage muß, oder in die Abdeckerei, damit es zu Seife verarbeitet wird!?

ULI: Oder zu Hundefutter.

OMA: Und das beim Essen.

HEINZ-OTTO: Was? Wozu sollen denn Hunde Fleisch fressen? Ich bitte dich! Denn wenn wir konsequent sind, dann darf auch für Hunde – für alle fleischfressenden Tiere! – kein anderes Tier mehr sterben. Denn wir sind ja nichts anderes als Tiere, wir sind auch Gemischtfresser. Mal ein kleines Gedankenexperiment: Angenommen, ich wäre überzeugter Vegetarier, und würde jetzt verlangen, daß nirgendwo mehr ein Tier getötet wird, egal ob von Menschen oder von Tieren. Meine Maxime würde lauten: »Es soll auf dieser Welt nur noch Vegetarier geben!« Löwen dürfte es nicht mehr geben! Man würde erstmal reinen Tisch machen: Es gibt weder Löwen noch Tiger, noch sonst irgendwelche Wölfe oder Schakale oder irgendwas, Aasfresser, alle Geier, das müßte erstmal weg. So. Damit wäre das erste Problem gelöst. Es ist nicht mehr erforderlich, für diese fleischfressenden Tiere fleischliche Nahrung in Form von anderen Tieren bereitzustellen. Im Meer wäre es ganz genauso: Es müssen alle Haie, alle Hechte, alle Fische abgeschafft werden – laß mich bitte mal ausreden!

ULI: Ich sag doch gar nichts.

HEINZ-OTTO: Aber du hast mit dem Kopf geschüttelt.

ULI: Und überall werden die Gräber aufgerissen und die Würmer aus den Leichen gezogen: »Was eßt ihr dort! Macht man das, ihr Würmer? Weg hier!«

OMA: Ihr verderbt einem ja den Appetit.

HEINZ-OTTO: Ganz genauso Spinnen, die Fliegen fangen.

MUTTI (*kommt aus der Küche zurück*): Hier, wer noch'n bißchen hiervon will...

Heinz-Otto: Aber gern doch. Ah, lecker. – Da könn-wer dann auch bei Schimmelpfennigs vorbeifahrn.

Mutti: Nein.

Heinz-Otto: Weils doch auf'm Weg liegt.

Mutti: Wir wolln Kartoffeln kaufen! Was hatt'n das mit Schimmelpfennigs zu tun!

Heinz-Otto: –

Mutti: –

Uli: –

(*Volle zwei Minuten Gesprächspause und gefräßige Stille.*)

Oma: Kannste mir mal de Butter reichen bitte.

Heinz-Otto: Ich hatte halt gedacht, falls Schimmelpfennigs auch Kartoffeln wolln. Meinst du nich –

Mutti: Was fragste'n dauernd Sachen, die festliegen?

Heinz-Otto: So, fahr'n wir dann los?

Mutti: Ich fahr mit der Bahn. Kümmer du dich um *deinen* Kram!

Heinz-Otto: Aber wir hatten doch gesagt –

Mutti (*reicht ihr die Butter*): Außerdem muß ich für Antje den Kuchen backen. Und ich weiß ja nich, wannse den haben will. Und das is Hefeteich.

Heinz-Otto: Da setz doch den Hefeteich jez schon an.

Mutti: Und dann vergärt er mir, wenn wir zu spät zurückkomm'n. Außerdem mußt du doch in den Keller...

Heinz-Otto: Ich muß nicht in den Keller. Und ich hab gesagt, ich muß nur, wenn sonst nichts weiter anliegt.

Mutti: Geh du in den Keller und mach dein Zeuch!

Heinz-Otto: Kann ich sonst noch irgendwas machen für dich?

Mutti: Ja, mir aus'm Weg gehn.

Heinz-Otto (*kläglich*): Dann geh ich halt in den Keller.

Uli: Und wo ist Vellmar?

Mutti: Hinter Harleshausen.

Heinz-Otto: Wann kommst'n wieder?

Mutti: Du bist doch dann im Keller. Da merkstes doch sowieso nich.

Heinz-Otto: Nur so, daß ich mich drauf einstellen kann.

Mutti: Du weißt doch genau, daß ich immer so gegen 11 komme.

Uli: Soll ich 'n bißchen mit, zum Advent?

Mutti: Die Bahn fährt in 3 Minuten! Dann tschüs!

Uli: Dann geh ich halt mit in den Keller. Kannst du mir was zeigen. Hast da immer so Sachen.

Heinz-Otto: Was soll ich dir da zeigen. Da gibts nichts.

Uli: Soll ich hier was abspülen?

Heinz-Otto: Das kann stehnbleiben bis nachher. Gehn wir erstmal in den Keller. Hier, kannst gleich mal was tragen.

Uli: Uff, meine armen Hände.

Heinz-Otto: Hier das, das muß auch noch runter. Also das, das trag ich – und das hier. Jetzt lauf mir nicht dauernd in den Weg!

Oma: Hier, ich mach die Tür hinter euch zu.

Heinz-Otto: Danke schön. Dann bis dann.

Uli: Also tschüs und so.

Heinz-Otto: Ach, das hier wollt ich ja auch noch – jetzt polter nich so... wir wohnen hier in einer sozialen Gemeinschaft... hier, nimm mir das mal ab... daß ich an die Schlüssel komm – hach, wieder alles voll Werbung. Obwohl ich hier das Schild drangemacht hab!

Uli: Und hier also beginnt dein Reich...

Heinz-Otto: Achtung! – mußt dich ducken, sonst haust du dir den Kopf an!

Uli: Is ja wie in'ner Geisterbahn hier. Echtes Horrorkabinett... und hier gehst du täglich durch? Richtig kalt hier...

Heinz-Otto: Bin ganz gern hier unten. Da steh ich keinem im Weg rum. Vorsicht, tritt hier nicht drauf! Ich hatte keinen Platz mehr, da hab ich das ein bißchen vollgestellt. Hier, brauchst'n paar Skier?

Uli: Willst wohl einen Laden für Wintersportartikel aufmachen? Acht Paar Skier!

Heinz-Otto: Da hinten hab ich noch mehr. Alle vom Sperrmüll, so nach und nach. Aber von euch läuft ja leider keiner Ski. Achtung Stufe! Hier, mit diesem sogenannten Drücker, also einem Vierkantschlüssel, mach ich auf, ein Griff – Licht an! Und schon sind wir da!

Uli: So dunkel hier...

Heinz-Otto: Die wird gleich heller; die braucht eine Minute bis zur vollen Leistung; dafür hat sie eine 5 x höhere Lichtausbeute und eine 6 x höhere Lebensdauer als eine Normalbirne. Ich kann gern hier noch was anmachen – so! Na, hell genug? Eine schöne Halogenlampe. Oder hier, eine Leuchtstoffröhre, die allerdings eine Macke hat.

Uli: Ist ja so einiges dazugekommen! Jede Menge Schubladen und Objekte. Was da so alles drin ist...

Heinz-Otto: Da sind verschiedne Dinge drin: Kupferblech, Messingblech, um irgendwelche kleineren Sachen zu machen, Schablonen – he, guck doch hin, wo du hintrittst! Und hier hab ich meine Stechbeitel, Combi-Zangen, Zirkel, Phasenprüfer, Glasschneider, Feilen, Dübel, Lötpistolen usw.

Uli: Sind gar keine Aufschriften drauf.

Heinz-Otto: Weil ich weiß, was drin ist. Hier meine Putzhobel, Schrubbhobel, Umleimer, Schrubbröhren, Abstecheisen – oder hier, guck dir das mal an: eine Spiegeluhr, allerdings ohne Uhrwerk, aber das kann man sich ja dranbauen. Einwegspiegel, von zwei Seiten benutzbar, und außerdem – schau mal durch! Na, siehst du? Man kann durchsehn, ohne daß man – und zwar dient der dazu: bei Schweißarbeiten wird man ja geblendet, aber man muß die Sachen trotzdem beobachten, dann kann man durchsehn und das helle Licht scheint durch, so daß man die Flamme und das Schweißgut – oder hier: Elektroteile, Schamotte, Asbestband oder Hanf für Dichtungen, Krampen für Verschalungen – siehste, das ist übrigens die... die ich gestern so gesucht habe. Oder dann hier: Automatensicherungen, Gummilösungen, Halter, Klammern, Abzieher für Räder und Getriebebürsten; wenn ich hier drehe, dann dreht sich oben das, Teile von defekten Sachen und so, irgendwann kann man das immer mal gebrauchen, oder hier unten dann Locher, die will ich auf ein Brett montieren, daß ich auch Blätter mit vier Löchern lochen kann – och, jetzt hab ich meine Brille nicht mit.

ULI: Und was drehst du hier so zur Zeit?

HEINZ-OTTO: Je nachdem. Alle möglichen drehsymmetrischen Teile – sowas hier, wenn das aus Eisen wäre. Ein Rad z.B. muß rund sein; du kannst kein viereckiges Rad machen, also muß es auf die Drehbank und muß rund gedreht werden. Oder eine Hülse, in die ein Kugellager reinsoll, muß ausgedreht werden, damit das exakt reinpaßt. Hier, wenn du einen Kamm brauchst... du siehst nämlich mal wieder aus wie'n wildgewordener Besen! Im nächsten Fach z.B. Verriegelungen, Scharnierteile, Abisolierzangen, Steinsägen, Schloßteile, Kabelverbinder, Nähdrähte, Lüsterklemmen und ähnliche Teile... hier, wenn du dich setzen willst...

ULI: Diese Drehbank hier...

HEINZ-OTTO: Das ist meine Drechselbank – meine Drehbank steht dort. Hier mach ich überwiegend Holzmodelle für neue Gehäuse, für Gußkörper, für Lochscheiben, die ich dann dort ausführe, weil es bei der Metallbearbeitung auf äußerste Präzision ankommt, auf Zehntel mm Genauigkeit kann ich drehn, während das beim Drechseln nur in gewissem Umfang möglich ist. Hier auf dem Brett hab ich alles, was ich dafür so brauche, hier, weißt du, was das ist?

Uli: Eigentlich nicht so.

Heinz-Otto: Eine Schnecke für meinen Hauptwolf. Kurbel, Schnittmesser, Überwurfringe, also praktisch alles Ersatzteile für meine Wölfe. Dann hier meine Bohrmaschinen, Widia-Bohrer, Schnellstahlbohrer –

Uli: Zum Bohren von Video-Maschinen?

Heinz-Otto: Wi-Dia – wie Diamant so hart! Wenn ich Stein bohren will, da ist eine sehr harte Krone eingelötet; ein Normalbohrer würde da sofort stumpf, weil ja ein Stein wie Schmirgel wirkt – hier ein Doppelschleifbock, zum Nachschärfen.

Uli: He, mach doch das Ding aus! Oder gib mir Ohropax!

Heinz-Otto: Ich wollts dir ja nur mal demonstrieren. Was da so drinsteckt an Power.

Uli: Sag mir lieber: Was riecht hier eigentlich so verdächtig –

Heinz-Otto: Da riecht nichts. Das Wichtigste ist natürlich hier meine Energieversorgungsstation, d.h. ein Schaltschrank, mit x Steckdosen, Schaltern, hier kann ich 12 Volt Gleichspannung abnehmen, verschiedene Unterspannungen, Glühbirnen, Zwergfassungen, E-16, E-27, Stecksockelfassungen, so daß ich hier alle Lampen prüfen kann, kann Akkus laden – das Ganze ist über eine Zentralsicherung abgesichert. Hier, willste mal was sehn? Achtung aufgepaßt!

Uli: Ui, wie sich alles dreht! Schon irgendwie beeindruckend. Nur wird dir da nicht schwummrig und taumlig? Wenn sich alle Teile drehn, an der sich drehenden Maschine?

Heinz-Otto: Nö, im Gegenteil: Es ist ein herrliches Erlebnis, wenn man sieht, wie alles funktioniert. Hier ist der Gußkörper mit einer Schraubzwinge am Tisch festgeschraubt –

Uli: Also drehwurmartig festgedreht ... warum dreht sich das alles eigentlich?

Heinz-Otto: Ich will ja mit so einem Ding irgendwas erreichen. Und das bedeutet nun mal: Ich muß die miteinander in Verbindung stehenden Teile so anordnen, daß sich auch etwas drehen kann, z. B. eine Welle, auf der Zahnräder sitzen. Zwecks Kraftübertragung.

Uli: Dreht sich eigentlich eine CD schneller als eine LP?

Heinz-Otto: Eine LP dreht sich mit 33 Umdrehungen pro Minute, während eine CD, die kann sich bis zu 3000 Umdrehungen drehn.

Uli: Und nebenan, da sind wohl deine berühmten Wölfe und Schnecken drin?

Heinz-Otto: Da hab ich noch'n Keller – da gehts nur mit Geheimschlüssel rein. Hier mein Sortiment; denn alle Schlüssel, die mir irgendwie in die Hände fallen, aus allen möglichen Beständen, die schmeiß ich nicht in den Müll, denn irgendwann wird sich für jeden Schlüssel auch ein passendes Schloß finden. Die sind natürlich unterschieden in normale Schrankschlüssel, Schlüssel für Sicherheitsschlösser, Hohlschlüssel –

Uli: Da gehts wohl nur mit Dietrich rein?

Heinz-Otto: Dietriche stell ich nur bei Bedarf her. Also einfach aus Rundmaterial schlüsselähnlich gebogene Dinge, die man in ein Loch einführen kann, aber auch mit Dietrich lassen sich nur relativ einfache Schlüssel äh Schlösser öffnen. Du weißt ja, es gibt keine Tür, die ich nicht aufkriege. Dann hab ich hier ein Dings mit Rohlingen, Gußteile, aus denen ich Bartschlüssel herstelle. Und hier diese Hohlschlüssel – also du willst wirklich da mal reingucken?

Uli: Wenn sichs nicht vermeiden läßt.

Heinz-Otto: Hier, dann setz auch mal einen Helm auf. Ist im Arbeitsbereich zwingend vorgeschrieben... um größere Schäden zu vermeiden.

Uli: Für Wölfe und Schnecken tu ich alles. Uff, der ist viel zu klein für meinen Kopf. Hatte übrigens immer schon für Wölfe und Schnecken was übrig.

Heinz-Otto: Nicht nur Wölfe! Ich habe hier Kutter, Wommerfüller –

Uli: Aha, Wommerfüller.

Heinz-Otto: Ja, der Herr Wommer aus Leipzig, der so um 1953 diesen Füller erfunden hatte, diesen Wommerfüller.

Uli: Sicher längst überholt.

Heinz-Otto: Im Prinzip gibt's das heute noch. Natürlich mit Verbesserungen, mit Mikroprozessoren, elektronisch gesteuert. Der setzt, nachdem jede Wurst ein bestimmtes Maß hat, eine Klammer drumrum, eine Metallklammer, so daß sie schon von vornherein portioniert ist. Hier der Endlosdarm, der aus dünner Plastikfolie gemacht ist –

Uli: Hört sich so endlos an, wie im Tonbandbereich.

Heinz-Otto: 's is natürlich nicht endlos, sondern das Ding hat vielleicht 'ne Länge von 30 m, je nachdem, wie lang der Darm ist. Und das hier – nun stehst du also vor meinen drei neuen Hochleistungsfleischwölfen bzw. der eine davon ist ein Kutter, eine Weiterentwicklung des Wolfes, 4000 Umdrehungen pro Minute hat das rotierende Dreifachmesser drauf! Mit den Vorgängern dieser

Wölfe bin ich sozusagen großgezogen worden. Die verschiednen Größen hab ich natürlich so angeordnet, daß ich es von einem zum andern gleich weiterverarbeiten kann, also daß möglichst geringe Wege sind.

ULI: Wie kann man nur so viele Fleischwölfe verbrauchen?

HEINZ-OTTO: Dreimal darfste raten. Außerdem ist das doch wohl meine Sache. Schätz lieber mal, wieviel ich damit pro Stunde durchdrehn kann.

ULI: Pro Abend drei Schweine auf einmal.

HEINZ-OTTO: Ein ganzes Schwein geht nie rein, sondern es werden immer nur Teile des Schweins genommen, also entweder die Schinkenknochen, die Beine, oder das Abgeschälte... hier in diese trichterartige Öffnung, da wolln wir jetzt gleich mal was reintun – hier hab ich meine Kühlanlage... so, immer schön rein damit.

ULI: Knochen auch mit rein?

HEINZ-OTTO: Das wird vorher abgeteilt. Hier, mach auch mal was rein in den Wolf! He, was ist denn das?

ULI: Siehst du, du trittst selber deine Sachen kaputt. Und ich werd ausgeschimpft!

HEINZ-OTTO: Das war nur eine Anschraubvorrichtung für die neue Grundplatte bzw. Ablagefläche, die hatte ich mir da bereitgestellt. So, aber jetzt: An diesem Griff hier bewege ich die Schnecke, die das Zeug komprimiert, bevor –

ULI: Ah, eine in sich gedrehte Schnecke!

HEINZ-OTTO: Die Schnecke transportiert das zu zerkleinernde Gut im Wolf nach vorn, und am vorderen Teil dieser Schnecke siehst du das Messer, das wie ein Stern aus vier Messerflügeln besteht, und die werden mit der Bewegung der – äh – Spirale bzw. der Schnecke nach vorn transportiert und gehen gegen diese Lochscheibe, die von – Hände weg! Es ist strengstens verboten, da reinzufassen! Rat mal, warum ich Kettenhandschuhe anhab. Aus Metallgliedern – das geht ruckzuck, weil das sehr schnell geht und gehn muß, und die sind ja äußerst scharf – mit meinem Drücker drück ich alles unten rein, bis zum letzten Rest –

ULI: Du hast hier ja ein richtiges Mittelalter, ganz für dich allein.

HEINZ-OTTO: Das nicht, aber vielleicht hat man's davon abgeguckt. Außerdem: Was heißt Mittelalter? Hier hab ich z. B. ein Autoradio angeschlossen, ein ehemaliges aus unserem Kadett, ich gebe hier über ein Netzgerät 12 Volt drauf, wie es auch im Auto vorhanden ist, und hab also hier die Möglichkeit, beim Durchdrehn Radio zu hörn. Das konntense im Mittelalter noch nich'. Na, ist das nichts?

FRAUENSTIMME IM RADIO *(supererotisch)*:– die gegenüber dem Lebensganzen zumindest implizite Grundoption; die personal- bzw. sittlich-kognitive, Vertrauen und Erkennen integrierende Doppelgestalt von Glaubensentscheidung, die hier im Vordergrund stehen soll, und der biblisch-christlichen –

HEINZ-OTTO: Die Autoantenne steht hier am Lichtschacht, und hier am Meßgerät kann ich jederzeit die Spannung kontrollieren.

FRAUENSTIMME IM RADIO *(supererotisch)*: – vollzog sich der Wandel hin zum personal qualifizierten kommunikationstheoretischen Offenbarungsverständnis; Offenbarung wird verstanden als Selbstmitteilung Gottes an die Menschen, die im –

ULI: Wie oft – wenn du nicht grad lötest oder dübelst – machst du das hier so?

HEINZ-OTTO: Haushaltswölfe hier stell ich nur in ganz kleinen Stückzahlen oder für Versuchszwecke her; in der Regel beschäftige ich mich lieber mit Großwölfen mit motorischem Antrieb, also Kutter, Speckschneider, Wurstmaschinen – ja, was gibt es da zu grinsen? Das sind Realitäten.

ULI: Ist das nicht etwas unappetitlich, diese enge Verbindung von Stahl und Fleisch?

HEINZ-OTTO: Weshalb soll das unappetitlich sein? Die meisten Menschen gehn mit großem Appetit an das Fleischessen heran. Hier nimm mal das und gieß Wasser nach, sonst gibt das keine Kochwurst, sonst schmeckt die nicht, sonst hält die nicht. Und jetzt faß mal mit an, hier was nachzuschieben... jetzt muß ich das abtrennen, das hier kann ich nur für Blut-, also für Mortadella und diese Rohwürste verwenden, während hier, Zwiebelwurst dagegen, Sülze, das wird ausschließlich aus vorgekochtem Fleisch gemacht, auch aus den fetten Fleischteilen des Schweins.

ULI: Also nicht nur das Löten, sondern auch die Welt des Fleisches und seiner Wölfe ist eine Welt für sich. Und umgekehrt: Die Welt ist ein Fleischwolf. Bald werden auch wir durchgedreht.

HEINZ-OTTO: Wir werden durch keinen Fleischwolf gedreht.

ULI: Du bist also der Meinung, daß wir am Schluß nicht der Ernährung anderer Lebewesen dienen werden? Deine fetten Fleischteile – eine Fundgrube für x fröhliche Zecher! Oder willst du ernstlich bestreiten, daß du durch deinen Tod in eine Urmasse zurückverwandelt wirst – die Natur: ein einziger Riesenfleischwolf!

HEINZ-OTTO: Menschen werden nicht kleingehackt, sondern sterben durch Bakterien usw.

ULI: Ich sage ja nicht, daß da wörtlich ein reeller Fleischwolf steht.

HEINZ-OTTO: Ich würde eher den Menschen als Fleischwolf betrachten. Denn auch der Wolf ist eigentlich ein Tier, das andere Tiere in seine Bestandteile zerkleinert.

ULI: Sehr gut, betrachten wir also mal dich als wandelnden Fleischwolf! Hier oben stopf ich Gehacktes rein – an deinem Mund, was ist da die Schnecke? Die Zunge oder was?

HEINZ-OTTO: Im Mund wirds nur hin und hergeschoben. Das ist eher ein Zermalmwerk als ein Wolf. Höchstens die Zähne – die Schnittmesser. Aber sonst hinkt dein Vergleich hinten und vorn.

ULI: Hinten wohl etwas weniger; denn guck mal, was aus dem Anus jetzt rauskommt... die Lochscheibe als Schließmuskel!

HEINZ-OTTO: Ein Anus mit mindestens hundert Löchern! Na dann Prost!

ULI: Und hier die Schüssel –

HEINZ-OTTO: Das ist noch eine Holzmolle, ein Erbstück meines Vaters. Obwohl man sowas heute aus V2A macht, also aus rostfreiem Material, grundsätzlich.

ULI: Müßte eigentlich aus Porzellan sein, wie im WC, damit die Würste, die hundertfach aus diesem hundertäugigen Anus hervorgedrückt werden –

HEINZ-OTTO: Porzellan wäre für diesen Zweck einfach zu hart, hat zwar eine wunderbare Oberfläche, die leicht sauber zu halten ist, nur würde es gleich Sprünge kriegen, von den mechanischen Beanspruchungen im rauhen Schlachteralltag.

ULI: Für mich ist das ein Albtraum – der Fleischwolf: ein funktional reduzierter, kopfloser Mensch, hart wie Diamant, und sein Bruder, der Mensch: eigentlich nur ein weicher, schlapper Fleischwolf mit viel unnötigem Drumherum...

HEINZ-OTTO: Ah! Diese Würstchen, die da jetzt rausgekommen sind, die nehm ich jetzt, da kann man Muster legen usw. So daß man auch da so einiges noch machen kann.

ULI: So einiges?

HEINZ-OTTO: Solche Wurst wird ja gemacht aus Blut, dann kommen kleingeschnittne Schwartenteile rein, Fettteile, und die werden eben in Würfel vermischt, möglichst grob, und andere Fleischteile –

ULI: Und wieso fließt da kein Blut raus, Säfte und so?

HEINZ-OTTO: Wozu soll das da rausfließen? Das ist zwar eine sehr feuchte Masse, die da rauskommt, weil eben durch dieses Pressen doch die Fleischmasse etwas mehr komprimiert wird.

ULI: Beim Menschen nennt man das die Ahnenbrühe. Oder auch Leichensickersäfte, die übrigens den städtischen Hauptfriedhöfen sehr zu schaffen machen. Stand jedenfalls neulich im SPIEGEL.

HEINZ-OTTO: Warum immer so makaber? Du kannst einem wirklich den Appetit verderben. Dreh lieber auch mal – wenn du schon mal hier bist. Ach, die müßt ich auch mal wieder ölen, die Kurbel. Die schreit ja wie ein Schwein!

ULI: Ich müßte jetzt eigentlich wieder hoch. Und du solltest dir auch mal ein Päuschen gönnen. Du schwitzt ja schon.

HEINZ-OTTO: Wenn wir jetzt schon aufhören mit Durchdrehn, dann wird's halt wesentlich gröber, für Gehacktes und Fleisch. Übrigens ist hier noch eine Mischeinrichtung durch Abweiser drin, ein Deckel, damit erstens nichts rausfliegt und zweitens damit du nicht reinfällst.

ULI: Kann man da wirklich reinfallen?

HEINZ-OTTO: Du glaubst wohl alles? Wie willst du denn in diese 50-cm-Öffnung reinfallen? Uli! Nicht so dicht ran! Ich will keine Haare in der Wurst haben!

Uli: Im Lauf der Weltgeschichte ist sicher schon manch Hand und Arm mit da reingedrückt worden!

Heinz-Otto: Das kann schon mal passieren, daß Fingerkuppen mit reinwandern.

Uli: Werden dann die Kuppen noch gesucht in dem Matsch, oder gleich weiterverarbeitet zu Fingerwurst?

Heinz-Otto: Mir sind keine persönlichen Fälle bekannt, aber vorstellen kann ich mir – Mensch, jetzt wärste beinah schon wieder drin! Ich hab den erst gestern generalüberholt – also nimm, wenn ich bitten darf, ein bißchen Rücksicht! Und mach mir nicht alles voller Schuppen und Fusseln und Haare und Barthaare!

Uli: Irgendwann kommt halt jeder mal in den Fleischwolf. Autsch – ich häng tatsächlich fest!

Heinz-Otto: Kommt nur alle hundert Jahre mal vor, daß einer es fertigbringt, in diese kleine Trichteröffnung – da mußt du schon ein großer Künstler sein, das passiert keinem, außer dir!

Uli: Jetzt laß doch mal die Kurbel los! Oder willst du mein Kinn skalpieren?

Heinz-Otto: Keine Angst, die Schnecke läuft ja nicht mit hundertprozentiger Wandberührung. Mach vorsichtig den Kopf hoch, da müßte sich der Bart eigentlich wieder rausziehn lassen, es sei denn, er wäre so lang wie bei einem Chinesen, daß er sich drumrumwickelt um die Schnecke, dann würde er ausgerissen. Außerdem, ein Klumpen wird vom Wolf gar nicht erst erfaßt, deshalb nimmt man ja nur Fleischstreifen.

Uli: Guck, jetzt bin ich ein gerupftes Huhn! Alles ausgerissen!

Heinz-Otto: Geschieht dir recht, wenn du nie zum Frisör gehst.

Uli: Wenn der größer wäre, wär mein Gesicht komplett da reingezogen worden. Ich geh jetzt hoch. Mir ist das alles ein bißchen zu grausam.

HEINZ-OTTO: Wozu denn das? Außerdem brauch ich nicht ständig hier Schweine durchdrehn, ich kann genauso gut mit so einem Wolf Plätzchen backen, Weihnachtsplätzchen, muß ich nur auswaschen, einen entsprechenden Vorsatz davorschrauben, d. h. hier drück ich Teig rein, der wird durch die Schnecke nach vorn befördert, und dann kommt der Teig fein gezackt –

ULI: Irgendwie komm ich nicht richtig in Adventsstimmung. Das ist irgendwie ein Albtraum hier unten.

HEINZ-OTTO: Das ist kein Albtraum. Ich seh das etwas nüchterner: Das ist der Bastelkeller eines Heimwerkers.

ULI: Ich müßte auch mal austreten... und friere ziemlich... und müßte ein bißchen Goethe lesen.

HEINZ-OTTO: Hier unten gibts auch ein Klo, oder hier, kennst du meine Räucherkammer? Aber davon abgesehn – ich bin überzeucht: Wenn man damals schon hätte per Flugzeug reisen können, hätte Goethe unter keinen Umständen eine Kutsche benutzt.

ULI: Zeig mir lieber mal deine Pornosammlung.

HEINZ-OTTO: Hier unten gibts nur vernünftige Sachen. Aber hier, das hier könnt dich intressieren – meine Abhöranlage. Hier schneid ich alles mögliche mit, Telefonate... Alltagsgespräche... wenn du mal hören willst... *(drückt beim Tonband auf On.)*

HEINZ-OTTO *(vom Tonband)*: Darf ich dir jetzt erklären, wie man damit umgeht?

MUTTI *(vom Tonband)*: Jetzt nicht!

HEINZ-OTTO *(vom Tonband)*: Wennde mal allein bist, daßde damit umgehn kannst. Du mußt bloß hier drücken – schon stehn dir 20 Sender zur Verfügung.

MUTTI *(vom Tonband)*: Ich brauch nich' 20 Sender...

Heinz-Otto *(vom Tonband)*: Hier, an diesem Ding gibst du Power. Dann hier! Hab ich alle Sender eingetragen, die in Frage kommen. Hier oben Hessen 4, Hessen 1, Hessen 2, Hessen 3. Dann hier bei A, Bremen 1, Bremen 4, Bremen 3. Dadrunter: NDR 1, NDR 2, NDR 3. Die habenwer bisher nur ganz schlecht bekommenm. Und hier! Sogar WDR 1, 2 und 3!

Mutti *(vom Tonband)*: Das ist mir zu irritierend.

Heinz-Otto *(vom Tonband)*: Deshalb habichs ja so übersichtlich aufgeklebt. Das ist jetzt sogar noch einfacher als früher. Wennde mal allein bist, brauchste bloß hier zu drücken. Wenn du Hessen 1 willst –

Mutti *(vom Tonband)*: Wennich mal DDR will, ich hab da immer das Morgenkonzert gehört ...

Heinz-Otto *(vom Tonband)*: Das ist überhaupt kein Problem. DDR is hier, auf der untersten Reihe. Du mußt einfach nur hier –

Mutti *(vom Tonband)*: Sehr schön, aber wenn du sowas sagst und sowas erklärst, und auch wenn ichs verstehe, dann sag ich mir immer: Lieber Gott, ich danke dir, daß ich nich Techniker werden mußte. Ich find das so – langweilig.

Heinz-Otto *(vom Tonband)*: Das is äußerst intressant!

Mutti *(vom Tonband)*: Also da wisch ich doch lieber 'n Kinderpopo ab. Das find ich doch irgendwie – menschlicher.

Heinz-Otto *(vom Tonband)*: Na ich weiß nich, ich wühl nich so gern in der Scheiße.

Heinz-Otto *(drückt auf Off)*: Nur so als Beispiel. Oder was hamm wir hier? *(drückt beim Tonband auf On.)*

Uli *(vom Tonband)*: Daß er tötet, obwohl er's nicht muß.

Heinz-Otto *(vom Tonband)*: Das hat Gott aber sehr

weise eingerichtet. Warum hat er uns so gemacht, daß uns Fleisch und Wurst so gut schmeckt, oder ein schöner geräucherter Schinken?

ULI: Heimlich alles mitgeschnitten!

ULI *(vom Tonband)*: Ja dann hau doch mal dein Gebiß in eine nackte Schweinebacke rein, so wie es der Löwe macht! Das würde dir nämlich gar nicht schmecken!

HEINZ-OTTO *(vom Tonband)*: Wozu denn das? Ich bin ja ein intelligenter Mensch. Ich weiß ja, wie man Schinken herstellt, indem man das Zeug erst in eine Salzlake legt, und nachher trocknet und räuchert, und dann schmeckts nämlich fantastisch, das zergeht auf der Zunge, so ein feines Stückchen Schinken ...

ULI *(vom Tonband)*: Nur weil man's vorher aufwendig räuchert und würzt –

HEINZ-OTTO *(vom Tonband)*: Ja, da geh doch mal aufs Feld, und sammle dir eine Schürze voll Ähren und beiß da rein. Glaubst du, das würde dir bekommen? Die mußt du doch auch erst trocken, mußt sie mahlen, mußt sie sieben, mußt sie zu Brei verarbeiten, mußt Sauerteig draus herstellen und dann 'n Brot backen –

ULI *(vom Tonband)*: Ich, als Rohköstler, vergleiche eher Schwein und Apfel.

HEINZ-OTTO *(vom Tonband)*: Bitte, vergleichen wir halt Schwein und Apfel.

ULI *(vom Tonband)*: Das Schwein rennt mir weg, aber der Apfel fällt mir vom Baum entgegen und ich kann ihn ohne weiteren Arbeitsaufwand verzehren.

HEINZ-OTTO *(vom Tonband)*: Nee, den muß ich erstmal waschen, weil er gespritzt ist, und außerdem ist Luftverschmutzung und saurer Regen dran, dann die Schale, da ist schon so Borke dran, und irgendwelche Würmer, die da durchgekrochen sind, also muß ich erst 'n Messer nehmen, muß ihn schälen, das Kerngehäuse rausmachen!

Damit ich nicht in diese widerlichen Sachen da beiße, die der Wurm hinterlassen hat.

Heinz-Otto *(drückt auf Off)*: Naja, du kennst das ja.

Uli: Du ißt also die Würmer nicht mit, als Fleischfresser?

Heinz-Otto: Es gibt genießbares und es gibt ungenießbares Fleisch.

Uli: Wer wie du den Apfel so schlechtmacht –

Heinz-Otto: Wieso denn das? Ich esse Äpfel sehr gern! Ich esse jeden Tag 'n Apfel! Guck hier, mein Apfel-Depot.

Uli: Angenommen, der Apfel ist gespritzt, dann sind keine Würmer drin, und angenommen, es sind keine Würmer drin, dann war er nicht gespritzt. Du hast also sämtliche Nachteile, die Äpfel haben können, an einem einzigen Apfel demonstriert! Stell dir vor, ich müßte den Apfel erst schlachten!

Heinz-Otto: Was meinst du, wie gut ein Bratapfel schmeckt! Oder Apfelmus!

Uli: Im Paradies wurde ausschließlich Rohkost gegessen. Weder Apfelmus noch Spanferkel!

Heinz-Otto: Woher willst du das wissen? Warst du dabei?

Uli: Im Paradies wurde nicht getötet. Sonst wärs ja die Hölle.

Heinz-Otto: Bitte, dann sag mir die Bibelstelle, wo das steht. Und der Herr sprach: »Nährt euch von allen Früchten des Gartens!« Und mit Früchten sind selbstverständlich auch Tiere gemeint!

Uli: Adam und Eva haben also nicht den Apfel der Erkenntnis gepflückt, sondern das Schwein der Erkenntnis geschlachtet?

Heinz-Otto: Es gab ja nicht nur Adam und Eva im Paradies. Wovon haben sich die armen Schlangen ernährt?

ULI: Damals haben alle Wesen noch friedlich beieinander gelegen, und erst später –

HEINZ-OTTO: Und haben sich durch Magenknurren ernährt, oder wie?

ULI: Auch die Insekten haben damals noch nicht gestochen, sondern bloß gesummt.

HEINZ-OTTO: Das war aber 'n komisches Paradies, oder komische Tiere, die da gelebt haben. Stell dir nur mal vor, von heut auf morgen würden alle Autos verboten, rat mal, was dann eintreten würde?

ULI: Die Wälder könnten sich erholen… das Ozonloch würde sich langsam wieder schließen…

HEINZ-OTTO: Und der Arzt, der dringend 30 km weiter zu einem Patienten muß, weil der im Sterben liegt? Denn Kutschen gäbe es ja auch nicht.

ULI: Wieso darf Dr. Pollmächer nicht Kutsche fahren?

HEINZ-OTTO: Pferde müßten erst wieder herangezüchtet werden. Und ob sich dazu noch jemand bereitfindet, in einem Beruf, der nichts einbringt, wie es nun mal der landwirtschaftliche Beruf heute geworden ist, oder als Kutscher – ich kanns mir nicht vorstelln.

ULI: Tankwarte wären dann halt wieder Haferverkäufer. Und Hersteller von Sicherheitsgurten wieder Sattler.

HEINZ-OTTO: Und der würde alles wieder von Hand machen wollen? Oder machen müssen! Also wieder bei der Stunde Null anfangen, also sagen wir mal im Jahre 1850. Wäre das ein erstrebenswertes Leben?

ULI: Für mich die Erfüllung meines einzigen Wunschtraums!

# ZURÜCK ZUR NATUR –
# ZUR NOT MIT VOLLGAS

### Sind Pflanzen die besseren Lebewesen?

Wie schön könnte der Tautropfenbehang eines Radnetzspinnennetzes sein, wenn keine Fliege drin zappeln müßte. Ziergärten, wo seid ihr? Stille der Pflanzenwelt... und lieben lernt ich unter den Blumen... im waldumkränzten Schattentale. Blume müßte man sein, nicht bloß Vegetarier, da müßte man nicht ständig alles beschnüffeln! Baum müßte ich sein, da müßte ich nicht jeden Eckpfeiler meines Reviers bepinkeln. Ach, wir geplagten Tiere. Blumen und Bäume merken wenigstens nicht viel davon, wenn sie die Blätter hängen lassen, und daß sie ständig gepflückt, gefällt und vom Waldsterben entlaubt werden. Die Flora in mir und an mir, mein Kapillarsystem, geföntes Gras auf dem Kopf, und Moos ums Kinn, und Kräuselanflug hier und da, nachwachsende Nägel, das alles genügt mir nicht. Nachts als Horizontalpflanze herumzuliegen, das sieht weniger nach höherer Pflanze aus als nach zurücktauchendem Tier, nach zukkender Peristaltik mit unersättlichen rapid eyes movements. Und als ob es nicht genügen würde, hinterher nach Verwesung zu riechen, stinken Schwein, Igel und ich bereits bei Lebzeiten aus Leibeskräften. Sogar Singvögel stinken! Erst weiter unten, frühestens bei Insekten, läßt das eventuell nach – der Preis für Freibeweglichkeit! Und vice versa: Blumen dürfen nur deshalb genau umgekehrt duften, weil sie festsitzen. Eine Anemone, die sich vom Boden losrisse, röche sofort nach Kamel, und ein Gärtchen mit vagierender Kamille würde prompt zum Stall. Sobald sich Frau Laabs parfümiert, überdeckt sie den Gestank ihres Herumlaufens mit dem veilchensüßen Duft der Unfreiheit. So schmückt sich das Tier mit dem

Vorteil der Blume. Freiheitskämpfer riechen am übelsten, Busse schlimmer als Autos. Freie Völker auf freiem Grund verbrauchen pro Minute 300 Tonnen Seife. Doch angenommen, meine Friedensvision ließe sich realisieren und es gäbe weltweit ausschließlich Pflanzen, und keine Tiere, dann würde die Botanik sofort die Atmosphäre verpesten, mit ihrem O-Ausstoß, den dann kein Viech mehr forttränke. Andererseits möcht ich doch wohl lieber Unschuldslämmchen sein, als fleischfressende Blume.

Die Pflanzen sind natürlich nur halb so unschuldig, wie sie duften und aussehn. Als herumrennende Tiere würden sie genauso in abgehetztes Fleisch einfach so reinbeißen, und Happen rausreißen aus weitergaloppierenden Geschöpfen. Lianen drücken die Luft zwar langsamer als Pythons ab, die monatelange Freßpausen einlegen, dafür lassen die Polizeigriffe der Pflanzen kräftemäßig nie nach, wenn sie kleinere Pflänzchen rund um die Uhr beschatten und abschnüren. Unheimlich bleibt gerade diese lautlose Arbeit. Und das wird immer schlimmer mit den Pflanzen. Das »freudige Wachstum« der Pflanzen (Hölderlin) ging in »würgendes Wachstum« (Rilke) über, darwingeschädigt. Raubwild achtet wenigstens drauf, daß Beute nie restlos ausstirbt. Wer kein Pärchen übrigläßt, stirbt selber aus. Rhododendron hingegen – ohne jedes Fingerspitzengefühl für Bio-Gleichgewicht – vergiftet Böden derart, daß im Umkreis nichts mehr Wurzel faßt. Ganz Großbritannien leuchtet lila vor Rhododendron, dessen Wurzelwerk selbst Ausrodung und Brand nicht beikommt. So revierbeanspruchend und flächendeckend wie Überbevölkerung und Urwald verausgabte sich noch nie ein Tier, selbst in Wildbißgebieten nur alle 3 km, abgerechnet Insekten und Herdentiere. Pflanzen sind also – statt ethisch höher einzustufen als Tiere – scheinheilige

Kreaturen. Daß jeder Wegerich beliebig dicke Versiegelung durchstößt – Vorsicht: Langzeitperspektiven. Joghurtbecher zersetzen sich bereits nach 24000 Jahren, also praktisch umgehend; Pflanzen wuchern seit ½ Milliarde Jahre unverbraucht wie am ersten Tag im Wald so für sich hin.

Pflanzen reagieren auf keine Demutsgebärde unterlegener Gewächse, sind also unsensibel und fies, auch Mimosen, auch berührungsempfindliche Samenkapseln des Springkrauts. Wenn wenigstens irgendwo nebenbei eine Art Erkenntnis wach würde, auf daß mal genauer hingesehen werde, was da permanent Unverantwortliches getrieben wird. Pflanzliche Augenlosigkeit würde mich, wenn ich Pflanze wäre, stark beeinträchtigen, obwohl ich nichts vermissen würde. Nie könnt ich Wälder und Gärten bewundern. Erniedrigend fänd ich's, lebenslang reglos und graubepelzt auf irgendeinem Mittelstreifen zu stehn, parfümierte Genitalien in die Luft zu spreizen und die ganze Gegend in mein Spermagestöber zu hüllen. Nichts gegen Genitalien, aber Blumen mit dürren Hälsen, auf denen sie prangen, sehen physiognomisch arg verkopft aus, ohne Kopf. Ein Vorzug wär allenfalls der fehlende Kehlkopf, was Blumen wiederum mit optischer Aufdringlichkeit ausgleichen. Und wie erbärmlich und blind Bäume ihr Holz ästeringend hochstrecken und auf der Stelle rauschen, und den tödlichen Erfindergeist der Menschheit aktivieren. Jene Maschine, die eine 40 Jahre alte Fichte in 20 Sekunden fällt/entastet/zerlegt/stapelt, kostet 550000.– Euro. Nein und nochmals nein: Ich mag keine Reste zurücklassen, weder Standard-Kadaver noch Holzstapel.

Pflanze zu sein, wäre keine Lösung, doch eine steinerne Welt arg trostlos. Kurz, ich bleibe Tier, bestenfalls ein Geschöpf, halb Vieh, halb Engel, wobei der tierische

Sind Herkulesstauden die friedlicheren Lebewesen?

Anteil den englischen leider hundertprozentig fortsaugt. Oft denk ich nicht dran, daß ich mich mit diesem Zustand eigentlich nicht abfinde.

### Sind Wolken die schöneren Lebewesen?

Um von mobbenden Menschen mich ein wenig zu erholen, floh ich zu den Tieren. Die aber bellten oft, drängelten und pinkelten, brüllten ständig »Muh!« und rochen nicht gut.

So floh ich zu den Pflanzen. Die schönsten Blümlein aber – in aller Stille, bei aller lichtgrünen Unschuld – dufteten zwar ganz passabel, machten aber ansonsten sich ebenfalls Standorte streitig, stellten einander in den Schatten, würgten sich ab, sägten sich ab, also mobbten; alles ethisch nicht so richtig vertretbar. Also kehrte ich all den Weltkriegen und Weltreligionen den Rücken und floh zur stillen Wolkenwelt.

Wie die Wolken über dubiosen Säugetieren numinös

von hinnen schwebten, über die Hügelketten des Knüllwald hinweg... rührend, makellos, als brave Lämmerherden, in zartgelocktem Pazifismus, sehr schön. Nie nervten Wolken tausendstimmig mit »Mäh!« Nie ließen sie Kot fallen. Keine Kehle hielten sie zutraulich hin. Sie bewahrten Menschen davor, Schlachter zu werden, Wolkenmörder, zwecks Wattebauschproduktion, jenseits von Bös und Gut. Sie warfen alle Sandsäcke ab, um mit Vorliebe sandsackartige Federbetten zu imitieren. Ich setzte eine Sonnenbrille auf und steigerte so ihre geruchsfreie Plastizität, besonders bei Haufenwolken, Quellwolken, Sommerwolken, alles schön unverbindlich, flatterhaft, traumhaft freihändig, mit gleißenden Rändern, die platonisch entrückte Idee zweckfreien Dösens, Metaphysik des Schwebens, reines Sein, ganz ohne jeden Heidegger. Ich fand Wolken gut. Sie nervten nicht herum als Senioren, Vorschulkinder und Welpen. Sie taten keinem was... außer wenn es regnete.

Dann zogen sie suspekte Rorschach-Visagen und bauschten sich optisch auf, donnerten cholerisch herum, als Atombomben im Stummfilm. Die einen – immer unterwegs, in sanguinischem Reisewahn. Die andern trieben phlegmatisch als Cumulus vorbei, oder trübten und näßten sich ein, als melancholische Nebeldecke. Also hätt ich gleich bei jenen Leuten bleiben können, deren Nachteile sie teilten, von Fettbäuchigkeit über Zusammenrottung bis Fluchtverhalten. Graue Mäuse, die von fern und außen ganz passabel aussahn, hatten innen Blut und Schleim; selbst die lichtweißeste Silberwolke, blitzblank durchleuchtet, hatte innen bloß Waschküchendunst, grau in grau. Zwischendurch aber gelangten Wolken hoch hinauf, höher als Weltreligionen, die an die Hirne des Bodenpersonals gebunden blieben und mich mitten im Meteorologischen einholten, bis hinan zum zen-buddhistisch hingehauchten Sphären-Zirrus ... überirdisch unterzuckert ... entbunden, also echt spirituell. Doch selbst die religiöseste Wolke schaffte es nicht hinauf in die höhere – oder wenigstens niedere! – Biologie. Sie bildete keine DNS, aber schob sich zwischen mich und den verdeckten Sonnengott.

So kam ich zurück zu den Menschen. Durch neunzig Jahre versuchten sie verkrampft ihre Tagesform zu strekken. Wie sich das auf freien Flächen drängelte, durchhing, aufstaute! Und ständig zu Völkermord ausartete, ab und an alles wie fortgefegt, garniert mit unnötigen Lautäußerungen und Farbtupfern auf schäfchenweißer Unterwäsche. Babs und ich zogen die Sonnenbrillen ab, im Federbett, und wurden eins ... wie einerseits Frau und Mann, andererseits wie geschlechtsneutral ineinandergematschte Wolken, und hängten unsere Fähnchen nach dem Wind und schämten uns unseres Wasserlassens, diesseits von Caritativ und Korrupt. Abhängig von Plus-Minus-Ladungen, zeigte einer von uns, von seiner Physik her, ein gespaltenes Seelenleben. Nur halt immer diese inkonsequente Quasi-Weichheit! Schlimmer als Bäume an ihrem Standort, so hafteten die Leute an ihren Standpunkten, und ich an meinen Blickweisen, und an der bis auf weiteres grausam festgelegten Zerrform meiner physisch betonten Konstitution. Nur allein dieses dogmatische Knochengerüst! Sehr störend! Wie unfreihändig! Diese unwandelbaren Gesichtszüge, die per Mimik eine Art unzureichender Metamorphose anstrebten! Verlangsamte Deformatio... bis zur Auflösung. Statt aber als Stapelware am Horizont lichtweiß und hochästhetisch zu zerfleddern, ließen sich Mitbürger und Mitköter – sobald sie starben – fallen wie Schafskot.

## Wie ein Schweizer Pfarrer jeden Goethe wundersam überbot

Im Winter 1782/83 erschien ein Sonderdruck, das »Journal von Tiefurt privatim«, darin etliche anonyme Texte. Das 32. Stück, ein hymnisches Prosafragment über die Natur, ein wundersam tiefsinniges Natur-Credo, stach aus der üblichen Verfasserei heraus, derart, daß schon bald gemunkelt wurde, sowas könne eigentlich nur Goethe verfaßt haben. Es hagelte verblüffende Parallelen zum Urfaust. »Die Natur« sprach vom »Kreislauf ihres Tanzes«, der Erdgeist vom »sausenden Webstuhl der Zeit«. In »Die Natur« hieß es: »Sie spielt ein Schauspiel: ob sie es selbst sieht wissen wir nicht, und doch spielt sie's für uns die wir in der Ecke stehen.« – »Sie lebt in lauter Kindern, und die Mutter, wo ist sie?« Urfaust: »Welch Schauspiel! aber ach, ein Schauspiel nur! Wo faß ich dich, unendliche Natur! Euch Brüste, wo!« Goethe ließ den harmlos reimenden Erdgeist, hinter dem er sich versteckte, gleich wieder verstummen; in »Die Natur« hingegen kam weitergedachter, dämonischer Goethe zu Wort, vielleicht gar der Erdgeist persönlich, endlich einmal dieser selber, ungereimt und ungeschönt, endlich Klartext. Eine Instanz, die ihre Geschöpfe aus dem Nichts hervorspritzt oder daß Tausende stumpf über die Natur hinwegstiefeln und jeder Tor an ihr künstelt – so bildkräftig, unverblümt, deftig drückte und strömte Goethe sich ansonsten nie oder selten aus. Mutter Natur, inclusive Tod, erschien als blindes, paradoxes, zwiespältiges Wesen, durchaus modern als Monstrum! Zeitweise wurde Friedrich Hildebrand von Einsiedel (1750–1828?) der Autorschaft verdächtigt. 46 Jahre später – 1828 –

konfrontierte man Goethe mit diesem Text, den abgefaßt zu haben er sich nicht erinnerte, trotz der Urfaust-Parallelen. Dennoch wanderte dann der Text für alle Fälle in den Gesamtcorpus von Goethes Gesammelten Werken ein. Selbst aus diesen stach er qualitativ deutlich hervor. Er bot ihre aufgeladene Quintessenz, neben und über Urfaust und Schwager Kronos.

Auch manch einer Nachwelt fiel das Stück besonders auf. Es ließ aufhorchen und erschauern. Früher Nietzsche wähnte Goethe zu zitieren: »Sie freut sich an der Illusion. Wer diese in sich und anderen zerstört, den straft sie als der strengste Tyrann«, ohne zu ahnen, daß genau dieser Passus auf das Schicksal späten Nietzsches alsbald noch viel genauer zutreffen würde. Ganze Abiturientengenerationen zwischen Gründerzeit und 1950 hatten ehrfürchtig das Zitat entgegenzunehmen, daß die Natur Klüfte zwischen allen Wesen mache, aber auch »weise und still« sei. Bebilderte, kostbare Einzelausgaben erschienen im Strecksatz. Der Text bewog sogar den jungen Sigmund Freud, Naturwissenschaft zu studieren. Rilke fühlte sich von »Die Natur« tiefer berührt als von anderen Goethewerken, außer der Harzreise; 1913 schenkte er Sidonie Nádherny »Die Natur«, die er x Male gelesen hatte, »jedesmal mit dem äußersten Staunen«, ja, auswendig konnte, und noch auf dem Sterbebett schwärmte er, seiner Mitpatientin Lalli Horstmann gegenüber, von Goethes »Die Natur«. Dann wurde philologisch verifiziert: Der Text stammte, statt von Goethe, von einem Tobler (1757–1812) – wer sollte denn das sein!? Keiner kannte ihn, aber von Mai bis November 1781 hatte er in Weimar gastiert. Das sprach sich nur ungern herum. Keiner wollte die einzig schlackenlose Genietat und das kostbarste Meisterstück des 33jährigen Faustdichters einem 25jährigen, pantheistisch engagierten Nobody abtreten und zutrauen. Schlimm genug, daß fast jeder Goldhelm plötzlich dann doch nur von unbekannten Rembrandt-Schülern stammte! Goethes Ghostwriter – ein Schweizer Pfarrer und Chorherr!?! Daß rund 85 % des Goethe-Œuvres neben Georg Christoph Toblers »Natur« recht behäbig, bläßlich, gestelzt, klassizistisch ausschaute – welch Skandalon! Mußte jetzt nicht gewaltig umgedacht werden? Brach hier nicht die Genielehre zusammen? Der in Zürich aufgewachsene Hauslehrer und Klopstockimitator Tobler aus dem thurgauischen Ermatingen maßte sich an, weiterhin als stiller Parasit und Teilhaber zu überwintern und zu überleben, als Inclusum im Kanon, mit dieser seinen kleinen Quintessenz seines Denkens und Naturbetrachtens, und das lief in Auswahlausgaben weiter, als wär's ein Stück von Goethe. Tobler verfaßte sonst nichts, außer Sophokles- und Aischylos-Übersetzungen, und versank ohne Zusatzkommentar in der kosmischen Nacht, der Johann Wolfgang von Goethe sich vorerst mittelfristig entzog. Entweder hatte der schwer recherchierbare Tobler der Welt nichts weiter mitzuteilen, außer »Die Natur«, oder er schrieb und dachte immer so höchstrangig, und keiner merkte es. Oder die es vor Ort merkten, starben und hatten nichts aufnotiert.

## Frühling ohne Wiesenschaumkraut und Aurorafalter
*Plädoyer für etwas besonneneres Rasenmähen und Baumverstümmeln*

Endlich Treibhausfrühling voll Wollschweber und Zitronenfalter, und schon dröhnen alle verlängerten Arme der Aufsitz-Rasenmäherindustrie los und verwandeln vortastende Wiesenschaumkrautwiesen in Golfrasen und Nazibürstenschnitt, und das nicht erst ab 1. Mai, sondern jetzt schon, obwohl bei dieser vielbeklagten Trockenheit die wegrasierte Schutzschicht aus Gras genau zu jenen ausgetrockneten Flächen mit einzelnen gelben Hälmchen führen wird, die eigentlich das zukünftige Schreckbild aller Informationsmedien bildet, siehe Sahara, und obwohl doch SPIEGEL und alle anderen ab und zu melden, daß 30% des Schmetterlings- und Bienensterbens auf verfrühtes und zu häufiges Mähen zurückgeht, aber hier im Knüll und in Hessen scheint das keiner zu merken, obwohl's ja gelegentlich auch die HNA meldet. Und die Zerhäcksler-Lobby brüllt lärmend nach noch größeren Opfern: Früher hieß das Prinzip: »Alles ab, was in den Weg ragt oder auf parkende autoförmige Umweltsünder fallen könnte, und vor allem bei Windstille auf unschuldige Kinder!«, so nach dem Motto: Schmetterlinge zahlen später nicht in die Rentenkassen anrollender Greisenlawinen ein! Dann hieß es: »Alles, was in den Weg ragen könnte!« Das pervertierte zur Maxime: »Alles, was man mit der Säge erreichen kann!« Die sauteuren neuangeschafften elektrischen Gartenscheren, Motorsensen, Laub-Turbo-Sauger und Hochleistungs-Schredder müssen sich amortisieren. Früher schnitt man nur Zweige zurück, dann Äste, heute jeden erreichbaren Stamm, bevorzugt wertvolle Weidenkätzchen, die erste Bienennahrung, Holunder, Schlehen und langsam wachsenden Rotdorn, um dessen Wohlergehn jeder Palmengarten geduldig ringt. Jetzt muß man meilenweit Auto fahren, um noch Holunderblütentee schlürfen zu können, mit Honig, falls man außerhalb von Aldi und Multi noch an Honig herankommt. Und die amtlichen Rasier- und Verstümmelorgane kennen keine Pflanzenarten: blühende Frühlingszweige werden abgesäbelt, zum Kopfschütteln professioneller Dendrologen, Baumdoktoren, Gartenfreundinnen und Forstbiologen, und tote Strünke stehngelassen. Bäume werden systematisch so chaotisch, brutal, uninformiert und falsch wie möglich beschnitten, so daß es in die Schnittstellen reinregnen und der ungern verschonte Baum faulen und sterben muß. Angesprochene, teilweise sogar ökologisch denkende Ortsvorsteher und Landschaftsgärtner zucken nur die Schultern: »Wir können hier nicht lauter promovierte Mähmaschinen anstellen.« Aber ein Minimum an Naturgefühl oder Informationsstand wär doch eigentlich schon ganz gut? Schmetterlinge würden es danken.

## Bitte fahrfreie Sonntage!

Auch ich hab mich lang genug als Einzelkämpfer im Verzicht geübt und festgestellt: Je weniger ich herumkutsche, desto verstopfter sind trotzdem alle Straßen, obwohl zwei Drittel aller neuen Autos in Asien verkauft werden – und selbst der Individualverkehr Nord-Koreas und Kubas, neulich noch verboten, gründlich überrollt wird. Deshalb glaub ich auch nicht an die Sommer-Smog-Verordnung, die laut Umweltminister Klaus Töpfer (CDU) bereits 1992 hätte verabschiedet werden sollen, anwendbar ab Sommer 1993. Auch die hoffnungsvolle Ankündigung, ab '93 ein Fahrverbot in deutschen Städten einzuführen, stellte sich als leere Drohung heraus. Sowas kann eine Bevölkerung nicht beirren, die lieber im Stau nach unfrischer Luft schnappt, als mit Bus und Bahn pünktlich zu sein.

Als wichtigsten Feiertag kreuzte ich mir den 25.11.93 an, den 20. Jahrestag des ersten fahrfreien Sonntags anläßlich bewältigbarer Ölkrisen. Damals waren noch lang nicht 72% aller Verkehrsteilnehmer Parkplatzsucher, und das Berufsbild des Stauberaters hatte noch keine Zukunft. Dennoch bildete der St.-Nimmerleins-Tag des 25. 11. 1973 eine schöne Insel in der Immanenz der chronischen Dauer-Rush-hour. Während das bundesweit ausgebliebene tägliche Zoll an Verkehrstoten statistisch ausgependelt wurde von den Familienkatastrophen derer, die sich mangels Sonntagsausflug zu eng auf der Pelle hockten, wandelte ich durchs stillste Wochenende Europas. Alle liefen auf ihren Füßen, ganze Sippen, breughelartig, durch das abgasfreie November-Nirwana, das schwirrte von Begrüßungen und freudigerem Kontakt als bei heutigem Prost und Adressentausch im Verkehrsinfarkt. Ich hörte Amseln mitten in der City von Darmstadt, Schritte in entlegensten Straßen, auf getrenntesten Bergen, Stimmen innerhalb der plötzlich transparenten Wohnblocks, Telefone hinter Rolladen; ich hörte auf 200 m Entfernung Gabeln fallen und Kleider rascheln und grübelte nach über technischen Fortschritt als Hindernis funktionierender Telepathie.

Nebenbei merkte ich, daß ich unbewußt automatisiert den Hauptstraßen auswich, erstmals unnötigerweise, denn dort fuhr nichts, nicht einmal ein Krankenwagen, bloß ein hassenswertes Taxi. Ein Drahtesel, mit drei johlenden Bierbäuchen drauf, kam kaum vorwärts. Es scheppterte monströs durch die für 24 Stunden freigeschaufelte Gegenwart, unaufgetupft vom Löschblatt des üblichen Verkehrsrauschens. Die Ewigkeit hatte einen Knacks bekommen.

Über der Szenerie lag, fernab aller Verkehrsdurchsagen, jenseits aller Turnusmäßigkeit, unerprobte Numinosität, schöner als Silvesterstimmung, gefärbt alles vom Glanz der Unwiederholbarkeit – spätere fahrfreie Sonntage blieben ohne diesen Glanz, und an den fahrfreien Tagen, die auf freiwilliger Basis fußten, fuhr jeder überall herum, straffrei und gewissenlos, leider sogar Familie Kunz aus Rottenburg am Neckar, und zwar mit dem roten Toyota zum Pilzen im Naherholungsgebiet.

Dann aber, am 26. November 1973, ab 6 Uhr, wurde die limitierte Utopie erneut zugespachelt vom Verkehrsaufkommen, und ein Jugendfreund namens Klaus Baum brüstete sich, gestern eine Fahrerlaubnis gehabt zu haben.

Das Verkehrschaos von Napoli sehen und dann sterben – nein danke. Mir dient nur eins: Einmal noch ein verkehrsloses Darmstadt sehen, transparente Häuser, Dreidimensionalität, ohne jedes Taxi, ja, auch ohne Krankenwagen! Ohne jede Sondergenehmigung! Wird mir Umweltminister Klaus Töpfer dergleichen je gewähren? Und wenn ja, werde ich in meinem Alter überhaupt noch fähig sein, einen solchen Tag gebührend zu genießen, oder werde ich bloß der vor Jahrzehnten erlebten Unwiederholbarkeit hinterherjapsen? Überall eine Welt für alle und nirgendwo eine Welt für mich! Weiterhusten im Smog, überrollt von 40 Millionen PKWs – und wenn man sich noch so sehr den Führerschein abnehmen ließe oder ihn gar nicht erst machen würde!

## Die Baumseele zwischen Abholzung und Stadtbegrünung

*Wie der Baum von Babel gefällt wurde:* – Tausend Jahre vor Eva und Adam lebte in einem vorirakischen, vorgnostischen, vorbiblischen, fast vormesopotamischen Dschungelgarten ein Traumpärchen namens Chawwa und Adapa, beide wunderbar nackt, drumrum alles hell und schön. Halb aufgeschälte Bananen flogen von selber in unbehaarte Mundöffnungen; alle Leute, Tiere, Blumen und Geister hatten zauberhaften Sex miteinander. Kaum aber schob Chawwa ihrem lieben Adapa die Dattel der Erkenntnis zwischen die Lippen, begann dieser, als Analphabet Piktogramme in den Feigenbaum des Lebens zu schnitzen, und im urmütterlichen Yonibaum, botanischer gesagt: hindustanischen Banyanbaum, *Ficus bengalensis* (Würgefeige), schrieen Dryaden leise auf; hervor brach, statt waldhonigfarbene flüssige Bernsteintränen oder Gummimilch, blutrotes Menschenblut! Und schon schwebte über den lichtfleckrieselten Wonnen eine sittliche Aufforderung: »Fällen dürft ihr allerlei Bäume in diesem Wald, aber den Baum von Babel, den nicht! Sonst werdet ihr des Todes sterben!« Alle hielten sich dran, zumal der Baum als unfällbar galt. Wozu dann aber das Verbot? Äste waren hierzulande unnötig und unbekannt. Trotzdem gelang es Adapa irgendwann, den Welt- und Lebensbaum zu fällen. Er durchtrennte die baumförmige Nabelschnur und einige lebendige Brücke zwischen Erde und Himmel, Eden und Elysium, koppelte sich, samt Welt, von Urmutter Banjana bzw. Maja bzw. Flora bzw. Fata Morgana ab. Die fallende Weltesche riß kleinere Bäume mit sich. Plötzlich saßen Chawwa und Adapa, statt im säuselnden Vielstrom-Paradiesgarten, in erodiertem Brachland. Nirgendwo nette Baumseelen, dafür aber rauhkörnige Sandsturmgeister namens Samum, vor denen man sich – wie vor bösem Blick – mit Schleiern schützte, 2000 vor Muhammad. Medizinmänner auf Borneo gingen verschleiert wie zoroastrische und ägyptische Priesterkönige der 18. Dynastie. Und alles voll dubiöser Wüstendämonen namens Nahuscha, Nehuschtan, Nahema, Naama, Namrael, Nachon, Ninhursag, Kamosch, Kakodaimon, Beelzebub, Baal, Jahwe, Hubal, Sabazius, Samael, Jiva, Jaganmata, Vasuki, Ophion, Kadru, die in Bundesladen, Hausschreine und Wunderflaschen unschädlich eingestöpselt werden mußten. Die hartherzig mit Geboten und Strafen drangsalierten, wettergegerbten Vorväter heutiger Israelis und Palästinenser schleppten sich durch hitzeflimmernden Wüstenstaub, Waste Land. Sandwüsten, Staubwüsten, Steinwüsten, Trockenwüsten, Todeszonen hatte es eilig, auf Bauerwartungsland, Flächenfraß, Betonwüste und Kulturwüste hinauszulaufen, verfrühter als nötig. Oft saßen Abu Brahma (Vorfahr von Abraham), der gutgebaute Onan, der unrasierte Esau oder der damals noch ziemlich grünschnäbelige, bartlose Methusalem zwischen Kameldorn und Sandviperskelett. Mittagshitze kitzelte ihre Augenlider, reuevoll schluchzten sie auf, sehnten sich zurück, in schwachen Momenten und Minuten. Immer süßer und öfter träumten fast alle von fortschrumpfenden Traumoasen und Traumblasen, die sich an wachsende Wüsten klammerten. Immer berückender tasteten geträumte Mondgeister durchs Blattgefieder grüngolden schimmernden Lebensbaums in ungeschorener uferloser Mutter-Oase.

*Wie sich Wüstensöhne ins grüne Paradies zurücksehnten:*
– In anderen Textbruchstücken hieß es alsbald, Adapa bzw. sogar Jahi, ihr eigener Sohn, ein heruntergekommener Gott (später verballhornt zu Jachwe), hätte die Isis Multimammia, seine eigene Urmama und Gebärmutti gewaltsam »gehackt« (vergewaltigt!?) (was Umweltschützer lieber mit »verschandelt« übersetzten), und habe sich so das prähistorische FKK-Paradies auf ewig verscherzt. Immerhin, Fata Morgana hungerte den verfluchten Gott und dessen hartgesottenes Volk nicht völ-

lig aus: In die Wüste sprengte sie Mini-Zitate aus Paradiesgrün ein, Zisternen, Dattelpalmen, Oasen, und setzte Chawwa- und Adapa-Nachwuchs hinein: Eva und Adam, deren Weltenbaum sich verkürzte, kaum noch in den transzendenten Himmel wuchs, d. h. die Kirche im botanischen Dorf ließ. Die Aufgabe, den Baum nicht abzuholzen, ermäßigte sich irreal zum Verbot, Obst zu essen. Das Götterknäuel, das zeitweise auf den Namen »Elohim« hörte, wollt alles selber essen; prähistorischer Ressourcenstreit. Elefanten, die alles Grüne überweideten, stampften alsbald durch Wüstenstaub; fast erübrigten sich Engel mit Flammenschwert. Anthropologisch gesprochen: Kaum wurden Tiere Menschen, setzten sie sich Tiermasken auf. Kaum schmolz im Lauf der Menschwerdung das Fell des Homo sapiens hinweg, zugunsten nackter Affen, wurden Feigenblatt, Löwenfell und Gesichtsschleier nötig. Abu Brahma trug als Milchkind grellrote Blättermasken, gegen Sonnenbrand und Pockendämonen. – ☆ – Religiös begabte Wüstensöhne wie Kusch, Jaakov, Henoch, König Nimrod oder auch Abu Brahma träumten von lichtumflossenen Himmelsleitern, die den Götterbaum mühselig rekonstruieren oder ersetzen sollten, und statt den Baum von Babel nochmal zu setzen, zu hegen und zu gießen, bauten sie den Turm von Babel. Gärtner wurden Maurer. Statt Gartenbaukunst – Baukunst. Kein ›Zurück zur Natur‹ kam in Sicht. Kein lebendig himmelstürmerisch sich rankender Baum wuchs in den Himmel, sondern ein vorchristlicher Wolkenkratzer, dank staubtrockner Maurerskunst, Lehmziegel auf Lehmziegel, Stein auf Stein, wuchs seinem Einsturz entgegen, wie hochschießende Raketen ihrem Absturz. Wandervölker, kaum aufgestiegen in die kahlen Hochplateaus aufgenötigten Monotheismus, tanzten immer gleich wieder um Goldene Kälber. Und die wenigen Welteschen wurden auch noch fortgeholzt. Mytho-Unhold Erysichthon erneuerte die mesopotamische Vergewaltigung der Großen Mutter, indem er brachial ein steinaltes Baumheiligtum fällte; geschildert in Ovidius Nasos »Metamorphosen«.

*Buddha & Jesus und der Feigenbaum*: – Padmasambhava, Mankaliputta Goschala, Mahavira und Buddha, nachdem sie 5 x 34 Inkarnationen als Baumgeister durchgemacht hatten, mußten schwitzen und laufen, denn passende Erleuchtungsbäume standen keinesfalls Baum an Baum, und keine 30 m, und nicht unter jedem Bodhi-Baum *(Ficus religiosis)*, streichelte einer dessen Luftwurzeln. Und die Paradiesschlange kam als Kobrakönigin Muktalinda, einer Abgesandten der Urmutter Maja, herbei und reichte ihm die hochprozentige Frucht der Erkenntnis. Bereits 1800 v. Chr. raunten aus dem Dornbusch des Moses, einer selbstentzündlichen Gaspflanze oder Fraxinella *(Dietamnus albus L.)*, keine Busch- oder Baumgeister mehr, sondern ein männlicher Gott. – ☆ – Ein Banyanbaum, unter dem das Heer Alexanders lagerte, warf dem Feldherrn Eroberungslust vor, prophezeite sein baldiges Ende, fernab der Frage, wie der Baum seine Sprechwerkzeuge eingespeichelt haben könnte. Nebenan stand ein gelernter Holzfacharbeiter aus Bethlehem im Garten Gethsemane, palmenumfächelt von warmer Nachtluft und dem Schnarchton des kahlköpfigen Fischverarbeiters Petrus, wenig naturverbunden; und floß nicht mystisch hinein ins Blattgeraschel, taub und amusisch und gefühlsblind für die jammernden und drohenden Palm-, Busch- und Baumgeister, die ihm vorwarfen, er hätte neulich einen armen Feigenbaum verdorren lassen, ganz ohne Axt, einfach nur durch ein Wort... ein Zauberwort... und die ihm drohten, dafür werde er an einen toten Baum gehängt. Wüstensohn Jesus outete sich als gefühlsarm vorauseilende Asphaltpflanze, identifiziert mit dem Angreifer Wüste, und schlug der raunenden Urmutter das liebevoll gereichte Füllhorn und saftreiche Proviantpaket samt Blütenschmuck aggressiv aus zartgegliederter Hand, Jesus als mutierter oder auch sublimierter Erysichthon, aber ohne dessen männlich verschwitzte Achselhöhlen – Jesus als aggressiver Zauberer, als magischer Schreibtischtäter. Wie unökologisch, Lahme und Leichen wieder laufen zu lassen, aber lebendige Schweine in Abgründe zu hetzen und Obstbäume kaputtzuhexen! Und schon nahte der karmische Rückstoß in Vollzugsbeamtengestalt und schleppte den Pflanzenverflucher zur Schädelstätte. Der die grüne Welt der ewigen Mutter beleidigt hatte, bekam – statt dionysisches Weinlaub oder Vorschußlorbeer – zur Strafe eine Dornenkrone aufgesetzt, und wurde lebendig und durstig an totes Holz genagelt, mit Nägeln des Eisernen Zeitalters, fortgeweht die Laubmaske des geopferten Adonis, Attis, Osiris, Tammuz, Melchisedek oder Mithras, lichtjahrfern hindustanischer religiöser Feigenbäume. Statt unter indischem Bodhi-Baum zu erwachen, schloß er die Augen an indianischem Marterpfahl und teilte als verdorrter Sohn das Schicksal des wegen ihm verdorrten Fruchtbaums, neuzeitlicher gesagt: emotional verkümmert. Alles verwunderlicherweise nach dem Ritus altgermanischer Jurisprudenz: Lang bevor Germanien missioniert und mosaisch infiltriert wurde, wurde in heiligen Hainen jedem, der Äste abbrach, etwas anatomisch Analoges abgebrochen. Und wer Rinde abschälte, wurde abgeschält, Baum um Baum, und Ast um Ast. Bald dampfte und darbte die Südhalbkugel als geologische Glatze, ausgeliefert Sonnenwind und -brand. Von der Holzklotzanbetung zur Kruzifixproduktion – keine Religionsgeschichte ohne Kahlschlag.

*Der monotheistische Vandalismus des Sankt Bonifax:* – Nur die Nordhalbkugel lag noch äonenlang flächendeckend im Sumpfwald, viel zu dunkel, um sich in Holzaxtproduktion zu verausgaben. Urtümliche Gestalten à la Conan, der Barbar, manch ein nordischer Erysichthon, jagten Waldlöwen im Löwenwald, und schossen daneben und kamen kaum durch, durch entwurzelte Riesenfichten, Unterholz, Strunkwerk, Wurzelchaos, unberührt von Stern- und Mond- und Sonnenlicht. Urwaldriesen verfilzten sich ungekämmt ineinander, fast noch unaufdröselbarer als Rapunzelzöpfe oder als methusalemische Rübezahlbärte, worin Zaunkönige hüpften und brüteten, lang bevor es Könige und Zäune gab. Karl der Große fällte den Baum der Irminsul, die Säule der Erde, axis mundi; Bengalenkönig Schaschanka machte nebenan Buddhas tausendjährigen Bodhi-Baum nieder. Missionsführer Bonifax, statt erleuchtet durch unbegrenztes Paradies zu laufen, wanderte statt dessen durch wegelose, brückenlose, mückenverseuchte Sumpfwälder, um flachsblonden Dumpfis vom wehrhaften Herrn Petrus was zu erzählen und gegen die Bäume der Fata Morgana zu wettern: »Ihr Obelixe! Ihr seht ja vor lauter Wald weder Bäume noch Sterne! Ich aber schenke euch erstmals einen freien Ausblick, heraus aus diesem grünen Plunder!« – ☆ – »Aber die heiligen Baumgeister!« sagte Obelix zum Dolmetscher. »Die da – da oben... Baumgeister... die verehren wir immer so... weil die so...« Da legte Sankt Bonifax los: »Ach wirklich, du Trottel? Und warum hast du da eine Steinaxt in der Pfote? Ihr verehrt die Dämonen nur hier, im scheinheiligen Hain. Und außerhalb und drumherum?! Da holzt ihr gewaltig ab! Ich aber sage euch: Bereits Gletschermensch Ötzi hat Brandrodung betrieben! Falls ihr den kennt. Und ich sage euch: in wenigen Jahrhunderten wird eine dampfende Maschine ganz Europa retten, und ratet mal wovor! Vor dem definitiven Kahlschlag, ihr Dussel!« – ✫ Und Bonifax fällte 723 n. Chr. die schönste, älteste Eiche, demonstrativ, mitten im heiligen Hain, unweit von Geismar bei Fritzlar bei Wabern, hinter Homberg an der Efze. Reigentanzende Baumfräulein, Moosmädels und Waldweiblein, die nebenan in Hellas Dryaden und Nymphen hießen, blitzten in goldgrüner Nacktheit auf und huschten von hinnen. Leider beschützten die zuständigen Baumgeister ihren Baum tatsächlich nicht – warum eigentlich nicht? Bonifax hatte tückisch einen leicht bedeckten Sonnentag gewählt, extra ohne Gewitterneigung, so daß also Donar nicht donnern konnte. Missionar contra Eiche; feministische Mythologinnen interpretierten das später dann wieder als Knechtung des weiblichen Prinzips. Germanen und Christen fällten um die Wette Bäume, 2000 Jahre bevor der Terminus »Naturbeherrschung« aufkeimte. Historicus Tacitus zeigte sich schockiert von verödeten Landstrichen in Germanien. Fehlende Kettensägen und Vollernter hielten die gesamteuropäische Abholzung kaum auf. Zimmermann Jesus mutierte zur Möbelindustrie.

*Baumgeister auf Seefahrt:* – Bäume standen als Pfahlbauten herum. Buchen lebten als Bücher weiter. Auf Buchenholzbasis hätte Amerigo und Columbus weder Indien noch Kolumbien noch Amerika entdecken können; Schiffs- und Werftbau hing an der Gerbsäure im Eichenholz, die haltbare Konstruktionen erlaubte. Ohne Eichbäume kein Columbus, keine mittelalterliche Seefahrt, keine weltweite Ausbreitung der Stubenfliege. Doch von den 2500 Baumgeistern, die pro Segelschiff obdachlos wurden, etablierten sich auf jedem Schiff, statt 2500 Klabautermännern, bloß einer, im Höchstfall. Seeleute lagen seekrank im Halbschlaf und hörten Holzwurm, Ratten und Klabautermann im Holz knuspern und nagen und ticken. Baumgeist-Experten blieben die Erklärung schuldig, wie das Schicksal von 2499 überall obdachlos herumhuschenden Baumgeistern pro Segelschiff weiterging. Aber ins strenge, später als naturfeindlich verpönte Christentum schlichen sich kleine grüne Inseln ein, und stille friedliche Waldkapellen, also heimliche Heilige Haine, paradiesische Erinnerungszipfel, eingesprengt in den grauen Stein gotischer Kathedralen, die fast schon die graue Beton-Ästhetik späterer Jahrhunderte vorwegnahmen, globale Versiegelung, Zuasphaltierung, Verbunkerung, Verbauung, Bau-Boom.

*Global-Ernüchterung: Schwere Zeiten für Baumgeister in Grünanlagen:* – An die Stelle von dämonischem Gelichter und paracelsischen Elementarwesen traten Aufgußtierchen, Spermien, Bakterien, Krankheitskeime. Succubus ernüchterte sich zu Streptokokkus. Der gute alte Abwehrschleier wurde zum Mundschutz von Chirurgen und Zahnärzten. Die prähistorische Tiermaske mutierte zur modernen Gasmaske. Dschungel domestizierte sich zu englischen Gärten. Ewig singende Wälder ernüchterten sich zum Naherholungsgebiet. Französische Gärten ernüchterten sich zu Golfplatz-Rasen. Blumenwiesen entfärbten sich zu Löwenzahnwiesen, Rasen, Nutzfläche, Behindertenparkplatz. Hochwälder mutierten zum Dickicht der Städte, lianendurchflochtenes Biotop zu Atennenwäldern verdrahteter, verkabelter Stadtlandschaften, Pflanzenteppiche zu Lärmteppichen, Dornenbüsche zu Stacheldrahtzäunen. Der heilige Hain profanisierte zum Stadtpark. Grünanlagen entfärbten sich zu Grauanlagen. Stadtbegrünung schrumpfte zum Straßenbegleitgrau. Denn Straßen sind Lebensadern unserer

Wirtschaft. Bäume wurden Verkehrshindernisse, angepißt von Hund und Mann. Das Verbot, im Heiligen Hain Zweige zu brechen, wurde beibehalten: »Hunde bitte anleinen!« – »Diesen Park bitte nicht mit Blumensträußen betreten!« Vernünftige Forstwirtschaft hütete Restwälder als Rohstoffquelle. Naturverbundenes Stadtleben begnügte sich mit Wachsblumen und Schnittblumen-Industrie. Waldbrände wurden zunehmend abhängig von Streichhölzern aus Holz, Holz contra Holz. Die kaum noch säuselnde, kaum noch rauschende, sicherlich leidende, unverdrossen austreibende Pflanzenseele, die für verwesende Holzverbraucher Sargbretter zu liefern hatte, staubte ein, erstickte in der Kübelpott-Krüppelkoniferen-Ästhetik der Floristik-Center. Friedrich Nietzsche krähte: »Gott ist tot!« und »Die Wüste wächst!« Walt Disney beteuerte: »Die Wüste lebt!« Salvation Army & Zeugen Jehovas beteuerten: »Jesus lebt!« Wälder hatten sich widerspruchslos flachzulegen, für Bibelzitate à la »Gott häuft Leichen auf!« und BILD-Zeitungsschlagzeilen à la »Nonne beißt Hund!« Gartenarchitekten kamen runter zu Einkaufsstraßendekorateuren. Alleebäume sorgten für täglich 7 Baumtote, statt Autotote. Statt Baumgeist – pragmatischer Geist, Stangenholzplantagen, Fichtenmonokultur, militärisch in Reih und Glied, erntbare Lebendmasse mit schrumpfender Reststandzeit. Statt Baumseele – Seelsorger und Seelenklempner. Sechs Wochentage lang randalierten Naturbeherrscher, um sonntags die beherrschte Natur mit Naturverbundenheit zu belästigen. Avalon schimmerte kaum noch durch. – ☆
– Elfen, Gnome, Undinen, Sylphen hatten keine Chance, es unangenehm zu finden, daß sie ohne eine Überportion Anthropomorphismus nicht extrem plausibel in Erscheinung treten, und oft auch gar nicht, trotz Überdosis. Baumgeister teilten mit Gott das Schicksal allzu weitge-

hender Unsichtbarkeit. Wer Industrie, Verstädterung, Zersiedelung schuldig sprach, daß Zwerge, Gnome, Nymphen sich nicht mehr zeigten, übersah, daß auch Tiere vor technischen Welten nicht zurückschrecken und daß Elfen und Feen sich auch in guten alten heimeligen Zeiten seit jeher nicht jedem zeigten. Esoterikerinnen, neue Hexen, Anthroposophinnen nehmen paracelsische Elementargeister, die mit Seele und Geist das Schicksal allzu weitgehender Unsichtbarkeit teilen, so wörtlich wie möglich, können die Wesenheiten und Geistwesen selbst noch im Nutzholzbestand spüren – Trimmdichpfad kein Hindernis. Andere Erklärungsmodelle: Elfen starben nur deshalb aus, weil keiner mehr im Wald onaniert, spürbar eine plausiblere Vermutung als die Technik-These. Außerdem tendierten nicht nur fromme Mütterchen zum Elfenglauben, eher Philosophen und Strafsenatsvorsitzende, und dies nicht nur in Irland und Finnland.

*Wie grüne Fee & Green Man an der längeren Liane sitzen:* – Das verlorene und wiedergefundene Paradies verschärfte sich zu einem nie dagewesenen Paradies. Die traumhafte, immer schärfer werdende Erinnerung daran ließ sich weder plattwalzen noch ausrupfen. Je mehr der grüngoldene Baum des Lebens neben grauer Theorie im Grau in Grau desolat infizierter und imprägnierter Welt verblaßte, desto spärlicher und farbintensiver grünten bedrohte Lichtblicke. Je motorisierter, entseelter, zombiehafter, TÜV-kompatibler, säurefester, streusalzresistenter, abgashärter die Immanenz of modern world vorwärtsknatterte, desto glühender schimmerten schönere Zeiten, samt raunender Holundermütter und Eschengeister, durch den Smog der Ballungszentren. Paradiesische Erinnerungszipfel, Butzenscheiben-Idyllen und Gartenlauben überboten sentimentalisch tränenselig den lapidaren Paradiesmythos. Urgermanischer, paganischer, heidnischer Löwenzahn und Wegerich brach durch die Risse im katholischen Straßenbelag. Resistentes Avalon meldete sich und überrollte, seltsam verändert, die artfremden Intermezzi Jerusalem und Jericho mit Karneval, Osterspaziergang, zweitem und drittem Frühling, verspäteter Früh- und Spätromantik, mit »Le Sacre du printemps« und Greenpeace. ✫

Tao Yüan Ming dichtete: »Die Bäume scheinen mich zu kennen und untereinander zu flüstern.« Tang-Dynastie-Poeten züchteten Chrysanthemen und liebten Blumenelfen inniger als ihr Leben. John Milton schilderte in seinem »Paradise Lost« den Paradiesbaum als Banyanbaum. Barthold Heinrich Brockes besang Krokusse schier inniger als deren Schöpfer. Jean-Jacques Rousseau genoß eine buddhaartige Erleuchtung unter einem Chausseebaum. Umtost von globaler Holzwirtschaft, sah Humanist Johann Gottfried Herder die Pflanze auf dem Weg zu ihrer Humanisierung. Der überaus beseelte Pflanzenphilosoph Gustav Theodor Fechner ward vom Seelenleuchten der Blumen ergriffen. Selbst relativ trockene Systematiker und Rubrizierer wie Carl von Linné hauchten der Pflanze ein Empfindungsleben ein. Hochsensible Dichter wie Hölderlin (Holunderbusch!) sangen sympathetisch: »Wie gern würd ich zum Eichbaum.« Zuspätromantiker schwärmten von über mir rauschender, schöner Waldeinsamkeit, so als wollten sie den Deutschen deren Vorfreude aufs anrollende Industriezeitalter prophylaktisch vermiesen. Student Anselmus hörte Serpentia-Weisheit aus einem Holunderbusch an der Elbe in Dresden wispern. Bruno Wille saß unterm Wacholder wie unterm Bodhibaum. Bächtold-Stäublis wunderbar uferloses »Handwörterbuch des deutschen Aberglaubens« blühte auf und stellte Thomas von Aquins hartherzige Summa theologica optimal in den Schatten, und siehe, Volksglauben vermochte vielgestaltiger, schöner, beseligender, im Detail sogar wahrer zu sein als Glauben. 7 Minuten vor 12, kurz bevor Waldsterben weltweit loslegte, verfaßten Trygve Gulbranssen und Ludwig Ganghofer beschwörende Buchtitel: »Waldrausch« und »Und ewig singen die Wälder«. Das ewige Lieblingslied amusischer Holzfäller! Gusto Gräser, ein barfüßiger Naturprophet, Erlöser und Morgenlandfahrer der Wandervogeljahre, saß auf seinem Lieblingsbaum und schwelgte in Wortprägungen wie »waldverwandt« und »Waldbold«. Pflanzenschriftoffenbarer Dschagadis Tschandra Bose, der Entdecker des Pflanzenkreislaufs, Erforscher besonders der hypernervösen Mimose pudica, wies nach, daß Pflanzen Fieber haben können und erzeugte mit einer sterbenden Erbsenblüte 1 Volt. Cleve Backster wies des Fechners Seelenleben der Pflanzen auf seelenloser Apparatebene nach, ehrenwerte Unterfangen. Ob Blumenelfen wissenschaftliche Vermessung nötig haben, mag vorerst unerforschlich bleiben.

*Wie sich Naturdämonen zu erschröcklich kitschigen Hausgeisterlein nippifizierten*: – Kunst leuchtete als gefallener Engel; Kitsch hinkte als hingepurzelter Putto weiter. Vegetationsdämonen verharmlosten sich zu Pfingstlümmel, Maikönig und Grasnickel. Albdruckgeister und Alben sublimierten sich zu Elfen. Schreckliche Engel, dankteske Würde- und Würge-Engel liefen nicht erst bei Raffaelo, schon bei Albrecht Dürer, späteren Weihnachtsengelchen entgegen. Barocke Flügelseelen, viel Anmut, wenig Würde, katholischen Beigeschmacks entkleidet, schwirrten als antikische Genien weiter; Amouretten tummelten sich in Lustparks, lösten sich auf im lasierten Schimmerlicht der Märcheninsel Cythera, gemalt von Jean Antoine Watteau, auf Zigarrendosen von 1890! Urzeitungeheuer und backenaufblasende Sturmgeister von Gog, Magog, Leviathan bis Zephyros und Aeolos mäßigten sich zu pustenden Winden auf Pusteblumen-Ebene mit Pustekuchen-Effekt: Wassertröpfchen Binkleblink ging auf große Reise, gen Ägypterland, allwo grinsende Krokodile zwischen Schwalben und Palmen echte Krokodilstränen weinten. Präcox-Romantik und Präcox-Kitsch im Sommernachtstraum: Queen Mab schwebte einher, in luftigem Haselnuß-Gespann aus Spinnweben und Heimchenknochen, der Feenwelt Entbinderin im Hirn verliebt schlummernder, von Romeo träumender Julia, schwebte weiter im Rokoko-Elfenzauber, koloriert von Christoph Martin Wieland, im Reigen seliger Geister, vertont von Christoph Willibald Gluck. Sonnenstäubchen stiegen auf, unbekümmert um schlakkenlose Qualitätsunterschiede, und schon saß in der vervielfältigten Pfauenaugengondel, statt Queen Mab, eine immer putzigere Gesellschaft aus Pausbäckchen, Liebseelchen und Sonnenscheinchen, immer süßer und holder, zuckermandelsüß, kalt gesagt: immer kindchenschema-bedingter, immer nackter, teilweise pitschenackt. Männlein standen im Walde, nicht oft, aber immer öfter. Lautlos fuhr Schneckenpost durch Stahlstich-Schraffagen. – ✹ – Französische Zaubermärchen, samt Elfenkönig Oberon, liefen schnurstracks allerlei kometenreitenden Rauschgoldengeln, Angelogie, Disneyland und Fantasy, entgegen. Als die Bilderbögen von 1872 auf ihrem Weg zum Comic strip flacher und bunter wurden, stand Wilhelm Buschs Bienenleben »Schnurrdiburr« weiterhin Gevatter für Ondrej Sekoras Ameisen-Ferdl, Waldemar Bonsels Biene Maja und Jimminy Cricket. Die Bohnenranke trug jetzt Micky, Goofy und Donald im Schlaf hinauf zur Mondgöttin Luna, wenngleich bloß auf Unterhaltungsebene, was keinen Beteiligten störte. – ❀ – Tumbe Toren der Weltliteratur, von Parsival, Sigismund von Polen, Simplicius Simplicissimus bis Kaspar Hauser sanken auf ihrem Weg in Kolportage, Entertainment und Trash hinab zu Tarzan, Tibor und Nizar, die fröhliche Urstände zurückbrachten, an Lianen durch Dschungelparadies hangelnde, darwinistisch beeinflußte Affen, und trugen zwischen trommelnden Negern und rettenden Palmen nie naturgemäße Bärte, nicht mal Dreitagebart – wie rasierte sich eigentlich Tarzan? Jedenfalls so akkurat wie es nur Naß- und Trockenrasierer hinbekommen. Also gab sich der Naturbursche durchaus als heimliche Asphaltpflanze zu erkennen. Waldweben, vertont von Richard Wagner, floß aus einem Particell zwischen Plüschsophas und Zimmerpalmen. Maschinenwelt und Märchenreich schoben sich ineinander und zeugten – Lachlust. Schlaraffenland bediente lediglich den Wanst; Wichtelhausen aber durchseelte und erfreute, wie die Puppe in der Puppe, die Seele im Kind, das Kind im Mann, das Kind im Weib und nicht zuletzt das Kleinkind im Kind. – ❀ – Welch heile Welt, kaum erschüttert von Blütenelfen, die sich als Nesträuber betätigten. Pragmatische Holzwirtschaft dröhnte kaum herein, trotz aller hämmerschwingenden Zwerge. Der safrangelbe Vollmond saß immer weiter entfernt von kaltem Abendhauch und rauchte dort gemütlich sein Wolkenpfeifchen. Der gute Mond in stiller Kammer kam sich in die Quere mit der – Gaslaterne. Weit und breit fiel – fernab von Adolph Menzels Gießereifabrik – keinerlei Sündenapfel in die Drollerien dieses zwitschernden, summelbrummelnden Paradieses auf Fußhöhe, zwischen gnomische Kapriolen und Puckiaden. Alsbald trugen all die Wurzelkinder, Heinzel- und Haulemännerchen mit Pilzhut, Gaukelkinder und Pustejungs Schuhe aus dem Hause Salamander. Wolkenguckerl liefen auf Abgasschluckerl hinaus. Mythologisch und ethnologisch ernstzunehmende Gnome sumpften als Schlümpfe, Mainzelmännchen und Gartenzwerge weiter, als Bambi aus glasiertem Ton oder Plastik. Damals hatten Rausschmeiß-Engel für die Austreibung Evas und Adams zu sorgen; jetzt hatten Kontrollinstanzen wie Parkwächter und Schutzmänner alle Hände voll zu tun, nudistisch engagierte Dryaden im Stadtpark vernünftiger Tätigkeit zuzuführen. – ❁ – In den Wohlfühl-Babys, fotografiert von Anne Geddes, drunten im Garten, verpuppt und schlummernd in Blumentöpfen, Blumen und Erbsenschoten, getaucht in Design-Flair und Kunstkarten-Atmo, süßer als Nutella und Haribo – immer noch Reinkarnationsstufen paracelsischer Wusel- und Wesenheiten!? – legte der gestolperte Putto-Kitsch ganz besonders schnuckiputzige Fingerchen und Däumelein auf die Wunde der gefallenen Engels-Kunst. Wenn das alles nicht so sentimental wäre, und so regressiv, und so niveaufrei, und so übersüßt, und so rotbäckchenkompatibel, so volksmundig, wär's nur halb so schön, dies alles pausenlos umtost von globaler Holzwirtschaft.

*Grünes Winkewinke:* – Eine Schwappwelle pantheistischer Pflanzenverehrer, neuheidnisch, biosophisch, psychonautisch, entheogen, pflanzengeistlich, blühten mitten in der Desolatesse unrentabel übernutzter, zersplitterter Restflächen, in Gewerbe- und Fußgängerzonen allzu rationalistischer Industriezeitalter und erkühnten sich, mitten im Ressourcenverschleiß der Betonköpfe und Formel-1-Fetischisten kleine Gegenmelodien zu flöten und frühlingsgrüne Daumen und Fähnchen hochzuhalten: Baumumarmerinnen umarmten Bäume. Baumnarren und »Freunde der Bäume« vollführten Ge-

genbewegungen zu herabgestiegenen Affen. Baumfrau und Donna Quijote Julia Butterfly Hill trat heroisch gegen die helikopterschleudernde Monsterfirma Pazific Lumbers an, gegen einen monströs vergrößerten Sankt Bonifax; erst stieg sie 60 m hoch auf einen Baum, dann stieg sie auf zur Baumheiligen, Baumseele, Baumgöttin, zur Redwood-Schutzseele, zur telegen interviewbaren Dryade. Am 12.4.2002 versuchte der prophetenbärtige Pflanzenkünstler und Sanctuariumsbauer ›herman de vries‹ die dendrophobe Schandtat des Bonifatius wiedergutzumachen und pflanzte in Düsseldorf eine Eiche mit der Inschrift: »winfryth me caesit. herman me recreavit«. Franziskus von Assisi und Antonius von Padua predigten Vögeln und Fischen, Konrad Lorenz redete mit Wildgänsen, heutige meist ziemlich berserkerförmige Ethobotaniker und Shiva-Schamanen aus Schweiz und Allgäu kommunizieren mit Erbsen-Devas, Kartoffel-Devas und nicht zuletzt mit Wühlmäusen und Gartenzwergen. Anders als Dichter, die zwar oft Blumen und Rosen bedichten, aber fast nie eine genauere Art nennen; anders als Flowerpowerleute, die zwar »Blumen« ins Haar und in Gewehrläufe steckten, aber *Rosa centifoglia* und *Bellis perennis* (Gänseblümchen) botanisch kaum zu differenzieren wußten, erblicken Wolf-Dieter Storl und Sergius Golowin, der über die Feenmutter Ceridwen, Flederwische, Pilzschwämme, Rauchwaren der Romantiker, Kamtschadalen, Tangusen u. v. m. berichtete, und der imposant in unbehaartes Leder gegossene, mit Reißzahnketten, Siegelringen überschmückte, berserkerförmige, hyper-stilechte, büfelpeniskäuende, jedes Neandertalermuseum verblassen lassende, bestens promovierte, Ethnobotanicus und Schamano-Missionar Dr. Christian Rätsch des Novalis' blaue Blume in *Salvia divinorum*, Haselwurm,

Taumellolch, Bilsenkrautbier, Euphemeron, Heudüngerling, Narrenschwamm und Drudenfurz und kennen sogar vergessene Gemüse wie Knollenziest, Gartenrauke, Winterpöstlein, Burzelkraut, oder gründen mit Fug und Grund, wie der rübezahlförmige Fliegenpilz-Mythologe, Symbolforscher, Herkulesstauden-Anbauer und Gartenzwerg-Experte Waldgong Rübelbauer (geb. Wolfgang Bauer) den »Arbeitskreis zur Förderung des Unkrauts«, oder setzten sich, wie Fred Hageneder, als Teenager, angepöbelt von Neonazis, unter eine Birke und verfassen – ergriffen von naturmystischer Erleuchtung – Bücher über den Geist der Bäume. Oder: Die Baukunstgruppe SANFTE STRUKTUREN errichtete Dutzende bis Hunderte Apfelhäuschen, Flechtkuppeln, Zopfgitterhecken, Liebeslauben, wasserdichte Bauwerke aus lebenden, weiterwachsenden Weiden, einfallsreiche und obendrein regendichte Mixturen zwischen Haus, Baum und Baumhaus, Lebendkunst, Baumtempel, in summa: ganze Pflanzendörfer, mit langem Atem für pflanzliche Geduld und Hauswachstum, fußend auf den noch unversteinerten Vorstufen spätgotisch pflanzenhaft steinwüchsiger Bauweise, also eine Rückübersetzung, Entsteinerung, Rekonstruktion gotisch versteinerter Pflanzendome, inclusive Neugotik und Neo-Neugotik, in eine nachträglich frühlingsgrüne Frühgotik, Vorgotik und Urgotik, alles rührende Versuche, irgendwie doch noch in den Himmel zu wachsen.

## Baumelfen und Aktionsobjekte

Daß Gott tot ist, daran haben sich viele inzwischen gewöhnt. Das macht wenigen was aus. Damit können Millionen leben. Zwar schade, aber irgendwie geht's auch ohne. Mutti Natur ist auch ohne ihn praktisch um nichts weniger schön, leuchtend, ja schier göttlich. Und es gibt ja genug Dinge, die ihn bestens ersetzen, Fußball, Straßenbeleuchtung, Seinsmystik oder Concertos von Gaitano Brunetti. Wesentlich schockierender finden's manche, daß auch Dao, Nirwana, Yin, Seele, Yang, Geist und ähnliche Ausgesuchtheiten & Unverzichtbarkeiten womöglich nur Abstracta sind und bleiben, cerebrum-erzeugt, weil manch Neocortex zur Erzeugung von Worten sich nun mal als geeignet und geneigt erweist. Wurstmaschinen spucken Würste – und Hirne Zentralbegriffe – aus, warum soll man's ihnen nicht gönnen? Daß aber jetzt auch noch die letzten Strohhalme, an die z.B. ich mich klammern möchte, eins draufkriegen und nicht existent sein sollen, das haut nun wirklich rein. Das schmerzt ganz außerordentlich. Das geht unsereinem echt an die Nieren. So sehr ich gewöhnt bin, daß mir Mephisto und andere Lieblingsphilosophen stets alles vermiesen müssen – plötzlich läßt Theodor W. Adorno, dies auch außerhalb seines 100. Geburtstags, mißgünstig verlauten: »Der Blick des Schiffers zu den Dioskuren, die Beseelung von Baum und Quelle, in allem wahnhaften Benommensein vorm Unerklärten, waren historisch Erfahrungen des Subjekts von seinen Aktionsobjekten angemessen. Als rationell verwertete Reaktion gegen die rationalisierte Gesellschaft jedoch, in den Buden und Konsultationsräumen der Geisterseher aller Grade, verleugnet der wiedergeborene Animismus die Entfremdung, von der er selber zeugt und lebt, und surrogiert nicht vorhandene Erfahrung.« Leider könnte an solcher Aufklärung was dran sein. Zugleich aber sind mir Baum- und Quellgeister viel sympathischer als jedes erdenkliche Aktionsobjekt. So eins ekelt mich an wie nur noch Intressengemeinschaft und Bedürfnisbefriedigung. Aktionsobjekte kommen mir nicht an den Tisch, und nicht in die Tüte. Dann lieber noch Gott, zur Not gar ein lieber Gott. Um einer echten, unwiderleglichen Baumelfe den Finger zu reichen, gäb ich alles her, vielleicht sogar Brunetti-Concertos, mindestens aber einen kleinen Finger von mir, oder sagen wir mal: einen kleinen Zeh. Nachts litt ich wie eine Sau, weil Adorno mir meinen schönsten Aberglauben demontiert hat, ja: liquidiert, fieserweise ihn schier einer Endlösung zugeführt, und mir nichts übriggelassen hat als widerliche trostlose Aktionsobjekte.

Doch nächstentags brach Sonne aus Wolken hervor, und als ich an das Adornozitat vage zurückdachte, tropften die Aktionsobjekte irgendwie ab, und die Dioskuren und Baumseelen glitzerten unbeschadet draus hervor, als wären sie doch noch da... als gäb' es sie. Seltsame Beglückung ging von diesem schrecklichen Zitat aus. Baumseelen blieben hegelianisch aufgehoben in ihrer Austreibung. Wie schön für sie... und mich. Nur wie lange noch? Der nächste Adorno kommt bestimmt, auch wenn er vielleicht ganz anders heißt... nur wie?

## Knüll-Idylle

Mein Hexenhaus hier im Knüllwald hat keine Autozufahrt. Auf einem 40 m langen Pfad arbeitet sich mein Postmops durch lichtfleckdurchperlte Gartenwildnis, blind für die Schneeball- oder Knallerbsenbüsche zur Linken, am Ufer des unbegradigt fließenden Wildbachs und dem nachgeholfenen Wasserfall, vorverlegt, zwecks naturidentisch rauschender Auftupfung fernen Horizontverkehrs zwischen Homberg und Hülsa, und nicht minder blind rechts für Erlen, Krautpolster, Korkenzieherweiden, in der sich überall Moosbettchen, Blumennester, Wasserläufe, Grotten und Brünnlein und Lehmfiguren von Ewald Rumpf verstecken, Tummelorte für meine Frösche (da waren's plötzlich fünf), paradiesische Jagdgebiete für den impressionistisch zwischen Jostabüschen (Kreuzung aus Johannesbeer- und Stachelbeerbusch) aufgehenden Scheuling – nirgendwo Platz für idyllefeindliche Rasenmäher, Geräteschuppen, Garagen, Stellplätze. Der Pfad wird blockiert von der runtergefallenen Teilkrone meiner uralten Trauerweide (mit Abschiedskragen), die ich nicht entfernte, sondern einfach zwecks Dschungelsteigerung liegenließ, so daß der Postmops praktisch nicht mehr durchkommt, sondern ich ihm entgegengehe, mich hineinarbeite ins Blattwerk und man sich in der Mitte der angebrochenen Teilkrone trifft, an einer Art knorrig durchwachsener Durchreiche. Sodann ist die Außenbemalung – in Zimt- und Goldocker – unseres Hexenhäusels praktisch nicht mehr sichtbar unter Generationen von Knöterich, wildem Wein und Efeu, die den Dachgiebel in eine weißblühende, walmdachähnliche Riesentraube hüllen, das ganze Anwesen seit Jahren nur noch im Winter fotografierbar. Gäste stehn davor und merken nicht, daß es sich bei der hausförmigen Pflanzenmasse um ein Haus handelt, und jeder Besucher und Architekt, dem ich dann die Story des Goethebaums Gingko erzähle, votiert sofort für teilweise Entfernung der übermäßigen Kletterpflanzen, die angeblich das Dach zerstören, aber noch nie eine einzige dickbemooste Ziegel oder Schindel aufgestemmt haben. Allenfalls tasten mal ein paar Knöterichtentakel 2 m weit in den ausgebauten Speicher hinein, vorbei an Hausmäusen, die unterm TV-Gerät huschen, oder zwischen Ritzen im Holzfußboden fingert mal ein netter lindgrüner Keimling mit Keimblättern hervor, der jede Frau Saubermann sofort zur Verzweiflung brächte. Gemüse, Erbsen, Bohnen, Lauch, Mangold, Topinambur und putzig bewimpelten Zuckermais kann ich praktisch seit Jahren nicht mehr anbauen, weil ich zugunsten von Pflanzenseele und Baumgeist gegen Baumfällung, ja Baumbeschneidung bin und also mein ursprünglicher Bauerngarten inzwischen in eine Art Waldgarten überging, den ich lieber als Zaubergarten sehe. Und den Gingko wollte ich 1986 als unerlaubte Topfpflanze aus Ossieland rausschmuggeln, doch durfte keine DDR-Muttererde ausgeführt werden, so daß Onkel Eckhart das Bäumlein austopfte und in einen erlaubten Blumenstrauß einband, und heute schärft Scheuling seine Krallen am Gingkostamm oder saust 4 m hoch in die schwankende Krone.

Ein Prosit auf jenen imkernden Flüchtling, Herrn Bayer, der dieses Haus schwarz in den Waldhang baute, erst das frühere Bienenhaus, dann den ersten Stock des Haupthauses, im Stil von 1956, verschachtelt, eng, aus fragwürdigen hellhörigen Materialien, siehe das Arno-Schmidt-Haus in Bargfeld, dann den zweiten Stock im Stil von 1964, sowie Ziegenstall mit Hühnerstall und

Heuboden! »Hier darf ma aber nich einfach so baun!« belehrte man den Imker. »Kostet 50 Mark!« Das zahlte er in Honiggläsern ab, und schon war das schwarz ins Grüne Gebaute legalisiert.

Doch im ungespritzten Paradiesapfel sitzt ein Wurm, wenn nicht gar eine Schlange. Nach hinten zwar, wo mein Zaubergarten sich aus dem Sumpfgebiet des froschdurchknarrten Wildbach-Biotops (die Frösche Quakbert und Quakbold zu taufen, nein, das wär mir ein bisserl zu humorvoll) in einen schlängelpfaddurchwundenen, mediterran angehauchten, ja: japanisch anmutenden Hängegarten erhebt, frei nach Semiramis, mit steinbrechüberwachsenen Steinkaskaden, Zaubernuß, Kraut- und Glockenteppichen, Gänsekresse, Besenheide, Polsterphlox, Grasnelken, Blaukissen, Seifenteppich, kaukasischem Vergißmeinnicht und korsischem Nieswurz unter chinesischem Schirmtännchen, rauscht hinter neolithischem Flechtzaun und Stachelbeerbüschen der alte Eichen- und Hainbuchenbaumbestand an unverbaubarer Hanglage, nicht zu vergessen Kirschlorbeer und Vorschußlorbeer, aber links von meinem Schreibtisch, von wo aus ich Froschreiher und Fischreiher auffliegen sehn kann, oder Bachstelzen nisten – dottergelbbrüstige! –, oder ein schwarzes und ein rostrotes Eichhörnchen hangeln, die im Holzstoß nisten, weswegen wir mal wochenlang nicht heizen konnten, um die Hörnchen nicht zu vertreiben, oder Scheuling an Quakbold sich anschleicht, befindet sich – verborgen von fleißiger Bepflanzung des Gegenufers, hoffentlich keiner widerrechtlichen Aufforstung, aber in Hörweite – ein Bolzplatz für Schwarzarbeiter aus Ghana und Addis Abeba, und für Kids, ja, eine Freizeitanlage mit Tretbecken, mit hakenkreuzverziertem, vollgepinkeltem Grillhäuschen, wo dann auch mal die freiwillige Feuerwehr übt oder ein pensionierter Angelclub vom Edersee feiert, pinkelnd am Ufer steht, mit Händy und Angel, Urschreie losläßt und aus Autos, geparkt auf Kieswegen, popmusic dröhnen läßt... und rechts des Fischreihers wohnt in 70 m Entfernung Familie Laabs.

Deren Schrebergarten grenzt an unseren Garten. Und vice versa: Unser Dschungelgarten grenzt an Laabs' Nutzgarten. Genauer: Meine Blumenwiese, nicht ohne Schaumkraut *(Tiarella)*, grenzt an Familie Laabs' Fassonschnitt-Golfrasen. Grüngolden wuchernde Scheinwildnis grenzt an kunststoffgrün verlegten Bodenbelag, außer Haus verlegt. Bei mir wird nichts gerodet; bei Laabs verwildert nichts. Flieder- und holundergeistdurchsäuselter Blumenwald stößt hart auf Spinat-Tiefkühl-Quadratblock-Hecken, auf Einheitshöhe gehalten. Von organisch-kinetisch mäandernden, aufgeweichten Schlängelwegen aus blick ich unverwandt auf Mini-Autobahnen aus Beton, aus dem Hause Laabs. Die führn durch Reih- und-Glied-Gemüserabatten, schnurgrade, trostlos, Kante auf Kante. Bei mir duftet alles nach Geißblatt, Katzenminze, Schwertlilie; bei Laabs riecht's nach erweiterter Waschküche. Im Winter bei uns 2 m weit nach Viburnum – auf jeder 3 m weit duftenden rosaroten Blüte sitzt dann ein allerliebstes Schneehäubchen! Unsere Trauerweide hängt postmopsbehindernd in den Trampelpfad; Laabs' Kirschbaum reckt als Marterpfahl-Invalide zwei drangelassene Conterganstümpfe in die rauh durchbellte Luft, totalamputiert, daß keiner mehr ohne Leiter an die Kirschen kommt. Grund: »Die Vöhjel machen sowieso alles alle.« Bei mir wird der Steingarten am Hang von x Honigbienen, Erdhummeln *(Bombus terrestris)*, Schwebfliegen besucht, von Zitronenfaltern, Blindschleichen, Taubenschwänzchen und Wollschwebern hochsommerlich durchsummt und durchschlängelt, von Rohrsängern und Singdrosseln durchflötet – nebenan gibt's Explosionen,

Türgeknall von Zweitwagen und Doppelgaragen, Geschrei der Kettenhunde, Freizeitaktionen, im Frühling und Sommer mit Gartenfräse, Kreis-Kettensäge, Motorsense, Rasenkantenschneider, Gartenhäcksler, Hochdruckreiniger gegen Moos und Gänseblümchen, Betonwege begradigen, verbreitern, ausbaun, Betonmauern erhöhn, Eternit-Kübelpflanzen aufstelln, Waschbeton-Tröge, Waschbetonplatten verlegen, Bodendecker pflanzen, Krüppelkoniferen setzen, Grünersatz in Dosen, Pinscher-Grün, geknickt, gekrümmt, gestaucht, kriechend, krauchend, pflegeleicht, TÜV-geprüfte Schaukeln aufstelln, Gestänge tulpengelb und tulpenrot anstreichen, knallweiße Plastikpötte auf bauchhoch abgesäbelte Stümpfe stellen, Stiefmütterchen, Kot aus Wellblech-Hundezwingern tragen, statt Schaweira und Daisy mal 20 m vom Haus in umliegenden Knüllwäldern auszuführen, im Herbst mit Laubsauger und Laubbläser dröhnen, im Winter mit Schneefräse, Zahn um Zahn, Jahr um Jahr, und hierbei Tiere oder Nachwuchs niederschrein: »Zum Donnerwetter nochemol!! Ich schlahch dir eine rein!!!« Sogar eigene Pfingstrosen rauft Frau Laabs aus. Warum hat sie sie dann erst gepflanzt? Kaum erhebt sich ein Pflänzchen über Knöchelhöhe, nimmt's überhand. Familie Laabs wohnt in optisch zauberhafter Alleinlage, beneidet von Millionen, und sieht nie den Vollmond über Rapsfeldern stehn und merkt nichts, kilometerweit rundherum alte Eichenwälder, keine Nachbarn, außer uns und mich. Unser Dorf soll schöner werden. Wer ihre Birke lobt, bekommt zu hören: »Die macht nur Dreck!«

Und vice versa: Frau Laabs senior, beim Plausch überm Gartenzaun: »Wenn ich Ihren Garten seh, könnt ich heulen!« Sie sieht das verwunschene Palmenhausmärchen als totales Chaos. Tatsächlich sägte ich Erlen nie ab, und vor lauter Pflanzenfülle ist für Kartoffelacker und Kohlkopfbeet tatsächlich einfach kein Sonnenplatz mehr da, zugunsten Kreuztüpfelfarn, Straußfederfarn, Perlfarn, Mähnengerste, Ilmenau-Gras, Waldpriemeln. Ich bin Frau Laabs ein verwilderter Dorn im Auge. Anonymus (vermutlich Fam. Laabs) beschwerte sich wiederholt bei Ortsvorsteher und Ordnungsamt, das Verkehrsschild vorn an der Brücke sei verwachsen und die Bordsteinkante überwuchert. Sie hält alles sauber; ich aber stell eine Bedrohung dar mit »schädlichem Samenflug« (O-Ton Gemeindeblättchen für den Schwalm-Eder-Kreis). Und ich züchte sogar die nun wirklich hochgiftige, gemeingefährliche Riesenstaude, Herkulesstaude, kaukasischer Riesenbärenklau, Stalins Rache! Meine Lieblingsblume! Frau Laabs' Lieblingsblume heißt Tulpe, meilenfern jeder persischen Tulipan-Aura. Die unüberbrückbaren Hemisphären durchdringen sich wechselseitig – eine ausgeraufte Laabsfichte überlebt nun bei uns und gedeiht, und Kothaufen der ausgebrochenen Daisy dampfen neben meiner Atlaszeder – im Gegenzug wandern windverwehte Unkrautbomben von hier nach drüben. Scheuling verkehrt als Götterbote zwischen Hüben und Drüben. Nach Reisen in fernen Zonen kann ich bei mir nicht ankommen, ohne von Schaweira und Mohr ausgebellt zu werden. Ich muß mich – wenn ich ungestört spazierengehn will – auf Zehenspitzen aus meinem Paradiesgarten wegschleichen.

Hier tobt der ewige Kampf zwischen Gemüsegarten und Blumenwelt, zwischen Frau Saubermann und Dr. Chaos. Kampf zwischen französischem Garten, der zur Nutzfläche pervertierte, und englischem Garten, den ich zum sinnvollen Urwald weiterdachte. Hochgerüstete Landfrau motorisierter Neuzeit versus natursüchtigen Städter und dessen naturmystische Zuspätromantik! Maschinenpark versus archaischen Anti-Ackerbau. Kampf zwischen Lebenlassen und Trockenrasur. Frau Laabs und ich gehören zusammen wie Materie und Geist, Versorgungstrakt und Überbau, Technik und Natur. Kampf zwischen botanischem Laisser-faire und autoritärer Erziehung: »Da kimmt doch der Donner druffe!!! Noch so'n Wort unds Fernsehn is widder gestrichen für heude!!! Wenn de nich uffheerst – ich hau dir'n Kopp ab, Freund!« Meinte sie damit den Gockel der meterweit stinkenden und krähenden Hühnerzucht oder doch die dreijährige Enkelin? Wenn man nicht »Mariaaa!!« schreit, schreit man: »Schaweira!« Und schlägt mit der Krücke aufs Tier ein, derart, daß Schawaira das Laufen verlernte, nur noch auf dem Bauch kriecht. Und wenn ich obenrum durch den Wald aus dem Dorf komm, auf wunderschönem, vollgeschissenem Waldweg, ohne Krücke, kam mir durch Laub und Kacke die erbärmlich laabsgeschädigte Unterwerfungs-Robbe schuldbewußt entgegengerobbt und -gewinselt. Laabs' zeugten, kauften und hielten Kinder, Enkel, Maschinen und Viecher, statt aus Tierliebe, um ständig was bellen, krähen, weinen, knattern zu hören und anbrüllen, treten, reparieren, abmähen, absägen und bestrafen zu können, und um zu klagen: »Man wird gar nich' Herr drüber!« – »Mohr!!!« (neuer Hund) mußte ich neunzigmal öfter hören als z. B. den Namen Uli. Täglich und stündlich knallen und wehen Frau Laabs' Maßnahmen asozial rüber, senior wie junior, mitten rein ins nachgeborene Pfannkuchengesicht, jugendschutzbedürftiger als in allerletzten Serien-Sozialbau-Plattenbauten; Generationengeschrei, Trotzalterbrut plus wildgewordene Oma, die auch mal urplötzlich quer durchs frühlingsgrüne Panorama galoppiert, mit einer Stimme mythischer Ungebrochenheit, kilometerweit durch alle Flußtäler, Hügelhöhen und 200 m entfernte Nachbargrundstücke (wo grade gemäht wird) donnernd: »Mariaaaaa!!!! Komm zur Oma!« Und in den aufgekratzten Atempausen: »Wo isse nur?« Und: »Jessus hilf!«

Rundum geht's genauso zu. Der ganze Ortsteil variiert das Kopfthema Laabs. Bauer Nickel sägte eine 50jährige Eiche ab, die weder Dreck noch Schatten auf sein Futtermaisfeld warf. Einziger Grund für sein Tun: »Is doch nur Unkraut.« – »Meine Frau hat Heuschnuppen!« Die Nachbargemeinde zur Linken, Wasmuthshausen, holzte 32 gesunde Kirschbäume ab. Präsident Ronald Reagan: »Trees? Trees? Fuck the trees! We don't need goddamn fucking trees! We can do without them!« Amerika versus Orient; Utilitarismus versus Daoismus. Mein vietnamischer Regenwald inmitten afghanischer oder irakischer Trockenwüste, mein stellplatzloser Zugang ein Ho-chiminh-Pfad! Aus germanischer Sicht stell ich der verderbten Welt einen heiligen Hain entgegen, magischen Pantheismus, Grasnarben-Romantik, mit Blütenelfe und Wurzelmännchen; aus buddhistischer Sicht einen Lumbini-Hain, aus arabischer Sicht eine quelldurchrieselte Oase und Kameltränke, aus US-Sicht einen Central Park in the Dark. Aus christlicher Sicht laborier ich an einem irdischen Garten Eden, mit eigenem Brunnen. Und draußen schuftet Frau Laabs im Schweiße ihres mürben Angesichts, schaufelt furztrockene Maulwurfserde in tulpenrote Plastikeimer, entfaltet unglaubliche Kraftreserven. Und zieht über gewaltige Kiesmassen, die in der neuen Laabsmauer nicht aufgingen, eine ekelhaft grellweiße Plastikplane, bei deren Anblick ich heulen könnte.

Ich werde Frau Laabs nicht los. Frau Laabs brüllt ihre Tochter an. Frau Laabs junior brüllt Frau Laabs seniors Enkelkind an. Laabsköter heißen, wie gesagt, Schaweira und Mohr. Frau Laabs heißt Frau Laabs. Frau Laabs befehligt Mohr. Der Herr des Hauses rauft, Stunde um

Stunde, mit knatterndem Phallus unschädlichste Hälmchen aus. Frau Laabs schlachtet Kaninchen. Frau Laabs köpft Hühner. Geht Frau Laabs rein, steht sie hinter der Gardine. Hält sie still, kommt sie gleich wieder raus. Seh ich sie nicht, denk ich an sie. Denk ich nicht an sie, spür ich, daß es sie gibt. Jesus hilf! Der Juniorchef des Hauses treibt Kampfsport. Laabs legt sich als Film über mein naturverbundenes Dasein als Gartenbauer, Steingärtner, leidende Seele und Mensch. Hinter meiner Gardine halt ich Ausschau nach – Frau Laabs. Immer wieder muß mein Auge ihren bescheuerten Umriß, samt blaugeblümter Gartenschürze, auf der wehrlosen Hornhaut *(Retina)* ausformen. Frau Laabs bückt sich als kopflose Arschkugel zwischen ihre Restpflanzen. Frau Laabs erntet Radieschen. Ständig müssen meine Gehörknöchelchen dieselben Schrecklaute übersetzen wie vorhin, danach, davor, später und gestern – »Mohr!!!« Fam. Laabs fliegt nie nach Mallorca. Schon wegen Schaweira und Mohr sind Laabs ans Haus gebunden. Frau Laabs ist immer da; ich bin immer da.

»Wenn der Mohr ma' stirbt, dann schaffen wir uns wieder 'n Hund an!« – »Die wern baale geschlachtet!« – »Wächst doch widder nach, das Zeuch.« Bisweilen weht aber auch gute alte Lebensweisheit von drübern rüber: »Früher war's bei den Leuten nich so eilig, wie's heute alles is.«

Vorgestern wollt ich just rübergehn, jammern, flehen, mit Ordnungsamt und Veterinäramt drohen, da kam Frau Laabs mir unter der Trauerweide entgegen, mit einem grünen Kleinkind im Arm, einer Riesenzucchina, größer als ein grüngemustertes Sechspfundbrot, größer als ein Mischling zwischen Mammutkürbis und Riesenbaby. Jawohl, Frau Laabs schenkte mir eine ihrer besten Gurken! Überschußproduktion oder herzrührendes Zeichen nachbarschaftlichen Naturalientauschs? Da konnte man doch als Gegengabe keine Beschwerde einreichen. War die Randale überhaupt so schlimm gewesen? Auch hatte es $^1/_2$ Stunde lang nullmal gebellt. Mythologische Obstüberreichung durch ein weibliches Wesen im alttestamentarischen Paradies – Eva Laabs und Adam Holbein? Ach ja... wer prachtvolle Gurken annimmt, muß sich auch die Köterei gefallen lassen. Es gibt Schlimmeres ... und Schöneres... Glockenpolster, Kopfweidenstecklinge, Korkhasel, Ranunkel, Knäuelglockenblumen, Sterndolde *(Astrantia major)*, japanische Zierkirschen, und nicht zuletzt zwei von Geißblatt und Yasmin zugewucherte Mirabellen.

Falls jemand wissen will, was ein Abschiedskragen sein könnte – ein Fachwort aus der Dendrologie, Botanik und Forstwirtschaft: Wenn Bäume größer werden, kann das Dickenwachstum ihrer unteren Äste nicht mehr mit dem Dickenwachstum ihres Stammes mithalten. Der aufstrebende Baum pflegt untere Äste, die er nicht mehr braucht und die dann sowieso im Schatten liegen, aus eigener Kraft abzustoßen, indem er unbewußt eine Art wulstförmigen Kragen bildet, aus baumeigenem Material, sprich: aus Holz – einen hölzernen Wulst, einen rund ausgeschnittenen Stülp- oder Wulst- oder eben Abschiedskragen, der eine Schwächerversorgung des wertlosen Astes bewirkt, die Wasserversorgung abschneidet und im Astansatzbereich am unteren Wulstabschluß eine relativ scharfe Wulstkerbe produziert, die im ausgedienten, verdurstenden, loszuwerdenden, abzuwerfenden Ast eine zweckdienliche Sollbruchstelle herstellt. Genau an dieser Stelle bricht dann der Ast alsbald durch Windeinwirkung ab, oder bei Windstille von alleine, oder er bleibt noch jahrelang dran, oder er geht nie ab, trotz Abschiedskragen.

## Warum ich trotz Heuschnupfen seit 1000 v. Chr. die Grünen wähle

Die documenta in Kassel bot etwas ganz besonders Neuartiges, einen grünlackierten Fahrstuhl, mit Leuchtschrift obendrüber: »NUR EINMAL!« Klingelnd öffnete sich soeben die Fahrstuhltür: ein korpulenter Italiener taumelte hervor, total irritiert, verschwitzt, und lächelte seltsam. Seine Kollegen, die er nur mit Mühe wiedererkannte, klopften ihm lachend auf die Schultern. Der Mann stammelte: »Ancora una volta... ancora una volta...«

Nun kam ich dran. Ich verabschiedete mich zögerlich von Ziska, betrat den Fahrstuhl, dem drei Wände fehlten, sogar die Plattform. Meine Füße hingen im Leeren bzw. wurden festgeschnallt auf einer mit grünem Stoff überzogenen Ausstülpung der nur pro forma angedeuteten Rückwand, an die ich mich lehnte. Die Ausstülpung, falls nicht extakt für meine Fußgröße berechnet, stellte sich automatisch auf sie ein. Die Apparatur, klingelnd und ruckelnd, bewegte sich nun abwärts, weniger durch einen Schacht als durch grünen, ungeheuer in alle Richtungen sich öffnenden Raum, auch nach hinten, wo keinerlei Rückwand mehr abstützte, auch nach unten, wo mir das Fußbrett – falls überhaupt noch vorhanden – sowenig mehr auffiel wie meine Füße. Kein Bezugspunkt schwebte im Grün, woran ich hätt ablesen können, wie langsam ich sank... erst verschwammen allseits luftig von unten und hinten her sich auflösende Fantasielandschaften, dann ging das duftige Grün gemalter Ferne – bei ausbleibenden Schwindelgefühlen – in ein kosmisches Tiefgrün über. Welch Raumerlebnis! Bis dato hatte es überall nur Räume und Räumlichkeiten gegeben, Flachland, Geographie – keinen Raum. Bis dato hatte es bloß Ziergras gegeben, Kommensurabilitäten, Ponderabilien, unwichtiges Lindgrün, Giftgrün, Kitschgrün, Türkis, vermischbare, widerliche Ölfarben – kein Grün. Ich glitt nicht nur hinab, ich weinte und verblutete hinaus und hinein in dieses Grün... alles zerging in grüner Wollust... ich sank und sank... ich hörte zu sinken nicht auf...

Da hielt der Fahrstuhl klingelnd an. Das Gestell rastete ein. Hinaus taumelte – ich. Und befand mich auf derselben Etage. Alles war nur ein technologischer documenta-Trick gewesen. Normalgesichter, erbärmlich zweidimensional und mißfarbig, grinsten, kamen viel zu dicht ran. Ein Mädchen, lachend, nahm mich in die Arme, strich mir die Haare aus dem schwitzenden Gesicht... ich fühlte das kaum. »Du lächelst so seltsam...« An ihrer Stimme erkannte ich Ziska. Ich stammelte nur eins: »Nochmal... nochmal...« Ich hatte ein Grün gesehn, grüner als jedes je gesehene Grün, das Grün an sich, grüner als der grüngoldene Baum des Lebens, zwar leider nur im Traum, aber immerhin im Traum.

## Halte dich an elf grüne Gebote!

*Nulltes Gebot Nr. 1:* – Du sollst – nein, du sollst nicht, aber mach's ruhig trotzdem.

*Nulltes Gebot Nr. 2:* – Verziere nie unschuldige Steine mit unspendablen Geboten!

*Nulltes Gebot Nr. 3:* – Auch wenn du über dem Gesetz stehst – tu stets beim Fußball so, als liefest auch du dem Ball hinterher!

*Erstes Gebot:* – Hab ruhig mehrere Götter neben mir! Sonst leidest du bald an Einsamkeit! Sonst guckst du nie mehr über den Tellerrand und tauchst nie mehr aus deiner Suppe auf! Stell nicht ständig Götter über Tiere und Kamele über Pilze und nie die Krone der Schöpfung über die Mützen der Serienfabrikation! Besser göttliche Götzen als tote Götter! Lieber ein Himmel ohne Götter als ein Himmel ohne Wolken! Kreis nicht ständig um mich. Belästige mich nicht pausenlos mit deinen kleinformatigen Redundanz-Gebeten! Komm zeitweise ohne mich aus!

*Zweites Gebot:* – Mach dir ruhig ab und zu ein Bildnis von mir, aber nicht bloß eins. Mach dir im Grau in Grau viele schöne bunte Bilder! Bete öfter zu Flora, Pomona, Aphrodite, Luna, Hermes, Wishnu, Ganesha, Parvati, Blasphemion, zur Grünen Fee, der letzten Manifestation der Hexengöttin Artemis oder Diana als zu den Götzen Mammon, Baal, Papst, Jachwe und Toyota! Wozu gab ich dir ein polyphones Hirn, wenn du dann doch nur monotone Phrasen ruminierst!? Wie immer du dir mich vorstellst – ich weich davon ab! Erblicke auch in Goldenen Kälbern, Tamagotschis und falschen Fuffzigern eindeutig mich, und zwar ganz unverdünnt und unverbraucht! Spür den Gott, der in allen Götzen wohnt! Mach einen Rhythmus, wo jeder mit muß! Tune in, turn on, drop out! Hast du Acid in der Blutbahn, fliegst du schöner als ein Truthahn! Sobald du auf allen Löchern pfeifst, du möglicherweise Gott begreifst! Ach, und noch was: Sprich Pflanzen nie die Vernunft ab!

*Drittes Gebot:* – Je mehr Namen du deinen Göttern gibst, inclusive Gott, desto weniger kannst du sie mißbrauchen. Erniedrige mich nicht, indem du mir allzumenschliche Schwächen wie Eifersucht und Wille unterschiebst. Ach, und noch was: Falls dein Gott tot ist, nimm solange meinen.

*Viertes Gebot:* – Dröhn nicht am Sonntag so oft mit

deinen Maschinen herum! Und dröhn vor allem am Montag nicht doppelt so laut herum wie an anderen Wochentagen! Friß nach dem Fastenbrechen nicht besonders gierig! Bete länger als vorgeschrieben. Vergiß im Gebet alle Gebetsvorschriften! Vergiß im Ramadan sowohl Essen wie Fasten! Kontrolliere nie die Gebetslänge deiner Mitbeter! Beleucht und deute beklemmende Feste wie Totensonntag, Karsonntag, Bußtage, Opferfeste oder Frohnleichnam positiv um! Verkürze Ascheausstreuung und Leichenschmaus und verlängere Kirschblütenfeste wie jene Japaner und Chinesen, die wochenlang alle Klimazonen abklappern, um mehrere Frühlinge hintereinander zu erleben. Leiere dein Ritualgebet nicht runter, sondern denk dir was dabei! Falls dein Gehirn dich nötigt, Dogmatiker zu sein, versuch Mystiker zu werden! Falls du Sittenwächter bist, werd Ekstatiker! Falls du Mystiker bist, guck und flieg über Mystik weit hinaus! Falls du Ekstatiker bist, guck zwischendurch trotzdem mal in den Spiegel! Zieh am Aschermittwoch die Maske nicht völlig runter! Laß Weihnachtsbäume bis Ostern stehn! Fälle sie gar nicht erst und füttere am 26. Dezember deine Lieblingsgans Auguste noch liebevoller als sowieso! Entschuldige dich beim Osterhasen, daß du seine Eier klaust und daß du ihn zu Nikolaus aussperrst!

*Fünftes Gebot:* – Such und finde nicht nur an Oma, Opa, Mutter, Vater liebenswerte Aspekte, sondern auch an entfernten Verwandten und angeheirateten Leuten. Überbiete Chinesen im Ahnendienst! Finde auch auch weniger nette Nachbarn bisweilen recht nett. Dehne das familiäre Gefühl stufenweise auf immer fremdere Gestalten aus! Versuche selbst unsympathische Lebewesen verständlich zu finden! Glaube ja nicht, Arschlöcher liefen niedrigrangiger herum als du selber! Bewahre auch Inquisitoren gegenüber eine gewisse Höflichkeit! Bete um Hitlers Erlösung! Räche dich nicht an Moses, weil er dir deinen Tanz um allerlei Goldene Kälbchen vergällte!

*Sechstes Gebot:* – Du sollst nicht töten! (Den lieb ich, der Unmögliches begehrt!) Also auch nicht steinigen, keine Glashäuser einwerfen! Also auch nicht schlachten, schächten und opfern, weder Jungfrauen noch Zicklein noch elektrischen Strom verschwenden! Also auch nicht mobben! Und nicht ohrfeigen, und auch nicht die andere Wange hinhalten! Laß dich nicht gegen dein Gewissen zum Kriegsdienst zwingen! Etwas umweltfreundlicher ausgedrückt: Seid's zur Abwechslung mal ein wenig nett zueinander! Was Milliarden harmonisch hinkriegen – krieg auch du es hin! Benachteilige und bevorzuge niemanden wegen seines Geschlechtes, seiner Abstammung, Rasse, Sprache, Heimat und Herkunft, religiösen oder politischen Anschauungen. Sei nicht auf dieser Welt, um deinen Genossen wehzutun. Verletze nicht! Taste nicht ständig, du potenzieller Busengrabscher, die Würde des Menschen an, und auch nicht die im Grundgesetz leider völlig übersehene Anmut! Auch wenn du Anmut und Würde mit der Lupe suchen mußt, such sie unausgesetzt! Sei anmutig, auch wenn's schwerfällt! Sei zumindest unplump! Sei, statt Rentenempfänger, ein würdiger Greis! Nenne »Mitbürger mit Mobilitätsstörungen« nie abwertend »Behinderte«, und nenn Behinderte nie Invalide, und nenn Invalide nie Krüppel! Immer, wenn du just ohrfeigen oder losbrüllen willst, zähl vorher ganz langsam bis 10, und falls das nichts nützt, bis 20. Finde keinerlei Hintertürchen, um doch noch irgendwie zu töten! Mach nie aus Heiligen Hainen Behindertenparkplätze! Erhebe Nutzvieh zu Tabutieren, zu heiligen Kühen, also zu Goldenen Kälbern! Beseele selbst Microsoft! Gib deinen Haushaltsgegenständen Namen! Nenne deine Bedienungselemente »Maus«! Sei Animist! Laß nirgendwo einen Kelch oder ein Goldenes Kalb an dir vorübergehn, ohne es zu umtanzen, statt es zu schlachten! (Auch wenn das Goldene Kalb nur die Siegessäule der Berliner Love Parade sein sollte!) Die Würde der Kälber sei unantastbar! Taste nicht an, fühle dich ein! Statt die Welt aufwendig zu verändern – verschon sie einfach nur. Iß mehr Obst. Erheitere deine menschlichen und pflanzlichen Spiel- und Schicksalsgefährten! Du sollst nicht zerpflücken und abpflücken, weder als Baumfäller noch als Nörgeltante, noch als Kritikaster! Die Anmut und Würde der Pflanzen sei unantastbar. Friede auf Erden! Räche dich nie! Laß dich zur Schlachtbank führen – nein, das auch nicht. Verzichte selten auf Zivilcourage! Sei Feinsand im Getriebe! Bemale Schmirgelpapier! Wehr dich! Laß nicht alles mit dir machen, sondern bloß manches. Stell dir vor, es ist Krieg und keiner geht hin. Du hast keine Chance, doch nütze sie. Falls du doch mal eine Pflanze pflücken mußt, setze für jedes Blatt Papier, das du zerknüllst oder schreibst, ein Bäumchen in die Erde. Betreibe zur Not, falls du nicht Grundstücksbesitzer bist, widerrechtliche Aufforstung! – In summa: Töte nie! Auch Kinderschänder und Stubenfliegen nach Möglichkeit nicht, vor allem, sobald dir beim Töten einfällt, daß du dein nächstes Opfer so innig liebst wie dich selbst. Töt erst weniger, dann noch weniger, aber laß auch die naturgewollte Freßkette nicht fahrlässig abreißen. Was man alles auch noch etwas positiver ausdrükken könnte: Bewahre ab und zu deine Verwandten und Unverwandten vor – dir. Rette ab und zu einen Menschen, ein Tier und eine Pflanze! Dann hast du jeweils eine Welt gerettet! Save the world, wenigstens auf mikroskopischer Basis. Und erwarte nicht, daß dauernd dich welche retten! (Du sollst nicht töten – einerseits die grundlegende, wunderbarste, unerfüllbarste aller goldenen Regeln und steinernen Gebote, andererseits basiert es auf der Annahme, jeder müsse oder wolle ständig töten, wovon man ihn halt per Machtwort – knapp genug – abhalten will.) Wer alle Tiere liebt, ist auch gut zu Vögeln!

*Siebentes Gebot:* – Hab ein Auge auf deinen Bruder! Liebe deinen Nächsten wie dich selbst! Biete deinen Rücken deinen Peinigern! Liebe auch Antipoden, politische Gegner und Kontrahenten, ja, deine Feinde! Schaut euch in die Augen und nicht in die Glotze! Erniedrige, verstoße und benachteilige niemals Gattinnen. Wimmle Frauen nie ab, ohne gleich zum Busengrabscher zu werden! »Liebe deine Feinde« muß im Umkehrschluß nicht heißen: Schlafe mit jedem. Befummel nicht sofort alle. Laß hinterm Bussibussi nicht gleich die Zunge hervorschießen. Frauen, zerreißt eure Ketten! Schluß mit Objektsein in Betten! Andererseits: Das Berühren der Figüren mit den Pfoten ist nicht verboten! Wo ein Wille ist, da ist auch ein Gebüsch! Kontrolle ist gut, Vertrauen ist besser! Sei nicht hart, spröde und grausam gegen weniger attraktive Eventualfälle und Geschlechtspartner. Statt Ehen zu brechen – pfleg die Kultur der Seitensprünge. Iß ruhig mal andere Apfelsorten. Leg was anderes auf (in Stereo) und streichel andere Leute, aber bitte behutsam. Sei zumindest nicht von einfallslos monophoner Treue. Verwandle Ehetrott in Pansophie und Pansexualität! Sei polyphon, statt monoton! Habe Wohlgefallen auch am dritten und vierten Glied! Üb dein Idyll! Wenn Frauen und Männer nicht zusammenpassen, dann wenigstens untenrum. Wenn Frauen verblühen – oute dich nicht als Mann, indem du verduftest! Drum prüfe, wer sich ewig bindet, ob sich nicht doch was Bessres findet! Schreib nicht nur ein Sachbuch und zeug nie zuviel grausame Kinder. Und umgekehrt: Zeug eine Tochter und mach viel Lyrik. Laß dich von der Schlange, die du stehst, zur Erkenntnis führen. Zieh dich warm an, Kälte greift den Darm an! Veredle deinen Fluch »Fuck yourself!« hinauf zum antiken »Gnothi Seauton!« (Erkenne dich selbst!) Liebe deine Onanie wie dich selbst! Verwandele Onanie in Selbsterkenntnis! Öl dich ein, nachdem du als Sand im Getriebe knirschtest. Verwandele deinen Body, Birne, kranke Psyche und Visage zurück in einen Körper, Kopf, gesunde Psyche und Gesicht, wenn nicht gar in Leib, Haupt, Seele und Antlitz!

*Achtes Gebot:* – Du sollst, statt zu stehlen, das begehrte Objekt mit Charme ausleihen oder erbetteln, schöne Gegengeschenke nicht vergessen und ansonsten deine Zimmerpflanzen gießen. Steuersünden und Schwarzarbeit sind keine Todsünden, sondern symbolisieren Sehnsucht nach den zugedrückten Augen menschlicher Zuwendung. Laß dir deine Fehler nicht nehmen; vielleicht brauchst du sie noch. Laß peanuts hinter dir! Vor dir der Ozean – guck dich nicht dauernd nach der Waschmaschine um.

*Neuntes Gebot:* – Du sollst weder falsches Zeugnis ablegen noch lügen, noch schwören, allenfalls ab und zu, z. B. die Kunst der Notlüge üben, und der Notwehr, und des Verteidigungskriegs, und dies weltweit. Verfeinere deine Lügen zu Lügenmärchen und dein Märchenerzählen zu Mythomania, und dein Fabulieren zu dichterischem Wollen. Auch wenn Dichter zuviel lügen – dichte ruhig etwas mehr! Schreib Verse, an denen sich Esel und Engel wärmen könnten! Vergleich weiterhin das Betäubungsmittelgesetz mit dem Hexenhammer! Gib weiterhin die Zahlen der verbrannten Hexen, um das Schuldkonto der christlichen Kriminalgeschichte zu erhöhen, höchstmöglich an, auch wenn's nur 200 000 waren. Selbst wenn's nur eine gewesen wäre, wär's eine zuviel gewesen!

Laß weiterhin den antiken Pan mit paracelsischen Elementargeistern flöten, und projizier die Elfen aus französischen Elfenmärchen des 18. Jahrhunderts zurück in paläolithische Siedlungsräume! Lieber irgendwo eine vordatierte Elfe zuviel als desolates Haushalten mit seelischem Defizit! Sei nicht deshalb am Wochenende kurz naturverbunden, weil du die ganze Woche lang Technik bevorzugst! Zurück zur Natur, zur Not mit Vollgas!

*Zehntes Gebot:* – Statt deinen Nachbarn um dessen Krempel und Porsche zu beneiden, laß mit ihm zusammen die Moleküle rasen und die Ekstasen heilig halten! Egal, was ihr dabei für Gesichter schneidet! Laß Bush, Obama & Osama am selben Joint ziehen! Mäik laff, not wohr! Fuck for peace! Boykottiert die Banken! Koitiert auf Bänken! To masturbate is human – to fuck divine! Irren ist menschlich – schweben göttlich! Seid umschlungen, Milliarden! Seid umschlungen, Millionärinnen! Küsse deine Todfeinde, auch wenn die sich bedanken! Amis, go home; Nazis raus – nein umgekehrt: nach innen geht der geheimnisvolle Weg! Zusammenlegung jetzt! Erschossene Lehrerinnen, verzeiht euren amoklaufenden Schülern! Verzeiht es Gott und anderen Göttern, daß sie den Defekt deiner eigenen Eintagsfliegenhaftigkeit teilen! Den zum Glück vorübergehenden Defekt! Geh in die Unendlichkeit ein und frag nicht dauernd nach der Uhrzeit! O Mensch, werde wesentlich! Sei da, sei du! Blüh auf, entseelter Atheist! Drum Tauwind und Daowind ins Winterland! Erst übertreiben, dann langsam steigern! Laß alle Sterne unter dir! Vergiß die Meinungen, vergiß die Zeit und erhebe dich ins Grenzenlose... und wohne im Grenzenlosen! Laß dich los, auch wenn du dazu viel zu klein wärst! Hinterlasse trotzdem das WC so, wie du es vorzufinden wünschst! Und nebenbei: Bitte verlassen Sie diesen Planeten so, wie Sie ihn vorzufinden wünschen! Handle jederzeit so, daß es einem allgemeinen Grundgesetz entgegenkommt. Bade die ird'sche Brust im Morgenrot, zusammen mit Göttern, goldenen Kälbern, Dschinnen, Bilsenkräuterhexen und deren Verbrennern, Seitensprüngen, Spielverderbern und Wesenheiten! Werde, der du nie sein wirst! Sei nicht dauernd der oder die, die oder der du sowieso bleibst. Entdecke vergessene Heilkunst wieder! Weich ab, egal wovon! Wach auf, bevor du geweckt wirst! Wache, selbst wenn du schläfst! Stirb, bevor du abkratzt! Gesunde, bevor du erkrankst! Amen! Sela! Prosit! Für die Wörtlichkeit dieser Sätze steh ich mit meinem Namen. Hugh, ich habe gesprochen!

## Wie man ein Aquarium reinigt!

Zuerst nimmt man vorsichtig den Deckel und die Glasplatte und den Filter heraus. Dies ist ein großer schmaler Kasten aus durchsichtigem Kunststoff, in dem Kohlenstückchen, spezielle Filterwatte und feiner Kies in drei Schichten lagern. Zuerst schüttet man die Steinchen in ein feinmaschiges Netz und spült sie ordentlich durch. Die schmutziggraue Watte wird herausgenommen und solange »gewaschen«, bis sie wieder weiß ist; wenn sie gar zu verschmutzt ist, kann man auch neue nehmen. Die Kohle wird ebenfalls gesäubert, alle zwei, drei Wochen wird sie jedoch ersetzt. Dann waschen wir den Behälter aus und befreien die Röhrengänge von Verstopfungen. Wenn er sauber und frisch ist, setzt man erst Kohle, dann Watte und schließlich den Kies wieder ein. Jetzt wird der Filter wieder hinabgelassen. – Als nächstes wird der Boden des Aquariums gereinigt. Dazu benötigt man

einen Glaskolben, der mit einem Wasserschlauch verbunden wird. Ein Helfer muß am Ende des Schlauches saugen, bis das Wasser herausfließt. Mit dem Kolben sucht man dann den Grund nach Schmutz und Kot ab. Dabei muß man besonders darauf achten, daß keine kleinen Fische oder Schnecken aufgesaugt werden. – Das Wasser läßt man mit Hilfe des gleichen Gerätes ab. Die Fische müssen sich solange mit der Hälfte des Wassers begnügen. Das Wasser, das man wieder einläßt, muß eine bestimmte Temperatur haben. Am besten hält man die Hand etwas vor den Schlauch, damit kein Fisch von dem Strahl getroffen wird. – Außerdem gehört auch das Füttern dazu. Wenn ein toter Fisch im Aquarium ist, muß er so schnell wie möglich entfernt werden. So wird das Aquarium am zweckmäßigsten gereinigt.
*(Klassenaufsatz, Gerhart-Hauptmann-Schule, 23.1.1968)*

Nur selten kommt es zu pflanzlicher Gegenwehr

# HÖHENFLÜGE FÜR HUMPELPILGER

## Vorschlag zur Wiedergewinnung Gottes

Wer es weiterhin katastrophal findet, oder irgendwie schade, daß Millionen fragwürdiger Gestalten nicht an einen in etwa genauso fragwürdigen Gott glauben, oder wem Geld, Body working, Technik und philosophy nicht genügt, oder wem ontologische Gottesbeweise nichts sagen, dem kann ab heute geholfen werden, durch einen völlig neuen Gedankengang, und der geht so, vor allem für Eltern und Erzieherinnen, die bei religiöser Unterweisung vieles richtig machen wollen:

Man setze erneut in der Kinderstube an; aber nicht so wie sonst, durch Einübung unverständlicher Rituale und archaischer Storys. Sondern ganz anders. Man erzähle ganz ungehemmt alles, was der magischen Phase des Vorschulkindes gelegen kommt; man dekliniere die ganze hübsche Stufenleiter durch, vom Osterhasen, Weihnachtsmann und Schutzengel bis hin zu Gott, dem Herrn. Und genauso berichte man Stadtkindern ausführlich von Katzen, Hunden, Elefanten, achte hierbei aber streng darauf, daß sie solcher Tiere nie in natura ansichtig werden, sondern nur als Bild und Film, wo die natürlichen Bewegungen normaler Nilpferde auch Special effects sein könnten, wie in »Jurassic Park«. Dann, wenn die kognitive Phase anbricht, also mit 9–12, gern auch beliebig früher, also sobald der Nikolaus nur noch kopfschüttelnd hingenommen wird, zeige man den tierlos aufgewachsenen Kindern erstmals im Leben – in einem feierlichen Akt – echte Giraffen, echte Seehunde und echte ostindonesische Beutelsäue. Der Eindruck wird überwältigend sein. Alles, was die Kids nur für Animation und Fiktion halten mußten, läuft plötzlich hautnah tatsächlich herum. Lerneffekt: So unwahrscheinlich eine phantastische, bisher bloß als Abbild bekannte Wesenheit auch sein mag, es gibt sie doch. Tiere, in ihrer Freibeweglichkeit, ihrer verblüffenden Akkulosigkeit, abgekoppelt von jeder Verlängerungsschnur, in ihren abenteuerlichen, oft total unglaubwürdigen Körperformen, sind um nichts wahrscheinlicher als die fiktivste Gottheit, und siehe, es gibt sie doch, ausnahmslos alle, vom Warzenschwein bis zur Schleiereule. Folgerichtig gibt es auch Gott, der wahrlich darüber erhaben sein müßte, sich von ontologischen Gottesbeweisen abhängig zu machen, und wenn er nicht so erstaunlich unsichtbar wäre, könnte man ihn, samt seiner Engel, genau wie Fledermäuse herumfliegen sehn.

Problem: Leider lassen sich nicht alle Zoos schließen und Dackel, Bullenbeißer und Zierfische abschaffen. Der erlösende Vorschlag bleibt praktisch unrealisierbar und hat ja auch den Nachteil, daß zwar soundsoviele Seelen durch diesen Trick zu Gott fänden, wodurch Gott aber bloß subjektiv wichtig würde, statt endlich mal so richtig objektiv vorhanden zu sein. Also das muß alles nochmal gründlich durchdacht werden, nur wann und von wem?


### Harry Potter goes to Dalai Lama, nur ab wann?

Schön, daß Harry Potter nun in die Pubertät eintrat, die er zwecks Drinverweilen noch ausdehnt. Normale Kinder finden den Übergang von der magischen zur kognitiven Phase, laut Lehrbuch, laut Jean Piaget & Lotte Schenk-Danzinger, zwischen dem 4. und 12. Lebensjahr, inzwischen aber via RTL und Eierkonsum (verfrühter Wachstumshormonstöße) leider viel früher, Menstruation gern auch schon mit 10 ¹/₂, doch siehe, zum Ausgleich für solches Präcox heilt die Kinderkrankheit Pottermania auch im Mutti- und Omi-Stadium immer noch nicht spurlos ab – in diesem Stadium, ja, da hilft kein Studium, ja, da wird der Allerg'scheitste dumm! Einerseits verlieren sich naturgemäß bei Pubertätseintritt so arglose Kindertalente wie Eidetik, Impressionabilität, platonisches Staunen, Genialität, Gottglauben, magisches Denken u. v. m., andererseits zaubert erstens der GRÖMAZ (Größter Magier aller Zeiten) David Copperfield mit 55 immer noch, und zweitens hat Prospero aus Shakespeares »Tempest« erst als Greis seinen Zauberstab zerbrochen, und Faust II. erst als Hundertjähriger Magie von seinem Pfad entfernt... warum also soll Harry Potter jetzt bereits sein Zaubern lassen? Eigentlich müßte sich entwicklungspsychologisch, genau wie im Fall hölzernes Bengele Pinocchio sich Holz zu Fleisch verwandelt, der Zauber- zum Dirigentenstab sublimieren, oder der trockne Holzstab abgelegt werden, zugunsten versteifbaren Stabs, nie mehr aus Holz, immer aus Fleisch, umflossen von libidinöser, statt bloß infantiler Magie – doch vorerst Pustekuchen. Die Magic Mystery Tour von Mrs. Rowling wird langfristig zögern, in Love-Story sich zu transformieren. Und die längst allzu weit weg liegende Aufklärung 1780 läßt weiterhin allzu lang auf sich warten, Kant, Voltaire, Diderot.

Religionshistorisch steht Harry Potter exakt da, wo tibetische Adepeten wie Naropa im 11. Jahrhundert n. Chr. standen: Milarepa hatte Regen- und Schadenszauber erlernt, wonach heutige Kids sich als Höchstes und Unerreichbarstes sehnen, was aber Milarepa nicht genügte: Schon als Jüngling hätte er gern allen finsteren Hokuspokus von seinem Pfad entfernt, alles unerleuchtete Simsalabim, nie wieder kindische Wetterbeherrschung, sondern: würdigere Ideale, ewige Regionen, wahre Religion. Statt Ghostbuster – Seelenheil. Auf dieser Kippschwelle versuchte dämonisch-polytheistische Allotria überzugehn in buddhistischen Tranzendenzialismus. Weit über Goethes Zauberlehrling hinaus wuchs Milarepa. Harry Potter went to Dalai Lama – bereits damals, und durchaus erfolgreich! Genau wie im »Ilahiname«, von Fariduddin 'Attar von Nischapur, 12. Jahrhundert n. Chr., wo sechs Königssöhne sich bloß so profane Dinge wünschten wie Königstöchter, magische Talente, Camseds Zauberbecher, Salomos Ring, Wasser des Lebens, Goldmacherkunst, statt mystische Verschmelzung mit Allah. Welch Todesstoß für Harry Potter, 1001 Jahre vor Harry Potter! Andererseits: So sehr Milarepa auch als Buddhist im Yogasitz im Gebirge saß, von allen Seiten schlichen sich wieder eigentlich überwundene Dämonen herbei. Und zerzerrten ihn wie hierzulande den Sankt Antonius und ließen eine riesige Vulva vor ihm aufblühen. Also die magische Phase wurde da optimal ungeschönt versetzt mit Erwachsenen-Accessoires, und in dieser spezifischen Mesalliance wird der ewige Potter das Geschlecht der frühsexualisierten Pisa-Jugend und der ewig selbstverschuldet Unmündigen auch fürderhin beglücken... weiter so, Harry!

Zumal es nicht erstrebenswert wäre, in potterloser Welt nichts zu tun, als realitätsgerecht zu funktionieren. Säkularisation allüberall: Auch Maria Selvini-Palazzolis Titel »Der entzauberte Magier« kreist bloß um den Schulpsychologen. Die legendäre Dame ohne Unterleib depravierte zur Tagesthemenmoderatorin Anne Will, der traditionelle Kaninchentrick zur Vivisektion. Albert Hofmann, 102, der Vater der Zauberdroge LSD: »Ich bin kein Guru, ich bin Chemiker.« Defintiv nie zaubern zu können, das ist schlimmer, als hätte Isaak Newton den

Ikarus absichtlich fallen lassen. Oder als wär' Oberinspektor Derrick ermordet worden. Oder als sei der GRÖMAZ samt aller Sicherheitsmaßnahmen den Niagara runtergerauscht. Dann ließe sich aus dem archetypischen Zylinder nicht mal mehr – ein Kaninchen ziehn! Jeder Lahme würde, beim »Steh auf, nimm dein Bett und geh heim!«, im Bett liegen bleiben, und das für immer. Die Welt ist oft plötzlich so leer und falsch, als wäre nicht nur Gott tot, sondern sogar ich. So wird Harry Potter zur tragischen Figur. Und der GRÖMAZ gleich mit. Dieser Gottesleugner glaubt nur an Tricks, statt ans Zaubern, wie er der »Thüringer Allgemeinen Zeitung« gestand. Ist ein Zauberer wirklich nur einer, der allen, die partout nicht zaubern können, aufwendig verheimlicht, daß im Grunde auch er nicht zaubern kann? Ja, wenn nicht er, wer denn dann? Ewige Regression, ewige Sehnsucht nach den zauberisch glitzernden Schneeflöckchen der Kindheit.

## Macht hoch die Tür – der nächste bitte!

Draußen vor der Tür miaut Scheuling, aber wenn ich dann öffne, traut er sich doch nicht rein. Genau wie damals der jankende, fiepende, bellende Willi, kaum aber ließ ich ihn ein, jaulte und wedelte er innen, um endlich mal wieder rauszukommen. Tieren, Kindern und Gästen, die auf der Schwelle zögern, sag ich so ungeduldig wie möglich: »Rein oder raus?« Wenn die Adventszeit zum Vorhof wird, stülpt die Backstube des Himmels ein lamettaglitzerndes Bescherungszimmer nach außen. Ein Trunkenbold kommt zur Himmelspforte, donnert umsonst mit Fäusten dran und duselt lallend vor ihr ein. Ein

Opiumraucher setzt sich lächelnd neben ihn, irgendwann würde schon einer öffnen. Ein Kiffer naht, macht sich klein und schwirrt, samt Joint, durchs Schlüsselloch hinein. Das geht bis hinauf zu Sufi-Derwischen, die lebenslang an der Tür des göttlichen Lichtes klopfen, und falls es sich bereits zu Lebzeiten öffnet, stellen die glücklich Eintretenden fest, daß sie weniger draußen standen, um nach innen zu kommen, sondern die ganze Zeit bereits innen – nirgendwo ein Ausgleich in Sicht zwischen Knastis und Darmwinden, die nichts als rauswollen, und Popfreunden, die nicht minder heftig reinwollen in die schlechte Luft ausverkaufter Hallen. Als die Welt dank Schnellverkehr kleiner wurde, verengte sich der Vorhof zum Vorzimmer.

Nachdem sich selbst x dubiöse Leute und Schneider, etwa in Grimms Märchen der Schuster Pfriem, illegal an Petrus vorbeigeschmuggelt hatten, kam ganz zum Schluß auf ausgetretenen Pfaden Gnosis-Adept Kafka herbei, wollte unbedingt ins Schloß, doch immer wenn er grad »Sesam, öffne dich!« sagen wollte, kam das als ein ungewolltes »Sesam, bleib zu!« heraus. Mangels Joint? Überall wurden rote Teppiche ausgerollt. Selbst der vierschrötige »Münchner im Himmel«, Aloisius, kam problemlos rein, Schnaps, das war sein letztes Wort, da trugen ihn die Englein fort; einzig Kafka kam nicht mal bis zum Einweihungsgrad des Schusters Pfriem, blieb wie Scheuling vor der Tür (den ich übrigens bald mal füttern müßte), scheiterte schon am ersten Türhüter, der im Disco-Zeitalter zum Rausschmeißer mutierte, freundlichstenfalls zur Anmeldungsdame. Kafka verlängerte und zerdehnte im Einsteinzeitalter – brav, Willi, brav, ich komm ja gleich! – die Hinwärtsbewegung um Lichtjahre, so als ob Gott von seiner Welt so uneinholbar rasend hinwegstürzen würde, wie Galaxien auseinander.

Kaum aber war alles dunkel geblieben, stieg Bettler Kafka postum zum Kaiser von China auf, ins weihnachtlich strahlende Walhalla-Pantheon hochoffiziösen Literaturkanons, also praktisch in optimalsten Himmelsersatz, der den alten, auf Märchenbasis verharrenden Hallelujahimmel seriös überbot. So hatte sich das Zugebliebene dann doch noch geöffnet. Fiese Pointe: daß Godot immer erst dann aufmacht, wenn keiner mehr vorm Guckloch steht. Disproportion zwischen Nachfrage, Überproduktion und Umverteilung also auch hier! O könnte Kafka, dem keiner mehr an die Schultern oder Schnürsenkel reicht, schnell nochmal für 1 $^1/_2$ Minuten die Augen öffnen, um für 3 SAT Kulturzeit ein kurzes Statement abzugeben, über seinen Aufstieg zum Literaturgott, und wie sich das anfühlt, nun selber ein krähenumschwirrtes Schloß zu sein. 1001 mickrige Normalgenies pochen technisch verstärkt, aber alle vor der falschen Lichtschranke. Nicht mehr wie Tamino vor dem Tempel der Weisheit, der Natur und der Liebe, sondern vor Service, Public Relations und Bundesverdienstkreuz. Very Important Persons, alias: pochende Seelen begnügen sich mit Spotlight statt hervorbrechendem Licht – anders gesagt: Jetzt seid endlich ihr dran! Jetzt wird euch aufgetan! Genug im Vorhof gehechelt, Willi und Scheuling! Jetzt gibt's Happihappi!

## Wie Kafka dann doch den Jackpot knackte

Karl Lagerfeld besitzt 160000, Umberto Eco 80000, Goethe 6000, ein bundesdeutscher Akademiker 360, Kafka bloß 237 Bücher. Unterwürfig unterzog der Metzgerenkel und Brotberufler im Hotel Mama sich rudernd, müllernd, fletschernd der übermenschlichen Anstrengung des Heiratenwollens, kreiste irreal um ein knochig leeres, entferntes, mühsam heiratbares Gesicht. Koitus definierte er als Bestrafung für das Glück des Beisammenseins. Balzacs Spazierstockmotto »Ich brech alle Hindernisse« drehte Kafka um: »Mich brechen alle Hindernisse.« Mit Dostojewski, Sartre u. a. Schwarzweißfilmen verband ihn Grünblindheit: Das verschneite Kaff im Böhmerland diente Landvermesser K. als Vorwand, sich um Pflanzenbeschreibung zu drücken. Zarathustras »knarrendstes aller Tore« verzwergte bei Kafka zur profanen Bürotür mit Guckloch, verstöpselbar: dahinter, statt Zerberos und schrecklicher Rilke-Engel, ein dösender Unterkastellan. Aus zen-buddhistischer Sicht verharrte der uneingeweihte Angestellte im sog. Niwa-Zume (Stehngelassenwerden im Vorhof). »Ein Vogel ging einen Käfig suchen« – Platon & Plotin ließen grüßen. Wer Hinterhöfe »Lichtspucknäpfe« nannte oder vom Messias sagte, der käme erst einen Tag nach seiner Ankunft an, konnte als seriöser Metaphysiker kaum Furore machen. Klassische Mystiker fanden in jedem Tropfen den Ozean; bei Kafka nistete in jedem Schlag ans Hoftor die komplette Erbsünde. Nietzsche vermochte Kafka nicht aus dem unoriginellen Beichtstuhl zu zerren. Kafkas Exekuteure sahen wie Tenöre aus. Sein doppelbödiger vorletzter Wille – Nachlaßverbrennung – entpuppte sich fast als Werbegag: Max Brod (Kafkas Salieri, Famulus Wagner und Serenus Zeitblom) entsorgte den Output nicht und ließ Termini wie »Sinngebung«, »tätiges Gemeinwesen« auf ihn los, bestritt, daß Kafka Nihilist sei, sondern er sei Zionist und eine »wegweisende Gestalt«, die sich zum Gebet befähigt fühlte und die Ehe als »heiligste Krönung des Lebens« sah. Hermeneuten, Exegeten, Familienväter, Romanciers promovierten serienweise über die Ausgrenzung und Standortbestimmung des enigmatischen Aporetikers. French thinker leckten Blut. 1948 stellten auf einer US-Party 4 writers zufällig fest, daß jeder von ihnen just ein Buch über Kafka schrieb. Daß Kafka sich demütig in ein riesiges Insekt verwandelte, hinderte die gutdurchblutete Nachwelt nicht, mit Hemingway & Schwarzenegger auf Großwildjagd winzige Pottwale abzuknallen. Nirgendwo eine Carnivorenmeute, die sich dem Hungerkünstler nicht wahlverwandt fühlte. Lonely crowd fühlte sich einsam wie Kafka. Einst kreisten dicke Pfaffen (Papst Johannes XXIII., Karl Lehmann) um dünne Erlöser; jetzt Dickerchen als Kafkakenner um Kafka: Kurt Tucholsky, Orson Welles, Hans Mayer, Adorno, Klaus Wagenbach, Reiner Stach. Einzig eine klapperdürre VIP – Beckett – ließ Kafkas Clochards Delamarche & Robinson, als Wladimir & Estragon, aufs neue vorm Gesetz antanzen, unweit von Godot, ohne die Kreuzung aus Slapstick und Warteschleife um eine Umdrehung vorwärtszutreiben. Kafka wurde zum Nostradamus: Seinem Ruhm wuchs zu, daß er ungeträumte SS, DDR, Sowjetblock, karnikelhaft sich vermehrende Vollzugsbeamte, präcox vorausgeahnt hatte. Don Quijote und Sancho hatten im 20. Jh. separat zu reiten: der Ritter von der traurigen Gestalt, der fragile Tragiker, und der brave Soldat Schwejk, der gemüthafte Wanst, beide vollrohr quer durch die desolaten Instanzen, Labyrinthe und Windmühlen der k. u. k. Monarchie und durch die letzten Tage der Menschheit. Beengtes Vorkriegsbureau schwoll auf zum US-Großraum-office voll uferlosem Schreibmaschinenmeer. Kafkaindustrie heftete sich an eine leidzerfurchte Erdenspur: Dr. Kafka stets bluthustend Entwürfe knautschend. Altstadt mit Alchimistengäßchen, haribofarbig saniert und illuminiert, avancierte zum Disneyland: »McKafka Hamburger«, »Ghetto-Pizza«, »Schloß-

Souvenirs«, »Kafkateria Buffet«; fehlten nur Kafkakugeln. Hungerkunst profanisierte sich zu Topmodel-Anorektik. Die Welt, die den Superstar suchte, fand ihn im mickrigen Asketen, der alle Stiernacken ins Abseits drückte und wider Willen sämtliche Charts stürmte. Er konnte nicht stoppen, in 115 Sprachen übersetzt zu werden, berühmter als 97 Nobelpreisträger. Man lag ehrfürchtig erstarrt auf dem Bauch vor Longseller Kafka, der unrühmlich das Schwänzchen einzog. Vaterkomplexträger nahmen Kafka in ihre Selbsthilfegruppen auf, und Oscar Wilde in ihre Schwulen-AGs. Statt Freuds kafkaeskes Wahnsystem zu entlarven, unterzog man den Bordellgänger weiterhin freudianischer Exegese (obwohl seit 1934 Benjamin/Adorno dekredierten, theologische wie psychoanalytische Auslegung schössen vollrohr an Kafka vorbei!). Woody-Allen-Zeitalter nannten ihn den »Prager Stadtneurotiker«. ARTE gab 2007 bekannt: »Schreiben war lebensnotwendig für ihn.« Die kaiserliche Botschaft, wie bei van Gogh & Jesus, wurde immer decodierbarer: »Hochverehrter Preisträger, Sie haben den Jackpot geknackt! Rehabilitiert, Ehrenbürger, mit Schmerzensgeld gesegnet, Bambi, Oscar, Prix Goncourt, heiliggesprochen, aufgenommen im Schloß, im Gesetz, bei Hof, im Himmel, im Weltliteraturkanon, Götterliebling ohnegleichen – congratulation!«

## Goofy auf Himmelfahrt

Nachtwolken... Silberlicht... Baumrümpfe... Holzhaus... Walmdach... Dachritzen... Eichenbohlen... Lichtschlierenfluß im Mondstrahl, hineinfließend ins horizontale Astloch, aus dem auf einmal – lupenwinzig –

ein Fühlgriffelchen hervorguckt... ein Pflanzenkeimling hervorfingert... hervorwittert... mit Suchbewegung nach links hinausfühlt... nach rechts tastet, embryonal zerbrechlich, wurmhaft, als Spannerraupe, schlängelig sich verlängernd, bei geänderten Drehbewegungen, immer züngelnder, wie damals das Würmchen, das über die Bettdecke gekrochen kam, als Ho Liu umsonst zu schlafen versuchte und der Wurm sogar die heißgelegene Schlummerrolle erklomm, viel kleiner als die jetzt immer höher hinaufkletternde, Windungen hervorwölbende, Windungen nachschiebende, Keimblättchen bildende Pflanze, Seitentriebe im Zeitraffer, korkenzieherhafte Aufrollsprossen, hervorgezogen vom Vollmond, im Strahl schneller wachsend als nebenan im Dunkel, dort verkümmernd oder eine Schleife höher wieder als Spirale aus Schlangenwindungen zurückwachsend in den Strahl, den Glastunnel aus Mondlicht, Nachtschattengewächs, Fiedelbogenpflanze, die orientalisch auf Filmmusik aufsteigt, auf der Tonleiter seiltrickuntermalender Englischhornkantilene, kobrabeschwörerisch, treppauf, olle Holzstufen hinauf, Leitersprossen, bauchtanzartig hinauf ins erste Stockwerk, wo Pflanze und Melodie mit Zimbelklang an ein Bauernbett schleichen, blind zurückzucken vor Goofys Socken, die als Hibiskuswimpel im Atemstrom des schnarchenden Bauern Goofy wehen, und die Krümmungsrichtung ändern, ausweichen nach links, wo Bauer Micky schläft, zwischen rausguckenden Füßen unter Mickys Decke kriechend, am Kopf Mickys wieder hervorkommend, Windungen nachziehend, hineinfingernd in den ausatmenden Mund, zurückgeblasen, vor Schreck ein neues Keimblatt hervorstülpend, sich störbeschleunigt weiter aufwärtsdrehend, mit neuem Wachstumsschub weiter höher sich wendend, hierbei Mickys Zudecke komplett hinweghebend, den Buckelbehang eines hochgeschobenen Kamels, doch ganz nebenbei das Riesenblatt einer von unten nachrückenden Blähknospe abwerfend, als naturidentische Ersatzleistung, Zurückerstattung der entführten Zudecke, nun eine mondbeglänzte Hühnerleiter hinaufringelnd, pro Stufe neue Wurzelhälse und Sproßabschnitte ausbildend, im zweiten Stockwerk das dritte Bett des Hauses kaum noch belästigend, inzwischen mit mannsstark verholztem Hauptstamm vorbeischiebend am schlafenden Bauern Donald, nur mit Seitentrieb per schraubiger Einrollbewegung kurz und en passant unter Donalds Decke fahrend, den ebenfalls nicht aufwachenden Donald kitzelnd, anders als damals Ho Liu, der die ganze Zeit wach zu sein glaubte, sofort nebenan sich sein goldblitzendstes Feiertagsgewand anlegte, den aufgeringelten Wurm auf kostbarem Servierteller vors Haus trug, ihn ins Gras setzte, sich x mal vor ihm verbeugte, sich umguckte: niemand da, der hinterher von ihm, Ho Liu, hätte sagen können, er habe es an Ehrerbietung fehlen lassen, falls nämlich in Wirklichkeit ein Himmelsdrache in dem Tierchen stecken würde, das jetzt tatsächlich, nachdem Ho Liu kurz zu seinem Wiburnumstrauch rübergeguckt hatte, beachtlich aufschwoll, mit Zischlaut und Leuchtstreifen vom Tafelgerät aufflog, sich kurz nach Ho Liu umguckte, mit einem Kopf, größer als ein Faß – noch eine Schlangenwindung: Da strotzte der Reptileib schon klaftergroß! Wumm!!! Ein Donnerschlag, von dem Ho Liu beinahe aufgewacht wäre: folglich mußte er doch noch eingeschlafen sein... das Dröhnen vor dem Fenster ging weiter, durchsetzt ab und zu mit leisem Knall, wenn eine Riesenblume sich öffnete oder eine Mangofrucht auf den Perserteppich fiel, wie damals im Mumintal, als auf der Treppe ein Feigenbaum wuchs und Pflaumen auf den Schreibtisch des Muminvaters plumpsten... im verdünnten Schlaf fuhr ein entsprechend realitätsschwacher, unpassend motorisierter Himmelsdrache in die vermutlich ebenfalls motorisierten Herbststürme, stieg in vorwärtsgepeitschte, hibiskusfarben angehauchte Wolken auf, wurde immer kleiner und verschwand in ihnen, ohne daß Motorlärm leiser wurde – während Donald sich nur wohlig im Bett umdreht, den Bürzel läufig aufwölbt, aufstellt, mondwärts dreht, ihn aus aufplatzender Zudecke hervorschiebt, ihn erektil eingemeindet ins Hinauf und Empor ornamental hausfüllender Gesamtpflanze, die zunächst bloß aus einer Handvoll angeblicher Zauberbohnen – Micky hatte diese, um nicht mit Goofy und Donald in ihrem verfluchten, verkarsteten Landstrich zu verhungern, im Tausch gegen die letzte Kuh erhalten – wundersam hervorkeimte – bzw. aus einem Mumintaler Zauberhut, den ein ebenfalls alles verschlafender Hemul am Vortag als Botanisiertrommel benutzt hatte –, nun aber problemlos eine Luke nach außen aufdrückt, hinausgrabscht in die Mondnacht, mit vielen beweglichen Armen und Kamelhälsen, quer durch viele aufgestoßene Nadelöhre und gesprengte Türen, das komplette Bauernhaus hochstemmt, aus den Grundfesten herausschraubt, herausstemmt, per Luftwurzelkraft mitnimmt: ein immer mächtigeres Gewächs, ein affenbrotbaumähnlicher, tausendarmiger Banjanbaum, Banjanwald, hochlebendig um sich greifende Weltesche und Urpflanze, sphärensprengend, das Haus quer durch jene Wolken stemmend, die beinahe Mondgöttin Luna und Luno, den Mann im Mond, gehindert hätten, das Ursprungsböhnchen, das blutlose mondgrüne Mini-Welten-Ei, dazu zu bringen, auszuschlagen, quer durch schattierte, monddurchflossene Zuckerwatte, Traumwolken, Cumulus und Cumulunimbus, weißer und bauschiger als die lenkbaren Wölkchen, die aus Eierschalen des Mumintaler

Zauberhuts entsprossen waren, um sogleich die Stratosphäre zu durchmessen mit maßstabssprengenden Wachstumsraten, Weitergeranke weltallwärts, Hinaufgeschiebe inzwischen zerlegter Hausfragmente, zum Beispiel zerlegt in einen freischwebenden Holzfußboden, auf dem des ungestört weiterdösenden Goofys Bett zunächst relativ unbeschadet stehnbleibt, unter dem alsdann die Eichenbohlen wegsplittern, ehe das im abgestützten Freiflug weiterschwebende Bett unter Goofy wegbricht, mit exakt getimtem Tusch, Goofy hängenbleibt am Holzrahmen seines an einer Einrollbohnenranke aufgehängten, schaukelnden Bettes – derweilen Donald, umgebettet in ein herbeiwanderndes Faß – und Micky in eine Schubkarre, die auf den Trägerästen zierlich verdrillter Kringellianen vorwärtsgeschoben wird –, in vegetative Achterbahnschlaufen hinein, Umkehrpunkt-Loopings vollführt, erneuten Umbettungen entgegen; denn die Schiebkarre kippt ihren Schläfer auf ein Bohnenblatt, auf dem Micky nicht ohne sein Kopfkissen gemütlich sich einkuschelt im Pflanzenschlaf, umschützt von höheren Fügungen, sicher wie in Abrahams Schoß und Brahmas Weltschlaf auch noch beim Zurückfallen – ab und zu eine Etage tiefer – mitten im allgemeinen, allumfassenden Empor und noch weiter Empor, einer großangelegten Himmelfahrt auf dynamischer, hochelastischer, hochkinetischer Kundalinischlange, Mammutlingam und Jaakobsleiter, per Opiumtraum, nein: Bohnentraum, ein nachtgrünes Babel, auf dessen Stufenturmplateaus und Seelenbaumstufen die drei armen Bauern Micky, Donald und Goofy somnambul herumgeschleudert werden, von einem Pseudobett ins nächste Quasibett: auch ins Spundloch des umwickelten Holzfasses, aus dem Donalds Bürzel schwellend ragt, fingert ein Geiltrieb hinein, sprengt von innen, flügelhelmartig beblättert, das pythonmäßig zusammengedrückte Faß mit exakt getimtem Tusch – ptsch! schon hängt sein Insasse oder besser: Einlieger Donald weiterpofend nur noch zwischen den zwei Faßreifen, eingerollt in eine Korkenzieherspirale, derweilen Goofy sieben Kilometer weiter oben bettlos herumflutscht, lediglich an sein Kopfkissen angeklebt, das er als Turban trägt, äußerst provisorisch gehalten zwischen minimaler Kinnstütze und untergeschobenem, rhythmisch gegengedrücktem, hibiskusrotem Hocker, der seinen Körperschwerpunkt abstützt, genauer: sein Gesäß, auf das man so weit oben, weit über Land und Meer, mitten im sterndurchfunkelten Kosmos, angewiesen bleibt, in höchsten Stratosphären, höher und noch höher, sicher bereits längst in der Höhenluft siebenter Himmel, die man aber komplett verpennt, ehe dann im Filmschnitt die drei Himmelfahrer endlich oben ankommen und sogar aufwachen, dort aber bloß allerlei nett vertonte Zeichentrickabenteuer zu bestehen haben: gegen Libellen zu kämpfen; die singende Harfe einer guten Fee zurückzuerobern, damit das verödete Land wieder grünen kann; Erbsen im Dornröschenschloß eines Riesen zu essen, statt reif zu werden für wesentlich vergeistigtere Götterspeise als jenen Wackelpudding, auf dem Goofy sich mit Fußarbeit abarbeitet, nektardurstig, ambrosiahungrig wachgeküßt zu werden von Luna, transzendental hineinzuschlafen in den nächsten Zwiebelring von Fata Morganas und Majas Gesamttraum, hinein zu erwachen als Nie-wieder-Witzfigur ins Licht eines Gottes namens Gott und seines petrusbewachten Himmelsportals, welchem auf dem Hauptstamm hundertspuriger Autobahn x Doppeldeckeromnibusse entgegenschnaufen, rollende Hotels und Motels der Tausend-Sterne-Klasse, voll mit Hekatomben kompletter Dunkelziffern erlösungsreifer Pensionsverzehrer, Grufties, Sargschläfer in gemütlicher

Bordbeleuchtung, steiler die Schräge von Serpentinenschlaufe zu Serpentinenumdrehung, immer dicker das Abgas, immer größer der Abstand zwischen den Bussen und – da! Goofy, ein Schlafwandler mit Knotenstock, und da! eins weiter unten Mumin, eins weiter unten Ho Liu, der auf putzigem Zickzackweg ebenfalls dem Himmelstor entgegenkraxelt, hineinzuerwachen entweder in christliche Überbelichtung oder sicher gern auch ins Blumenlicht von Wischnu, hinein in diverse indische Himmel, auf Abendwolken göttlich durcheinanderwuselnde Überfülle, zwitschernd, summend, wehend, mit gezogenen Blumenankern, abzusegeln auf dem Lichtwattegekräusel wolkenförmiger Einbettung in überirdisch schattenlose und firmamentale Fluidal-Landschaft, durch geballt funkensprühende Buddhafelder, als Teilinsel glücklicher Inseln ins Westliche Paradies Sukhawati, ins Reine Land des Buddhas Amitabha, wo Myriaden von Boddhisattwas im Spätlicht verschwimmen, Bhikshus, Bhikshunis, Upasakas, Upasikas, Yakshas, Gandharvas, Asuras, Garudas, Kimnaras, Mahoragas, Götter, Widergötter, Dreiviertelgötter, drachenköpfige Götter, menschliche Wesen, nichtmenschliche Wesen sowie kleinere Könige und Halbkönige, berauschende Artenvielfalt, sehr biodynamisch, Geisterbilder ihrer selbst, eine überfreundliche, überbunt durcheinanderfächelnde Riesenversammlung im Harmonieglanz des herüberscheinenden, vorgelagerten Zwischenrings und Vorhofs von Nirwanaland, wohin man dann, vom Edelsteintrampolin Sukhawati aus, definitiv hinübergeboren wird, umperlt von Blütengestöber, Saitenklang und koloriertem Zunicken überseliger Geisterreigen, mit letztem Schwung per Luftlinie, per Lichtlinie, hinein in immer materielosere Ringe, Schlangenwindungen, Kammern und Abteile, zum Beispiel ins Nicht-Licht des Sopadhischescha-

Nirwanas und ins Pratischthita-Nirwana oder auch Nirupadischescha-Nirwana und viele andere Vor- und Haupt-Nirwananächte, in die Wischnu sich schläfrig hineinlegt, zwecks schöpferischer Pause zwischen Kalpa und Kalpa, zwischen dem augenhervorkitzelnden Licht knospenreich ächzender kollektiver Neugeburt und der zeitweiligen Total-Ausschaltung des Universums: Wischnu, ein ungeheuer übergigantisch ausgebreiteter Mammutgott, Herr und Meister der Maja, ohne Bett, ohne Zudecke, ohne Kopfstütze und Schlummerrolle, ohne Nachtwolken, ohne Vollmond, hingelagert allenfalls auf die Banjan-Windungen der Ananta, seiner Lieblingsriesenschlange, selber schlafend, im Schlaf diese armlose Göttin umarmend, in taoistischer Tai-Dschi-Stoßtechnik meditierend, pro Lingamhineinschiebung ein Kalpa verbrauchend, von Tiefschlaf träumend, pro Atemstoß ein taufrisches Wimmeluniversum hervorblasend, pro Luftholung das inzwischen erneut heruntergekommene Wimmeluniversum wieder einsaugend, ein göttlicher Blasebalg, von außen phasenweise besprenkelt und gedrückt von platzenden Universa und Multiversa, von innen stoßweise durchwärmt und durchjauchzt von Ananta, phasenweise durchsummt und aufgepumpt von Maja oder auch Fata Metamorgana, Herrin und Meisterin des Wischnu, genauer: von Traumgebilden – und wovon kann ein Gott schon groß träumen als vom soeben eingestampften und neu pro Beckenbewegung hervorspritzenden Standard-Multiversum, von zig Himalajas und x Pazifiks, von Orplid, Ugrino, Gondwanaland, Zerebralien und New Zipangu, und von Markandeja, dem altindischen Methusalem, einem frühen Vorreiter Buddhas, der gewaltige Fußwanderungen durch die Innenwelten Wischnus zurücklegt, zunächst nicht ahnend, daß er sich nur als Würmchen im Körper jenes Gottes bewegt, als der sich Ho Liu öfters mal fühlt, wenn er, vom Reiswein berauscht, seine Kleider fortzupft, splitternackt im Raum sitzt, auch dann keine Verlegenheit und keine Neigung zeigt, etwas überzuwerfen, wenn Mu Lu und Po Lü zu Besuch kommen, komisch gucken, Blicke wegdrehn, zwanghaft ausführlich Ho Lius Pinselsammlung inspizieren, Schweiß sich aus den Visagen tupfen, herumdrucksen, schließlich andeutungsweise sich erkundigen, ob es ihm nicht zu kalt sei, woraufhin dann Ho Lui mit hochgezogenen Brauen und großangelegter Gebärde zu erwidern pflegt: »Himmel und Erde sind mir Dach und Fußboden; meine Zimmer sind mir Hose und Mantel ... darf ich fragen, werte Freunde: Was tut ihr in meiner Hose?« Wobei Markandeja – Wischnus innerste Abteilungen, Wischnus Samenblasen und Traumblasen durchschreitend, verschönert von der Maja Wischnus – aus etwas ungeträumterem Stoff zu bestehen scheint als sein schönfarbiges Ambiente und also, in einem problematischen Moment, irgendwie danebentritt, nämlich mit seinem schönfarbigen Fuß aus dem generellen Traumdschungelgrün und Landschaftskolorit heraus, ins Schwarz des abgedunkelt weiterkopulierenden Wischnu-Leibs, quer durch das anreißende Megafrenulum, quer durch einreißende Traumhaut, das abgetauchte Bein, samt Wanderstab, nicht mehr zurückziehen könnend in den Majatraum des Wischnu, sich nicht mehr rausziehend könnend aus dem schwärzesten aller Traumlöcher, dem Gegenbild zum lichtweißesten Rauschen jener zehntausend Engelsfittiche, denen der christliche Gott ab und zu befiehlt, seinen Thron zu tragen, aber die bei aller hochkompetenten Energiefeldvibration unter dem Thron lautlos zusammensinken, ehe Gott acht übriggebliebenen Engeln befiehlt, denselben sinkenden Thron zu tragen, was diese acht sofort problemlos schaf-

fen, nicht ohne daß Stolz ihren Busen achtfach schwellt
und der verärgerte Gott ihnen alsdann befiehlt, unter
sich zu gucken, wo denn ihre Füße stünden, und siehe,
die Füße der Engel stützen sich auf freien Raum, und
schon hätte Goofy, auf höchstem Glockenturm über
allen Wolkenkratzern schlafwandelnd, beim Hineinspa-
zieren in die Luft aufwachend hinabgeschaut in diesen
ewig unüberbrückten Abgrund, ehe genau ab diesem
Moment die Schwerkraft zuschlagen, an der federleich-
ten Figur reißen würde, als wäre diese ab sofort ein Be-
tonklotz, gleichwie an Donald hoch oben mit Lama auf
der peruanischen Hängebrücke überm Titicacasee, wo
man durch Radeln im freien Luftraum und wildes Hin-
eingrabschen doch noch den Sturz verzögern möchte,
um nebenbei einen Sekundenblick, quer durch Cumulunimbus und Cumulus, auf die fingernagelgroße Schatulle
da unten zu werfen, das Haus von Ho Liu, verkleinert
im Blickfeld des Himmelsdrachens, Schattenwürstchen
neben silbernem Körperstäbchen, das sich von herbei-
geeilten Nachbarstäbchen mit Verbeugungen zu verab-
schieden scheint, zurück ins Haus läuft, worin im Fenster-
ausschnitt unter einem Vergrößerungsglas die minimale
Brandspur sichtbar wird, die vom Bett bis zum Pinsel-
tischchen zurückläuft, in angenehm einschläfernden, tiefer und tiefer in immer tiefere Tiefschlafphasen hineinfüh-
renden Slalombewegungen, ehe man definitiv abrutscht
aus Wischnus ungestört weiterarbeitendem Lingam und
weiterträumendem Großhirn, durch Nasenkanäle aus den
Mammutlippen des Gottes... den im Weltschlaf andeutungsweise geöffneten Lippen... stürzend... stürzend...
stürzend... und stürzend... aus der Welt herausfallend
wie später Buddha, dessen Weckruf vom Löschblatt des
Waruna aufgetupft wird, ein indischer Luzifer, aber kein
ausgeworfener, rausgeschleuderter, ein von selber fallen-

der, ohne etwas, worauf er aufklatschen könnte, unter ihm: nur die Nacht des Weder und des Noch, das kosmische Meer der Entinnerung, die frühe Vorstufe gärenden Nirwanas, worin sich keine Luna spiegelt, und kein Luno, und auf dem in einem Boot das Nix und das Was vorwärtspaddeln, ehe das Boot zwei o-förmige Löchlein bekommt, für jeden eins, und mit einem Schlag sowohl das Nix wie das Was futsch sind, alle beide futsch, fortgeleckt, nie dagewesen, statt wenigstens halbwegs konkret abzustürzen, als methusalemförmiger Markandeja, der mit flatternden Prophetenbartzipfeln stürzt und nie irgendwo ankommt – bis ihn der schlafend vögelnde Wischnu wieder einatmet in sein Traumorgan und er also nicht ohne Notbremse weiterstürzen muß, ohne Fallschirm, ohne Unterlage, und nirgendwo ein Weckerklingeln, das den Absturz stoppte, und kein Gepäck, das das Fallobst anschöbe oder runterrisse, kein luziferisches Aufglühen beim Eintauchen in den Luftmantel, sternschnuppenumwuselt, ohne Atmungsprobleme beim Einatmen immer dickerer Luft, beim Schwerkraftunterworfenwerden, bei nanosekündlicher Gewichtszunahme überall hervorsprossender Sandsäcke und Kiloklötze, bei der Umwandlung von Lichtschwingungen in festgelegte, engumgrenzte Gliedmaßen aus Lehm und Fleisch und Fett: ein strampelnder Meteor, der bis eben noch Azazil oder auch Luzifer hieß, nun aber, unangemessen umgewandelt, auf einmal, mitten im Sturzflug, Iblis zu heißen anfängt, oder auch Teufel, und nirgendwo ein im Schlaf sich Umdrehn, was den Traumsturz ein wenig relativieren könnte, wie damals bei Little Nemo, stattdessen alles und jeden, der nebenbei ebenfalls abstürzt, überholend, von oben her gesehen hinter sich lassend: Hephaistos, den von Zeus herausgestoßenen, aus ziemlich weit unten angesiedeltem Himmel, derart weit unten, daß Hephaistos keinen weiteren Schaden davonträgt als ein recht beträchtliches Humpeln, mit dem er sich neben dem Hinken des Engelkämpfers Jaakob durchaus sehen lassen kann, oder auch den profanen Homo faber Ikarus per Druckwelle beiseite schubsend, nebenbei einen rapide sich abspulenden Lebensfilm kopfunter anschauend, aber nicht das ganze gelebte Leben rekapitulierend, das im Falle Luzifers noch gar nicht vorlag, sondern als Endlos-Ouvertüre die gesamte Weltall-Historie antizipierend, wahnwitzige Non-stop-Mega-Zyklen, in atomarem Supertempo durchhechelnd, Spektren abgreifend, Themenfelder runterrasselnd, vorwärts und rückwärts zugleich, Dreitausendfach-Helix-Inkarnationsspiralen rauf und runter und rauf, in den Himmel wachsende Bäume, zusammenbrechende Turmbauten, Demiurgen bei der Arbeit, Gott Bambo, Kloß Adam, die Geburt des Ich – Vakuum – Überfülle – Vakuum – Überfülle – Vakuum, Moloch der Vordatierung, Panoramablick durchs chinesische Aleph, Geburtenräder, Himmelstor-Variationen, Massenaufläufe, Robinsonaden, Götzenfabrikketten, Dualseelensuche, versetzte Berge, Ozean der Figurenströme, Kampf zwischen Lichtbringern und Lichtauspustern, Hickhack zwischen Fata Megamorgana und Hans Metaphysicus, Dämonenaustreibung und Bazillenbekämpfung, Riesenbekämpfung seitens Micky, Goofy und Donald, der einen nachträglichen Vorgeschmack auf Luzifers Sturz geben wird, gab und gibt, durchaus tragisch und hochmonströs auch er, dieser lächerliche Riese, abstürzend von teils abgesägter, teils angesteckter, rauchender Bohnenschlangenranke und hierbei ein solches Loch in die gemalte Landschaft reißend, daß im Umkreis von 7 km alle doch noch vorhandenen Restwiesen und Restwälder abgeschrappt, hineingerissen werden in den Tütensog der zentripedal eingeschlürften Biomasse, drum herum weitere Erosion zurücklassend, den flächendeckend skalpierten Globusschädel, Floras und Pomonas frühlingsgrüner Frisur – samt Kopfschwarte – beraubt, Ernüchterungsmärchen, Fußgängerzonentristesse, Wüste ohne den Schmetterlingsblütentrost der Fata Morgana, dafür mit einem – ohne Luzifer – unüberbietbaren Einschlagskrater, der neben Luzifers umgestülptem Himalaja der mittelalterlichen Trichterhölle nur als Fingerhütchen und schnell wieder zugewachsenes Bohrlöchlein figurieren kann: bis zum tatsächlich magmatisch glühenden Erdmittelpunkt riß die von Luzifer zerbohrte Erde – wenn sie bereits damals ein blauer Planet gewesen wäre – auf, welch Trichter, dessen nach unten verengte Schachtwände mit Zwischenringen, Etagen und Logen sich schnell wieder besiedelt haben werden und hatten, mit erstarrtem Kollektivgebrüll, mondphasenweise still ausgeleuchtet von Göttin Luna, quer durch aufsteigendes Abgas... Silberlicht... Lichtfluß... Mondstaubschlieren... Nachtwolken.

## Kopfweh und Erleuchtung

MICKY REMANN *(zum Publikum)*: Hiermit erkläre ich den »Somnambulen Salon« für mehr oder weniger eröffnet, hier im Schloß Auerstädt, nach Mitternacht, wobei die Verhaltensregel, die manche von Ihnen schon befolgt haben, erst jetzt erschaffen wird und übrigens darin besteht, daß es keine politisch korrekte somnambulische Körperhaltung gibt, außer derjenigen, die jeder soeben gewählt hat, einzunehmen. Wenn aber jemand das Bedürfnis verspürt, den sich verändernden mentalen Denk- und Redeformen entsprechend sich körperlich umzugruppieren, steht dem von unserer Seite nichts entgegen – würdest du das auch so sehn?

Ulrich Holbein: Eigentlich schon.

Remann: Wir haben extra diese ergonomischen Matten ausgelegt, damit jede und jeder die Möglichkeit hat, sich so flach wie möglich hinzulegen.

Holbein: Wieso eigentlich so flach wie möglich?

Remann: Weil wir als Sitzende uns dann besser abheben können. Wer aber sich als Sicherheitsanker in europäische Zickzackform setzt, um das in den nächsten 59 Minuten Gesprochene aus Schlafesgründen nicht zu verpassen, hat nicht die Gewähr, daß er dabei nicht einschläft. Ich kenne viele Fälle, Sie auch, du sicher auch, aus Indien, im Bus, daß man sitzt, so wie hier, und schläft, und genauso viele Fälle, wo man liegt und wacht.

Holbein: In Indien sah ich Inder auf Brückengeländern liegen, wo man denken könnte, sie rollen sich jetzt mal ein bißchen im Schlaf, durch Träume verursacht, nur 1 cm zur Seite und würden dann 6 m in die Tiefe fallen, tun sie aber nicht ... schlafen weiter ...

Remann: Weil in England, welches von den Gewichten und Maßen Indien sehr beeinflußt hat, Meter nicht in Metern ausgedrückt werden, sondern in Fuß.

Holbein: Du meinst, die Brücke war gar nicht so hoch?

Remann: Die war 6 m hoch, aber da keiner das in Meter umgerechnet hat und im Traum selten Zahlen eine Rolle spielen, war der Abgrund vermutlich ein erheblich tieferer, als sich mit der westdeutschen bzw. zentraleuropäischen Maßeinheit 6 m –

Holbein: Ich hab aber nicht geträumt, daß dieser Mann auf der Brücke lag, und daß ich im Hotel Rex die Tür nicht aufbekam, weil –

Remann: Was hat das da gekostet?

HOLBEIN: Umgerechnet 5 Mark.

REMANN: Fast soviel wie 6 m. Fairer Preis fürs Hotel Rex.

HOLBEIN: Dessen Tür schwer aufging, weil ein Bündel ineinanderverkeilter Inder, schlafend verknotet wie diese Leuchtnudeln hier...

REMANN: Wie Frank Sinatra sang: »Fremde Inder Nacht...« – Willkommen im Hotel Rex, liebe Inder und Inderinnen, liebe Äußer und Äußerinnen. Diese luminösen Nudeln sollen in der Traumlogik die Verbindung darstellen, die zwischen diversen Hirnwellen und Frequenzschwingungen von Schlafenden diese miteinander verknäulen, wo jeder von euch im Hotel Rex in einer früheren Inkarnation in genau dieser Körperhaltung seit tausend Jahren starr gelegen hat, um drauf zu warten, daß ein durchreisender Ulrich die Tür öffnet, um jeden Einzelnen durch heftige Küsse in Frösche zu verwandeln, die dann auf Brückengeländern sitzen, die dann über 6 m tiefe Abgründe sich schmiedeeisern ergießen, das ist eure Bestimmung, die ihr jetzt freiwillig angenommen habt, bewiesen durch eure körperliche Plazierung. Wir sind damit mitten im Thema dieser Veranstaltung: Wir hatten uns explizit verpflichtet, kein einziges Wort von denen, die wir hier austauschen, vorher zu üben, jedes Wort ist ein Unikat, unwiederholbar! Und hinzu kommt eine besondere reizvolle Gemeinsamkeit: beide leiden wir unter starken Kopfschmerzen.

HOLBEIN: Woher wissen wir das aber?

REMANN: Weil du vorhin eine Aspirin genommen hast und ich eine Massage bekommen habe.

HOLBEIN: Hierbei sah ich neidisch um die Ecke, was weder Massierter noch Masseuse sahen, und wußte: jetzt werden deine Kopfweh kleiner sein, während meine Aspirin, die zwar von Frau Hornborstel liebevoll überreicht wurde, samt Wasserglas, meine Kopfweh nicht zu verkleinern vermochte. Wer wohl die größeren hat?

REMANN: Ich – ich hab die größeren! Wofür sind wir sonst hier versammelt, wenn nicht um zu hoffen, daß der innere Quetschdruck durch diese Lichtschläuche abfließen kann...

HOLBEIN: Fragt sich nur, woher die deinigen gekommen sein können?

REMANN: Ich weiß nur, daß sie gehen sollen. Ich würde aber mal – oder was würdest du?

HOLBEIN: Ich wundere mich, daß überhaupt dein Kopf Kopfweh beinhalten kann. Ich habe dir sowas nicht zugetraut...

REMANN: Das ehrt dich, aber entschuldigt deinen Irrtum nicht. Denn deine Vorannahme, daß ich einen Kopf habe, so in dem Sinne: Andere Leute haben einen Mercedes, ich hab einen Kopf – vielen Leuten tut ein unpfleglich behandelter Mercedes weh, dann reibt man ihn mit Aspirin ein, anders gefragt: Braucht man, um zu träumen, man habe Kopfweh, überhaupt einen Kopf? Oder kann man das Problem lösen, indem man sich sagt: Da ich keinen Kopf habe, kann er mir nicht weh tun – und schon sind meine ein wenig besser. Und deine? Wie ist das werte Befinden, Herr Holbein?

HOLBEIN: Meine verstärken sich ganz minimal...

REMANN: Besser als maximal. Möchte aber hierbei auch zum anwesenden Volksstamm der Hotel-Rex-Bewohner sprechen, mit dem wir interaktiv-transpersonal verbandelt sind und über deren Köpfe die tranceartigen Hirnströme sich legen wie ein virtueller Gruppen-Pyjama, mit kleinen Löchern für die Köpfe drin, die dann möglicherweise schmerzen können, aber auch eine gemeinsame amorph-amöboide Traumrealität schaffen, worin erstens nicht ausbleiben kann, daß, wenn zwei Kopfweh haben, die andern sich drunter was vorstellen können, andererseits jeder Anwesende soviel innere Heilkraft besitzt, daß aufgrund der Feedback-Schlaufe zwischen uns zweiköpfigem Patient und diesem kollektiven Doktor am Schluß unsere Kopfweh verschwunden sein werden.

HOLBEIN: Also mir träumte einmal, ich hätte Kopfweh gehabt. Nun traf ich einen, der keine hatte – er war nicht du, sondern hieß Horst.

REMANN: Horst.

HOLBEIN: Ich traf Horst und der hatte keine, und bot mir an, daß ich meine loswerden könnte, indem ich meine Schläfe einfach nur an seine zu legen bräuchte. Ich legte sie an, der Kopfschmerz floß hinaus, in den Kopf des Horst hinein, der sie nun zu sich genommen hatte. Aber der nun gequält, grünlich, leidzerfurcht aussah. Was ich nicht auf ihm sitzenlassen wollte. Ich verlangte sie zurück, wieder Schläfe an Schläfe, und wir einigten uns dann – glaub ich – auf fifty-fifty. Jeder trug die Hälfte. Vielleicht könnten wir unsere Kopfweh abfließen lassen in diese Rexianer, falls die alle keine haben, so daß die hier präsente Kopfwehsumme so klein wird insgesamt, daß kein einzelner mehr welche spürt?

REMANN: Daß wir –

HOLBEIN: Falls im Weltraum immer die gleiche Menge –

REMANN: Komm doch nicht meiner Entgegnung zuvor – das wollt ich auch grad wissen: Gibt es eine Summe x der transpersonalen Gesamtkopfschmerzheit –

HOLBEIN: Also, als wir eben so zuschritten auf diesen Saal, durch die spiralnebelüberwölbte Nacht, da schien mir, als ob der ganze Sternhimmel ebenfalls Kopfweh hätte. Aber womöglich stimmt das nicht...

REMANN: Gut, dann würd ich doch sagen, ist das ein wunderbarer Punkt, um –
HOLBEIN: Ein wunder Punkt?
REMANN: – ins Religiöse überzuwechseln. Denn was dir in deinem rapportierten Traum mit Horst vielleicht nicht so klar wurde, war die Verbindung des Wortes Schläfe, die auf Englisch »temple« heißt, mit dem sakralen Moment des indischen und ferngriechischen Tempelschlafs: Schlaf kommt von Schläfe, und temple von Tempelschlaf...
HOLBEIN: Aah...
REMANN: Also um den Schlaf wurde ein Tempel gebaut, und nur ziemlich aberwitzige Deppen wachten auf, gingen rum, kriegten Kopfweh, mußten abends wieder in den Tempel, um Tempelschlaf zu erfahren und Kopfweh wieder loszuwerden, und ein schüchternes Spät-Echo dieses sehr sinnvollen Heilungs-Koeffizienten hast du stolzerweise mit Horst erlebt, Schläfe an Schläfe; ihr habt über eure Schläfen einen Schlaftempel kreiert – das mag jetzt andere Leute, die ganz andere Schmerzen haben, irrsinnig langweilen, aber es geht hier nicht nur um Kopfweh, sondern die Transformation jeglichen Schmerzes im Schlaf, durch den Schlaf, mit Hilfe des Schlafes, Genitiv –
HOLBEIN: Nicht daß ich von der religiösen Leiter, so sympathisch sie mir dünkt, nochmal kurz runtersteigen möchte, aber laß dir kurz berichten, daß ich schon oft gern in den Schlaf schlüpfte, um mir Kopfweh wegbügeln zu lassen, dann aber wachte ich doch wieder mit Kopfweh auf – was ist da passiert? War dann der Tempelschlaf nur ein Profanschlaf? Wie kann sich über Nacht Kopfweh einschleichen?
REMANN: Durch Betreten der falschen Tempel. Auf jedem steht obendrauf: »Zutritt nur für Unbefugte«. Wer

das mißachtet, bekommt Kopfweh. Nur hab ich das Gefühl, wenn wir den Mittelpunkt unseres Gesprächs auf dieses Thema fixieren, möglicherweise das Thema unserer so habhaft wird, daß ein Ausweg schier ausgeschlossen wird, was sehr reizvoll wäre: Überall, wo es keinen Ausweg gibt, schleicht sich Ernsthaftigkeit ins Thema ein. Da sollte man nicht durch Religiosität entweichen; allerdings: wenn Religion stärker ist als Kopfweh, spricht nichts dagegen. Ich würde es durch eine Analogie aus dem Südsee-Schamanismus zu fassen versuchen: Dort gibt es das Phänomen der insularen Bifurkation. Jeder hat das schon mal gehört; alle wissen wir Bescheid: Eine Gruppe wie du und ich, morgens im Hotel Rex eingecheckt, abends auf der Südseeinsel aufgewacht, samt Zeitverschiebung –

HOLBEIN: Eine Gruppe wie du und ihr...

REMANN: Nein, wie du und wir! – beschließt nach einem Frühstück von Mangos, Papajas, Kokosnuß, wobei die Reihenfolge zur Debatte steht: Häufig nimmt man erst die Kokosnuß, wegen der Proteinhaltigkeit, dann die Mangos, dann die Papaja, beschließt heute eine Ausfahrt zu machen, weil, es gibt das Gerücht, dort hinten gäb es dicke Fische. Man steigt in ein Kanu, fischfreundliche Lieder singend. Das Kanu ist aus Holz. Das Holz ist von einem Baum, der so aussieht, als ob er seit zweitausend Jahren drauf gewartet hätte, als Titelbild für ein GEO-Heft gefällt zu werden. Die Aussicht auf den großen Fisch und Verdauungsprozesse mit Kokosnuß, Papaja und Mango hebt die Laune dieser Leute; sämtliche Schmerzen sind nicht vorhanden, und sie paddeln munter fürbaß. Wobei ich mich schon seit früher Jugend immer gefragt hab: Für wen geht man da baß? Vielleicht wissen das die Baßspieler hier im Saal, für Baß oder für Gitarre? Jedenfalls in ein Gewitter kamen sie, als sie sich von ihrer Insel entfernten. Da keine Geschichte immer nur bei Sonnenschein und Kokosnuß weitergehen kann. Also das Gewitter nimmt Formen an, die verhindern, daß die Insulaner zu ihrer gleichnamigen Insul zurückblicken können. Weil, die ist nicht mehr zu sehn. Die Wellen machen einen irrsinnigen Schwappvorgang. Die Gesänge werden schreckensbleich, jeder betet in seiner Landessprache; Kopfweh ist auch kein Thema, angesichts so einer Krise.

HOLBEIN: Wieviel Typen sind das so?

REMANN: Zähl doch mal durch. Nur war das eine Frage, die in diesem Moment wenig beachtet wurde. Man schwappte vielmehr in himalayahohen Wellenbergen und gran-canjon-tiefen Wellentälern. Wobei ich diese Geschichte nur deshalb erzählen kann, weil sie auf insulare Bifurkation hindeutet, d. h. es muß Überlebende gegeben haben. Wie haben die Jungs überlebt? Und die Mädels. Irgendwann war El Ninjo, diese Sturmhose, vorbei, oder ebbte zumindest ab; an Fische war nicht mehr zu denken; die meisten hatten auch längst ihre Papayas über Bord gekotzt, sah grausig aus, wie sich das mit Ananas und Kokosnußschalen vermischte: Es wurden mehr Fische gefüttert als gefangen – jedenfalls schwappten sie migränoid bis zum Umfallen ihrer eigenen Seekrankheit davon, im GEO-Saison-Titel-Kanu, das in einem torpedo-Verwirbelungs-Karussell durch pechschwarzen Himmel zirkelte, und hatten in diesem krisenhaften Vorgang die Oben-Unten-Orientierung verloren – auf Englisch: »I did'nt know, if I was Arthur or Martha.« Und jetzt kommen wir dahin, wo wir waren: In der einen Richtung sahen sie eine Insel, die so aussah, als ob sie diejenige gewesen sein könnte, die sie nach ihrer Hotel-Rex-Auscheckung samt Zeitverschiebung als ihre Heimatinsel definiert hätten können... sein... gewesen... unglaublich entfernt, grade noch sichtbar. Wenn sie aber in die andre Richtung schauten, war exakt gleich weit eine genauso große winzig kleine Insel ebenfalls zu erblicken. Und jetzt blieb unentscheidbar im Kanu: »Kommen wir von der einen oder andern? Und zu welcher entscheiden wir uns zu paddeln?«

HOLBEIN: Alles klar. Da war zwar auch Einstein auf Balinesisch im Boot mit enthalten... denn wenn man im Weltall immer weiter... und wenn Kopfweh überall ist, warum soll Einstein nirgendwo sein, oder nur da, wo ein Stein herumliegt? Denn wenn man die Rückseite eines Sterns verläßt, könnte der entfernsteste Nebelfleck x Lichtjahrmillionen hinter Andromeda – ganz da hinten! – die Vorderseite dieser Heimatgalaxie sein...

REMANN: Möglicherweise gibt es Inseln jenseits von Einstein und Kopfschmerz. Daran siehst du schon, wie fremd mir diese Insel inzwischen geworden ist. Und die aufgrund der durchlebten Krise noch fremder wird, sobald man zurückkommt, d. h. kaum zu unterscheiden von einer Insel, die man zum ersten Mal betritt. Und somit könnte die nächste Insel, die nicht die war, von der man gestartet ist, bei aller Ähnlichkeit sich als eine wildfremde erweisen, die aber genauso heimisch werden kann.

HOLBEIN: Aber kaum schwappen wir uns aus diesen Wellencanyons noch eine Wellenstufe höher auf dieser Himmelsleiter, um dort wieder aufzuwachen, wie es seit dreitausend Jahren unserem Wunsch entspricht, und sehn dort die verlorenen Verwandten wieder – werden wir sie überhaupt wiedererkennen als ebendiese? Und selbst wenn wir sie fröhlich und zweifelsfrei umarmen: Halloo! –

REMANN: Hallo Horst!

HOLBEIN: Wer garantiert dir, daß dieser Horst wirklich der ersehnte Horst und nicht irgendein Abguß –

REMANN: – ein simulierter Zweithorst.

HOLBEIN: Himmlische Lichtverhältnisse verfremden selbst den echtesten Horst...

REMANN: Du schüttelst uns da eine Fülle virtueller Katechismen entgegen, die auseinanderzudröseln also... eigentlich – einfach ist: Auch wenn er sagt, daß er ein Engel ist, halte stets dein Portemonnaie fest! Sein gefälschter Garantieschein –

HOLBEIN: Wenn er seine Kreditkarte festhält –

REMANN: – kann er kein Engel sein. Denn die Frage lautet doch: Was mach ich mit meiner Chipkarte, wenn sie mir der Engel geklaut hat, d. h. dann hab ich ja keine mehr.

HOLBEIN: ...auf dem Weg zum karmischen Fundbüro...

REMANN: Wenn ich mich dort ausweisen soll: Ich bin eine verlorene Seele, wenn mich hier jemand abholt, und er heißt Horst, sagen Sie ihm: Ich sitze hier hinten im Regal und warte: Horst verzweifelt gesucht. Anders gefragt: Gibt es ein Nachtleben im Jenseits?

HOLBEIN: Also hier in der Nacht gibt's jede Menge Sternlein. Also muß es auch einen Horst im Himmel geben.

REMANN *(nachdenklich):* Es muß einen Horst im Himmel geben... vielleicht ist das der große Fehler der Kindergebete, daß wir fünftausend Jahre lang auf die falsche Fährte gesetzt wurden und lieber hätten beten sollen: »Lieber Horst, der du bist im Himmel...«

HOLBEIN: Aber sind wir damit wirklich dort angekommen? Lautet doch die schmerzliche Frage meines Daseins.

REMANN: Stell dir doch mal vor: Du bist im Himmel... so wie jetzt. Was du geöffnet hast, war weder Hotel Rex noch Schlaftempel, sondern der Wartesaal der himmlischen Heerscharen.

HOLBEIN: Sind wir wirklich so weit oben?

REMANN: Ich weiß, daß dich diese Frage plagt, die du nicht dadurch beantwortest, daß du deine Zweifel perpetuierst. Sondern indem du eine Setzung legst, eine Liegung setzt, die da behauptet: Wir gehn mal davon aus: Dies ist der Himmel.

HOLBEIN: Warum hast du da dennoch, trotz allem Himmel, in den du dich einfach so reinschmeißt, einen Restkopfschmerz?

REMANN: Das kann ich genau beantworten. Wozu es nicht uninteressant zu wissen ist, daß es mal einen Schauspieler gab.

HOLBEIN: Horst Rühmann.

REMANN: Der unter extremer Angst litt. Das Betreten von Fahrstühlen war ihm phobischerseits untersagt. So daß er in hochrangigen Hotels – nicht zu verwechseln mit Hotel Rex – neben hochhackigen Blondinen immer Treppen steigen mußte, um in sein Liebesnest im 25. Stock zu gelangen. Damals war Horst Rühmann – nicht zu verwechseln mit anderen Hörsten – als Schauspieler noch viel unbekannter denn als Fahrstuhlphobiker, jedenfalls sich selbst, und bekam nun seine Starrolle, »The Elevator«, mußte also einen Mann spielen, der permanent im Aufzug auf und ab fahren soll. Ich weiß nicht, ob den Film jemand gesehn hat, vielleicht wurd er auch nie gedreht, aber das war sein Coming-out als Schauspieler. Der Regisseur sagte: »Horst« – so hieß der ja –, »wir alle wissen um deine Phobie, und das ist auch gut so, die hält dich jung, und deine Beine stramm, du bist nicht so verweichlicht wie die andern hier aus der Schaupielakademie, jetzt aber mußt du eine fahrstuhlphobiefreie Lebensweise schauspielern!« Und das leuchtete Horst prima ein.

HOLBEIN: Diese Story ist doch sehr geeignet –

REMANN: Find ich auch.

HOLBEIN: – meine Restkopfweh zu verkleinern, tut sie aber nicht, obwohl du –

REMANN: Verwechsel nicht Kopfweh mit Fahrstühlen, solch unvergleichliche Nichtverwechselbarkeiten!

HOLBEIN: Aber im Himmel werden doch alle Dinge eins. Ansonsten du ja wieder rausgestürzt wärst –

REMANN: Was Gott auseinanderdividiert, soll der Mensch nicht zusammenwürfeln. Wenn im Himmel eine organisatorische Trennung zwischen Horst und anderen besteht, dann würd ich die erstmal so akzeptieren. Vielleicht gibt es ein höheres Maß an ozeanischer Entgrenzung im Himmel als auf Erden, aber vielleicht nicht das Ende sämtlicher Differenzierungen. Zum Beispiel erfährt eine Antilope ihre Form der ozeanischen Entgrenzung im Magensaft des sie gefressen habenden Löwen.

HOLBEIN: An dieser Stelle scheinen wir uns doch sehr zu unterscheiden. Falls wir nicht Dioskuren, sondern Antipoden sind –

REMANN: Falls wir nicht bipolare Insulaner sind, oder auch insulare Bifurkationisten –

HOLBEIN: Nein weißt du, wo ich in ein existentielles Schleudern komme, angesichts des Gefressenwerdens, das du himmlisch verklärst, so als wär's schön, wenn eine Gazelle zerfetzt –

REMANN: Für den Löwen isses auch schön.

HOLBEIN: Dann würde er lächeln.

REMANN: Wer kann sich nicht in das Sättigungsgefühl hineinversetzen, von einem stabilen Löwen auf einer stabilen Löwin, die grade ein Gazellenfilet verspeist? Der dicke Fisch wurde nie gefangen auf jener Kanufahrt, aber das Gazellenfleisch war knackfrisch! Keine Trichinen! Nichts! Der Fleischbeschauer in den Tropen: anstandslos, tadellos –

HOLBEIN: Seine Mimik gibt kein Lächeln her. Ob er kopuliert oder ein Zebra schlachtet, sein Gesichtsausdruck bleibt starr.

REMANN: Aber das Innenleben! Der Reichtum des Löwenhirns bedarf nicht dieser platten Mimik, wie wir sie noch brauchen, um irgendwelche Regungen anzudeuten. Löwen untereinander sind telepathisch hochvernetzt, im somnbambulen Salon Afrikas, und gerade ihre scheinbare mimische Stagnation ist ein von ihnen selbst gewählter Hohn auf den Reichtum von Austauschprozessen telepathisch-holographischer Art. Wenn Löwen gemeinsam Gazellen verdauen, haben sie eine wunderbare Art, sich dabei Kalauer zu erzählen, denn sie schlecken ja nicht nur das Gazellenfleisch, das trichinenfreie, sondern sie inkorporieren auch den ganzen Gefühlsinhalt der Gazelle. Und für die Gazelle ist das Gefressenwerden durch einen halluzinierenden Löwen möglicherweise vorzuziehen dem schwitzenden Hin- und Herrennen auf irgendwelchen afrikanischen Steppen, wo man dann Mutter- und Vatergazellen nachtotzen muß, und mühsam sich ernähren von furztrocknen Gräsern, und Mücken überall – unerträglich!

HOLBEIN: Du ahnst nicht, was ich dich gleich fragen will –

REMANN: Aber ich weiß, was ich dich jetzt fragen möchte: Woher weiß die Gazelle, daß sie im Magen des Löwen angekommen ist? Ist diese Ereignisschiene immer noch vom Zweifel umweht, so wie du vom Zweifel angenagt scheinst bei der Frage: »Sind wir nun im Himmel oder nicht?« Fragt sich die Gazelle wirklich: »Bin ich jetzt zersetzt? Halluziniere ich oder der Löwe?«

HOLBEIN: Telepathischer Magensaft, gut und schön, fast ist mir, als müsse auch ich es gut finden, daß Löwen aufhören zu schnarchen, um Antipoden zu meucheln.

Und doch wirst du mit deinem sympathischen, ja, sophistischen Erklärungsmodell bzw. mit deinem Himmelsblick auf irdische Schlachtungen arg ins Schleudern kommen, wenn du jetzt die Greuel der Weltgeschichte erklären wolltest, also etwa freudevoll telepathisches Aufgehn von KZ-Insassen, statt im Magensaft, im Zyklon B eines großräumigen... Gasmagens – würdest du das ähnlich vom Himmel aus bejahen können?

REMANN: Guck vom Himmel drauf – was siehst du?

HOLBEIN: Wenn ich sage: »Ich seh da unten nur Würmer, die sich bekämpfen«, dann wär das göttlicher Sarkasmus, und hierzu möcht ich nicht fähig sein, als Mensch.

REMANN: Aber wenn Gott zum Sarkasmus fähig ist und den Menschen nach seinem Bilde schuf, wie soll dann der Mensch zum Sarkasmus unfähig sein, z. B. der Sarkastiker?

HOLBEIN: Könntest du –

REMANN: Du gehst davon aus, daß es eine politisch korrekte Göttlichkeit gibt, im Blick auf menschliches Leid. Und das ist ein nicht-göttlicher Standpunkt.

HOLBEIN: Also jede Grausligkeit, einerlei auf welcher irdischen Ebene, könntest du, ohne mit moralischer Wimper zu zucken, von oben goutieren, jede Folterung preisen? Weil sie von oben wie ein Farbspiel aussieht?

REMANN: Mal angenommen, es gäbe eine Perspektive, wo Folterungen, größtes Leid, übelste Zurichtung, unmenschlichste Zerhackung, eine Form von Kontinuität von Lebensprozessen enthalten würde – also die Frage dahinter lautet: Gibt es ein Böses, und haben wir damit was zu tun, wenn wir Kopfweh haben?

HOLBEIN: An Böses glaub ich nicht so, aber an Schreckliches. Gibt's für dich nichts, wo du verzweifelt aufjaulst: Das halt ich nicht mehr aus, so hoch ich mich auch schwinge?

REMANN: Das Hochschwingen hat ja nichts damit zu tun, daß du das Unaushaltbare nicht wirklich unaushaltbar findest.

HOLBEIN: Oder lebst du auf zwei Ebenen? Als Mensch könntest du etwas schrecklich finden, und dann aber – schwupp! ab in jene leuchtenden Sphären –

REMANN: Ich glaube nicht, daß du eine Verpflichtung unterschreibst, in einer Inkarnation, ein bestimmtes Erlebnis auf eine Weise nur erleben zu dürfen. Ich war mal auf einem Workshop in San Francisco »The Power of Laughter«, mit 25 Referenten und Therapeuten, die nichts anderes zu verkünden hatten, als daß ein herzerschütterndes, zwerchfelldurchpulsendes, psychosomatisches Gesamtgerüttel, das unter dem medizinischen Fachbegriff »Haha!« bekannt wird, das Beste ist, was man in jeder Form von Bedrückung, Schrecken, Krankheit tun kann. Da wurde natürlich auch von schlauen Kritikern wie dir gefragt: »Ja, was macht ihr denn mit dem Todeskandidaten, mit dem vergewaltigten Kind, kitzelt es, damit es lacht!« Und da sagte eine Ärztin: »Halt! Wir lachen nicht über den Brutalo, ein Vorkommnis, das vorbei ist, wir lachen über unsre Reaktion, die die Episode perpetuiert, inkarniert, verstärkt, so daß die Schmerzlinien vertieft werden, so als dürfe ein Schmerz – politisch korrekt behandelt – nie aufhören.« Oder: Wir sitzen hier in Auerstädt, und die Blutspur, die von diesem geschichtlichen Namen ausgeht, ist erheblich, und wenn irgendjemand herkommt: »Hahaha! Hier sind dreißigtausend Leute gestorben«, fänd ich das unangemessen. Zugleich möcht ich nicht, weil hier 1806 ein Schlachtfeld dampfte, in gesetzter Trauer mein Dasein fristen und, über unsere Kopfweh hinaus, eschatologische Bleigewichte in jedem Gehirnfuzzelchen haben, die um ein vielfaches schwerer sind, als was wir sowieso schon tragen. Also dann lieber doch uns transformieren wie die Gazelle im Löwen oder du dich im Angesicht von Himmel und Hotel Rex.

HOLBEIN: Drücken wir doch mal im Rex auf eine der oberen Tasten und sind mit einem Schwapp –

REMANN: Per Gnadenakt! Denn was hindert Horst Rühmann außerhalb seiner Rolle als Phobienüberwinder, zu jener Blondine zu sagen: »Ich spiel dir mal meine beste Rolle vor!«, auf 25 zu drücken, hochzurauschen, eine heiße Liebesnacht zu haben und seiner göttlichen Simulationskraft alle Ehre zu machen.

HOLBEIN: Wie Buddha nach seiner Flußüberquerung das Boot abstößt, so stößt auch Horst seinen Fahrstuhl ab. Doch kaum hat er eine gewisse Fahrstuhlhöhe erreicht – muß ja nicht gleich das Obergeschoß sein, aber ein gewisses höheres Stockwerk –, und schon vergißt Horst 1.) den Fahrstuhl, 2.) die Phobie, 3.) die Kopula, 4.) die Auerstädter Toten, 5.) die schnarchenden Löwen, die sind jetzt alle weg. Da oben ist jetzt weder Schmerz noch Lust, kein Kopfschmerz, aber unterhalten können wir uns auch nicht mehr, keine elysischen Gespräche mehr, weil –

REMANN: Aber dem widerspricht unser elysisches Gespräch: Wir sind im Himmel, unter uns ist kein Fahrstuhl, keiner heißt Horst, wir sitzen Schläfe an Schläfe, und unser Kopfweh ist geheilt.

HOLBEIN: Dann hätt ich eine hochintime Frage. Mir geht's nicht permanent so. Stürzt du nicht aus deinen Himmeln, per Luzifereffekt, ab und zu ab? Daß du plötzlich merkst: Scheiße, jetzt bin ich doch nicht mehr da, wo sonst ich mich per allerlei Gedankenoperation so schön hochkatapultierte, und jetzt bin ich auf einmal doch wieder eine arme Sau, und ein Würmchen...

REMANN: Ich bin eine arme Sau, ich bin ein Würmchen, eine Gazelle, diesen Luzifereffekt haben wir uns in unserer Garderobe extra angetan. Und wenn du Buddha zitierst, dann weißt du auch, daß Anhaften das war, wovon Buddha schärfstens abgeraten hat. Also wenn du im Himmel bist, sagt er, halte nicht im Himmel fest, niemand bleibt im Himmel, du rauschst runter, nichts ist ewig, keine Gazelle ist immer nur Magensaftopfer. Jeder Tankerkapitän, der irgendwo vor Alaska eine Ölladung voll japanisch geleastem, unter nigerianischer Flagge fahrenden, arabischen Öl gegen eine von Seemöwen bewohnte Felsküste zerschellen läßt und da eine Öko-Katastrophe auslöst, der 6521 Enten zum Opfer fallen, reinkarniert sich früher oder später in eine teerbefleckte Ente, die genau diesen Tod stirbt, d. h., da haben wir im Karmakonto irgendwann einen langfristigen Ausgleich, der aber mit ziemlich vielen Huppeln und Bodenwellen gewürzt wird, und jeder Buddhist in dieser Nahrungskette würde natürlich sagen: »Okay, daß ich jetzt eine verteerte Ente bin, vermutlich war ich mal ein schlapper, besoffner Tanker-Kapitän, nichts währt ewig, ich halte an meiner Vogel-Inkarnation nicht fest, und schaue, was das Leben als nächstes bringt.«

HOLBEIN: Ein rosiges Baby mit dem heißen Wunsch, mal Kapitän zu werden.

REMANN: Ich erinnere mich, zu der Zeit, als Kaiser Wilhelm sagte »Deutschlands Zukunft liegt auf dem Meer«, waren unheimlich viele Kinder immer in Matrosenanzügen zu sehn. Vermutlich reinkarnierte Buddhisten.

HOLBEIN: Die jeden Tag drei Stunden um Hitlers Erlösung beten.

REMANN: Wär es das Verkehrteste, für Hitlers Erlösung zu beten? Ist es ein politisch korrektes Verhalten, Hitler die Erlösung zu versagen?

HOLBEIN: Wer wie wir im Himmel ist, braucht das nicht mehr.

REMANN: Würdest du Hitler im Himmel treffen wollen? Also vielleicht da lieber als anderswo. Was ist auf dem Rad des Karma zu erwarten, wenn Hitler unerlöst reinkarniert?

HOLBEIN: Ich bin ja juristisch nicht ausgebildet und kann nicht sagen: »Dieser Hitler da wird nicht erlöst, aber der daneben wird erlöst.« Das wär ja 'n bißchen unspendabel von mir. Hitler muß erlöst sein.

REMANN: Also ich fühl mich nicht dafür zuständig.

HOLBEIN: Damit sagst du, daß in dir kein Hitler wohnt.

REMANN: Nee, das sag ich überhaupt nicht! Die Indianer aber sagen, bevor sie eine Zeremonie machen, da grüßen sie alle Verwandten, von Großvater Stern und Urgroßmutter Erde – ich krieg da die Genealogie nicht ganz korrekt auf die Reihe, die Brüder mit den Gräsern, die Kristall-Cousins, die angeheirateten Nichten aus dem Tierreich, die Blätter, die Würmer, alles das. Und die Menschen sämtlicher Hautfarbe und Sonnencreme-Schutzfaktoren, alle die werden gleichwertig unter der Sonne begrüßt, also kann ich logischer- oder unlogischerweise nicht davon ausgehn, daß einer dieser Verwandten nicht in mir präsent sei, inclusive Hitler. Wer also so tut, im Himmel gibt's nur Buddhisten und keine Hitlers, und auf der Erde vice versa, mißversteht wahrscheinlich diese astrale Fahrstuhlgeschichte, und ich glaube, Fahrstuhlphobie ist vielleicht eine theologische Verweigerungshaltung gegenüber dieser Durchlässigkeit der Daseinsebenen...

HOLBEIN: Deshalb hab ich ja mal ein Buch aufgeschlagen –

REMANN: Also nicht eins geschrieben? Ich schlug ein Buch auf, und es war zufällig mein eigenes.

HOLBEIN: Nur ab welchem Zeitpunkt merk ich das?

REMANN: Wenn du siehst, wer der Autor ist, und du sicher bist, daß du seinen Namen trägst.

HOLBEIN: Ja, wenn ich dann im Himmel bin, mit Räucherkerze zwischen Buddha und Hitler sitze –
REMANN: Hiddha und Buttler.
HOLBEIN: Johannes von Buttlar? Also guck: Wir sind dann zu dritt, ist ja wohl klar. Du hast einen Hitler neben dir –
REMANN: Selbdritt.
HOLBEIN: Genau. Trinität. Aber falls über meinem Buch »Ulrich Holbein« steht – zu diesem Zeitpunkt sagt mir der Name, den mir auf Erden schon Alzheimer stahl, wahrscheinlich noch weniger ...
REMANN: Nachdem ich jetzt von dir erfahren habe, daß meine geringfügigen Werke nicht mal im Marbacher Literaturarchiv abgeheftet sind, sind sie im Himmel wohl erst recht nicht archiviert, oder umgekehrt: Weil Marbach drauf verzichten kann, dann will ich wenigstens drauf pochen, daß sie Gott irgendwie auf 'm Nachttisch hat.
HOLBEIN: Und da hat er sie auch. Denn Gottes Nachttisch ist nicht grad unidentisch mit Akashas Chronik. Und angenommen, ich hab zehn Bücher verfaßt und du nur drei, bist du da trotzdem vollkommen genauso präsent, denn dort sind drei nicht weniger als zehn. Bei Gott geht es nicht nach Menge.
REMANN: Sondern?
HOLBEIN: Da gibt's andere Kriterien.
REMANN: Gottes Kriterien halt ...
HOLBEIN: Würd ich natürlich auch rotwerden, wenn's im Himmel Schamröte gäbe, aber die geht ja dort im Licht auf.
REMANN: Theologisch äußerst fragwürdig. Schamröte im Himmel, würd ich sagen: ja. Aber ob nun Gott im Himmel ist: ungewiß.
HOLBEIN: Nö, das weiß ich ziemlich genau. Als ich

tatsächlich mal drin war, Petrus ließ mich knapp durch: Kaum hatt ich mich dem Glanz akklimatisiert, wer sitzt da nicht auf Seinem Thron? Gott. Gott ist überall, vielleicht auf der Erde, in einer Papaya, macht in der Gegend rum, nur nicht auf seinem Stuhl. Was uns nicht stören muß; unsre illustre Gesellschaft – Buddha & Hitler – kann uns genügen. Bleibt nur die Frage, ob wir bei elysischen Rededuellen auf unsren Mund verzichten können, typisches Lebensproblem von mir, diese festgelegten Kopfformen und Gesichter, samt Kopfweh, diese physische Einpferchung, die empfindest du sicher nicht als Bürde –

REMANN: Nichts gilt immer, und die Bürde ist kein fremdes Wesen, wie alles andre auch nicht. Da fällt mir häufig Paul Scheerbart ein, der Geschichten geschrieben hat über Astroidenbewohner, und ihre ganz anders geartete Körperlichkeit. Da gilt es als große Freude, wenn man einen Arm verliert. Der fällt ab, und alle applaudieren, mit unterschiedlichen oder fehlenden Gliedmaßen, weil man sagt: »Ja, ohne dieses Körperteil siehst du viel windschnittiger aus!« Nimm auf lange Sicht die Evolution im Zeitraffer, und schon nehmen auch wir Glieder an, stoßen andere ab, um in polymorpher Transmutation unsere Selbstveränderlichkeit zu zelebrieren.

HOLBEIN: Von dieser Körpersicht möcht ich mir ein Scheibchen abschneiden.

REMANN: Kopf oder Beine? Darf 's 'n bißchen mehr sein? Trichinenfrei!

HOLBEIN: Wie stellst du dir das technisch vor?

REMANN: Ich hab's mir nicht technisch vorgestellt, ich hab Germanistik studiert. Und gemerkt: Diese Jeschichte jefällt mer.

HOLBEIN: In Indien sahen wir Leute mit sechs Daumen. Doch alle mal weghören, die jetzt noch nicht schnarchen, bzw. mal ganz unter uns: Weißt du, daß ich dich für einen Erleuchteten halte?

REMANN: Mich?

HOLBEIN: Du bist permanent erleuchtet.

REMANN: Wenn du an mir keine Zweifel hast, warum dann an dir?

HOLBEIN: Meine Erleuchtungen sind so von Verdunklungen durchsetzt, daß in summa die Helligkeit doch sehr abnimmt.

REMANN: Und ich hab vielleicht eine Horst Rühmannsche Erleuchtungsphobie und bin nur ein gewiefter Schauspieler, dem es gelingt, dir als Publikum was vorzuspielen. Und sobald die Show zu Ende ist, wühl ich hitleresk im Dunkeln und tu das glatte Gegenteil dessen, was du mir hier so lieblich unterstellst. Es sei denn, der Erleuchtete bist du – und spielst, es nicht zu sein, aus Gründen einer gewissen Verliebtheit in das Phänomen des Selbstzweifels, welches natürlich dich zu was Besonderem macht. Wer an sich selbst zweifelt, ist wer. Hat nämlich ein Selbst. Man muß erstmal ein Selbst haben, um dran zu zweifeln. Hat nicht jeder.

HOLBEIN: Dann sollten wir uns als Komplementär-Scharlatane definieren?

REMANN: Das find ich gut! Ich hab schon immer behauptet und befürwortet, mich als ersten Vorsitzenden des Interessenverbandes der eingetragenen Scharlatane zu implantieren. Am Scharlatan gefällt mir, daß es keiner sein will. Scharlatan sind immer die andern. Die das tun, was man selbst als abwegig erfährt. Wenn wir aber jetzt den Verband deutscher Scharlatane gründen – also erstmal: Ich glaub, wir bekommen sehr viele Interview-Anfragen: Scharlatane sind immer gefragt, sind in aller Munde, und die wenigen, auf die alle hindeuten, dementieren's, wir aber sind die, die das Demento dementieren.

Wer bloß ohne doppelten Boden dementiert, wird ausgeschlossen. Und wenn jetzt die Erleuchtung des Scharlatans darin besteht, daß er solange die Selbstzweifel transformiert, bis er aus Scharlatanistengründen seine Erleuchtung so manifest hat, daß sie von der post- oder nicht-scharlatanischen Erleuchtung nicht mehr zu unterscheiden ist, was hebt ihn dann von einem echt-echt Erleuchteten ab, richtig so mit Gottes Stempel auf der Seele, auf dem Kittel, wie Fleischbeschau, trichinenfrei, zum Verzehr geeignet, keine Rinderseuche oder sonstwas, stell dir mal vor: Gehst im Himmel rum, kannste überall vorweisen. Was ich für dermaßen plump und platt halte, daß mir der Umweg über die Scharlatanerie –

HOLBEIN: Ich laufe meilenweit für einen Umweg. Deshalb lassen sich ja auch erleuchtete Zen-Typen ein Zertifikat ausstellen: »Erleuchtet!« Um dann anschließend diesen Wisch wieder zerreißen zu müssen.

REMANN: Und als Boddhisattva sich ins volle Menschenleben zu scharlatanisieren, als schweinekliger Kapitän mit Pickeln und Pusteln, Migräne, hungrigem Appetit auf Löwen- und Gazellenfleisch. Und schon sind wir da, wo das Kanu die ganze Zeit auf uns wartete: Wenn die Fahrt zur einen oder andern Insel die Frage wäre: »Fahren wir auf die Erleuchtung oder nach Scharlatanistan?«, wäre der Unterschied genauso nicht vorhanden, als wenn wir uns fragen würden: War ich auf der Insel schonmal und fahr deshalb dorthin, oder war ich noch nie da und fahr deshalb dorthin? Bis sich herausstellt: Ich kann die Unterschiede sowieso nicht ermessen und fahre – irgendwohin.

HOLBEIN: Jetzt könnte das Publikum, das kurz zu schnarchen aufhört, zu uns sagen: »Eure Probleme wolln wir haben – Erleuchtung und Verkopftheit schließen sich aus!« Wir aber salbadern und theoretisieren und sophismusieren hier so herum. Das Erleuchtungsquantum, das du hier spendest –

REMANN: Ich bestreite alles, was du je gesagt hast, einschließlich dem, was ich gesagt hab. Das macht ja weiter nichts, nur denke ich: Wenn wir so tun, als wüßten wir, was das Publikum denkt, so ist das eine etwas dürftige Form von transpersonaler Halluzination. Die Tatsache, daß wir das sagen, was wir sagen, ist untrennbar verbandelt mit dem, was hier Anwesende wie auch andere Lebewesen im Universum jetzt gerade denken. Ich kann diesen Satz nicht zu Ende führen, ohne daß irgendjemand jetzt in China in eine Wurst beißt, Thüringer, mit Apolda-Bier abgelöscht, wie sich's gehört. Du könntest jetzt diese Körperhaltung nicht angenommen haben, ohne daß Horst im Himmel Engel ist und jemand anderes ins Portemonnaie greift. Und der könnte das nicht tun, wenn du nicht genau den Gedanken faßt, den du gleich aussprechen wirst, nämlich:

HOLBEIN: Also sind auch die da, die da so flach weiterschnarchen, ebenfalls im höchsten Buddhismus und Himmel?

REMANN: Wir können sie ja mal fragen: Seid ihr im Himmel?

FRAU HORNBORSTEL (*aufwachend*): Ja.

HOLBEIN: Kommt das Schnarchen eigentlich mit drauf? Also Nebengeräusche im Himmel würden dich nicht stören?

REMANN: Ich glaube, im Himmel gibt's keine Trennung zwischen Haupt- und Nebengeräusch.

HOLBEIN: Also schmilzt dort alles breiartig ineinander? So daß man mein Knie von deiner Nase nicht unterscheiden könnte?

REMANN: Obwohl das vielleicht eine reizvolle Transmutation sein könnte. So hinreichend wir das jetzt auch durchgekaut haben: Durchaus könnten wir im Himmel mit Horst ein Kind zeugen, das aus meiner Nase und deinem Knie besteht, Lulo heißt und Damen gern ins Dekolleté schaut, besonders im Fahrstuhl, wodurch wir Lulo im Dachverband deutscher Scharlatane aufnehmen können.

HOLBEIN: Was du da beliebig zusammenmatschst –

REMANN: Beliebig kommt von Liebe. Wer wirklich beliebig handelt, tut genau das Richtige. Stell dir mal vor, jemand würde unbeliebig handeln. Der bekäm zwar gute Rezensionen im Feuilleton, aber er wäre letztlich lieblos.

## Zwei, drei Beweise, daß ich bald selig gesprochen werden müßte

Beweis Nr. 1: – Als Zaunkönige am Bienenhaus stundenlang flügge wurden, versuchte ich Scheuling einzusperren, aber konnte ihn weder ins Haus locken, noch am Nacken packen. So hielt ich stundenlang Wache neben dem Nest und neben den Viburnumzweigen, auf denen die tapsigen Zaunkönigküken zu starten versuchten.

Beweis Nr. 2: – Neulich brach mir ein halber Backenzahn fort, den ich wohl verschluckte und gern im Klo zwecks Rettung und Wiedereinsetzung wiedergefunden hätte. Statt aber nun meine grobstoffliche Notdurft unter die Lupe zu nehmen, sah ich im Wassereimer mit hauseigenem Brunnenwasser, womit ich den Wasserverbrauch der BRD sagenhaft ökologisch zu senken pflege, eine Kaulquappe schwimmen, trug sie sofort raus, zurück zum Brunnen; ich rettete ihr das kleine Leben. Aber vor lauter Kaulquappenrettung vergaß ich Backenzahn und Kacke, schlug also einen Teil von mir selbst in den Wind, um ein Mitgeschöpf zu retten; hab also bei Gott bzw. in der Akashachronik ziemlich viel Punkte gemacht, und zwar äußerst uneigennützig bis selbstvergessen.

Beweis Nr. 3: – Scheuling bettelt und nervt oft, auch dann, wenn sie satt ist. Die Vorgänge fressen und betteln vermag er – sie – nicht kausal auseinanderzudividieren. Je netter man bleibt, desto militanter, also unsympathischer wird sie, derart penetrant, daß ich einmal allerlei Geduld verlor und nach ihm – ihr – trat und Scheuling entfleuchend tatsächlich einen Tritt in den Hintern bekam – keine Angst, nicht sehr fest; ethisch durchaus vertretbar. Natürlich bereute ich trotzdem meinen Fehltritt sofort, zumal ich nun Scheulings Laabstrauma vertieft und mich selbst als Frau Laabs betätigt hatte – Tat twam asi –, und lief gedrückt herum, im Innersten getroffen und verletzt. Und siehe, mein Fuß – und zwar der richtige Fuß, das schuldige Bein! – hub männiglich zu schmerzen an. Es tat richtig sauweh, unproportional heftig, aber wieso eigentlich? Es handelte sich eindeutig um irrationales, psychosomatisches, ja: metaphysische Fußweh; denn 10 Minuten – na gut: 20 – später kam Scheuling wieder zutraulich angeschleimt, strich mir – geheilt von Mnemosyne oder Alzheimer – liebevoll um beide Beine, das schmerzfreie sowie das schmerzende, kaum bettelnd, als wär nie was geschehn. War was geschehn? Nicht daß ich wüßte! Wunderbare Vergeßlichkeit! Aber mein Bein hatte ein besseres Gedächtnis als meine Katze. Schuldbewußt fütterte ich Scheuling. Danach tat mein Bein immer noch weh. Irgendwann ließ mein Beinweh nach. Irgendwann hörte es auf. Diese Geschichte gefiel mir recht gut, als Story. In meinem Lieblingsbuch »Ich sah den Ochsen weinen« aus der Reihe »Texte zum Nachdenken« schlug ein Hindu einer Katze ins Gesicht, um die Kratzer dann auf dem Antlitz der Göttin Kali – oder war's Parvati –

wiederzusehn. Später fand ich diese Geschichte in »Ich sah den Ochsen weinen« nicht wieder. Also nahm ich mein Beinweh als Indiz, daß ich auf der Stirn den Stempel Gottes »Auserwählt« trug, wunderbar eingeweiht in mein Lieblingsmantra »Tat twam asi«. Aufgeplustert vor Erleuchtungswonne posaunte ich beichtfreudig überall die Story vom religiösen Bumerang aus. Doch Lieblingstherapeut Dr. Waldgong Rübezahl Bauer, geb. Wolfgang (Psydata-Institut Frankfurt) unterließ es, mich ob dieser Episode angemessen anzuhimmeln; er behandelte mich als Katzentreter und Tierquäler, worin ich eine weitere geistliche Seelenprüfung erblickte.

Es gibt aber auch, fürchte ich, mehrere Indizien, die gegen meine Seligsprechung sprechen – Gegenbeweis Nr. 1: Mit meiner Demut hapert es weiterhin noch recht oft. Ich krieg's einfach nicht hin, allen möglichen Arschlöchern und Schwundköpfen ein eingeweihtes »Tat twam asi« lächelnden Antlitzes entgegenzutragen, und Familie Laabs' massives »Wennde nich uffheerst, schlach ich dir d'n Kopp app!!!« mir als naturhaft herüberwehendes, innig bejahbares Lispelgeräusch ewiger Naturweisheit zu übersetzen.

Gegenbeweis Nr. 2: Noch gelingt's mir nicht, einem pestkranken Kind ohne Ekel die Pestbeulen auszusaugen. Aber ich arbeite drauf hin. Haare in der Suppe ekeln mich kaum. Ich benutz sogar fremde Zahnbürsten.

Gegenbeweis Nr. 3: Statt liebevoll meine Zecken zu streicheln, dreh ich sie raus und haue schuldfreien Borrelioseerregern, statt sie naturverbunden im kosmischen Reigen von Face to Quasi-Face zu begrüßen, hochpotentes Zitromax drauf.

## Wie ich einmal auf saublöde Art erleuchtet wurde

An einem arschkalten Wintertag fuhr ich in geschäftlichen oder erotischen Angelegenheiten von Basel gen Pfäffikon im Zug, saß in voller Montur – denn das Fahrgastgedränge quoll derart extrem, daß es illusorisch gewesen wäre, Wintermantel oder Pullover auszuziehn – mitten in derart gestockter Treibhausschwüle, Saunaluft und Ungelüftetheit, daß mir mein U-Hemd fühlbar am Corpus fortfaulte. Und mußte leider mal, was ich auf Zugfahrten stets dringend zu vermeiden versuch, aufs WC, irgendwie dringend, und leider Gottes ließ sich's nicht im Stehn abhandeln. Ich mußte ein Weilchen warten, bis das Lämpchen auf »Grün« stand, guckte kaum zum herauskommenden Vorbenutzer, um mein Kotzzentrum inaktiv zu halten, sah auch schon in der Tiefe des Zuges 20 m entfernt das nächste überfressene Kackmonster sich herbeischaufeln und schloß mich mit unglücklich verzerrter Mimik ein ins bescheuerte Kabüff. Und stand dort nun in der üblichen Pfütze, jaulenden Riechzentrums, hob den Wintermantel, um irgendwas freizulegen, lüpfte, schälte, rollte Textilien, fletschte leidend die Zähne, als meine Oberschenkelrückseiten symmetrisch die pitschenassen Klopapierfahnen tangierten, die quer über die Brille sich zogen, und kaum hatte ich meine untere Hälfte in überstürzte Preßwehen versetzt, kam 2 m unter mir – extrem abrupt – ein Getöse in Gang, ein Gebläse oder was, fuhr mir hinterrücks ein laserstrahlscharfer, knallheißer, nein genau umgekehrt: eiskalter, baumdicker Eisluftstrom unter die Röcke, derart machtvoll, daß alle meine verschreckten Weichteile, samt teilentblößter Gesamtfigur, schier gen Decke geblasen

wurden, meine halb ins Klo hängenden, klatschend auf-
fliegenden Mantelschöße mir vorausknatterten – erste
Assoziation: »schockgefroren« – aber wozu und warum?
Rasante Hirnreaktionen überstürzten sich:

1.) männlich ratternde Aufklärungsversuche, Erkennt-
nisprozesse mit Sofort-Resultat: just eingetaucht in einen
Tunnel der Schweizer Alpen, Luftmassen suchen Notausgänge, Kackschlot als Noteingang für vorgekühlte,
panisch ausweichende, kanalisierte, nadelöhrartig engge-
führte Saukälte und Winterluft,

2.) simultane Runterfahrung zerebraler Warnlampen
anläßlich der Erkenntnis prinzipieller Gefahrlosigkeit
für Leib und Leben,

3.) prompte Abstoppung automatisiert eingeleiteter
Ausweich- bzw. Fluchtbewegung des betroffenen Organismus,

4.) spontane Lust, im Eisstrom vom Steiß-Chakra aus
die sofort aktivierte, esoterisch mir eigentlich eher suspekte Kundalini als Quecksilbersäule auf einmal doch
irgendwie wider Willen an meiner Wirbelsäule rücklings
und schnurstracks emporschießen zu spüren,

5.) zugleich Festklammerung beider manueller Greif-
organe auf der Klobrille Schweizer Beförderungsmittel,

6.) zögernde Entscheidung mentaler oder sonstiger Instanzen, die ursprünglichen Intentionen anläßlich geän-
derter Situation abzublasen oder aufrecht zu erhalten,

7.) physikalische Ausrechnungsstümperei, ob die Los-
lassung einer wurstförmig gegen den Strom abgeschosse-
nen Gegenmelodie ordnungsgemäß, d. h. gemäß Newton,
in den Zielschlot fallen würde und mir nicht der Eisstrom
Damm und Scrotum meuchlings a tergo einspachteln
würde: alle 7–9 Programmpunkte, einschließlich aller
unbewußten, nicht mitgezählten Vorgänge, Irritationen,
Abläufe, als irgendwie lustvolle elfstimmige Polyphonie,

absolut synchron im Zeitraffer – in 1 bis 2 Sekunden! – vorbeigeschossen und abgehakt, 10.) und 11.) abrupt abreißender Eisstrom! Tunnelende! Zu Ende geführte Defäktion. Abputzung; verzögerter lauwarmer Wasserstrahl, verfluchtes Ankleidungsgestrampel – der nächste bitte! Zurückschauflung durchs Gedränge, Lektüreversuche, fortgesetzte Schwitztour, Fahrscheinkontrolle. Überlegungen meldeten sich, demnächst überall herumzuerzählen, ich sei auf einem WC mit einer Art Erleuchtung beschenkt worden. Mehrere Zenmeister in Japan hatten doch Satori auf dem Abtritt erfahren, bei plätschernder Rinne oder durchbrechendem Donnerbalken, oder etwa nicht? Andererseits war bei mir oben zwischen meinen Sorgenfalten leider keine Hautwulstformation blumenhaft aufgeplatzt, und funkensprühend hatte das berühmte dritte Auge keinesfalls hervorguckt; kein explosiver Brunftschrei hatte sich mir entrungen, sondern bloß mit zwei normalen Augen hatte ich die mehrsprachige Aufschrift decodiert: »Bitte verlassen Sie die Toilette so, wie Sie sie vorzufinden wünschen.« Also doch nicht erleuchtet. Vielleicht ein anderes Mal. Ankunft in Pfäffikon, Winterkälte. Alles krachvoll mit Immanenz.

### Küssen bitte auch Sie Deine Feinde!
### Endlich für immer versöhnt!

Wenn Friedenspläne um sich greifen... auch wenn das Fest der Versöhnung seit Ostern usw. längst vorbei ist, irgendwann spürt jeder mal den liebevollen Wunsch, sich mit allen, die man immer nur verhöhnte, umfassend und nachhaltig zu versöhnen. Jede spürt das, jeder, alle – außer Kampfhund und Flaggschiff TITANIC. Lieber ginge sie unter, als einmal in sich zu gehn. Von Anfang an verkaufte sie ihre Seele, um keinen einzigen Seitenhieb auszulassen. Nikolaus, Christmann & Osterkaninchen fusionierten längst in über- und scheißfreundlichen Übernahmen – nicht so BILD, TITANIC & CDU. Nirgendwo ein Björn Engholm, den TITANIC, das endgültige Satiremagazin, nicht wiederholt in die Badewanne gelegt hätte. Gott verzeiht vieles, selbst Allah manches, TITANIC nichts. Statt im Yellow Submarine für eine bessere Welt zu kämpfen, rankt sie sich in einem Glashaus sitzend, namens Möllemobil, an der Dummheit unmündiger Menschheit hinan und hinauf, aber wohin? TITANIC leidet unbewußt an einem Lachreflex, den sie an unterschätzte Politiker koppelt. Ihre Zielgruppe sammelt ahnungsvoll Angela-Merkel-Sammelbildchen und kündigt wie blöd auf Befehl ihre ZEIT-Abos. Dem universalen Verblendungszusammenhang, auf den bereits Hans Mentz aufmerksam machte, entwanden sich weder TITANIC-Kunden noch TITANIC-Redakteure, so ungescheut sie sich an ihren Attacken zu ergötzen wähnen. Quer durch ihre Lachsalvenproduktion schimmert unverwandt – mal das Entsetzen, mal die Einsamkeit; dann wieder Finanzlöcher und andere Löcher. Selbst im Todesröcheln wird da via Blechtrompete weitergemobbt und nicht zuletzt weitergefoppt. Zwischen untergehendem Venedig – mit und ohne Kate Winslet – und Abendland, bevor »Classic für Gestreßte« (Bachkantaten!) trotz Rentnerberg den Bach runtergehn, darf TITANIC, zwischen 3. Reich und nachwachsender Mauer, ein wenig oben schwimmen, im scheinbaren Licht, bevor der Stöpsel der Erosion, der Entropie und nicht zuletzt des Showdowns gezogen wird. Tagsüber gewinnt TITANIC glorios Schauprozesse gegen Gummibärchenfirmen, die was gegen gekreuzigte Vierbeiner haben; nachts aber, wenn der beißende Humor, dank heraneilendem Methusalem-Komplott, im Kukidentglas perlt, träumt garantiert auch der weiche Kern der TITANIC vom Eiapopeia einer schöneren, kaum noch verspottbaren Welt; und vom universalen Rückstoß-Komplott! Wer jetzt noch lacht, wird bald nicht mehr lachen. Bald kommt der Tag – hiermit sei's prophezeit –, an dem jedes Schwein die täglichen Wurstesser aufschlitzt, siehe Theo van Gogh, und bei der Gelegenheit die Vegetarier gleich mit, ferner an dem jeder Hase seinen Jäger erlegt, ein Motiv, das bereits aus dem Mittelalter stammt, und daß sogar jeder Baum sich an seinem Holzfäller revanchiert. Auch wenn Kaninchen, Bäume und Schweine in Wirklichkeit keinerlei Rachegedanken hegen – Vorsicht, Freunde! Ausgleichende Gerechtigkeit hat noch keinem wohlgetan.

Vorchristlich entragte dem alttestamentarischen Dauer-Massaker eine unglaubliche, von Erlösungslicht umspielte Passage, Jesaja 11, 6–8: Kinder spielen am Loch der Otter, und Löwen liegen beim Lämmchen. Die Dschaina-Mönche Indiens haben eine ganze Religion auf die Idee gegründet, daß eines Tages der Tigerjunge an den Zitzen des Zebus sauge und das Kälbchen an den Zitzen der Tigerin. Auch Hindus, die ständig Seniorenstifte für Klappergäule und moribunde Buckelrinder bauen, worauf bereits Hegel aufmerksam machte, füttern liebevoll jede Rattenplage mit warmer nahrhafter Kuhmilch. Und um 30 n. Chr. hieß es: »Liebet eure Feinde!« Zwischendurch hat's hier und da beinahe schon mehrmals geklappt: Chinesen, Muselmänner und Indianer rauchten Kakao trinkend Friedenspfeifchen miteinander. Gelehrte disputierten, ob Insekten im Paradies bereits gestochen, oder allda nur lieblich gesummt hätten. Kirchenvater Origines entwarf kühn eine sogenannte »Apokatastasis panthon«: Wiederherstellung aller Dinge und Urzustände, ein lichtvolles, aufjauchzendes, saugmächtiges Mega-Nirwana von mega-gnostischer Leuchtkraft, geduldige, wie in Mahayanasystemen überformatige Geduld, bis die allerletzte, schwer erlösbare Ameise zum Buddha wird, bzw. selbst der Teufel als kosmische Pointe in Gottes Lichtfülle einmündet. Nikolaus von Kusanus entwarf nicht minder kühn eine Coincidentia oppositorum. Im klassizistischen Elysium trafen Mozart, Wieland, Goethe und andere Humanisten einander und parlierten olympisch und ambrosisch in aller schönen Ewigkeit, und keiner überlegte, wie weit man Antipoden wie Johannes Brahms und Richard Wagner auseinander plaziert, oder Heino und Sir Simon Rattle. Kaum hatte Vordenker Nietzsche, gestikulatorisch, wie irgendwer ihn schuf, Dozent a. D., wandelnder Antichrist auf Generalprobeneinübungsurlaub, sich selber suggeriert oder eingedrillt, er wär Schopenhauerüberwinder, Mitleidsverneiner, Erlösungskritiker, und gemäß – seiner allzu maskulinen Herrenmorallehre – den angeblich vorm Kreuz niedergebrochenen Wagner, zugunsten von ausgerechnet Georges Bizet, glorios überwunden, also praktisch bereits Beethoven gegen George Gershwin verkauft, warf der Möchtegern-Hardliner und Herrendenker in Turin, angesichts eines mißhandelten Droschkenpferds, plötzlich den vorauseilenden, fast schon kruppstählernen Helm ab, unpoetischer gesagt: die Dogmata seiner schneidigen Theoreme: sein Wille zur Macht schmolz – in der schwächsten seiner Minuten – dahin, samt Hammer, mit dem er zu philosophieren behauptete, zuzüglich Peitsche, die der Kutscher, als dieser zum Klepper ging, tatsächlich nicht vergaß, und wurde wieder – oder blieb – jenes Weichei, als das er ohnedies angetreten, warf sich – zum Gaudi gaffender Herdenmenschen – aufschluchzend, überströmt von Mitgefühl, der leidenden Kreatur zweischneidig an den Hals, die Träne quoll, die Erde hatte ihn wieder, verschwunden ganz der Übermensch, zugunsten des Erdensohns, nachdem das Ewig-Weibliche sich von ihm nicht hatte peitschen lassen, und über der filmreifen Tat-twam-asi-Gaulschreck-Szene schwebte hinterrücks übermächtig als Stehaufmann, steinerner Gast und Revenant der unüberwundene, unüberwindliche Upanishaden-Laudator und Mitleidsphilosoph Schopenhauer, der seinen fragilen Schopenhauerüberwinder mitleidlos in Richtung Albert Schweitzer und Mutter Teresa schubste, und schon traf der Nietzscheromantitel »Und Nietzsche weinte« unrühmlich zu: und Nietzsche flennte wie Tierschützer Prof. Drewermann, bzw. stieg, besserenfalls, aber genauso wider Willen, zum Urchristen auf, zum Franziskus, Madschnun, Dschaina-Mönch, heiligen Narren, Buddha und Erdenwurm, der sich der Würmchen erbarmt; bloß ein Sancho Pansa, der am Hals des Esels schluchzt; Zeitgenosse von Wilhelm Buschs Sankt Antonius, der mit einem Schwein zum Himmel aufsteigt. Im zauberhaften Zeichentrickfilm »Feivel der Mauswanderer« von Don Bluth jubelte der gigantische Freßfeind, ein bedrohlicher Kater, mitten im leuchtenden Happy-End auf Wolken und Abendrot überselig und drückte lauter liebenswerte Mäuse an seinen Busen: »Ich war in meinem ganzen Leben noch nie so glücklich! Ich habe Freunde, jede Menge kleine, winzige Freunde!« Noch in BILD-Schlagzeilen über die Tierbändiger Siegfried & Roy (beinahe †): »Roy verzeiht dem Tiger, der ihn zerfleischte« hallte Jesaja nach. Und die Zeugen Jehovas malten Jesaja liebevoll aus, indem sie rundum erlöste, blendaxlachende Mittelstands-Amis in vorindustrielle Waldlandschaften setzten. In dieser herzrührenden Tradition sehen sich alle, die da sitzen, wo die Spötter sitzen, nicht im mindesten; ein TITANIC-Titelbild aber gab's, in einer schwachen stillen heiligen Minute, worin der friedensutopische Geist Jesajas und des Dschainismus wunderbar wirksam wurde: »Titanic-Friedensplan greift: Endlich Ruhe im Karton«: Da wuchsen Kontrahenten bzw. Erzfeinde hyperoptimal über sich hinaus: Yassir Arafat (†) reichte brüderlich lachend seinem Duz-, Bluts-, Lach- und Kiffbruder Ariel Sharon (†) einen Joint – gute Ware: »Titanic-Friedensplan greift: Endlich Ruhe im Karton!« Ein echtes, durchaus ernstgemeintes Versöhnungsangebot! Nicht länger verstockt der Herr ihr Herz. Plötzlich sind beide nicht länger zu alt, um ständig, statt love, nur bumm-bumm zu machen, jenem Albtraum treu, wo schreckliche Greise nachts ihre Pershing-Gebisse ins Kukidentglas legen. Endlich gab man Shalom, auch peace genannt, eine Chance, nachdem Yoko Ono und John Lennon relativ umsonst gesungen hatten: »And give Peace a Chance!« Einziger Schönheitsfehler: daß Ariel hierbei nicht den Schlips lockerte. Doch diese historische Chance haben die unweisen Grand Old Men leider, auf der Schippe des Todes, verpaßt, im Biotop ihrer 1:1-Reality-Show. Statt dessen wachsen überall eingerissene Mauern nach, allen voran die Mauer im Kopf. Kein Schwein rief: »Shalom« oder »Fuck for peace!« Das Trennende zwischen den Menschen gewann Oberhand. Zwischen neuhochgezogenen Stacheldrahtzäunen, Nachwachsmauern, Minengürteln und Buddhisten, die wie plemplem um Hitlers Erlösung beten, hätten beinahe Bello & Muschi friedlich beieinandergelegen, wie Lamm & Leu! Und wie TITANIC & Jesaja! Zuzüglich Kölner Karneval: Präsident Dschorch Dabbelyu Bush, die Jesus verehrende Hure von Babylon, und Erzschurke Saddam, Batteriehuhn der Achse des Bösen, folgten dem leuchtenden Beispiel und hüpften, sichtlich verliebt – und wunderbar unbekleidet, zusammen in die fahrbare Kiste/Karton, allwo sie zärtlich unter einer Herzchendecke busselten und knuddelten. Und supertolerant das bunte Plakat hochhielten: »LÄWE ON LÄWE LOSSE!« Nach dem Moddo: »Mäk Laff nott Wohr, ist alles paletti.« Oder trieb hier nur allzumenschliches Wunschdenken herzzerreißende Scheinblüten!?!

Eines Tages wird vielleicht sogar der Zölibatär beim Konfirmanten liegen – dies aber bitte nur platonisch! Und der Virus wird liebevoll ächzen im Schoß der Killerzelle. Endlich Friede, Freude, Batteriehuhn-Eierkuchen, endlich alle a Big Family, ein Riesenplanschbecken für Generäle a.D. Vernichtet alle Poster: »Kauft kein Knowhow bei Deutschen!« Nein, umarmt sie liebevoll. Die Minute wird kommen, da werden alle durchlöcherten Lehrerinnen allen Ballermännern und Amokläufern im nachhinein verziehen haben, und Verona ihrem Dieter, umflossen von eschatologisch-messianischem Spotlight. Wann endlich wird Bush verziehen werden, daß er Belgrad, Bagdad, Kabul, Tripolis, Vietnam, Nagasaki bombardierte und so aussieht, wie er aussieht, nämlich wie Bush? Im Paradies darf er erneut »Kiss it!« ächzen. Im Karton mit Monica & Osama! Falls die überhaupt reinpassen, vor lauter Mikel Moore, der sich da auch schon räkelt. Endlich ein steigendes Venedig! Und eine unversehrt aufwärtsschwebende Titanic! Andererseits – nein, kein Andererseits! Sondern: Versöhnung! Lecke nicht nur deine Feinde! Auch wenn diese sich bedanken! Zusammenlegung now!

Andererseits, wie soll man 300 Mio. Amis ernähren, wenn Begnadigunspräsident Bush sämtliche US-Truthähne glorios begnadigt, statt pro Jahr immer nur einen? Na gut, Katzen könnten, wenn sie mit Mäusen, statt diese zu dezimieren, immer nur pädophil schmusen, alsdann stets nur Kitekat essen, aber Fisch, Rind und Leber

*Küssen bitte auch Sie Deine Feinde!*

Make Love, Love, Love, not War, War, War,
von Mensch zu Mensch zu Mensch!

wär dann ja auch unantastbar und definitiv miteinander versöhnt!? Ohne Feldzüge keine Weltgeschichte. Ohne Aasgeier lägen auf allen WCs Leichen rum. Der Joint schrumpft, und Dabbelyou und Osama schmeißen ihr transzendentales Schachbrett um. Die Seelen großer Staatschefs und Geier, die definitiv in besserer Welt zusammenfanden, ohne Erdenrest und ohne davon viel zu merken, lassen sich ihre Vorwände von vorgestern wieder einfallen, und der Kampf geht weiter, in unverminderter Härte.

Liebe deine Freßfeinde, auch wenn sie hungrig sind

### Transzendentus interruptus

Auf einem meiner Notizzettel fand ich das Notat: »Wenn Frauen Männer wären, würden sie beim Fellieren ihrer Männer –« – dann aber kam wohl was dazwischen, und ich wußte nicht mehr, wie der Gedankengang

Schnell noch ein anderes Beispiel: Würde ich eines Tages plötzlich erschossen, müßte ich, derweilen ich als Biowesen einen niegehörten Todesschrei produziere, schnell noch denken: »So ist es also, wenn man erscho

# STERBEBETTFREUDEN
FÜR SCHÖNGEISTER

# Mein letztes Wort

Daß mein letztes Wort nicht das wirklich gelungenste sein wird, ahn' ich beizeiten, zumal mir x Sterbende das Beste schon fortgenommen haben: z. B. »Töten Sie mich, oder Sie sind mein Mörder!« Oder: »Mir gehn die letzten Worte aus.« Gerhart Hauptmanns letztes Wort »Bin ich noch in meinem Hause?« getrau ich mir – selbst als Hausbesitzer – durchaus zu überbieten, aber wer weiß. Nicht daß plötzlich ein peinliches »Lord help my poor soul!« aus mir hervorbricht! Deshalb muß ich jetzt schon vorsorgen. Ein paar geschliffene, hochoriginelle, betont holbeintypische Bonmots leg ich mir zurecht und hoffe dann, sie im letzten Stündlein noch abrufbar wiederzufinden. Nicht übel z. B. fänd' ich ein letztes Wort wie: »Jetzt geb' ich wieder ein bißchen Ruhe…« Da steckt viel Weisheit und Souveränität drin, so im Sinne: einen wie mich gibt's zwar selten, aber irgendwann dann doch mal wieder, habt einfach nur Geduld, und tröstet euch, daß im Zweifelsfall jemand anderes herumnervt statt ich. Andererseits impliziert ein solcher Aphorismus wider Willen, daß ich zu Lebzeiten ein Unruhestifter gewesen sei, also bloß ein Fritz J. Raddatz, und will ich mich mit so einem Topkritiker begnügen? Andererseits sind Sterbebetten bekannt für ihre werkimmanente Niveaulosigkeit, die aber punktuell perforiert wird, indem das potente, eigentlich noch lang nicht sterbende Gehirn, das halt jetzt nur deswegen dichtmachen muß, weil irgendeine vernunftlose Gallenblase dies unbewußt verlangt, sich auf den Schluß zu doch nochmal kurz aufbäumt, Brainstorm kurz vor der langen Ruhe und Verwesungsarbeit.

Also, Freunde, was werd ich von mir lassen – vorbereiten oder abwarten? Wär mir natürlich peinlich, wenn man mich durchschaut und spitzkriegt, daß ich mich in gesunden Tagen akribisch präpariert hab. Andererseits: mangels sinnvollen Nachwuchses sterb ich ja wohl sehr solo, und wenn mein Geist dann letzte Pointen und Perlen gebiert, ist keine Sau in der Nähe, vor die ich sie werfen könnte – o je, was dann? Keiner schreibt mit, und meine Hand wird zu schwach sein, um zu Laptop und Brille zu greifen, und wozu sollten die dann funktionstüchtig bereitliegen!?! Und nirgendwo ein vernünftiger Nachlaßpfleger, der die Zettel einsammelt und exegetisch auswertet, zumal: Was könnte schon Gescheites draufstehn!? »Das soll alles gewesen sein?« Nein, ein solches Schlußwort paßt eher zu Herbert Müller, der es auch in jüngeren Jahren jederzeit völlig umsonst in den Nachtwind brüllte. Hinweise auf Seitenzahlen in »Die intensivste der Stationen«? Da steht doch schon alles drin, und was ich jetzt noch hinzufügen könnte, wär' nur schwächliches Hinterhergejaps. Oder wie wär's mit: »Mehr Irrlicht!« Nein keinesfalls, mich im letzten Moment an Bildungsgut hängen, mich mit Dichterfürstenveräppelung oder Goetheanbiederung begnügen – ich doch nicht. Oder: »O mein Gott, Dich gibt's ja doch!?! Wieso erst jetzt, auf den wirklich allerletzten Drücker? Ich fühle mich verarscht. Wahrscheinlich soll das die Bestrafung dafür sein, daß ich Dich zu Lebzeiten selten als Denjenigen erkannte und rational unwiderleglich –« Da aber brechen meine Augen, und ich sink' aufs Kopfkissen zurück, genau wie Saddam mitten im Glaubensbekenntnis gehenkt wurde – das laute Knacken des Genicks hört der Erhenkte dann garantiert noch... plötzlich fällt mir nichts mehr ein, was ich dann schnell noch im Fasse-dich-kurz-Stil Hochgeistiges von mir geben könnte, dann aber, wenn's soweit sein wird, soll's mir pünktlich einfallen!? Zumal man beim letzten Wort nie so recht weiß, ob nicht vielleicht doch noch Raum und Zeit bleibt, um dem nochwas hinzuzufügen, allerlei Antiklimax, Abschwächung, zutiefst Irrelevantes, restlos Ungültiges, Unterbietung total. Also ganz wichtig: Sobald ich merke, da hab ich was Zitables losgelassen, unbedingt anschließend den Sabbel halten, sonst halten mich dann alle für einfallslos und drittrangig. Ich würde die zweifelhafte Ausbeute der Allgemeinheit ja liebevoll und kostenlos überlassen, aber vermutlich röchel' und ächz' ich dann bloß legasthenisch herum, als Animalium, als gewürgte Kreatur, und es bleibt dann Geschmacksache, von dem, was ich gestern so von mir ließ und verkündete, irgendwas zusammenzukratzen, um's als letztes Wort festzuhalten; andererseits hatten wir uns ja geeinigt, daß keiner dabei sein wird. Und zudem kommt ja sowieso immer alles ganz anders.

## Als ich neulich mal dringend sterben mußte

Ich stieg den Zickzackweg hinauf, vor mir nichts als Unendlichkeit. Ich kam an einen Lichttunnel. Sankt Petrus sah so aus, wie ich ihn mir vorgestellt hatte. Er entsprach den Vorgaben christlicher Ikonographie: coelinblaues Gewand, Stirnglatze, Nimbus, weißer Haarkranz. Und in der Hand einen goldenen Bartschlüssel, überlang. Formal gab es nichts zu bemängeln. Dennoch fehlte etwas an ihm – aber was? Er sah so empirisch aus, so nach Bibelverfilmung. Das Faktum seiner anatomischen Definierbarkeit nagte an seiner leuchtenden Idealität. Jetzt wandte er sich an mich, großväterlich und pathetisch:

»Keine Angst, junger Mann, auch dir wird aufgetan.« – »Wie oft er das heut schon gesagt hat?« dachte ich ketzerisch und hatte die Sterbestatistik meiner bisherigen Welt leider immer noch im Hinterkopf. 50 Verkehrstote pro Tag! Ich ertappte mich, daß ich nach versteckten Mehrfachsteckdosen und Stromzählern spähte. Petrus' Antlitz verfinsterte sich kaum – stimmte etwas mit meiner Gewandung nicht? »Allerdings nur unter einer Bedingung«, sagte er leise. »Und die wäre?« fragte ich und bereute diese Frage. Ich hörte mich so blasiert an, formelhaft, rundum inadäquat. Petrus schöpfte Odem. »Setz dich«, sagte er sanft. Das gefiel mir nicht. Was für eine Kröte würde nun zu schlucken sein? Ich setzte mich auf einen Schemel, der stilistisch zu den hiesigen Ornamenten paßte. »Du kommst in den Himmel, Bruder Ulrich. Wenn du dein Ich hier abgibst.« Und er deutete auf ein unsympathisches Gefäß, halb Bottich, halb Wahlurne. Sichtlich nicht aus Licht geformt, sondern der Kübel sah so nach zeitlosem Neuzeit-Design aus, abwaschbar, pflegeleicht. Ein erkenntnistheoretischer Einwand glomm in mir auf: »Aber wenn ich mein Ich hier abgebe ... und danach drin bin im Himmel, dann bin doch gar nicht ich drin, ich, dieses Ich, der ich dann ... obwohl Sie doch gesagt haben: ›Du darfst in den Himmel‹... sondern ich, ich mußte mich ...« Ich verkniff mir dies Gestammel. Petrus, der sich auf Argumentationslogik nicht einlassen würde, wär' solchem Diskurs kaum gewachsen. Mir ging die Redensart »den Kopf an der Garderobe abgeben« durch den Kopf. Mein Assoziationsvermögen war also noch voll intakt. »Gib es ab, dein Ich ...« sagte Sankt Petrus. Mir wurde ganz komisch. Mir war, als müsse ich in die Hosen machen, wie damals auf dem Weg zum Galgen und Stuhl der Elektra. Doch sowohl Hosen wie Harnblase – und sonstiges Drumrum – hatte ich bereits auf der Erde zurückgelassen. Nur mein Ich war noch bei mir, also auch mein Körper-Schema, inclusive sämtlicher Phantomgefühle. Und schon pißte ich fiktiv in imaginäre Hosen. »Jetzt geht's mir ans Eingemachte«, dachte ich. Und: »Wieso ausgerechnet ich?« Ich spürte Ungeduld in Petrus anwachsen, ahnte Formulierungen voraus: »Nun mach schon, Bruder. Halt hier nicht den Verkehr auf...« Ich sah mich um: weit und breit nobody. Ein Herz faßte ich mir, ging auf die Kiste zu, bekreuzigte mich, riß mein Ich aus mir heraus und schaffte das irgendwie nicht. Sankt Petrus faßte mit an und zack! warf er irgendwas in das viereckige Sparschwein, und ich... ich – die letzte Nachwehe meiner selbst – sah durch den Schlitz nach außen, allwo eine Gestalt an Petrus vorbei auf die Himmelspforte zuschritt... ich sah meinen Ex-Astralleib von hinten. Ein fremdes, menschenförmiges Schema-Gestell ging überregionaler denn je im Licht auf... »Ich werde mich nicht vermissen...« versuchte ich schnell noch zu denken. Und mein Ich flutschte unsichtbar als Mentalfisch im überfüllten Mentalnetz herum, durfte sich noch eine Weile auszappeln...

## Wie ich auf schmalem Pfad zum Elysium reiste

Da aber fiel mir ein, daß mir der christliche Motivschatz insgesamt doch ziemlich fremd blieb und meine eigentliche Heimat Romantik und Rokoko hieß, also Lukianos und Wieland, also klassizistisches Elysium. Wo andere nur ins Schlaraffenland wollten, kam ich ins Elysium. Auf dem Hinweg rätselten und scherzten wir noch dran herum, wie groß die Flughäfen, Parkplätze und Vorstädte wohl sein würden. Obwohl all die Pykniker im ICE ab morgen für immer und auf ewig – ewig und drei Tage! – sich von Fernsehköchen und ZEITschmeckern Siebeck & Biolek mit gebratenen Aaslappen abfüllen lassen würden, nicht ohne Zitronenscheibchen, kamen sie selbst jetzt nicht ohne Tupperdosen aus, und BASF-Weichplastik-Geknistere, Henkersmahlzeiten mit Cholesterinsoße und Salmonellengarnierung. Beim Umsteigen im Sackbahnhof entdeckte ich die ersten Promis und VIPs: 1.) Bernhard Hoecker und 2.) die Wildecker Herzbuam, die in Zivil genauso ausschauten als wie in Wildlederhosen. Die Gleise 1–17 führten alle 3 Minuten ins Schlaraffenland. Für Umsteiger ins Elysium stand auf Gleis 14 ein guter alter Bummelzug bereit, scheinbar mir zuliebe extra grün angemalt. Uff, war selbst der voll! Unsäglich überladen, obwohl der alle 20 Minuten fuhr, Leerfahrten und Sonderbahnen nicht mitgerechnet, und obwohl's bloß ins Elysium ging, also praktisch bloß für Bildungselite in Frage kam; hoffentlich mußte ich nicht mein Kleines Latinum vorweisen. Sogar alle Klappsitze überbesetzt – widerlich! Um diese Uhrzeit! Die Vergröberung aller Gesichter hatte neue Ausmaße angenommen. Das konnten doch unmöglich alles Abiturienten sein, oder? Ein Pisastudienopfer las immerhin ein Reclamheftchen mit Text-Marker, Faust I., prüfungsrelevanten Stoff. Latex-Rucksäcke mit Signalstreifen, an denen Ersatzschuhe baumelten, bedrängten mein Antlitz – was wollten denn Pilgerströme mit rutschelastischen Bergsteigerschuhen im Elysium!?! Mit Klettverschlüssen! Man fuhr ab. Der angebliche Bummelzug schoß viel zu stressig vorwärts. Alle standen im Stau, ohne Festhaltemöglichkeit. Keiner konnte umfallen, ohne Umfallgefahr. Mental nuschelte ich vor mich hin: »Die Anmut des Menschen ist unantastbar.« Achja, es wurde Zeit, mich ein wenig abzuseilen aus dieser hinderlichen Welt. Eine Vokabel peinigte mich minutenlang: Viehtransport. Redlich strengte ich mich an, Assoziationen à la Sonderzug und Rampe abzumildern in Richtung Dr. Schiwago, den ich wiederum gegen Gedanken an japanische Schubladenhotels abtauschte, worin 31 gestapelte Schlafgäste überleben können und bei Doppelzimmerbuchung einfach eine Schiebewand rausgezogen wird. Mit Duftabzugshaube!

Die Teil-Entleerung der Eisenbahn in ›Sterbfritz‹ oder ›Wixhausen‹, oder wie der Ort hieß – zum Glück nicht Brackwede! – erwies sich als uneffektiv. 7 Minuten lang, trotz beständigen Abflusses, lockerte sich nichts. Bauch an Bauch – Härtetest Schwierigkeitsstufe 5! – stand ich mit Bistro-Biertrinkern, die sich garantiert im Zug geirrt hatten, alles derart überheizt, trotz angeblicher weltweiter Energieversorgungsengpässe, daß mir mein U-Hemd fühlbar am Corpus fortfaulte. Ein Zugbegleiter quälte sich äußerst gutgelaunt durch die Preßmasse: »Ist jemand noch freiwillig zugestiegen?«

An der nächsten Haltstelle stiegen ziemlich viele aus. Ich fand jetzt einen Sitzplatz, legte meine Füße hoch, fragte mich vergebens, welchem seiner Bildnisse wohl Jean Paul am ähnlichsten sehen würde und besah hierbei etliche abgelegte Zeitungen: »Heino weint und betet um seine Hannelore!« Das war doch eigentlich Jahrzehnte her, oder? Im ganzen Waggon war ich nun der einzige Fahrgast – konnte das sein? Ich ging sogar eins weiter – auch alles leer. Der ganze Zug fuhr scheinbar nur für mich, merkwürdig schlingernd, ruckelnd und langsam, endlich ein echter Bummelzug. Natürlich ahnte ich, was das bedeuten mußte. Objektive Überfüllung aller modernen Transportmittel ging fließend über in die schöne Geruhsamkeit und Saumsal einer subjektiven Seelenreise, alles klar. Am Zielbahnhof, dessen Namen ich mir aus Versehn nicht notierte – so ähnlich wie »Endsation

Sehnsucht?« –, erwartete mich ein buckelndes, hutziehendes Schrumpelmännlein, genau wie 1968 bei Dr. Schiwago, so von Funktion und Symbolik her eine Art Hermes psychopompus. Der erschrak belustigt über mein ungemäßes, viel zu neuzeitliches Outdoor-Outfit. Im Magazin des ausgestorbenen Bahnhöfchens hatte ich Trenchcoat und Jeans gegen Toga, Burnus oder wahlweise Goethezeit-Kostüm auszutauschen und also auch Assoziationen à la »Quickie in der Besenkammer« tunlichst über Bord zu werfen, aber gern doch. Immerhin durfte ich meine von Mutti gestrickten Wollsocken anbehalten, ein gutes Omen. Mit freier Schulter als Peripatetiker, das wär' mir lächerlich erschienen; nein, für mich kam nur ein spätromantischer Wandersgesell in Frage, mit Halsbinde und Kniebund, zur Not der Vetter aus Dingsda. Dann ging's auf einem Leichtspänner in schönste unverschandelte, italiänisch angehauchte, also gleichsam klassisch in Öl gemalte Sommerlandschaft hinein, in Schichtentechnik lasiert, fröhlich hinterherhüpfende Füllen im Gefolge, mir zuliebe, siehe Dr. Schiwago, nicht ohne unaufdringliche Filmmusik, zum Glück nicht Synthi, natürlich Klassik – Moment... ah! natürlich Mozart! d-moll oder B-Dur? Köchel 466 oder 595? Und nirgendwo Mitläufer und Andrang und Sicherheitskontrollen! Nicht mal ein abgeschufteter Petrus forderte mit strenger Falte meine Klarsichthüllen-Legitimation – o je – meinen Passoporto hatte ich in der Jeans zurückgelassen! Mein Gepäck, farblich auf meinen Rock abgestimmt, wurde nicht durchleuchtet; das steigerte mein Wohlbehagen ungemein. Keinerlei Lichtschranke, keinerlei Drehkreuze, null Warteschlange. O welche Lust, in freier Luft den Atem zu erheben! Der einzige Nachteil des Ganzen: übliche Realität fehlte irgendwie. Eine gewisse schwammige, nicht unangenehme Schattenlosigkeit und kybernetische Traumqualität legte einem kritischen Geist wie mir die Vermutung nahe, daß ich jeden Moment in knallvollem ICE aufwachen könnte. Statt aufzuwachen, trat ich ein ins Elysium.

## Wie mich im schönsten Elysium ein wandelnder Stilbruch plagte

Erster Eindruck: Sommerluft, seltsam aufgeladen, lichtdurchflossen, gleichsam gläsern gepolstert, heuschnupfauslösende Pollen und optische Störeffekte aus der Gesamtszenerie bestens rausgefiltert. Spürbar war darauf geachtet worden, daß ich mich restlos wohlfühlen sollte, und daß ich mich tatsächlich sehr, sehr, also doch wohl restlos wohlfühlte, wirklich unglaublich wohl, wollte mir zugleich nicht gänzlich restlos behagen. Doch dieser mir aufkeimende Vorbehalt zerschmolz sanft von hinnen, wurde irgendwie a tergo oder subkutan aus mir herausgeblendet, so als sitze jemand am unsichtbaren Mischpult dessen, was ich ab sofort hierzulande gefälligst zu empfinden habe. Meine ansonsten auf Störmomente und Stilbrüche geeichte, spezialisierte, schier pathologisch fixierte Wahrnehmung lief hier seltsam ins Leere. Erstmal wollte ich ein wenig Mäuschen spielen und mich unverbindlich umgucken dürfen. Von den überall wandelnden historischen Gestalten, im Lichtglanz durch botanische Wandelgänge und Idealgärten, warfen sogleich einige Herrschaften Blicke auf mich, oder durch mich hindurch – hoffentlich nicht gleich sofort meine absoluten Lieblingsdichter, Hausgötter und Jugendidole? Oder erstmal, zur Einstimmung, einige mehr oder minder zweitrangige Einstiegsdrogen und edle Geister, also nicht gleich vollrohr die volle Dröhnung – Jean Paul, Mozart, Goethe, die ich sowieso sogleich im Background, sorry: im Hintergrund sowie auch im verschieblichen Mittelgrund zu erkennen glaubte, falls hiererorts nicht ohnedies samt und sonders mehr oder minder im weitesten Sinn alle Figuren wie Goethe aussahen, halt ganz im Zeitstil, plus minus Rokoko. Die Obergrenze schien mir Brahms zu bilden, plus minus 1870, null 20. Jahrhundert, und Mittelalter lediglich in romantischer Brille umgefärbt, und auch die Peripatetiker Sokrates, Merlin und Gandalf, die ich – aufgelöst in Poussin- und Watteau-Beleuchtung – in schimmernder Ferne saumselig lustwandeln zu sehen glaubte, schauten weniger nach stilechter Antike aus, sondern vornehmlich nach Weimarer Klassizismus, wattierter Porzellanmalerei, mit recht dezenten Anklängen an Fellinis »Satyrikon«. Wo aber tummelten sich eigentlich all die unausbleiblichen Mitbewerber meiner eigenen Zeit, also doch wohl 250000 Studienräte, Bildungstouristinnen à la Frau Dr. Umbach-Holle, Goetheexperten, Germanistikprofessoren, durchgeschleuste Leistungskurse und Abiturientenklassen, die genau wie ich Goethe endlich mal 1:1 in Echtzeit sehen wollten, und Mozarts Zahnstellung beim Lachen in echt, außerhalb der oscarprämierten Amadeus-Verfilmung!?! Alle Appetitverderber mir zuliebe ausgeblendet? Statt dessen verlustierten sich da vorn jetzt etliche Musentöchter und französelnde Frauenzimmer mit Sonnenschirmen und China-Fächern, pastellfarben, angesichts derer ich den Pegel meiner Glückshormone prompt hochschießen spürte, bei rapide runtergedrehtem Universal-Kritizismus, der bei mir ansonsten so ekelhaft omnipräsenten Grundhaltung – achja, wie zauberhaft! Nirgendwo Leggins, Bubiköpfe, Lady-Di-Frisurhelme, Trenchcoats, silbergraue C&A-Hosenanzüge, Jeans. Restlos eintauchen in mein eigentliches Säkulum! Nie wieder an die Bagslashs und Jetlags des 20. Jh. denken müssen, weder an Kreditkarten, Spams noch Klettverschlüsse und Pizzabringdienste, dann lieber gar auf Adorno und Kafka verzichten! Nie wieder CDU & ADAC! Nevermore DDR & DNS! Die drei, vier Damen, samt ihrer zwei, drei Casanovas, blieben jetzt stehn. Einen Steinwurf von mir entfernt, schauten sie mich an; wundersam durchseeltes Lächeln wehte speziell zu mir herüber – wieso aber grinste mich der Fettsack da so an? Der sah ja aus – o Gott – wie Udo Samel, dessen banales Neuzeitgesicht im Film von Schubertbrille, Kraushaar und Zeitkostüm seelenvoll aufgewertet und stimmig eingemeindet wurde; hier aber trug dieser Udo zwar gleichfalls Zeitkostüm, was seiner unschönen Realitätsausstrahlung überhaupt nicht abhalf. Was gab's da – zum Kuckuck – so zu grienen? Die anderen authentisch galanten Herrschaften spazierten jetzt behutsam weiter, so als hätten sie mir meinen Wunsch, erstmal nur mich still als Hospitant umzuschauen, von der Stirn abgelesen; der Fettsack stand angewurzelt und glubschte mir ekelhaft erwartungsvoll entgegen. Ich aber sah in metaphysische, von goldenem Rauch durchzogene, meisterhaft lavierte, lasierte, lackierte und kandierte Fernen aus Hellblau, Azur, Türkis, Sepia und Goldocker und spürte den Glatzkopf weitergrinsen und weiterglotzen. Nie und nimmer konnte dieser Hausmeister als Dichter und Denker durchgehen und sein Gebaren kaum als thränenreiche Freundschaftsschwärmerey toleriert werden; vermutlich hatte der sich als Autogrammjäger hier eingeschlichen, und als Jünglingsgrabscher. Plumpe schwule Anmache! Errötend schritt ich von hinnen, aber an jeder zweiten Gartenwegwindung traf ich die schmierige Glatze rein zufällig wieder, so daß ich ihn – statt mich seelisch auf ein götterfunkenumsprühtes handshaking mit Goethe, Jean Paul und Schiller vorzubereiten (und bitte Georg Christoph Tobler!) – dauerhaft im Auge behalten mußte, um ihm im Labyrinth der Schlängelwege bei der übernächsten Biegung rechtzeitig ausweichen zu können, zur Not quer durch Stiefmütterchenrabatten und breitgetretene Frühlingswürmchen. Ich versteckte mich hinter entzückenden Schnürtaillen und Reifröcken, lenkte mich ab mit angestrengter Entzifferung galant angedeuteter Lebensdaten, die über den Geheimratsecken und Lorbeerkränzen der überall gemessen vorwärtsschreitenden Klassiker schwebten: »Philipp Erasmus Reich, Buchhändler und Kunstfreund, 1748–1824«. Keinerley Bildungslücken ließ ich mir anmerken. »Ferdinand Franz Wallraff, Geschichtsforscher und Kunstsammler, 1717-1787«. Schön jedenfalls, daß die ganzen Walhalla-Schwerthelden hier keinen Eingang fanden, Scharnhorst, Moltke, Barbarossa, alter Fritz. Umsonst drehte ich mir qualvoll die Augen nach Goethe und Jean Paul aus dem Haupt und erfuhr, genau als es hieß »Wir schließen in wenigen Minuten«, daß dieser penetrante Grinsekopf – Jean Paul gewesen sei, was ich dann aus Zeitgründen nicht mehr verifizieren konnte.

Sofort bleichte der gesamte Lustpark tödlich aus. Takte aus Schuberts unsagbar unsterblicher Arpeggionesonate, die mich als Feenstaub umschwebten, hinter fein durchwärmten Weichzeichner- und Braunfilter-Schleiertüll, fielen als Krümel hinter mir runter. Mit den Optionen »Sättigung« und »Kontraste« stimmte was nicht – nicht genug Gigabite? Ich drückte mir die Finger wund an der Sensortaste »Realitätsgrad erhöhen«, doch alle Hintergründe blätterten lautlos ab. Wandelfiguren überschnitten sich als Geisterbilder – alles verpfuscht. Entweder hatte ich alles für immer vermasselt oder ich war absichtlich gefoppt worden. Nicht nur auf Erden alles verpaßt und verbaselt, nun auch hier. Ich raufte mir die Frisur, die ich gar nicht mehr an mir vorfand. Zur Strafe war alles nur Fiktion, einschließlich übrigbleibende Realitäten. Nur deshalb war ich nicht reingelassen worden, weil ich nicht zeitgebunden genug mich eingegrenzt hatte. Klar, Arno Schmidt wär' hier wegen seiner Lederjacke sowieso nicht reingelassen worden, trotz aller Wielandhymnik – ob Rilke eine Ausnahmegenehmigung bekam, Rainer Maria? Die Kacke halt sowieso: Ein letzter Hauch von Freizeitpark und Special effects ließ sich leider aus diesem Elysium nicht ganz wegdenken. Irgendwas roch, quer durch Mozarts Veilchen und Novalis' blaue Blume, nach Arrangement, und nur weil ich das frevelhafterweise aus Versehn gedacht hatte, wurde ich arme Sau übel ausgegrenzt. »Scheiße!« rief ich dauernd nur, und spürte genau: Das nächste Mal wird's wieder so laufen.

## 14 Milliarden Jahre in 2 ½ Minuten

A vermißte kein Z. A vermißte kein B. Keiner 0 trat eine 1 zu nahe. 1 und 2 waren eins. Nichts kam vorwärts, mangels Zeit. Nichts drehte sich im Kreis, mangels Raum. Kein Nichts kam in Sicht. Null Little Bang diente sich hoch zum Big Bang. Kein Atom kurvte und eierte diesseits seiner Entstehung herum. Keine Quante sprang. Keine Physik kam in Gang. Nix vermißte kein Was. Vakuum kam ohne Gegenpol aus. Vorwelten zeigten noch keine Vorstufen. Nobody sah sich nach keinem Body um. Nicht mal im Ansatz gab's irgendwo – ein Wir (also auch uns nicht). Nicht mal im Keim gab's Vorstufen zu einer Art Ich (also auch noch lang nicht ... mich). Nichts stagnierte vor sich hin. Das zog sich hin. Dann schlich ins scheinbare Nichts ein chimärisches Etwas ein: pro Urknall mittelfristig – Peng! – vor sich hin explodierende Leuchtflecken, Galaxienverbände, die in Fixsternsysteme zerflockten. Geomasse-Trabanten kurvten und eierten recht stabil herum, garniert mit Formspielen keimender Molekülverbände, irrelevante Witzfiguren aus Biomasse, Algen, Haie, Ameisen, Pottwale, Beutelsäue, megatonnenweise durchgeschleust, begrenzt hochzüchtbar, portionsweise abgepackt, Sparpakete aus Aminosäuren; Oberschlundganglien, die auf Schwundstirnen zuliefen, vom Gorilla zur Madonna, Freßketten gestreßter Wüstensöhne, Halbaffen, Asphaltpflanzen hörten in ihren Betonwüsten Halbgötter röcheln, Abspielgeräte absaufen und Behindertenparkplätze unter Algenbewuchs vergamm – Moment, sollen damit etwa – WIR gemeint sein!?! ... wo sind wir hier? So'n Streß hier! Schmeckt lecker, das Zeug hier – alles nur Blöff ... gibt's davon noch was? Schön hier – halt! stop! Und macht euch nicht ständig unbeliebt! Da vorn der, bin das nicht ungefähr ... ich!?! Oh, das bin ja tatsächlich – ich! Uff! Nur werd ich grad fortgewischt, schnell nochmal kurz an Mozart denken – zu spät, ächz, würg, röchel, pfui, nix wie raus hier! Na dann tschüssy ... winkewinke ... see you later ... öfter mal was Neues! öfter mal dasselbe! heut wir, morgen ihr, bis wir wenig später allesamt in toto abdankten, und kurz danach die herumkurvenden Weltsysteme abnippelten, implodierten, sich ausknipsten – klack! –, ganz ohne Filmmusik, und das durchgehende Gesamt-Nichts wieder ein Weilchen in Ruhe ließen, erneut alles arg inexistent vor sich hindümpelte und stagnierte in metakosmischem Stupor leerlaufender Physik, ausgelutschter Materie plus Restmüll, der im Nullpunkt einfror. Übrig blieb – nichts. Atome bekamen ihre Herumkurverei nicht mehr hin. Nichts kam mehr recht in Gang. Materie fand das Schlupfloch ins Dasein nicht mehr wieder. Vakuum kam wieder ohne Gegenpol aus. Erneut kam kein Nichts in Sicht. Keine Quante sprang. Kein Naturgesetz kam in Sicht. Nichts drehte sich im Kreis, mangels Raum. Nichts kam vorwärts, mangels Zeit. 1 und 2 waren eins. Keiner 0 trat eine 1 zu nahe. A vermißte kein B. A vermißte kein Z. Z vermißte kein A.


## Damals gab's mich noch

Daß wir alle mal irgendwann sterben müssen, könnt ich ja grad noch verkraften, aber daß sogar ich von uns gehn muß, da hört der Spaß auf, find' ich; das kann ich mir nicht zumuten. Aber Tucholsky hat's auch geschafft. Meine eingebauten Programme wissen zu gegebener Zeit dann schon, wie man das macht, so vom Ablauf her. Meine Körperzellen handeln chemisch dann so, als wüßten sie latent, wie man ordnungsgemäß verwest. – † † † – Einmal, in sexueller Ekstase (ob mit anderen Leuten oder ohne, verrat ich keinem), spürte ich mit restloser Evidenz, daß solche Lust von keinem Tod fortgespült werden könne (beim Fressen fühlte ich sowas nie) – doch wenig später, als ich ein xxx (leider unleserlich), wußte ich noch 10 x evidenter, daß mit jener Evidenz irgendwas nicht ganz stimmen konnte. – † † † – Alles, was ich hinterher noch äußern möchte, müßt' ich jetzt noch schnell in Worte fassen, solang meine Bestandteile noch halbwegs beisammen sind, fragt sich nur, ob ich dafür Zeit hab, und falls Menschen in der nächsten Eiszeit noch Muße haben, Alphabeten zu bleiben, könnten sie – falls ihnen nichts Naheliegenderes einfällt – entziffern, was irgendwelche archaischen Wichtigtuer von Homer bis Müller Bedeutsames hervorzurülpsen wußten. – † † † – Blicken wir doch mal kurz auf mich zurück, aber bitte nur ganz kurz; denn wir haben nebenan und anderswo noch einiges zu erledigen: Kaum gab's mich nicht mehr, konnt ich mich kaum noch indirekt bemerklich machen. Mein Tod verlangte dies von mir. Also hielt ich mich dran, zumal ich ja nun tatsächlich seit längerem unwiderruflich und unwidersprochen tot war – was sonst als tot? Es kam natürlich exakt so, wie ich es ahndungsvoll vorausgesehn hatte: Ich vermißte mich nicht. Auch ganz insgeheim und überaus indirekt vermochte ich nicht im allerallermindesten – keine Nanosekunde lang – auf mein Gewesensein und Michnichtvermissen kurz zurückzuschaun. Und kein Jenseits sprang mir bei und rief: »Erwache in mir! Kuckuck, dich gibt's trotzdem noch – siehstu – tat twam asi – das hier warst du mal, und so hier fühlst du dich jetzt an – na, fällt's dir wieder ein? Klar, hast du nicht ans Jenseits geglaubt, aber das stellt im Transzendentalbereich kein Kriterium dar, ob solche Nobodys wie du und ich irgendwas geglaubt haben...« – † † † – Manche, die aus irgendwelchen unintressanten Gründen noch irgendwie lebten oder zu leben glaubten, behaupteten manchmal in geselliger Runde, es hätt' mich mal gegeben und ich hätt' sogar meinen Namen getragen. Irgendwo standen noch ein paar Bücher herum, von Ulrich Holbein, Krempel, Lautäußerungen, Indizien, die irgendwas zu beweisen schienen, teils unverständlich, teils inhaltlich anfechtbar. Irre, was man damals für Probleme zu haben glaubte. Wer noch bisweilen von mir zu reden schien, redete rein mengenmäßig immer seltener von mir, und dies nachweislich. Selbst wer fehlgeleiteterweise meinte, auf mir herumpochen zu müssen, meinte bloß sein Bild von mir. Bereits jetzt würd' ich mich darin nie und nimmer wiedererkennen wollen. Ehrlich, so war ich nicht. Man rekonstruierte mich genauer, grub mich aus, fand einiges, kam mir näher – ich aber hatte trotzdem immer weniger mit speziell mir zu tun. Ich rückte mir so fern, daß ich mich keinesfalls in mir wiedererkannte, selbst nicht in meiner absoluten Sicherheitskopie. Es hagelte vergleichbare Reinkarnationen, die sich alle auf meinen Traktat »Zu 99 % genetisch identisch« beriefen und auf meinen dortigen, meinerseits leider zu 100 % vergessenen Schlußfolgerungen herumritten. – † † † – 2062 n. Chr. streuten fragwürdige, zufällige, ungenügende Leutchen überall Gerüchte aus, sie seien meine Wiederverkörperung – glaubt's den Säftlis kein Wort! Manche stritten ab, ich zu sein, ohne damit der Wahrheit viel näherzukommen. Wenn ich mal sterben muß, mach ich so lange was anderes.

Als ich von uns ging, blieb die Trauer ziemlich klein.

# LÜGENMÄRCHEN
FÜR ÜBERMENSCHEN

# Erst frühreif, dann Nachzügler – zu spät – zu früh – zu spät!

»Zu spät!« hallte es in mir nach. »Und schon wieder bin ausgerechnet ich es, der zu spät kommt!«

»In deinem nächsten Inkarnationszyklus mußt du es schlauer anstellen!« mahnte mich mein Hieroglühfix. »Du mußt dir sagen: ›Lieber zu früh als zu spät!‹ Du mußt von vornherein überall um ein Vielfaches zu früh kommen, statt zu spät. Muß ja nicht auf erotischem Gebiet sein; kann ja genauso gut auf technischem Sektor sein. Hol zur Gegenbewegung aus. Komme dermaßen zu früh, daß du in späteren Lebensläufen genug karmische Energien aufgespeichert hast, um Jahrtausende lang jedes Zuspätkommen vorauseilend abzufangen! Als Vorbeugung.«

Und schon sprang ich auf, mit grandioser Geschäftsidee: Eröffnung eines Copyshops in Uninähe. Nur glomm sie mir viel zu früh auf, nämlich ungefähr 3000 vor Buddha, also zu einer Zeit und in einem Leben, als ich eigentlich noch auf Ötzi-Ebene ganz andere Dinge im Kopf hatte: einfache bäuerliche Geräte, Ackerwalzen, Häufelpflüge mit Krümelgrindel, Denkelböcke, Rührbutterfässer, Klotzstülper, Tunnelstöcke und Flechtzäune. Deshalb konnten meine Mit-Ötzis mit meiner Produktidee wenig anfangen, unterstützten mich nicht, hänselten mich. Ich ließ nicht ab; sie buhten mich nieder, bis ich irgendwann der Realisierung mich um 0 mm nähergerückt sah und unbefriedigt starb – hineinstarb in einen Tunnel, aus dem mir mein guter Hieroglühfix entgegenkam, umknistert von Leuchtstoffröhren, Hand in Hand mit Urim und Usatim, die huben selbdritt an, gnostisch zu verkünden: »Wer zu früh kommt, o Ötzi, den belohnt der Tod. Aber mach dir nichts draus, Uliversum Unwiederholbein oder wie du irgendwann mal heißen wirst. Du bekommst ein paar inkarnative Freispiele. Und ansonsten raten wir dir: üben, üben, üben!« Mit diesem Mantra im Ohr meiner Seele ward ich eins ums andere Mal wiedergeboren, halt so wie immer, und nochmal, und noch ein Mal, und – o Gottogott – schon wieder ich, stets in der knospenzarten Hoffnung: Diesmal! Diesmal werd' ich rufen: »Das ist der Durchbruch! Copyshop in Uninähe!«

Einmal, als ich just als Holy Ulphobertus die Vulgata abpinselte, damals im schön beleuchteten Kirchbronn, glaubte ich am Ziel zu sein. Doch Abt Meretus hielt meine Eingießungen für Teufelswerk. Der Vorgang landete auf dem Tisch der örtlichen Inquisition – aus, wieder nichts. Meine Seele begann zu verzagen. Doch nach jedem Leben, zwischen Sulawesi und Mexiko, säuselten Hieroglühfix, Urim und Usatim ihr »Üben, üben, üben!« – »Scheiß der Lumpi drauf!« raunzte ich da. »Ab sofort tret ich in Inkarnationsstreik! Unbefristet! Soll'n sich die andern abrackern, am ewigen Jojo aus Stirb und Werde. Ich lasse jetzt meine Seele nur noch in der astralen Hängematte baumeln. Basta!«

Das ging zwei, drei abgestoppelte und teilweise verpaßte Leben lang gut. Dann aber wurde ich – quer durch den elften Himmel gähnend – meines devachanischen Baumelns überdrüssig. Ich stürzte mich kopfüber ins Geglucker der nächstbesten Fruchtblase, wuchs als Fötussy friedlich heran, erinnerte mich dank Mnemosyne meiner Idee, kratzte Erspartes zusammen und ging zur Industrie- und Karmakammer, um endlich jenes Projekt durchzuboxen, auf das der Kosmos seit Äonen wartete: Copyshop in Uninähe! Nur war mir entgangen, daß wir damals das Jahr 2011 n. Chr. schrieben. In Uninähe machte soeben der letzte Copyshop dicht. Die große Zeit der Copyshops war vorbei. Jeder hatte längst Fax, Copy, DVD, SMS daheim. »Zu spät!« hallte es in mir nach. »Und schon wieder bin ausgerechnet ich es, der zu spät kommt!«


## Wie wir Buddha und Mozart vor Hitler bewahren wollten

Neulich, nein: damals, eingebettet in irgendein längst abgetropftes, dreiteiliges Damals, probierten ich und ich – und nicht zuletzt ich! – diverse Zukünfte durch: Immer wenn ich just unter Bäumen meditieren wollte, begann ich statt dessen Tonleitern zu intonieren, ich hingegen lenkte unsere verjährte Zeitmaschine immer süchtiger in die Randbereiche meiner diversen Lieblingsapokalypsen, die für zwei von uns zum Glück oft nur halb so tödlich ausfielen wie meinerseits – und von mir – befürchtet. Einmal fuhr ich mit dem Cursor auf »41. Jahrtausend nach Muhammad« und stiefelte freien Oberkörpers – statt zwischen utopischen Waffensystemen und Kampfkolossen – zwischen langweiligen Fachwerkhäusern herum, als hätt ich auf 1512 n.Chr. gedrückt – folglich war die dritte oder zweite Menschheit schon wieder mal in die Steinzeit zurückgebombt worden und inzwischen erneut – da aber gelang's mir, mir den Steuerknüppel aus der Hand zu reißen und rumzuwerfen, und zack! kam meine Lieblingssphäre durch unsere drei Hirne gerauscht: ah, Simultanien, Vergegenkunft – nein, bitte nicht schon wieder dorthin! O diese betörend zwitschernde Saumsal! Diese fortmeditierbare Schaumwelt!

Dieses gräßlich störende, also zu bekämpfende Kuddelmuddel!... coelinblaue Wandelgänge... Rundtempel... Mehrzweckklöster... Pagoden... und drunten im bukolischen Lumbini-Hain... lichtübergossen, transzendentalischer Lichtfluß, nichts los hier, soll ich denn hier ständig, mehr Milch als Muckefuck!... endlich erreichtes immaterielles Elysium, rundum aggressionsbefreit, riecht hier so nach ausgejäteter Zukunft, pazifistisch degeneriert, wo wir uns das letzte Mal mit – Astrapsychos – falsch: Gandalf – unterhielten... philosophierten... auch Gandalf seit Jahrtausenden kein Kampfgreis mehr, sondern ein Magister ludi und Peripatetiker – eine sonnenerwärmte Meeresbucht tut sich vor uns auf... im Gegenlicht gleißend... ganz klein da unten ein Kanu, oder ein Boot... will sagen: ein Nachen, wunderhold archetypisch usw. Und drin sitzen, ohne Beaufsichtigung, drei Vorschulkinder... nicht schlecht sieht das aus, sah das aus, wird das aussehn, ganz nett, durchaus entzückende Vorzeigekinder... fernab aller Querbezüge zu »Punica-Oase« und »Zeozonien«, nirgendwo ein Blechschild: »Auf diesen Spielplatz dürfen Erwachsene nur in Begleitung von Kindern«. Pädophil, nein ganz anders: kinderlieb zoomte ich mich näher heran und hauchte entzückt: »Wer soll'n denn die da sein?« Ein leuchtend sich aus dem Überlicht schälendes Knäblein, alles andere als ein Kid oder Balg oder Schreihals, oder Tyrann in Turnschuhen, lichtweißer als weißblond, wie gemalt und lasiert mit ausgefeiltesten Lasuren, puttohaft, recht kitschig nach oben schauend, nicht zu mir, gen Himmel, weißblonder als Angelus Silesius, eingelegt in einen Nimbus – in eine Corona – in eine Mandorla feinstofflichster Lichtgelatine, sehr auratisch, sehr ambrosisch, umkugelt von Spektralfarben und Seifenblasen, ein Lämmchen streichelnd – Dolly, hähä! –, einfach entzückend... wie süüüüüß!!! Mein Daimonion erwiderte – mein guter Hieroglyphios vermeldete, auf rein mentaler Basis: »Diese drei Kindelein sieht man in letzter Zeit recht oft hier, und immer selbdritt...«

Und neben ihm ein Bübchen, allerliebste Frätzchen ziehend, wie im Hohlspiegel, goldblond, entzückend... das trällernde Kind, in sein Lieblingswürstchen beißend, ließ sich nicht stören von Kind Nr. 3, diesem argen Wüterich. Mein Tamagotschi quäkte: »Die gehören in den Schweineeimer, alles Ausschuß, fehlgesteuert, außer der eine da vielleicht.«

Wieso quengelte und boxte der ständig, entgegen seinem doch hoffentlich eingebauten Programm relativer Gutherzigkeit!? Alibi-Rückschlag? Jedenfalls rotsträhniger als Esau. Hieroglühfix raunte mir: »Jedenfalls werden sie jeden Moment neu eingeleibt und umgekörpert. Sie heißen – wie ich hab sagen hören – Imperfekt, Präsens und Futurum. Und ich fürchte, die Zukunft gehört leider dem da... diesem putzigen Frechdachs da!«

Wie drollig, an Orpheus war bereits ein allerliebstes Amadeuszöpfchen zu erkennen! Und ich – ich erschrak einigermaßen tödlich: Beim Rotzbengel, der ständig kniff und boxte, bahnten sich – auch das noch! – mongolische Schlitzaugen an, und unter der Nase – o Gott! – so 'ne Art Hitlerbärtchen, aus rotem Flaum, aber eindeutig viel zu früh, ekelhaft vorzeitig – fiese Wachstumshormone in Frühstückseiern?

»Ich denk, der wär' längst ausgemendelt«, meuterte ich relativ verzweifelt und bekam gleich eins drüber – von mir. »Das kann nicht gutgehn«, gab ich zu bedenken. »Da muß man doch irgendwas unternehmen... rechtzeitig... oder? Prophylaktisch und so... irgendwie vorbeugen...«

Kein Wunder, in die säuselnde Traumkitsch-Synthese aus nie gewesenem Güldenen Zeitalter und unerreichlichem Utopicum dröhnte von fern der Radau von Dädalusien herein, und von Legoland, 7 Millarden Slumbewohner, die ihren Homo faber raushängen ließen.

»Dann beug' halt irgendwie vor!« blökte Tamagotschi intrigant. »Datier' eine Abtreibungspille vor... der Zukunft zuliebe, Buddha und Mozart zuliebe...«

Ich paddelte, wie ferngelenkt, wacker aufs Kanu zu, stieß ein »Es lebe Orpheus! Es lebe Buddha!« aus und schubste den noch lang nicht wehrpflichtigen Dreikäsehoch und unvermeidlichen Völkermörder, der dissonant los blökte, ins Wasser, drückte ihn runter, rosiger Zukunft zuliebe. Das flaumfreie Kindergesicht, blutrot deformiert, prustete Wasser, absolut schadstoffrei, entwickelte grausame Kraftreserven, da hielt eine Art Energiespirale meinen Arm fest, und Hieroglyphus rief aufgebläht:

»Sag mal, sind Sie watze, Mann? Sind Sie total – das können Sie nicht... Sie wissen doch: das kosmische Gleichgewicht, Yin & Yang, das darf nie... keiner darf das... sonst könnte – sonst lösen Sie Katastrophen aus! Noch viel größere Katastrophen... x mal schlimmere!«

Das Kanu und ich trieben ausnander. Flüchtig hinskizzierte Bergkulissen schoben sich quer, zum Glück alles nur allegorisch, hoffte ich. Doch von fern hörte ich x Tausendjährige Großreiche summen, wühlen – platzen! Galaktische Furunkel erbrachen sich. Waffenstarrende Heere rutschten in etliche Abgründe. Hieroglühfix rüffelte mich an: »Da siehst du, was du angerichtet hast!«

»Wieso ich?«

»Na, weil du ihn reingeschubst hast... du Volksschädling, aufgrund dieser negativen Kindheitserfahrung wurde dieses hochtalentierte Kind so verhaltensauffällig... nur deshalb! Wegen des Traumas, ständig irgendwo reingeschubst zu werden! Wegen dir!«

Und Metastasen wurden gen Luna, Venus, Alpha Zentauri ejakuliert... ich stammelte fadenscheinige Entschuldigungen. Ich kramte den Haftbefehl gegen mich hervor – ich nahm mich in den Schwitzkasten. Wir führten mich der Gerechtigkeit entgegen – aua, meine Herren, bitte nicht so fest! Mir wurde hellgrau vor den Augen, also in materielleren Regionen eigentlich schwarz. Ich wurde so kraftlos, und diese Kraftlosigkeit übertrug sich auf mich und mich, und wir spürten uns zu dritt ziemlich müde werden, todmüde... es wurde sehr anstrengend, uns zu unterscheiden... wir starben selbdritt vor uns hin, und mit meinen Hörzellen, die paketweise fortrutschten, batallionsweise abstarben, vernahm ich ein niegehörtes, unsagbar subtiles Streichtrio oder was das sein konnte... ich glaub' in cis-moll... seliger als Mozart, avantgardistischer als Schönberg, zärtlicher als psychoaktiv transformierte Musik, aber weil einer von uns so extrem unmusikalisch aussah, hörte sich, ach, dieses Flautando... o je, dieses Ambulando... diese Sfumati... aaah... hmmm – irgendwie so neutral an, so störend, so unentzifferbar, so nichtssagend... so scheißegal, dreh mal einer die Kiste aus. Krepierend warfen wir drei letzte, übereinander geblendete Blicke aufs Kanu: Die drei Knäblein gingen ununterscheidbar auf im Flutlicht, und wir summten in Engelszungen, skandierten mit Gold im Mund und fluchten hundserbärmlich irgendwas so für uns hin... aber was? Wo sind hier hingeraten? Ich guck im Diesseits herum – da bin ich aber nicht mehr zu erspähen... wo aber sonst? Im Jenseits – da sind wir aber auch nicht... komisch! Wenn wir wenigstens in der Hölle wären! Meine Seele... ist irgendwie fort... mein Geist auch nicht mehr da. Das verstehe einer. Nicht mal mein Körper blieb mir. Da kommt jemand, den fragen wir mal, wo wir sein könnten, uff, der hört uns nicht... der sieht uns nicht ... der schwimmt durch uns durch...

### Mein Weltenrichter vor Gericht

Schon die Vorstufen wichtig, denkwürdig, erhellend, höchst aufschlußreich – doch alle vergaß ich. Dann das Höchste, Unvergeßlichste, Unbeschreibbarste, herausgehoben, herausgeschleudert wurde ich – ich? – aus all den selber schon annähernd überirdischen Situationen – zwar hätt's zu mir gepaßt, auch nach meinem Abgang irgendwas zu spüren, doch da war tatsächlich nichts mehr: null Nachhall oder Nachgeschmack, null Jenseitshoffnung, nicht die allermindeste; wovon ich aber nicht mehr viel merkte – dies alles ohne Aufwind, ohne Treibstoff, ohne eigentliche Schleuderbewegung, keine Farbe, kein Klang, kein Unten, kein Ich – und doch wurde mir jenseits jeglichen Untens ziemlich komisch, also doch wohl irgendwie oben... Den Arm, in den ich kneifen wollte, hatte ich im Jammertal zurückgelassen, samt Kneiffinger, plus sonstiges Drumrum. Nur mein Körper-Schema war noch knapp bei mir, meine Phantomgefühle, d. h. mein Ich, das eine virtuelle Träne laufen ließ, weder vor noch zurück konnte: »O je, jetzt geht's mir ans Eingemachte.« Mir war, als würd' ich aufwachen, ohne vorher eingeschlafen zu sein. Dann aber hieß es:

»Du sollst keine andern Götter haben neben mir!«

»Aber wenn sowieso keine andern da sind...« murmelte ich, als Teil schattenloser, leider auch lichtloser Eigenschaftslosigkeit. Wenn wenigstens evangelisch grauweiße Kirchenfenster zu sehn gewesen wären! Raumfüllende Kahlheit ging mir auf den körperlosen Geist – mir? Den Saal des Nichtseienden betrat – ich? Und kam dann nochmal kurz zu mir, geweckt von einer Posaune, blechern, tibetanisch, sehr atavistisch, obwohl ich grad so schön von Streichquartettklängen geträumt hatte (cis-moll!).

»Aufstehn, Angeklagter!«

Verklebte Augen bekam ich kaum auf. Mühsam setzte ich ein Artikulationsorgan in Gang, und obwohl mir einfiel, daß ich irgendwann mal Skepsis gehegt hatte gegenüber autoritären Strukturen, murmelte ich: »Wenn's der Wahrheitsfindung dient...«

Und stand nun da, dünn und dämlich, wie irgendwer mich schuf. Schwarz vor Augen wurde mir, Kreislaufprobleme, andererseits blendeten die Spotlights im Gerichtssaal gar sehr. Hatt' ich nicht vorhin meine Sonnenbrille bei mir gehabt!? Ich deckte mein verzerrtes Angesicht ab, da aber sprach die äußerst überregionale Stimme zu mir: »Hände runter!«

Unfaßbar, aber ich stand vor – Gott. Und ausgerechnet jener Teil Seiner Lehre, den ich am allerwenigsten geglaubt hatte, traf jetzt am allermeisten zu. Auch das noch! Lautlos und geistlos rief ich: »Das gibt's doch nicht...«

Und wandelte meinen Ausruf um in heimliche Gedanken, und versuchte sie abzuwürgen, auf daß ewige Allwissenheit sie nicht würde lesen können. Aber die Gedanken wehrten sich und lauteten immer noch: »Das gibt's doch nicht...«

Sie wegzumeditieren versuchte ich, aber im Stehn meditieren, geblendet im Kreuzverhör, fiel schwer.

»Bist du ein Gerechter?« fragte jene Stimme streng, jenseits aller Simultan-Übersetzer. Ich schlug die Augen nieder. Es arbeitete in mir. Mein Herz, das ich nicht pochen spürte, rutschte sinnbildlich in jene Hose, die ich in diesen höheren Sphären keinesfalls mehr anhatte. So oder so, ich versuchte zu lächeln: »Ich bin nicht schlimm... im Sinne der Anklage. Ich hab viele Menschen gern. Es gibt so viele hübsche Dinge.«

»Bist du gerecht?« fragte die Stimme wieder, mit herrischer Ungeduld. Hatte sie meine Rede überhört? Ich geriet ins Stammeln: »Och, ich glaub schon, daß ich oft gerecht bin... ich hatte ja mal 'ne soziale Ader, hab ja auch den Wehrdienst verweigert, also von frühauf zeigte ich ziemlich pazifistische Tendenzen... so vom Ethischen her... und übrigens schon als Kind, da hab ich eigentlich nie Dinge zerstört... und Bauklotztürme umgeworfen... und Teddybären aufgeschlitzt, frag Eberhard, sondern immer nur mit Tierchen gespielt, statt wie alle Jungs mit Autos und Panzern und so... und Ohrwürmer gerettet. Erst wollt ich die Welt verbessern, dann die Welt retten, doch die unverbesserte Welt rollte unrettbar weiter... da wollt ich sie wenigstens verschönern, als Ästhet und so...«

Hier wär ich, wenn ich noch Blutumlauf gehabt hätte, errötet. Die Stimme verkündete: »Und wieso hast du dann einen Weltkrieg entfesselt!?!!!«

Lebenslang hatt' ich mir ausgemalt, wie auch mir bei meiner Verhaftung oder Hinrichtung nichts Originelleres einfallen würde, als Standardzeug zu stammeln, und genau dies stammelte ich nun: »Wieso... da muß ein Mißverständnis vorliegen... ich hab sowas nicht entfesselt... nie! Das war wer anderes... ich komm grad nicht auf den Namen... obwohl er eigentlich damals ganz oben auf der Hitliste stand...«

Die Stimme fuhr mich an: »Gedächtnislücke gilt nicht. Und das hier... ist das etwa auch ein Mißverständnis!?!!«

Und ein Spiegel – mir vorgehalten – blitzte gülden auf, und siehe, ich hatte doch noch, bei aller Transzendenz, jedenfalls umrißhaft, gewisse menschliche Strukturen... ein identifizierbares Gesicht, das ich leider schlagartig erkannte... mit Hitlerbärtchen und Hitlerfrisur... o Gott, wieso denn das!?

»Wollen Sie immer noch ableugnen, drei Weltkriege entfesselt zu haben!?«

Ich: »Wieso denn drei!? Selbst wenn ich Hitler gewesen wäre, selbst der hat nur den einen davon entfesselt, nämlich den zweiten... meines Wissens, was ich sowieso nur aus dem Schulbuch weiß...«

»Tut uns leid, Angeklagter! Aus unseren Unterlagen geht eindeutig hervor: Sämtliche Kriege, die je diesen Globus erschütterten, sind einzig und allein von ausgerechnet – Ihnen entfesselt worden! Ableugnung zwecklos. Wer das nicht begreift, wird sterben!«

Voreilig wollt' ich rufen: »Aber ich... ich bin doch schon gestorben... wenn ich das richtig sehe...« Ich bremste den Satz ab. Womöglich redete die Stimme an mir vorbei, und ich an der Stimme. Aber immer noch besser, hier einem göttlichen Justizirrtum zum Opfer zu fallen, als schmachvoll hinwegzufließen ins Grundwasser, als Leichensickersaft – pfui bäh! Nie wieder Materialismus! Jetzt erhob sich, kraft aufrechterhaltener Subjekt-Objekt-Spaltung, ein Rauschen wie von Fittichen: »Verbirg dein Angesicht, denn es ziemt sich!«

Da tat ich die Hände vors Gesicht, streifte eine Oberlippe, meine, wo tatsächlich ein Hitlerbärtchen fusselte, leider – statt angeklebt – tiefverwurzelt. Das also hatten mir meine buddhistischen Seitensprünge und Tagesreste beschert... daß selbst hier, in monotheistischen Zusammenhängen, altindische Fachausdrücke wie »Tat twam asi« zutrafen! Ich bedeckte meine Augen, aber lugte etwas zwischen den Fingern durch. Mir war, als würd ich Gott erblicken. Ab jetzt konnte es nie wieder etwas noch Höheres geben. Da aber brach hinter den leuchtenden Umrissen ein noch weißeres, eigentlicheres, gültigeres Licht auf, wesentlich weißer, derart weiß, daß die bisherige Weiße förmlich überschattet wurde – Tumult erhob sich, noch gewaltiger rauschend, Engel schwirrten schockiert und unkoordiniert durcheinander. Hatte der Heiland den Himmel aufgerissen? Ja, aber von oben her! Ein Überhimmel brach herein, und der verzwergende, nachdunkelnde – errötende? – Christengott verzerrte sich, wie vorher ich, und ich hörte ihn um eine Schutzbrille bitten, vor lauter Flammenübermaß und Blendung. Er bekam keine. Sondern eine noch ungeheurere Stimme erhob sich und donnerte allgewaltig los: »Aufstehn, Angeklagter!«

Prompt gehorchend, schnellte ich hoch, halb Sprungfeder, halb Gummipuppe – und war gar nicht gemeint gewesen. Sondern – Gott erhob sich. Und seine Stimme sprach ziemlich kleinlaut, aber mit Trotz und wohl auch ein wenig Spott im Ton: »Wenn's der Wahrheitsfindung dient...«

»Hast du etwa schon wieder Weltenrichter gespielt?«

Nach und nach verstand ich die Zusammenhänge. Gott war offenbar gar nicht autorisiert gewesen, Menschen zu richten, vielleicht nicht einmal zu schaffen. Er hatte gegen sein eigenes Gesetz verstoßen, das da lautete: »Richte nicht, auf daß du nicht gerichtet wirst!« Also lautete Anklagepunkt Nr. 1: »Amtsmißbrauch.«

»Bekennen Sie sich im Sinne der Anklage als ›schuldig‹?«

»Im Sinne der Anklage: ›nicht schuldig‹.«

Gottes Sündenkatalog war länger als meiner. Die Anklageschrift umfaßte fünftausend Jahre. Vorgeworfen wurde Ihm u. a.: »Du hast nicht über den Dingen gestanden!«

»Wo soll ich denn sonst gestanden haben?«

»Du warst eingebunden in irdische Relationen. Du hast dich verstrickt, eingemischt, du hast interveniert, hineinregiert, manipuliert, verboten, verhindert, versklavt – macht man das? Du hast gewollt. Du hast jahrtausendelang niemanden begnadigt. Du hast gehaßt. Du hast Haß gesät. Du hast Feindbilder gepflegt – und vorher aufgebaut! Millionen kleine Negerlein auf Jesus losgelassen! Du hast der gestoßenen Restwelt deine Missionarsstellung aufgedrückt, stets die blöde Unterhose in den Kniekehlen. Du hast Marterholz über türkische Mondsicheln erhoben! Du hast den edlen Buddhismus eine ›dämonische Religion‹ genannt! Du hast zermalmt, abgeschlachtet, geschächtet, verflucht, vermaledeit, du hast vertilgt von deinem Angesicht! All dies summiert sich zum Anklagepunkt Nr. 2: ›Grobe Verstöße gegen jedes Völkerrecht!‹«

Gottes – mittelprächtig leuchtender – Anwalt verteidigte ihn nicht ungeschickt: »Was kann mein Mandant dafür, wenn's im Althebräischen kein Wort gibt für ›tolerant‹, oder für ›nachsichtig‹, oder für ›zärtlich‹, für ›hold‹. Bedenkt die damaligen Zeiten, meine Herren! Meinem Mandanten war's gar nicht möglich, einen auf nett zu machen.«

»Du hast getötet. Du hast die Menschen vor das unerfüllbare Gebot gestellt: ›Du sollst nicht töten!‹, aber dich selbst nie dran gehalten. Du hast getötet, die genau wie du das Töten nicht lassen konnten. Du hast Fahnen geschwenkt! Mit Kruzifixen und Hakenkreuzen drauf! Du hast nicht nur getötet, sogar gemordet; du hast Genozid betrieben! Und dies bereits damals, du Hitler du, zur Zeit der Sintflut. Der hat nur einen Krieg entfesselt, du aber hast alle entfesselt.«

Ich atmete auf. Endlich war ich in letzter Instanz rehabilitiert. Gott aber stellte sich doof:

»Hohes Gericht! Davon müßte ich ja was mitgekriegt haben... Euer Ehren...«

»Angeklagter! Gedächtnislücke gilt nicht. Anklagepunkt Nr. 3: ›Verbrechen gegen die Menschlichkeit!‹«

In der Zeugenbank sah ich einen beulenübersäten Mann – Hiob!?

»Anklagepunkt Nr. 4: ›Kriegsverbrechen!‹ Du bist der Stammvater des Flächenbombardements! Du bist der Vater des ersten vorchristlichen Hiroshima! Sag nur, du hast nie das Wort ›Sodom‹ gehört!? Na also! Uncle Sam brauchte 3000 Jahre, um Sodom in Japan nachzuahmen.«

Gott zeigte sich etwas begriffsstutzig: »Was meinst du jetzt mit Menschlichkeit? Dieses Wort gibt's im Hebräischen nicht. Wir haben 39 Synonyme für Vernichten: Ausroden! Ausmerzen! Vermaledeien! Liquidieren!«

»Anklagepunkt Nr. 5: ›Minderheitenverfolgung!‹ Du hast nette Schwulis zu Greuelsündern gebrandmarkt! Nur weil die ihren Nächsten liebten wie Onan. Anklagepunkt Nr. 6: ›Volksverhetzung!‹ Du hast für nette Leute, die sich zärtliche Seitensprünge erlaubten, Haßnamen erfunden, ›Ehebrecher‹, also fast schon Ungeziefer und Saujude. Anklagepunkt Nr. 7: ›Anstiftung zum Mord.‹ Du hast Götzendiener und Meineidige zu steinigen befohlen! Anklagepunkt Nr. 8: ›Anstiftung zu Sachbeschädigung!‹ Du hast Abraham zur ersten Kristallnacht des Alten Bundes angestiftet. Anklagepunkt Nr. 9: ›Verfassungsverstöße‹! Du hast permanent Menschenwürde angetastet! Und Menschenanmut, von Ewigkeit zu Ewigkeit. Du hast dich sowohl unmenschlich betragen wie allzu menschlich. Tierischer als jedes Tier! Du hast deinem Begriff widersprochen.«

Gott schlug die Augen nieder. In ihm arbeitete was. Er konnte sich tatsächlich kaum noch erinnern an den Qualm, der aufstieg von seinen zurückgebombten Welten. Sein verstummter Anwalt raschelte mit Akten herum. Nun ward ein Zeuge reingerufen, ein Mensch – auch das noch: zufällig mal wieder ich. Unfreien Ganges storchte ich zur Zeugenbank und prüfte den Abschnitt zwischen

Nase und Oberlippe. Schier ein virtuelles Stolpern erlaubte ich mir. Mir wurde nahegelegt, die Wahrheit zu sagen. Ich konnte die Aussage verweigern. Auf Vereidigung wurde verzichtet. Unnötiger Hinweis; denn hier oben, in diesen unnennbar hohen Sphären, war sozusagen der Sauerstoffanteil der Luft zu dünn zum Lügen.

»Sind Sie mit dem Angeklagten verwandt oder verschwägert?«

Ich hätte fast in die Hose gemacht. Ich spürte Hitzewellen mich durchschwappen; ich stammelte: »Ja und nein. Vor allem nein. Im weitesten Sinne aber schon. Er schuf mich nach seinem Bilde, nach seinem Bilde schuf er mich...«

Beklommen stand ich da, klein und dürftig. Gottes Gott drang in mich, alles zu sagen, was ich auf dem Herzen hatte; und tatsächlich, ich gab zu, daß ich doch recht oft an meinem Gott gelitten hatte.

»Vor allem daran, wie soll ich sagen, daß er sich oft so rar gemacht hat...«

»Oft?« fragte die höchste Stimme lauernd. Andererseits – war Introvertiertheit strafbar?

»Na gut, öfter als oft... er hat sich so oft rar gemacht, daß man's ›immer‹ nennen könnte... andererseits hatte er weltweit viel zu tun natürlich... warum sollte er sich ausgerechnet bei mir melden... bei mir und meiner Wenigkeit...«

Ich wurde hingewiesen, ich stünde hier nicht als Verteidiger, sondern als Zeuge. Ich hatte halt ein wenig Schiß, allzu harsch über meinen Herrn mich zu beklagen – falls sich die Machtverhältnisse nochmal ändern würden. Ich nahm alles auf mich: »Ich hatte nichts zu fordern... wer bin schon ich?«

Bei anderen hatte er sich aber auch nicht gemeldet, nämlich bei fast keinem. Doch selbst das verteidigte ich:

»Wieso soll ein Mensch sich bei irgendwelchen Ameisen ständig zurückmelden müssen!?«

Meine Einwendung fiel unter den Tisch. Meine Worte wurden vermutlich nicht mal ins Protokoll aufgenommen. Die posaunenähnliche Anklageverlesung lief weiter:

»Wenn sie nicht zu dir beteten, wurdest du grob. Aber wenn sie beteten, hast du nicht zurückgerufen. Sie beteten sich dusslig nach dir, du aber zeigtest immer nur die kalte Schulter. Die kälteste aller Schultern...«

Ich hörte mich psalmodieren: »Du hast dir die Ohren verstopft vor meinen Klagen...«

»Du hast Feedback einzig nur dem gewährt, der deshalb in die Klapse mußte! Aber sobald man dem Schizophreniepatienten, der Stimmen hörte, also auch deine Stimme, Neuroleptika verschrieb, bist du genauso verstummt wie gesunden Gläubigen gegenüber.«

Überflutet von traurigen Erinnerungen, weinte ich leise: »Aus dem Jammertal schrie ich zu dir – und röchelte – und stürzte aus dem 72. Stockwerk in die Tiefe –«

»Du hast dich allenfalls im Tod gezeigt. Und warum? Weil dir dann das Gottes-Modul keine Wahl ließ! Die Endorphine des sterbenden Menschenkindes! Wieso kann man sich nur abhängig machen von sowas Irdischem und Physiologischen wie der blöden Ausschüttung körpereigener Drogen? Und das als Gott!«

Anklagepunkt Nr. 11 lautete: »Unterlassene Hilfeleistung!« Nr. 12: »Fahrerflucht!« Nr. 13: »Verweigerung von Mund-zu-Mund-Beatmung!« Und das jahrtausendelang!

Gott antwortete und sprach – relativ begütigend: »Niemand kann tiefer fallen als in meine Hand.«

Ich aber hatte noch den Tod einer Apfelsine im Ohr, die ich mal mit Herbert (Müller) von einem Turm runterfallen gelassen hatte, irgendwo bei Darmstadt. Und dies bereits hatte einen solch inhumanen Platsch gegeben, eine gräßliche Explosion. Oder ein Fahrlehrer hatte, um zu demonstrieren, wie wichtig ein Kopfhelm beim Radfahren sei, eine Melone aus seiner Bauchhöhe fallen lassen, und die war grausig in zig Richtungen zersprengt, und ein junger Fallschirmspringer der Bundeswehr, dessen Schirm zublieb, hatte ein metertiefes Loch in einen Gottesacker geschlagen – ich wagte zu sagen, ziemlich hörbar, und dies wörtlich:

»An welcher Stelle des Sturzes maßt du dir an, deine Hand drunterzuhalten? Wozu dann beim Aufprall eine derartige Sauerei?!?«

Gott, glasigen Blicks, mit seltsam verfärbter Stimme: »Was für ein Aufprall? Was für eine Hand? Woran ich mich erinnern kann ... allenfalls an ein paar Farbfluktuationen ...«

»Zufällig – blutrote Farbfluktuationen??!«

»... an irgendwelche irrelevanten Bewegungen, irgendwo im sogenannten Kosmos, im Spiralarm ganz unten links ... an irgendeinen Hautausschlag, der immer wieder beiläufig losgejuckt hat.«

»Und unsere SOS-Rufe? Myriaden Stück!«

»Die sind deutlich abgeflacht, im Lauf der Jahrmillionen. Außerdem haben die sich eher wie Gesang angehört. Zwar in Moll, aber im großen und ganzen nicht reizlos, ja: im Detail sogar nicht übel, ich versteh da zwar nix von, aber doch: durchaus recht kunstreich! Wirklich sehr schön! Ein ästhetischer Genuß! Wenn auch in toto und in summa auf Dauer etwas nervig, irrelevant und – ach ja: herzlich egal.«

Aber es kam noch dicker. Alles gipfelte in einem Knackpunkt, und der lautete: »Anklagepunkt Nr. 14: ›Vorspiegelung falscher Tatsachen!‹«

»Wer – ich? Versteh' ich nicht ... was soll ich denn vorgespiegelt haben?«

War Gott sich keiner Schuld bewußt oder tat er nur so? Eine Ebene höher galten halt andere Gesetze. Die letzte Instanz donnerte gnadenlos auf den kaum zusammengeschrumpften Täter nieder: »Du weißt nicht, was du vorgespiegelt hast?! Willst du das Hohe Gericht für dumm verkaufen? Du hast deinen Geschöpfen vorgespiegelt, du Monstrum, daß es dich gibt.«

»Die haben aber bald gemerkt, die Dussels, daß da was nicht stimmte.«

»Du hast die armen Menschen dauerhaft betrogen! Anklagepunkt Nr. 15: ›Schwerer Betrug!‹«

Unruhe brauste durch die Unendlichkeit, und ein unendlicher Hammer sauste auf eine himmelfüllende Pultschräge nieder.

»Gnade!« winselte Gott. »Die Leiden der Menschen sind nichts – gegen meine. So einsam wie ich war überhaupt noch nie ein Gott. Seit Olims Zeiten! Außer vielleicht Allah.«

Ich spürte Mitleid in mir aufkommen. Aber das fiel nirgendwo ins Gewicht. Himmlische Geschworene, fast ganz im Licht aufgegangen, zogen sich zur Beratung zurück. Und die Urteilsverkündigung gipfelte in einen Eklat. Unglaublich, aber es wurde die Höchststrafe verhängt. Gott wurde zum Tod verurteilt. Geistlicher Trubel und Wirbel zog sich durch die Knäuel himmlischer Heerscharen. Gott entrang sich ein Schrei, in den Myriaden Engelsschreie einstimmten: »Aber ich bin doch längst – nie was gehört von ›Gott ist tot!‹?«

Die güldene Unruhe im unendlichen Himmel wurde noch grenzenloser. Und nicht genug, daß ich zunächst als Angeklagter, dann als Zeuge von einem Fettnäpfchen ins nächste geschubst wurde, so hatte jetzt ich plötzlich Gott als Journalist zu interviewen, jenseits jeden Mikrophons mit Ploppschutz. Sondern tief innen im Busen raunte Gott mir zu und faßte noch einmal seine Situation zusammen: »Es gab auf jener Welt, müssen Sie wissen, nur zwei Sorten Menschen. Die einen verleugneten mich von Anfang an, widerlegten mich bei erstbester Gelegenheit, traten massenweise aus meiner Kirche aus, bis ich ganz dürr und krank aussah. Ach ja, ich sag Ihnen, keiner von euch ahnt, wie weh sowas tun kann, dies permanente Gottesleugnen! Und wie das nagt, in meinem wundesten Punkt! Und wie das bohrt! Aber an den andern, glauben Sie mir, ward ich auch nicht froh: Frömmler, die ihre Hörgeräte in meine Richtung aufdrehten und mich mit debilen Gebeten behelligten, die glaubten zwar an mich, sogar relativ heftig, so daß ich ständig gut im Futter stand – aber mal ehrlich: Was hatte ich davon? Man hat mich mit Attributen behängt. Bettler und hoffnungsvolle Toren formten mich nach ihrem dürftigen Bilde, und ich? Ich ließ das mit mir machen. Ich spielte mit. Diese Infantilos! Sie hängten mir Bartwuchs ins Angesicht. Sie stülpten mir blödsinnige Strahlenkronen auf. Sie halsten ihren Jähzorn – mir auf. Wieso mir?!?«

»Nein, ich war das nicht... nicht daß ich wüßte«, nuschelte ich; denn Gott sagte das so, als hätte dies alles ich begangen.

»Wenn's mich nicht gegeben hätte, hätt' man mich erfinden müssen. Sie erfanden mich, geben Sie's ruhig zu! Und schon hatte ich pausenlos jähzornig zu sein und Schiffe zu versenken. Und stand blöd da als Quälgeist. Ständig umgetauft haben sie mich, die Unsteten, bis ich herumkreuchte als gasförmiges Wirbeltier! Als Wirkungsprinzip, als Numinosum! Bis ich wirklich so gut wie flöten und futsch ging, meiner wunderbarsten Metaphysik gänzlich entkleidet. Eingeebnet in trostlose Physik! Schauen Sie mich an – wie ich runterkam, zur letzten armen Sau, unsagbar tot, inexistent, nie gewesen, alles Bluff, Hokuspokus, Überinterpretation, Projektion, Phantomschmerz – wieso muß ich mich dann dauernd rechtfertigen? Das ist nicht recht. Wenn's mich gäbe, würd ich in Revision gehn!«

Ich begann zu ahnen, daß sich die nächsten Instanzen durch die Äonen ziehen würden. Sündenbock Gott nahm den Kampf auf. Gott verließ sich auf die komplizierte Beweislage. Er würde sich einen besseren Anwalt nehmen, und der würde vermutlich, wie immer, ich sein; auf daß ich anschließend angeklagt werden konnte, wider besseres Wissen sein Anwalt gewesen zu sein.

# BALD KOMMT SCHÖNE ZUKUNFT

## Schlagzeile aus dem Jahr 2019 n. Chr.: »Krebs endlich für immer besiegt!!!«

Pharmapapst Li, 97, vor Urzeiten als Histaminforscher bekannt geworden, warf die Krönung seines Lebenswerks auf den Weltmarkt: »Malimex«, ein inhalierbarer Virus (Vorgänger: Malignomex), der jedes Metastasennest erst zu 80, dann 95, dann 98,9 % genial aushebelte, einfach fortputzte, via Zellmembranauflösung. Prof. Li bekam prompt seinen 4. Nobelpreis, obwohl Insider längst wußte, daß der Mandschu-Mongole die Genietat einer seiner Virologen-Crews verdankte, unter Vorsitz des ausnutzbaren Chefvirologen, der gleichfalls Prof. Li hieß, 87 (0,9 Milliarden von mittlerweile 1,8 Milliarden Chinesen hörten auf den Namen Li!). Sogar Spätstadien bekamen Li & Li in den Griff, hielten für jede Karzinomspezies eine spezifische Virusvariante hocheffektiv in petto. Sogar ihren jeweils eigenen Krebs beseitigten beide Herren Li (Murdoch-Zeitungen titelten: »Li – diesen Namen werden wir uns merken müssen«) optimal und sauber via Malimex, dem »Angelus moribundi karzinomatosis« (Engel fieser Geschwüre), um dessen Optimierung Li & Li minütlich kreisten. Prompt sprangen dem Tod Millionen todkranker Mitbürger von der Schippe, die größere Hälfte durch Malimex, die knappe Hälfte durch Onkozid (Vorläufervirus: Onkonox), zeitgleich ausgeworfen vom Saudi-Weltkonzern »Aflaki«, das masterpeace von Vorzeige-Daniel-Düsentrieb und Outsider-Mutazilit Abu Schubli al-Nischapuri, 94. Malinex-Risiken & Nebenwirkungen aktivierten jedes Immunsystem derart, daß jede Hautoberfläche komplett zu einer kochenden, rasenden, juckenden Abwehrbastion mutierte:

Chemoglatzen im Weichbild der Citys dünnten aus zugunsten von Leuten, die sich marastisch kratzten. Jeder, der nicht mehr an Krebs starb, half verzweifelt den Rest seines immerhin geretteten Lebens die boomenden Juckambulanzen zu verstopfen. Abstürzender Chemotherapie/Radiologen-Lobby gelang es nicht, sich intern umzustrukturieren in Juckforschung. Aus dem Jubel über besiegten Krebs stiegen 10 x lautere Lamenti. Der Moloch des Juckens gebar Szenarien, die seit Flagellantenumzügen in Bagdad und Middle Age, Tollhausorgien, Höllenbreughel- und Goya-Visionen keiner sah, selbst von Bolly- und Hollywood-Kuckucksnest-Industry schwer nachstellbar. Wer sich vom Juckreiz nicht in Depression und Suizid treiben ließ, und zwar eher, als Bronchialkrebs sie niedergemacht hätte, lief zur Konkurrenz über, zu Onkozid, im Volksmund »Angelus tumori«, dessen Nebenwirkungen – Lethargie, Inappetenz, Abuliam ja: Apraxie – zunächst und zeitweise erträglicher erschienen, zumal Tausende, statt im Straßenbild aufzutauchen, daheim herumhingen, zu aphathisch und indolent, um sich zum Suizid aufzuraffen, wodurch ihr Phlegma sich nur noch verstärkte und sie sich zum Juckreiz zurückzusehnen begannen, um überhaupt noch was zu fühlen. Megaseller à la »Ein Engel für jeden Krebs« rannten in 37 Sprachen durch die Welt. Sowohl Li & Li, mit Aflaki fusionierend, verdienten sich ein weiteres Mal dusselig an der gigantös hochgezogenen Bekämpfung infektiöser Nebenwirkungen: Antidepressiva zwecks Juckgedächtnis-Löschung etc. Neue Volksseuche: Diabolus pruritus! Das griff auch auf nicht vom Krebs ausgelaugte Patienten über. Medial erwog man, bei der Creation von Malimex seien entstehungsgeschichtlich die horrenden Juckattacken bereits a priori vorprogrammiert worden. Naja etc.

## Schlagzeile aus dem Jahr 3795 n. Chr.:
## »Menschheitsverbesserung – dank Mördermangel!«

Der fromme Wunsch archaischer Action-Filmhelden »Das Morden muß irgendwann ein Ende haben« kam tatsächlich in Sicht. Zuerst starben Logistik, Genozid-Know-how aus, ABC-Waffensysteme, dank disproportionaler Kosten-Nutzen-Faktoren; dann ging's im Umkehr-Fugato rückwärts: Selbst die Produktion simpler Fernwaffen wurde irgendwann zu kompliziert. Seit auch Glasproduktion ins Reich der Sage überging, das letzte Glasauge als Amulett an Schlipsesstelle am Hals baumelte, konnte keine Injektion mehr (Todesspritze) verabreicht werden. Elektrische Stühle wurden zwar noch lang illegal weiter repariert, als aber in allen Kraftwerken das Licht ausging und die mutierte Killerbiene, zurückgezüchtet zur Honigbiene, ein neues Äon der Weihnachtskerzen aufglimmen ließ, kam noch mal die Guillotine zu Ehren und konnte sich perverserweise länger halten als die Große Zeit des WC (water closet). – O – Eine historische Stunde schlug: der ewige Sam Hawkins legte, zwischen Panzern, Toyota-Jeeps, Trabbi-Wracks, die noch lang in den Wüsten herumstanden, seine Kalaschnikow – des Namens Liddy – an, und es löste sich kein Schuß. Nichts hallte durch die Steppe. Bonanzas, Apatschen und Chinesen hatten sich die folgenden Jahrhunderte zu vertreiben, indem alle ebenbürtig bloß mit Pfeilen schossen, ohne Rückgriffe auf Feuerwasser, ehe dann keiner mehr Lust und Geduld zu Pfeilpflege und Köcherbau aufbrachte und man sozietätenweise zurücksank zum Steinewerfen, das immerhin x Jahrtausende die Hauptmethode blieb, ehe nach und nach die Steinwürfe metermäßig immer kürzer wurden, von Generation zu Generation, Bundesjugendspiele-Niveau, ohne daß einer das statistisch mitverfolgte, und man irgendwann nur noch Knüppel schwang und Äste abbrach. Polizeiknüppel, Kautschukprodukte, gingen in Holzknüppel über. Da auch Chemie usw. längst von uns gegangen war, dann sogar die hohe Kunst des Gifttrankmixens, starben nach und nach auch alle halbwegs ästhetischen Freitodarten aus. Selbstentleibung à la Kamikaze hielt sich ziemlich lang. Autostrangulatio wurde irgendwann schwierig, weil die Kulturtechnik des Seidenspinnens und Seilflechtens – wie Schnapsbrennen und Käseherstellung – auf Dauer einfach zu aufwendig wurde; Prinzip geringsten Widerstands, Hand in den Mund und fertig. Sich goldene Schüsse setzen, Schierlingsbecher austrinken hielt sich dank Kräutermütterchen länger als Zyankalikapseln und Pillen auf Gelatinebasis. Viele, um sich loszuwerden, aßen Knollenblätterpilze bzw. verstrahlte Speisepilze, oder wanderten absichtlich in Kreuzottergebieten. Die letzte Selbstmordart: Sturz von Ruinen und Stahlträgergerüsten, dann von Klippen, in Abgründe hinein, meist Vulkankrater, die sich ohnedies vermehrten. – O – Doch als der letzte Verzweifelte sich totgestürzt hatte, starb der Mord noch lang nicht aus. Endlos lang kamen auf jeden Mord 20, dann 50, dann 120 Mordversuche. Und als der letzte geplante und ausgeführte Mord stattfand, lebte der Totschlag noch Jahrhunderttausende weiter. Kaum standen sich Einzelkämpfer face to face erneut gegenüber, kam wieder die allseits längst vergessene Konrad Lorenzsche Töthemmung ins Spiel, bzw. der Abraham-Reflex. Millionen holten just zum Schlag aus, da schien manch Lokalgott zu rufen: »Laß das, Junge! Wehe, wenn du zuhaust!« Man sah genauer hin und sah: »Das ist ja der Bob... mein Cousin oder wer!« Oder im Zeitalter letzter Spiegelscherben: »Das bin ja ich!« – O – Auf kleinere Formate haute man weiterhin feste drauf; nicht nur auf Silberfischchen und Kellerassel via Fingerbeere; schon allein wegen Proteinbedarf.

# ANHANG

# Personen-Register

## A

Abdalmaik 94
Abraham a Santa Clara 196
Abu Brahma 159ff.
Abu-l-'Ala' al-Ma'arri 290
Abu Yazid 331, 341, 395
Adenauer, Konrad 32
Adler, Alfred 227
Adorf, Mario 56
Adorno, Theodor W. 33, 200, 224f., 285, 289f., 295, 347, 357f., 361, 461f., 495f., 557
Ahse, Penelope 158
Aichinger, Ilse 290
Aichylos 439
Ajet Caur 102
Alexander der Große 195, 447
Ali, Muhammad 195
Allah 94, 330
Allen, Woody 496
Allende, Isabel 227
Alt, Franz 192, 202
Amenophis IV. s. Echnaton
Amerigo Vespucci 244, 450
Amery, Jean 212
Anand, Margo 118f.
Anders, Günther 195, 252, 289
Andersen, Vita 126
Andrianampoinimerina 192
Angelus Silesius 570
Antonius von Padua 459, 490
Apollinaire, Guillaume 111, 118ff.,
Arafat, Yassir 91, 541
Arendt, Hannah 152
Aristophanes 32
Arnim, Bettina von 389

## B

Babaji, Mahavatar 33
Bach, Elvira 33
Bach, Johann Sebastian 28, 31, 33, 82, 155, 200, 219, 236
Bächtold-Stäubli, Hanns 454
Backster, Clive 455
Bacon, Francis 56, 199, 253
Balzac, Honoré de 229, 494
Barbarossa 558
Barks, Carl 192, 221ff., 230, 589
Barrie, James Matthew 231
Barth, Karl 192
Barzel, Rainer Candidus 196
Baselitz, Georg 264
Basie, Count 33
Baudelaire, Charles 337
Baudrillard, Jean 115
Bauer, Wolfgang 460
Beatles 33
Bebel, August 32, 346
Beck, Friedrich 192
Becker, Jurek 114, 124
Beckett, Samuel 192, 357f., 495
Beckmann, Max 192
Bee Gees 239
Beethoven, Ludwig van 33, 47, 201, 223, 226, 246, 539
Benjamin, Walter 192, 252, 328, 496
Benn, Gottfried 172, 192, 218
Berger, Uwe 317
Berghoff, Dagmar 31
Berkéwicz, Ulla 227
Beuys, Josef 102, 231, 257, 260, 279f.,
Bhagwan Shree Rajneesh 64, 92, 121, 195, 328f.

Biermann, Wolf 32
Biller, Maxim 31
Binoche, Juliette 149
Biolek, Alfred 227, 552
Bismarck, Otto von 32
Bizet, Georges 539
Black, Roy 191
Bloch, Ernst 19, 119f., 123, 199, 246, 289, 329
Bloch, Oswald 199
Blüm, Norbert 192
Bluth, Don 540
Bô Yin Râ 288, 295
Boccaccio, Giovanni 111, 118,
Bockelmann, Udo 211
Böcklin, Arnold 159, 276, 322
Böhme, Jakob 336
Böll, Heinrich 33, 192, 234, 236
Bohlen, Dieter 542
Bohrer, Karl Heinz 361, 369
Bolz, Norbert 256
Bonhoeffer, Dietrich 32
Bonifatius 196, 449f., 459
Bonsels, Waldemar 456
Borchardt, Rudolf 146
Borges, Jorge Luis 287
Borneman, Ernest 121, 163f., 199
Bosch, Carl 192
Bosch, Hieronymus 245
Bosch, Juan 192
Botticelli, Sandra 56
Boulez, Pierre 227
Boyle, T. Coraghessan 117, 227
Brahms, Johannes 47, 130, 539, 556
Brandt, Willy 32, 192, 209
Braun, Wernher 31
Brecht, Bertolt 254
Breughel, Pieter 367
Brockes, Barthold Heinrich 454
Brod, Max 494

Bruck, Cornelius 115
Brunetti, Gaitano 461f.
Buddha 217, 221, 324, 336, 381, 383, 447, 449, 523, 526f., 567ff.
Bürger, Gottfried August 192
Buhlul 93
Burchill, Julie 118, 123
Burgauner, Christoph 235, 263
Burroughs, Edgar Rice 246
Busch, Wilhelm 92, 95, 177, 192, 217f., 292, 377, 456, 540, 542
Bush, George 94, 96, 192
Bush, George W. 41, 92, 94ff., 110, 177, 192, 396, 481, 540f., 543
Buster, Dolly 166, 218, 230
Buttlar, Johannes von 526
Byron, Lord 227, 292

C
Cage, John 228
Calment, Jeanne 225
Canetti, Elias 208, 212
Capra, Fritjof 212
Caravaggio 321
Casanova 211
Catull 258
Celan, Paul 253
Cervantes, Miguel de 459, 495, 540
Chagall, Marc 220
Chanel, Coco 145
Chaplin, Charlie 110, 226
Chirta Mudgal 102
Chopin, Frédéric 99, 246
Christiansen, Sabine 31
Christo 231, 246, 256
Clay, Cassius s. Ali
Clinton, Bill 96, 109f., 172
Colette, Sidonie-Gabrielle 145
Columbus, Christoph 100f., 244, 450

Cooper, Gary 226
Copperfield, David 198, 227, 324, 489
Coulter, Adrian 285
Cranach, Lucas 218
Crowley, Aleister 166
Crumb, Robert 230

D

Däniken, Erich von 31, 341
Daguerre, Louis Jacques Mandé 226
Dalai Lama 91, 101 f., 490
Dali, Salvador 219
Dall, Kurt 191 f., 227
Dante Alighieri 99, 219, 224, 232, 258, 287
Darlton, Clark 195
Darwin, Charles 32
Debussy, Claude 33, 300
Deng Xiao-ping 192
Denker, Dr. 202
Depardieu, Gérard 80, 149, 232
Descartes, René 246
Dessoir, Max 211
Diana, Princess of Wales »Lady Di« 13, 146
Diderot, Denis 489
Diehl, Siegfried 121
Diekmann, Kai 31
Diesel, Rudolf 323
Diogenes von Sinope 101, 162
Dion Chrysostomos 258
Dische, Irene 227
Disney, Walt 223, 226, 357, 452, 496 ff.
Distler, Hugo 245
Divéky, J. v. 286
Döblin, Alfred 218
Dönhoff, Marion Gräfin 32
Döring, Bianca 113
Döring, Gerhard 122
Doré, Gustave 293

Dorn, Karl 192
Dorst, Tankred 192
Dostojewski, Fjodor M. 125, 232, 288, 341, 494
Douglas, Michael 150
Drach, Albert 192
Drawert, Kurt 160
Dreckmann, Hans-Josef 207
Drewermann, Eugen 32, 96, 378, 388, 540
Drewitz, Ingeborg 118
Droste-Hülshoff, Annette von 151 f.
Dschagadis Tschandra Bose 455
Dschingis Khan 217
du Mont, Sky 33
Dürer, Albrecht 4, 364, 389, 455
Dürr, Rolf 192
Dürrenmatt, Friedrich 192, 201
Dutschke, Rudi 32
Dvořák, Antonín 14, 199
Dylan, Bob 31

E

Ebert, Friedrich 33, 346, 348
Echnaton 391
Eckart, Meister 339
Eco, Umberto 241, 493
Edelmann, Heinz 202
Edison, Thomas 219, 323
Eich, Günter 192
Eichel, Hans 187
Eichelbeck, Reinhard 158
Eichendorff, Joseph von 114, 192, 218, 325, 361, 364, 367
Eideneier, Alexis 60 ff.
Einstein, Albert 31, 33, 217, 222, 231, 243
Eisler, Hanns 32
Eliot, George 189
Engholm, Björn 537
Enzensberger, Hans Magnus 196, 362

Epikur 110
Erasmus von Rotterdam 32, 195
Ernst, Max 192
Ernsting, Walter 283
Evans, Handel 281

**F**

Falla, Manuel de 245
Fariduddin 'Attar von Nischapur 218, 490
Fassbinder, Rainer Werner 232
Fechner, Gustav Theodor 454
Feldbusch, Verona 152, 542
Feldman, Morton 224
Fellini, Federico 161, 556
Fernandel 201
Feuerbach, Anselm 52
Feuerstein, Herbert 246
Fick, Dieter 158
Fick, Eugen 158
Fick, Willy 158
Fickel, Hanna 158
Ficker, Ludwig von 158, 208
Fickert, Ruth 158
Fickert, Wilhelm 158
Fidus 327
Firdusi 258
Fischer-Dieskau, Dietrich 361
Flavus Josephus 212
Fleck, Dirk C. 199
Fleck, Lili 159
Fleckhaus, Willy 288
Fleischhauer-Hardt, Helga 121
Flick, Friedrich 192
Flimm, Jürgen 32
Fottner, Leonhard 32
Fonda, Jane 55
Fontane, Theodor 220
Ford, Henry 323
Forman, Milos 231
Fränkel, Fritz 329
Franck, Sebastian 218

Frank, Anne 32
Frantz, Justus 33
Franziskus von Assisi 270, 459, 549
Freddy 201
Frembgen, Jürgen Wasim 101
Freud, Sigmund 32, 163, 196, 330, 341, 365, 372, 438, 496
Friedman, Michel 32
Friedrich II. von Preußen (alter Fritz) 558
Friedrich Hildebrandt von Einsiedel 437
Frisch, Max 115, 124, 192
Fröbel, Friedrich Wilhelm August 345, 348
Fu Man Tschu 100
Funke-Schmitt-Rink, Margret 188

**G**

Gadamer, Hans Georg 33
Gaddis, William 223
Galenos von Pergamo 244
Gandhi, Mahatma 32, 99, 102, 139
Ganghofer, Ludwig 455
Garbo, Greta 226
Gardner, Evelyn 189
Gauck, Joachim 191
Gaudi, Antoni 250, 342
Gaulle, Charles de 32
Gauß, Carl Friedrich 221
Geddes, Anne 458
Geiler, Heinz 158
Geilfus, Heinz 159
Geille, Annick 158
Geller, Uri 220
Genazino, Wilhelm 113, 121 ff.
Genet, Jean 232
Genscher, Hans Dietrich 33
George, Stefan 224
Germinara, Gina 292

# Personen-Register

Gernhardt, Robert 111, 117, 119, 126, 241, 245
Gershwin, George 539
Ghandi, Mahatma 32, 99, 102, 139
Giese, Hans 122
Girish Karnad 100
Glas, Uschi 32
Glotz, Peter 191, 209
Gluck, Christoph Willibald 456
Goethe, Johann Wolfgang 31, 99, 111, 118, 120ff., 145, 172, 192, 201, 210, 218, 224ff., 232, 243f., 252, 285, 364, 378, 424, 437ff., 490, 493, 539, 548, 546, 558
Götz, Johann Nikolaus 367
Goetz, Rainald 192
Gogh, Theo van 538
Gogh, Vincent van 220, 225, 231, 275f., 496, 538, 556
Golas, Thaddeus 122
Goldstein, Nigel 158
Golowin, Sergius 459
Gopi Chand Naran 99
Gore, Al 32
Gorki, Maxim 195
Gott 19, 56, 179, 340f., 379ff., 383, 425, 574ff., 526ff., 574ff.
Gott, Karel 193, 209
Gottschalk, Gregor 32
Gottschalk, Thomas 73, 193, 252, 258
Grän, Christine 113
Gräser, Gusto 455
Graf, Doro 202
Graf, Steffie 202
Grant, Gary 227
Grass, Günter 192, 220, 241
Greenaway, Peter 146
Greger, Max 199
Gresset, Louis de 367
Grieg, Edvard 82
Grock 201
Grimm, Brüder Jacob & Wilhelm 179
Gruber, Edita 253
Grünbein, Durs 200
Grützke, Johannes 253
Grzimek, Bernhard 40, 45, 388
Gulbranssen, Trygve 455
Gundert, Wilhelm 286
Gysi, Gregor 32

## H

Hähnchen, Barbara 202
Händel, Georg Friedrich 33, 390
Härtling, Peter 114
Haffmans, Gerd 4
Hafis 31, 321
Hagen, Nina 33, 335, 337f., 340
Hageneder, Fred 460
Hahn, Ulla 120, 125, 192, 215, 227
Hals, Frans 192
Hamilton, David 82
Han-Fei-Tse 23
Handke, Peter 111, 120, 199, 233, 290
Happel, Lioba 196
Harenberg, Bodo 262
Harish Trivedi 98
Hartmann, Karl Amadeus 195
Harun-al-Raschid 91
Hašek, Jaroslav 32, 110, 495
Hasler, Eveline 113, 116, 127
Hauptmann, Gerhart 196, 547
Hausmann, Manfred 116
Havel, Václav 32
Hawking, Stephen 222, 243, 261
Haydn, Joseph 14, 236
Hebbel, Friedrich 350
Hecht, Hans P. 157
Heer, Friedrich 120
Hegel, Georg Friedrich Wilhelm 221, 538

Heidegger, Martin 435
Heidenreich, Elke 59, 61
Heine, Heinrich 32, 101, 286
Heine, Helme 32
Heino 201, 217, 539, 553
Heintje 220
Heißenbüttel, Helmut 194
Hella von Sinnen 227, 229, 377
Hemingway, Ernest 57, 118, 130, 218, 229, 495
Henkel, Hans-Olaf 33
Henscheid, Eckhard 289, 359
Hepburn, Audrey 56
Heraklit 246
Herburger, Günter 119, 124
Herder, Johann Gottfried 192, 226, 454
Herman, Eva 33
Hermlin, Stephan 115
Herzbuam, Wildbecker 552
Herzog, Roman 202
Herzog, Werner 202
Hesse, Erik 317
Hesse, Hermann 28, 116, 209, 228, 285, 287, 341, 358
Hilbig, Wolfgang 232
Hildebrandt, Dieter 199
Hildegard von Bingen 234
Hill, Julia Butterfly 459
Hiob 580
Hitchcock, Alfred 227
Hitler, Adolf 22, 27, 193, 199, 258, 265, 388, 395, 477, 524ff., 539, 541, 569ff., 577f., 579
Hodler, Ferdinand 187
Ho Tschi-minh 204
Hoecker, Bernhard 552
Hölderlin, Friedrich 265, 364, 378ff., 432, 454
Hölldobler, Berthold 220, 255, 265
Hoffmann, E.T.A. 285
Hoffmann, Heinrich 237

Hofmann, Albert 202, 490
Hofmann, Gert 202
Hofmannsthal, Hugo von 126, 359
Hodler, Ferdinand 187
Hohl, Ludwig 125, 209
Hohl, Peter 360
Hohlbaum, Robert 200
Hohlbein, Wolfgang 200, 255
Hohler, Franz 200
Holbein, Eberhard 59, 181ff.
Holbein, Eleonora 196
Holbein, Familie 25f., 89ff., 131f., 196
Holbein, Hans 200, 245
Holbein, Heinz-Otto 256
Holbein, Ulrich 1ff., 59ff., 131f., 196, , 200, 398ff., 508ff., 595
Holz, Arno 200, 209
Holz, Hans Heinz 200
Holzmann-Bohatta 210
Homer 258, 562
Horáková, Dana 32f.
Horstmann, Lalli 438
Horstmann, Ulrich 200
Horx, Mathias 191
Hubbel, Edwin Powell 226
Huber, Wolfgang 32
Hübsch, Hadyatullah 317, 337
Humboldt, Alexander von 192
Humboldt, Wilhelm von 192
Hundertwasser, Friedensreich 250
Hunold, Joachim 33
Huxley, Aldous 226, 249, 335ff.,
Hypatia von Alexandrien 32

I

Ionesco, Eugène 118

## J

Jahn, Trunvater 260
Jahnn, Hans Henny 225
Jakob, Urs 4
Janssen, Horst 239
Jauch, Günther 191
Jean-Claude 231
Jean Paul 226f., 333, 338f., 358, 380, 553f., 556, 558
Jelinek, Elfriede 152
Jens, Walter 192
Jerven, Walter 285
Jesus 19, 28, 32, 213, 246, 254, 321, 391, 447f., 450, 496, 579
Job s. Hiob
Joël, Ernst 329
Johannes XXIII. 495
Johannes Paul II. 124
Jordan, Michael 33
Joyce, James 194
Jünger, Ernst 220, 335ff.,
Jürgens, Udo 33
Jung, C. G. 202, 348
Jungk, Robert 209
Jussuf bin Hadschdschadsch 94

## K

Kabir 102f.
Kämpchen, Martin 102
Käßmann, Margot 32
Kästner, Erich 387
Kafka, Franz 102, 199f., 218, 228, 254, 256, 362, 492ff., 494ff., 557
Kahlo, Frieda 152
Kahn, Oliver 33
Kaiser, Joachim 202
Kaiser, Reinhard 202
Kalidasa 99
Kant, Hermann 199
Kant, Immanuel 33, 199, 241, 256, 489

Karajan, Herbert von 221ff., 221–224
Karl der Große 449
Kassorla, Irene 157
Kast, Verena 348
Kelly Family 220
Kelly, Petra 32
Kennedy, John F. 96
Kerr, Alfred 33
Kierkegaard, Sören 38, 125, 363
King, Martin Luther 32
King, Stephen 118
Kinski, Klaus 232
Kirchhoff, Bodo 119, 122, 227
Kirsch, Sarah 255
Klabund 209
Klages, Ludwig 329
Klee, Paul 102, 234
Kleist, Heinrich von 117
Klopstock, Friedrich Gottlieb 32, 192, 439
Klum, Heidi 55, 219
Knef, Hildegard 32
Koch, Otto 201
König, Kaspar 202
König, Petra 202
König, Walther 202
Köpf, Gerhard 192
Körner, Theodor 192
Kohl, Helmut 33, 192, 200
Kohout, Pavel 212
Kolle, Oswalt 166
Kolumbus s. Columbus
Konfuzius 221
Kong Bumjatha 194
Kopernikus, Nikolaus 20, 219
Kossack, Georg 33
Kotschy, Johannes 218
Kräupl-Mohammed, Frau 188
Kraus, Karl 125, 152, 192, 221
Krenz, Egon 192
Kretzschmer, Ernst 228
Krishnamurti 226

Kroetz, Franz Xaver 116, 192
Krolow, Karl 115, 119, 125
Kronauer, Brigitte 227
Krone-Schmalz, Gabriele 188
Kroth, Lutz 192
Krüger, Hardy 33
Krupp, Alfred 192
Kubelka, Susanna 114, 117
Kübler-Ross, Elisabeth 209
Küng, Hans 192
Kundera, Milan 118, 121, 123, 212
Kunert, Axel H. 165
Kunigunde, »Omi Birle« 32
Kunze, Rainer 208
Kusanus, Nikolaus von 539

L
La Rochefoucauld, François de 147
»Lady Di« s. Diana
Lagerfeld, Karl 493
Lang Lang 99
Laotse 246, 285f., 329
Lasch, Otto 159
Last, James 33
Lauder, Estée 83
Leander, Zarah 390f.
Leary, Timothy 341
Leber, Georg 33
Leber, Julius 32f.
Leelkadhar Jagoori 102
Lehmann, Karl 209, 495
Lenin 195
Lennon, John 110, 116, 541
Lentz, Michael 192
Lenz, Hermann 202
Lenz, Siegfried 192, 202, 252
Leonardo da Vinci 242
Lessing, Doris 115f.
Lessing, Gotthold Ephraim 192
Leutheusser-Schnarrenberger, Sabine 188

Lewinsky, Monica 542
Li Bo 169
Li Tai Pe 321
Lichtenberg, Georg Christoph 117, 227
Liliencron, Detlev von 352f.
Lilienfein, Heinrich 350ff.
Lindbergh, Charles 244
Lindgren, Astrid 33
Lindlau, Dagobert 208
Linné, Carl von 454
Liszt, Franz 99
Loder, Justus Christian 244
Lollobrigida, Gina 208, 227
Longinos 258
Lorenz, Konrad 327, 459, 592
Loriot 195
Lukian 551
Luther, Martin 159, 377
Luxemburg, Rosa 32

M
MacCready, John 244
McCartney, Paul 356, 364
McDowell, Andy 149
Machiavelli, Niccolò 23
Macke, August 102
Madonna 201
Madschnun 540
Maeterlinck, Maurice 288
Maffay, Peter 32f.,
Mahler, Gustav 18, 361, 391
Mainländer, Philipp 188
Malecki, Herbert 224
Mandé, Louis Jacques 226
Mandela, Nelson 33
Mann, Heinrich 387
Mann, Klaus 192
Mann, Thomas 32f., 84, 114, 116, 120, 188, 252, 258, 352, 377
Mao Zedong 99, 102, 285, 390
Marc Aurel 32

Marcuse, Herbert 32
Marcuse, Ludwig 32
Marx, Karl 32, 192, 199, 269, 325
Maulana Dschelaluddin Rumi 341
May, Karl 192, 591
Mayer, Hans 212, 495
Meckel, Christoph 113, 125
Melanchton 196
Melville, Herman 218
Mende, Tibor 290
Mendelssohn-Bartholdy, Felix 188, 390
Mentz, Hans 537
Menuhin, Yehudi 285
Menzel, Adolf 227, 457
Merkel, Angela 151, 213, 317, 537
Messner, Reinhold 223
Meyer, Willy 291
Meysenbug, Malwida von 31
Michaelis, Hans 113, 119, 122 f.,
Michelangelo 219, 277, 282
Mika, Bascha 32
Milarepa 489 f.
Miller, Jean François 231
Milton. John 454
Mo-Ti 23
Modick, Klaus 59, 63, 127
Möllemann 209
Mörike, Eduard 252, 363, 379 f.,
Möse, Josef R. 159
Mösenthal, Hermann S. 159
Mohammed 33, 94
Molière 258
Molitor, Clemens 208
Molitor, Ulrich 209 f.
Moltke, Hellmuth Karl Bernhard von 23, 558
Monet, Claude 245
Moore, Henry 253
Moore, Mikel 242
Moos, Lisa 191

Moravia, Alberto 173
Morgenstern, Christian 249
Morgner, Irmtraud 127
Moritz, Rainer 77
Moses 391, 447, 477
Mozart, Wolfgang Amadeus 14, 33, 99, 104, 131, 200, 212, 220, 231, 241, 307, 336, 394, 494, 539, 554 f., 559 f., 569 ff.
Mozart, Leopold 264
Müller, Appollonia 196
Müller, Elisabeth 212
Müller, Heiner 199, 208
Müller, Helmut 190, 194, 196
Müller, Herbert 63 ff., 77, 163, 181, 210, 359, 548, 582
Müller, Herta 199, 208
Müller, Morhold 208
Müller, Udo 209
Münzing-Ruef, Ingeborg 120
Mulisch, Harry 232
Multatuli 201
Muniraji, Sri 33
Murawski, Alice 188
Muschg, Adolf 192
Musil, Robert 116 f., 125 f., 212, 249
Mutter, Anne-Sophie 227
Mynona 201

**N**
Nádherny, Sidonie 438
Napoleon 22, 95, 217
Naropa 489
Naumann, Friedrich 346
Neckar, Till 33
Neill, Alexander S. 285
Neill, Edward 200
Neruda, Jan 212
Neruda, Pablo 212
Netzer, Günter 33
Newton, Isaac 490
Nida Fazli 99

Nietzsche, Friedrich 19, 31f., 122, 246, 254, 258, 404, 438, 452, 494, 539f.
Nikitin, Iwan 199
Nikitin, Nokolaj 199
Nikolaus von Kusanus 539
Nolde, Emil 345 ff.,
Nolte, Ernst 33
Notnagel 209
Novalis 195, 201, 252, 285, 339, 359, 364, 459, 559
Nowitzki, Dirk 33
Nüsslein-Volhard, Christiane 259

O

Oates, Joyce Carol 114
Obama, Barak 481
Oetker, Dr. 358, 361
Offit, Avodah 158
Ohlbaum, Isolde 200
Oken, Lorenz 244
Olympias 195
Ono, Yoko 541
Origines 538
Ortheil, Hanns-Josef 59
Osama bin Laden 95, 302, 481, 542f.
Osho 258
Oswald von Wolkenstein 232
Otto, Michael 31
Ovid 447

P

Paganini, Niccolò 200, 246
Parker, Charlie 33
Parzinger, Hermann 33
Pasternak, Boris 31, 553f.
Paul IV. 389
Paulus 199
Paz, Octavio 102, 192
Peck, Gregory 73, 227
Penzoldt, Ernst 225

Perkins, Anthony 246
Petrus 447, 449
Pfeifer, Gisela 127
Piaget, Jean 488
Picasso, Pablo 32, 260
Pieper, Werner 123
Pilcher, Rosamunde 146
Pindar 258
Pinkerton, Kathrene 158
Piranesi, Giovanni Battista 250
Platon 194, 294, 494
Plotin 494
Podgorski, Teddy 360
Pöhl, Karl Otto 191
Pol Pot 192
Porath, Ulrich 159
Postman, Neil 356
Pott, Marcel 196, 209
Poussin, Nicolas 556
Powell, Colin 96
Prätorius, Emil 196
Proust, Marcel 246, 357ff., 361, 363, 369
Pu Sung-ling 124
Pütz, Dr. 292
Purce, Jill 286
Puschkin, Alexander 199

Q

Quasthoff, Thomas 227
Quincey, Thomas de 325, 337
Quinn, Freddy s. Freddy

R

Rabiah 93
Rachmaninow, Sergej 170
Raddatz, Fritz J. 547
Rätsch, Christian 459
Raffael 367, 455
Rahner, Karl 32
Rajneesh Chandra Mohan 195, 328
Rama Maharshi 328

Ramakrishna 327
Rambo Rummy 96
Rammler, Hubert 158
Rapp, Erika 159
Raschke, Hans Jochen 33
Rasputin 330
Rattenhuber, Johann 193
Rattle, Sir Simon 539
Rau, Johannes 192
Rauschenbach, Bernd 298
Ravel, Maurice 200
Reagan, Ronald 470
Rebhuhn, Werner 288
Reger, Max 199, 253
Rehmann, Ruth 126
Reich, Philipp Erasmus 558
Reich-Ranicki, Marcel 33, 188, 301
Reichardt, Johann Friedrich 226
Reinig, Christa 114
Reiter, Thomas 33
Remann, Micky 248, 335, 508 ff., 519
Remarque, Erich Maria 212
Rembrandt 232, 439
Reuter, Ernst 32
Richter, Horst Eberhard 33
Richter, Ludwig 351
Riedl, Tibor 292
Rieu, André 80, 82
Rilke, Rainer Maria 113, 163 f., 171, 189, 222, 286, 301, 383, 432, 438, 494, 559
Ringelnatz, Joachim 20, 209, 377
Ritz, Julietta 158
Ritz-Fröhlich, Gertrud 158
Roberts, Julia 134, 149
Rockefeller, John 223
Rodin, Auguste 228, 278, 282 f.
Rönckendorff, Edda 125
Rothmann, Ralf 117
Rousseau, Jean-Jacques 145, 366, 454

Rousseau, Henri 218, 220, 231, 291
Rowling, Joanne K. 488 ff., 491
Roy, Arundhati 101
Rühm, Gerhard 192
Rühmann, Horst 518, 523, 528
Rühmkorf, Peter 122 f., 289
Rumpf, Ewald 41, 191, 276 ff., 463
Rushdie, Salman 259
Russell, Bertrand 220, 285
Rust, Mathias 191

S
Sachs, Hans 219
Sack, Fritz 159
Sack, Hans-Joachim 158
Sack, Manfred 158, 187
Sack, Rudolf 159
Sack, Walter 159
Sackville-West, Vita 159
Saddam Hussein 94 f., 155, 188, 195, 541, 548
Sagan, Françoise 220
Saladin 95
Salieri, Antonio 231, 494
Sallust 258
Samel, Udo 557
Sancho, Miguel 199
Sand, George 32, 189
Sartre, Jean-Paul 116, 331, 494
Sattler, Dietrich E. 202
Sauer, Herta 256
Sauermann, Günter 158
Schade, Peter 196
Schalck, Franz 191
Schami, Rafik 159
Schamoni, Wilhelm 290
Schamschula, Rudolf 158
Scharnhorst, Gerhard von 558
Scheer, Karl Herbert 238
Scheerbart, Paul 338, 527
Scheid, Uwe 158

Scheidel, Peter 159
Schelling, Friedrich Wilhelm 133
Schenk, Hans 246
Schenk-Denzinger, Lotte 488
Schenkel, Susan 158
Schiffer, Claudia 55
Schiller, Friedrich 32, 192, 199, 225f., 288, 364ff., 379f., 558
Schiller, Karl 199
Schimmang, Jochen 59
Schindler, Oskar 31
Schirmbeck, Heinrich 113
Schlaffer, Edith 159
Schlegel, August Wilhelm 133
Schlegel, Friedrich 133
Schlink, Bernhard 59
Schlitter, Horst 158
Schliz, Annelore 158
Schmalz-Jacobsen, Cornelia 188
Schmidt, Alfred 200
Schmidt, Arno 188, 200, 256, 259, 298, 377, 464, 559
Schmidt, Gerhard 200
Schmidt, Harald 80, 149, 377
Schmidt, Helmut 33, 200, 233
Schneider, Peter 202
Schneider, Reinhold 202, 208
Schneider, Romy 33, 202, 208
Schneider, Wolf 122, 202
Schnitzler, Arthur 124
Schnurre, Wolfdietrich 291
Schönberg, Arnold 243, 573
Scholl-Latour, Peter 188
Schopenhauer, Arthur 112, 124, 163, 228, 258, 366f., 540
Schopenhauer, Johanna 225
Schubert, Franz 82, 259, 386, 558
Schumacher, Toni »Schumi« 33, 149, 215
Schumann, Clara 152
Schumann, Pierre 199

Schumann, Robert 82, 199, 325, 359
Schwarz-Schilling, Christian 188
Schwarzenbach, Franziska 4
Schwarzenegger, Arnold 149, 228, 495
Schwarzer, Alice 152
Schweitzer, Albert 31ff., 236, 540
Schwendter, Rolf 232
Seeler, Uwe 33
Seeling, Charlotte 143, 147
Seibel, Claus 213
Seibt, Gustav 191
Seidel, Ina 114
Seidl, Claudius 213
Sekora, Ondrej 456
Selvini-Palazzolis, Maria 490
Semiramis 465
Serner, Walter 235
Seurat, Georges 246
Seuse, Heinrich 340
Shakespeare, William 122, 226, 229, 287, 489
Shankar, Ravi 285
Sharon, Ariel 541
Shi Huang Di 390
Shi Mo 126
Shree Aurobindo 227, 328
Siebeck, Wolfram 552
Sielmann, Heinz 220
Sigusch, Volker 123
Simmel, Johannes Mario 115
Sjöwall, Maj 117, 127
Sloterdijk, Peter 102
Smetana, Bedrich 212
Sokrates 194, 232f., 556
Sonnenschein, Ulrich 71
Sophokles 439
Späth, Bernd 192
Späth, Lothar 192
Spengler, Oswald 202

Spengler, Tilman 114, 202
Spinnen, Burkhard 59, 63
Spinoza, Baruch 218f.
Spitzweg, Carl 275, 326, 377
Springer, Axel Cäsar 196
Stach, Reiner 495
Stalin 195
Stamm, Peter 63, 192
Stampa, Gaspara 258
Steiner, Rudolf 209, 214, 238, 294, 329, 336
Steinwachs, Ginka 208
Stifter, Adalbert 226, 290f.,
Stössel, Jürgen-Peter 158
Stockhausen, Karlheinz 33, 245, 248
Stoiber, Edmund 38
Stone, Sharon 150
Storl, Wolf-Dieter 459
Storm, Theodor 357
Stoß, Veit 290
Strauß, Botho 114f., 119, 127, 192, 200, 234
Strauß, Franz-Josef 200
Strauß, Johann 200
Strauß, Richard 200
Strawinsky, Igor 254
Strindberg, August 152
Süssmuth, Rita 13
Summ, Sylvia 356
Sundar Singh 328
Sung Man-cho 204
Sunil Gangopadhyay 97
Swinkel, Jan 158
Szöllösi, Ingeborg 99

T
Tacitus 450
Tagore, Rabindranath 102, 253, 288
Tao Yüan Ming 454
Tappert, Horst 224, 491
Tasso, Torquato 258

Tatsuro Murano 253
Taylor, Bayard 337
Teresa, Mutter 540
Thelen, Albert Vigoleis 225
Thoma, Hans 326, 379
Thomas von Aquin 454
Thoreau, Henry David 285
Tieck, Ludwig 115, 127, 227, 252, 325, 364
Timm, Uwe 124ff.
Tizian 220
Tobler, Georg Christoph 438f., 558
Tolkien, J.R.R. 556, 570
Tong Van So 204
Töpfer, Klaus 441
Topor, Roland 221
Torberg, Friedrich 120
Trakl, Georg 21, 147
Tucholsky, Kurt 495, 561
Twiggy 55

U
Uhland, Ludwig 224
Uhse, Beate 166
Umbach-Holle, Frau 556
Usama s. Osama

V
Valéry, Paul 234, 241
Varèse, Edgar 254
Verdi 211
Vernon, Tetbald de 372
Vespucci s. Amerigo
Vetterli, Werner 360
Vijay Tendulkar 98
Vivaldi, Antonio 31
Voegeli, Adolf 158
Vogel, Bernhard 201
Vogel, Hans-Jochen 201
Voltaire 489
Vries, Herman de 459

## W

Waberer, Keto von 189
Wachenfeld, Volker 116f.
Wagenbach, Klaus 495
Wagner, Franz Josef 32
Wagner, Richard 32, 114, 325, 372, 390, 457, 494, 539
Wagner, Richard (Schriftsteller) 198ff.
Wahlöö, Per 117, 127
Walch, Elena 191
Wallraff, Ferdinand Franz 558
Wallraff, Günter 32
Walser, Alissa 199
Walser, Johanna 114, 123, 199
Walser, Martin 115, 126, 199, 356
Walser, Robert 199
Walter, Fritz 33
Walter von der Vogelweide 205
Wanders, Lilo 166
Warhol, Andy 33, 287
Watteau, Jean Antoine 456, 556
Waugh, Evelyn 189
Weber, A. Paul 202
Weber, Max 202
Weber, Peter 202
Wedel, Dieter 223
Wehner, Herbert 33
Weiß, Fritz 158
Wellershoff, Dieter 113, 198
Welles, Orson 223, 495
Wendriner, Karl Georg 287
Wesendonck, Mathilde 32
Westphalen, Joseph von 195
Wickihalter, Rolf 158
Wicks, Jared 159
Wicks, Keith 159
Wicksell, Knut 158
Wieland, Christoph Martin 192, 225, 456, 539, 551
Wilde, Oscar 496
Wildecker Herzbuam s. Herzbuam
Wilhelm der Eroberer 209
Wilhelm II. 524
Will, Anne 207, 490
Wille, Bruno 454f.
Willutzki, Siegfried 207
Wimschneider, Anna 220
Winslet, Kate 537
Winter, Hannelore 158
Wintzer, Knut 158
Wohmann, Gabriele 126f.
Wolf, Christa 113, 116, 121
Wolf, Hugo 361
Wolf, Ror 192
Wollschläger, Hans 154ff., 157
Wonneberger, Reinhard 157
Wulf, Christian 33
Wunderlich, Paul 32

## X

Xanthippe 152

## Y

Yacko Iwasaki 328
Yongbo Zhao 4

## Z

Zacharia, Paul 101
Zadek, Peter 212
Zamaratte, Hugo 253
Zarathustra 223, 390, 494
Zemlinsky, Alexander 390
Zimmermann, Eduard 360
Zola, Emile 124
Zuckowsky, Rolf 33
Zwickel, Klaus 194

# Titel-Register

## A

AB UND ZU EINE WELT RETTEN 35
Ächze selten unter deinem Niveau! 176
All die Müllers ohne Mühle 201
Alle meine Loverinnen, z. B. Julia Nr. 3 128
Als ich neulich mal dringend sterben mußte 549
Antrag auf Namensänderung 186
Auch esoterischer Onanie kann Ernüchterung blühn 170
Auf die Barrikaden, ihr Fettsäcke! 268

## B

Babs & Bosch 140
BALD KOMMT SCHÖNE ZUKUNFT 587
Bau absichtlich Fremdkörper ein! 180
Bau als Anfänger ruhig ein wenig ›Als ob‹ ein! 176
Baum & Bäume:
 *Wie der Baum von Babel gefällt wurde* 443
 *Wie sich Wüstensöhne ins grüne Paradies zurücksehnten* 445
 *Buddha & Jesus und der Feigenbaum* 447
 *Der monotheistische Vandalismus des Sankt Bonifax* 449
 *Baumgeister auf Seefahrt* 450
 *Global-Ernüchterung: Schwere Zeiten für Baumgeister in Grünanlagen* 451
 *Wie grüne Fee & Green Man an der längeren Liane sitzen* 453
 *Wie sich Naturdämonen zu erschröcklich kitschigen Hausgeisterlein nippifizierten* 455
 *Grünes Winkewinke* 458
Baumelfen und Aktionsobjekte 461
Baumgeister auf Seefahrt 450
Befreien Sie Ihr Publikum von Übersättigung! 263
Bereu hinterher nichts! 181
Beziehe Fremdkörper liebevoll ein! 179
Bitte fahrfreie Sonntage! 441
Blick in eine andere Welt 237
Bringt euch auf den Punkt! 245
Buddha & Jesus und der Feigenbaum 447

**C**
Christliche Onanie bringt wenig 169

**D**
Damals, bei den Hummeln von Seebüll 345
Damals gab's mich noch 561
Das VLB als Wixvorlage 157
Demontier den Geniebegriff! 261
Der Aufklärer 324
Der Ernüchterte 331
Der Freizeitberauschte 321
Der Fulltime-Ekstatiker 327
Der Große Aufbruch 89
Der Möchtegernmystiker 330
Der monotheistische Vandalismus des Sankt Bonifax 449
Der Naturmystiker 325
Der Rauschausbeuter 329
Der Süchtige 322
Der stets Nüchterne 320
Die Abendröte schwamm blutrot hinter den Zweigen 349
Die Baumseele zwischen Abholzung und Stadtbegrünung 443
Die englischen Rosen verströmen ihren süßen Duft
    *Exklusive Privatparadiese 33 internationaler Künstlerinnen* 143
Die ethisch einwandfreieste Tat auf dieser Welt: weibliche Onanie 173
Die Schönheit und der Brutalo 54
Die überfließende Tasse der Unbeschreiblichkeit
    *Poetische Rauschbeschreibung zwischen Sprachkunst und Gesabbel*
    334
Doppelbegabung genügt nicht! 241
Duldet keine anderen Genies neben euch! 256

**E**
Ein echter Pfann-Goch? 275
Eigennamen dürfen frei erfunden werden! 205
Endlich schöne Anziehsachen, heile Welt und keinen Kunden mehr
    verlieren!
    *Briefwechsel zwischen einem Kleiderfirmen-Textchef und German*
    *Copy Manager, einem Auftragstextlieferanten und einem Kleider-*
    *versandkatalogkunden* 59
Endlich schöne Nußplätzchen-Polyphonie! 305
ENDLICH SCHÖNHEIT 49
Erst frühreif, dann Nachzügler – zu spät – zu früh – zu spät! 567

Ertrag nicht nur die Clowns! 377
Es gibt noch freundliche Mitmenschen 15
Es ist herrlich ... ich sterbe vor Lust ...
   *Eine Love Story, erzählt von 162 Autoren* 111

**F**

Fahr als Kentaur mindestens zweigleisig! 238
Fallen Sie weit vom Stamm! 219
Fangen Sie trotzdem früh an! 221
Fernziel Neandertal! 213
Frau Laabs ist überall 13
Frühling ohne Wiesenschaumkraut und Aurorafalter
   *Plädoyer für etwas besonnenneres Rasenmähen und Baumverstümmeln* 439

**G**

Geben Sie sich einen Anstrich edler Melancholie 223
Gehen Sie nicht vor Klassikern in die Knie! 225
Genie-Tips:
   *Genie-Tip Nr. 1: Kennen Sie nie Ihre Grenzen!* 216
   *Genie-Tip Nr. 2: Graben Sie Ihre Jugendsünden aus!* 217
   *Genie-Tip Nr. 3: Wählen Sie ein Maskottchen!* 217
   *Genie-Tip Nr. 4: Schämen Sie sich nie Ihres Brotberufs!* 218
   *Genie-Tip Nr. 5: Fallen Sie weit vom Stamm!* 219
   *Genie-Tip Nr. 6: Seien Sie nie zu alt dafür!* 220
   *Genie-Tip Nr. 7: Fangen Sie trotzdem früh an!* 221
   *Genie-Tip Nr. 8: Werden auch Sie ein Daniel Düsentrieb!* 221
   *Genie-Tip Nr. 9: Werden auch Sie ein Karajan!* 222
   *Genie-Tip Nr. 10: Geben Sie sich einen Anstrich edler Melancholie* 223
   *Genie-Tip Nr. 11: Sehen Sie getrost anders aus als ein Genie!* 224
   *Genie-Tip Nr. 12: Gehen Sie nicht vor Klassikern in die Knie!* 225
   *Genie-Tip Nr. 13: Vermeiden Sie gutes Aussehen!* 227
   *Genie-Tip Nr. 14: Keine Angst, banal zu sein!* 228
   *Genie-Tip Nr. 15: Keine Angst vor Athletentum!* 228
   *Genie-Tip Nr. 16: Legen Sie sich einen Stiernacken zu!* 229
   *Genie-Tip Nr. 17: Werden Sie Sensibelchen!* 229
   *Genie-Tip Nr. 18: Saugen Sie Musenküsse herbei!* 230
   *Genie-Tip Nr. 19: Von fehlendem Talent nicht kleinkriegen lassen!* 230
   *Genie-Tip Nr. 20: Stehen Sie zu Ihrem inneren Kind!* 231
   *Genie-Tip Nr. 21: Seien Sie öfters mal unsympathisch!* 232

*Genie-Tip Nr. 22: Leg dir nützliche Idioten zu!* 233
*Genie-Tip Nr. 23: Reit auf deinem Namen herum!* 234
*Genie-Tip Nr. 24: Komponiere, bossel, fummel, löte!* 235
*Genie-Tip Nr. 25: Sei asozial!* 236
*Genie-Tip Nr. 26: Kultiviere dein Reinkommen!* 236
*Genie-Tip Nr. 27: Pflege linke Hände!* 237
*Genie-Tip Nr. 28: Blick in eine andere Welt!* 237
*Genie-Tip Nr. 29: Fahr als Kentaur mindestens zweigleisig!* 238
*Genie-Tip Nr. 30: Unterbrich dich permanent selbst!* 241
*Genie-Tip Nr. 31: Doppelbegabung genügt nicht!* 241
*Genie-Tip Nr. 32: Halte Momente fest!* 241
*Genie-Tip Nr. 33: Lebt nicht umsonst im Atomzeitalter!* 242
*Genie-Tip Nr. 34: Seid sowohl eso- wie exoterisch!* 243
*Genie-Tip Nr. 35: Seid getrost unpünktlich!* 243
*Genie-Tip Nr. 36: Landet einen Hit!* 244
*Genie-Tip Nr. 37: Bringt euch auf den Punkt!* 245
*Genie-Tip Nr. 38: Keine Angst vor Effekthascherei!* 246
*Genie-Tip Nr. 39: Weich ab, egal wovon!* 246
*Genie-Tip. Nr. 40: Kreiere neue Genres!* 248
*Genie-Tip Nr. 41: Pflege alle Gattungen!* 253
*Genie-Tip Nr. 42: Sei deine eigene Werbeabteilung* 254
*Genie-Tip Nr. 43: Seid kaum identisch mit eurer Zielgruppe!* 255
*Genie-Tip Nr. 44: Duldet keine andern Genies neben euch!* 256
*Genie-Tip Nr. 45: Laßt euch Erfolge zu Kopf steigen!* 257
*Genie-Tip Nr. 46: Leg dich quer im Sieb der Zeit!* 257
*Genie-Tip Nr. 47: Understatement tut immer gut!* 258
*Genie-Tip Nr. 48: Seid selten und einsam!* 259
*Genie-Tip Nr. 49: Vermeiden Sie Originalitätsstreß!* 261
*Genie-Tip Nr. 50: Demontier den Geniebegriff!* 261
*Genie-Tip Nr. 51: Befreien Sie Ihr Publikum von Übersättigung!* 263
*Genie-Tip Nr. 52: Zeugen und erziehen Sie ein Wunderkind!* 264
*Genie-Tip Nr. 53: Hoffen Sie bitte keinesfalls auf Wunderkinder!* 265
*Genie-Tip Nr. 54: Genießen Sie alle Genietips mit Vorsicht!* 266
Genießen Sie alle Genie-Tips mit Vorsicht! 266
Global-Ernüchterung: Schwere Zeiten für Baumgeister in Grünanlagen 451
Goofy auf Himmelfahrt 496
Graben Sie Ihre Jugendsünden aus! 217
Grünes Winkewinke 458

## H

Halte dich an die elf grünen Gebote! 474
Halte Momente fest! 241
Harry Potter goes Dalei Lama, nur ab wann? 488
Heut früh sind alle Menschen schön! 51
HÖHENFLÜGE FÜR HUMPELPILGER 485
Hoffen Sie bitte keinesfalls auf ein Wunderkind! 265

## I

Ich rette nicht nur Ohrwürmern das Leben 37
Im Ozean der Namensvettern 197

## J

Jeder darf sein Kind taufen, wie er will! 202
Jeder darf sich mehrere eigene Namen geben! Mehr als einmal im Leben! 203
Jeder hat das Recht und die Pflicht, sich gelegentlich umzubenennen 206
Jeder sollte anders heißen dürfen! *Plädoyer für Namensfreiheit* 185
Jeder Staatsbürger darf so viele Namen tragen, wie er will 203

## K

Kein Name sollte wiederholt benutzt werden! 205
Keine Angst, banal zu sein 228
Keine Angst vor Athletentum! 228
Keine Angst vor Effekthascherei! 246
Kennen Sie nie Ihre Grenzen 216
Knüll-Idylle 463
Koitus kann Onanie unterbieten 171
Komponiere, bossel, fummel, löte! 235
Kopfweh und Erleuchtung 508
Kreiere neue Genres! 248
Kultiviere dein Reinkommen! 236
Kultiviere sowohl Kultur wie Natur! 176
Kulturgeschichte des Umtaufens 190
Kurz vor Weihnachten im Fleischwolf 398
Kurze und lange Namen 191
Küssen bitte auch Sie Deine Feinde!
   Endlich für immer versöhnt! 536

**L**
Landet einen Hit! 244
Laß dir pausenlos Weiterführendes einfallen! 179
Laßt euch Erfolge zu Kopf steigen 257
Laudatio auf den Bildhauer Ewald Rumpf 276
Lebt nicht umsonst im Atomzeitalter! 242
Leg dich quer zum Sieb der Zeit 257
Leg dir nützliche Idioten zu 233
Legen Sie sich einen Stiernacken zu! 229
LICHTBRINGERS HELFENDE HAND 167
LÜGENMÄRCHEN FÜR ÜBERMENSCHEN 565

**M**
Macht hoch die Tür – der nächste bitte! 491
Mein letztes Wort 547
Mein Weltenrichter vor Gericht 574
Meine persönliche Auschwitzlüge 396
Moloch versus Moloch: Chindia im Oneworld-Papiertütchen 97
MORGENLANDFAHRT & DRITTE WELT 87

**N**
Nächstenliebe in der Warteschlange 11
Namensänderung darf nie wieder bürokratisch erschwert werden! 205
Namensfreiheiten:
*Namensfreiheit: Umbenennung verboten 185*
*Namensfreiheit: Antrag auf Namensänderung 186*
*Namensfreiheit: Zeitalter der Bindestrich-Mädchen 188*
*Namensfreiheit: Spätfolgen verfrühter Kindstaufen 189*
*Namensfreiheit: Kulturgeschichte des Umtaufens 190*
*Namensfreiheit: Kurze und lange Namen 191*
*Namensfreiheit: Vom Terror des Taufens 192*
*Namensfreiheit: Von der Sehnsucht, anders zu heißen 194*
*Namensfreiheit: Im Ozean der Namensvettern 197*
*Namensfreiheit: Historischer Exkurs – all die Müllers ohne Mühle 201*
*Namensfreiheit: Vorschläge zu einer humaneren Gesetzgebung:*
  *§ 1: Jeder darf sein Kind taufen, wie er will! 202*
  *§ 2: Jeder Staatsbürger darf so viele Namen tragen, wie er will 203*
  *§ 3: Jeder darf sich mehrere eigene Namen geben! Mehr als einmal im Leben! 203*
  *§ 4: Namensänderung darf nie wieder bürokratisch erschwert werden! 205*

§ 5: Eigennamen dürfen frei erfunden werden! 205
§ 6: Kein Name sollte wiederholt benutzt werden! 205
§ 7: Jeder hat das Recht und die Pflicht, sich gelegentlich umzubenennen 206
Namensfreiheit: Ganz unter uns gesagt 206
Namensfreiheit: Weitere Nachteile erlösender Namensfreiheit 207
Namensfreiheit: Traurige Bilanzen 211
Namensfreiheit: Vorsicht vor Künstlernamen und exotischen Namen! 211
Namensfreiheit: Fazit 212
Nie wieder Zeitprobleme! 266

## O

O je, jetzt wird das Abendland doch noch runtergespült 19
Objekte, verschönert euch! 298
Oliver und Olivia, ein wundervoller Liebesroman 79
Onanie bleibt ökonomisch günstiger als Koitus 169
Onanie für Fortgeschrittene kann auf Wixvorlagen verzichten 173
Onanie kann Koitus überbieten 172
Onanie kann x Weltprobleme lösen, um nicht zu sagen: fortrubbeln 174
Onanie sollte pausenlos greifbar sein 173
Onanie, technologisch hochkompetent, kann gefühlskalt bleiben 171
Onanie-Thesen:
  Onanie-These Nr. 1: Wer onaniert, muß nicht einsam sein 169
  Onanie-These Nr. 2: Onanie bleibt ökonomisch günstiger als Koitus 169
  Onanie-These Nr. 3: Christliche Onanie bringt wenig 169
  Onanie-These Nr. 4: Romantische Onanie schenkt viel mehr 170
  Onanie-These Nr. 5: Auch esoterischer Onanie kann Ernüchterung blühn 170
  Onanie-These Nr. 6: Onanie, technologisch hochkompetent, kann gefühlskalt bleiben 171
  Onanie- These Nr. 7: Koitus kann Onanie unterbieten 171
  Onanie-These Nr. 8: Onanie kann Koitus überbieten 172
  Onanie-These Nr. 9: Onanie sollte pausenlos greifbar sein 173
  Onanie-These Nr. 10: Onanie für Fortgeschrittene kann auf Wixvorlagen verzichten 173
  Onanie-These Nr. 11: Die ethisch einwandfreieste Tat auf dieser Welt: weibliche Onanie 173
  Onanie-These Nr. 12: Onanie kann x Weltprobleme lösen, um nicht zu sagen: fortrubbeln 174

Onanie-Tip Nr. 1: Bau als Anfänger ruhig ein wenig ›Als ob‹ ein!
176
Onanie-Tip Nr. 2: Ächze selten unter deinem Niveau! 176
Onanie-Tip Nr. 3: Kultiviere sowohl Kultur wie Natur! 176
Onanie-Tip Nr. 4: Verschmäh' als Anfänger einfache Hilfsmittel nicht! 177
Onanie-Tip Nr 5: Vergiß dies und jenes! 178
Onanie-Tip Nr. 6: Such Sex nicht nur innerhalb deiner Sexualität!
178
Onanie-Tip Nr. 7: Laß dir pausenlos Weiterführendes einfallen! 179
Onanie-Tip Nr. 8: Beziehe Fremdkörper liebevoll ein! 179
Onanie-Tip Nr. 9: Bau absichtlich Fremdkörper ein! 180
Onanie-Tip Nr. 10: Sei Menschheit, sei nicht immer nur du! 180
Onanie-Tip Nr. 11: Bereu hinterher nichts! 181

**P**
Pflege alle Gattungen! 253
Pflege linke Hände! 237
Pornos sind schön! 154

**R**
Rausch-Typen:
   Typ Nr. 1: Der stets Nüchterne 320
   Typ Nr. 2: Der Freizeitberauschte 321
   Typ Nr. 3: Der Süchtige 322
   Typ Nr. 4: Der Aufklärer 324
   Typ Nr. 5: Der Naturmystiker 325
   Typ Nr. 6: Der Fulltime-Ekstatiker 327
   Typ Nr. 7: Der Rauschausbeuter 329
   Typ Nr. 8: Der Möchtegernmystiker 330
   Typ Nr. 9: Der Ernüchterte 331
Reit auf deinem Namen herum! 234
Romantische Onanie schenkt viel mehr 170

**S**
Saugen Sie Musenküsse herbei! 230
Schämen Sie sich nie Ihres Brotberufs! 218
Schlagzeile aus dem Jahr 2019 n. Chr.:
   »Krebs endlich für immer besiegt!!!« 589
Schlagzeile aus dem Jahr 3795 n. Chr.:
   »Menschheitsverbesserung – dank Mördermangel!« 591
Schlimmster Finger in seligster Säusel-Idylle 379

Schlips und Turban bzw. Sari und Dirndl  91
SCHÖNE KÜNSTE  273
Sehen Sie getrost anders aus als ein Genie!  224
Sehnsucht nach besserem Krieg  22
Sei asozial!  236
Sei deine eigene Werbeabteilung!  254
Sei Menschheit, sei nicht immer nur du!  180
Seid getrost unpünktlich  243
Seid kaum identisch mit eurer Zielgruppe!  255
Seid selten und einsam!  259
Seid sowohl eso- wie exoterisch!  243
Seien Sie nie zu alt dafür!  220
Seien Sie öfter mal unsympathisch  232
Sind Frauen die sinnvolleren Männer?  148
Sind Pflanzen die besseren Lebewesen?  431
Sind Schwule die gelungeneren Männer?  139
Sind Wolken die schöneren Lebewesen?  434
Spätfolgen einer Spätleerung  45
Spätfolgen verfrühter Kindstaufen  189
Stehen Sie zu Ihrem innerern Kind!  231
STERBEBETTFREUDEN FÜR SCHÖNGEISTER  545
Such Sex nicht nur innerhalb deiner Sexualität!  178
Süßeste Seuche – Nostalgia  353
Sufi Dance – ohne alle Leute  317

T
Tausendjähriges Reich für immer und seit je!  387
Tod oder Liebe – weck den Bonobo in dir!  109
Transzendentus interruptus  544
Traurige Bilanzen  211
Tropfprobleme bei UHU-Tuben  30
Typologie der Berauschten  320

U
Über den richtigen Umgang mit Affen  181
Über den richtigen Umgang mit Arbeitern  182
Uhu und Amadeus  14
Umbenennung verboten  185
… und wie heiliger Sexus auf den Dackel kam  162
Understatement tut immer gut  258
UNSCHÖNE WELT  9
Unterbrich dich permanent selbst  241

## V

Vergiß dies und jenes!  178
Vermeiden Sie gutes Aussehen!  227
Vermeiden Sie Originalitätsstreß  261
Verschmäh' als Anfänger einfache Hilfsmittel nicht!  177
Vielen berühmten Deutschen sind ihre vielen Vorbilder wichtig  31
Vielleicht bin ich schlimmer, als ich aussah  24
14 Milliarden Jahre in 2 ½ Minuten  559
VOLLMONDTRÄUME  303
VOLLRAUSCH & RAUSCH  315
Vom fehlenden Talent nicht kleinkriegen lassen!  230
Vom Niedergang einstiger Klospruch-Kultur  19
Vom Terror des Taufens  192
Von der Sehnsucht, anders zu heißen  194
Vorschläge zu einer humaneren Gesetzgebung  202
Vorschlag zur Wiedergewinnung Gottes  487
Vorsicht vor Künstlernamen und exotischen Namen!  211

## W

Wählen Sie ein Maskottchen!  217
Warum ich Bücher nach Farben sortiere  285
Warum ich trotz Heuschnupfen seit 1000 v. Chr. die Grünen wähle  473
Weibliche Onanie  173
Weich ab, egal wovon!  246
Weitere Nachteile erlösender Namensfreiheit  207
Weltrettung im Forellenhof  41
Wenn das Kamel seinen Höcker sehen könnte  93
Wer onaniert, muß nicht einsam sein  169
Wer raffiniert onaniert, rettet die Welt!
 *Thesenpaket für einweihbare Lustmolche*  169
Werden auch Sie ein Daniel Düsentrieb  221
Werden auch Sie ein Genie!
 *54 Tips*  215
Werden auch Sie ein Karajan  222
Werden Sie ein Sensibelchen  229
WERMUTSTROPFEN  375
Wie Abu Brahma 5000 v. Chr. den Hirten die Onanie beibrachte ...  159
Wie der Baum von Babel gefällt wurde  443
Wie ein Schweizer Pfarrer jeden Goethe wundersam überbot  437
Wie grüne Fee & Green Man an der längeren Liane sitzen  453
Wie ich auf schmalem Pfad zum Elysium reiste  551
Wie ich einmal auf saublöde Art erleuchtet wurde  534

Wie ich mal einen Inder beglückte 104
Wie ich mal einen Türken beglückte 103
Wie Kafka dann doch den Jackpot knackte 493
Wie man ein Aquarium reinigt! 482
Wie mich im schönsten Elysium ein wandelnder Stilbruch plagte 555
Wie sich Naturdämonen zu erschröcklich kitschigen Hausgeisterlein nippifizierten 455
Wie sich Wüstensöhne ins grüne Paradies zurücksehnten 445
Wie wir Buddha und Mozart vor Hitler bewahren wollten 569
WOLLUSTPFLEGE 107

## Z
Zeitalter der Bindestrich-Mädchen 188
Zeugen und erziehen Sie ein Wunderkind 264
ZURÜCK ZUR NATUR – ZUR NOT MIT VOLLGAS 429
ZURÜCK ZUR ZUSPÄTROMANTIK 343
Zwei, drei Beweise, daß ich bald selig gesprochen werden müßte 531
Zwischen Fisch und unspezifisch 300
Zwischen Weltlupe und WC-Suche 306

# Aus dem Familienalbum eines Öko-Dandys

Einer dieser fünf hochbegabten Männer zeugte den ersten Sohn meines Vaters.

Meine Mutti vermittelte mir von frühauf kindliches Urvertrauen, gute Kinderstube, Harmonie, Ethik, Sinn für Schönes, Liebe zu Mutter Natur.

Wunderbare Urgroßeltern ahnten noch nichts vom Kuckucksei.

Bereits im Vorstadium früher Höhlenmalerei und Hochgotik
entwickelte sich eine qualitativ recht hochwertige Kunstgeschichte.

Bildende Kunst versuchte seit 3000 v. Chr. zielsicher auf speziell
meine Anatomie und Physiognomie zuzulaufen.
Ich ließ das halt mit mir machen.

Von frühauf hielt ich diverse Realitäten nicht aus
und floh in ästhetische Scheinwelten. Doch kaum guckte ich aus
ölgemalter Wäsche hervor, sah ich auch nicht viel erlöster aus.

## Aus dem Familienalbum eines Öko-Dandys

Meine angeborene Melancholie entfernte mich – pro Lebensstadium – von meiner ungenügenden Umwelt. Selten war mein Reich von dieser Welt.

Von früh an taten dem häßlichen Entlein, als das ich immer wieder herumwatschelte, Religion und Biologie insgesamt viel Gutes. Nur hing mir Religion oft nicht hoch genug. Und die schöne Natur hatte andere Nachteile.

Oft haderte ich mit Gott, daß er mich in arg unexotische Biotopien hineingeworfen hatte. Aber jedes andere Milieu hätt genausowenig zu mir gepaßt.

Immer wieder wartete ich an den
Ampelanlagen des Lebens auf Grün.

Immer wieder winkte mir flüchtiger Genuß.

Bisweilen schien mir sogar dubiöses Glück zu winken,
und herrliches Scheinglück. Ich aber wollte mehr, als mir genügte.

*Aus dem Familienalbum eines Öko-Dandys*  627

Sobald ich mich mit der Welt zerstritt, versöhnte ich mich
wenigstens mit etlichen Klassikern und Hausgötzen.

Bevor der Kosmos mich unästhetisch ausknipste, fand ich
als Radardenker Tricks, drei Schritt vom Globus zurückzutreten,
ohne die tierische Mitwelt links liegenzulassen.

Ständig holten die Leiden der Welt mich ein.
Ihren Anblick verkraftete ich Sensibelchen nur ungern.

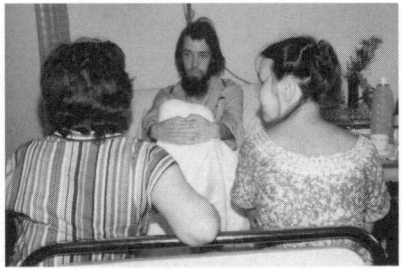

Dann kam ich selber auf die Schlachtbank.

Noch auf dem Sterbebett glommen mir x verpaßte
Glücksmomente auf.

Vom Tod ließ ich mich selten irritieren;
denn immer kam irgendwo ein Schoß in Sicht, um mich erneut
der lebensgefährlichen Welt zurückzugeben.

*Aus dem Familienalbum eines Öko-Dandys*

Immer wieder ging alles von vorn los. Manchmal erkannte ich mich wieder, auch wenn ich bloß ‚The Beatles' & Heino präferierte, statt Opus 131 in cis-moll.

Immer wieder stürzte ich mich in entzauberter Welt auf die allerletzten Reste unverfälschter Natur.

Pro Sterbebett knatterten Milliarden Chinesen über mich hinweg und gingen gleichfalls von uns. Fast jedes Mal lief auch ich als Chinesin herum.

Sobald ich vor lauter Morgenlandsehnsucht in der
Dritten Welt reinkarnierte, landete ich bei optischen Resultaten,
die mir nicht ganz gelegen kamen.

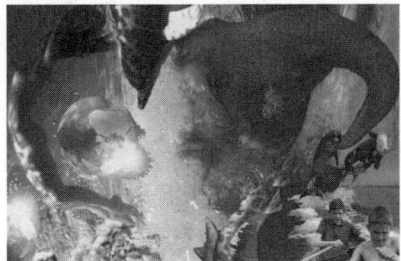

Bisweilen fühlte ich mich auf dem blauen Planeten
unseres Einsteinschen Raumzeitkontinuums sogar relativ heimisch.

Und immer wieder lief ich als ein anderer herum,
und immer wieder winkte flüchtiger Genuß.

## Aus dem Familienalbum eines Öko-Dandys

Meistens ließ ich mir das saftigpralle Leben nicht von
angezogenen Randerscheinungen verderben.

Ich gründete manch eine gesunde Familie, ohne mir von
Jesusfreaks einreden zu lassen: »Nimm keine Kondome!«
Und: »Lasset die Kindlein zu mir kommen!«

Selten litt ich wie eine Sau, nur weil die Menschheit von
Maulana Dschellaludin Rumi, Jeanne d'Arc und Amadeus Mozart
keine authentischen Bildnisse besitzt.

Immer öfter lockte das üppige Leben mit noch flüchtigerem Genuß.

Kaum fanden wir uns in paradiesischer Unschuld im Garten Eden wieder, wurden wir zur Strafe für illegitimen Obstverzehr verdammt, als Neandertaler durch die Steinzeit zu laufen.

Immer seltener wuchs ich über die Jung- und Altsteinzeit hinaus.

# Aus dem Familienalbum eines Öko-Dandys

Manchmal fand ich Identität.
Hier als Öko-Dandy 1781 im Wald,
um Rousseau zu lesen.

Kaum aber versöhnte ich mich
mit verschönerbarer Welt,
warf sie mich in den Restmüll,
immerhin zwischen
schönen Blumen.
Wir werden
uns sehr
vermis-
sen

•

## WERDEN AUCH SIE EIN GENIE MIT DEM HANDBUCH ZUR LUSTVOLLEN LEBENSGESTALTUNG

Holbeins Kosmos umfaßt Alles und noch mehr; da ist Nichts, was es nicht gibt; nichts ist ihm zu klein; freilich auch nichts zu groß; er fürchtet sich weder vor Himmel noch Teufel. Holbein ist der Artist unter den Universalisten, der Equilibrist unter den Enzyklopädisten; der Radardenker, der die Gegensätze zusammendenkt; der Durchblicker mit dem Hauptschlüssel zum Punkt, der die Welt im Innersten zusammenhält; auch zu den letzten Kammern des Blaubart; er läßt die Moleküle rasen, die Synapsen Samba tanzen und den Cortex hard rocken; die auf- und absteigenden Gedanken-Monsune bescheren ein kopernikanisches Glücksgefühl; er ist der Illuminator, der in geräumigen Köpfen die Lichter reihenweise anknipst und die Rumpelkammern der Philosophie und leider auch der Theologie ausleuchtet und die schönsten Illusionen austreibt und durch schönere ersetzt: Die Genitalität bleibt der Resonanzboden der Genialität.

Ein Programm der ästhetischen Lebensgewinnung, wie es seit den Tagen des Oscar Wilde nicht mehr auf uns gekommen ist; blühen Sie auf mit

## ULRICH HOLBEINs WELT- VERSCHÖNERUNG

ULRICH HOLBEIN, geboren 1954 in Erfurt, lebt im nordhessischen Knüllgebirge. Bücher: »Samthase und Odradek«, 1998; »Der belauschte Lärm«, 1991; »Ozeanische Sekunde«, 1993; »Die vollbesetzte Bildungslücke«, 1993; »Warum zeugst du mich nicht?«1993; »Sprachlupe«, 1996; »Isis entschleiert«, 2000; »Nekrolog auf den Ladenhüter und andere«, 2000; »Ungleiche Zwillinge«, 2002; »Zwischen Urknall und Herzberg: Ich als Hippie in Raum und Zeit«, 2002; »Januskopfweh«, 2003. »Ulrich Holbeins Weltverschönerung« ist sein vorläufiges Lebenswerk.

# Haffmans Verlag
# bei Zweitausendeins

**ATHEISMUS-KATECHISMUS.** Zwingende Zweifel von Friedrich dem Großen, Georg Büchner, Ludwig Feuerbach, Karl Marx, Arthur Schopenhauer, Fritz Mauthner, Arno Schmidt, Vladimir Nabokov, Polly Toynbee, Ulrich Holbein, Fritz Senn und Ludger Lütkehaus, auf gottfernen Seiten gesammelt von Gerd Haffmans.

**SOPHIE ANDRESKY.** Echte Männer. Was Frauen wirklich wollen. Verführungen zur Lust.

**KLAUS BITTERMANN.** Aufstand der Kuscheltiere. Eine Räuber- & Pistolengeschichte für kluge Kinder mit bunten Abenteuer-Bildern von **RUDI HURZLMEIER.**

**KYRIL BONFIGLIOLI.** Charlie Mortdecai in Das große Schnurrbart-Geheimnis. Ein komischer Fall für Zwei. Deutsch von Steffen Jacobs.

**GEORG BÜCHNER.** Werke & Briefe. Vollständige Ausgabe mit Chronik herausgegeben von Fritz Eycken.

**CHRISTOPHER BUCKLEY.** Danke, daß Sie hier rauchen. Der Roman auf den PR-, Medien- und Politzirkus. Deutsch von Friedhelm Rathjen.

**CHRISTOPHER BUCKLEY.** Florence von Arabien. Der Roman der Frauen im Nahen Osten. Deutsch von Martin Richter.

**WILHELM BUSCH.** Die Gedichte. Herausgegeben und mit einem Nachwort »Ein deutscher Klassiker der Komik« von Gerd Haffmans.

**LAURA SHAINE CUNNINGHAM.** Weiberrunde. Roman. Sechs Freundinnen erleben eine lange Nacht, in der alles rauskommt. Deutsch von Juliane Zaubitzer.

**PHILIP K. DICK.** Sämtliche 118 Science-Fiction-Geschichten in 5 Bänden. Geschichten der angewandten oder auch praktischen Philosophie.

**JÖRG DREWS.** Dichter beschimpfen Dichter. Die endgültige Sammlung literarischer Kollegenschelten. Mit einem Nachwort des Herausgebers und kämpfenden Bücher-Bildern von Jonathan Wolstenholme.

**JENNY ECLAIR.** Schöne Ferien. Zwei Familien zwischen Auf- und Abbruch. Deutsch von Juliane Zaubitzer.

**JENNY ECLAIR.** Vorstadt-Schönheit. Vom Treiben & Paaren in den Großen Städten. Deutsch von Juliane Zaubitzer.

**EUGEN EGNER.** Als der Weihnachtsmann eine Frau war. Mit farbigen Bildern von Rudi Hurzlmeier, Michael Sowa und Eugen Egner.

Fritz & Katinka Eycken (Hrsg.) **SCHARFE STELLEN.** Ein Lesebuch der Hocherotik. In 6 Stellen auf die Reihe gebracht. Geschmückt mit Zeichnungen von Rudi Hurzlmeier. Die feine Art der literarischen Anmache.

**GUSTAVE FLAUBERT.** Madame Bovary. Sitten der Provinz. Roman. Vollständig neu übersetzt und mit Anmerkungen von Caroline Vollmann.

**GUSTAVE FLAUBERT.** Bouvard und Pécuchet. Roman vom Mangel an Methode in den Wissenschaften. Mit dem Wörterbuch der Gemeinplätze. Vollständig neu übersetzt und mit Anmerkungen von Caroline Vollmann.

**GUSTAVE FLAUBERT.** Salambo. Der Roman Karthagos. Vollständig neu übersetzt und mit Anmerkungen von Petra-Susanne Räbel.

**GUSTAVE FLAUBERT.** Der Briefwechsel mit den Brüdern **EDMOND & JULES DE GONCOURT.** Alle erhaltenen Briefe und alle Eintragungen zu Flaubert aus dem Tagebuch der Brüder erstmals deutsch. Übersetzt und mit Anmerkungen von Cornelia Hasting.

**BRÜDER GRIMM.** Kinder- & Haus-Märchen. Die von Jakob & Wilhelm Grimm selbst herausgegebene, rare Kleine Ausgabe von 1852. Nachwort von Peter Rühmkorf.

**GEORGE GRUNTZ.** Als weißer Neger geboren. Ein Leben für den Jazz. Die Autobiographie des großen Schweizer Jazz-Pianisten, Komponisten & Bandleaders der GG Concert Jazzband.

**THOMAS GSELLA.** Generation Reim. Gedichte & Moritat. Mit Zeichnungen von Greser & Lenz.

**SIR HENRY RIDER HAGGARD.** SIE-der-man-gehorchen-muß. Ein Abenteuer-, Liebes- und Unsterblichkeitsroman vom neuen Matriarchat. Deutsch, mit Anmerkungen und einem Nachwort von Susanne Luber.

**WOLFGANG HERRNDORF.** In Plüschgewittern. Ein deutscher Hauptstadtroman.

**ULRICH HOLBEIN**s Weltverschönerung. Umwege zum Scheinglück. Ein vorläufiges Lebenswerk.

**LUDWIG HOMANN.** Ein deutsches Leben. Zwei Romane: »Der weiße Jude« und »Der Hunne am Tor« erstmals in einem Band.

**DAVID HUGGINS.** Ein einziger Hit. Ein Hard-Rock-Thriller. Deutsch von Karsten Singelmann.

**RUDI HURZLMEIER & HARRY ROWOHLT.** Miez miez. Schöne scharfe Katzen in Bild & Vers.

**RUDI HURZLMEIER & HARRY ROWOHLT.** Ich wollt, ich wär Dein Hund. Eine kunterbunte Hundekunde in Bild & Vers.

**RUDI HURZLMEIER & HARRY ROWOHLT.** Happy Birds-Day. Die fröhliche Vögel-Welt in Bild & Vers.

**RUDI HURZLMEIER & HARRY ROWOHLT.** Wahre Engel und andere Geister der Weihnacht in Bild & Vers.

**JORIS-KARL HUYSMANS.** Gegen Alle. Die Bibel der Dekadenz. Neu übersetzt von Caroline Vollmann. Mit Stimmen von Emile Zola bis Victor Klemperer.

**BERND IMGRUND.** Quinn Kuul. Ein Schelmen-, Erziehungs-, Agenten-, Köln- & Liebes-Roman.

**STEFFEN JACOBS.** Angebot freundlicher Übernahme. Lyrik der Lust, Liebes- & Lebens-Pein. Mit CD, belesen vom Dichter.

Steffen Jacobs (Hrsg.) **DIE LIEBENDEN DEUTSCHEN.** 445 entflammte Gedichte aus 400 Jahren.

Steffen Jacobs (Hrsg.) **DIE KOMISCHEN DEUTSCHEN.** 881 gewitzte Gedichte aus 400 Jahren.

Steffen Jacobs (Hrsg.) **DIE KOMISCHEN DEUTSCHEN: DAS HÖR-BUCH.** 104 gewitzte Gedichte aus 400 Jahren. Vorgetragen von Steffen Jacobs mit Katharina Thalbach, Harry Rowohlt und Gerd Haffmans. CD

**NORBERT JOHANNIMLOH.** Regenbogen über der Appelbaumchaussee. Ein westfälisches Sittenbild in Geschichten und Gedichten mit dem Triptychon um die Judith von Münster.

**GABRIEL JOSIPOVICI.** Nur ein Scherz. Ein Kunst-, Räuber-, Liebes- und Glücks-Roman im Gespräch. Deutsch von Gerd Haffmans.

**HERMANN KINDER.** Mein Melaten. Der Methusalem-Roman. Ein Mann wird älter zwischen Köln und Konstanz.

**KARIN KUSTERER.** Märchen von der unmöglichen Liebe. Roman von werdendem Leben und einer Reise ins Herz der Finsternis Afghanistans.

**PHILIP LARKIN.** Wirbel im Mädcheninternat Willow Gables. Der bezaubernde Mädchenroman eines großen Lyrikers. Deutsch von Steffen Jacobs.

**CHARLES LEWINSKY.** Der A-Quotient. Theorie und Praxis des Lebens mit Arschlöchern. Ein Lehrbuch mit Zeichnungen von Thomas di Paolo.

**CHARLES LEWINSKY.** »Mattscheibe« und »Talkshow«. Zwei Fernseh-Romane in einem Band. Mit den zweien – liest man besser.

**GEORG CHRISTOPH LICHTENBERG.** Die Aphorismen-Bücher. Vollständige Ausgabe in einem Band, herausgegeben von Albert Leitzmann.

**DAVID LODGE.** Autor, Autor. Ein Roman über Leben, Werk und Wirkung des Schriftstellers Henry James und einige seiner Zeitgenossen. Deutsch von Renate Orth-Guttmann.

**DAVID LODGE.** Das Jahr des Henry James oder Timing ist alles. Der Roman des Romans »Autor, Autor« über Leben, Werk und Wirkung des Schriftstellers Henry James. Deutsch von Renate Orth-Guttmann.

**DAVID LODGE.** Therapie & Denkt. Zwei Tagebuch- & Campus-Romane über Liebe, Lust und Wissenschaft. Deutsch von Renate Orth-Guttmann & Martin Ruf.

**TILL R. LOHMEYER.** Unter Zoologen. Von Vögeln, Käfern & Karrieren und tödlichen Liebes-Trieben.

**GRAHAM LORD.** Leider sehen wir uns gezwungen, Ihnen mitzuteilen... (Sie sind gefeuert!) Die Komödie vom harten Los: arbeitslos. Deutsch von Miriam Carbe.

**LUDGER LÜTKEHAUS.** NICHTS. Abschied vom Sein. Ende der Angst. Ein Lebenswerk.

**LUDGER LÜTKEHAUS.** Das nie erreichte Ende der Welt. Erzählungen von den ersten und letzten Dingen.

**JENNY McPHEE.** Der Kern der Dinge. Eine sexy Geschichte vom klassischen Kino, um Klatschpresse, Quantenmechanik und Mr. Right.

**XAVIER DE MAISTRE.** Reise um mein Zimmer & Nächtliche Expedition um mein Zimmer. Ein kleiner Klassiker. Deutsch von Caroline Vollmann. Mit Reise-Bildern von Andy Wildi.

**KATHERINE MANSFIELD.** In einer deutschen Pension. Geschichten zur Erholung. Deutsch von Ute Haffmans. Mit einem Nachwort von Heiko Arntz.

**AXEL MARQUARDT.** Anselm im Glück. Ein europäischer Reise- & Schelmenroman.

**AXEL MARQUARDT.** Was bisher geschah. Alle Mach-, Lach- & Meisterwerke in einem Band.

**MONTY PYTHON.** Sämtliche Worte. Die vollständigen Drehbücher der legendären 45 Fernseh-Folgen mit vielen Fotos.

**CHRISTIAN MORGENSTERN.** Die Galgenlieder. Vollständige Ausgabe. Mit drei Briefen des Dichters. Herausgegeben von Gerd Haffmans.

**FANNY MÜLLER.** Keks, Frau K. & Katastrophen. Die fehlten noch: Alle Geschichten.

**FANNY MÜLLER** liest aus Keks, Frau K. & Katastrophen. CD, mit einer gedruckten Rede von Frank Schulz.

**FANNY MÜLLER & SUSANNE FISCHER.** Stadt Land Mord. Roman in Briefen. Zwei Frauen räumen ihre Männer auf.

**WOLF von NIEBELSCHÜTZ.** Die Kinder der Finsternis. Der Roman vom leuchtend lebendigen Mittelalter.

**M. A. NUMMINEN.** Tango ist meine Leidenschaft. Ein Tanz- und Liebesroman aus dem heißen Norden. Deutsch von Eike Fuhrmann.

**M. A. NUMMINEN.** Der Kneipenmann. Eine Reise zu den Bier-Bars in Finnland von Helsinki bis zum Nordkap. Deutsch von Eike Fuhrmann.

**M. A. NUMMINEN** sings Wittgenstein & Helena est libertas. Die CD eines intellektuellen Entertainers.

**M. A. NUMMINEN** singt wüste wilde Weihnachtslieder. Eine CD mit festlichem Liedgut.

**JAN GRAF POTOCKI.** Die Handschrift von Saragossa oder Die Abenteuer in der Sierra Morena. Ein verzaubernder Jahrhundertroman von Grafen, Gaunern und Geliebten. Deutsch von Werner Creutziger.

**RAINER MARIA RILKE.** Das dichterische Werk. Die Lyrik & Prosa in einem Band, getreu nach der ersten Werkausgabe von 1927. Mit einer Rede von Robert Musil.

**JOACHIM RINGELNATZ.** Die Gedichte. Vollständige Ausgabe in einem Band, getreu nach den Erstausgaben und Ausgaben letzter Hand herausgegeben von Fritz & Katinka Eycken mit Jakob Winter.

**HARRY ROWOHLT.** Pooh's Corner complett. Sämtliche Kolumnen, Rezensionen, Berichte und Filmkritiken in einem Band. Dazu: Der Harry-Rowohlt-Rabe Nr. 64. Herausgegeben von Gerd Haffmans und Heiko Arntz.

**SARAH SANDS.** Spielchen spielen. Ein Fernseh- und Zicken-Roman. Deutsch von Sabine Lohmann.

**ARTHUR SCHOPENHAUER.** Werke in 5 Bänden. Erstmals nach den Ausgaben letzter Hand herausgegeben und mit einer Einleitung von Ludger Lütkehaus in einem Beibuch.

**ARTHUR SCHOPENHAUER.** Eristische Dialektik oder Die Kunst, Recht zu behalten. Ein Lehrbuch mit 38 Kunstgriffen. Herausgegeben von Gerd Haffmans.

Das **SCHOPENHAUER** EinLeseBuch. Ein ABC zur Lebenskunst aus dem Handschriftlichen Nachlaß gezogen von Gerd Haffmans, nebst einem Anhang, der die Kritik der korrupten Vernunft enthält.

**FRANK SCHULZ.** Kolks blonde Bräute. Roman vom rechten Reden & Trinken, von wahrer Liebe & echter Freundschaft und kleinen Taten & großen Träumen. Hagener Trilogie I.

**FRANK SCHULZ.** Kolks blonde Bräute. Der ganze Roman als Hörbuch eingerichtet vom Verfasser, gelesen von Harry Rowohlt, Fanny Müller, Marion von Stengel, Gerd Haffmans und Frank Schulz. 7 CDs oder 1 MP-3.

**FRANK SCHULZ.** Morbus fonticuli oder Die Sehnsucht des Laien. Ein großer Roman der deutschen Hochkomik. Hagener Trilogie II.

**FRANK SCHULZ.** Das Ouzo-Orakel. Roman. Die Vollendung: Hagener Trilogie III.

**FRANK SCHULZ.** Die Hagener Trilogie in Kassette. Mit der Laudatio von Frank Schäfer zum Hubert-Fichte-Preis an Frank Schulz als Beiheft.

**DAVID SEDARIS.** Gute-Nackt-Geschichten. Alle Geschichten aus »Naked« und »Ich ein Tag sprechen hübsch« in einem Band. Deutsch von Harry Rowohlt und Georg Deggerich. So wurde David über Nackt berühmt.

**WILLIAM SHAKESPEARE**s Theatralische Werke. 21 Stücke in der Übersetzung von Christoph Martin Wieland.

**LINDA VERHAELEN.** Mein Leben als Schlampe. Sex and the City in den Siebzigern.

**LINDA VERHAELEN.** Das Leben als Zumutung. Das Schlampenleben geht weiter zwischen Büro und Bar.

**OSCAR WILDE.** Werke in 5 Bänden. Vollständig neu übersetzt von Bernd Eilert, Georg Deggerich, Susanne Luber, Petra-Susanne Räbel, Eike Schönfeld und Hans Wolf. »Neue Zürcher Ausgabe«.

**OSCAR WILDE.** Die Märchen. Die beiden Sammlungen »Der glückliche Prinz« und »Ein Granatapfelhaus« zauberhaft vereint. Deutsch von Susanne Luber.

**OSCAR WILDE – EIN LEBEN IN SCHÖNHEIT.** Eine literarische Revue über Leben und Werk des Dichters, Denkers & Dandys zu seinem 150. Geburtstag. CD von und mit Harry Rowohlt, Monika Schärer, Christian Glockzin und Gerd Haffmans.

**WÖRTERBUCH** Schweizerdeutsch – Deutsch. Anleitung zur Überwindung von Kommunikationspannen. Vorwort vom Zürcher Stadtpräsidenten Josef Estermann, Nachwort von Fritz Senn.

**DAS WÜSTE WILDE WEIHNACHTSBUCH.** Nicht mehr Feierliches in Wort & Bild. Herausgegeben von Gerd Haffmans.

**DER RABE** – Magazin für jede Art von Literatur. Der Rabe 65: Der vereinigte Europa-, Zukunfts- & Jubiläums-Rabe. Begründet und herausgegeben von Gerd Haffmans.

**DER RABEN-KALENDER.** Für jeden Tag im Jahr 2009. Herausgegeben von Tini Haffmans. Der Kalender hier macht täglich, ja Tag für Tag den Tag erträglich. Und das Jahr für Jahr.

www.Zweitausendeins.de